《苏联真相》姊妹篇

AFTER RADICAL CHANGE OF THE SOVIET UNION AND EASTERN EUROPE
119 THOUGHT-PROVOKING QUESTIONS

苏东剧变之后

对 119 个问题的思考（下）

陆南泉　左凤荣　潘德礼　孔田平／主编

新华出版社

目　　录

第二编 俄罗斯教育与文化

第三编　俄罗斯经济

第四编　俄罗斯的对外战略与外交政策

第五编　中亚、乌克兰与原苏联地区其他国家

第六编　中东欧国家

第五编

中亚、乌克兰与原苏联地区其他国家

77. 如何认识中亚五国转型后的政治体制？

赵会荣

中亚五国独立以后逐步建立起总统制国家。中亚五国的宪法都规定，国家结构形式为单一制，实行总统制，强调国家发展的法制、世俗和民主原则，采用立法、行政和司法三权分立和相互制衡的理论原则和组织形式。迄今为止，除2010年吉尔吉斯斯坦通过全民公决修改宪法变总统制为议会制外，其他中亚国家仍实行总统制。

建立总统制

“中亚五国是在戈尔巴乔夫推行崇尚西方国家民主制度、倡导政治多元化和民主化的改革引发下，在苏联各地迅速泛起各种社会政治思潮、党派运动和民族分立运动的情况下走向国家独立的。”因此，“戈尔巴乔夫执政后期的政治体制是独立后中亚五国政治体制改革的始发基础”。[①] 中亚国家在选择政治体制的问题上更多地受到俄罗斯和西方文明的影响，而不是伊斯兰文明或者亚洲文明。中亚国家在独立前就设立了总统职位，总统既是国家元首，也是政府首脑。1991 年 8 月 31 日、9 月 1 日、9 月 9 日、10 月 27 日、12 月 16 日，吉尔吉斯斯坦、乌兹别克斯坦、塔吉克斯坦、土库曼斯坦和哈萨克斯坦相继宣布独立。独立后，各国纷纷颁布总统选举法，并举行全国大选，由公民直接投票选举总统。

独立后的中亚国家领导人无一例外摒弃了苏联时期的政治制度和主流意识形

① 赵常庆主编：《十年巨变——中亚和外高加索卷》，新华出版社 2003 年版，第 49 页。

态，确立了世俗制和民主、文明的政治发展方向。不过，什么样的政治体制和发展模式才适合本国国情，各国都没有现成的答案。由于独立初期百废待举，经济和社会问题层出不穷，因此，从稳定社会局势出发，各国都选择不同程度地保留原有的政治、经济和社会制度。在后来的实践中，中亚国家常常发生总统与最高苏维埃或者议会之间权力相互掣肘、政令不畅的情况。1993 年 10 月俄罗斯发生"炮打白宫"事件后，中亚国家也发生权力向总统进一步集中的情况。[①]

政治体制的发展

近 20 年，中亚国家不断探索符合本国国情的政治体制，在总统权力、议会设置、政党制度等方面出现了很多变化。

1. 总统任期的延长和总统权力的强化。中亚国家的宪法均赋予总统较大的权力，总统不仅是国家元首和政府首脑，可以决定内外政策，可以任免包括总理、部长等重要行政官员，而且是国家武装力量最高统帅。在实践中，中亚国家通过提前举行总统选举或者举行全民公决修改宪法延长总统任期等办法，保持政权的稳定性。

作为开国总统，哈萨克斯坦现总统纳扎尔巴耶夫于 1995 年 4 月以全民公决方式将其任期延至 2000 年，1999 年 1 月 10 日在提前举行的总统选举中再次当选。2005 年 12 月 4 日在总统选举中继续连任。2007 年哈萨克斯坦议会赋予纳扎尔巴耶夫无限次竞选总统的权力。2010 年 6 月 3 日，纳扎尔巴耶夫总统签署宪法修正案，法案规定其任职期间和卸任后人身安全和财产获得法律保护，并享有司法豁免权。[②] 2011 年 4 月 3 日，哈萨克斯坦提前举行总统选举，纳扎尔巴耶夫再次当选，任期至 2016 年。

---

① 赵常庆主编：《十年巨变——中亚和外高加索卷》，第 62 页。

② О внесении изменений и дополнений в некоторые конституционные законы РК по вопросам совершенствования законодательства в сфере обеспечения деятельности первого президента страны – лидера нации РК и О внесении изменений и дополнений в некоторые законодательные акты РК по вопросам совершенствования законодательства в сфере обеспечения деятельности первого президента страны – главы государства РК. http：//news. zakon. kz/top _ news/171382－deputaty－predlagajut－uzakonit－status. html.

乌兹别克斯坦现总统卡里莫夫也是开国总统。1995 年 3 月 26 日全民公决决定将其总统任期自 1997 年延至 1999 年年底。2000 年 1 月 9 日卡里莫夫再次赢得总统大选。2002 年 1 月 27 日举行的全民公决决定将总统任期由 5 年延长为 7 年。2007 年 12 月 23 日卡里莫夫再次当选总统，任期至 2014 年。

塔吉克斯坦总统拉赫蒙自 1994 年上台执政至今。1999 年 11 月 6 日和 2006 年 11 月 6 日两次连任，任期至 2013 年。

土库曼斯坦开国总统尼亚佐夫辞世后，2007 年 2 月别尔德穆哈梅多夫赢得总统选举，接管政权，任期 5 年。

2. 议会制的变化。中亚国家从 1993 年开始逐步实行议员职业化。议会形式包括一院制和两院制。哈萨克斯坦、塔吉克斯坦、乌兹别克斯坦三国的议会分别于 1995 年、1999 年和 2002 年由一院制改为两院制。土库曼斯坦始终实行一院制。

2007 年 6 月中旬，哈萨克斯坦议会通过宪法修正案，确定政体由总统制向总统一议会制过渡；扩大议会权限，提升政党作用，下院议员增至 107 人，其中 98 人按党派比例选举产生，9 人由人民大会提名，上院增加 8 人，共 47 人；议会多数党团获得组阁权并推举总理人选；扩大地方自治权限，地方行政长官任命须经地方议会同意，州议会议员任期由 4 年延至 5 年。

乌兹别克斯坦参议院由 100 名议员组成。其中 84 名参议员以不记名方式在卡拉卡尔帕克斯坦共和国、12 个州和塔什干市（每地 6 名）选出。其他 16 名参议员由总统在科学、艺术、文学、生产等领域有杰出贡献的公民中选任。参议院议员为兼职，不能同时担任立法院议员。每届参议院任期为 5 年。立法院由 150 名议员组成，在多党制基础上由各选区选举产生。每届立法院任期为 5 年。立法院议员不能从事除科学和教育之外的营利性职业。

塔吉克斯坦上院 34 名议员，任期 5 年。其中由索格特州、哈特隆州、戈尔诺一巴达赫尚自治州、中央直属区和杜尚别市地方议会各选 5 人，总统直接任命 8 人。下院设 63 个议席，其中 41 个按地方选区由选民选出，22 个由党派选举中得票率超过 5%的党派推选，任期 5 年。现议会上、下两院分别于 2010 年 3 月 25 日和 2 月 28 日选举产生。目前，塔总统领导的人民民主党获得下院 63 个议席中的 43 个，共产党、伊斯兰复兴党、农业党和经济改革党分别获 2 席，无党派人士获 12 个席位。

土库曼斯坦 1992 年通过的宪法规定，人民委员会为国家最高权力代表机关。

2008 年 9 月通过的第三部宪法规定，取消人民委员会，将其权力划归总统和议会，议员任期 5 年。2008 年 12 月议会选举，议员数量从 65 人增加到 125 人。

3. 推行多党制。中亚国家独立后开始逐步推行多党制。哈萨克斯坦 2002 年颁布的《政党法》规定，只有党员人数超过 5 万，在全国 14 个州和两个直辖市均设有分支机构，且各分支机构成员达到 700 人以上的政党才可在司法部获准登记。截至 2010 年司法部共登记有 9 个政党，其中主要有："祖国之光"人民民主党（最大党，也是政权党）、国家社会民主党（由国家社会民主党和自由党联合组成，是最大反对党）、"光明道路"民主党（建设性反对派）。

乌兹别克斯坦 1996 年颁布《政党法》。目前登记的政党有四个，均支持总统。

塔吉克斯坦是中亚唯一允许建立宗教政党的国家。目前有 8 个政党，包括人民民主党（拉赫蒙总统任党主席）、共产党、伊斯兰复兴党等。

目前，在吉尔吉斯斯坦司法部正式登记注册并开展活动的政党有 140 余个，其中主要有：吉尔吉斯斯坦社会民主党、"故乡"党、"尊严"党、"阿塔－梅肯"（祖国）党、"共和国"党等。

土库曼斯坦民主党由土库曼斯坦共产党演变而成，是唯一政党，也是政权党。2010 年别尔德穆哈梅多夫总统下令建立农民党，朝多党制迈进。

4. 吉尔吉斯斯坦由总统制改为议会制。吉尔吉斯斯坦两位前总统阿卡耶夫和巴基耶夫分别因 2005 年和 2010 年政变下台，现栖身国外。代理总统奥托巴耶娃于 2010 年 4 月上台，任期至 2011 年年底。2011 年 10 月 30 日吉尔吉斯斯坦将举行总统选举。

1995 年吉尔吉斯斯坦议会由一院制改为两院制。2005 年由两院制改回一院制。2010 年"4·7"事件后，议会解散。2010 年 6 月 27 日吉尔吉斯斯坦举行全民公决通过了新宪法。根据新宪法，政体由总统制改为议会制，实行一院制，由 120 名议员组成，任期五年。议会成为国家管理体系的主导。总统权力受到削弱，任期 5 年，不能连任。行政权由政府总理负责，在政府任职的官员不得兼任议会议员。2010 年 10 月吉尔吉斯斯坦举行议会选举，"故乡"党、社民党、"共和国"党、"尊严"党和"祖国"党进入议会。12 月 16 日，"故乡"党、社民党、"共和国"党签署协议组成执政联盟。议会共设 16 个委员会，其中三个由反对派领导。

威权政治 vs 政治改革

多数学者都认为，从政治发展进程来看，中亚国家整体上处于威权主义政治阶段，表现为拥有了民主形式的总统高度集权。20 年来，中亚国家威权政治的基本特点——如强总统、弱议会、小政府的权力结构安排，领袖人物在国家政治生活中处于核心地位，政党作用有限，反对派受到排挤和压制，大众传媒被政府严格控制，民众法制观念相对淡薄、社会相对封闭等等，都没有发生根本性的变化。对于外界来说，印象更深的是，中亚各国总统利用军队、警察等国家机器，借用全民公决修改宪法、民主选举、人事调整等办法，不断强化自身的权力。

不过，也要看到，为了适应内外形势的变化和巩固政权安全，中亚国家的领导人自上而下采取了一系列改革的措施，在政治民主化方面逐步表现出探索、开放、柔性和理智的一面。这表现在：

1. 随着中亚国家社会经济的发展，特别是互联网在中亚的普及，以及各种外部因素的渗透和影响，中亚国家的政治精英、反对派和大众（尤其是年轻人）政治参与的积极性不断提高，开始通过各种渠道谨慎地表达自身的政治理念和政治诉求；

2. 在内外压力下，中亚国家的当权者在内政上实施了低限度改革，适当提高民众的政治权利，在外交上采取接触和开放的姿态，逐步提高内政的透明度，在内外政策上表现出一定程度的柔性和理智，对于国家的政治民主化和现代化具有启蒙性意义。例如，2010 年哈萨克斯坦降低了政党进入议会的门槛，允许选票居次位的政党即使没能获得议会代表必须的 7% 选票也可以在议会中获得席位。哈萨克斯坦总统纳扎尔巴耶夫在 2010 年国情咨文中指出，“哈萨克斯坦将始终坚持实行政治现代化，以巩固各项经济计划取得的成果。其中，法制改革将发挥重要作用”。[①]

① 哈萨克斯坦共和国总统努尔苏丹·纳扎尔巴耶夫国情咨文：《新的十年——新的经济腾飞——哈萨克斯坦的新机遇》（2010 年 1 月 29 日），哈萨克斯坦共和国驻华大使馆：《哈萨克斯坦共和国总统努尔苏丹·纳扎尔巴耶夫 2010 年重要演讲汇编》，第 13 页。

政治体制发展的特点

总的来说，中亚国家的政治体制发展具有如下特点：

1. 继承性。中亚国家的独立是通过和平的方式实现的。苏联时期的精英阶层、官僚制度、行政管理体系、社会关系和思维方式在中亚国家独立后没有被破坏，而是改头换面保留了下来。苏联时期处于权力巅峰的官僚利用旧的权威和新推行的选举方式获得政治权力，成为新独立国家的领导人。他们过往的资源、经验和威信，以及他们的执政能力，使得他们能够长期掌控国家政治。当权者通过大规模的私有化换掉苏联时期国有企业的经理，代之以新生代寡头，从而实现了与寡头之间的互利共赢关系。因此，今天的中亚政治生活仍然可以看到苏联时期的影子。

2. 与建国并行，难度大，求稳优于求变。中亚国家的政治体制构建是在国家构建的大背景下开展的，因此在建制的整个过程中都遇到了很多困难。中亚五国独立后都遇到了社会秩序混乱、经济危机、社会问题层出不穷、非传统安全威胁（特别是宗教极端主义、恐怖主义、毒品和武器走私）、大国干涉等问题，这使得国家的生存成为政府的第一要务。政府在政治体制改革的问题上追求服务于国家稳定，特别是政权稳定的目标，因此，政治体制的发展凸显谨慎和保守的一面。这也反映出中亚国家对于稳定的理解更倾向于不变化，而不是发展的稳定。

3. 受外部影响大。对于年轻的中亚国家来说，欧美国家的现行政治体制具有持久的吸引力。这也是中亚国家在独立之初就选择民主发展方向并把三权分立原则写进宪法的重要原因。在实施威权政治的过程中，中亚国家遇到来自西方国家的巨大压力。中亚国家不排斥民主选举的方式和有限的政治改革，但改革不能威胁到政权的稳定。吉尔吉斯斯坦之所以选择议会制道路，一定程度上也是受到西方民主政治制度影响的缘故。不过，考虑到俄罗斯在中亚具有根深蒂固的影响以及俄罗斯与中亚在历史与现实方面的紧密联系，短期内俄罗斯的政治发展模式对于中亚国家具有较强的示范效应。

4. 中亚国家的政治体制受到传统文化的影响，因而具有了中亚特色。中亚五国在历史上从来都没有建立过现代意义的独立国家，也缺乏民主的传统。中亚地区传统文化中的威权崇拜、家族、部落、血缘、地域和宗教在中亚国家的政治生活中发挥着重要作用。因此，有学者把中亚国家的政治与“可汗”“部落”和“伊斯兰因素”联系起来。总的来说，中亚国家的政治发展较俄罗斯更加原始、传统和保守。

5. 中亚国家政治体制的弹性和容量有限。一旦体制的某个环节或者基础发生问题，有可能导致整个体制的崩塌。另外，长期搞威权政治使国家稳定系于强人一身，缺乏制度保障。在威权政治体制下，权力交接机制不透明，政治前景难料。

6. 差异性。一般而言，中亚国家的政治体制在集权的程度上有所不同。哈萨克斯坦和吉尔吉斯斯坦被公认为政治自由度较高的国家，反对派有较多的活动空间，媒体也相对自由。吉尔吉斯斯坦还被西方称为“民主的自由岛”。乌兹别克斯坦和土库曼斯坦被西方认为是民主记录最差的国家。乌兹别克斯坦的军队力量较强，警察数量较多，政府对媒体控制得比较严。土库曼斯坦国内对于总统的个人崇拜甚于乌兹别克斯坦。①

政治体制发展的成效与面临的挑战

中亚国家政治体制发展最大的成效在于，成功地维护了国家的主权独立、统一和领土完整。中亚国家独立之初，很多人都认为，这些国家彼此之间在领土、边界、水资源、民族等问题上存在严重的矛盾，国家内部面临部族分立、地区主义、伊斯兰极端主义威胁、苏联时期的经济联系被割断等问题，因此很可能在独立后即陷入分裂、动荡或者内战。事实上，除了塔吉克斯坦一度发生内战外，其他中亚国家均有效地克服了面临的困难，使国家建立了政治体制并不断完善，逐步摆脱了经济危机，建立并发展市场经济，打击宗教极端主义和恐怖主义，维护了本国的安全，开展了积极的多边外交，国际影响不断扩大。

短期内，中亚国家的政治发展进程面临一些挑战。

从地区层面看，2011 年 7 月美国和北约从阿富汗撤军可能导致阿富汗安全局势恶化，进而对中亚国家的政治体制发展产生不利影响。一直以来，中亚国家

① Малышева Д. Б. Центральноазиатский узел мировой политики. М. ИМЭМО РАН. 2010.

的内部发展很大程度上受到阿富汗局势的影响。中亚五国中，塔吉克斯坦、乌兹别克斯坦和土库曼斯坦与阿富汗接壤，边界线长分别为1300公里、137公里和744公里。阿富汗局势一旦恶化，塔吉克斯坦和费尔干纳地区最有可能首先受到负面影响。中亚地区的居民不支持阿富汗的塔利班，但塔利班活跃将促使阿富汗和巴基斯坦的"乌兹别克斯坦伊斯兰运动""伊斯兰解放党"等宗教极端组织回流中亚，利用中亚国家当前经济社会问题突出的情况，发动中亚国家民众与政府对抗。

2010年以来中东北非地区的动荡对中亚国家的政治体制发展也产生了一定影响。引发中东北非国家动荡的问题在中亚国家同样存在，这令中亚国家非常担心。中亚国家的反对派受到鼓舞，从外部得到更多的支持，与西方国家一起对政府形成更大压力。中亚国家加强了对反对派、互联网、媒体、学校等机构的监管，对外加强了在国际信息安全等领域的合作。未来，中东北非地区的局势变化将继续影响中亚地区的政治发展。

从国别层面看，哈萨克斯坦和乌兹别克斯坦面临政权交接的问题。两国的执政者年事已高，纳扎尔巴耶夫总统71岁，卡里莫夫总统72岁。截至目前，两位总统对接班人问题均未做出任何清楚的说明。两国国内均不存在任何可以挑战现总统权威的政治精英。如果身体状况允许，两位总统很可能将继续参选并顺利获得连任。如果身体条件不允许，两位总统必须在大选前选定接班人并协调各派政治力量，以实现稳定的政权交接。因此，大选前两国政治发展动态非常关键，可能决定未来两国的政治前景。

塔吉克斯坦政府与反对派之间的矛盾一直没有得到很好的解决。该国东部地区被反对派控制，且伊斯兰化问题逐渐凸显，对于拉赫蒙总统的世俗政权提出新的挑战。一旦塔吉克斯坦建立伊斯兰政权，将给其他中亚国家政权和整个地区的稳定造成重大冲击。2010年2月，塔吉克斯坦举行了第四次议会下院选举，伊斯兰复兴党在下院63席中只获得两席。该党在选举后举行了抗议活动。2010年下半年塔吉克斯坦国内安全形势迅速恶化，发生了一系列暴力事件。

2010年吉尔吉斯斯坦政权更迭、民族冲突，以及由总统制转为议会制，对中亚国家的政治发展进程提出了严峻的挑战。

问题一：吉尔吉斯斯坦的未来如何？很多分析都认为，无论是议会制，还是总统制，都很难保障吉尔吉斯斯坦有稳定发展的前景。主要原因是，吉尔吉斯斯坦面临诸多不利于该国稳定的问题，这些问题很难在短时间内得到解决。对于吉尔吉斯斯坦来说，最重要的问题不是走总统制还是议会制道路，而是如何建立有效的行政管理体系，维护国家的稳定。

首先，吉尔吉斯斯坦缺乏民主法治的传统，也缺乏能够协调和平衡各部族利益的政治权威。吉尔吉斯斯坦部落众多，部族之间各自为政。两大部落——奥什—贾拉拉巴德部落和楚河—塔拉斯部落分置吉尔吉斯斯坦南北部。南北部族长期对立而引发的矛盾和冲突仍是影响吉尔吉斯斯坦政权稳定的主要隐患。① 此外，吉尔吉斯斯坦国内政党林立，彼此之间相互倾轧，尊重和妥协精神不足，致使政治斗争不断，耗费了大量的国家行政资源。吉尔吉斯斯坦新政府建立后，为了满足不同党派利益需求，增加了很多部级机构，再次出现政府机构臃肿的问题。贪污腐败和官僚主义盛行，政令不畅，政府效率低下。

其次，吉尔吉斯斯坦经济基础较差，基础设施发展滞后，对外交通联系不便，国内市场小，经济发展潜力有限。政府长期面临资金不足问题，没有建立国家基金抵御金融危机和其他风险，经济结构单一，能源和粮食依靠进口，经济严重依赖原料出口、劳工移民收入和国际援助，经济抗风险能力较差。地区发展不平衡。商品走私、贩运毒品成为很多居民的收入来源，“影子经济”占国内生产总值一半②。

第三，国家和民族认同较弱，破坏国家稳定的各种势力发展迅速。吉尔吉斯斯坦国家宗教事务委员会主席阿普德拉赫马诺夫指出，该国各种具有极端主义、原教旨主义、极权主义、破坏性和宗派性质的宗教团体以及具有不同倾向的群体加强活动，加紧自我认同的过程，巩固自身在民众中的地位。这是吉尔吉斯斯坦国家安全的威胁和社会不稳定的因素。③ 吉尔吉斯斯坦民族冲突给民族关系和谐和社会稳定带来阴影。由于政权更迭和政治体制转向，与民族冲突有关的问题还

---

① Шустов，“Динамика правящих элит в Киргизии”，18.06.2008，http：//www.fond-sk.ru/article.phpid＝1440. 转引自包毅：《简析中亚国家政治转型中的部族政治文化因素》，《俄罗斯中亚东欧研究》2009 年第 5 期。

② 薛福岐：《吉尔吉斯斯坦与上海合作组织》，吴恩远、吴宏伟主编：《上海合作组织发展报告（2010）》，社会科学文献出版社 2010 年版，第 148 页。

③ Б. Абдрахманов，“О религиозной ситуации в Кыргызской Республики”，на Национальной конфереции “Укрепление и взаимопонимания диалога вовлеченных и заинтересованных сторон по свободе религии и вероисповедания”，Бишкек，30 ноября 2010 года.

没有来得及解决。关于冲突原因的调查、对于受害者的赔偿、难民安置的问题、控制轻型武器在民间流散、扭转地方政权失控的局面、打击日益猖獗的毒品犯罪集团等都有待政府下定决心和付出巨大的努力。

最后，吉尔吉斯斯坦国内受外部势力控制的非政府组织和媒体相对其他中亚国家数量较多，这些势力在吉尔吉斯斯坦很活跃，直接影响到社会思潮的变化，对于吉尔吉斯斯坦的稳定构成不确定因素。吉尔吉斯事件发生后，很多分析都指出，吉尔吉斯斯坦的动荡有可能成为一种常态。

问题二：吉尔吉斯事件是否揭开了中亚国家政治体制转型的序幕，换句话说，是否意味着最近的将来其他中亚国家在政治体制上也将出现一些大的变化。这是一个有争议的问题。笔者认为，目前，吉尔吉斯斯坦走议会制道路对于其他中亚国家的影响是有限的。截至目前，除了加强控制外，其他中亚国家的领导人没有对执政理念和执政方式进行重大调整。有评论认为，中亚其他国家领导人没有吸取吉尔吉斯斯坦的教训。[①] 导致这种情况的原因首先与吉尔吉斯斯坦脆弱的自我发展能力和在中亚较弱的影响力有关。吉尔吉斯斯坦在中亚有其特殊性。中亚其他国家的政治发展前景主要取决于内部因素。虽然吉尔吉斯斯坦的政权更迭和政治体制转向不可避免地会对其他中亚国家的反对派起到鼓舞和刺激的作用，但吉尔吉斯斯坦的动荡，特别是经济形势恶化和民众生活水平下降，对于其他中亚国家的政权来说，将是教育大众顺从现政权的鲜活的反面教材。俄罗斯和中亚其他国家对于吉尔吉斯斯坦改制感到些许不安，表现各异。俄罗斯和哈萨克斯坦主要媒体，以及一些政府官员明确主张吉尔吉斯斯坦应实行总统制，议会制不适合该国。两国还对吉尔吉斯斯坦的政治安排积极施加影响，支持亲俄的吉尔吉斯斯坦政党领袖与其他各派达成妥协建立执政联盟。乌兹别克斯坦和土库曼斯坦对于吉尔吉斯斯坦局势保持谨慎观望。吉尔吉斯斯坦的未来不外乎两种前景：假设吉尔吉斯斯坦长期无法摆脱政治动荡的局面，也不会引发整个中亚地区的政治动荡。因为如前所述，吉尔吉斯斯坦议会制道路的发展前景不容乐观，能否具有示范性效应值得怀疑。此外，吉尔吉斯事件发生后，其他中亚国家加强了警惕，采取措施巩固本国的总统制。为了避免吉尔吉斯斯坦可能发生的混乱影响到本国，

---

① Ч. Орозбекова, "Правители Центральной Азии не делают уроков из революций в Кыргызстане", Радио "Азаттык", http://www.centrasia.ru/newsA.phpst=1293966720.

吉尔吉斯斯坦的周边邻国均加强了安全戒备。即便吉尔吉斯斯坦的混乱外溢到周边邻国，给地区稳定带来严重威胁，届时大国和地区安全合作机制不会无动于衷，这些力量将积极发挥作用，阻止局势恶化。而且，吉尔吉斯斯坦在地缘上不是中亚的震中。哈萨克斯坦和乌兹别克斯坦对于中亚地区的稳定与安全来说地位更为重要。假设吉尔吉斯斯坦的议会制改革顺利发展，周边邻国可能不得已采取接受的姿态，这将对其他中亚国家的总统制形成一定冲击。

78. 影响中亚国家政治转型的因素有哪些?

包　毅

苏联后期的社会政治改革与苏联的最终剧变，改变了中亚各国的社会政治形态，使其由苏联地方一级行政机关上升为国家中央一级的政权机构，并在历史上第一次获得了建立独立国家的可能，成为了具有国际法主体地位的独立国家。同时，中亚各国的政治制度也由苏维埃的“议行合一”体制向西方式的“三权分立”的权力结构体制的转变，既而完成了中亚国家政治转型的第一步，即国家制度的转变。

建国与建制的双建过程

与俄罗斯等其他原苏联东欧国家不同，中亚国家的政治转型是一个建国与建制的双建进程。中亚国家的政治转型进程既包含着创建一个新的独立国家的艰巨任务，又有着由苏联时期的旧体制向独立后的新体制转换的现实内容。实际上，中亚国家的建国与建制的双重进程存在着不同步性。对于大多数中亚国家来说，国家的制度建设是一个按照西方宪政制度标准设计本国体制框架的过程，即所谓的民主化进程。中亚各国的建国进程是一个复杂的系统工程，它直接受到了政治转型自身发展以及诸多外部因素的影响。相对于建制而言，中亚国家的建国进程相对缓慢，在建国进程中包含着国家主体民族的民族认同问题以及国家公民对新独立国家的国家认同问题。在建制与建国发生冲突时，建制进程往往让位于建国进程，如果国家的制度建设一旦与维护国家独立和政权稳定的任务相冲突，则政权只能以维护国家的独立地位为重，即以牺牲前者来维护国家的主权利益。

此外，二者之间也存在着矛盾性。作为新独立国家，中亚国家既要赢得对本国与主体民族的自我认同，也要在国际交往中求得外部世界的支持，尤其是获得西方社会的支持与认同。因此，在政治体制转型的过程中，中亚各国往往参照西方民主价值标准和民主模式来构建本国的政治体系，并在地缘政治博弈中依附于某一大国，以期尽快融入国际社会。而西方社会往往以民主化作为条件，对中亚国家的经济与军事主权提出要求，致使中亚国家的独立建国进程因外力的作用而变得异常艰难。吉尔吉斯斯坦在独立初期曾是中亚国家体制建设中接受西方民主政治原则程度最高的国家，曾被誉为中亚的“民主岛”，也有学者称其为中亚的“民主绿洲”。① 但由于社会缺乏民主根基、总统缺乏强势的权威性，因而造成了社会的无政府主义和法律的虚无主义，最终引发了推翻阿卡耶夫政权的政治骚乱。为吸取吉尔吉斯斯坦政治动荡的教训，多数中亚国家大都将保持国家主权和政治稳定作为本国政治发展的基本方针，逐步协调建制与国家稳定的关系，放慢了政治体制转型的速度，以规避可能发生的政治风险。

由于政治转型的突发性与被动性，造成中亚国家社会中的诸多独特的非制度性因素，如文化因素、经济因素与外部环境因素等，与其政治转型进程难以同步，甚至相互制约，从而使中亚各国的政治转型进程和政治转型内容表现出了诸多与其他地区转型国家所不同的独特性。此外，由于这些制度性和非制度性因素在各国存在差异性及其对政治转型的不同作用，致使中亚各国政治转型进程表现出各自不同的面貌。

在政治体制建设方面，中亚各国同很多原苏联转型国家一样，在独立之初，大多选择了以“大总统、小议会、弱政府”为特征的总统制威权体制。中亚各国的总统在国家权力结构中处于核心地位，拥有行政权和部分立法权，以及任免最高司法权力机关领导人的权力，在国家的政治生活中起着绝对的主导作用。相比较而言，中亚各国的议会与司法机关的权力相对弱小，根本无法形成对总统权力的制约。总的来说，中亚国家的三权分立制衡原则形同虚设，总统集权体制处于失衡状态。立法权与司法权对总统权力的制衡能力非常有限。而司法权力虽然在宪法表述中保持着独立性，规定其只服从于宪法。但由于中亚各国总统掌握着对

① Петр Кокайсл，Демократия в постсоветском Кыргызстане и Туркменистане，Центральная Азия и Кавказ No. 6，2008. С. 60.

司法机关领导人的任免权，中亚各国的司法权力机关对总统的制衡手段相对有限，司法权力机关非但难以形成对总统的制约，反而会在很大程度上受制于总统。随着政治转型的进一步深入，多数中亚国家的总统通过对修宪进程和修宪内容的控制，不断扩大着自己的实际权力，致使这种权力体制进一步失衡。根据中亚各国宪法，宪法的修订与补充要经过提出动议、进行修改、议会审议、提交全民公决，以及法院最终裁决等数个环节。由于中亚各国的总统拥有较大实权，因而在中亚各国的修宪过程中，总统大多也掌握着绝对的主导权。

独立以来，中亚国家的历次修宪几乎都是围绕扩大总统权力与调整议会权力展开的。通过修宪，总统不断扩大了自己的权力范围、延长了自己的总统任期，同时相应地缩小了议会的权力，从而限制了立法机关对总统权力的制衡能力。此外，除吉尔吉斯斯坦外，中亚多数国家均将现任总统的任期由 5 年延长至 7 年。继 1995 年土库曼斯坦通过全民公决将总统任期延长之后，哈萨克斯坦、塔吉克斯坦和乌兹别克斯坦也相继以全民公决的方式，将本国总统的任期由 5 年延长至 7 年。[①] 土库曼斯坦开创延长总统任期的先河之后，该国最高的权力机关人民会议于 1999 年再次授权首任总统尼亚佐夫“无限期行使总统权力”的荣誉，并于 2000 年 1 月通过全民公决，2002 年通过修宪，将此决议以宪法形式固定下来。除申请中立国以外，有关总统任期的规定是土库曼斯坦修宪的唯一内容。在制度安排上，确保总统长期执政，成为了土库曼斯坦政权保持国内政局稳定的唯一方式。

在政治转型时期的中亚各国，由于立法与司法权力相对有限，很难与以总统为核心的行政权力相抗衡，从而使国家权力不断向总统权力倾斜。在这种失衡的权力体制下，总统既是政治规则的制定者与执行者，也是权力争斗的仲裁者和参与者。与总统权力相比，其他权力或被弱化，或处于从属地位。在这种情况下，中亚国家的政治体制也逐渐从法律条文上的多元化转变为实际操作中的一元化。一元权力治理方式对总统个人执政能力的要求较高，总统需要拥有调动和整合社会政治资源、协调集团内部各种关系，并引导社会向稳定有序方向发展的能力。相比之下，一元治理对体制本身的稳定性要求并不高，因而形成了权力体制对总

---

① 哈萨克斯坦、塔吉克斯坦和乌兹别克斯坦分别于 1998 年、2000 年和 2002 年将总统任期由 5 年延长至 7 年。

统治理的依附关系，即凭借总统在国家和政权中的强势地位来保障体制的稳定性，所谓“成也总统，败也总统”。在政治转型和社会危机的情况下，强势总统治理显示了其整合社会资源的独特优势。然而，一旦总统权威被削弱，这种模式的有效性便会降低，从而导致国家政权出现危机。在2005年的“3·24”事件中，吉尔吉斯斯坦前总统阿卡耶夫政权的被推翻就是这方面的典型事例。在政权受到威胁时，阿卡耶夫总统由于缺乏个人意志，放弃了使用包括武力在内的总统权力，从而使其失去了对行政权力机关，尤其是强力部门的控制能力，最终导致了其整个权力体系的坍塌和政权的倒台。2005年以来，吉尔吉斯斯坦几经宪政危机与政权易手，政治力量分立的局面明显，已经难以找到具有全国凝聚力的权威领袖来形成国家的政治核心。作为政治妥协的产物，2010年于吉尔吉斯斯坦开始实行议会制，由各派政党和政治力量联合组阁政府，以期获得政权的稳定与政坛的平静。然而，由于缺乏议会制政治基础，吉尔吉斯斯坦议会制的长期性还有待观察。

政党政治发展不平衡

除吉尔吉斯斯坦外，中亚国家的政权党或称为亲政权的政党同反对派政党的力量格局也处于失衡状态，各国普遍出现了政权党与亲政权在议会中占优而反对派政党式微的局面。这种政党政治的现实也进一步加强了总统在权力体制中的比较优势，从而加大了总统集权体制的失衡态势。塔吉克斯坦政权党人民民主党在议会占有80%的多数席位，而在乌兹别克斯坦，总统虽然没有固定的政权党，但进入议会的所有政党均为亲政权党，从而确保了总统对议会的影响力。2007年哈萨克斯坦政权党“祖国之光”党以88.05%的得票率独立入主议会下院。因而，哈萨克斯坦的“一党制”议会也被中亚国家的一些政府反对派戏称为总统“口袋里的议会”。[①] 这种议会格局有利于总统政令的顺利通过与总统意志的法律表达，总统可以直接通过政权党对立法权力施加影响，使其个人意志和治国思想顺利转化为国家的各项制度与现行政策。从这个意义上来说，多数中亚国家的立

① Д. Агнин, Поправка Назарбаева в теорию постсоветской демократии, 24.08.2007, http://www.centrasia.ru/newsA.php4st=1187908800.

法权力与行政权力的关系已经日益变成了某种从属关系，按照政党内部的组织原则，议会甚至完全成为听命于总统的部属或下级。目前，随着议会中政权党势力的壮大，除吉尔吉斯斯坦之外，多数中亚国家总统与议会之间的矛盾正在日益缩小。

对于中亚国家的现政权来说，这种“一党制”或一党独大的议会政党格局与总统一元治理相结合的政治模式，也具有一定的政治风险，因为在国家所有政策措施都要由总统或听命于总统的议会作出的情况下，其施政过失也将难以转嫁给第三责任方，从而进一步强化了总统集权治理的刚性。也许是意识到了这种政治体制的危险性，2009 年，首个产生一党制议会的中亚国家哈萨克斯坦，对选举法进行了重新修改，规定：根据选举结果，如果只有一个政党进入议会，则选举中得票次之的政党将可以直接进入议会，参与议席分配。无疑，选举法修改后，哈萨克斯坦议会中将不再可能出现一党制的现象，在某种程度上这也将刺激哈萨克斯坦两党制的发展。

由于缺乏具有绝对优势的政党和政党领袖，在吉尔吉斯斯坦总统、议会与政府之间关系至今依然非常紧张。吉尔吉斯斯坦政党过于纷杂，且各派政治力量缺乏相互妥协的共识与政治成熟度，从而导致历届总统与议会的矛盾不断，甚至诱发宪政危机。自 2005 年“3·24”事件以来，吉尔吉斯斯坦的总统与反对派占多数的议会多次因彼此权力的合法性和国家政体改制等问题发生激烈冲突，最终以街头暴力革命的方式推翻了两届民选总统，并于 2010 年宣布进行议会制权力结构体制改革。总统与议会之间频繁的危机与博弈成为吉尔吉斯斯坦政治中的长期矛盾，并一直困扰着吉尔吉斯斯坦政局的稳定。

精英政治与政治转型

独立后，中亚各国的政权实现了从苏维埃体制向三权分立体制的过渡，但大多数中亚国家的领导层并没有因政治体制的变革而出现实质性的权力位移，大多数原共和国的最高领导人通过选举转而成为新权力体制下的政治核心，不仅保持了国家权力的连续性，而且，旧权力体制下的政治精英与权贵阶层也因此被保留了下来。被动进入政治转型的进程后，中亚各国的政权核心因未受到国内反对派的冲击而没有发生实质性的改变，大多数国家最高领导人都是从原共和国共产党第一书记直接转变为国家总统的，原体制下的权力资源也相应得到了很大程度的保留与继承。在此过程中，维持其权力体系的政治精英阶层同样保持了相对的延续性以及控制和分配社会资源的能力，进而实现了旧式政治精英在新的权力体制下的“再生产”。

以总统为首的中亚各国政治精英阶层在新体制下保留了很多旧式的治国理念、管理风格以及政治行为方式与习惯，中亚国家的总统集权体制模式以及领导人长期执政的现象，在很大程度上正是受到了这种旧式政治思维习惯影响的结果。

同时，以总统为首的中亚各国政治精英阶层普遍倾向于政治保守，是旧有体制的积极维护者，并无迫切的改革要求。与戈尔巴乔夫和叶利钦相比，中亚各国首任总统远非现实的改革派，对于苏联后期的政治改革也只是被动地接受与执行。因此，在获得独立地位后，中亚各国领导人均选择了渐进式的改革道路，普遍放慢了政治体制改革的步伐，将政权稳定作为立国的前提与主要而长期任务。土库曼斯坦总统尼亚佐夫就曾指出，“没有国家的政治稳定，就不可能谈到国家的经济发展与繁荣”，“政治稳定是保证国家发展的首要条件”[①]。哈萨克斯坦总统纳扎尔巴耶夫也多次强调，“对于哈萨克斯坦来说，国家的稳定和独立才是最重要的问题。安定与团结是我们最宝贵的财富”[②]。

应该说，旧式政治精英政治行为中的保守主义几乎对中亚各国政治体制改革进程，与整个社会的行为方式都产生了非常重要的影响。这主要表现为：(1) 中亚各国民众对政治改革的态度和对改革的预期普遍趋于保守；(2) 对本国领导人长期执政的现象和对扩大总统权力等问题给予了积极的支持和认同。一个非常明显的例子就是，哈萨克斯坦总统纳扎尔巴耶夫、塔吉克斯坦总统拉赫蒙[③]和乌兹别克斯坦总统卡里莫夫的在位时间都已经将近20年，但至今他们在本国民众中享有的个人威望依然居高不下。

---

① （土库曼斯坦）萨·尼亚佐夫著，赵常庆等译：《永久中立，世代安宁》，东方出版社1996年版，第28、29页。

② （哈萨克斯坦）努·纳扎尔巴耶夫著，哈依霞译：《前进中的哈萨克斯坦》，民族出版社2000年版，第28页。

③ 2007年3月22日，总统拉赫莫诺夫宣布，为了去除俄国痕迹，决定将自己的名字的斯拉夫语后缀“—ов”删去，改名为“拉赫蒙”。

随着中亚各国政治转型的深化，政权内部又逐渐生成出一些新型政治精英与利益集团，他们打出了所谓“精英替代”的旗号，对中亚各国的现政权提出了严峻挑战。

在转型国家社会资源再分配体制中，政治资本是所有资本的核心，也是旧式政治精英依靠的执政基础。但随着经济私有化的发展，经济资本的地位开始逐步上升，中亚各国出现了一批拥有雄厚经济实力的企业家和金融家。于是，以经济资本为基础的新生代精英为了维护其在新的经济条件下取得的财富和特权，向以政治资本为基础的旧式精英发起了挑战，他们主张通过分权原则，改造现有的政治体制，以期获得更多的政治权力，为其经济资本的扩大提供政治保障。

新生代精英在哈萨克斯坦最为典型。1994—2001 年新生代精英开始进入哈萨克斯坦政界，他们积极推进国家的宪政改革，一时间，哈萨克斯坦政权内部出现了以新生代精英为代表的改革派和与以总统为代表的政权保守派之间的政治对峙。为打击改革派势力，纳扎尔巴耶夫总统采取强硬手段，更换了多位主张改革的内阁成员和政府高官，其结果导致大批新生代政治精英加入政府反对派阵营，成为哈萨克斯坦反对派的主要力量。前总理卡热格尔金以及很多反对党领导人，都曾是纳扎尔巴耶夫政府内部的新生代政治改革派①。应该说，新老精英更替问题是包括哈萨克斯坦在内的所有中亚国家所面临的现实问题。2003—2006 年，中亚国家相继进入了第一个政权更替期，以新生代改革派为主体的反对派精英十分活跃，他们希望通过选举，取代那些长期执政的保守的旧式政治精英。这期间在独联体一些国家发生的“颜色革命”、吉尔吉斯斯坦的“3·24”事件，以及2007—2008 年哈萨克斯坦总统纳扎尔巴耶夫女婿阿利耶夫的被驱逐等，都可以看作中亚国家新老政治精英之间的一种政治交锋。然而在这种较量过程中，与新生代精英相比，一些掌管中亚国家政权的政治精英仍具有较强的资源优势。如2006 年，哈萨克斯坦政府建立了国家参股管理公司，将采矿、能源等大公司控制在一个集团手中，其目的也是削弱本国新生代政治精英的经济基础，从而扼杀其觊觎总统权力的政治野心。②

---

① Т. Умбеталиева, Экономическая элита Казахстана на современном этапе, Кто есть с кем, 23.11.2002, http://www.centrasia.ru/newsA.phpst=1038002640.

② Уровень конфликтогенного потенциала внутри политической элиты Казахстана, http://www.risk.kz/pages.phpid=1&id_m=104.

经济发展的可持续性与政权的稳定

中亚各国的经济结构比较单一，国民经济对外部市场的依赖性较大，经济发展的持续性一方面取决于各国政治与经济政策的稳定性，另一方面也在于各国经济增长驱动力的持久性，这里包括政府能否通过经济政策的调控，保障投资资金的长期注入、寻找新的经济增长点等。

近年来，多数中亚国家在相对单一的产业结构下，保持了较高的经济增长速度，但在此过程中也暴露出各国畸形的产业结构的弊端，其对社会政治经济生活的影响力也各不相同。因此，在各国经济普遍增长的背景下，由于自然禀赋和经济增长方式各异，中亚各国政权所依靠的经济基础及其从经济增长中的政治获利也不尽相同，最终导致各国不同的政治发展面貌。对于哈萨克斯坦和土库曼斯坦等中亚能源国家从能源出口中获得了丰厚的支撑国家经济持续发展的资本，并为保持政权稳定积累了大量的石油收入，对总统集权和政权稳定起到了增效作用。同时，在国家长期的经济发展战略与政策，如哈萨克斯坦“先经济，后政治”的经济政策的推动下，社会以经济建设为先，经济与社会政治进程呈现良性相互促进的趋势。而吉尔吉斯斯坦等国家则因能源稀缺而导致其经济增长持久缺乏动力。在经济增长乏力的情况下，各种社会经济与政治问题频频出现并成为国家和民众社会生活中的主要矛盾，进而使现政权不可避免地受到来自社会政治与经济的各种压力。2005 年以来吉尔吉斯斯坦社会频繁出现的政治动荡与政权更迭就是明证。

政治文化因素

以血缘和地域为纽带的部族政治在中亚各国展现出不同的文化特征，并由此形成了各自不同的部族势力格局。在哈萨克斯坦，由于部族的族群意识和地域观念相对比较淡薄，因而避免了部族精英之间的彼此对立；在吉尔吉斯斯坦，部族众多且各自为政，政权常因各部族之间的对立而发生冲突；在土库曼斯坦，部族之间的力量悬殊，执政部族在国家政权中占有绝对优势，这为总统提供了稳定的政权基础；在乌兹别克斯坦和塔吉克斯坦，部族之间的冲突表现为地方势力之间的派系斗争。

在中亚各国建制与建国的双重进程中，部族政治文化正在被一些中亚国家的领导人所利用，成为他们执政的重要权力基础。但在利用部族文化为政权服务的过程中，也表现出两种不同的结果，其中有些中亚国家领导人扬长避短，充分挖掘和发挥出部族文化中的积极方面，进而促进了国家政权的稳定与社会的发展；而另一些中亚国家的领导人，却因为长期陷入部族之间的矛盾与冲突之中而丧失了政权，或为部族政治所累，引发了国家内部严重的政权危机与社会危机。

作为一种传统的部族文化现象，宗法制中"家国同构"的观念被现代中亚国家的领导人引入到国家的政治权力体制中，以获得民众对总统集权体制的认同。对于转型时期的中亚国家来说，这种建立在血缘关系上的传统宗法制，以及作为其衍生物的等级观念、臣属意识与世袭观念为巩固总统权力提供了良好的社会基础。在中亚国家的"双建"过程中，部族政治文化传统促生了中亚国家总统威权体制。历史上的中亚各国的社会形态大多是以家族或血亲为主组成的部落联盟，崇拜领袖、崇尚宗法制，强调群体意识是中亚各民族普遍的政治文化传统，也是他们对于国家的最原始观念。苏联后期的政治改革虽然在中亚各共和国建立了三权分立式的政治体制，但对中亚各民族来说，民主、人权等西方社会普遍的价值观念，以及分权制衡等西方式的民主政治思想非常淡薄。因此，在获得建立独立国家的时机后，中亚国家传统文化中原始的国家观念发挥了更大的作用，人们更愿意把治理国家的希望寄托在领袖个人身上，从而导致国家权力最终趋向总统权力，维护总统权力的稳定自然也成为维护国家的稳定。可以说，在建立总统制共和国的问题上，中亚国家原始的国家观念在中亚的政治体制中找到了契合点，而中亚国家的总统制在中亚民族的传统观念中也找到了最好的注脚。

另一方面，中亚各国传统的政治文化也束缚了其他社会政治力量的发展，对中亚国家的政治转型进程有很大的阻碍作用。政治转型时期，一个国家政治制度的转变与其社会政治文化的变化往往并不同步，相比较来说，后者变化的过程要缓慢得多。但在转型过程中，中亚国家的新体制一直伴随着传统文化对新的政治制度相互适应的问题。尤其是当政治制度没能产生良好的效果时，政治文化传统便会显现出对体制的反作用力。[①] 在政治转型时期，中亚国家政治体制的特殊性

---

① 冯绍雷、相蓝欣主编：《转轨理论与俄罗斯政治改革》，上海人民出版社 2005 年版，第 322 页。

决定着部族文化有其生存空间，但也存在其弊端。以血族文化为特征的部族政治倡导对民族和部族的各国民族之间人际关系的识别与自我认同，在国家认同的前提下对部族的认同将有利于国家凝聚力的集合，而在中亚一些国家由于地区部族势力的存在，各种政治力量及利益集团缺乏在政治方面相互妥协的政治气质，因此，各种利益集团为了争夺权力，而使国家政权的稳定遭遇威胁。

俄罗斯与中亚国家的政治转型

政治转型改变了中亚各国的地缘政治环境，使其从苏联的边疆地区，变成了直接与俄罗斯、中国等世界大国，以及阿富汗、伊朗等热点国家为邻的五个独立国家。政治地位与国际地位的改变使中亚地区一时成为大国争夺的主要地区之一，与大国及周边国家的复杂关系，也在一定程度上增加了中亚各国政治转型的难度。“9·11”事件后，美国加强了对中亚地区的渗透，中亚各国出现了明显的西倾倾向，严重威胁到俄罗斯在中亚的战略利益。中亚地区一向是俄罗斯传统的势力范围和南部安全的战略屏障，维护俄罗斯在中亚的独特利益是俄罗斯的外交优先方向，也是俄罗斯与西方国家保持战略平衡的底线。随着俄罗斯经济实力与国力的提升，俄罗斯开始谋求恢复对中亚地区的传统影响力。在美国向独联体地区推进“颜色革命”期间，俄罗斯帮助中亚国家政权反制“颜色革命”，致使中亚各国在政权稳定上都希望更多地倚重俄罗斯的支持。

独联体地区出现“颜色革命”后，俄罗斯主动拉近与中亚五国的关系，通过加紧与中亚国家的经济、能源领域的一体化进程以及军事安全合作，扩大了在该地区的优势和主动权。在能源领域，俄罗斯积极加强同中亚国家的能源一体化合作，打造统一的能源空间。俄罗斯借助能源的合作拉近了同中亚能源国家的关系，并在政治合作领域，为抵御美国对独联体国家的“民主改造”，增强独联体的凝聚力，提出了加强国家间政治磋商、共同制定解决地区和全球政治问题的战略原则；强化独联体经济合作，利用欧亚经济共同体和统一经济空间等机制推动独联体国家的经济一体化；加强各国安全合作，强化中亚快速反应部队的行动能力，以应对恐怖主义等非传统威胁。此外，俄罗斯还对包括中亚国家在内的独联体地区提供了促进民主和保护人权的非政府部门的专用拨款，俄罗斯效仿美国和其他欧盟国家在该地区建立专门的基金以支持民主发展的方式，通过建立社会基金的手段，资助中亚国家在法律法制方面的建设。

2008年俄罗斯与格鲁吉亚发生军事冲突后，俄美在外高加索和中亚地区的地缘政治平衡再度被打破，大国进入新较量时期，中亚地区也因此再次成为俄美等大国新角逐的焦点。在美国寻找新的军事合作伙伴和地缘政治支点时，俄罗斯也开始主动拉近与中亚国家的关系，掌握在中亚地区的战略主动权。2009年1月，俄罗斯将与乌兹别克斯坦的双边关系升格为“战略伙伴关系”，并同吉尔吉斯斯坦政府签署了一系列关于向吉尔吉斯斯坦提供无偿援助、国家贷款、减免国债以及其他方面的经济合作的谅解备忘录，而吉尔吉斯斯坦以关闭美军驻吉尔吉斯斯坦军事基地，作为对俄罗斯所提供的经济援助的回报。

俄罗斯与中亚国家均处于政治转型阶段，并被西方称为“不完全民主”或“半民主”国家，在中亚国家政治转型模式日益多元化的现阶段，俄罗斯越来越难以给予中亚国家政治发展提供更多的转型经验。而对现政权的政治支持，仅仅是俄罗斯对外战略中维持与美国力量均势的砝码。“颜色革命”后，中亚各国不同程度地将平衡外交政策的重心向俄罗斯倾斜。在同美国角逐中亚主导权的过程中，俄罗斯势必竭力阻止西方对中亚各国的政治影响力，并在制度选择和外交政策方面竭力引导中亚国家向有利于自己的方向发展。鉴于同俄罗斯紧密的依存关系，中亚各国在短期内尚不能摆脱俄罗斯的控制，因而，可以说，中亚各国尚未完成真正的独立进程，俄罗斯对中亚各国的建国与建制进程仍具有特殊的影响力。

西方对中亚的民主输出

中亚国家的政治民主压力来自西方国家与经济援助挂钩的政治改革计划。西方国家以政治改革为前提条件，以对中亚国家提供经济技术援助的方法，在中亚国家推行民主体制。在这种民主压力下，某些中亚国家政府被迫向西方国家开放，对国内反对派实行较为宽松的政策，以促进本国公民社会的发展，其中吉尔吉斯斯坦的政治转型过程就是一例。作为中亚国家民主化程度最高的国家，吉尔吉斯斯坦也是最先被西方接受的国家，但同时也是在政权更替过程中最先发生政治动荡的国家。在这一过程中，外部的民主化压力成为吉尔吉斯斯坦政治无序发展和社会动荡的祸首。因此，对于经济落后和政治现代化基础较弱的中亚国家来说，西方民主的过度压力，在某些时期只会给中亚国家造成内部动荡和社会的无序。

但另一方面，在全球化的背景下，中亚国家也不得不顺应民主化的政治潮流，以赢得国际社会的认同。而且为寻求更多的外部援助，以及为政权营造相对良好的外部环境，中亚各国领导人也不得不接受西方的某些民主条件，对本国的政治体制和政治制度进行改革与调整。如 2009 年哈萨克斯坦迫于西方的政治压力，为避免出现一党制议会的情况，对政党法进行了修改。再如，2008 年 9 月土库曼斯坦撤销了位于国家所有权力之上的国家最高权力机关——人民会议，并重新划分了总统与议会的权限。[①] 近年来，随着中亚各国领导人任期的日益结束，中亚各国政府也越来越希望通过各自的民主改革姿态，来赢得西方对其权力合法性的认可。

受到苏联后期民主化政治改革的影响，政治转型初期，对西式民主抱有美好愿望的中亚各国接受了西式的民主价值观，并在否定原有政治原则与价值观的基础上，确立了三权分立式的西方政治体制。从文化角度来看，西方国家对中亚地区民主文化方面的渗透是一种灌输模式，即西方的民主价值观以一种异质文化的形式，被强行植入中亚社会的机体中。由于中亚各国普遍缺乏现代政治发展的基础与传统，因而使这种外来的西方政治文化很难完全取代本民族的政治文化。

在格鲁吉亚和乌克兰发生“颜色革命”，以及中亚两国出现政治动荡后，多数中亚国家的政治生活中普遍出现了威权主义的回归现象，这种现象来自对传统文化中同质文化的认同与继承。中亚政治文化中有很多崇尚权威、宗法和服从的元素，与同质伊斯兰文化以及苏联的政治文化有比较高的契合度，因而这些文化比较容易被中亚民族与社会所接受，并在沙俄殖民统治时期和苏联体制下表现为对权威的服从心理。相比而言，中亚传统的政治文化同崇尚平等、制衡与分权理念的西方政治文化有着本质的不同。因此，在政治转型过程中，西方式民主作为一种异质文化被植入中亚社会，进而出现因中亚国家总统权威体制对西方民主原则排异现象。在“颜色革命”后，这种现象表现为中亚社会普遍以稳定作为政权绩效的标准，民众对可以保障国家稳定的领袖人物寄予厚望，这一点，我们可以

① 《土库曼斯坦新宪法对国家权力架构进行重组》，新华网 2008 年 9 月 28 日。http://news.xinhuanet.com/world/2008-09/28/content_10124593.htm.

从“颜色革命”后，中亚各国的一系列总统和议会选举结果中找到答案。无论是现任总统，还是亲总统的政党，均在这些选举中以高票获得了选举胜利，纳扎尔巴耶夫甚至在“安集延事件”发生半年后，以91%的得票率再度获得连任。这些现象说明，在中亚国家的政治转型进程中，社会的政治意识出现了某种向集权体制的反弹倾向。与此同时，这种威权体制在中亚国家中具有某种示范效应和连锁反应，成为转型时期中亚各国共有的特征之一。

结论

独立后，中亚各国普遍确立了总统制国家权力体系，并按照三权分立的原则构建了行政、立法与司法权力体系。苏联后期的政治改革直接导致了中亚各国普遍选择了总统制政体。目前除吉尔吉斯斯坦外，中亚多数国家依旧保持着总统制权力结构体制。在宪政体制中，总统在国家权力结构中处于核心地位，对国家的政治发展进程起着主导作用。吉尔吉斯斯坦的议会制是在国家经历频繁动荡后，因缺乏强有力的权力核心人物而进行的退而求其次的选择。因此可以说，总统制是中亚国家政治转型的必然选择。

从影响因素来讲，中亚国家总统集权体制的形成过程，是其历史文化、政治传统、经济条件、西方民主原则等诸多因素合力作用的结果。

第一，经济因素。政治转型初期往往伴随着社会政治经济危机，这种转型时期的特殊性，对国家职能的转换与国家治理提出了现实的要求。在政治转型和社会危机的情况下，强势总统治理显示了其整合社会资源的独特优势，成为保持社会秩序与政权稳定的保障。因此，转型时期中亚国家普遍的社会经济危机为中亚国家的总统集权体制提供了合法性。

第二，政治分化。中亚各国社会的多元化程度普遍较低，因此政治分化程度相对有限。在政治力量格局中，中亚国家政权党势力作大与反对派政党的不断式微形成鲜明对比。在现实政治生活中，中亚国家普遍出现了政权党与亲政权在议会中占优的局面，这进一步加大了总统在权力体制中的优势地位。这种议会格局有利于总统政令的顺利通过以及总统意志的有效表达，总统可以直接通过政权党对立法权力施加影响，使他的个人意志和治国思想顺利转化为国家的各项制度与现行政策，从而有利于总统集权制的不断巩固。目前，多数中亚国家立法权力与行政权力的关系已经日益变成了某种从属关系，按照政党内部的组织原则，议会甚至完全成为听命于总统的部属或下级，而政权党或诸多亲政权政党也成为依附于总统权力并以巩固总统权力为其政治目标的政治力量。

第三，政治精英。在中亚国家现行的权力体制下，总统权威的挑战者主要来自地方政治精英与新生代精英。前者受部族政治或民族宗教的影响，后者大多是现行政权的受益者，但二者对总统权威的挑战不是以实行分权体制和政治民主化为目标，而是以争取其所代表势力的利益最大化为最终目标，即以精英替换为奋斗目标，因而对中亚各国现行政体的影响相对有限。

除此以外，历史和文化传统在其总统制的政体选择上具有较大影响作用。首先，历史上中亚各国的社会形态大多是以家族或血亲为主组成的部落联盟，对领袖权威的崇拜、对宗法观念以及群体意识的信奉是中亚各民族传统的政治文化特征。在这种文化心理的支配下，人们比较容易接受集权体制，并愿意把治理国家的希望寄托在领袖个人身上。其次，长期以来，中亚各民族处于沙俄专制体制和苏联高度集权的体制之下，在文化心理上具有对总统集权及其“一元制”治理方式的惯性认同。第三，中亚穆斯林文化中顺从权威的文化传统，对中亚国家一元治理体制的形成也具有某种促进作用。上述历史文化元素都具有同质的“一元”性特征，因而在中亚各国的总统集权体制中找到了契合点，对中亚国家政体模式的选择产生了重要的影响。

在被动的政治转型过程中，中亚社会传统的价值体系与文化认同并未遭到破坏和冲击，并在新体制下长期发挥着主导作用。而西方政治文化中平等、多元化、分权与制衡的理念同中亚政治文化中强调的崇尚权威、等级制度、一元化与集权的政治文化有着本质的区别。作为一种异质文化，西方民主政治价值观与西方民主政治体制被强行植入中亚社会机体后，在中亚各国内部几乎都表现出了程度不一的“排异现象”。实践表明，不顾社会发展的客观条件，盲目移植民主制度，不仅没有提高中亚各国政权机关的执政能力，相反却给中亚各国的政治发展带来了诸多不稳定因素。

安集延事件后，西方国家在中亚地区的民主化战略逐渐让位于其在该地区的能源利益与反恐利益。因此，作为中亚国家政治体制的外在影响因素，西方民主化战略经常因西方各国在中亚地缘战略利益的变化而被重新排序，从而缺乏长期性。而西方国家以“去俄罗斯化”为目标的民主输出战略，又往往因受到俄罗斯的抵制而难以推进。此外，由于西方国家经常以其在中亚地区的战略利益来划定对各国的民主政治边界，也使其对中亚不同国家的民主标准具有差异性和多变性，在一些国家被认为是专制的，在另一些国家则被看作是民主的，进而使其实际效果大打折扣。

独立至今，中亚各国已走过了20年的转型历程，中亚各国政府既经历了制度与体制的初建阶段与稳定期，也经历了"颜色革命"背景下的政治震荡期以及后"颜色革命"的反思期。如今，中亚各国的政治制度框架虽已建立，但尚缺乏稳定有效的运行机制，尤其在国家最高权力方面，到目前为止几乎所有中亚国家都没有实行过正常的政权轮换。值得一提的是，近年来中亚各国的领导人几乎都在致力于对本国宪法及其政治体制的修改，其目的就是为总统本人能够长期执政，或者为其所选择的继承人继任其职位寻找合法依据。从这种意义上来说，中亚国家的政治转型进程还远未结束。

79. 中亚：一体化还是分裂？

钱宗旗

中亚国家独立 20 年来，为了力求政治独立和避免国家经济陷入困境，避免中亚地区和社会安全步入险境，旨在建立区内一体化组织的努力始终没有停止过。哈萨克斯坦是地区一体化的积极号召者和组织者，吉尔吉斯斯坦和塔吉克斯坦积极响应哈萨克斯坦，而乌兹别克斯坦态度多变、土库曼斯坦则保持中立地位，区内一体化组织建立步履艰难。但是，中亚国家并未因此而放弃寻求建立地区一体化组织的努力，目前由哈萨克斯坦倡议建立的“中亚国家联盟”已经起步，并得到吉尔吉斯斯坦和塔吉克斯坦两国的大力支持，乌兹别克斯坦和土库曼斯坦也未表示明确反对。与此同时，中亚国家还开展与俄罗斯主导的区域组织的工作，并参与和发展与其他国家、国际组织和机构的多边和双边合作关系，希望借助国际力量带动地区发展，推动区内一体化的实现。

探索区内合作的艰难历程

独立初期，中亚国家领导人均意识到，各国推行的独立政策注定无法保持以往紧密的政治、经济和安全合作关系，尤其是经济合作关系。苏联时期的计划经济突然转变成各国独立的、不平衡的经济发展道路已经导致原先统一的经济纽带的断裂，中亚国家经济发展不仅停滞不前，甚至倒退。当时中亚国家由于失去统一的经济联系，国内失业剧增，人民生活水平明显下降，社会问题辈出。因此在随后的时间里他们签署了无数试图扭转局面恢复经济联系和经济合作的协议，但均无成效。以 1990 年和 1996 年地区各国相互间贸易出口比例为例：1990 年哈萨克斯坦对其他四国的贸易出口占出口总量的15.4%，吉尔吉斯斯坦为32.4%，塔吉克斯坦为22.7%，乌兹别克斯坦为23.1%，土库曼斯坦为30.6%；1996年各国的相互贸易出口比例明显下降，哈萨克斯坦对其他四国的贸易出口占出口总量的6.5%，吉尔吉斯斯坦为25.4%，塔吉克斯坦为30.9%，乌兹别克斯坦为5.2%，土库曼斯坦为13.9%，其中仅塔吉克斯坦有所上升，这与该国内战、经济发展水平低和经济依赖性强分不开。① 独联体作为苏联的继任者，作为一个地区合作组织成效甚微，在整个90年代，独联体国家之间的贸易急剧下降，从1991年至1999年独联体国家之间的贸易额下降了70%。独联体签署的3千多份文件中只有5%—10%的文件被执行。② 中亚国家试图通过签署条约和协议的方式维系地区间经济纽带的努力难以实现。

1994年，哈萨克斯坦总统纳扎尔巴耶夫提出"欧亚联盟"构想。"欧亚联盟"构想是为了"制定一个符合人类文明发展方向的、能保证从原社会主义地区独立出来的这些国家选择正确的发展方向"，并"集中力量加速克服过渡时期不可避免的经济危机和实行政治改革，缓解出现的困难和矛盾"。③ 已故哈萨克斯坦著名学者和国家政策专家乌·卡谢诺夫对纳扎尔巴耶夫提出的"欧亚联盟"构想做了具体阐述，他认为地区之间的政治协调和经济一体化将加强国家主权，"只有前苏联亚洲共和国的国家发展和国家间合作与一体化发展同时进行，中亚国家的主权才能得到加强。中亚一体化和政治协调机制的有效运作将加速中亚各国的经济发展，同时将推动解决它们之间现存和今后出现的矛盾"。④ 在此构想和理念的基础上，1994年1月，哈萨克斯坦和乌兹别克斯坦两国总统在乌首都塔什干签署了两国统一经济空间条约，决定从2月1日起建立共同市场，彼此消除关税壁垒，实现劳动力、商品和资本的自由流通。同年4月30日，吉尔吉斯斯坦宣布加入该条约，哈萨克斯坦、乌兹别克斯坦、吉尔吉斯斯坦总统签署了建立三国统一经济区条约"中亚同盟"，"中亚同盟"成员国组建了国家间委员会，

---

① Е. Кожокин，Узбекистан—поиск ногово обзора /Моск.，1998. С. 235.

② М. Гафарлы，Интегрируется ли Центральная Азия Таможенная война между Астаной и Ташкентом оставляет мало шансов для реализации этой идеи /Независимая газета，06.10.1999.

③（哈萨克斯坦）奥·维多娃著，韩霞译：《中亚铁腕—纳扎尔巴耶夫》，新华出版社2002年版，第313页。

④ У. Касенов，Безопасность Центральной Азии/Алматы，1998. С. 199.

总理、外长委员会及其工作机构——国家间委员会执委会。① 1995 年 4 月，哈、吉、乌三国总统在哈奇姆肯特市签署了加强三国经济一体化的《乌、哈、吉至2000 年经济一体化纲领》和成立有关协调机构的重要文件，决定组成由三国总统和总理组成的政府委员会，下设军事、外交等分委会，负责信贷、预算、税收、物价、货币、投资等方面的政策协调，同时决定成立中亚合作与开发银行，为吸引外资创造条件。1997 年 1 月，三国签署《永久友好条约》。1998 年 3 月，塔吉克斯坦加入“中亚同盟”，同年 7 月举行的“中亚同盟”首脑例行会议上，“中亚同盟”更名为“中亚经济共同体”。1999 年 6 月，中亚经济共同体首脑会议在比什凯克举行。四国首脑就加快经济一体化步伐和确保地区安全等问题举行会谈并签署了联合声明。声明重申，四国将始终不渝地推进中亚国家内部的经济一体化进程，加快自由贸易区的创建，拓展和深化四国在农工综合体、水利、电力、交通等领域的合作，协商解决各国目前在货币结算和关税限制等方面的问题。2000 年和 2001 年的四国首脑会议主要商谈了地区安全和稳定的问题，以及将四国间的经济合作扩大到包括政治、安全等领域的合作问题。2002 年 2 月 28 日，四国领导人在阿拉木图签署条约，将“中亚经济共同体”更名为“中亚合作组织”。该组织从原先单纯的经济合作扩大到政治、安全、人文等多方面的合作。2004 年 10 月，俄罗斯被吸纳为该组织正式成员。2005 年“中亚合作组织”并入由俄罗斯主导的“欧亚经济共同体”，中亚国家寻求建立区内一体化机制的首次尝试失败。这次探索建立区内一体化组织的失败并未动摇哈萨克斯坦继续寻求建立区内国家合作机制的理念和努力。2005 年，中亚合作组织并入欧亚经济共同体的同一年，哈萨克斯坦又提出建立“中亚国家联盟”的构想。2007 年，哈萨克斯坦总统纳扎尔巴耶夫访问吉尔吉斯斯坦期间，明确提出了建立“中亚国家联盟”的建议，哈吉两国领导人签署了成立两人个跨民族最高国家机构的文件：哈萨克斯坦和吉尔吉斯斯坦跨国最高委员会和两国外交部长委员会。塔吉克斯坦和乌兹别克斯坦表现出了兴趣，但是卡里莫夫总统对该组织仍充满疑虑。2008 年 4

---

① （哈萨克斯坦）卡·托卡耶夫著，塞·纳雷索夫译：《哈萨克斯坦：从中亚到世界》，新华出版社 2001 年版，第 128 页。

月，卡里莫夫总统访问哈萨克斯坦，乌哈两国领导人就此问题进行磋商。[①] 哈萨克斯坦此时提出建立“中亚国家联盟”的建议是基于其经济实力强劲发展的基础之上，对哈萨克斯坦而言是再度推动地区一体化的良好时机。由于2008年的金融危机和吉尔吉斯斯坦国内政局动荡不定等内外因素，“中亚国家联盟”的组建工作受阻陷入停滞状态。

中亚国家区内一体化组织难以建立的原因

独立以来，中亚国家区内合作进程始终难以打开局面，原因是多方面的。建立区域合作机制，消除苏联解体对中亚国家产生的消极影响的设想得到地区领导人程度不同的欢迎。哈萨克斯坦是建立区域合作机制的首创者和最积极的推动者，吉尔吉斯斯坦和塔吉克斯坦相对哈萨克斯坦和乌兹别克斯坦而言国家总体实力弱小，希望加强与周边国家在各个领域的合作，对建立区内合作机制均持积极态度，乌兹别克斯坦对区内合作的态度经常因形势的变化而改变，土库曼斯坦则排斥任何联盟组织，导致中亚国家区内合作难以顺利展开。中亚国家区内一体化合作举步维艰的主要问题表现在如下几个方面。

1. 各国政治经济改革速度和特点不同。中亚国家独立后，各国选择的政治、经济和社会改革道路有所不同，形成了各种政治制度，经济发展模式。从公开的个人崇拜到总统制共和国；从逐步调整经济结构到完全开放市场，一些国家甚至仍一成不变地保留了国家社会保障体系，如土库曼斯坦；而另一些国家则完成了退休金、市政和其他改革，如哈萨克斯坦；吉尔吉斯斯坦则于1998年加入了WTO。

各国地缘政治定位不同。哈萨克斯坦从独立初就选择了多方位外交政策为其基本方向，并始终坚持这一外交政策。乌兹别克斯坦选择了几乎截然不同的道路，首先决定依靠自己的力量，但是又时不时地摇摆于俄罗斯和美国之间。吉尔吉斯斯坦和塔吉克斯坦因国力弱小，在各个方面需要俄罗斯的支持和援助，因而选择俄罗斯为其主要盟友。

---

① Б. Шахназаров, Возможен ли союз стран Центральной Азии, http://www.easttime.ru/reganalitic/1/96.html.

应该指出的是，导致中亚国家区内合作首次尝试失败的一个重要因素是1998年俄罗斯八月风暴及东南亚金融危机。俄罗斯危机和东南亚金融危机使中亚国家自独立后略有起色的国民经济遭受强烈冲击，货币贬值、失业剧增、生产下滑，经济形势严峻，使得并不富裕的国家财政更加捉襟见肘，各国领导人迫于应对国内经济困境和由此引发的种种社会问题，无暇顾及地区一体化的发展，一体化实际上一直处于停滞或缓慢发展阶段。2002年哈萨克斯坦曾就地区一体化问题做过专门的调查，调查报告显示，认为一体化高速发展的只有3.6%，中速发展的占17.2%，低速发展的占22.4%。[①] “9·11”后，美国军事力量进入中亚，该地区再度成为全球聚焦点之一。中亚地区的地缘政治地位和能源资源吸引了国际势力，伴随而来的是大量投资进入这一地区，为中亚国家衰退的经济注入了一针“强心剂”，中亚各国纷纷寻求与区外国家和组织建立双边合作关系，这种双边合作热情大大超过区内一体化合作愿望，导致区内合作虚大于实。

2. 领土问题。领土纠纷是历史遗留问题，主要是原苏联当局随意划分边界造成的。苏联对中亚实施民族国家划界后，较少考虑民族和政治现实，多次随意更改各共和国的疆界。结果今天在中亚可以划出十几个左右有两个民族同时声称有权得到的“有争议的领土”。随意划分边界还造成一个共和国大量的居民居住在另一个共和国的现象。2002年哈萨克斯坦和乌兹别克斯坦两国总统签署了边界最终划分协议和联合声明，绵延2440公里的共同边界问题彻底解决，从而结束了两国边境居民因领土归属问题而经常发生的斗殴事件。[②] 但是乌兹别克斯坦与吉尔吉斯斯坦和塔吉克斯坦的领土纠纷问题始终难以解决。乌兹别克斯坦与吉尔吉斯斯坦共同边界长达1112公里，目前还有130公里边界线尚未确定。乌兹别克斯坦与塔吉克斯坦之间存在的已不单纯是在何处划界的问题。布哈拉和撒马尔罕（1924年划归乌兹别克斯坦）居住着许多塔吉克族人，这两座城市被塔吉克族人视为自己古老民族文化的中心，他们认为，只有拥有了布哈拉和撒马尔罕，塔吉克斯坦才能够称得上是一个完整的国家。乌兹别克斯坦因内乱不断建立了严格的边境签证制度，在边境地区埋设的地雷不断地造成吉尔吉斯斯坦和塔吉

---

① （哈萨克斯坦）http：//www.navi.kz，10.07.2002.

② （哈萨克斯坦）卡·托卡耶夫著，塞·纳雷索夫译：《哈萨克斯坦：从中亚到世界》，第161页。

克斯坦两国众多居民的伤亡，严重影响了国家间友好关系的发展。乌兹别克斯坦和塔吉克斯坦与乌兹别克斯坦和吉尔吉斯斯坦之间存在许多民族飞地，而且还有难以控制和治理的三国交界的费尔干纳盆地，三国政府因解决这些地区频繁出现的族际矛盾和纠纷经常闹得不欢而散，上层矛盾和下层纷争始终没有停止过，吉尔吉斯斯坦和塔吉克斯坦两国对乌兹别克斯坦的不满和责难始终是上到中亚地区首脑级峰会下至国际民间学者论坛的主要议题之一。

3. 水资源利用问题。中亚国家以农耕生产为主，水资源是经济发展必不可缺的基本要素。中亚水资源的源头在吉尔吉斯斯坦和塔吉克斯坦境内，流经哈萨克斯坦、乌兹别克斯坦和土库曼斯坦。在苏联时期，水资源利用有统一的原则，也得到中央的财政支持。中亚国家独立后水资源利用问题随即出现，且日益成为该地区事关生产和生存的紧迫难题。初期矛盾是上游国家吉尔吉斯斯坦和塔吉克斯坦因国家财力不济，难以维系水利枢纽等设施的维护和建设工程，下游哈萨克斯坦和乌兹别克斯坦在承担上游国家水利设施维修和建设等问题上无法与上游两国达成一致意见，如乌兹别克斯坦一直坚持认为水是上天赐予的，应该无偿使用，而拒绝向上游国家提供资金或物质补偿。随着国际势力的参与和国际财团投资开发吉尔吉斯斯坦和塔吉克斯坦两国的水利资源，上游和下游双方的矛盾增添新内容。其实上游国家面临的根本问题是这两个国家夏季电能过剩，冬季电能不足。苏联时期这一问题由莫斯科统筹安排，如塔吉克斯坦从土库曼斯坦和乌兹别克斯坦获得天然气，交换塔吉克斯坦夏季生产的电能，而冬天则由乌兹别克斯坦向塔吉克斯坦供电。苏联解体后该系统崩溃，这种交换变成了双边贸易，乌兹别克斯坦多次因塔吉克斯坦不支付费用而中止供电，而塔吉克斯坦为了解决冬季缺少能源的问题，大力发展水力发电设施，新建水库以满足冬季供电不足。上游国家还经常以切断水源要挟下游国家。上游国家新建水利设施势必极大地影响下游两国夏季农田灌溉的用水问题。乌兹别克斯坦因国际社会投资上游国家水利建设而大为不满，投资上游国家水利建设已成为一个极其敏感的政治问题。

4. 哈萨克斯坦和乌兹别克斯坦争夺地区大国地位。哈萨克斯坦和乌兹别克斯坦是中亚地区的两个大国，哈萨克斯坦领土辽阔，能源和矿产资源丰富，乌兹别克斯坦也是一个资源丰富的国家，是中亚地区人口最多的国家，苏联时期还是中亚地区最主要的重工业基地，独立以来两国一直为争夺地区领导者地位互相较量。进入 21 世纪后，哈萨克斯坦国内政局稳定，在能源经济的大力推动下，经济迅速增长，人民生活明显提高，远超出区内其他国家的发展水平。乌兹别克斯坦因国内局势不稳，政策多变，与区外大国摩擦不断，极大地影响了本国经济的发展速度，最近几年虽有起色，但与哈萨克斯坦相比仍有一定距离。哈萨克斯坦国家整体实力上升后，加大了对吉尔吉斯斯坦和塔吉克斯坦两国的关注，对两国的经济建设提供援助和投资，共同寻求和解决它们之间存在的问题和矛盾。吉尔吉斯斯坦和塔吉克斯坦与哈萨克斯坦的摩擦和矛盾本来就少，它们更愿意接近哈萨克斯坦，而疏远乌兹别克斯坦，土库曼斯坦则保持中立地位，因此哈萨克斯坦在中亚地区的影响力日益突出。

5. 对区内恐怖主义和极端主义认定不同。各国对地区极端组织和极端势力的看法存在截然不同的看法。“伊斯兰解放党”（又称伊扎布特）是目前对中亚各国影响最大、最活跃的宗教极端组织之一。该组织在世界许多国家被列入恐怖组织名单，其活动被禁止。吉尔吉斯斯坦虽然制定法律禁止该组织在本国境内的公开活动，但是仍默许“伊斯兰解放党”的追随者们在民众中公开宣传自己的思想。塔吉克斯坦则采取措施禁止该组织在本国的宣传活动，防止其在民间扩大影响。哈萨克斯坦则认为“伊斯兰解放党”对哈萨克斯坦不构成严重威胁，没有明文规定禁止其在哈萨克斯坦境内的活动，对该组织的行为听之任之。“伊斯兰解放党”在乌兹别克斯坦的活动最为活跃。乌兹别克斯坦独立以来境内所发生的恐怖事件均与该组织有关，或由该组织主导策划。乌兹别克斯坦认定“伊斯兰解放党”试图颠覆世俗制度，建立伊斯兰国家，是一个极端恐怖主义组织，严厉禁止其在本国领土上的一切活动，对其实施严酷的镇压。中亚国家之间缺乏共同对待恐怖主义和极端主义的态度对整个地区安全和稳定产生不利影响，同时也影响成员国之间的关系。

上述问题中，最为重要和关键的问题是涉及中亚地区生存和经济发展的水资源利用问题，可以说，这个问题如何解决将直接影响该地区今后合作和发展的走向。

积极参与和发展与区外国家、国际组织和机构的合作关系

国际势力进入中亚后，中亚国家对寻求区内合作的积极性大大降低，转而寻求和发展与区外国家、国际组织和机构的双边或多边合作关系。来自区外的大量

投资和合作项目极大地推动了中亚地区的经济和社会发展，中亚各国经济逐渐走出困境，步入稳步发展阶段。随着社会形势的好转，中亚国家之间存在的问题和矛盾暂时得到缓解，区内国家能更加理性地分析这些问题的症结所在和解决方法。在中亚地区经济和社会发展中发挥重要作用的国家、国际组织和机制主要可分为三类，俄罗斯主导、美欧主导和中国参与主导。

1. 中亚国家与俄罗斯70多年共存亡的历史使俄罗斯依旧是中亚国家最大的依靠。俄罗斯因国力增强而信心倍增，重塑大国形象和恢复大国地位成为其外交政策的重点。普京总统执政后，俄罗斯对中亚国家的态度有了明显的改变，合作取代了高压，使中亚老一代领导人从心理上改变了对俄罗斯的看法，就连以往对俄罗斯态度冷淡的乌兹别克斯坦和土库曼斯坦也改变了对俄罗斯的态度，乌兹别克斯坦总统卡里莫夫甚至表示，俄罗斯是乌兹别克斯坦“最可靠的安全伙伴”和“国家安全的主要保障”。

中亚国家独立后与俄罗斯一直保持紧密联系，中亚国家基本上都是俄罗斯主导的集体安全条约、联合防空体系、独联体反恐中心和欧亚经济共同体等地区组织的成员国。

集体安全条约等组织在保障成员国，尤其是中亚国家的安全和领土完整方面发挥了积极的作用。中亚国家尚没有能力独立地承担保障本地区的安全责任，阿富汗政局动荡对中亚安全构成直接威胁，集体安全条约在该领域发挥了重要作用。集体安全条约的功能因时局的变化而有所调整，从起初的加强集体防御空间和提高联合防御能力，防止并调解成员国内部及地区武力争端，继而发展扩大到反恐、禁毒、打击非法移民等涵盖所有安全领域的合作。2008年起，该组织开始实现功能型转型，从政治军事组织逐渐转变为多功能的国际组织，并将工作重点更多地放在维护信息安全、打击毒品犯罪和恐怖主义等问题上。

欧亚经济共同体对中亚国家而言是最能带来实际效益的地区经济组织，中亚合作组织并入该组织后，加强了中亚国家与俄罗斯的经济合作纽带。普京说：“欧亚经济共同体是后苏联空间最有成效的组织”[①]，是后苏联地区一体化进程的核心。俄罗斯和哈萨克斯坦在欧亚经济共同体框架内建立了欧亚发展银行，为成员国一体化方案提供财政资助。2007年10月的欧亚经济共同体首脑峰会上，俄

① И. Наумов, ЕврАзЭС разложили по полочкам, Независимая газета, 11.06.2008.

罗斯、白俄罗斯和哈萨克斯坦三国决定在2011年之前率先建立关税同盟，建立统一经济空间。[①] 2011年7月，梅德韦杰夫总统签订了为建立三国“统一经济空间”有关批准协议的法律条令。[②]

中亚国家独立以来，俄罗斯一直是这些国家最重要的贸易伙伴，在这些国家的外贸总额中俄罗斯所占的比例逐年增加，以1992和2007年为例，俄占哈外贸总额的比例分别是23%—29%；俄吉是22%—29%；俄乌是15%—18%；俄塔是4%—13%；俄土是2%—10%。[③] 中亚国家的经济收入是单一的，主要依赖水、石油和天然气资源，多年来这些国家在如何保障能源和自身利益方面始终存在分歧，这些分歧与俄罗斯有着密切相关的联系，多数是苏联解体后遗留下来的问题，俄罗斯参与中亚地区的合作进程对问题的解决将起到事半功倍的效果。

2. 美欧主导的地区组织和机制主要是欧盟、北约和平伙伴关系计划、欧安组织、美国大中亚计划等，他们在政治、经济、安全、人文等领域对中亚地区进行渗透。美欧对中亚地区的关注侧重点有所不同。欧洲的中亚政策进攻性小，更多地体现在合作层面上。“欧盟中亚战略”的基础是中亚国家必须保持稳定局势，在此前提下推进中亚国家政府在人权和民主进程中取得进展。上世纪90年代以来，欧盟共向中亚地区提供了11.32亿欧元的援助，根据“欧盟中亚战略”，2007—2013年间欧盟将向中亚地区提供总额为7.5亿欧元的经济援助。[④] 欧盟还表示在2007—2010年将向塔吉克斯坦提供6600万欧元援助以阻止毒品从阿富汗通过塔吉克斯坦向外流散。[⑤]

北约和平伙伴关系计划是中亚国家加入的第一个由西方国家主导的安全合作机制，是北约与中亚国家进行安全领域合作的平台，主要在军事演习、维和、危机控制等领域进行合作和政治磋商。1996年哈萨克斯坦、吉尔吉斯斯坦和乌兹别克斯坦三国成立“中亚维和营”，接受北约的帮助，2002年塔吉克斯坦加入该

---

① http://www.ereport.ru/articles/ecunions/eurazes.htm.

② Президент России подписал законы о ратификации пакета соглашений в рамках Таможенного союза, http://www.regnum.ru/news/1426253.html.

③ В. Парамонов, А. Строков, Торгово—экономическое присутствие России в Центральной Азии, http://www.easttime.ru/reganalitic/1/148.html.

④ 李力：《欧盟为何放不下中亚》，《光明日报》2007年4月2日。

⑤ А. Бурханов, Стратегия Европейского Союза в Центральной Азии : успехи и неудачи, Центральная Азия и Кавказ, №3 (51) 2007. С. 18.

计划。“中亚维和营”从1997年开始每年在中亚举行演习，1999年，哈萨克斯坦、吉尔吉斯斯坦和塔吉克斯坦还到美国参加北约的联合军事演习，“中亚维和营”的活动实际上与北约的安全体系联成一体。

欧洲安全与合作组织自苏联解体后就开始介入中亚事务，现在该组织在中亚的活动涵盖政治、经济、文化和科技等各个领域，他们通过官方或非官方途径开展活动，逐渐扩大对中亚地区社会发展的影响力。

美国是中亚国家独立后最早进入这一地区的西方国家之一，美国视中亚地区为其全球战略的一部分。2004年6月，美国与中亚五国签署贸易与投资框架协议（TIFA），美国希望通过TIFA进一步加强与中亚各国的双边经济关系及与整个中亚地区的贸易联系。1999年至2005年间，美国每年对该地区的直接投资一直保持在1.5亿美元。从1992年至2005年美国累计与中亚国家的贸易往来总量为133.3亿美元，其中哈萨克斯坦和美国的贸易占70.2亿美元；乌兹别克斯坦和美国的贸易占30.8亿美元；土库曼斯坦和美国的贸易占20.5亿美元，美国与吉尔吉斯斯坦和塔吉克斯坦两国的贸易很低。[①] “9·11”后美国军事力量进入中亚，美国对中亚的政策有所改变，除了能源、安全领域的合作外，更多地表现为在该地区推行西方价值观和民主制度，试图改变中亚的现行体制。吉尔吉斯斯坦两次政变将该国推向俄罗斯对美国无疑是当头一棒，中亚其他国家受此冲击纷纷加强对本国的控制能力，排斥西方势力。美国在该地区推行民主制度失利和阻力日增的情况下，试图改变策略，借助其所谓的“大中亚计划”，把关注点放在经济合作领域，以扩大其在中亚的影响力，降低俄罗斯和中国在该地区的作用和地位。中亚国家希望美国更重视中亚的经济建设，而非输出西方民主价值观等，中亚国家更热衷于与美国等西方国家发展双边关系。

3. 中国主导参与的上海合作组织（简称上合组织）在中亚地区发挥的作用得到中亚各国的认同，该组织为促进中亚地区的经济发展、消除贫困发挥了积极作用。在区域合作框架内中国每年投资中亚国家用于基础设施等地区发展紧迫性领域的资金业已产生实际效益。该组织的工作重点转向经济合作领域，成员国开展多边经济合作的法律基础和组织机制已具备，多边经贸合作纲要措施计划开始

---

① 郑羽主编：《中俄美在中亚：合作与竞争》，社会科学文献出版社2007年版，第275—278页。

得到落实，成立了上合组织实业家委员会和银行联合体。根据 2003 年的多边经贸合作纲要，上合组织将于 2020 年以前在成员国边界内建立自由贸易区。

除此之外，中亚地区其他区外组织和机构有：名存实亡的统一经济空间、哈萨克斯坦倡议建立的论坛性机制亚洲相互协作与信任措施会议、尚未真正发挥作用的伊斯兰国家组成的中西亚经济合作组织，以及为中亚地区建设和经济发展带来实际效益的亚洲发展银行、欧洲复兴与发展银行、国际货币基金组织、世界银行等组织。

中亚地区区外国家、国际组织和机构对中亚地区的整体发展发挥积极的作用，投资和合作项目逐年增加，极大地推动了地区经济的发展，为这些国家的发展奠定了良好的基础。进入 21 世纪后，中亚国家经济发展持续呈上升趋势，哈萨克斯坦尤为突出。哈萨克斯坦在能源经济的推动下发展势头不减，拉大了与其他国家的距离，大有金鸡独立之势。哈萨克斯坦国民生产总值每年实际增长速度平均保持在 9%左右。2011 年 1 月，纳扎尔巴耶夫总统在议会发表国情咨文时称，1994 年哈人均 GDP 仅为 700 多美元，到 2011 年 1 月，人均 GDP 已达到 9000 多美元，提高了近 12 倍，[①] 乌兹别克斯坦最近几年的经济增长速度为 7%左右，2010 年人均 GDP 为 3100 美元。[②] 吉尔吉斯斯坦和塔吉克斯坦的经济增长速度为 3%—5%。中亚各国，吉尔吉斯斯坦除外，政治和经济政策基本趋向稳定，国家控制局势的能力日益增强，地区整体发展上升到一个新的起点——稳步发展阶段。困扰区内国家合作的问题虽然依旧存在，但是各国对解决问题的认识有所改变，各国普遍认同通过谈判和妥协是寻求区内问题解决的根本途径，尤其是水资源利用问题，毕竟这是关系整个地区生存的头等大事。中亚国家认为来自区外的投资和援助治标不治本，本地区事务的最终解决需要依靠区内国家的共同努力。哈萨克斯坦始终坚持“中亚一体化和政治协调机制的有效运作将加速中亚各国的经济发展，同时将推动解决它们之间现存和今后出现的矛盾”这一理念，正是在此理念和地区发展现状的基础上，哈萨克斯坦再次提出重新组建区内一体化组织——“中亚国家联盟”的建议。

---

① Послание Президента Республики Казахстан Н. А. Назарбаева народу Казахстана от 28.01.2011，http：//www.minplan.kz/message/467/36187/.

② http：//iformatsiya.ru/tabl/567－vvp－n.niya－2010.html.

结论

全球化进程中，地区合作对所有成员国而言不是一种选择，而是必要的进程，地区合作是中亚国家发展的必要条件。[1] 中亚地区重新组建地区组织“中亚国家联盟”是全球化发展的必然规律和结果。根据国际地区一体化组织的经验，通常总有一个或几个实力强的国家作为组织的领导者，在他们的带领下，地区组织才能真正成为一个互利共赢的组织，如欧盟。中亚地区过去正是因为自顾不暇，各自为政，宛如一盘散沙，缺乏动力和凝聚力，其结果是老问题没解决，新问题接二连三地出现。哈萨克斯坦国力迅速发展，对自己成为地区一体化领导者的信心倍增。早在 2007 年，纳扎尔巴耶夫总统在国情咨文中就表示，“哈萨克斯坦能成为经济发展的‘地区火车头’”。[2] 根据哈萨克斯坦的建议，“中亚国家联盟”将按照欧盟模式分阶段组建，目的是在联盟内部建立统一的商品、劳动力市场、货币等。哈萨克斯坦和吉尔吉斯斯坦两国首先倡议建立“中亚国家联盟”对话机制，为组建“中亚国家联盟”创造条件，塔吉克斯坦随后也公开表示支持，乌兹别克斯坦最初持反对意见，随后态度有所缓和，表现出了一定的兴趣。乌兹别克斯坦的主要症结应该还是在地区领导人问题上，它不希望衬托哈萨克斯坦的地区作用，而更倾向于与区内国家建立双边合作关系。在 2008 年 7 月举行的哈乌领导人会晤中，两国宣布在同年 12 月之前首先制定出在两国边境建立自由贸易区的方案。

中亚一体化还是分裂，有一个事实不容忽视，那就是中亚国家有着太多的共性。一是地缘近邻关系，共同的边界将它们联系在一起；二是共同的血缘关系、共同的民族来源和祖先亲属关系；三是语言文化的近似，苏联时期加强了中亚人民文化语言的接近，统一的教育体系，统一的西里尔文字，统一的文化基础，这一切形成了共同的文化政治模式；四是共同的国家历史，70 年苏联历史建立的政治、经济等联系。中亚国家经济相互依赖，互补和协作，如中亚学者所言，中

---

① Лаура Шамсутдинова, Аспекты регионального сотрудничества/ Экономическое обозрение, 23.08.2007. http://www.review.uz.

② （哈萨克斯坦）努·纳扎尔巴耶夫：《致全国人民的国情咨文》，阿斯塔纳，2007 年 2 月 28 日，第 8 页。

亚地区国家“尚处在建立民族国家的初级阶段，达到具备‘欧洲模式’一体化条件还需要很多年”。[①]

中亚国家同根同宗的紧密关系是与生俱来，分割不开的。在全球化的今天，地区合作是应对全球化、融入世界经济的重要策略和手段，这一观点不仅为世人所认同，也得到中亚国家的认可。

---

① A. Малашенко，Шлагбаумы на пути интеграции，Независимая казета，16.07.2007.

80. 中亚五国经济转型的主要内容与特点是什么?

王海燕

1991年苏联剧变，中亚五国哈萨克斯坦、乌兹别克斯坦、土库曼斯坦、吉尔吉斯斯坦、塔吉克斯坦纷纷成为独立国家。20年来，中亚五国所走的经济发展道路不同，各国选择了不同的经济发展战略、不同的经济体制改革方略，21世纪之初和全球金融危机之后，随着各国经济发展的需要和世界经济形势的不同作了程度不同的调整。各国先后程度不同地经历了在没有准备的情况下独立建国、发行本国货币、俄罗斯金融危机、颜色革命、政权更迭、全球金融危机、粮食危机等诸多考验。迄今各国的发展模式孰优孰劣尚难下定论，但有一点是共同的，即各国都从苏联时代的计划经济体制走入了市场经济体制，逐渐融入全球化的世界经济体系当中。总体来看，中亚五国为其选择的经济发展道路付出了程度不同的代价，各国经济发展的成效呈现了越来越明显的差异。

经济发展战略的选择

哈萨克斯坦独立伊始就提出以激进的、高度发达的社会导向型市场经济体制作为哈经济体制改革的模式，计划用15—20年时间建立较完备的市场经济体制，分三个阶段完成任务：第一阶段，实现国有资产非国有化和私有化，充实国内消费品市场；第二阶段，改变和优化国民经济结构，建立各类要素市场；第三阶段，加快发展外向型经济，逐步与国际接轨，以跻身工业化国家行列。为确保上述战略目标的顺利实现，哈萨克斯坦确定其经济工作所遵循的原则是：1. 支持本国企业家阶层的崛起；2. 改革生产结构；3. 为人民提供社会保障；4. 充分利用共和国的地缘优势，实现国民经济的振兴。独立 20 年来，哈萨克斯坦走的基本是资源密集型出口发展战略，发展石油开采、有色金属和黑色金属初级产品生产。出口则是这一战略的核心。近几年开始提出进口替代型战略，但成效甚微。按哈萨克斯坦总统 2000 年确立的发展战略，哈萨克斯坦经济发展应扬长避短，力保重点，不求全面，支柱产业为石油、有色金属、粮食和畜产品等原料及初级产品的生产与加工，机械制造业为其服务，轻纺产品不一定大力发展，可依靠进口。2006 年以后，哈萨克斯坦强调发展最终产品出口生产，建立石油天然气、交通以及机械制造、冶金、化工、农业加工等合资企业；发展有外国公司参与的生物技术中心、信息技术园区。政府还为提高本国产品和服务的竞争力采取措施。哈萨克斯坦还继续实施开放的自然资源利用政策，为与跨国公司和主要区域合作伙伴合作提供透明和稳定的条件。目前主要致力于建设多元化和稳定的能将国家能源资源输送至国际市场的渠道，以及发展石油深加工工业。

乌兹别克斯坦选择了建立“使经济发展的效率同社会保障和社会公正结合起来”的市场经济的战略目标，走的是渐进式改革之路。其经济发展战略是：分阶段形成面向社会的市场经济，建立多种经济成分，为企业和公民提供广泛的经济自由，实现深刻的经济结构改造。为确保该战略稳定实现，乌兹别克斯坦确定了经济改革和国家建设所要遵循的五大原则：1. 经济改革任何时候都不应该“盲从于”政治，不应该从属于某种意识形态；2. 国家应是改革的主体，必须处于主导地位；3. 法律高于一切，人人都应奉公守法；4. 实行有效的社会保障体系；5. 向市场经济过渡，要分阶段进行。20 年来，乌兹别克斯坦根据本国国情，以进口替代型经济发展战略为主，资源出口为辅，逐步解决了食品、能源的供给问题，并不断调整经济结构，致力于提高产品质量和后加工能力，形成比其他中亚国家较完备的国民经济体系。

吉尔吉斯斯坦通过了《稳定国民经济与向市场经济转变的方案》，提出建立国家发展的全新的社会经济模式——市场经济模式，走的是激进式改革之路，并制定了以下方针：1. 保障各种经济形式平等发展，保障充分的经济自由和规定生产者的责任；2. 改善金融和货币流通体制，改善贷款政策，改革银行业务；3. 分阶段地实行非国有化和私有化；4. 打破经济垄断，在需求和国家调控的基础上向自由价格和市场经济过渡。由于缺少资源禀赋，吉尔吉斯斯坦采取的是以农业为基础和发展过境贸易的发展战略，即大力发展农牧业生产，保证本国居民的衣食供给，同时依靠国家创造良好的环境，引进外资发展本国经济。由于采取了比较灵活多样的方式，吉尔吉斯斯坦吸引外国贷款和投资的渠道相对其他中亚国家较多，本国经济发展的成效比较显著。2004 年颜色革命之后，政权更迭等因素影响，吉尔吉斯斯坦自由经济的道路没有改变，但经济发展遭受了多重打击，至今还在低位徘徊。能源供应一直是困扰吉尔吉斯斯坦经济发展的大问题，2010 年 11 月 26 日吉尔吉斯斯坦能源部宣布，将在美国国际发展署（USAID）专款支持下，全面实施能源管理体系改革，以期使行业彻底摆脱家族体制影响，实现市场化转型。吉尔吉斯斯坦能源改革方案具体分三个阶段。第一阶段（2010 年 11 月起至 12 月份）对全系统进行盈亏分析，找出产业管理弊端。第二阶段（自 2011 年 1 月份起）研究解决问题和具体投资措施。第三阶段系将在前两个阶段基础上，由美方专家提出行业发展建议，并制定相关规划。

土库曼斯坦政府采取的是渐进式的、有利于稳定和经济发展的市场化改革战略。它为本国制定的目标是：在最近几年进入世界最发达国家行列，改变落后状态，为赶超发达国家积累经济、社会实力。为此，土库曼斯坦采取了资源密集型出口战略，把石油天然气开采和棉花生产作为本国经济的支柱产业大力发展，同时，由于粮食连年丰收，土库曼斯坦开始注意发展食品业。塔吉克斯坦由于经历 6 年战乱，面临医治战争创伤、克服经济危机、解决人民温饱等紧迫问题，经济改革一波三折，但最终走的是激进式市场化改革之路。塔吉克斯坦采取的是建立灵活有效的国家经济管理体制、建立社会稳定机制、实行彻底的经济改革、充分挖掘现有的生产潜力、积极说服有关国家尤其是周边国家对其进行援助、贷款和投资等措施。经过努力，塔吉克斯坦逐步建立了铝业生产、水电站建设等支柱产业，近几年经济开始有所回升。

经济体制转型的方略与主要政策

中亚各国在各项经济体制的改革方略上有所不同。

1. 经济体制改革的形式不同。哈萨克斯坦、吉尔吉斯斯坦和塔吉克斯坦选择的都是激进式改革，所以这三国的经济变化最剧烈，国家对经济的控制力明显减弱；受 1998 年俄罗斯金融危机和 2007 年以来的全球金融危机的影响较明显。

而乌兹别克斯坦和土库曼斯坦选择的是渐进式改革，在总统集权的严格控制下进行，经济波动相对较小，经济倒退幅度也较小。

2. 所有制形式有所差异。哈萨克斯坦自 1991 年 9 月开始改革经济体制，改变资产的所有制，确立私有制，推行国有资产非国有化和私有化。到 1998 年，工业、林业、交通业、通信业、建筑业、物资技术供应、地质与地矿勘探、医疗卫生、社会保障、教育等领域国有中型企业所占的比重依然很高。哈萨克斯坦私有制和共同所有制程度较高的领域主要是农业、渔业、商业和社会供给业、不动产业、日常服务业等。到 1999 年年底，非国有制形式已成为哈萨克斯坦经济领域内最活跃的经营主体，决定哈萨克斯坦经济发展的水平和方向。哈萨克斯坦农业领域非国有制形式企业成为农产品的主要提供者，其比重由 1990 年的 1/3 多，达到 1999 年的 99%，农业经营主体的数量增加了 15 倍，已彻底完成了国营农场私有化和集体农庄的改革。到 2000 年上半年，哈萨克斯坦工业企业形成了 4 种所有制形式，即国有制、混合所有制、私有制和外国资本所有制。至此哈萨克斯坦国有制工业企业占 7%，数量虽小，但都是大型或特大型企业；私有制企业占 78.9%，其中包括股份制企业和真正属于私人的企业两类，而且股份制企业的数量占大多数，真正的私营企业并不多，主要是小企业；外国所有制企业占 14.1%，主要由外国或外国公司占有或管理。[①] 2008 年前后，为应对金融危机，增加国家对经济命脉的控制力，将部分银行和能源企业以各种方式由国家控管。2011 年为鼓励中小企业，增加就业，采取了多项措施：一是鼓励和支持居民自主创业和自主就业；二是继续落实《2020 年前商业路线图》，扶持中小企业发展，扩大就业；三是发展小额贷款，支持自主创业。

乌兹别克斯坦从独立时起就以所有制改革为重点，通过实行财产非集中化、非国有化和私有化政策，建立起混合的多种经济成分。乌兹别克斯坦列入非国有化的依次有住房和日常生活服务业、商业及公共饮食业、地方工业、建筑业等企业。工业企业主要采取私有制、股份制、集体所有制、与外商合资等方式将企业建成或改造成非国有制企业。对农业领域的所有制改革主要是：建立农户，其中独立农场可享有终身可继承的土地使用权；将国营农场改造成集体农场；在占农地 46.6%的集体农场中实行家庭定额承包制；确认和发展个体农户的经营地位，

① http：//www.kazstat，kz，2002 年 3 月 20 日。

将国营农场或农庄改变为承包制、租赁制的农业生产单位，发展个体农户和建立个体农场。到2001年，乌兹别克斯坦工业总产值的70%以上都是由非国有经济部门创造的。农业领域私有比重较大，99%的棉田、麦田和蔬菜地转包给农户①。21世纪以来的最近10年，私营企业在乌国民经济中所占份额从31.1%增至52.5%，在这一领域的就业人数达到就业总人数的74.5%，此领域的收入超过全民总收入的47%。在乌独立的20年间，乌为私有财产优先权建立了坚固的法律保障，为市场经济的发展打下了坚实基础，这为乌私有经济的发展创造了良好的发展环境。2011年上半年，非国有经济企业产值占全国GDP的77.1%，同比增长8%；从事进出口业务向国家纳税额占GDP的11.9%。乌全国居民的78%在非国有部门就业，其中，小企业和私人企业产值占GDP的42.2%，出口额9.54亿美元。②

吉尔吉斯斯坦非国有化和私有化进程可划分为1991—1993年、1994—1995年、1996—2000年3个阶段。在私有化过程中，主要采取了5种方式：公开拍卖、竞卖（招标）、建立股份公司、先租赁后出售、按既定价格将部分中小企业直接卖给个体或集体企业。根据行业特点，工业、建筑业企业主要采取股份制方式，农业部门采取集体购买方式，商业部门采取拍卖方式等。到1997年年初，吉尔吉斯斯坦私有化资产占全部资产的比重为：工业80.2%，农业76.1%，建筑业56.6%，交通业47.8%，商业和公共饮食业97.2%，日常服务业100%，非生产领域34.2%。至此，吉62.1%的国有企业已实现了私有化③。1997—2000年，吉尔吉斯斯坦对国家经济的基础部门、能源和采矿等领域实行私有化，到2000年该国经济私有制成分已占主导地位，私有化改革基本完成。到2010年年底，全国正式登记注册的各类经济实体（包括法人和自然人）总计47.48万家，其中具有法人资格的2.45万家，占比5.2%。在具有法人资格的经济实体中，13.1%为国有企业，17.4%为集体企业，69.4%为私营企业。

土库曼斯坦是中亚五国中向私有化过渡最慢、最不彻底的国家。土库曼斯坦在渐进式改革中逐步将一些不太重要领域的国有资产进行非国有化和私有化，涉

① http：//www.uz.gov，2002年3月21日。

② http：//www.uzdaily.uz，2011年8月25日。

③《吉尔吉斯斯坦共和国概况》，新疆维吾尔自治区边境贸易管理局和中国驻吉尔吉斯斯坦使馆经商参处1998年6月。

及国家命脉的国有大型企业依然由国家掌管。土库曼斯坦在农业领域的改革主要有三个方面：土地改革、完善财产隶属关系、形成市场型的农业结构。土库曼斯坦通过租赁等形式使土地私有化，从而给农民经营自由权，在1993年进行了土地改革；1994年改革了集体农庄、国营农场及其他经济实体，并建立了农产品生产的基础设施；1995年，所有集体农庄、国营农场和其他农业实体都改为农民经营体制。到2001年，土库曼斯坦有一半以上的农民拥有自留地，还有一部分人享受国家规定的个人可长期租赁土地50年的政策。由于实行了有效的农业改革，土库曼斯坦达到了改革之初制定的粮食自给的目标。目前，其所有制形式为混合型，但其国有制比例高于其他中亚国家，国有制与非国有制的不平等比其他中亚国家明显。2009年8月，土库曼斯坦议会通过《支持中小企业法》，以总统令的形式颁布实施。该法首先明确界定了中小企业的概念，即人数不超过200人的从事工业、电力、建筑、供气、供水等行业的企业，以及人数不超过100人的从事其他行业的企业均视为中小企业。该法规定了支持中小企业发展的主要方向，即对中小企业提供融资、材料和技术支持；保证中小企业信息畅通；鼓励中小企业参与国家经济和社会发展纲要所确定项目的建设；鼓励中小企业参与国家采购招标；协助中小企业培训人员；协助中小企业发展外经贸业务等。该法规定在内阁内设鼓励中小企业发展委员会，专门负责落实该法，制定各项实施细则。

塔吉克斯坦的所有制改革起步较晚，到2001年1月，塔吉克斯坦国家所有制经营主体占27.8%，私营所有制经营主体占47.1%，集体所有制经营主体占19.3%，混合所有制经营主体（外国法人、外国公民和无国籍公民所有的企业）占5.8%。① 主要私有化方式是将企业卖给职工、股份制改造、租赁企业、拍卖或招标等，所有公民都可参加。农业领域的私有化改革是政府极力保障所有居民能够接触农业财产，任何一位农民均可要求按份分给土地作为私人使用。1994年，塔吉克斯坦私营农场租用的土地面积总共9271公顷，到2000年1月为27.12万公顷。国家将110家农业企业改造为426家农场，非国有农业在全部粮食产量中所占份额为57.4%。②

3. 财政信贷体制改革的领域不同。哈萨克斯坦的财政信贷体制改革主要在

① 独联体国家统计委员会：《独联体国家统计年鉴》，莫斯科2002年。

② 同上。

银行系统、税务系统和价格体系进行。1993 年 11 月 15 日哈萨克斯坦共和国发行了本国货币坚戈。中央银行负责制定国家货币信贷政策，控制其投放量，各类商业银行则经营货币信贷业务。1995 年哈萨克斯坦银行系统改革的主要任务之一是，最大限度地缩减货币资金的集中再分配。银行资金的再供应机制有了实质性的改变，经济信贷职能从哈萨克斯坦国家银行基本上转向二级银行。国家银行作为中央银行履行的职能是向二级银行贷款以维持其清偿力，全面地实行货币信贷调节和外汇调节。1996 年 12 月，国家银行批准了银行转入国际标准的办法条例。到 1998 年年初，银行用于经济的贷款增加了 30%，为 930.7 亿坚戈，同时，贷款在银行资金中所占的比重增加到 48%。1998 年哈萨克斯坦国家银行采取了降低国家在银行资本中的份额的措施以及较为严厉的公开化、许可制度和银行内部实行监督的办法，并在银行机构中成立了保险监督局。1998 年年初，银行总数由 82 个减少到 76 个，而银行累计注册的法定资本增加了 32%，1998 年 10 月已达到 420 亿坚戈。① 哈萨克斯坦税制改革的方针和目标是：减轻企业的纳税负担，缩小居民的收入差距，扩大纳税范围，简化纳税程序，减少税收费用。根据 1995 年通过的税法，哈萨克斯坦将税种由 51 种减少至 12 种，同时降低企业的纳税税率，提高居民所得税税率。根据新体制的要求，哈萨克斯坦取消了对企业，包括农业企业的亏损补贴和各种优惠。为理顺财政信贷程序，有效压缩财政支出规模，从 1996 年起哈萨克斯坦取消了国家预算对中央银行的透支，并通过扩大各类有价证券的发行量来充实国家的财政收入，减少财政赤字。从 1998 年 1 月开始，哈萨克斯坦将内债和外债的进款数量与国家偿还的差作为预算赤字数量，1999 年国家预算赤字占国内生产总值的 3.5%，国家外债占赤字总数的 71.5%。② 在价格管理方面，刚开始是进行调整，之后全面放开价格，以刺激自由市场的发育，除了一些战略资源和特殊产品外，几乎所有产品都实行自由价格。2006 年以来，国家支持发展进出口信贷，对非原材料领域商品出口和高科技设备进口提供信贷支持，最近 10 年来哈萨克斯坦制成品年出口都基本维持在约 20 亿美元。

乌兹别克斯坦主要对银行体系和价格体制进行了改革，建立了包括私营银行

① （哈萨克斯坦）《哈萨克斯坦真理报》1999 年 4 月 17 日。

② （哈萨克斯坦）《全景报》2000 年 3 月 21 日。

在内的商业银行网；建立了各类交易所并使其活动规范化、制度化；发展了保险业务；建立了监测机构和法律机构并完善这些部门对经济活动的参与和监督；加强了经营管理人才的培训。乌兹别克斯坦并没有完全放开物价，而是采取逐步放开并保留国家部分定价权的措施。1995 年以后，国家逐步放开了包括粮食和能源在内的几乎所有商品的价格，基本上达到了价格自由化的目的。但没有完全实现本国货币的自由兑换。独立期间，乌兹别克斯坦建立了新的金融预算系统，实行新税收政策用来持续减轻纳税负担，扩大了生产经营活动的自由权，以上措施为经济持续快速发展提供了动力。自 2005 年形成的无赤字国家预算提高了经营主体的收入和参与投资活动的积极性。在税收政策方面，国家继续减轻经营主体的财务负担，促进生产企业工艺设备的现代化改造，提高公民的收入和购买力，简化和完善税务管理。多税种税率降至原来的 1.5 至 2 倍，用于社会发展领域的拨款占国家预算的比重从 31.5%增至 59%。20 年间，乌已经建立起商业银行网络，银行资本和存款的增长来自民众信任度的提升，75%的贷款为长期投资贷款，用于生产的更新与现代化建设。良好的投资环境和积极的投资政策成为乌兹别克斯坦经济发展最重要的因素，20 年间，乌兹别克斯坦每年掌握的投资额增长了 10.6 倍；生产领域投资额所占比重从 58.3%增至 73.5%，一大批工业企业运营投产——布哈拉石油加工厂、舒尔丹天然气化学综合体、昆格勒碱厂等。

吉尔吉斯斯坦主要对价格体系和金融体系进行了改革。对价格体系的改革方式较为激进，1994—1995 年，取消了直接或间接的价格控制，实行由经济作杠杆的自由贸易政策，全面实现了价格自由化。对金融体系的改革主要体现在建立证券交易所、发行私有化证券上。2007 年前后强调健全金融、生产与贸易风险防范、预警机制，将通货膨胀等因素造成的影响降至最低。通过减税、部分税种实现零税率等措施推动加工工业发展。至今连续几年，改善民生都成为当务之急，外国贷款、投资和援助在吉尔吉斯斯坦的经济发展中占据越来越重要的地位。2010 年，外资投入约 2.25 亿美元，占 23.4%，其中，外国贷款约 1.2 亿美元，外国直接投资约 0.7 亿美元，外国赠送和人道主义援助约 0.34 亿美元。到 2011 年 5 月，国际金融机构已累计对吉尔吉斯斯坦贷款 15.4 亿美元，占其外债总额的 60%。上述贷款对于该国发展经济、改善基础设施状况等发挥了重要作用。其中，世界银行和亚洲开发银行为吉最重要的合作伙伴，对吉尔吉斯斯坦贷款总额分别为 6.6 亿美元和 6.3 亿美元；国际货币基金组织对其贷款总额为 1.74

亿美元，占第三位。

土库曼斯坦是中亚五国中唯一没有实现价格自由化的国家。价格和货币依然由国家调控，货币不能自由兑换。土库曼斯坦对财政信贷体制的改革主要是较早地发行了本国货币，同时建立和完善了会计制度，相继建立了商业银行、保险公司、证券交易所等财政信贷机构，并采取了稳定金融系统的措施，发行私有化证券、发放长期和短期外汇贷款等。这些改革优化了土库曼斯坦的投资环境，使土库曼斯坦成为中亚国家中吸引外资最多的国家之一。一直以来，土库曼斯坦丰富的油气资源和良好的经济增长前景就吸引着外界的广泛关注，为其开展对外合作创造了先机。近两年来，随着其改革开放的不断深入，对外合作趋于活跃，与国际金融机构的联系日益密切，开展务实合作，伊斯兰开发银行、国际货币基金组织、欧洲复兴开发银行和亚洲开发银行等都数次派团访问土库曼斯坦，伊斯兰开发银行 2010 年 12 月与其签订了向土库曼斯坦提供约 10 亿美元贷款的协议；2011 年 2 月中旬，亚洲开发银行签订了向其提供 2.25 亿美元贷款用于北南铁路建设的谅解备忘录，将金融、能源、交通通讯，包括铁路建设等领域作为合作的优先方向；亚行在土常设代表处将于不久后正式成立。

塔吉克斯坦主要在银行系统、货币发行和价格自由化等方面进行了改革，建立了银行分级系统，一级银行对二级银行进行分层管理；较早地放开了本国几乎所有商品市场的价格，由市场进行调节；发行本国货币索莫尼，严格控制汇率，到 2001 年年底，与美元的汇率保持在 1∶2.55—1∶2.5[①]；相继建立了商业银行、保险公司、证券交易所等金融机构；用私有化证券和贷款向居民支付拖欠的工资和退休金，这些票证部分或全部地用来购买国家财产、企业股份或私有化了的住房。塔吉克斯坦经济自 1997 年起开始止跌回升，但外债最多。2000 年，塔国家外债相当于国内生产总值的 108.2%，2008 年降至 26.7%，2009 年受全球金融危机影响增至 35.8%，2010 年降至 34.37%。塔外债状况基本稳定：截至 2010 年年底外债总额为 19.428 亿美元，与 2009 年年底相比增加 2.5147 亿美元。2010 年还债 4710 万美元，占同期国内生产总值的 0.8%，占同期国家财政收入的 4.1%。现阶段塔外债总额的增长主要是贷款本金还款和新增贷款。

资金短缺一直是制约中亚五国经济发展的主要问题，通过财政信贷体制的改

① 独联体国家统计委员会：《独联体国家统计年鉴》，莫斯科 2002 年。

革，中亚五国经济得到显著增长，但这一领域的改革还有待深化。

4. 外贸体制改革较为相似。中亚各国先后放弃了由国家垄断的做法，取消了国家对外贸进出口经营权的诸多限制，实行外贸自由化和非集中化，允许多种所有制成分和地方政府从事外贸活动；取消了出口关税，除个别重要战略物资外，国家鼓励出口，多创外汇；各国还纷纷制定了吸引外资的各项优惠政策，建立了一大批合资或外商独资企业，建立了一些自由经济区和经济特区。近几年，以哈萨克斯坦为首的中亚国家又提出了进口替代战略，以保障民族工业的崛起。

在中亚五国中，哈萨克斯坦对外贸体制的改革措施最多，最有代表性。哈萨克斯坦外贸体制改革的重要特征是取消了国家对外贸的垄断。为鼓励生产经营主体参与对外经贸活动，曾一度放开了进出口业务，通过出口许可制度调节外贸企业的活动，造成了对外经贸工作的混乱并给国家带来了很大的经济损失。因此，1993 年便指定 14 家企业经营重要商品的出口业务，以实现对外贸的控制。然而，经过两年的实践发现，这种外贸管理方式不适应迅速发展的外贸业务活动和市场经济的需要，1995 年取消了上述限制，允许更多的经营主体参与对外经贸工作。压缩了国家商品种类，并最终取消出口限制（武器及军事技术、核材料、麻醉品、贵金属等少数商品除外）。同时采取一些措施加强对外经济纪律，通过外贸手段刺激国内生产复苏；就企业取得外国贷款与政府提供担保做出了新规定；为刺激国内生产，一调再调进口商品关税税率。通过改革，中亚国家的对外贸易额均有突破性增长，1991 年哈、乌、土、吉、塔五国对外贸易总额分别为 24.2 亿美元、19.7 亿美元、5 亿美元、6.1 亿美元、7.4 亿美元[①]；2001 年，各国对外贸易额分别增长到 150.8 亿美元、53 亿美元、23.5 亿美元（1999 年）、9 亿美元、13.4 亿美元，分别增长了 1—5 倍[②]。2010 年分别为 889.8 亿美元、218.4 亿美元、180 亿美元、52.66 亿美元、38.5 亿美元。

中亚五国还越来越重视吸引和使用外资。为吸引外国投资，中亚五国先后颁布了《外国投资法》等一系列法规，并借鉴中国和西方国家的经验先后建立了一些自由经济区和经济特区，实施一系列优惠政策，加强基础设施建设，改善投资环境，引进外资，创办了一批如哈韩 LG 家电生产企业等具有国际水准和知名度

---

① 《走向新世纪的独联体国家》（新疆周边国家系列丛书），中国统计出版社 2000 年版。

② 独联体国家统计委员会：《独联体国家统计年鉴》，莫斯科 2002 年。

的跨国合资和独资企业。到2001年年底，仅哈、土、乌三国就分别吸引外资达到980亿美元、140多亿美元和80多亿美元，由于资金充足，哈萨克斯坦宣布应当有选择地吸引外资①。相比之下，塔吉克斯坦资金缺口还较大，吸引外资需要加大力度。

金融危机之后，各国纷纷采取贸易保护政策，保护自产商品。如乌兹别克斯坦根据2011年2月16日财政部、国家税务委员会联合颁发的第2195号命令，为出口创汇型商品享受相应优惠政策，出台自产商品、工程、服务确定规则。(1) 根据总统2010年12月24日《关于2011年国家预算主要宏观经济指标和数据预测》第1449号命令，降低出口自产商品企业应缴纳的利润税、财产税和统一税税率：如出口成分在15%—30%，所确定的利润税、财产税和统一税税率降低30%；如出口成分大于等于30%，则上述税率降低50%。(2) 根据2000年6月29日乌内阁《关于进一步发展和加强交易所外外汇市场的措施》第245号命令，微型公司、小企业通过出口商品（工程、服务）获得的外汇收入免于强行结汇（出售给国家）。(3) 根据《外国投资法》第12条规定，外资企业出口自产产品不受许可证和配额管理。(4) 根据1997年8月26日乌总统第1831号命令规定，对外资生产型企业取消出口关税，可在不提供预付款的情况下出口自产产品。其他中亚国家也先后出台了保护自产商品的类似规定。

5. 社会领域的改革。哈萨克斯坦主要在居民就业、养老保险、医疗保险、居民住房等领域进行了改革。独立以来，哈萨克斯坦在社会领域面临的最严峻的问题是失业。哈政府通过失业登记，给失业者提供失业救济金等方法解决失业问题。近几年，哈萨克斯坦政府相继制定了包括《劳动就业法》在内的近20项法律、法规、条例用于规范劳动力市场及其平衡程序，建立再就业制度，安置不能重新工作的人员。哈萨克斯坦还与俄罗斯、乌兹别克斯坦、吉尔吉斯斯坦等国签署了关于加强劳动力安置就业方面的合作、相互间劳动力交流、给劳动者提供社会保护等协议和协定。在世界银行的《社会保护计划》帮助下，初步建立起了几百个涉及劳动力市场研究、失业统计、就业宣传和就业广告等基础性工作的劳动就业中心。哈萨克斯坦还建立居民医疗保险和养老保险制度，确定了退休制度改革构想。哈萨克斯坦对住房公用事业不再实行统包统管，住房公用事业部门转变

---

① 独联体国家统计委员会：《独联体国家统计年鉴》，莫斯科2002年俄文版。

成各种有限责任公司，并在合同的基础上对住房公用事业进行管理。按照新的住房政策，国家逐渐减少对住房建设和维修的拨款，住房建设试点方案的贷款和拨款制度正在制定之中。经过近 20 年发展，2010 年哈人均 GDP 已经超过 9000 美元，是 1994 年的 12 倍，提前达到了原来预定于 2015 年实现的目标。

乌兹别克斯坦除了在居民就业、住房等方面采取了与哈萨克斯坦相似的做法外，主要在确立社会保障机制方面采取了一系列措施，其中主要有：1. 国家从财政预算中拨出专款设立社会保障基金，要求各企业、公司、组织建立起社会保障组织，使社会保障事业拥有财政基础；2. 对儿童（尤其是孤儿）、学生、退休人员、残疾人、单身母亲、贫困家庭发放补助；3. 定期调整和提高职工工资、最低收入标准和退休金额；4. 实行凭有价证券供应消费品制度，让国民暂无现款时也能保证基本生活需要；5. 国家倡导和鼓励建立慈善机构等。乌兹别克斯坦用于社会保障的资金占国家财政收入的比例约为 45%，是中亚各国中比例较大的国家之一，由于措施得力，其失业率一直控制在 0.5%以内，是中亚国家中失业率最低的国家，同时也是唯一没有拖欠养老金和退休工资的国家。乌兹别克斯坦独立 20 年期间，用于社会领域的拨款增长了 4 倍，每年约有 60%的国家预算用于发展国民医疗保健、教育、公用事业、社会治安及其他领域。平均工资水平增长 13 倍，居民总收入增长 8 倍。20 年间，母婴死亡率减少到原来的 1/3，国民平均寿命增长 7 年，男性、女性公民平均寿命为 73 岁、75 岁，人口数量从 1991 年的 2120 万人增长到 2011 年的 2850 万人。

吉尔吉斯斯坦在居民就业、养老保险、医疗保险等方面采取了与哈萨克斯坦相似的改革。在住房制度改革方面，建立了住房市场，对居民住房实行私有化，使大多数居民成为住房的真正主人，保证其对住房的自然选择权。国家对 30%的国有或公有住房及一些新建住房不实行私有化，作为社会贫困阶层、各享受优惠阶层的储备房。截至 2010 年年底，吉尔吉斯斯坦全国总人口为 547.8 万人，城镇登记失业人数为 6.34 万人，占经济自立人口的 2.6%。2010 年，吉尔吉斯斯坦官方公布全国月平均工资为 7142 索姆（不含小企业），约合 155.4 美元，同比增长 14.3%，扣除物价上涨因素，实际涨幅为 5.8%。

土库曼斯坦由于人口较少，国家财力较强，基本上沿袭苏联时代的社会保障制度。该国用于社会保障的资金占国家财政收入的比例约为 60%，在中亚国家中比例最大，因此，该国的社会保障体系是中亚国家中较为完备的。

塔吉克斯坦还未完全解决居民的温饱问题，国家社会保障制度已是名存实亡，要建立起来还需要相当长的时间。截至 2010 年 9 月 21 日塔吉克斯坦常住人口达 756.5 万，比 2000 年增长 143.8 万，涨幅 23%。2011 年 3 月份平均工资为 472 索莫尼，约折合 103 美元，自独立以来首次突破 100 美元关口。尽管塔吉克斯坦每年人口以 2.5%的比例高速增长，但随着经济发展，近年来有 250 万人脱离了贫穷，贫困人口比例已从 2003 年的 72%降至 2011 年 5 月的 45%。

经济转型的成效

20 年来，中亚各国由于资源禀赋、经济发展道路、领导人意志、政局稳定等的不同，经济发展出现了较大的分层化差异。其中哈萨克斯坦和乌兹别克斯坦一直由开国总统连任，经济发展和改革道路比较稳定和连贯一致，目前已成为中亚国家经济发展较好的国家，土库曼斯坦次之，吉尔吉斯斯坦和塔吉克斯坦经济发展缓慢。

据《亚洲快讯》报道，2011 年 3 月，国际信贷组织对世界主要经贸集团的研究显示，过去 10 年，独联体 GDP 总量增长 6 倍，亚洲经济集团增长 4 倍，发达国家未能翻番。同时，该组织将独联体与其他世界五大经济贸易集团——欧盟，亚太协定，北美自由贸易区，南美共同市场，阿拉伯海湾国家合作委员会相比时指出，2010 年只有独联体和南美共同市场的 GDP 总量增长超过了 10%。

独立 20 年来，哈萨克斯坦的总人口增加了 150 万人，在荒凉的草原上建立起了新首都。今天，其外汇储备近 600 亿美元，引进外资 1200 亿美元，拥有 126 个国际贸易伙伴国，对外出口 200 多种产品。2010 年 GDP 达 1469 亿美元，占中亚五国总额的 60%以上，1993—2010 年共吸引外资 1266 亿美元，成为中亚实力最强的国家。

乌兹别克斯坦是国际上为数不多的在世界经济危机负面影响下经济依然保持稳定发展的国家之一。乌兹别克斯坦国内生产总值在 20 年内按照购买力平均水平增长到原来的 3.4 倍，从 271 亿美元增长到 923 亿美元。在最近 5 年内，国内生产总值增长率为 8.5%。20 年间工业产品总产值增长了 2 倍，在此期间，工业在国内生产总值结构中的比例从 17%增长到 24%，服务业的比重从 34%增长到 49%，并出现了新的经济领域——汽车制造业、石油天然气化学工业、制药业、现代食品及纺织工业。同时完成了农业领域的深化改革，以土地租赁形式贯彻了市场关系，现代化的农业生产基础设施使乌实现了粮食的自给自足并使得农产品生产总值增长到原来的1.8倍。20年内，棉花生产得到了稳定保障，农产品结构中棉籽比重降至11%，谷物产量增长了2.7倍，肉类增长了0.9倍。外贸额增长了26.1倍，出口额增长了28.5倍，外贸额占国内生产总值的比重从6%增至56.1%。乌兹别克斯坦已经从单纯出口原料进口制成品转向出口高附加值制成品。人均收入增长至原来的3.7倍，人民消费支出结构也发生了质的变化，肉类、奶类、蔬菜、马铃薯、水果的人均消费需求得到增长，电脑、汽车以及多种形式的服务业需求量也稳步提高。[①]

由于颜色革命后，吉尔吉斯斯坦局势一直处于动荡之中，经济发展大体处于负增长的局面。2010年全年吉尔吉斯斯坦国内生产总值为2121.77亿索姆，约合46.17亿美元[②]，同比下降1.4%，好于“4·7”骚乱和“6·10”暴乱后，吉官方对外称全年GDP将下降5.4%的预测。2010年吉本币索姆持续贬值，比上年贬值7.2%。2010年，工业总产值约27.07亿美元，比上年增长9.8%。工业同比实现增长主要受益于金属和非金属矿产的开发，电力和电力设备生产，以及纺织业发展较快等。2010年，农业产值约25.25亿美元，同比下降2.8%，其中，种植业占比53%，畜牧业44.9%，而狩猎和林业产出则相对较少。2010年，吉货运总量3587.65万吨，较上年同期减少47.84万吨，下降1.3%。2010年通讯业实现收入约3.64亿美元，同比增长2.6%。2010年12月，吉尔吉斯斯坦国内市场物价同比大幅上涨19.2%，其中面包上涨26%、肉27.9%、奶制品和蛋类12%、油37.8%，水果和蔬菜37%。2010年，基本建设投资总额为440.8亿索姆，约9.59亿美元，同比下降9.8%，资金投入的主要方向为矿山开采、交通通讯和水、电、气生产等。在各项资金来源中，国内资本投入约7.35亿美元，占总投资的76.6%。2010年，吉尔吉斯斯坦外贸进出口总额52.66亿美元，同比增长11.7%，全年贸易逆差12.1亿美元。

近年来，土库曼斯坦实现了油气出口多元化战略，兴建了通往中国、伊朗等

---

① 乌兹别克斯坦国家统计委员会与经济部：《乌兹别克斯坦独立期间（1990—2010年）经济社会发展主要趋势和指标及2011年至2015年展望》。

② 按1美元兑换45.96索姆计算。

地的管道。纺织工业是土库曼斯坦非能源领域重要的产业，其棉纺织品，尤其是Ring牌棉纱在国际市场上享有良好的声誉。自1991年独立至2010年的19年里，共投资13亿美元，新建了30家拥有国际先进设备的纺织企业，对老企业进行了设备更新改造，使纺织工业整体水平得到大幅提升。皮棉加工能力已从原来的3%提高到51%，出口产品质量明显改善。目前，纺织系统共有各类企业72家，纺织品平均年产值为3亿美元。

目前，塔吉克斯坦经济正在从全球金融危机中走出，农业、零售、交通服务和建筑等领域的增长带动了国内生产总值的增长，2010年国内生产总值增长6.5%，而2009年为3.4%；2010年塔吉克斯坦通过银行汇入的国外劳务收入达23亿美元，占GDP的40%。罗贡电站的建设是塔吉克斯坦独立十七年来第一次利用国家和企业资金建设水电站，目前已投入的1.36亿索莫尼，2009年国家预算增加一倍的投资；同时为加大吸引投资，早日建成罗贡电站，塔政府还建议成立国际财团进行融资，并得到世界银行的支持。此外，政府要求各部委广开能源渠道，积极开发太阳能，风能、小水电，继续加强煤炭、石油、天然气的勘探工作，研究和开发铀元素的利用，2009年在瓦赫什河上建设装机容量超过100万千瓦的水电站。同时计划在瓦赫什河、喷赤河、泽拉夫尚河修建水利工程。

中亚五国产业结构变化最大的是第三产业，有些传统领域，如邮政业、医疗业、固定资产投资、零售贸易业等在国内生产总值中的比重明显降低，有些领域萎缩严重。独立后，由于世界先进科学技术的飞速发展和各国经济建设的需要，中亚五国出现了一些新兴产业，并呈现方兴未艾的发展势头，其中主要有电信业和通讯业、管道运输业、制药业、旅游业、科技教育业。从占国内生产总值的比重来看，中亚五国第三产业的比例呈逐年上升之势，超过一半以上的领域蓬勃发展，这是中亚五国经济发展最有希望的领域。

综上所述，中亚五国独立后，通过一系列社会、经济体制的改革，走上了市场经济之路。由于采取的改革方式和路径不同，中亚各国的改革结果在10余年后呈现差异，其中采取激进式改革的哈萨克斯坦和吉尔吉斯斯坦经济波动较大，更易受国际经济形势的影响；采取渐进式改革的乌兹别克斯坦、土库曼斯坦经济发展相对平稳，速度较快，粮食逐步自给，石油制品逐步自给有余，还可部分出口，并能出口汽车等工业产品，工农业产品在中亚地区所占的比重有所上升。塔吉克斯坦还需要进行多方面的改革，解决民生问题。

中亚五国通过改革取得的主要成果如下：(1) 各国都确认并建立了市场经济体制，逐步建立健全了市场经济所需的法律法规，适时地加入了全球化经济大循环；(2) 大部分国家建立并强化了以市场为导向的产业结构；(3) 所有制均发生了重大变化；(4) 国家对经济的干预明显降低，市场经济之手所起的作用越来越大，企业作为经营主体在市场上开始发挥越来越大的主体作用；(5) 各国已确定对外开放的政策，形成全面对外开放的格局，与世界各国进行广泛的合作。

未来经济发展的方向

哈萨克斯坦为保持经济发展势头，今后将采取以下主要措施：1. 在工业领域，继续落实“加速工业创新发展规划”，发展非资源领域经济。计划在 2014 年前落实 294 个大型工业项目（2010 年已投产 152 个），总投资 8.1 万亿坚戈（约 550 亿美元），计划新增长期工作岗位 16.1 万个和 20.7 万个临时工作岗位。2. 在农业领域，继续落实史无前例的“发展畜牧业计划”，国家将提供 1300 亿坚戈（约合 9 亿美元）用于增加肉类产量和出口量，并促进相关产业发展（如农业机械设备、化工和食品工业、维修等）。计划 2016 年肉类出口量达到 6 万吨（约相当于出口 400 万吨小麦）。3. 努力节能和降低能耗。4. 改善商业环境。加强对企业的法律保护；保护财产权；禁止有关部门干扰企业正常合法经营；为企业减负；减少行政干预；打击腐败等。5. 加强区域一体化，发展俄白哈关税联盟。6. 推动社会保障体系现代化，主要目的是改善和提高民众福利，特别是教育、卫生和语言这三个领域。责成政府相关部门 5 月 1 日前制定出新的就业计划、保障饮用水质量计划、住宅计划等涉及广大民众日常生活的新措施。7. 计划 2015 年哈人口平均寿命达到 70 岁，2020 年达到 72 岁。保障措施：一是 2013 年前建成全民统一医疗体系；二是继续发展流动医疗站，解决边远落后地区的医疗问题；三是提高急救水平。

乌兹别克斯坦拟于 5 年内将国内生产总值提高 50%，为此，政府将在 2011—2015 年实施四项相互关联的工业、基础设施、交通、通讯产业发展及金融银行系统改革战略纲要，总投资 774 亿美元。与此同时，未来五年内乌兹别克斯坦将进一步发展社会、服务、基础设施等产业。未来 5 年内，保证国内生产总值增长到原来的 1.5 倍。经济结构改革将促进工业占国内生产总值的比重从 24%

增至28%，大力发展能源、油气、化学、纺织、轻工业、有色金属、机器及汽车制造业、制药业、建材及装修材料等领域。2011—2015年，随着2010年乌兹别克斯坦政府批准的涉及500个投资项目、总金额475亿美元的“2011—2015年乌兹别克斯坦工业发展优先领域规划”以及14个行业发展规划的实施，乌兹别克斯坦现代化改造步伐将加速，但与此同时，进一步深化经济体制改革，充分利用现有资源和挖掘现有增长潜力至关重要。除此之外，在未来5年将继续保障社会领域和服务业的发展，加强基础设施建设，特别是农村地区住房建设。大规模的持续性经济改革，为实现既定目标调动一切资源，将保证经济改革措施的继承性和连续性，将保证人民生活水平和收入的提高，最终将实现乌兹别克斯坦长期的目标——跻身世界发达民主国家行列。

2011年7月，欧洲复兴与开发银行公布了对与其合作的29个国家经济发展现状和前景进行总结的报告，预计2011年土库曼斯坦经济增长10%，是29个国家中增长速度最高的国家，预计2012年为8%。[①] 根据报告，促进其经济快速增长的因素主要为大型国家建设项目实施、对中国和伊朗天然气出口的增长。为扩大出口，土库曼斯坦制定了2020年前纺织工业发展规划，按照规划，未来10年内土将投资20亿美元在全国每个产棉区新建一个加工企业，用来生产出口产品，新建企业将全部采用意大利的先进生产设备和工艺以及德国的质量检测设备。

据亚洲开发银行专家预计，受国际市场能源价格不断上涨影响，吉尔吉斯斯坦2011年平均通胀率仍将达到13%，而2012年则有望随着各国物价总体走低而下降到8%。

塔吉克斯坦为顺利实现千年发展计划，2006—2015年国家发展战略和2007—2009年减贫战略提出将国内生产总值提高1.5倍和减少50%贫困人口的目标，2015年人均国民生产总值达3000索莫尼（现约960索莫尼）。最大限度地扩大农产品的生产和减少对国际市场的依赖，保证国内的粮食安全。根据2009年颁布的《2009—2020年小型水电站建设规划》，塔欲吸引国内外投资建设189座小水电站，实现水电立国的目标。

据世界银行对独联体国家未来三年经济发表预测报告指出，2011年，除俄罗斯外的独联体国家经济增幅为4.5%，2012年为4.2%，2013年为4.3%。中

---

① turkmenistan.ru网站2011年7月25日。

亚国家平均增长率为6.1%。塔吉克斯坦未来三年经济增幅为5%—5.7%。未来三年哈萨克斯坦、土库曼斯坦和乌兹别克斯坦三个原料出口国因国际原材料价格上涨，国家外贸平衡状况将有很大改善。而塔吉克斯坦和吉尔吉斯斯坦经济也因在国外劳务人员的收入增加和国际援助增多而有很大改观。

后金融危机时代，中亚各国经济发展中需要进一步深化改革的领域主要有：(1) 财政信贷领域，需要进一步遏制通货膨胀，减少财政赤字，稳定本国货币汇率，偿还外债。(2) 所有制改革领域，应当有放有收，对中小工农业企业及农场等进一步放开经营，加强私有化的合法性和支持力度，对涉及国家命脉的大型国有企业应当部分收归国有，既可控制国有巨额资产的流失，又可防止被外国控制。(3) 产业结构的改造领域，各国在独立后的20年里相继建立了作为独立国家的产业体系，但普遍存在单一化和原料化的问题，各国在产业结构的调整任务远没有完成，需进一步调整和细化本国的产业结构，以期在未来的国际市场多分一杯羹。(4) 对外经济合作领域，各国需进一步吸引外国资金、技术和设备，借助外力建立一些先进的或新兴的适于本国国情的产业，促进本国经济增长。(5) 社会领域，由于国家经济转轨所带来的信仰危机、道德危机、生存危机、社会严重分化等问题，需要通过各种改革措施逐步加以解决。

81. 中亚各国能源战略主要内容是什么?

许勤华　许　丹

在能源危机日益突出的今天，中亚以其丰厚的油气资源被誉为“21 世纪的能源基地”。从油气资源的分布看，中亚地区的能源主要集中在哈萨克斯坦、土库曼斯坦和乌兹别克斯坦。土库曼斯坦前总统尼亚佐夫曾宣称，“21 世纪将是土库曼斯坦的黄金时代”，他决心要使国家早日成为“中亚的科威特”。而随着 2009 年年底中国—中亚天然气管道正式通气，哈萨克斯坦总统纳扎尔巴耶夫认为，古代丝绸之路将因此复兴①。巨大的生产能力为中亚诸国制定能源战略奠定了良好基础。近年来，这些战略也愈发完善与独立。

政治经济现状：能源工业

金融危机以后，2010 年中亚地区除吉尔吉斯斯坦外，其余四国政治发展基本稳定，但吉国的政治动荡在一定程度上反映出中亚各国独立以来无论是政治体制还是经济体制存在了诸多的不成熟，这些不成熟既使中亚各国均有发生或再次发生“颜色革命”的可能性，也加深了中亚地区大国争夺的复杂性。该地区的地缘政治形势随时有变化的可能性。

一、能源经济逐渐复苏

2010 年，中亚大部分国家出现了恢复性经济增长，并呈现出各自特色。国际货币基金组织（IMF）最近预测，2011 年至 2015 年间中亚国家将保持 5%至

① 《世行报告称未来中亚地区将面临能源危机》，《中国气象报》2010 年 6 月 17 日。

10%的经济增长率。[①]

哈萨克斯坦作为中亚第一大国，经济全面复苏，呈现出良好的发展趋势。作为中亚的能源大国，今年继续保持能源产量增长的良好势头。2011 年上半年哈萨克斯坦共开采天然气 63 亿立方米，同比增长 9.2%。计划 2011 年开采天然气 420 亿立方米，2012 年到 2015 年逐年递增；2011 年 1—5 月，哈萨克斯坦共开采原油 2827.64 万吨，凝析油 535.29 万吨，分别比去年同期增长了 2.5% 和 5.5%。同期，天然气开采量达 166.59 亿立方米，同比增长 8.4%。其中，气态天然气产量为 82.05 亿立方米，同比增长 9.3%；石油伴生气 84.54 亿立方米，同比增长 7.5%。哈萨克斯坦石油与天然气部计划今年开采原油 8150 万吨，比去年同期增长 1.9%。

同时，哈萨克斯坦政府采取措施扩大商品出口，对外贸易获得大幅度增长，2011 年 1—6 月份的哈全口径外贸统计数据：进出口总额 615.59 亿美元，比 2010 年同期增长 44.7%。其中出口 449.2 亿美元，同比增长 51.8%；进口 166.4 亿美元，同比增长 28.4%。

乌兹别克斯坦经济也恢复平稳发展。与 2010 年同期相比，2011 年上半年乌兹别克斯坦国内生产总值增长了 8%。根据乌兹别克斯坦国家统计委员会数据，乌兹别克斯坦 2011 年上半年对外贸易额为 120.66 亿美元。其中乌兹别克斯坦出口 72.41 亿美元，乌兹别克斯坦进口 48.25 亿美元，分别增长 18.9%和 24.4%。乌兹别克斯坦顺差达到 24.17 亿美元，其中与独联体国家贸易顺差为 10.6 亿美元，与其他国家贸易顺差为 13.57 亿美元。为加快经济现代化技术改造，乌兹别克斯坦实施了积极的投资政策。乌兹别克斯坦政府积极支持本国出口企业发展，开发新的对外市场，发展出口多样化。土库曼斯坦经济继续保持快速增长势头。2011 年上半年，哈萨克斯坦国民经济继续保持快速发展势头，国内生产总值扣除价格因素后同比增长 7.1%，增幅比一季度加快 0.3 个百分点。土库曼斯坦是世界天然气大国，目前拥有 24.6 万亿立方米天然气资源，增加天然气产量是土库曼斯坦经济发展的重要任务。据统计，土库曼斯坦 2011 年前 5 个月天然气产量同比增加 40%，出口量增加 78.8%。

---

① 《中亚经济呈现恢复性增长》,《经济日报》2010 年 12 月 31 日，http://www.zdy333.com/finance/world/20101231/107055.html。

二、未来经济目标明确

面对后金融危机时期世界经济逐步复苏的机遇，中亚国家纷纷制定新的经济发展规划和措施，继续执行紧缩财政政策，立足挖掘国内生产和消费潜力，力争未来经济继续保持快速发展。

首先，哈萨克斯坦为了保持未来经济快速发展，制定了2011至2015年经济发展规划。计划2011年国内生产总值增长5.5%，未来5年年均增长率达到4%以上，年通货膨胀率控制在8%以内。2015年国内生产总值达到2000亿美元，人均从目前的8000美元增加到12000美元。石油年均产量达到8600万吨，2015年总产量达到1亿吨。

其次，乌兹别克斯坦政府最近制定了2011年经济发展规划，提出确保8%以上的经济增长目标。为此，将采取一系列推动经济发展的措施，如进行税务改革，进一步减少企业和个人的税务负担；提高居民的收入福利，增加企业工人的工资；加强居民社会保障工作，特别要加强对困难群体的帮扶；多方式、多途径地保障就业，通过鼓励发展小企业和个体经营、大力发展服务行业、发展多种方式的家庭用工劳动、扩大生产和社会基础设施建设等方式，增加就业岗位；进行教育、卫生和科技改革；进一步搞活投资环境，以吸引更多的外国直接投资和贷款。乌兹别克斯坦还制定了《2009—2014年企业现代化技术改造纲要》。根据该纲要，未来5年乌兹别克斯坦将在基础经济领域实施327个投资项目，投资总额将达425亿美元，资金投向的主要领域包括油气、化工、冶金、机械制造及建筑工业等。IMF预测，2011年乌兹别克斯坦全年经济将增长7%，亚洲开发银行认为这一增长速度将高达9%。

第三，土库曼斯坦把增加天然气开采和出口作为未来经济发展的重点。为此，土库曼斯坦政府制定了2020年前社会经济发展计划，其中包括石油天然气产业的发展。根据该计划，到2020年前石油产量应达到1亿吨，天然气应达到2400亿立方米。计划称，2011年天然气产量有望达到880亿立方米。在天然气出口方面，主要是发展管道建设，计划2020年前对石油天然气企业的投资不低于600亿美元。

中亚能源新战略：传统能源

中亚地区虽然在总体上来说能源资源蕴藏量很丰富，但由于开发能力和实际分布的限制，大体可以分为两类国家：一类是哈萨克斯坦、乌兹别克斯坦和土库曼斯坦，有丰富的油气资源，尤其是哈萨克斯坦和土库曼斯坦，是中亚地区主要的油气出口国，国民经济发展呈现出明显的能源出口导向型的特点；另一类是吉尔吉斯斯坦和塔吉克斯坦，油气资源储量有限，自身产量无法满足需求，需要依赖从其他国家进口，油气供给受制于人，但这两国水能资源极为丰富，在独联体国家中仅次于俄罗斯，但目前已开发的还很有限。

一、积极发展国内能源工业完善能源各项法律

哈萨克斯坦是潜在的油气生产与出口大国。自 1991 年独立以来，充分发挥自身的能源优势发展本国经济。为实现上述能源的开发利用，哈萨克斯坦政府不断引进外部资金，加大油气勘探开发步伐，同时与国际大资本和周边国家合作，加快石油出口的管线建设。近年来，哈萨克斯坦政府更颁布了一系列关于发展经济、保护投资者利益的法律法规和优惠政策，以适应油气工业的发展。其中，《地下资源和地下资源利用法》（以下称《资源法》）于 1996 年 1 月 27 日正式生效，之后进行过多次修改和补充。2004 年 12 月 8 日修改和补充后的《资源法》中增加了这样的表述："为保持和加强国家经济的原料能源基础，在新签及已签的合同中，国家相对于合同的其他方或拥有地下资源利用权的法人的股东、相对于购买所转让的地下资源利用权或拥有地下资源利用权的法人的股份的其他方，在不低于其他购买者提出的购买条件的情况下，拥有优先购买权。"

2005 年 9 月 8 日，哈萨克斯坦政府再次对《资源法》进行修改，在资源类资产的收购和转让方面赋予了国家主管机关更大的权力，并通过引入"集权"的概念加大了对外国公司并购哈境内资源类资产的限制，其中规定：如果地下资源利用权的转让（包括发生"集权"的情况下）不符合保障国家民族安全的要求，国家权威机关有权拒绝签发资源利用权转让许可。财政政策上，2004 年 1 月，哈萨克斯坦出台了新的税收体制，包括所谓的针对出口的"出租税"，作为一种累进税，税率随石油价格的升高而增长。这种新的税收体制使得政府在石油收入中所享有的权益提高至 65%—85%的水平，同时还包括了超额利润税，以及限制外国公司在哈拥有油气项目中的股权不能达到50%，剩余股权必须由哈萨克斯坦国家油气公司（KazMunaiGaz）持有等。[①] 在全球节能减排呼声一片的大背景下，2009年7月4日，哈萨克斯坦当局也颁布了《国家鼓励可再生能源利用法》和《关于支持可再生能源利用的若干修改和补充》等的法律文件，以表明本国响应减排号召，以及鼓励向非传统能源产业的投资决心。

乌兹别克斯坦是中亚另一重要产油气国，油气资源相当丰富。石油预测工业储量超过53亿吨，已探明储量为5.84亿吨，年开采量720多万吨，占世界总开采量的0.1%；天然气预测储量超过5.43万亿立方米，已探明储量为2.055万亿立方米，居世界第14位，年开采量为580亿立方米，占世界总开采量的2.2%。[②] 但作为典型的内陆国家，与其他里海地区国家一样乌面临石油出口通道和远离石油出口市场等问题。因此，为弥补劣势，吸引更多外资投资本国油气资源，乌兹别克斯坦颁布了一系列法律法规，为外国投资者提供政策优惠和宽裕的投资环境。

首先，2000年4月28日，乌兹别克斯坦颁布了《关于采取措施吸引外国在石油天然气勘探和开采领域的直接投资》的总统令，规定外国公司在进行勘探投资期间免征一切税收，给予在于斯帝尔特地区开发新油气田的外国投资公司期限为25年的租赁开采权，如需要还可延长。开启了乌兹别克斯坦为吸引外国对油气领域投资而出台的最为务实和优惠的政策，极大地促进了外国对乌兹别克斯坦油气工业的投资兴趣。2005年，乌兹别克斯坦对外资油气开采企业的现行优惠政策有：在进行地质勘探工作期间免除一切税收，对利润税、增值税、消费税及财产税给予优惠等。2006年年底，乌兹别克斯坦政府公布了新的《矿产资源税》，从2007年1月1日起生效，其中引人注目的是大幅降低了油气资源使用税和石油制品的消费税。

其次，乌兹别克斯坦《外资法》规定：国家给予投资者以担保，保护外国投资者的利益，如果乌兹别克斯坦新颁布的法律有不利于投资者的条款，投资者可

---

① 《中亚五国：中国未来的“加油站”》，《经济参考报》2010年4月12日，参见 http：//intl. ce. cn/zgysj/201004/12/t20100412_21259552_1. shtml。

② 《世行报告称未来中亚地区将面临能源危机》，来源：《中国气象报》2010年6月17日19：07：00，参见 http：//www. cma. gov. cn/ztbd/2010zt/20100120/20100617/2010061704/201006/t20100617_71120. html。

在自其投资之日起10年内继续沿用投资时有效的旧法律，同时也可以选择执行新法律中对自己有利的条款；《投资法》要求任何国家和地方行政机关都不得干预外资企业的合法经营活动，对外资企业的资产不得实行国有化；外国投资者的收入可以自由汇出境外、进行再投资或用于任何其他目的。此外，优惠政策还有：在指定地区进行找油和勘探工作的外资企业享有自行处置在该地区发现的任何资源的特别权利；外国公司可以以组建合资企业和直接租赁油田的方式获得油田开采权；如外资企业未能在合同指定的地区发现有工业价值的资源，则其享有选择另一新的勘探地区的优先权；独资或合资企业有权按照公司章程或租赁合同中的约定，将开采到的部分油气产品和来料加工制成品运出境等。但也有学者指出，目前乌兹别克斯坦对外合作法律还不够完善，在执行方面也有待改善。政策多变和投资环境不稳所产生的影响，将为外国投资者带来不小的决策困扰。[①]

土库曼斯坦经济发展保持良好的势头，这在很大的程度上得益于本国丰富的油气资源。油气开采和石油加工更是该国的支柱产业。土库曼斯坦天然气远景储量为24.6万亿立方米，居世界第四位，约占世界总储量的12.7%；石油远景储量为208亿吨。现在年产天然气约700亿立方米，石油1000万吨。目前，土库曼斯坦已投入开发50座气田，探明剩余天然气储量约2.7万亿立方米，准备投入开发气田11座，探明天然气储量2570亿立方米，详探气田73座，探明天然气储量约3.0万亿立方米，封存气田11座，探明储量1351亿立方米，土库曼斯坦探明的天然气储量潜力较大。2010年天然气总产量预计可达1150亿立方米，2015—2020年达1400亿立方米。[②]

近年来，随着里海油气资源的不断发现，其资源量还有望进一步增加。为适应油气领域的大规模开发，土库曼斯坦政府也相应地做出了一些政策调整。其中，2005年8月22日，土库曼斯坦总统尼亚佐夫签署总统令，批准对1996年12月30日土库曼斯坦议会通过的《油气资源法》进行修订。此次修订，强化了总统对资源开发的绝对控制权，提升了油气工业和矿产资源部在对外经济合作中的地位。根据修订后的《油气资源法》，该部除负责制定政策外，还将负责吸引

① 《中亚五国：中国未来的“加油站”》，《经济参考报》2010年4月12日。

② 《世行报告称未来中亚地区将面临能源危机》，《中国气象报》2010年6月17日。

外资、大型项目招投标、对外签订油气区块开发协议等工作。[①]

二、积极推进“能源出口多元化”战略

苏联解体之初，中亚各国虽获得了对本国油气管网的控制权，但尚无法掌握自身能源利用的主动权。中亚油气输出管道多为俄罗斯控制，出口价格与国际市场价格相差甚远。能源输出的瓶颈制约了中亚资源大国的发展，也促使它们开始进行多元化的尝试，并逐渐明确了“能源出口多元化”的发展战略。

独立以后，哈萨克斯坦在外交上一直追求多边全方位的战略平衡，其能源战略注重与各大国合作。由于与俄罗斯特殊的政治经济关系，发展与俄罗斯的能源交往仍是哈萨克斯坦的优先选择。此外，哈与美国、欧盟、土耳其、中国和日本的双边“能源关系”正处于不断发展中，近年来设计和实施了多条出口线路。传统上来看，油气管线主要走向是连接俄罗斯，但为了与其外交战略相适应，后来哈萨克斯坦又修建了一条里海的石油管道，这条管道主要是供应美国、西欧等西方国家，而修建通往中国的油气管道，则是符合哈萨克斯坦家利益的必然选择。

乌兹别克斯坦拥有一个较为完备和发达的天然气运输干线和支线网，它与前苏联时期修建的跨越欧亚大陆的“布哈拉－乌拉尔”“中亚－中央”输气干线网连接在一起，构成了一个四通八达的天然气运输网络，可以将乌兹别克斯坦天然气出口到邻国。但该管道必须通过俄罗斯。因此，乌兹别克斯坦积极发展与美国、日本和其他发达国家的能源合作，并积极奉行开辟一条将里海地区的油气资源绕行俄罗斯的路线。

土库曼斯坦自独立以来，也确立了“油气大国”的经济发展战略，广泛吸引外资。前总统尼亚佐夫拟定的《土库曼斯坦至2010年社会经济改革战略》，制定了能源出口多元化的战略，确定了石油天然气工业的发展战略和油气工业优先的任务。经过不懈努力，土库曼斯坦在修建新的出口管线方面取得两项重大进展。1998年，土库曼斯坦开通了一条向邻国伊朗出口的天然气管道，这是土库曼斯坦第一条不经过俄罗斯领土的天然气出口管道。2009年年底通气的中国—中亚天然气管道更是土库曼斯坦乃至中亚开拓多元化出口的一个重要战略。此外，土库曼斯坦还打算为美国和欧盟支持的绕过俄罗斯的纳布科管道供气，并对土库曼

① 《中亚五国：中国未来的“加油站”》，《经济参考报》2010年4月12日。

斯坦—阿富汗—巴基斯坦—印度天然气管道项目表示了兴趣。①

多元化战略使得中亚诸国在能源市场的博弈中增强了话语权，也有了更多的选择。其积极意义在于：一扩大国际合作提升了上述国家在油气领域的技术实力和装备水平；二新的实力强劲、技术精良和管理优秀的国际化公司的入驻，提升了当地公司的管理水平和本土员工的整体素质，以中国石油在土库曼斯坦的公司为例，近几年来，已先后为当地培养各类技术工人超过5000人；三有效地拉动了当地经济发展，技术、资金、设备和人力的进入，带动了消费水平的提升，扩大了各类物资的流通，带动其他相关产业的发展；四提升了国际影响力，为本国在其他领域的国际交往和合作提供有价值的协助。

中亚能源新战略：可再生能源

世界银行2011年5月的一份报告中指出，2030年中亚地区对于石油、天然气和煤炭等一次性能源的需求将增长50%，电力需求有望增长90%，如果这些国家不采取应对措施，那么在21世纪30年代，这个盛产能源的地区也将面临能源危机。因此，中亚诸国有必要早作打算，以应对未来的能源供应。可取的办法是大力发展可再生能源和核能。世行估计，在未来20年中中亚需要投入3万多亿美元资金，用于提高产能和能效，以避免陷入能源危机。

可再生能源中水能是中亚有机会利用的主要能源。水力发电效率高，成本低，机组启动快，调节容易，对环境冲击也较小。但遗憾的是，水能资源，与其他资源一样，在中亚分布极不平衡，这也是导致中亚国家民族间摩擦冲突的原因之一。阿姆河和锡尔河是中亚地区的两大主要河流。塔吉克斯坦和吉尔吉斯斯坦位于上游，拥有大部分的水资源，但两国油气资源和其他矿产资源却较之缺乏，而哈萨克斯坦、乌兹别克斯坦和土库曼斯坦这些油气大国处于两河下游，水资源短缺。苏联时期，中亚建设了统一的水利和电力系统，在上游修建大型水电站，夏季放水发电，为下游提供灌溉用水，冬季蓄水时则塔、吉尔吉斯斯坦从下游的哈萨克斯坦、乌兹别克斯坦得到燃料和供电。但是，这个统一的体系随着苏联解体和中亚国家的独立被打破。近年来，能源储备失衡和利用不合理导致中亚各国

① 《世行报告称未来中亚地区将面临能源危机》，《中国气象报》2010年6月17日。

间摩擦不断。[①] 2010年1月，在哈萨克斯坦希姆肯特举行的中亚国际水资源协调委员会第54次会议依旧未能就纳伦—锡尔河流域的水资源利用问题达成一致。[②] 哈萨克斯坦主张组建中亚水能财团，负责统筹协调该区域的水资源开发利用问题。[③]

核能是未来能源供应的支柱。作为核能发电的主要原料，1千克铀可供利用的能量相当于燃烧2050吨优质煤。哈萨克斯坦是世界上重要的铀资源富集区之一，储量居世界第二位。2009年，哈全年开采铀矿石1.4万吨，已超越加拿大，成为世界上最大的铀矿石生产国。此外，乌兹别克斯坦是中亚地区第二大产铀国，21世纪前十年的铀产量基本稳定在世界第六至第七位，每年生产铀矿1500—2350吨。[④]

中亚铀资源丰富，但核能利用却并不发达。哈萨克斯坦全国仅有核电站2座，装机容量600万千瓦。其生产的铀主要用于出口，因此铀成为哈萨克斯坦扩大海外市场，加强国际合作的又一关键砝码。在积极的铀出口战略引导下，哈萨克斯坦国家原子能公司于俄罗斯、美国、日本、法国、中国和印度都展开了积极合作。2006年7月，哈萨克斯坦与俄罗斯签署协议，俄方投资100亿美元在哈萨克斯坦建设核电站、铀矿山和浓缩铀处理厂。2007年4月，哈萨克斯坦与日本达成了能源合作协议，协议包括哈萨克斯坦向日提供铀，日本向哈萨克斯坦提供核电站建设和燃料处理的技术支持。2008年5月，双方又签署了合作协议，哈萨克斯坦从2010年起提供日本铀消费的40%，预计可达4000吨铀。2007年9月，我国广东核电集团与哈萨克斯坦家原子能公司签署战略合作协议，中国参与哈萨克斯坦铀矿开发，哈萨克斯坦家原子能公司投资中国核电建设。2008年10月，哈萨克斯坦与中国核工业总公司签署了开发哈萨克斯坦铀矿的合作框架协议。目前广东核电集团的下属公司中哈铀资源投资公司参与伊扣和塞米兹拜铀矿开发，预计每年可提供2000吨铀。2009年年初，哈萨克斯坦家原子能公司与广东核电集团达成在我国建设核电站的协议，目前正在进行可行性研究。[⑤] 由此可

---

① 《世行报告称未来中亚地区将面临能源危机》，《中国气象报》2010年6月17日。

② 《中亚各国未能就2010年水资源利用达成一致》，新浪财经，2010年1月19日。

③ 《世行报告称未来中亚地区将面临能源危机》，《中国气象报》2010年6月17日。

④ 同上。

⑤ 《哈萨克斯坦铀产量夺全球之冠》，国土资源网，2010年1月14日。

见，中亚可再生能源发展有一定的潜力。

中亚能源新战略重点：依然在西方

作为中亚国家主要产油国的哈萨克斯坦，2010年石油产量为7951.8万吨，向中国出口1005.38万吨，2011年向中国出口1121.1万吨，大部分石油从俄罗斯里海油管输向欧洲。乌兹别克斯坦和土库曼斯坦共向外输气452.4亿立方米，其中除去土库曼斯坦对华输送的35.5亿立方米外，其余均途经俄罗斯或伊朗输往西方国家。① 由此可见，中亚油气出口的重点依然在西方。近些年，随着中亚诸国能源出口多元化战略的实施，中哈原油管线和中国－中亚天然气管线等相继落成投产，中国已经成为中亚能源出口举足轻重的目标市场。但由于长期以来西方大型石油公司掌握着当地绝大部分的油气开采权与产量份额，加上多条通畅便捷的输送路径，更低的运输成本与更高的销售价格，以及一系列政治因素的辅助，使得欧洲依旧是中亚油气出口的主要目的地。

一、中亚油气资源主要被西方石油公司掌控

中亚地区的油气田大多掌握在西方大石油公司手中。以哈萨克斯坦为例，其石油开采权被如下几大石油公司瓜分，其中北里海作业公司（NCOC）43%，田吉兹雪弗龙公司（TCO）27%，曼吉斯套油气公司4%，乌津油气公司3%，卡拉恰干纳克石油公司（KPO）3%，以及中石油—阿克托别油气公司3%。（见图1②）而这些企业几乎都为外国油气公司控股或参股。其中北里海作业公司（NCOC），康菲占股权的8.4%，其余哈萨克斯坦国家石油天然气公司（KMC）、埃尼、埃克森美孚、壳牌和道达尔各占16.81%；田吉兹雪弗龙公司（TCO）股权结构为雪弗龙50%、埃克森美孚25%、哈萨克石油20%和卢克5%；曼格斯套油气股份公司（MMC）被中石油和哈萨克石油对分；卡拉恰甘纳克石油作业股份公司32.5%归埃尼、32.5%归英国天然气（BG）、20%归雪弗龙、15%归

---

① 数据源自《BP世界能源统计2011》。

② 数据源自《哈萨克斯坦石油与天然气的开发现状》，徐春明撰稿，驻哈萨克斯坦使馆经商参处，2011年2月21日。

卢克。[①]

尽管近些年哈萨克斯坦政府有意识地加强对国有资源的管控，辅助国有石油公司壮大，但到目前为止，西方油气公司在哈萨克斯坦能源上游市场的霸主地位依旧稳固（图 1）。表 1、表 2[②] 表明，田吉兹雪弗龙和卡拉恰干纳克两公司占据了哈萨克斯坦近六成的石油生产和近八成的天然气生产。不仅如此，西方石油公司凭借着其先进入的优势，利用优先购买权，阻止其他外国公司入股上述几大石油财团和主要运输管线。2003 年，英、美就曾动用优先购买权，否决了中海油与英国天然气（BG）达成的购买后者在哈里海北部项目 8.33%权益的协议。[③]

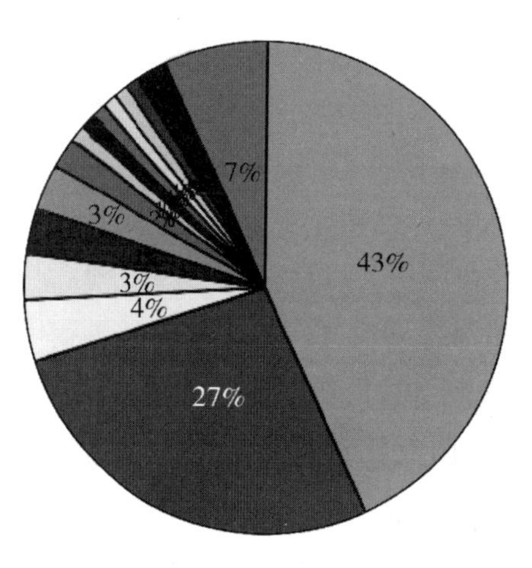

图 1

① 郜志雄、王颖：《"中石油"投资哈萨克斯坦：模式、效益与风险》，《俄罗斯中亚东欧市场》2010 年第 9 期。

② 数据源自《哈萨克斯坦石油与天然气的开发现状》，徐春明撰稿，驻哈萨克斯坦使馆经商参处，2011 年 2 月 21 日。

③ 郜志雄：《哈萨克斯坦石油行业竞争格局分析》，《世界市场》2011 年第 5 期。

表 1　2010 年哈萨克斯坦主要油气企业石油产量　　单位：万吨

全国产量	7952	100%
田吉兹—雪弗龙石油公司	2590	32.5%
卡拉恰干纳克石油公司	1140	14.3%
哈萨克国家油气勘探开采公司	880	11.1%
中石油—阿克托别油气公司	610	7.7%
曼吉斯套油气公司	570	7.2%
哈萨克石油（PK）集团公司	620	7.8%
其他	1542	19.4

表 2　2010 年哈萨克斯坦主要油气企业天然气产量

单位：亿立方米

全国天然气生产量	373.8	100%
卡拉恰干纳克石油公司	150	40.1%
田吉兹—雪弗龙石油公司	136	36.4%
中石油—阿克托别油气公司	29	7.8%
哈萨克斯坦国家油气公司	12	3.2%
其他	46.8	12.5%

二、油气运输网络以欧洲为目标市场

中亚三国地处亚欧大陆腹地，主要依靠管线对外出口油气。在很长的一段时间里，俄罗斯是其能源贸易不可或缺的一环。随着能源出口多元化战略的实施，巴杰管线落成投产，纳布科管线也跃跃欲试，但无论如何，这种多元化并没有改变其面向西方的出口特点。

在中哈原油管线建成之前，哈萨克斯坦原油除少量运送至里海沿岸的马哈奇卡拉（俄罗斯）、巴库（阿塞拜疆）和奈卡（伊朗）外，基本都途经俄罗斯，输往欧洲。目前哈萨克斯坦共利用着五条输油管线，分别为阿特劳—萨马拉输油管线、里海输油管线（CPC，哈萨克斯坦田吉兹—俄罗斯新罗西斯克港）、中哈原油管线（肯基亚克—库姆科尔—阿塔苏—阿拉山口）、哈属里海输油系统（叶斯科涅—库雷克—巴库—第比利斯—杰伊汉）和巴杰管线（BTC，巴库—第比利斯—杰伊汉)。[①] 其中运输量最大的阿特劳—萨马拉输油管线和里海输油管线(CPC) 均途经俄罗斯，辗转运往欧洲市场。未来俄罗斯方向仍将是哈油最主要的出口方向。[②] 尽管中国在中亚的投资以哈萨克斯坦为主，中石油在当地也良性发展，回报可观，但由于历史、资源、运距等条件的限制，输往中国的哈油将不会超过哈国出口总量的1/7。[③]

土库曼斯坦的天然气输出在中国一中亚天然气管线投产之前完全依赖俄罗斯的运输网络，以低价卖给俄罗斯，再由俄转手输往欧洲的形式实现出口。2010年土库曼斯坦向俄罗斯输气96.8亿立方米，向伊朗输气65亿立方米，对华输气35.5亿立方米，其中出口到西方世界的达到了82%。[④] 2011年2月，土库曼斯坦再次确认了其加入纳布科项目的决定[⑤]，这一消息表明欧洲市场依旧是中亚油气出口的首选。

三、向西出口成本更低收益更大

根据《KMG EP年报》及中国阿拉山口海关的统计，可推知哈萨克斯坦原油出口终端的FOB价格是不同的。途经CPC管线外输的原油出厂价格比经UAS(乌津—阿特劳—萨马拉) 外输的出厂价格每桶高出1.2—4.2美元，相应的外输终端的FOB配额价每桶相差3—4美元(见表3)。因此，在油质相同条件下，经CPC外销的原油比UAS获得的收入高，这将导致石油生产企业更倾向于选择CPC出口。同时，中哈原油管道(阿特劳—阿拉山口)长2828千米，比CPC长1248千米。按2010年的哈萨克斯坦石油管道运输费率计算，原油从阿特劳运输到中国阿拉山口的运费每桶比经CPC到新罗西斯克港的运费多3.89美元，而中哈石油管道的油源由中方自行解决，哈国不负责安排配额，这就为出口商提出了不小的难题。权衡FOB价格与负担的运费，发现途经CPC管线比向中哈管线输油每桶多获利3.53美元，因此当地石油生产商将更愿意选择向西的输油管线。[⑥]

---

① 《哈萨克斯坦的石油出口多元化》，徐春明撰稿，驻哈萨克斯坦使馆经商参处，2011年1月18日。

② 寇忠：《中亚油气资源出口新格局》，《国际石油经济》2010年5月。

③ 同上。

④ 数据来源《BP世界能源统计2011》。

⑤ 《美国支持土库曼斯坦向纳布科供应天然气决定》，国际能源网2011年4月29日。

⑥ 郜志雄：《哈萨克斯坦石油行业竞争格局分析》，《世界市场》2011年第5期。

表 3　CPC、UAS 和中哈管线原油销售价格、运费和收益比较[①]

单位：美元

	FOB 价格	出厂价格	运费
CPC	98.44	72.62	7.79
UAS	94.08	71.35	7.38
中哈	98.8		11.68

四、欧盟援助为能源合作保驾护航

欧盟不是中亚事务的积极参与者，这与其在该地区的利益有限以及地理阻隔有关，但随着中亚在国际能源格局中地位的不断提高，各种国际力量的争相涌入，欧盟也逐渐表现出对自身在中亚影响力不足的担忧，开始对中亚倾注力量。欧盟意识到唯有以其资金与技术优势与中亚国家建立起更为紧密的合作联系，才能保障其未来能源供应的安全稳定。

自 1991 年中亚五国独立以来，欧盟就开始向这些国家提供政府援助。其中最有成效的当属独联体技术援助（TACIS）计划。截至 2007 年，该计划共向中亚五国提供了 6.5 亿欧元的援助资金，占到欧盟中亚援助总资金的近一半（48%）。[②] 1995 年，在 TACIS 项目的支持下，欧盟启动了以向欧洲供应能源为目标的国家间石油与天然气输送项目（INOGATE）。1996 年到 2003 年，欧盟共提供了 5300 万欧元的援助资金，集中对现有油气网络摸底评估、发展新的能源输送体系以及完善国家间能源贸易机制。2004 年到 2006 年，又有 1800 万欧元的资金投入优化油气输送体系、提高能源供应安全系数与吸引更多投资中去。[③]

2007 年欧盟为双边关系提供了新的平台——《欧盟与中亚新伙伴关系战略》（The EU and Central Asia：Strategy for a New Partnership，下称《新战略》）。在《新战略》中，欧盟强调了其对中亚国家能源出口多元化政策的认同，并承诺

① 根据《KMG EP 年报》（2006—2008）整理。

② 曾向红、杨恕：《欧盟的中亚援助实践研究——以向欧洲输送石油和天然气国家间（INOGATE）项目为例》，《东北亚论坛》2008 年 5 月第 17 卷第 3 期。

③ 曾向红、杨恕：《欧盟的中亚援助实践研究——以向欧洲输送石油和天然气国家间（INOGATE）项目为例》，《东北亚论坛》2008 年 5 月第 17 卷第 3 期。

将会为实现此目标提供更多选择与援助。作为回报，欧盟要求该地区尽快建成“以市场为基础进行投资、提取与输送，具有透明、稳定、非歧视性管理框架，价格合理、有利各方”的能源市场。[①] 并着手加速实现欧盟与中亚各国的能源一体化、进出口协调与安全、可再生能源发展等多领域的合作。欧盟慷慨的援助与有计划的拉拢政策，对资金技术缺乏、地缘关系敏感的中亚国家而言具有极强的吸引力。

总之，诸多因素表明在未来可预见的一段时间内，中亚的油气出口仍将以西方为主，这源自一为西方历史悠久、实力雄厚的大型油气公司在此占尽先机，控制着绝大多数的油气资源开采权，并以长期合同的形式保障着未来利益；二为通往西方的能源输送体系纵横交错，逐渐成网，其输送能力与需求大于中国，占据着70%以上的出口份额；三为相比于中方单一漫长的输送管线，向西方出口可以获得更为丰厚的收益，导致了出口商西倾的取向；四为经济援助与政治拉拢吸引着这些渴望尽快摆脱俄罗斯控制寻求新伙伴的独联体国家的目光。

五、中亚与俄罗斯能源既有合作也有竞争

独立后的中亚三国空有丰富的油气蕴藏，开发资金技术与管线设备等极度匮乏，对外出口只能依靠俄罗斯的输送网络。很长的一段时间内，俄罗斯几乎垄断了中亚的油气出口，通过低价从中亚买入，高价卖往欧洲的方式，赚取了可观的差价。这一现象迫使中亚国家积极实施能源出口多元化战略，以摆脱俄罗斯的控制，享受更为公允的油气利润，而面对三国的四面出击，俄罗斯感受到了前所未有的压力，企图以长期合约和提高收购价格来维持双方的合作关系。

首先，地理因素决定了中亚国家很难完全摆脱对俄罗斯能源运输系统的依赖。哈萨克斯坦原油出口的所有管线都途经俄罗斯，因此俄罗斯仍将是未来哈油出口的主要方向。2002年6月俄哈签署了一份为期15年的运输协议，规定哈国每年通过俄罗斯管网出口34万桶/日的原油。2009年实际输油量为35万桶/日(1750万吨)。2009年11月两国又商定了新的过境运输协议，将萨姆松—杰伊汉管道也纳入规划。据俄罗斯政府透露，2010年和2015年，哈萨克斯坦过境俄罗斯出口的原油总量将分别达到4600万吨和6400万吨，2020年前将突破6900万

① 杨恕、曾向红：《欧盟：中亚战略能源算盘》，《中国石油石化·半月刊》2008年第1期。

吨。[1] 长久以来，土库曼斯坦的天然气出口也几乎被俄罗斯垄断。为了进一步巩固此状态，2003年俄罗斯天然气工业股份公司（Gazprom）与土库曼斯坦签署了长达25年的天然气合作协议。[2] 根据协议，到2028年土库曼斯坦应向俄罗斯供应1.7万亿立方米天然气。而俄罗斯凭借其对中亚—中央管道的控制，充当中间商，以低于欧洲市场一半的价格收购土天然气后加价转卖给乌克兰，然后以30%外汇、70%货物或服务的方式向土支付购气款。[3] 同样，乌兹别克斯坦的天然气出口除少量供应邻国（塔吉克斯坦和吉尔吉斯斯坦）外，全部出口俄罗斯。[4]

其次，俄罗斯掌握中亚大量的油气田资源，并逐步涉足油气下游产业。2009年俄罗斯伊杰拉公司获土库曼斯坦特批，得到里海第21号油气区块（估计天然气储量600亿立方米，石油储量约1.6亿吨）的勘探和开采权。此外俄罗斯还积极参与土库曼斯坦输气管道建设。在哈萨克斯坦，俄罗斯以多种形式参与当地的油气勘探开发，其中以独资形式投资1.38亿美元勘探北库姆科尔油气区块，计划再投入3.8亿美元开采卡拉库杜克油气区块，以俄哈对半分成方式联合勘探了哈属里海地区秋布—卡拉干、阿塔什、库尔曼加兹、赫瓦伦斯克、中央和伊马舍夫斯科耶等凝析油气区块，以及与英、意、美等国公司组成国际石油财团，联合勘探和开采哈萨克斯坦最大的卡拉恰干纳克油气区块（石油储量12亿吨、天然气储量1.35万亿立方米）。[5] 俄罗斯对乌兹别克斯坦的油气开发体现在，截至2009年初俄公司在乌油气行业投资达9亿美元，占乌外资总额的60%，预计2012年俄累计投资将达50亿—60亿美元。俄公司在乌兹别克斯坦开采油气已初具规模。2008年，俄公司在乌兹别克斯坦开采天然气33.4亿立方米，占乌兹别克斯坦国内开采量的5.5%，计划2013年开采天然气150亿立方米、石油50万吨，分别占乌总开采量的20%和7.2%。与此同时，俄罗斯试图涉足乌天然气深加工工业。俄罗斯卢克石油公司承建的卡德姆天然气加工综合体预计2011年投

① 寇忠：《中亚油气资源出口新格局》，《国际石油经济》2010年5月。

② 奥列格·鲁京著，毕明编译：《土库曼斯坦与俄罗斯：合作伙伴还是竞争对手?》，《国际石油经济》2010年6月。

③ 胡梅兴：《俄罗斯控制中亚能源的现状与挑战》，《国际资料信息》2010年第6期。

④ 根据《BP世界能源统计2011》，2010年，乌兹别克斯坦天然气出口到俄罗斯103.2亿立方米，占总出口量的76.1%。

⑤ 胡梅兴：《俄罗斯控制中亚能源的现状与挑战》，《国际资料信息》2010年第6期。

入使用，年加工天然气60亿—100亿立方米。此外，由于国产石油量减少（2008年为480万吨）和市场需求上升，乌兹别克斯坦不得不从2006年起恢复进口俄罗斯石油，预计2010年和2020年其从俄罗斯进口石油量将分别上升到420万吨和670万吨，对俄石油依赖增强。①

尽管俄罗斯力图稳固其对中亚油气资源的控制，但随着中亚国家能源出口多元化战略的有效实施，俄罗斯的努力愈发显得力不从心。在这一过程中，俄罗斯不仅将丢失一个收益丰厚的能源后方，更将面临后者在国际能源市场上的激烈竞争。这种竞争关系首先体现在运输路径的选择上。多条绕开俄罗斯的油气管线的落成，使俄罗斯丧失了在运输市场上的垄断地位。2006年起，哈萨克斯坦除向俄出口石油外，已开始通过巴杰管线对外出口石油。据统计，2009年全年哈萨克斯坦通过该管道共计出口原油190万吨。其中来自哈萨克斯坦阿泽里—奇拉格—久涅什利海上油田群（Azenri－Chrig－Gunashli，联合称为ACG）、里海北部油田和哈萨克斯坦田吉兹油田（Tengiz）的原油，以及里海沙赫杰尼兹（Shah Deniz）气田的凝析气（Shah Deniz）均通过巴库—第比利斯—杰伊汉管道向外出口。② 而中国—中亚管线的投产，土库曼斯坦—伊朗天然气管道二线的开工建设以及"纳布科"项目的积极推进，使得土库曼斯坦也无须再看俄罗斯的脸色行事。

其次，俄罗斯与中亚诸国的竞争将主要在欧洲天然气市场展开。相比于俄罗斯，天然气买方们似乎更乐意与这些后起之秀合作，不仅将获得更广阔的油源气源，更能削弱俄罗斯在区域能源市场上的决定权。认识到这一点，俄罗斯愈发因中亚油气不断强化的独立发展趋势而忧心忡忡，急切地希望通过大笔收购当地的油气，减轻自身的市场压力，维持垄断地位。基于上述考虑，加上乐观的市场预测，俄罗斯连续三年（2007—2009年）答应了三国提高收购价的要求。2009年俄罗斯同意了土库曼斯坦以欧洲价格出售天然气的要求。结果金融危机来袭，欧洲市场远没有俄罗斯想象的那般潜力无限，燃气价格的下滑导致天然气需求萎缩，俄罗斯在这一回合中无利可图，只能逐步缩减对土库曼斯坦天然气的采购

---

① 胡梅兴：《俄罗斯控制中亚能源的现状与挑战》，《国际资料信息》2010年第6期。

② 《巴库—第比利斯—杰伊汉管线原油出口增长11.7%》，莫斯科中俄贸易网，文章来源：俄新社2010年1月12日。

量，对后者控制愈发力不从心。更为糟糕的是，据预测，随着大量来自北非、中东和加勒比地区的液化天然气及价格低廉的页岩气的到来，欧洲天然气市场在未来的数年将持续供过于求。这无疑加剧了双方的市场争夺。

82. 上海合作组织在中亚起什么作用?

张 亮

上海合作组织的前身是“上海五国”机制，是中国与毗邻的独联体四国为实现边境地区军事信任和裁减军事力量的谈判而创立的，在实现地区安全与稳定的前提下，为了应对中亚地区日益严重的恐怖主义、分裂主义和极端主义，六国最终建立起了地区性合作组织机制。在安全领域合作不断加深的同时，为了给组织的发展提供更大动力，各成员国开始在经贸、文化、卫生、科技、教育等领域开展合作。

上海合作组织是维护中亚稳定的重要组织

上海合作组织的前身是“上海五国”机制，该组织最初是为解决裁减边境地区军事力量和划定边界而设立的。1989 年，苏共中央总书记戈尔巴乔夫访华，中苏两国关系实现了正常化，为增强两国彼此间的相互信任，从 1989 年 11 月起，两国开始就裁减边境地区军事力量和保持边境安宁展开谈判。苏联解体后，为了保持这一工作的延续性，从 1992 年 9 月起，俄罗斯、哈萨克斯坦、吉尔吉斯斯坦、塔吉克斯坦与中国组成了联合谈判代表团，继续就裁减边境地区军事力量和保持边境安宁问题举行谈判，逐步形成了“上海五国”机制的雏形。1996 年 4 月，中、俄、哈、吉、塔五国元首在上海首次会晤，签署了《中国同俄哈吉塔关于在边境地区加强军事领域信任的协定》，次年五国元首在莫斯科签署了《中国同俄哈吉塔关于在边境地区相互裁减军事力量的协定》，五国元首每年一次轮流在五国举行会晤的机制，被称为“上海五国”机制。经 1996 年至 2000 年的

5 次会晤，五国首脑就地区安全、友好合作以及充实完善“上海五国”机制等问题达成了广泛的共识，各方在军事安全领域达到的相互间的透明度，是非军事联盟国家中前所未有的。

20 世纪 90 年代，中亚地区的民族分裂主义、国际恐怖主义和宗教极端势力（三股恶势力）、毒品走私及其他跨国犯罪行为严重威胁着本地区的安全与稳定，在 2000 年 7 月举行的“上海五国”杜尚别会晤中，各国元首认为尽早制定相应的多边纲要，签署必要的多边合作条约与协定来应对上述威胁。2001 年 6 月 15 日，中俄哈吉塔在上海举行第六次元首会晤，决定接受乌兹别克斯坦作为完全平等成员国加入“上海五国”，成立“上海合作组织”，六国元首共同签署了《哈中吉俄塔乌国家元首会晤公报》《上海合作组织成立宣言》和《打击恐怖主义、分裂主义和极端主义上海公约》三个文件，在本次会议上，各国正式将“上海五国”机制升级为“上海合作组织”，在吸收新成员的同时，将打击恐怖主义、分裂主义和极端主义作为该组织的主要任务。2002 年 6 月圣彼得堡元首会晤决定在吉尔吉斯斯坦共和国首都比什凯克市设立地区反恐怖机构，协调各方行动。2003 年 5 月莫斯科元首会晤中指出应从根源上消除滋生恐怖主义的社会基础，包括消除贫困、化解种族和民族冲突、消除宗教歧视等。同年 8 月，代号为“联合——2003”的联合反恐军事演习成功举行，开启了上合组织反恐演习的序幕，对地区反恐机构的实战能力进行检验。经过多年的发展，上合组织框架内的安全合作逐渐机制化，标志着其在安全领域中的合作日渐规范和成熟。

上合组织在安全领域中实现了良好的合作，为巩固各国社会的政治稳定和国家安全积累了潜在条件，也为同属于转型阶段的各国社会经济发展奠定了重要的前提。2002 年 6 月上合组织圣彼得堡会议后，各国加快了建立贸易和投资便利化及制定多边经贸合作长期纲要的谈判进程。2003 年 5 月上合组织莫斯科会议上再次强调了要“全面发展六国伙伴关系，开展政治、经贸、人文领域合作”，并指出必须确保各方面合作高效务实。

从上合组织的发展历程来分析，2001—2003 年可以说是上合组织初创阶段，是成员国取得共识，奠定法律基础，启动多领域磋商机制的重要阶段，签署了一系列多边合作协定，为常设机构的正式运作进行了充分的准备。[①] 2003 年 5 月，

① 邢广程、孙壮志：《上合组织研究》，长春出版社 2007 年版，第 277 页。

在上合组织第三次领导人峰会上通过了10个相关法律文件，开始把经济合作纳入议程，上合组织的合作领域开始向经贸领域渗透。9月25日，在北京举行了上合组织第二次政府首脑会晤，签署了《上合组织成员国多边经贸合作纲要》《关于技术性启动上合组织常设机构的备忘录》和《上合组织成员国总理会晤联合公报》三个重要文件，明确了未来成员国政府的主要任务是推进贸易和投资便利化，并将经济技术合作规划的优先方向集中于能源、交通、电信和农业等领域。2004年，上合组织启动了观察员机制，开始考虑吸收新的会员国，并将蒙古纳入为观察员地位国。2005年7月，上合组织第五次峰会决定给予印度、伊朗和巴基斯坦观察员身份。本次峰会通过的《元首宣言》肯定了该组织在对外开放方面的新成就，包括获得联合国大会观察员地位，与东盟和独联体签署合作文件，并进一步坚定了打击恐怖主义、分裂主义、极端主义“三股势力”的决心，加强了反恐机构建设方面的明确部署。另外，该宣言还强调成员国在对外经贸、交通、环保、紧急救灾、文化、教育领域务实合作的具体方向。2006年6月，上海举行的上合组织第六次峰会签署了《上合组织五周年宣言》，对5年来该组织成长的历程进行了全面的总结和评价，从其发展历程可以看出上合组织从最初的政治军事间的合作，慢慢转向经济文化等全方位的发展。

上海合作组织在中亚发挥的重要作用

上合组织为各国提供了一个独特的平台，其成员不仅包括了前苏联国家，还融入了新兴的东方大国——中国，甚至把一直保持中立的土库曼斯坦也吸引进来，通过开展定期对话和协商、共同承担责任、分享利益，把该组织成员国的地区合作推进到实质性阶段。借助于上合组织，中亚国家获得了在地区安全和经济发展方面行动的资源和能力，在未来中亚国家将日益依赖这一组织来发展这种能力。从“上海五国”会晤机制启动到成立上合组织以来，成员国之间逐步形成了多层次、多领域的会晤机制，包括每年一次的首脑会晤、总理会晤，囊括了外交、国防、贸易、交通、安全、执法、教育、文化等政府部门间会晤，还包括民间组织和机构的交流，上海组织已经成为本地区各国交流和接触的机制化平台。

1. 维护地区安全与稳定

寻求安全保障，建立军事互信是中亚国家对上合组织最基本的要求，面对严峻的安全形势，各国希望在上合组织的平台内，构建相互信任的基础，最大限度削减边界军事力量，减少军事活动，提高透明度，加强友好往来，建立睦邻友好边界，集中力量维护国内的社会稳定。经过 10 年的合作，上合组织已成为促进地区安全和稳定的有效机制，在解决安全问题时所提出的宗旨和原则成为中亚国家间解决安全问题的重要依据。在维护地区和平与安全的目标上，上合组织也与中亚国家达成基本共识，解决了中亚国家普遍面临的安全问题。

中亚地区的安全形势在 20 世纪末期急速恶化，以恐怖主义为代表的各种非传统安全问题日趋严峻。由于中亚国家国内经济发展水平普遍不高，贫困和失业人口长期存在，民族和宗教问题交织，更有外部势力的渗透和影响，导致不稳定因素增多，极端主义和恐怖主义在中亚地区呈蔓延趋势。加之邻国阿富汗长期处于内战状态，国内秩序混乱，毒品和武器走私问题严重，成为国际恐怖主义活动多发的地区。在这种局势下，恐怖主义活动中亚时有发生，1999 年 2 月，乌兹别克斯坦首都塔什干发生了针对卡里莫夫总统的爆炸事件。同年 8 月，乌兹别克斯坦的伊斯兰极端主义分子在塔吉克斯坦反对派联盟和阿富汗塔利班的支持下，在吉尔吉斯斯坦南部巴肯特地区绑架人质，制造了震惊中亚的“巴肯特事件”。频发的恐怖袭击对地区的稳定形成了直接的冲击。由于所面临的安全威胁具有国际性的特点，中亚国家很难独立应对，需要借助他国或者多国的协商，尤其需要一种稳定的国际机制发挥作用。中、俄、中亚国家共同创建上合组织并积极进行多边反恐合作，既有得天独厚的条件和地缘优势，也适应了成员国营造良好国内及外部环境的迫切需要，符合各方的共同利益。

在应对恐怖主义问题上，上合组织将恐怖主义、极端主义、分裂主义并提为“三股势力”，将其列为上合组织最主要的任务，上合组织成立当天颁布后的第一项公约就是《打击恐怖主义、分裂主义和极端主义上海公约》，在国际上首次对“三股势力”做出明确定义，并提出成员国合作打击的具体方向、方式及原则。从 2002 年开始，上合组织在安全、司法和执法领域相继启动了一系列会晤机制，包括国防部长、总检察长、安全会议秘书、最高法院院长等会议机制，反恐合作成为历次元首峰会发表宣言的重要内容之一。2002 年发表的《上合组织外交部长会议联合公报》认为，巩固中亚地区的稳定依然是该组织成员国在安全领域的首要任务。为此，上海合作组织重申愿与在本地区正在发挥作用的国际组织开展合作。[①] 随后在 2004 年 6 月，上合组织在塔什干成立了地区反恐怖机构，其主要职能包括收集和分析有关打击恐怖主义、分裂主义和极端主义的信息等，这标志着上合组织框架内的多边反恐安全合作进入全面深化的阶段。2005 年 7 月，成员国元首又签署了《上合组织成员国合作打击恐怖主义、分裂主义和极端主义构想》，确定了联合反恐的主要宗旨、原则、主要方向、合作方式及落实机制。2006 年 6 月，上海峰会上发表了《上合组织成员国元首关于国际信息安全的声明》，强调通过双边、地区和国际层面的合作，加大各国保障信息安全的力度。成员国除了根据相关协议不允许其他成员国的分裂主义势力在本国境内活动之外，还采取积极措施，将在本国境内的他国分裂主义分子绳之以法或引渡伏法。此外，成员国还组织了多次在上合组织框架内的双边和多边联合反恐演习，参加者有执法部门、边防军人、特种警察和成建制的武装部队，其中 2003 年和 2007 年的两次多边联合反恐军事演习影响很大，起到了震慑恐怖分子、提高反恐能力的作用。10 年来，成员国制定和批准了一些重要的多边反恐合作文件，包括年度合作纲要、联合反恐的程序协定、切断恐怖主义渗透渠道的协定等，围绕反恐和反毒进行的联合执法活动也提上日程。北京奥运会召开前，上合组织成员国又就重大赛事的安保和反恐等问题进行协商，进一步丰富了上合组织的反恐实践。2004 年以来，在地区反恐机构的高效工作下，共防止了 500 起恐怖事件的发生，保护了数以千计的宝贵生命。

2. 构建经贸合作的平台

自古以来，欧亚心脏地带就是联结东西方的重要通道，古代“丝绸之路”将东方与西方紧密地联系在一起。上合组织成员国经济发展水平差异很大，但其经济互补性很强。其中，中亚国家具有强大的资源优势，哈萨克斯坦、土库曼斯坦蕴藏着丰富的石油、天然气等战略性资源，里海沿岸更是当今世界重要的油气供应基地之一，中亚国家还拥有储量可观的多种有色金属和稀有金属矿藏，铀的储量居世界首位，黄金储量居世界前列。而俄罗斯除了具有资源优势之外，在航天、军工等方面依然拥有领先的技术优势。中国经济快速增长，已经成为世界第二大经济强国，资金实力优势明显，市场需求旺盛。因此，各成员国政府都清醒

---

① 《上合组织外交部长会议联合公报》2002 年 11 月 23 日。

地意识到，开展经济合作能够有效整合各国资源，形成良好国际分工，充分发挥各国优势，有力地促进本国和本地区的经济发展，实现共同繁荣。从地缘经济的角度来说，经济合作有利于拉近各成员国与国际市场的距离。亚太地区的经济繁荣使该地区成为世界上潜力巨大的新兴市场中心，而中亚和俄罗斯却远离这一市场中心。中亚国家没有出海口，即使离最近的海港也相距1000多公里。俄罗斯缺乏天然的良港，现有港口经常遭受冰雪封锁。在上合组织框架内开展经济合作，通过欧亚大陆桥，中亚和俄罗斯可以与中国东部沿海地区连通，从而拉近与亚太国际市场中心的距离。与此同时，中国与欧洲的经济联系也将通过欧亚大陆桥更加便利和密切。

在上合组织的推动下，各国政府积极推动经济合作的实现。2001年发表的《上合组织成员国政府总理第一次会晤新闻公报》强调指出，发展上合组织框架内长期稳定的经贸合作关系符合各国的根本利益，六国总理会后签署了《上合组织成员国政府间关于开展区域经济合作基本目标和方向及启动贸易和投资便利化进程的备忘录》。2003年达成了多边经贸合作纲要。2004年通过了该纲要的落实措施计划。这些计划要求在上合组织范围内逐步（在2020年前）形成真正的一体化空间，即实现商品、劳务、资本和技术的自由流动。在2006年6月举行的上合组织峰会上，成员国建立了上合组织实业家委员会，普京总统还提出了建立“上合组织能源俱乐部”的倡议。据统计，2008年哈中两国贸易额达122.4亿美元，两国首脑确定的2015年双边贸易额150亿美元的任务将提前完成。中乌贸易额达16亿美元，比2007年增加了43.5%，中国已成为乌第三大贸易伙伴。中国早在2006年就确定了到2010年，与上合组织成员国贸易额从400亿美元提高到800亿—1000亿美元的发展目标，[①] 而这一目标最终在成员国的努力之下于2008年提前两年实现。上合组织成立10年来，中国与上合组织成员国贸易总额从121亿美元提高到900亿美元，增长7倍。

在能源领域，上合组织成员国的合作也日趋成熟。得益于苏联时期建成的石油和天然气管道，俄与中亚国家在能源领域形成了相互依赖关系，俄罗斯牢牢控制住了中亚国家能源外运的通道。哈萨克斯坦主要通过田吉兹—新罗西斯克石油

① 孙宇挺：《中国确定到2010年与上合组织成员国贸易额目标》。http：//www. chinanews. com. cn/other/news/2006/09－15/790968. shtml.

管道和阿特劳—萨马拉石油管道向俄及欧洲出口石油。而土库曼斯坦和乌兹别克斯坦主要通过中亚—中央天然气管道向俄出口天然气。2007年，俄罗斯与哈萨克斯坦、土库曼斯坦、乌兹别克斯坦签署了能源合作协议，改造中亚—中央天然气管道，同时沿此线路铺设新的沿里海天然气管线，并与土库曼斯坦签订为期25年的天然气协定，将从土购买600亿立方米天然气，到2025年将增至800亿立方米。但是，中亚国家并不希望任何一国主导本地区的能源开采和运输，善于采用平衡政策的中亚国家对俄罗斯一方面采取了一种非常实用的态度，答应俄罗斯的要求，另一方面继续和其他国家合作，而且准备建设向东通往太平洋、向南通往印度洋的多条管道。[①] 2005年中石油成功收购了年产油能力700万吨的哈萨克斯坦石油公司，完成了中国企业在海外最大的一笔收购。2006年中信集团成功获得了卡拉然巴日油田的开采权，此次收购完成后，中国在哈萨克斯坦拥有的石油资源已达哈石油总资源的约30%。[②] 中哈原油管道由中国石油集团和哈萨克斯坦国家油气公司共同投资，双方各占50%股份，这是哈萨克斯坦第一条不经过第三国而与市场直接相连的管道，2004年9月28日开工建设，于2006年5月实现全线通油，2006年7月25日实现了全线商业运营，截至2010年7月25日，已累计输送进口原油2607.5万吨。2007年7月，在北京签署了中土天然气购销协议和土库曼斯坦阿姆河右岸天然气产品分成合同，中土天然气管道西起中亚最大河流之一的阿姆河之滨，穿过乌兹别克斯坦和哈萨克斯坦，通向中国的华中、华东和华南地区，管线总长约1万公里。管道建成后，土库曼斯坦将在30年内每年向中国提供300亿立方米天然气。2009年12月14日，土库曼斯坦—中国天然气管道通气投产。

在上合组织成员国推进经济合作的过程中，中亚各国纷纷加大了政治和经济改革步伐，取得了一定进展，但地区形势仍存在各种不稳定因素，特别是在国际金融危机的冲击下，中亚国家经济受到了不同程度的影响，与世界经济联系紧密的哈萨克斯坦受到的冲击最大，吉尔吉斯斯坦和塔吉克斯坦受到的潜在冲击也不容小觑。在这种背景下，加强协调、共同应对国际金融经济危机并减轻其不利影

---

① 《学习时报》2007年6月11日。

② Анатолий Гарин 2006，Қаражанбас уйдет китайцам? Сделка может обеспечить Китаю контроль над 30% нефтяных запасов Қазахстана，http：//www.respublika.kz/08.12.2006.

响成为上合组织当前重点关注的问题。2009 年 6 月 16 日，胡锦涛主席在叶卡捷琳堡元首理事会上承诺为实施上合组织多、双边项目提供 100 亿美元信贷支持，为促进上合组织各国经济复苏提供资金支持。截至 2010 年 5 月底，中国国家开发银行在上合组织成员国的贷款余额超过 314 亿美元，支持了一大批项目建设。中国也在 2010 年塔什干峰会上建议各成员国深挖合作潜力，增强本组织发展的持续后劲，并建议将非资源领域合作作为上合组织区域经济合作新的重要发展方向。

可以说，上合组织未来发展的关键还是取决于其经济一体化能否促进各成员国利益的实现，能否在全球化和地区经济一体化的双重背景下推动各国利益的融合与增长。当前，上合组织内部的经济合作有着相当坚实的基础，未来各方将扩大在金融、投资合作规模，解决大项目合作的融资问题，并加快实施和制定新的交通、能源、通信领域网络型项目，使上合组织成员国的利益相互结合、相互渗透，逐步实现“利益外溢”。

3. 维护中亚国家总体的利益，平衡大国利益

中亚国家加入上合组织的出发点首先在于维护国家的根本利益，并希望借助于上合组织整体的力量拓展自身的战略利益，通过上合组织这个平台，融入亚太经济圈，获得经济发展所需的各种资源。尽管中亚国家国情各不相同，但因其所处的独特地理位置，位于俄罗斯、印度、中国这些大国的夹缝之中，成为大国利益的缓冲地区，极易成为大国利益博弈的角斗场。中亚国家希望通过上合组织的框架，将大国利益与自身利益协调，趋利避害，最大限度维护自身的利益，并对大国的行为形成有效的制约。俄罗斯是本地区传统的强国，占据着天然的优势，中亚各国希望中国在中亚地区发挥更大的作用，以平衡俄罗斯。同时中亚各国也希望美国在中亚地区发挥更大的作用，以平衡俄罗斯和中国。中亚国家独立短短 20 年，在各国之间寻求利益的最大化，获取种种利益。这使中亚各国在独立的道路上获得了更多的保证和支持，这也说明中亚各国善于利用国际各种资源为本国利益服务。

以能源合作为例，俄罗斯、中国、美国三方是竞争性的关系，俄罗斯总体的指导目标是要垄断中亚能源的开采和运输，中国的指导思想是尽可能深入中亚能源领域，获得稳定的能源进口，美国是要打破俄罗斯对中亚能源的垄断地位，向西方输出油气，在中亚能源的走向上表现为“北向”“东向”和“西向”之争。

俄罗斯利用既有和新修建的管道控制了绝大部分的油气出口，并通过签订长期协议保证获得稳定的供给。中国修建的油气管道和美国发起建成的 BTC 输油管线打破了俄罗斯的垄断地位，减少了俄罗斯所能获取的能源份额，自然形成了竞争性的态势。但是从宏观的角度看，中俄两国在一定程度上还是能够结成能源合作伙伴的关系，中国每年都从俄罗斯进口大量的石油，而且两国在中亚能源上的合作也是可能的，目前俄罗斯也通过中哈石油管道向中国出口石油，中国进入中亚能源领域，完全是出于经济建设的需要，而不是调整俄罗斯在中亚的主导地位，两国在中亚能源领域的竞争将长期存在，但双方将竞争控制在了商业竞争的领域，以防止商业之争升级为政治冲突。而美国则寻求的是建立长期的政治和军事优势，与俄罗斯的中亚政策是相抵触的，二者间的矛盾难以调和，而且这种激烈的竞争将长期持续。俄、中、美三方博弈，获益最多的是中亚各国，可以有效减少对俄罗斯的依赖程度，增强自主性，同时得到三国更多的援助和优厚条件，有利于自身长远的发展。

上海合作组织发展前瞻

上合组织的建立和发展，使得中俄在中亚地区结成了伙伴，最大限度地减少了两国在中亚可能存在的猜疑和冲突，对双边关系的改善起到了良好的正面效果。这样一种合作模式对中俄关系具有重要的影响，否则，如果中俄两国中亚发展各行其是，那么两国在中亚的竞争将不可避免，将会为其他国家进入中亚地区大开方便之门，更会对两国的战略协作伙伴关系产生负面影响。通过在上合组织的合作，中俄在中亚地区的合作达成了默契，它使双方在中亚的行为遵从了某种“游戏规则”，尽管它并不十分清晰，但它被两国共同遵守并发挥积极作用。上合组织对中俄关系发展的影响是多方面的，它为两国的双边合作增加了新的合作议题与内容，并扩展了中俄新的共同利益，例如联合反恐、确保中亚地区、反毒、地区交通和能源合作、区域睦邻友好等内容，都远远超出了原来中俄双边合作的框架。中俄还以上合组织为载体，通过达成的宣言、条约、协议等文件，推动世界多极化的发展，宣扬新的政治和安全理念，提升本国的战略地位。

上合组织未来的发展是呈开放性的，对内确立了成员国之间平等的战略伙伴关系，对外与欧亚经济共同体、北约、独联体集体安全条约组织等其他地区性组织开展对话乃至合作，这也符合中亚国家对话渠道多元化的需求。[①] 总的来说，在冷战结束后，俄罗斯与中国同中亚国家建立了良好的关系，但是在实际的交往中，中亚国家担心传统的大国主导模式而导致合作有时难以深入下去。随着俄罗斯对中亚地区的日益重视，其对中国在本地区发挥影响的戒备心理也在加强。随着中国在本地区利益的不断拓展，“中国威胁论”和“经济附庸论”等言论在中亚国家还有一定的市场，上合组织内部在未来发展问题上仍面临着诸多的挑战。

1. 影响上合组织发展的障碍

上合组织成立10年来，在机制建设、组织运行方面都取得了广泛的成功，但是作为一个年轻的组织，上合组织也暴露出许多不足。

第一，运行效率不高。上合组织成员国国情各异，政治、经济制度和文化差异各不相同，成员国内外政策上存在较多差异，各国对国家权力的让渡较少，即使是经济和军事实力最强的俄罗斯与中国，所能提供的资源和手段也十分有限，在这种条件下，虽然成员国之间在诸多问题上能够达成广泛的一致，但在具体行动中，组织的能力与范围都受到较大的制约。宣言多，实际结果少，运行效率不高，被认为是该组织最突出的问题。2005年3月吉尔吉斯斯坦政权更迭和5月乌兹别克斯坦的安集延事件发生时，上合组织因为缺少必要的应急机制反应比较迟钝，组织的工作效率甚至合作方式受到了质疑。

第二，组织发展定位不清晰。目前，上合组织各国对组织的定位并不相同，除对反恐、经济合作等领域保持一致意见外，各国都是从本国利益的角度来看待上海合作组织，视其为解决相关问题的一种合作机制。一般来说，中国和俄罗斯倾向于从大国关系和地缘政治角度定位上海合作组织，两国都将上合组织看作推行本国政策、发挥影响力的重要平台。而中亚国家则更多从解决国内安全和经济问题上对上海合作组织寄予希望，莫斯科国际关系学院能源政治和外交研究所所长瓦萨雷金指出：“如果参加该组织不能给中亚国家带来现实的经济回报，它们

---

① 2006年5月8日，上合组织秘书长张德广与欧亚经济共同体秘书长拉波塔在北京上合组织秘书处签署《上合组织秘书处与欧亚经济共同体一体化委员会秘书处谅解备忘录》。根据备忘录，双方商定就共同感兴趣的领域交换信息，举行磋商。此外，还于2007年10月5日签署了《上合组织秘书处与集体安全条约组织秘书处谅解备忘录》，并与北约就反恐等问题开展合作。资料来源：上合组织网站，http：//www.sectsco.org。

的目光不可避免地将转向别处，这将使组织受到全面削弱”。[①] 各国对上合组织角色定位的不同将成为该组织发展的重要障碍，乌兹别克斯坦学者托利波夫总结上海合作组织发展有四种主张和可能：第一种是使上海合作组织变成一个反西方和反北约的联盟，此种想法在俄罗斯政界最为突出；第二种是设想上海合作组织成为一个在成员和功能上泛化的地区组织；第三种是使上海合作组织成为在中亚地区平衡和联系俄罗斯与中国的机制；第四种是使上海合作组织成为促进中亚一体化的框架。托利波夫认为，第四种设想最符合中亚国家的利益和需要。[②] 显然，中亚国家与中俄对上合组织有不同的利益需求，如果各国不能就这一问达成一致的意向，将会极大地阻碍该组织未来的发展。

第三，安全合作与经济合作的平衡问题。“9·11”事件之后，阿富汗塔利班政权和基地组织遭受沉重打击，中亚地区形势有所好转，以安全为主还是经济为主的问题随即提出。一种观点认为，上合组织今后的重点仍应是安全，俄罗斯国家杜马国际事务委员会主席科萨切夫认为，在国际社会对美国的反恐模式感到失望之时，上海合作组织把重心转向经济合作是完全不适当的。而另一种观点则指出，经济合作将是上合组织不断发展的最持久的动力，也是该组织对所有成员国保持吸引力的重要原因，乌兹别克斯坦总统战略和地区研究所所长阿里莫夫指出：“由于来自阿富汗的威胁降低，中亚国家开始把上海合作组织作为一个获得财政经济资源、巩固国家经济和解决各自社会问题的渠道”。[③] 安全合作是促使上合组织建立的前提，而经济合作则是易于该组织长久发展最重要因素，二者之间的平衡如何把握，将是各成员国急切需要解决的难题。

第四，成员国内部的稳定。当前，外部势力在中亚地区十分活跃，不断加强在中亚的存在，试图影响和左右中亚局势发展，主导地区事务。2010 年 4 月，吉尔吉斯斯坦发生严重骚乱，政权发生更迭，吉尔吉斯斯坦的国内局势成为上合组织最为关心的问题之一。吉政局突变和南部骚乱发生后，上合组织高度关注。

---

① ШОС может быть расширена в скором будущем, Интервью с Валерием Салыгином. Итар—Тасс. 12. февраль. 2004.

② Farkhod Tolipov, On the Role of the Central Asian Cooperation Organization within the SCO, Central Asia and Caucasus (No. 3, 2004).

③ Р. М. Алимов, Центральная Азия: Общность интересов (Издательство: полиграфическая акционерная копания Шарк. Ташкент, 2005), С. 110.

在同年6月11日的上合组织塔什干峰会上，成员国元首重点讨论了吉局势以及上合组织应采取的相关措施，峰会宣言强调反对一切可能引发局势紧张的行动，主张通过对话协商方式妥善解决分歧。伊马纳利耶夫认为，应继续向吉提供援助，帮助其尽早恢复稳定与发展。此后，上合组织针对吉局势发表声明，呼吁制止犯罪和违法活动，希望局势尽快稳定。吉临时政府也明确表示，希望通过参与上合组织合作打击“三股势力”、维护安全稳定、实现经济发展，将积极参与上合组织活动与合作，全面履行成员国义务。

第五，中俄利益协调。俄罗斯与中国构成了上合组织中最大的两个成员国，也是实力最强的国家，从中俄双边关系的角度来看，上合组织是中俄战略合作的产物，从最初的“上海五国”机制到如今的上合组织，都以中俄合作为基础，否则，上合组织根本不可能建立。这就决定了中俄在组织内的态度是合作性的，上合组织首先是中俄进行合作的组织，是一个协调中俄在中亚地区利益冲突的平台。从历史的角度分析，中亚各国从原苏联独立出来，横亘在中俄之间，俄罗斯视之为对自身有特殊利益的势力范围，并不希望他国染指。中国则视中亚为周边邻国，中国推行的睦邻、富邻、安邻的周边政策要求必然要与之发展关系，构建一个和平稳定的周边环境。客观上中俄在中亚存在着竞争性结构，容易导致两国发生分歧。中国进入中亚不可避免，虽然俄罗斯视中亚为自己的后院，但是由于自身实力的原因，俄罗斯无力解决中亚国家发展所需要的资金、技术和市场，甚至曾视其为包袱，忽略了中亚国家的利益诉求。这就为外部势力的进入打开了缺口，所以问题的关键就在于俄罗斯对中国行为的反应。俄罗斯对中国成立上合组织开发银行与建立自贸区等建议不予支持，以防止上合组织变身为北京的“独联体”。

2. 上合组织未来的发展

第一，提高组织效率。这是下一阶段上合组织发展的首要任务。上合组织应该汲取独联体发展的教训，尽快落实成员国签订的一系列条约和协议。在此基础之上，上合组织应该进一步完善现有的制度和机制，加强对地区问题的参与程度，获得更大的发言权，并要积极参与国际事务，进一步提高该组织的国际影响力。

第二，清晰发展定位。目前，世界上的地区合作组织模式主要有两种：一种是欧盟模式，一种是东盟模式。欧盟模式的特点是成员国具有相同的价值观和政治经济制度，主权让渡大，致力于最终实现政治经济一体化，推行共同的对外政策。东盟模式的特点是成员国的价值观和政治经济制度不尽相同，主权让渡有限，寻求经济一体为主，协调各国的外交政策，一体化程度不深。鉴于上合组织成员国的现状，欧盟模式显然不适合自身实际，但也不能照搬东盟模式，上合组织必须对未来的发展定位作出合理规划，增强成员国对其发展的信心。

第三，深化经贸合作。当前，成员国在安全领域的合作已颇具成效，但是经贸合作进展缓慢，上合组织应该在坚持安全合作为中心的前提下优先发展经贸合作，进而提高组织凝聚力、发掘地区合作潜力。

第四，上合组织扩大的问题。随着影响力的不断增强，上合组织的吸引力也不断增强，在2010年的塔什干峰会上，批准了《上海合作组织接收新成员条例》和《上海合作组织程序规则》，进一步完善了本组织运作的法律基础。上合组织对四个观察员国——印度、伊朗、蒙古国、巴基斯坦积极参与合作的行为表示了肯定，并签署了给予白俄罗斯和斯里兰卡对话伙伴地位的备忘录，与阿富汗建立了联络组。上合组织秘书长伊马纳利耶夫强调："新成员的加入应有助于上合组织的巩固，有助于加强在安全、稳定、发展、经济、文化等领域的合作"。对话伙伴国的出现不仅从地理上扩展了上合组织的空间，更使其合作内容愈加丰富。在国际合作方面，上合组织获得了联合国大会观察员地位，与独联体、集体安全条约组织、欧亚经济共同体、欧盟和东盟的合作也在不断地深入。

第五，协调与其他组织的关系。目前，在中亚地区建立的国际组织和合作机制有十多个，除了上合组织之外，最有影响力的就是欧亚经济共同体和集体安全条约组织，上合组织的俄、哈、吉、塔四国均为上述两个组织的成员国。从该两个组织的职能性质分析，欧亚经济共同体主要关注经济和社会问题，而集体安全条约组织更多关注军事和安全问题，两个组织在功能上与上合组织均有重叠。此外，这两个组织最大的一个特点就是，俄罗斯基本上发挥了主导性的作用，而这与中亚国家在大国之间谋求利益平衡是有矛盾的，这就为上合组织的存在和发展提供了条件。欧亚经济共同体是俄罗斯推行一体化政策，从经济和人文方面整合中亚的战略依托，中亚各国可以充分利用俄罗斯的科技和经济优势，但是也为俄罗斯带来了经济上的负担，在金融危机背景下这一点显得更为明显。而集体安全条约组织则是俄罗斯建立统一防御空间，抵抗北约扩展的有效工具，不过目前所起到的威慑作用要大于实际作用。上合组织对于弥补以上两个组织的劣势有着重要的辅助作用，这也成为了中俄两国开展合作的基础，成为中亚国家积极参与上合组织活动的动力，在打击“三股势力”、跨国犯罪、禁毒问题上，以及开展经济合作方面，上合组织与这两个组织开展了有效的合作。

综合分析，上海合作组织是极具发展潜力的地区性国际组织，它的顺利发展不仅有利于新型国际关系的建立，也有利于世界和平与发展主题的实现，不仅对成员国本身的发展具有重大影响，也将会促进整个国际社会的发展。

83. 阿富汗形势对中亚国家安全有何影响?

苏　畅

当前阿富汗形势总体可控，战争陷入胶着状态。主要特点是塔利班势力范围扩大到北部，双方在和谈问题上难以达成一致，美国撤军对地区影响大，毒品问题难以遏制。受阿富汗局势影响，中亚安全形势趋向复杂，中亚各国安全状况差异加大。主要薄弱点是塔阿边境和吉尔吉斯斯坦局势，主要影响体现在非传统安全领域，即地区内外恐怖主义合流及毒品泛滥等方面。中亚国家更加关注阿富汗形势，未来出于安全考虑可能会更多寻求大国保护，包括俄罗斯和西方国家。总体上看，哈萨克斯坦和乌兹别克斯坦等中亚大国目前保持稳定，俄罗斯和美国均在 2012 年举行总统大选，都不希望中亚发生动荡，因此，阿富汗形势对中亚安全的影响有限。

当前阿富汗形势特点

总体来看，目前阿富汗形势与 2007 年之前相比没有恶化，总体可控，但塔利班势力上升趋势，和谈进展缓慢，美国撤军面临诸多难题，毒品难以遏制，巴基斯坦因素在加强。

第一，塔利班的活动范围在扩大，恐怖袭击频繁，袭击战术在改变。

首先，塔利班势力在扩张，由南向北，加强东部，继续在首都制造声势。塔利班向东、向北扩大。向东是到靠近巴基斯坦部落区的边界地区，向北是到与中亚相连的北部。塔利班在北部大片区域建立了一些训练营，具体省份是：巴达赫尚、巴格兰、巴尔赫、法里亚布、朱兹詹、昆都士、萨曼甘、塔哈尔。[①] 塔利班不断蚕食北部区域，在北部建立了自己的政权机构，影响力在逐渐加大。塔利班在南部坎大哈省、赫尔曼德省和扎布尔省控制了一些省辖区的大部分区域，进行直接管辖，而在不完全为其控制的区域，甚至在首都喀布尔设立了“影子政府”。

目前塔利班的核心力量大致可分为两部分：一部分是直接由奥马尔指挥领导的武装；另一部分是在塔利班发展过程中不断结盟、吸纳的各种武装力量，包括部族武装势力，主要是生活在南部的普什图族各部落，还包括上世纪七八十年代的抗苏武装力量，如活跃在中东部的哈卡尼网络、中南部的曼苏尔网络。这些网络效忠奥马尔，但相对独立，有自己的组织结构，因此塔利班的高层变动对其势力和活动影响不大。此外，还有与塔利班结盟的希克马蒂亚尔等武装。

塔利班的目标很明确，就是要掌权执政。近年塔利班与“基地”组织渐行渐远，目的在于要树立新形象，撇清与“基地”组织的关系。经过西方国家数年打击，尽管“基地”组织网络在全球仍有很多，但实力已大不如前，对西方国家的威胁大为下降，给塔利班的实际协助在减少，因此塔利班目前也并不倚重“基地”组织。2011 年 6 月 17 日，联合国安理会通过决议对塔利班和“基地”组织分别进行制裁。[②] 这意味着塔利班作为一个武装政权而非恐怖组织的形象得到国际社会的认可。

其次，恐怖袭击频繁。塔利班袭击北约联军，包括袭击在巴格兰省的德军基地、袭击在赫尔曼德省的英军，意大利在赫拉特的驻军基地。此外，开始袭击原本不常活动的地区，如西部的赫拉特省。在喀布尔、坎大哈等地袭击事件更是频繁，并且大多是自杀式炸弹和路边炸弹袭击。

在这种情况下，阿富汗的恐怖袭击事件更加频繁。阿富汗内政部发言人扎玛赖·巴沙里在 2011 年 1 月表示，2010 年阿富汗发生 6710 起安全事件和恐怖袭击，其中包括 109 起自杀式袭击和 2300 件路边炸弹事件。2001 年到 2010 年年底，简易爆炸装置袭击使北约部队折损 630 人，且呈现年年增长的态势。据联合国驻阿富汗使团和阿富汗独立人权委员会公布的联合报告，2010 年有 2777 名平民在武装冲突中丧生，这一数字比上年增加 15%。其中 75%死于反政府武装，

---

① Афганистан: Захвачен один из высокопоставленных лидеров ИДУ; имя не разглашается, 26.04.2011, http://www.fergananews.com/news.phpid = 16662&mode = snews.

② 《联合国将分别制裁塔利班和“基地”组织》，新华网 2011 年 6 月 18 日。

16%死于联军和阿富汗政府军，9%死于公民之间冲突。主要死亡原因是爆炸。①

最后，塔利班的袭击战术在改变。塔利班更多使用强简易爆炸装置进行袭击。塔利班政权垮台后，塔利班武装与北约武装直接对抗的规模和频率逐渐缩减，塔利班发起的简易爆炸装置袭击在2010年导致北约驻阿富汗国家安全援助部队368人死亡，超过北约当年在阿富汗死亡总数711人的一半。这种袭击方式几乎成为塔利班与北约对抗的新策略。增加了刺杀行动的方式。塔利班对阿富汗政府部门渗透严重，尤其是安全部门，经常策反警察或安全人员为其利用，进行炸弹袭击。派遣武装人员进入政府和安全部门，制造规模小但杀伤力和社会影响大的事件。例如2011年5月28日塔哈尔省政府办公楼的自杀式爆炸事件，导致阿富汗北部警区警长达乌德身亡。②

第二，和谈仍无进展。可以说，和谈对阿富汗政府、美国、塔利班三方来说都各有目的，卡尔扎伊政府希望通过和谈加快实现停火；美国希望与塔利班的接触能顺利抽身；塔利班的和谈完全有可能是烟幕弹，是为拖延时间，待美军撤出后全面反击。

和谈争执的焦点是把哪些塔利班成员纳入谈判名单。美国列出塔利班所谓的“温和派”名单，称只有被列入名单者才能参与和谈。这个方案显然是矛盾的——如果仅仅把塔利班中的“温和派”纳入政府，那么剩下的“非温和派”仍会继续战争，问题依然没有解决。同时，对于和谈塔利班并不买账，仍坚持要等到外国驻军完全撤出后才开始讨论和解方案。尽管美国频频向塔利班做出让步，暗中与塔利班多次接触谈判，这只能说明美国急于推动和解进程，以尽快从泥潭抽身，对于塔利班来说却是利好消息，美国没信心把战争进行到底，塔利班却有足够的时间、耐心以及实力增加在战场上的优势。

北约其他国家对和谈的态度非常积极，除了2011年5月24日与阿、巴外交官举行三方会谈外，还表示将推动联合国取消对一些前塔利班高官的制裁。同时也不赞同美国提出的和谈名单，认为只要是奥马尔以外的人都可以参与和谈。

---

① Афганистан：В 2010 году зафиксировано 2777 фактов гибели мирных жителей по причине вооруженного конфликта，10.03.2011，http：//www.fergananews.com/news.phpid=16460&mode=snews.

② Афганистан：Захвачен лидер ИДУ，участвовавший в атаке на генерала Дауда Дауда，02.06.2011，http：//www.fergananews.com/news.phpid=16813&mode=snews.

此外，目前的和谈仅仅处于起步阶段，即刚刚与塔利班开始接触，而和谈的细节，包括最重要的两点，即停战协定和组建政府等问题还远未有涉及。因此在和谈问题上，各方的分歧太大，各项条件也不成熟，要坐到谈判桌前仍是遥遥无期。

第三，美国撤军面临困难多。撤军问题对于美国来说是当前阿富汗事务中的首要问题。目前，美国驻阿部队人数大约为10万人，初步计划是从2011年7月开始撤军，形式是自下而上的，即减少基层部队直接执行任务—辅助阿安全部队接管安全任务—美阿军事关系转型，到2014年完成向阿富汗政府移交防务的任务。撤军问题对于美国来说面临的困难很多：

首先是撤不撤。虽然撤军时间表早已定好，但事实上美国高层对是否撤军仍存在很大分歧。很明显，如果撤军阿富汗局势就会失控，一旦由塔利班和“基地”组织掌权，将对美国本土造成威胁。撤军也会影响北约其他军队的驻防和团结。但是不撤军，奥巴马在2012年的总统选举中就可能失去众多的支持者。阿富汗的学者也认为，阿富汗政府不可能让国际联军撤出，否则政权会马上垮台。美国是希望卡尔扎伊政权与塔利班达成和平协定之后再撤军，但这个和平协定不一定能够执行，因为塔利班从来是不靠谈判来解决问题的。塔利班的目标很明确，就是要掌权执政。

其次是如何撤。如何撤军才能保证阿富汗局势不会恶化，是美国的一大难题。分析美国的策略是：近期，受总统大选影响会小规模多频率撤军，以争取更多选民支持，大选之后速度会放慢；中期，美国会在阿富汗保留一定规模的军队，以保证阿富汗政府军对形势控制能力的提高，防止塔利班重新夺权；长期，全部撤军，但保留军事基地和重返机制。

因此，撤军在短期内是不可能实现的。撤军只是美国的姿态，要等到卡尔扎伊政府真正有国防能力才能撤军。撤军的过程会很长，不会轻易、真正撤出阿富汗。美国是把战斗部队转为警卫部队，让阿富汗政府军冲在战争的最前线。此外，发挥阿富汗周边国家的能力维护阿富汗局势稳定也是美国的重要策略之一。

第四，毒品问题难以根除。反恐战争十年以来，阿富汗毒品产量猛增，全球超过90%的海洛因产自阿富汗，仅赫尔曼德省就生产60%多的海洛因。阿富汗毒品的30%又经过中亚运往世界各地。[①] 根据塔吉克斯坦反毒机构发布的数据，

---

① Виктор Иванов，С приходом НАТО в Афганистан объем производства героина в стране вырос в 40 раз，01.03.2011，http：//www.fergananews.com/news.phpid=16432&mode=snews.

由于2010年鸦片价格上涨，阿富汗农民因此获利比上年增长36%，每公顷达到4900美元。另一个原因是2010年鸦片产量由于大面积的病虫害而大幅缩减。与2009年相比产量下降了48%。这样，每公斤鸦片的平均价格是169美元，与上年相比增长164%。2010年鸦片总收益为6.04亿美元，比上年增长38%。鸦片价格的迅速上涨将导致更多农民重新开始非法种植毒品。[①]

毒品种植与走私是目前阿富汗除战争之外的最大问题。毒品替代问题很难解决，如果强制让阿富汗的农民放弃毒品种植，需要大量的经济投入并承担失去"民心"的风险，会导致更多的人投向塔利班。因此北约在阿富汗只"反恐"而很少"反毒"，并希望中国和印度作为农业发达的国家，在毒品替代作物方面帮助阿富汗，从而使毒品经济向作物经济转换。

第五，北约与阿富汗政府及民众矛盾增加。首先是与阿富汗政府存在一些矛盾，主要焦点在北约轰炸导致平民伤亡问题上，卡尔扎伊态度强硬，禁止北约随意发动空袭。其次是与阿富汗民众的矛盾。现在许多阿富汗人认为，美军的到来使阿富汗社会更加不稳定，民众越来越将美军看作麻烦的制造者，而不是问题的解决者。在阿富汗人民看来，既然拉登已死，美国就应该撤出阿富汗，如果美军继续留在阿富汗，就如同当年苏军一样都是侵略者。

第六，阿富汗与巴基斯坦的相互影响在加大，塔利班有外溢之势，美巴关系变化反过来也影响阿富汗战事。表现是：1. 拉登之死令塔利班对巴基斯坦进行报复，恐怖事件增加，对巴基斯坦的军事袭击增加。如2011年5月28日塔利班对巴境内靠近阿边境的巴贾尔部落区[②]实施有针对性的爆炸活动。2. 在巴基斯坦西北部活跃的哈卡尼网络时常越境袭击阿富汗的北约军队。

美巴关系开始紧张。从反恐关键国家巴基斯坦的态度来看，巴基斯坦作为美国的反恐盟友，在配合美国持久的反恐战争中承受了巨大牺牲。如今美国出于推卸责任的需要，指责巴基斯坦庇护拉登，并多次越境打击巴基斯坦塔利班，造成平民伤亡，令巴基斯坦民众反美情绪高涨，并对本国政府提出质疑，使巴基斯坦政府又尴尬又气愤。美国的一系列行为引发两国关系的恶化，其后果是：影响两

---

① За 2010 год доходы крестьян от производства опиума в Афганистане повысились на 36%，27.04.2011，http：//afghanistan.ru/doc/20016.html.

② 巴贾尔是巴基斯坦与阿富汗边境的7个地区之一，美国认为该地区是基地组织的全球指挥部所在地。

国在打击塔利班方面的军事配合，由于北约部队75%的军事物资要通过巴基斯坦运到阿富汗，因此巴基斯坦态度的改变将切实影响北约在阿富汗的军事行动；巴基斯坦民众反美情绪强烈，影响政府决策；巴基斯坦国内的亲塔利班势力会得到更多支持，这种趋势发展下去对塔利班的发展非常有利。

第七，联军内部矛盾增加。首先，阿富汗战争久拖不决，令北约成员国耗费大量军费，许多国家视阿富汗战争为大包袱；其次，一些北约成员国对美国不满，因此在战场上联盟不联心，出力不卖力，联动不真打。

第八，俄美在阿富汗问题上加强合作。阿富汗乱局一是导致中亚地区不稳，二是毒品问题严重，这都对俄罗斯产生不利影响。因此，在阿富汗问题上俄罗斯也愿意与美国合作。双方各有所需，俄罗斯需要美在反毒问题上的协作，美国在和谈、军事行动上需要俄罗斯的支持。合作的主要表现是：1. 美国多次向俄罗斯购买军事装备用于阿富汗；2. 北约联军在毒品问题上一定程度地配合俄罗斯的行动，于2011年2月捣毁毒品实验室，缴获数吨毒品；[①] 3. 北约与俄罗斯于6月6—10日举行“警惕天空—2011”的联合反恐军事演习；4. 支持阿富汗和解计划。2011年1月，阿富汗总统卡尔扎伊访问俄罗斯，俄总统梅德韦杰夫与他讨论了阿富汗和解进程问题。同年5月俄总统阿富汗问题特使卡布洛夫表示俄罗斯支持阿富汗和解计划。[②]

阿富汗形势对中亚安全的影响

总体来说，由于阿富汗局势目前还在可控范围，双方的军事冲突并不激烈，加上中亚大国哈萨克斯坦和乌兹别克斯坦保持稳定，俄美也不希望中亚发生动荡，因此阿富汗问题对中亚传统安全的影响并不大，其威胁主要体现在非传统安全领域。

第一，塔利班北上直接影响中亚边境安全。目前塔利班在阿富汗北部与乌兹别克斯坦、塔吉克斯坦和土库曼斯坦相邻的一些省份都建有训练营。同时，阿富

① Совместными усилиями , 6 Мая 2011 года , http://www.redstar.ru/2011/05/06_05/3_02.

② Кабулов, Россия поддерживает программу примирения в Афганистане, 30.04.2011, http://afghanistan.ru/doc/20028.html.

汗北部生活着大约400万塔吉克族人，170万乌兹别克族人，[①] 2011年2月，哈国防部长曾表示，鉴于中亚日益严重的恐怖主义活动和阿富汗局势恶化，中亚在春夏季将受到恐怖主义的袭击。[②] 如果塔利班在北部立住脚，那么将对中亚边境安全带来比较严重的威胁，具体是：

北部恐怖袭击增多辐射影响塔吉克斯坦和乌兹别克斯坦边境地区的社会安定。2011年上半年塔利班在阿富汗北部发动了多次恐怖袭击，包括对一些政府机构实施自杀式爆炸袭击，这些地区靠近塔吉克斯坦和乌兹别克斯坦的南部，会影响到两国的边境安全和社会安定。此外，土库曼斯坦也与阿富汗西北接壤，不排除也受到安全影响。

"乌伊运"在阿富汗北部非常活跃，积极配合塔利班的军事行动。"乌伊运"在阿北部活动积极有利于：1. 越境进入中亚更快捷；2. 便于从中亚招募新成员；3. 贩毒和走私武器更方便；4. 在北部建立活动基地和训练营，靠近中亚，方便与中亚极端组织衔接。

由于阿富汗北部局势的变化，在阿富汗的中亚恐怖分子更加积极谋求重返中亚。有消息称2011年5月有小股武装力量经塔吉克斯坦进入中亚的费尔干纳谷地，与当地的极端势力相结合，试图破坏中亚国家的稳定。独联体集体安全条约组织也称，塔利班武装分子在"批量"转移到阿富汗的邻国。[③] 中亚地区的恐怖势力、宗教极端势力与跨国犯罪集团内外联系更加紧密，有合流之势。

塔吉克斯坦边境面临的威胁趋向严重。2010年9月拉什特武装冲突[④]发生以来，塔吉克斯坦的边境安全危机始终没有彻底解决，该地区本就不受塔吉克斯坦中央政权的覆盖管辖，目前由塔前反对派、中亚恐怖组织、雇佣军组成的武装势力仍藏匿在拉什特谷地，与阿富汗北部的武装组织成呼应之势。2010年8月越

---

① Мурат Лаумулин，Центральная Азия и ситуация в Афганистане，http：//www. ca－c. org/journal/07－1997/st _ 09 _ laumul. shtml.

② Минобороны Казахстана，Весной и летом 2011 года в Средней Азии наступит дестабилизация，14：46，22. 02. 2011，http：//www. regnum. ru/news/polit/1377219. html.

③ ОДКБ создает единый реестр террористических и экстремистских организаций，05. 03. 2011，http：//www. fergananews. com/news. phpid＝16451&mode＝snews.

④ 从2010年9月开始，塔吉克斯坦拉什特地区发生政府军与前反对派武装的冲突，这些武装分子由塔前反对派残余分子、恐怖分子和雇佣军组成，塔政府军经过数月清剿，打死大部分武装分子。

狱的恐怖分子先逃到拉什特谷地，之后越境到达阿富汗北部，后其中的一部分人又回到拉什特。[①] 很显然，塔阿边境已成为中亚恐怖分子的通道，并且塔前反对派与在阿富汗的“乌伊运”保持着联系，[②] 中亚与阿富汗的恐怖分子往来越来越多。除了计划武装袭击外，毒品贩运、武器走私等跨国犯罪活动也越来越频繁，给塔边境安全带来严重威胁。加上目前塔与俄罗斯尚未就俄军重新驻守塔边境达成一致，塔阿 1344 公里的边防线十分脆弱，[③] 塔边境问题将成为近期中亚安全中的薄弱点。

吉尔吉斯斯坦是恐怖组织的另一个聚集点。目前，吉尔吉斯斯坦非常适宜恐怖分子活动：1. 吉安全防守力量不强。安全部门反恐人才和技术水平有限，装备落后，对新政府的忠诚度也存在问题；2. 从 2010 年下半年至今，吉的恐怖活动增多，一些恐怖组织频频在吉制造袭击事件；[④] 3. 吉政治形势存在不稳定因素，各政治力量争斗激烈，加上经济落后，民生问题严重，社会矛盾没得到解决，从而为极端势力、恐怖主义势力发展创造了条件；4. 南部形势复杂，奥什悲剧的影响远未消除，族际关系仍很紧张；5. 吉的费尔干纳谷地一向是中亚宗教极端势力的聚集地，仅在奥什州就有 720 座清真寺，16 所宗教学校，两所伊斯兰大学。[⑤] 并且这里深受伊斯兰解放党思想的影响。2010 年 6 月奥什发生族际冲突后，吉南部的一些乌兹别克族年轻人逃到阿富汗加入武装组织，[⑥] 据吉国家安全委员会公布的消息，目前在阿富汗和巴基斯坦的训练营有来自吉尔吉斯斯坦

---

① Спецоперация в таджикском Раште продолжается. Идет охота на Мулло Абдулло，11：22，06.01.2011，http：//www.centrasia.ru/newsA.phpst＝1294302120.

② Минобороны Казахстана：Весной и летом 2011 года в Средней Азии наступит дестабилизация，14：46，22.02.2011，http：//www.regnum.ru/news/polit/1377219.html.

③ Россия：Глава ФСКН Виктор Иванов поддерживает идею возвращения российских пограничников в Таджикистан，05.05.2011，http：//www.fergananews.com/news.phpid＝16702&mode＝snews.

④ Захвачены террористы — организаторы теракта в Бишкекской синагоге，13.01.2011，10：05，http：//izrus.co.il//dvuhstoronka/article/2011－01－13/13107.html.

⑤ В Кыргызстане ужесточают контроль над мечетями из-за коррупции и экстремизма，20.01.2011，http：//rus.azattyq.org/content/kyrgyzstan_mosque_islam_extremism_/2281493.html.

⑥ Александр Князев，Центральную Азию ждут трансграничные конфликты，28.03.2011，http：//www.fergananews.com/news.phpid＝16533&mode＝snews.

的400多人，他们要在那里建立新的武装组织"吉尔吉斯斯坦伊斯兰运动"。① 同时留在南部的一些乌兹别克族激进分子的恐怖主义倾向也比较明显。② 如果从阿富汗进入中亚的武装分子在这里活动、吸纳新成员，这一地区将出现跨区域恐怖组织对接的情况，吉恐怖主义形势将趋于复杂和危险。

第二，随着中亚国家参与阿富汗事务的不断深入，塔利班对中亚国家的敌意正在增加。中亚国家十分关心阿富汗局势的稳定，积极参与阿富汗重建。乌兹别克斯坦在完成海拉顿—马扎里谢里夫铁路后，又计划把铁路延长到杰拉特。③ 土库曼斯坦也将与阿富汗共建阿塔穆拉特（土）—安德胡伊（阿）150公里长的铁路，④ 以及ТАПИ天然气管道计划，即计划修建土库曼斯坦—阿富汗—巴基斯坦—印度的天然气管道，总长1675公里，其中735公里在阿富汗境内，2012年前动工，计划2014年完工，年输送能力为330亿立方米。⑤ 哈萨克斯坦对阿富汗事务表现积极，主张通过援助阿富汗经济重建解决阿富汗问题。哈在欧安组织范围内提出"非军事援助项目"，首推在阿富汗全境修建铁路，认为这是加快阿富汗经济发展的关键因素；⑥ 在军事领域哈与其他中亚国家相比也表现突出。2011年5月18日哈萨克斯坦下院通过了关于哈与北约联军共同参与在阿富汗的国际联盟条约的草案。（哈社会各界对此有反对声音，如哈穆斯林联盟称，政府不应过

---

① Глава киргизской спецслужбы рассказал о создании Исламского движения Кыргызстана（обновлено），02. 05. 2011，http：//www. fergananews. com/news. phpid = 16680&mode = snews.

② В Кыргызстане ужесточают контроль над мечетями из－за коррупции и экстремизма，20. 01. 2011，http：//rus. azattyq. org/content/kyrgyzstan _ mosque _ islam _ extremism _/2281493. html.

③ Узбекистан продолжит участие в развитии железных дорог в Афганистане，25. 04. 2011，http：//afghanistan. ru/doc/19999. html.

④ Туркменистан и Афганистан соединит новая железная дорога，29. 05. 11，http：//www. tur km enistan. ru/ru/articles/36024. html.

⑤ Волуси Джирга утвердила проект строительства газопровода ТАПИ，2. 05. 2011，http：//afghanistan. ru/doc/20036. html.

⑥ Казахстан формулирует европейскую стратегию для Афганистана，5. 07. 2010，http：//www. afghanistan. ru/doc/17772. html.

多考虑北约的利益，而应与塔利班建立和平对话。[①] 该草案很快于2011年6月9日被哈萨克斯坦上院否决。[②]）根据草案，哈将向阿富汗国际部队提供人员支持。[③]

尽管哈萨克斯坦强调并未向阿富汗派遣军事力量，只是派遣4名军官参与北约在阿富汗的军事指挥，包括协调行动，信息分析等任务，但仍然很快得到了阿富汗塔利班关于“后果很严重”的警告。塔利班在声明中称，“哈政权只考虑保持美国的利益，而忽视本国人民和本国在地区的利益。哈萨克斯坦的穆斯林应反对这一错误决定。这一决定将长期影响阿哈关系和地区形势。”[④] 2011年5月17日和24日，在哈萨克斯坦阿斯塔纳和阿克纠宾斯克州发生自杀式爆炸事件，恐怖分子袭击当地的安全部门，造成数人伤亡。[⑤] 有消息称袭击事件可能与塔利班有关。

第三，美国撤军对中亚影响大。首先，美军的撤出将使阿富汗安全形势更加复杂，中亚国家会受连带影响；其次，巴基斯坦形势可能会恶化。在巴基斯坦的瓦济里斯坦地区，与巴基斯坦塔利班一道同巴政府军作战的“乌伊运”，据称加

---

① Қазахстан：Направляемые в Афганистан офицеры не будут участвовать в боевых действиях，26.05.2011，http：//www.fergananews.com/news.phpid = 16785&mode = snews.

② Сенат Қазахстана отказался от ввода военных в Афганистан，чтобы сохранить имидж мирной державы，09.06.2011，http：//www.fergananews.com/news.phpid=16838&mode=snews.

③ Қазахстан：Направляемые в Афганистан офицеры не будут участвовать в боевых действиях，26.05.2011，http：//www.fergananews.com/news.phpid = 16785&mode = snews.

④ Қазахстан：Направляемые в Афганистан офицеры не будут участвовать в боевых действиях，26.05.2011，http：//www.fergananews.com/news.phpid = 16785&mode = snews.

⑤ Генпрокуратура Қазахстана：Взрыв в Актобе произошел в результате самоподрыва，личность смертника установлена，17.05.2011，http：//www.fergananews.com/news.phpid=16742&mode=snews，Қазахстан：При взрыве в Астане погибли два человека，их личности установлены，24.05.2011，http：//www.fergananews.com/news.phpid = 16768&mode = snews.

上在阿富汗北部的“乌伊运”武装分子，这个组织目前共有3000多人，[①] 已经成为“基地”组织的一部分。随着美国从阿富汗撤军，地区局势将更加复杂，“乌伊运”在巴基斯坦会更加活跃，对中亚安全威胁更大。

第四，阿富汗毒品对中亚的影响越来越严重。中亚进入“毒品地缘政治”时期。毒品与各武装力量利益联系日益紧密，一些武装组织的恐怖活动目的越来越多是要打通新的运毒通道。毒品问题有可能成为中亚非传统安全中的首要威胁。塔利班北上、吉尔吉斯斯坦局势、塔吉克斯坦拉什特冲突，都为国际贩毒集团开辟经过中亚的北线创造了便利条件，据塔吉克斯坦官方称，2010年有15%的阿富汗毒品经过中亚运出，2010年1—9月塔缴获了2.65吨毒品，其中海洛因646.3公斤。抓获毒贩687人。[②] 阿富汗与塔吉克斯坦的边境成为贩毒“热线”，阿塔边界防守薄弱，很多毒品贩子和武装分子“常来常往”。[③] 塔吉克斯坦一些官员与贩毒集团关系密切，打击毒品更增困难。随着阿富汗毒品产量的增加，贩毒集团武装化，或者与恐怖组织合流。哈萨克斯坦的毒品问题趋向严重。2011年上半年，哈萨克斯坦警方缴获大量毒品，仅在5—6月间就查获数百斤毒品。[④] 美国有学者称，如果阿富汗形势再恶化，毒品将更加难以遏制，中亚有可能“拉美化”，即变成全球产毒中心和运毒通道。[⑤]

第五，塔利班和谈对“乌伊运”的促动作用将会很大。反恐战争10年来，“乌伊运”一直与塔利班并肩作战，是坚定的盟友。近年“乌伊运”在塔利班中的地位不断上升，“乌伊运”的武装分子不仅充当塔利班高层人物的保镖，得到

---

① Афганистан: Захвачен один из высокопоставленных лидеров ИДУ; имя не разглашается, 26.04.2011, http://www.fergananews.com/news.phpid=16662&mode=snews.

② Таджикистан: В 2010 году перехвачено свыше 2,5 тонн наркотиков. Афганский героин резко подорожал, 27.10.2010, http://www.fergananews.com/news.phpid=15833&mode=snews.

③ Что происходит в Таджикистане и как к этому следует относиться 17.11.2010, http://www.fergananews.com/article.phpid=6801.

④ В Казахстане задержали наркокурьера с партией марихуаны весом свыше 100 кг., свыше 100 кг. 01.06.2011, http://www.rbc.ru/rbcfreenews/20110601141832.shtml.

⑤ Центральная Азия: геополитика наркотрафика, 30.10.2010, http://www.fondsk.ru/news/2010/10/30/centralnaja—azija—geopolitika—narkotrafika.html.

充分信任，并且“乌伊运”的领导人也进入塔利班的决策层，两个组织的相互影响力在加强。对于塔利班来说，“乌伊运”不仅仅是一支可以提供士兵的盟军。阿富汗北部生活着大量的乌兹别克族，塔利班北上试图在阿富汗北部开辟新的势力范围，需要得到北部乌兹别克人的支持。“乌伊运”与北部的乌兹别克人同根同族，塔利班让“乌伊运”领导层进入它在北部的“影子政府”，有利于加强对北部地区的控制。如果和谈有进展，那么“乌伊运”在阿富汗的发展会更加迅速。

总体来看，阿富汗局势的变化虽然对中亚安全影响很大，但这种影响与中亚国家独立初期时相比要大为减弱，并且是有限的、可控的。其原因是：

第一，中亚国家独立 20 年，各国领导层对政权的掌握比较牢固，再发生诸如塔吉克斯坦内战一类的政局大动荡已鲜有可能。

第二，中亚国家的防御力量不断增强，反恐经验也在丰富，同时在上海合作组织框架内的安全合作不断加深，因此，尚未成气候的中亚“三股势力”很难再发动大规模恐怖袭击，也很难给中亚地区带来大的安全威胁。

中亚地区的安全挑战来自各个方面，新的、潜在的、内部的威胁居多。但同时中亚安全问题与周边或者国际安全形势的变化联系紧密，依靠一个或几个中亚国家的力量难以解决。如果中亚国家能遵循以下原则，那么中亚地区保持长期稳定还是有很大可能性的：

第一，稳定发展经济，确保整个中亚地区的社会和谐；

第二，保持稳定的政治局势和地缘形势；

第三，加强国际合作，包括进行多边合作，建立有效的合作机制，在不同的组织和机制间保持相互协调；

第四，地区大国之间要加强合作，共同解决生态安全问题；

第五，加大力度打击非传统安全威胁。

84. 费尔干纳谷地缘何成为中亚国家宗教极端势力的发源地?

苏　畅

费尔干纳谷地被不少专家认为是中亚宗教极端势力的“发源地”。费尔干纳的封闭与贫穷问题是中亚宗教极端势力产生的重要原因，尤其不可忽视的是费尔干纳的封闭性。谷地在信息、文化、交通等方面的封闭对于推动宗教极端势力有相当大的帮助，甚至要比贫困问题还严重。谷地居民对外界了解的有限性、对外来文化的排斥以及交通不便给经济发展造成的障碍，都为伊斯兰激进思想的传播创造了有利条件，为极端分子煽动诱导朴实的穆斯林为实现“在费尔干纳建立伊斯兰国”而向宗教极端主义靠近。

费尔干纳谷地是中亚宗教极端分子的“家乡”、基地、活跃区。首先，宗教极端分子在这一地区活动已有先例。1917 年年底至 1926 年和 1933 年在这里发生了具有宗教极端主义性质的巴斯马奇反革命武装叛乱。中亚国家独立前后，一些伊斯兰激进组织开始盘踞费尔干纳，如正义党等数十个原教旨主义团体都在这里活动。其次，费尔干纳谷地是中亚宗教极端分子的“圣地”，乌兹别克斯坦伊斯兰运动在这里产生，目前谷地还成为伊斯兰解放党的活跃区。宗教极端组织的一些领导人的家乡都在费尔干纳，如乌兹别克斯坦伊斯兰运动的领导人尤尔达舍夫、纳曼干尼来自谷地城市纳曼干。最后，宗教极端势力在费尔干纳非常活跃。在中亚宗教极端势力活动猖獗的 1998—2000 年间，费尔干纳一度成为宗教极端分子与政府军的“战场”，在这里发生了多起武装冲突，如 1999 年 8 月至 10 月的巴特肯事件，以及其他一些规模不大的交火事件。伊斯兰解放党等极端组织还以费尔干纳为大本营，传播极端思想，招募极端分子。

建立政教合一的“费尔干纳汗国”是所有中亚宗教极端分子的终极目标。一些研究中亚的学者认为，这在很大程度上是由于费尔干纳是中亚伊斯兰教中心的缘故。但是，事实上撒马尔罕、布哈拉、花拉子模等地才是公认的中亚伊斯兰文化中心。极端分子之所以选择在费尔干纳“建国”，有以下三点原因：第一，历史传统。在苏联时期，费尔干纳地区的穆斯林一直要求独立，不满意民族区域自治，谷地的一些大城市，如安集延、费尔干纳和纳曼干都有反苏武装。第二，群众基础。由于长期的宗教极端主义影响，费尔干纳的一些底层老百姓对这种激进思想是持同情甚至支持态度的。同时，在苏联解体前，这里已经形成了由地下经学院组织的宗教激进主义组织的网络，并与中东的一些极端组织建立往来。因此这里有深厚的极端势力基础。第三，自然条件。谷地四面环山，易守难攻，如果恐怖分子藏身山区，政府军很难清剿。

从社会经济发展的角度分析费尔干纳谷地之所以成为中亚宗教极端势力活动的“乐园”，是因为这个地区封闭、落后、贫困。

第一，行政区划比较复杂，增加了中央政府的管理难度。费尔干纳谷地由乌兹别克斯坦、吉尔吉斯斯坦、塔吉克斯坦三国共有，包括乌兹别克斯坦的安集延州、纳曼干州、费尔干纳州，吉尔吉斯斯坦的贾拉拉巴德州、奥什州、巴特肯州，塔吉克斯坦的索格德州。乌、吉、塔在费尔干纳谷地拥有的领土相互镶嵌、犬牙交错。在费尔干纳南部山区吉尔吉斯斯坦境内还有属于塔吉克斯坦的小块飞地——沃鲁赫、属于乌兹别克斯坦的两个小块飞地——索赫、沙希马尔丹。这些飞地成为不法分子经常出没之地。由于地处偏远山区，行政区划又比较复杂，乌、吉、塔三国对费尔干纳的管理执行力有限。加上这里人口众多，土地稀少，三国交界的民族居住区曾因争夺土地、水源等发生过冲突，民族关系比较复杂，增加了社会的不稳定性。

第二，由于地理原因，费尔干纳谷地交通十分不便。费尔干纳谷地东西长300公里，南北最宽150公里，面积约3万平方公里，是中亚低海拔盆地，从海拔1000米至300米由东向西倾斜。谷地被群山环抱，出口非常少。在乌兹别克斯坦，谷地距首都塔什干虽然才400多公里，却只有一条公路连接。尽管费尔干纳与其他城市开通了空中航线，但这并不能成为普通老百姓出行的首选方式。冬季还有数月大雪封山，公路运输便更加艰难。

第三，人口众多。费尔干纳谷地是中亚的农业区，人口1000万左右，几乎占中亚五国人口总数的20%，预计到2010年将达到1400万—1500万人，是中亚人口密度最大的地区，人口平均密度360人/平方公里。[①] 其中安集延州每平方公里人口密度高达536.5人，占乌兹别克斯坦全国人口的10%，费尔干纳州的人口密度也高达404.4人/平方公里，[②] 乌兹别克斯坦费尔干纳部分的人口占全国人口总数的几乎一半。[③] 人口膨胀造成资源稀缺，农业用地紧张、失业率高，加重了该地区的贫困程度。

第四，伊斯兰文化占绝对优势，几乎不接纳外来文化。历史上，费尔干纳的宗教阶层势力强大，一度权力大于当地政权统治者。沙俄时期，费尔干纳的伊斯兰领袖是历次起义的领导者或积极参与者。在苏联反宗教宣传的70年间，地下阿訇在费尔干纳地区的活动从未停止过。纳曼干是这里的宗教中心。费尔干纳地区的清真寺数量、穆斯林的人数，以及伊斯兰党派和组织的集中程度在中亚地区都是最突出的。[④] 中亚国家独立后，这里兴建了数千座清真寺和宗教学校，这些宗教设施很多都成为极端组织传播思想、培训人员的基地。费尔干纳人恪守伊斯兰传统习俗，从生活习惯、风俗、服饰等方面无一不遵从伊斯兰教的要求，有些地方还保留多妻制。这里的通用语言是乌、吉、塔等民族语言，俄语只有少数知识分子和政府官员才掌握。除了伊斯兰文化，在费尔干纳几乎找不到其他文化。2005年安集延事件前，美国与乌兹别克斯坦关系尚好之时，美国的一些非政府组织在费尔干纳州等地开设了一些英语学校和基金会，然而这些组织在2005年陆续撤出后，费尔干纳并没有遗留下多少西方文化的痕迹。此外，在费尔干纳，人们的文化生活也很枯燥，清真寺和巴扎（集市）是最主要的公共场所。人们对外界的了解十分有限，大部分人没有出过谷地。作者曾于2006年10月对乌兹别

---

① Марина Пикулина, Узбекистан: причнины бедности и возможные пути решения проблемы, Институт мировой экономики и политики при Фонде Первого Президента РК, Проблемы борьбы с бедностью в странах Центральной Азии в условиях глобализации. Алматы, 2004. С. 122.

② 孙壮志、苏畅、吴宏伟：《乌兹别克斯坦》，社会科学文献出版社2004年版，第4—5页。

③ Бахтияр Бабаджанов, Ферганская долина: источник или жертва исламского фундаментализмаhttp://www.ca—c.org/journal/cac—05—1999/st _ 21 _ babajanov.shtml.

④ 王建平、吴云贵、李兴华：《当代中亚伊斯兰教及其与外界的联系》，中国社会科学院世界宗教研究所，2000年7月，第47页。

克斯坦的费尔干纳州进行学术考察，在与当地学者交流过程中，发现这些属于当地精英的群体，对中国的了解也相当粗浅。这说明费尔干纳人对谷地外面的世界极度缺乏认识。在这种封闭的社会状态中，人们在面对宗教极端分子的煽动时，很容易陷入人云亦云的错误认知之中。

第五，费尔干纳的贫困成为滋养宗教极端主义的良好土壤，年轻人的失业与贫困问题尤为严重。失业是费尔干纳的重要问题。西方一些报道说，费尔干纳的失业率高达80%。这个数字虽然有些夸大，但谷地失业率高是无可置疑的。“费尔干纳的大部分年轻人处于失业状态，这些人甚至看不到能找到工作的前景。这便是滋长激进主义和犯罪的富饶土壤”。[①] 在费尔干纳的一些城市（而非农村），由于家庭手工业十分普遍，加上许多人在家务农，登记的失业人数要少一些，大多数人也可以通过家庭手工业、自己种植粮食蔬菜满足温饱。但是在另一些地区，如奥什、贾拉拉巴德、安集延、纳曼干，居民的生活相当贫穷。例如，2006年5月制造塔吉克斯坦和吉尔吉斯斯坦边境口岸袭击事件[②]的乌兹别克斯坦伊斯兰运动头目、奥什农民朱洛耶夫（М. Джороев）的家庭就非常贫困，家庭月收入不到5美元。非政府组织“支持倡议奥什公民中心”的负责人A. 阿比托夫（Адилджан Абидов）表示，“长期失业、极度贫困是通向激进主义道路的原因。”[③]

费尔干纳人口的一大特点是低龄化。由于出生率高，这里几乎半数人口的年龄低于16岁，[④] 这很适合成为宗教极端势力煽动、吸收的对象。费尔干纳地区的严重贫困让激进青年对政权充满愤恨：一名散发伊斯兰解放党传单的22岁贾拉拉巴德人努鲁落（Нурулло）对联合国IRIN的记者说，“政府和社会不关心我们

---

① Эгамберди Кабулова, Ферганская долина: Бедность среди молодежи питает радикализм, http: //www. ferghana. ru/article. phpid=4971, 12. 03. 2007.

② 2006年5月，一伙乌兹别克斯坦伊斯兰运动武装分子袭击了塔吉克斯坦和吉尔吉斯斯坦的边境口岸，打死10多名吉塔边防士兵和平民。2007年年初对这伙匪徒进行了审判，其中朱洛耶夫等三人被判死刑。

③ Эгамберди Кабулова, Ферганская долина: Бедность среди молодежи питает радикализм, http: //www. ferghana. ru/article. phpid=4971, 12. 03. 2007.

④ Рейнхард Крумм, Вмести предисловия, Институт мировой экономики и политики при Фонде Первого Президента РК, Проблемы борьбы с бедностью в странах Центральной Азии в условиях глобализации. Алматы, 2004. С. 9.

普通老百姓，所有的政府官员都在忙着做一件事：如何攫取更多财富，如何变得更富有。只有我们伊斯兰解放党建立的哈里发国家才能让大家过上好日子。"①

为解决费尔干纳地区年轻人的就业问题，吉尔吉斯斯坦政府制订了"吉尔吉斯斯坦年轻人"的国家计划，为年轻人提供工作岗位和社会活动。但奥什州政府教育与青年政策处负责人 M. 阿卜杜卡里莫娃（Мохира Абдукаримова）女士说，这些措施远远不够，因为"失业的年轻人太多了"。她说，"苏联时期建立的年轻人职业技术教育系统完全被破坏了，使成千上万的年轻人无法受到职业技术教育，只能被推入劳动力市场"。② 许多分析家认为，快速增长的年轻人失业率和贫困问题是激进主义泛滥的主要原因。③

塔吉克斯坦的学者认为，有三个因素导致了费尔干纳谷地的紧张局势：第一，经济的严重恶化，它表现为农业生产的大幅度下降，私有经济的不景气，失业率高和群众的贫困化。第二，地区中的少数民族集团由于被排斥在国家的参政机构之外而心怀不满。吉尔吉斯斯坦的国家权力操在北方氏族手中，乌兹别克斯坦为撒马尔罕和塔什干的人所统治，而塔吉克斯坦霍集占则失去了以前的政治地位。第三，费尔干纳盆地现在正经历一场现代化的危机。公众的意识受其影响而对日益出现的社会和财富的两极分化反应激烈，这不可避免地使群众出现原教旨主义和传统主义的情绪。④

---

① Эгамберди Қабулова，Ферганская долина：Бедность среди молодежи питает радикализм，http：//www. ferghana. ru/article. phpid=4971，12. 03. 2007.

② Эгамберди Қабулова，Ферганская долина：Бедность среди молодежи питает радикализм，http：//www. ferghana. ru/article. phpid=4971，12. 03. 2007.

③ Эгамберди Қабулова，Ферганская долина：Бедность среди молодежи питает радикализм，http：//www. ferghana. ru/article. phpid=4971，12. 03. 2007.

④ Olimov，Muzaferar & Olimova，Saodat，Khojent：Between Ferghana and Tajikistan，Russia and the Moslem World，Bulletin of Analytical Reference Information，N. 1（79），1999，p. 30. 转引自王建平、吴云贵、李兴华：《当代中亚伊斯兰教及其与外界的联系》，中国社会科学院世界宗教研究所，2000 年 7 月，第 49—50 页。

85. 为什么纳扎尔巴耶夫能长期连续执政?

强晓云

2011 年 4 月 3 日，哈萨克斯坦举行总统大选，现任总统纳扎尔巴耶夫获得 95.5%的选票，成功连任总统。从独立至今，纳扎尔巴耶夫已经担任哈萨克斯坦总统 20 年——1991 年纳扎尔巴耶夫当选为独立后的哈萨克斯坦共和国首任总统；1995 年，哈萨克斯坦举行全民公决，把他的总统任期延至 2000 年；1999 年，纳扎尔巴耶夫获连任；2005 年，他再次参选总统，以 91.15%的支持率再次连任。究竟是什么原因，可以使哈萨克斯坦国民如此支持现任总统，使他得以 20 年来执掌着哈萨克斯坦这个位于欧亚腹地的中亚大国？笔者认为，这主要得益于他在提升综合国力、关注民生发展、推动平衡外交等方面取得了显著成就。行之有效的社会经济政策和独立平衡的外交战略使纳扎尔巴耶夫获得了国内民众的广泛拥护和国际社会的支持——民生政策使平民拥护他，长期在政坛的执政经历使其能够团结国内各股势力推动政策的执行；睿智的外交战略使哈萨克斯坦共和国成为名副其实的“中亚之鹰”，赢得了包括美国在内的西方社会以及中国、俄罗斯等周边国家的尊重。

独立后的社会经济战略

独立伊始，摆在哈萨克斯坦领导人面前的首要任务就是如何进行国民经济转型，实现经济发展，使人们过上富足的生活。苏联时期的经济体制造成了包括哈萨克斯坦在内的中亚各国经济结构比较单一——只能生产和出口少数几种商品，使其经济的对外依存度非常高——不仅出口市场单一而且在很大的程度上需要依赖国际贸易，还需时刻担心受到国际经济机制的限制打压，国际形势稍有变化就会有所触动。在这种情况下，解决两个经济问题成为哈萨克斯坦领导层的首要关注：第一是实现由计划经济模式向市场经济模式的转变；第二是选择适宜本国国情的发展战略和发展模式。

然而，说易行难。由单一经济结构的转变、过渡到市场经济，面临的任务十分艰巨。首先必须解放思想、完成思想观念上的转变。纳扎尔巴耶夫曾经多次强调："与国家社会经济形态转换有关的重大变革往往会同人的意识上发生的一些复杂变化联系在一起。"他认为，当哈萨克斯坦尚未形成市场经济赖以生存的最基本、最强有力的群众基础时，当哈萨克斯坦的社会思想的相当一部分来自传统时，在国内只能建立"社会取向型、多种所有制并存的市场经济"。

进入新千年之后，随着哈萨克斯坦经济转型的深入，纳扎尔巴耶夫又适时提出了发展"多元经济"的概念。一方面，在保障能源行业正常稳步运转的条件下，大力推进非能源业的发展，注重工业技术创新（政府先后发布了《加快工业创新发展国家规划》和《国家工业化蓝图》）；另一方面，提高农业劳动生产率和农副产品的加工水平，开发农产品的出口潜力，发展农工综合体，保障国家的粮食安全，提升经济竞争力，使哈萨克斯坦成为一个成功的工业化强国，并跻身世界前50个最具竞争力的国家。应当讲，多元经济是哈萨克斯坦总统关于实现经济现代化的一大补充，它使国家找到了经济结构改革的切入点和落实点，具有较强的可操作性。以能源出口为例可以看出哈领导人的多元化理念有一定的战略考虑。在哈萨克斯坦看来，能源出口的多样化至少包含以下几个层次。第一个层面，能源出口的多样化是指出口对象的多样化，尽可能地将哈萨克斯坦的石油天然气资源出口到更多的国家和地区；第二个层面，多样化是指能源出口途径的多元化，通过修建不同的管线输出哈萨克的油气，从而保障能源的稳定供应；第三个层面，能源出口的多样化还意味着收益的多样化，即借助出口石油和天然气，使国家不仅获得经济收益，而且可以取得政治利益和安全利益的最大化；第四个层面，能源出口的多样化是指出口产品的多样化，除输出原油和天然气之外，还应发展油气产品的深加工，提高本国产品在世界市场上的竞争力，并争取进入国际能源业的中上游环节。

经过多年的探索实践，以纳扎尔巴耶夫为首的哈萨克斯坦政府将"繁荣、安全和改善全体哈萨克斯坦国民的福祉"确立为本国最重要的三大任务。上世纪

90 年代至今，哈政府先后发布了致力于发展国民经济的《2030 年发展战略》《2020 年前发展纲要》《哈萨克斯坦跻身世界 50 名最具竞争力国家的发展战略》等纲领性的发展规划，为经济社会发展指明了方向、明确了具体的任务。成功融入世界经济一体化是哈萨克斯坦经济发展的重要突破口，而经济现代化和多样化则是哈萨克斯坦经济稳定增长的基础，保障弱势阶层和支持经济发展是其社会政策的主要内容，发展现代教育、持续提高干部的技术水平和职业技能的转换程度是促进哈萨克斯坦文化繁荣的必由之路。

独立 20 年来，在综合国力上哈萨克斯坦已经成为中亚第一强国。国民经济年均增长一直保持在 7%—8%。1994 年，哈萨克斯坦共和国人均国内生产总值仅略高于 700 美元，而至 2011 年 1 月 1 日为止，这一指标增长了约 12 倍，达到 9000 多美元。这比政府早前预计的提前 4 年达到了这个水平。与世界其他国家相比，在独立的前 20 年，没有一个国家就能够达到如此成就。例如，韩国在获得主权发展的第一个 20 年，人均国内生产总值增长了 3 倍，马来西亚 2 倍，新加坡 4 倍，匈牙利 5 倍，波兰 4 倍[①]。截至 2011 年 2 月底，国家外汇储备达到 664 亿美元，哈萨克斯坦跨入世界外汇储备前 50 名国家行列；吸引外资总额达 1220 亿美元；2010 年出口额近 600 亿美元，比 1995 年增长 11 倍；中小企业数量达 70 万家，从业人数超过 250 万，对国民生产总值的贡献率已高于 30%。[②]

在社会民生方面，1994 年以来，哈萨克斯坦居民月均名义工资增长 45 倍，近十年来退休金提高 6 倍。在教育方面，目前哈现代化教育体系已初具规模，多媒体教室和互动式教学已覆盖全国所有学校。在医疗方面，国家 2002 年卫生预算占 GDP 的 1.9%，2010 年已达 3.2%。与独立之初相比，全国人口出生率提高了 25%，死亡率下降了 11%，自然增长率提高了 70%。在住房方面，2009—2010 年哈萨克斯坦政府实现了年增 640 万平方米住房的目标。1989 年，哈萨克斯坦人均居住面积为 12.5 平方米，而现在达到 18.3 平方米。在就业方面，1995 年哈萨克斯坦失业率高达 11%，而目前仅为 5.8%。1996 年，贫困人口比例高达

---

① （哈萨克斯坦）N. A. 纳扎尔巴耶夫：《携手共建未来》（哈萨克斯坦共和国总统 2011 年度国情咨文）。

② http：//www. chinadaily. com. cn/micro－reading/dzh/2011－04－05/content _ 2210047. html.

45%，而目前约为11%。[①]

国内经济的稳步发展、人民收入增加、医疗教育住房获得保障，使得哈萨克斯坦的民众对纳扎尔巴耶夫的国内经济社会政策保持肯定和支持的态度，纳扎尔巴耶夫在国内的支持率也一直居高不下，他的“经济强则国强”的治国理念也深入人心。

稳健的国内政治改革

在国民心目中，纳扎尔巴耶夫有着豪爽的性格、敏锐的判断力。与那些行事保守的官僚、敛财炫富的实业界精英不同，他极具亲和力，锐意改革，是国家稳定和繁荣的顶梁柱。纳扎尔巴耶夫是位铁腕政治家，他的执政风格与他的经历不无关系。牧民出身、7年冶金工人的经历锻炼出他钢铁般的意志和坚韧的性格以及亲民的特质。上世纪70年代，纳扎尔巴耶夫踏入政坛，1989年当选哈共中央第一书记。戈尔巴乔夫有意提拔这位出色的少数民族干部为苏联部长会议主席，但形势风云突变，苏联大厦于顷刻间坍塌。1991年12月，他高票当选哈萨克斯坦共和国首任总统，带领这个新兴国家踏上征程。

长期在中央和国内担任领导的经历不仅使纳扎尔巴耶夫在独立后哈萨克斯坦的政坛受到普遍的尊重，而且也使他确立的旨在实现政治体制现代化的政治改革模式得以实施。在纳扎尔巴耶夫总统看来，本国的政治改革模式可以称为“哈萨克斯坦之路”。“这条道路的独特之处和特点在于保留总统制，改革循序渐进，做决定时保持均衡，展开全民对话并团结各个主要政治力量”。“政治改革的主要目的是实行这样一种现代政权的民主形式，即能够保证更加有效的体系来管理社会和国家，同时又保持国家的政治稳定和保障国民拥有宪法所赋予的所有权利和自由”。而且，强有力的国家政权和民主并不是相互对立的，只有在严格遵纪守法的地方民主才能得到发展。[②]

---

① http://www.chinadaily.com.cn/micro－reading/dzh/2011－04－05/content_2210047.html.

② （哈萨克斯坦）N.A.纳扎尔巴耶夫：《新世界中的新哈萨克斯坦》（哈萨克斯坦共和国总统2007年度国情咨文）。

在改革正式开始实施之前，纳扎尔巴耶夫总统还责成各级官员和议会代表们到全国各地广泛走访，听取民众的意见，了解民众对政治改革的期待。总体而言，哈萨克斯坦的民主政治改革包括以下方面。第一，扩大议会的权限。加强议会在组建宪法委员会、组建政府、中央选举委员会、计算委员会以及整个批准预算和监督预算执行等方面的权限。第二，采取措施提高政党的作用。纳扎尔巴耶夫建议扩大政党的权限，从国家财政预算中向进入议会的政党进行拨款，适度增加议会下院内的党派数量。第三，完善司法体系。实行陪审员制度，将逮捕批准权转交给法院，并逐步实行现代化的、开放的司法审判。第四，发展地方代表机构。加强和扩大马斯里哈特（人民代表会议）的权限。时机成熟时考虑将地区马斯里哈特建成地方自治的基础机构。

在进行民主政治改革的同时，纳扎尔巴耶夫还重视行政改革和政权执行机关的现代化建设，力争在集体管理、成果透明和汇报义务的原则下建立起全新的国家管理模式。这包括：政府同议会一起对重要国家规划性文件的制定方法和内容途径根据国家的优先方向进行调整，或者整合一些国家机构，或者削减、移交其他机制来负责；将国家机构的功能变为战略功能、行政执行功能和监视督察功能，每年进行政府决策分析，排除职能重复的可能性，完善预算机构间的关系，尽可能避免利益冲突；把所有非战略性的国家经济活动纳入市场竞争环境；制定和推广提供国家服务的质量标准，定期对国家机构的工作进行评估；加快建设“电子化政务”；等等。

除政治改革和行政改革之外，纳扎尔巴耶夫自独立伊始就十分注重保护主体民族的文化遗产，提升国民的民族自豪感。例如，他责成设立专门的《“文化遗产”规划》，保护国家的文化遗产，增加民众的向心力。现阶段，政府正在研究建立“哈萨克斯坦人民宗教发展基金会”，以借助国家－私营团体合作伙伴的关系吸收相关社会机构，对本国的民族文化价值和传统的发展延续进行定期的监控和支持。

近年来，上述政策的绩效已经开始显现。明确的政治措施保证了国家政权的稳定，社会经济发展得以有序进行，获得了民众的支持，反过来又加强了国内社会政治的安定局面。独立 20 年来，哈萨克斯坦是中亚诸国中政局最为稳定的一个国家，政权机构的职能相对也较为清晰。此外，哈萨克斯坦还通过了《国家监督控制法》，从法律上制定了针对所有国家机关的统一的监控原则和程序，从而能够最大限度地减少行政管理对经济的压力。在护法体系改革框架内已经通过了16项法律。产权保护的法律机制开始运行，不造成严重公共安全威胁犯罪的量刑人文化措施也已实施，同时，非监禁刑罚、替代逮捕的其他强制措施的适用范围也有所扩大。此外，执法部门的人数缩减了15%，结构也得到优化，一些非执法部门特属的职能则移交给私营机构。

司法体系也在发生显著变化，对腐败零妥协的斗争也在有序展开。国际观察家认为，当前哈萨克斯坦反腐败法是全世界最有效的反腐败法案之一。在2009—2010年间，共有40多位部级干部，250多名州、市级干部被追究刑事责任，其中包括39位州长和副州长。被绳之以法的有环保部部长、卫生部部长、国家统计机构主席、紧急事务部和国防部副部长、哈萨克斯坦铁路公司董事长、哈萨克斯坦国家石油公司以及哈萨克斯坦国家核工业公司的总裁。近三年来，哈萨克斯坦在世界反腐败排名榜上的名次上升了45名，反腐败指数在独联体国家中位于前列。

在世界银行发布的2010年报告中，哈萨克斯坦被视为保护商业利益改革的领先国家。在世界营商环境排行榜中，全球183个国家里哈萨克斯坦位于第59位。总之，政府实施的一系列措施不仅提升了行政机构的效率，而且改善了国家机构在民众中的形象，政府的公信力和威信得到提高，各民族和各宗教和谐相处。

另一个值得注意的事实是，当周边的乌克兰、格鲁吉亚、吉尔吉斯斯坦相继发生颜色革命时，哈萨克斯坦能够没有受到波及，纳扎尔巴耶夫的果断应对的个人因素不可小觑。除持续实施上述的政治改革措施外，在周边国家发生动荡之时，纳扎尔巴耶夫及时吸取格鲁吉亚的教训，加强对非政府组织的控制；吸取吉尔吉斯斯坦的经验，修改选举法，规定从竞选拉票工作结束至正式结果公布，禁止游行集会，以保障选举委员会能够正常工作。同时，还更加注重与美国的关系。美国对伊拉克宣战后，哈萨克斯坦是首个表示愿将机场提供给反恐联盟军队使用的中亚国家；当美国竭力主张兴建巴库—杰伊汉输油管道，意图参与里海油气开发时，尽管从经济角度来说对哈并非有利，但纳扎尔巴耶夫还是决定向该管道供油；2005年哈萨克斯坦进行总统大选，时任美国国务卿的赖斯在选举前访哈，曾经会晤反对派领导人，纳扎尔巴耶夫保持适度缄默，不做评论，体现出了他宽广的政治胸襟。种种举动，不仅赢得了国内的政治社会稳定，更获得了美国为首的西方世界的支持，就连赖斯都评价哈萨克斯坦是“中亚民主改革的典范”。

平衡的外交战略

在全球化时代，一个国家的发展离不开与周边国家和世界主要国家的合作。位于欧亚大陆中心地带的哈萨克斯坦更是如此。在外交战略的选择上，纳扎尔巴耶夫总统再一次显示出其非凡的远见和洞察先机的能力。

外交战略的制定对年轻的哈萨克斯坦共和国是一项艰巨的任务——无传统、无经验、无人才。而哈萨克斯坦独特的地缘政治地位使其必须做出符合本国实际和保障国家利益的准确的外交政策。哈萨克斯坦位于欧亚大陆的中心，与中国、俄罗斯相邻，领土面积居世界第九，是世界上面积最大的内陆国。它拥有里海60%的石油储量，还是世界第三大产铀国，其他自然资源也相当丰富。还拥有核武器，一个拥有核武器的中亚大国（穆斯林民众还占多数）如何制定自己的对外政策、确定与国际社会的关系引起许多国家的猜测。面对如此复杂的局面，纳扎尔巴耶夫充分表现出对政治的高度敏锐性、对局势的准确判断以及对本国利益的正确把握。

哈萨克斯坦总统纳扎尔巴耶夫认为，从政治上看，20 世纪 90 年代是从根本上打破国际事务中原有关系的时期，是极不稳定并出现新“魔鬼”——地区和国内战争、恐怖活动规模扩大的时期。但同时他又认为，目前和不久的将来不存在对哈萨克斯坦国家安全的一切可能的潜在威胁，对国家安全的潜在威胁也不具有直接军事入侵和威胁国家领土完整的性质。俄罗斯、中国、西方和伊斯兰国家都没有进犯哈萨克斯坦的动机。局势在较长一个时期内是相对平静和稳定的。世界正在远离军事冲突，竞争正从军事领域转向政治领域和经济领域。哈萨克斯坦将随着经济发展而融入世界经济之后，愿意或不愿意都可能被卷入各种不可预测的军事政治的、经济的、宗教的地区性冲突的旋涡之中。[①] 考虑到哈萨克斯坦的客观条件——处于欧亚大陆的交通要道上，北有俄罗斯，南有中国，又被美国、欧洲关注，处于大国势力的交织之区，在外交上必须慎之又慎。纳扎尔巴耶夫将哈

---

① 参见赵常庆：《中亚国家：国际战略、外交政策与国家安全》，《东欧中亚研究》2001年第 3 期。

萨克斯坦定位为欧亚大陆的中心，连接迅速发展的三大区块中国、俄罗斯和伊斯兰世界之间的经济和文化纽带。

基于此种地位，哈萨克斯坦先是宣布加入1968年6月1日签署的《核不扩散条约》，以无核国家的身份加入国际体系。接着，又选择了与所有有关国家进行建设性合作的外交路线。这就是后来被概括为“积极、多元、平衡”的外交战略。

哈萨克斯坦对外政策的目标是：使哈萨克斯坦进入国际社会，保障国家安全，促进经济发展，保护本国公民在关外的权益，与所有对与哈萨克斯坦发展互利关系感兴趣的国家发展关系。在具体计划上，哈萨克斯坦外交的目标和任务是：从西方、亚洲和近东发达工业国家以及国际金融组织向哈萨克斯坦动员大规模投资；吸引一些国家和国际组织协助哈萨克斯坦解决经济、生态以及保证出海口的问题。① 在具体国家和地区上，哈萨克斯坦优先发展与俄罗斯、中国、中亚国家、美国、亚太地区、南亚、西亚和近东国家、欧洲的关系。

在纳扎尔巴耶夫看来，发展与俄罗斯的全面合作是其外交的优先战略方向，经济政治稳定和民主发展的俄罗斯是“哈萨克斯坦稳定安全发展的必要条件”。哈萨克斯坦穆斯林人口占57%，以俄罗斯族为主体的基督教人口占40%。苏联解体后，其他国家纷纷掀起排俄浪潮，政府高官都由本民族人担任，但哈萨克斯坦并未随波逐流，国家电视台一直有俄语频道，政府中重要的职能部门的领导仍然有俄罗斯族人。如当时的自然资源部部长什科利尼克便是俄罗斯族人。在以注重保护海外侨民、俄罗斯族人利益的俄罗斯外交中，这一点尤为重要，哈方对俄罗斯族人的积极态度使哈俄关系愈发融洽。

如果说，“在俄罗斯和哈萨克斯坦之间没有不能通过建设性对话和考量双方利益解决的问题”的话，那么哈萨克斯坦与“飞速发展的”中国之间的互利关系则不可“替代”。在2006年的总统国情咨文中，纳扎尔巴耶夫总统将发展哈中关系还放在发展与美国、欧盟、中亚邻国以及其他伊斯兰国家合作关系之先。换言之，中亚部分国家爆发“颜色革命”之后，哈萨克斯坦更加意识到，俄罗斯因素是哈国对外政策中极为重要的一环，持续发展与俄罗斯的战略合作伙伴关系是哈

---

① （哈斯坦萨克）卡·托卡耶夫著，（哈斯坦萨克）赛力克·纳雷索夫译：《中亚之鹰的外交战略》，新华出版社2002年版，第2页、第9页。

外交政策的优先方向之一。而巩固与中国的互利合作也是相当重要。一方面，因为中国是哈萨克斯坦的第二大邻国，在维护国家团结安定局面、打击分离势力、极端势力和恐怖主义等安全利益上有交接点，地缘政治意义不可替代；另一方面，与其他中亚国家相比，哈萨克斯坦与中国还有较多的经贸合作往来，经济合作意义同样具有一定程度的不可替代性。

当然，中亚和独联体国家是哈萨克斯坦外交的基础。纳扎尔巴耶夫深知，苏联时代建立起来的血脉及经济联系，是无法彻底割裂的，地区一体化是消除贫困的合适手段，也是遏制恐怖主义的有效措施。正是基于这一理念，他是独联体、集体安全条约、欧亚经济共同体和统一经济空间、俄白哈关税同盟的积极支持者，希望以独联体为平台，推动本国经济的发展。

此外，纳扎尔巴耶夫还非常注重与国际组织和地区组织的合作。在他的支持下，哈萨克斯坦与欧安组织、欧盟委员会、国际货币基金组织、世界银行、欧洲复兴与发展银行、亚洲发展银行和其他国际组织进行合作，哈萨克斯坦还是上海合作组织、伊斯兰会议组织的主要成员国。在纳扎尔巴耶夫的积极倡议下，建立了亚洲相互协作与信任措施大会、中亚经济共同体（中亚论坛）。

融入地区化和全球化进程离不开本国国民的素质提高。正是基于这个根本的认识，纳扎尔巴耶夫建设性地提出了“三位一体”的国民语言政策。在历届的国情咨文和重要的讲话中，他一再强调学习多种语言对于欧亚大陆上的哈萨克斯坦的重要性。他认为，哈萨克斯坦公民应当掌握三种语言，即哈萨克语、俄语和英语。哈萨克斯坦语是国家语言、俄语是国与国之间交往的语言，而英语是参与世界经济一体化的语言。“对于现代哈萨克斯坦国民而言，掌握三门语言——这是自我升值的必要条件”。只有掌握了这三门语言，哈萨克斯坦才会真正被“全世界视为高素质国家”。为此，政府还制定了“语言的三位一体”文化规划。力争到 2017 年掌握官方语言（哈语）的哈萨克斯坦人口比率不低于 80%，而到 2020 年——不低于 95%。10 年后，所有中学毕业生都将掌握官方语言。到 2020 年，掌握英语的人口比率应不低于 20%。[①] 三位一体的语言战略的成果目前已经有所显现。在当今哈萨克斯坦，很多年轻人都能熟练掌握哈、俄、英三门语言，不仅

① （哈萨克斯坦）N. A. 纳扎尔巴耶夫：《携手共建未来》（哈萨克斯坦共和国总统 2011 年度国情咨文）。

提升了个人素质，而且也为哈萨克斯坦成为各主要国际和地区组织轮值主席国提供了人力基础。

积极稳健灵活的外交政策使哈萨克斯坦得到了国际社会的承认和支持，地区和区外大国均非常支持纳扎尔巴耶夫总统制定的外交政策，哈萨克斯坦的国际地位得以不断提升，2010 年还成为欧安组织的轮值主席国，2011 年又是上海合作组织和伊斯兰会议组织的轮值主席国。这些成果，作为总统的纳扎尔巴耶夫功不可没。

综上所述，不难看出，解决民生、维护稳定、外交平衡、个人魅力是纳扎尔巴耶夫获得广泛支持的重要基础。纳扎尔巴耶夫执政 20 年来，哈萨克斯坦在政治、经济、外交上都获得了显著的成就，经济和社会的不断进步让绝大多数哈萨克斯坦民众对纳扎尔巴耶夫的治国方略持肯定和拥护态度，进一步促进了国内的社会稳定、经济持续发展、国际社会的支持。也就难怪有媒体称纳扎尔巴耶夫为“无可替代的总统”。

86. 卡里莫夫总统政权稳固的基础何在?

赵会荣

伊斯拉姆·卡里莫夫是乌兹别克斯坦独立后的首任总统，执政至今已超过二十年。西方一些国家官方和学者把乌兹别克斯坦看作是现代独裁政治体制国家，认为乌兹别克斯坦政府没有兑现改革承诺，是失败国家。① 那么，为什么二十年来卡里莫夫政权能够屹立不倒呢?

乌兹别克斯坦的政治模式

乌兹别克斯坦独立伊始即确立总统制，并宣布政治改革的目标是建设“公平社会”和民主法制国家，其原则是实行立法、行政和司法三权分立，实行多党制、法制，以及政教分离。

一、宪政道路

乌兹别克斯坦独立以来所走的宪政道路主要有两个方向：其一是政治体制现代化和政治生活民主化。独立以来，乌兹别克斯坦按照公民权利平等及自由表达意愿的原则奠定民主法制国家和公民社会的基础，先后制定了《总统选举法》《宪法》《最高会议法》《政党法》《立法院法》和《参议院法》等重要法律。1994年乌兹别克斯坦开始推行政治现代化战略，目的是逐步扩大社会代表参与国家管

① 参见（美国）玛莎·布瑞尔·奥卡特著，李维建译：《中亚的第二次机会》，时事出版社 2007 年版，第 173 页。国际危机小组认为，乌兹别克斯坦在政治镇压的范围上是中亚仅次于土库曼斯坦的国家，而在公开使用暴力的程度上则比土库曼斯坦还要高。另见国际危机小组报告《Central Asia：What role for EU》，PDF. File. http：//www. crisisgroup. org。

理的范围，循序渐进扩大政治参与权，在民主基础上形成政党和社会集团，吸引他们参与国家管理的实践，促使官僚传统动机强大的社会逐步转变成团结民主的社会。在这个进程中最重要的是恢复和加强公民社会，即建立保证各阶层民众利益的非营利性组织、地方自治和代表民主机构。1996 年乌兹别克斯坦按照有限民主原则开始培育多党政治。2004 年年底乌兹别克斯坦将一院制议会改为两院制，变立法院（下院）为职业机构，变参议院（上院）为表达民意的地区代表机构。而将总统部分权力移交给议会上院以及总理权力和职能的加强对扩大议会两院的权力及保障立法和执法权力的平衡具有重要意义。取消宪法中有关执法权力归总统的规定，成为政治民主化进程中的重大举动。2007 年 4 月乌兹别克斯坦通过修宪提高了政党在政治生活中的地位。2008 年 12 月修改选举法，将立法院的席位从 120 个增加到 150 个。2009 年 12 月和 2010 年 1 月举行议会立法院和参议院选举。

其二是维护政权的稳定，防止极端和非法的政治集团篡夺政权。卡里莫夫总统认为，继承了苏联国家管理特点的、以总统为首的强大政权是保障社会制度完整与安全以及保障政治方针的延续性的重要因素。乌兹别克斯坦仍处于民族国家建设的初始阶段，需要不断积累经验。而政权的更迭容易导致内外政策的变化，不利于国家和社会稳定，也不利于整个中亚地区的稳定。[①] 根据宪法，乌兹别克斯坦共和国总统是国家首脑，并同时保障国家权力机构间的协调运转和协作。事实上，正是依靠强大的总统权力机制，乌兹别克斯坦国内各政治派系的力量得以平衡，中央与地方的权力得以统一，国内政策得以顺利贯彻。[②]

二、政治民主化进程

2005 年“安集延事件”以来，乌兹别克斯坦沿着上述两个方向继续推进政治民主化进程，在维护政权安全，以及发展政治机构、社会民主程序和多元化方面不断努力。

---

① Р. Сайфулин, Респуълнка Узъекнстан — Перспектнвы: На Чтонадеятвся, Чегоопасатвся. http://www.carnegie.ru.

② 乌国内有影响的政治派系包括：萨马尔罕派、布哈拉派、塔什干派、费尔干纳派，以及花剌子模派和卡什卡达里亚派。也有分析认为萨马尔罕派和布哈拉派合二为一。还有另一种观点认为，目前政治派系发生分化组合，形成了分别占有棉花、黄金、能源和矿产这些重要国家资源的四个政治集团。

第一，在政府的积极努力下，2007 年 12 月 23 日卡里莫夫总统顺利实现连任，保证了政权的稳定和政策的连续性。与独联体其他国家总统选举不同，乌兹别克斯坦此次总统选举相当平静。政府开展与选举相关的工作时相当“内敛”，毫不张扬。在国内外舆论关注下，9 月乌兹别克斯坦中央选举委员公布选举相关事宜，11 月乌兹别克斯坦议会第一大党自由民主党宣布推举卡里莫夫总统作为候选人参加总统选举，自此有关卡里莫夫总统参选问题才明朗化。反对派被禁止参选。乌兹别克斯坦全国共有 90.6％的选民参加投票。卡里莫夫获得 88.1％的选票，其他三位候选人获得的选票均未超过 5％。

第二，通过修宪扩大政党和议会的权力。2006 年年底乌兹别克斯坦当局制订了宪法修改草案《在国家现代化及国家管理的革新与民主化方面加强政党的作用》，规定政党在议会上院和地方代表团中的地位，政党可以参与选举、任命和解除政府及地方行政领导人，同时增加人民代表的职权，目的是增强政党对于中央及地方机关的监督，以及对司法机关和管理机关事务的影响。2007 年 4 月该法律被通过。新法律还规定了总理的任免程序，总统与立法院各政党及独立代表协商后提名总理候选人，并交由议会立法院和上院审议，若该提案得不到议会多数通过，则总统需再次与立法院政党及独立代表协商重新提名总理新候选人。乌兹别克斯坦国内媒体评价该法律加快了国家政治体系的民主化改革和建立公民社会的进程。[①] 也有分析人士认为，该法律出台标志着乌兹别克斯坦虚拟政治竞争将被现实政治取代，政治改革进入新阶段。[②]

2010 年年底卡里莫夫总统宣布对现行宪法做出两处修改：一是规定立法院拥有多数议席的政党可以提名总理候选人，或者对总理投不信任票，议会上下院多数议员同意才能确立总理人选。这样，提名总理、对总理提出不信任以及组建内阁的权力由总统转到议会。二是如果总统因生病等原因不能履行职责，将由议长担任代理总统，并在三个月内举行总统选举。改变了宪法原有的“在总统不能履行职责时，由议会上下院商议推选一名议员担任代理总统”的规定。这样，即使在突发情况下政权也不会虚位，有利于避免政治派别之间为争夺权力陷入混

① Народное слово，05. 12. 2006.

② Власов А. В. Политическая реформа в Узбекистане вступает в новую стадию，http：//www. postsoviet. ru/.

战。自2006年起，伊利基扎尔·萨比罗夫一直担任议长职务。

第三，加强司法独立和人权保护。乌兹别克斯坦宪法明确规定个人利益优先于国家利益，人的权利、自由和利益是最高价值。独立以来，乌兹别克斯坦逐步建立起保护人权法律体制，通过了300多部保护人权的法律。形成人权保护国家体系，建立议会人权监察室、宪法法院、国家人权中心、立法监察院、司法部人权特别局等。在立法方面，司法部不断推进与国际人权法律的衔接工作，刑事法对于犯罪类型重新分类，改善犯人服刑条件，增加提供假释权的条款。加强司法独立，改进法院的审理程序和上诉程序，把拘捕权从检察院转交给法院，加强律师培训。2008年乌兹别克斯坦完全废除死刑，引进了民主司法原则，也就是人身保护权机制。通过了保护儿童权利的法律。发布继续深化律师机构改革的总统令。加强人权教育，鼓励非政府组织和大众传媒在人权领域发挥积极作用。①

第四，支持公民社会的建设，把部分行政权力从中央逐步下放到地方行政机关。2008年以来，政府加大了对公民自治机构——马哈拉的支持力度，建立了马哈拉基金会，通过新建和改建使马哈拉的数量超过一万个。马哈拉是乌兹别克斯坦传统的社会基层组织，有几千年的历史，主要的功能是组织与宗教、习俗有关的各种社会活动。马哈拉受地方政府管辖，从政府和民间募集资金，帮助居民解决实际困难，起到帮助政府了解社会动态、宣传政府政策、缓解社会矛盾、促进政府与社会关系和谐的作用。地方行政机关领导和马哈拉直接由民选产生。尽管政策有效落实尚需时日，但此举对于促进公民社会建设具有深远意义。②

三、政治模式的特点

不同于哈萨克斯坦和吉尔吉斯斯坦，乌兹别克斯坦的政治模式受外界的影响较小。卡里莫夫总统主张，乌兹别克斯坦要“走自己的路，不看别人脸色”。③国家利益至上，根据国内利益决定对外政治问题。在改革的问题上，要小心谨

---

① 关于乌兹别克斯坦人权方面的详细情况参见乌兹别克斯坦国家人权中心主任阿克马尔·萨伊多夫在2008年北京人权论坛上的发言。http://www.humanrights.cn/cn/zt/tbbd/zt004/02/t20080421_337852.htm.

② Aftab Kazi, DEALING WITH UZBEKISTAN AFTER KARIMOVS LIKELY RE－ELECTION, Central Asia－Caucasus Institute, http://www.cacianalyst.org/.

③ P. Сайфулин, Респуълнка Узъекнстан — Перспектнвы: На Чтонадеятвся, Чегоопасатвся. http://www.carnegie.ru.

慎，以最小风险换取最大利益。乌兹别克斯坦政治模式主要有四个特点。

首先，政治的核心是维护政权和政策的稳定。而稳定在决策者看来更多的意味着继承，而不是变革。乌兹别克斯坦对于所处地缘政治环境以及本国面临的安全威胁认识相当悲观。卡里莫夫总统执政伊始就指出，安全是一切条件的基础。乌兹别克斯坦位于（中亚）半弧的战略中心，是俄罗斯、中国和印度以及东西方国家利益分歧地区之一。乌兹别克斯坦的领土以及整个中亚地区的领土将是土耳其、巴基斯坦、伊朗和沙特阿拉伯这些伊斯兰世界强大国家的利益目标。乌兹别克斯坦面临的安全威胁包括：地区冲突、宗教极端主义和原教旨主义、大国沙文主义和侵略性的民族主义、民族矛盾和族际矛盾、营私舞弊和犯罪、地方主义和家族关系、生态问题。[①] 邻国阿富汗和塔吉克斯坦内部动荡导致毒品和武器走私猖獗，给乌兹别克斯坦国家安全带来挑战。因此乌兹别克斯坦的优先任务是维护国家稳定、人民和平，以及民族和睦。[②] 有学者指出，包括乌兹别克斯坦在内的中亚国家领导人把稳定看作是不变，而不是变革。他们认为，一旦发生变化，很有可能导致动荡。因此他们要保持强大的政权，压制反对派。[③] 这导致他们的内外政策相对保守。

其次，在权力配置上，总统和安全部门的权力突出。西方著名中亚问题专家玛莎·奥卡特指出，乌兹别克斯坦总统和安全部门的权力相当强大，“其触角能够延伸到乌兹别克斯坦最边远的角落”。[④] 乌兹别克斯坦是中亚国家中唯一在宪法中未规定弹劾总统以及总统辞职内容的国家。2007 年 12 月卡里莫夫总统再次当选新一届总统，任期 7 年。如果身体状况允许，他还可以参加 2014 年的总统

---

① （乌兹别克斯坦）伊·卡里莫夫：《临近 21 世纪的乌兹别克斯坦：安全的威胁、进步的条件和保障》，国际文化出版公司 1997 年版，第 8、45 页。

② （乌兹别克斯坦）伊·卡里莫夫：《人，他的权利、自由和利益是最高价值》，卡里莫夫总统在庆祝宪法颁布 13 周年活动上的讲话，2005 年 12 月 8 日。参见乌兹别克斯坦政府官方网站，http：//www. press－service. uz。

③ Д. Б. Малышева，Центральноазиатский узел мировой политики，http：www. imemo. ru/ru/publ/2010/10027. pdf.

④ 参见美玛莎·布瑞尔·奥卡特著，李维建译：《中亚的第二次机会》，时事出版社 2007 年版，第 173 页。

选举。阿涅特·波尔认为，卡里莫夫是乌兹别克斯坦各方面政策形成的动力。[①]其政策三大支柱是：建立和保障国家主权；维护国内政治稳定；循序渐进地进行经济改革，避免经济和社会动荡。乌兹别克斯坦军队和强力部门，包括内务部和国家安全委员会，是维护国家主权和社会稳定的重要工具，在国家政治社会生活中的地位特殊。

第三，不允许反对派存在。无论是世俗反对派（统一党、自由党、自由农民党、土地党、“我的阳光乌兹别克斯坦”），[②] 还是伊斯兰反对派（乌兹别克斯坦伊斯兰解放运动，伊斯兰解放党）都被当局拒绝登记为政党，并严令禁止参加各种政治活动，尤其是议会和总统选举。伊斯兰反对派由于从事恐怖活动还是乌兹别克斯坦当局明确是公开打击的对象。西方一些国家认为，乌兹别克斯坦当局夸大极端宗教主义和恐怖主义威胁，指责乌兹别克斯坦当局借口打击极端宗教势力打压政治反对派。也有人权组织怀疑乌兹别克斯坦当局自己制造恐怖事件，以达到威慑政治反对派和恐吓民众的目的。乌兹别克斯坦当局扶持建立的五个政党[③]均不觊觎政权，支持卡里莫夫总统的方针政策，在国家的政治生活中实际上起不到相互竞争和相互监督的作用。目前，反对派的主要领导人居住在国外，其活动依靠西方的资金扶持，处于“地下”状态。

第四，政治体系依靠“内部逻辑”维系。玛莎·奥卡特指出，乌兹别克斯坦

---

① Annette Bohr，Uzbekistan：Politics and Foreign Policy，London：Royal Institute of International Affairs，1998，p. 5.

② 统一党（Unity），也有译作团结党，和自由党（Freedom）是独立初期建立的两大反对派政党。自由党是从统一党分离出来形成。两个政党的民众支持率都很低，政党领袖均在国外。自由农民党（Free Peasants）和土地党（Agrarian Party）都以农民为团结对象，反对当局的农业政策。“我的阳光乌兹别克斯坦”（My Sunny Uzbekistan）成立于 2005 年中期，当局认为该组织的两位领袖与“安集延事件”有关联，2005 年 10 月分别以“挪用公款”和“偷漏税”的罪名逮捕他们并判刑。

③ 这五个政党分别为：执政党——自由民主党，2003 年建立，是议会第一大党，占 41 席，代表银行家和企业家利益；人民民主党，1991 年成立，前身是共产党，代表最贫困阶层利益，部分代表怀念苏联时代，宣称自己在议会中代表反对派，在议会中占 33 席；社会民主正义党，1995 年成立，宣称社会民主价值观，代表科学技术界知识分子利益，在议会中占 10 席；国家复兴民主党，1995 年成立，代表民族知识分子和妇女权益，在议会中占 11 席；自我牺牲国家民主党，2000 年与祖国进步党合并而成，代表学者、知识分子、企业家和农场主的利益，在议会中占 18 席。

由一系列内部逻辑和管理规则所统治，这些逻辑和规则对普通乌兹别克斯坦人来说模糊不清，但对于那些需要知道的人来说却是非常透明的。[①] 所谓的内部逻辑与家族政治（裙带关系）、地方主义、腐败、民族和宗教等因素相关。乌兹别克人的家族观念和乡土观念很重，在干部任用上难免受到这些因素的影响。政坛上相互竞争的政治派别主要以地域区别。由于卡里莫夫总统善于平衡各派政治势力，因此乌兹别克斯坦国内政治势力之间的斗争并没有因激化而暴露出来。官僚腐败如空气一样难以清理。塔吉克族以及其他非乌兹别克族在人事任用上受一定影响。伊斯兰教对于妇女的规定某种程度上不利于妇女从政，等等。

卡里莫夫总统政权的基础

尽管西方一些国家和国际组织对于乌兹别克斯坦内政说三道四，但事实上卡里莫夫总统 1992 年开始执政以来政权始终非常稳固。在 1992 年、2000 年和 2007 年三次总统选举中，卡里莫夫得票均高达 90％左右。卡里莫夫本人也积极努力继续维护其政治权力和地位。卡里莫夫总统政权之所以保持稳固，是因为其政权基础的构成具有多元性。

一、法律基础

乌兹别克斯坦宪法赋予总统很大的权力。按照宪法规定，总统既是国家元首又是行政首脑，同时还担任共和国内阁主席以及国家武装力量统帅。总统是国家权力的中心。凡是重要的内阁会议均由总统主持，并由总统签署和发布政府的各项决议和命令。总统有权提名和解除总理职务。总统任期届满终身担任共和国宪法法院法官。总统不受侵犯并受法律保护。[②] 宪法规定，社会生活和国家生活的最重要问题交给人民讨论和提交全民公决。1995 年乌兹别克斯坦举行全民公决将卡里莫夫任期延长至 2000 年。2002 年再次经全民公决把总统任期从 5 年延长至 7 年，为卡里莫夫总统继续执政扫清了法律障碍。

---

① 参见美玛莎·布瑞尔·奥卡特著，李维建译：《中亚的第二次机会》，第 184 页。

② 孙壮志、苏畅、吴宏伟编著：《列国志：乌兹别克斯坦》，社会科学文献出版社 2004 年版，第 84 页。

二、政治基础

乌兹别克斯坦独立初期，各政治派别林立且势力相当。卡里莫夫利用职位优势、从政经验和长期经营的官僚体系迅速平衡各派势力，建立并巩固个人权力体系。独立以来，在当局的努力下，乌兹别克斯坦各派政治势力始终保持亲总统方向。无论是政党、议会，还是政治势力，一切都在政府的严格监控下。政党之间的竞争不是为了争夺政权，而是为了保持与总统的亲密关系以及有效贯彻总统意图。反对派没有机会在国内活动和扩大政治影响。

三、经济基础

独立初期，乌兹别克斯坦凭借稳健的经济改革政策避免了经济严重下滑，成为独联体内经济改革最成功的国家之一。2000—2007 年国内生产总值增长速度从 4%跃至 9.5%。经过多年努力，乌兹别克斯坦实现了宏观经济平衡稳定发展以及能源、食品和部分工业产品自给，在吸引投资、结构改革、生产更新与现代化、建立新出口导向型产业、加快发展贸易和私有企业方面取得了显著成绩。通过深化农业改革建立起私有农场经济。[①] 2008 年为了消除国际金融危机对乌兹别克斯坦经济的负面影响，政府制定了《2009—2012 年反金融危机纲要》，规定了加快出口企业技术革新和现代化、从政策上扶持出口企业、依靠经济政策迫使企业减少成本和提高竞争力、减少能耗和提高资源使用效率、刺激内需等五大任务。由于乌兹别克斯坦的经济与国际经济体系联系不多，以及政府《反金融危机纲要》的作用，乌兹别克斯坦经济受到金融危机的冲击很小，连续两年保持了8%左右的高速增长。为了缓解社会矛盾和提高居民生活水平，政府平均每年要发布至少两次命令，提高工资、退休金、助学金和社会福利。2010 年 9 月，乌总统卡里莫夫允诺该年年底将平均工资从当时 340 美元（官方汇率）左右提高到 500 美元。另外，为了缓解国内就业压力，政府还放宽对于外出务工居民的政策限制。乌兹别克斯坦居民到俄罗斯和哈萨克斯坦等国务工的人数不断增加。乌兹别克斯坦已成为独联体国家中接收来从俄罗斯的汇款金额最大的国家。

四、选民基础

长期以来，政府利用媒体等各种手段宣传卡里莫夫的英雄形象，使民众不自觉地形成对卡里莫夫的个人崇拜。乌兹别克斯坦议会第一大党自由民主党提出的

---

① 2008 年乌兹别克斯坦有 21.5 万个农场，解决了 160 万人就业问题。

口号是“一个精明强干、勇敢、有毅力、果断、实干和机警的人比得上成千上万的懒惰和冷漠的人”。[①] 对于多数乌兹别克斯坦人来说，卡里莫夫是偶像，国家的安全和稳定取决于他的领导。[②] 西方一些人批评卡里莫夫是独裁者，认为乌兹别克斯坦国内的选举是不公开、不透明的。事实上，卡里莫夫在国内的确享有很高的威望，有深厚的选民基础。

五、社会基础

卡里莫夫总统阐述内外政策的理由时经常谈到乌兹别克斯坦人的传统思维，认为民众的传统思维是社会改革的最重要支柱，是思想的根源。依靠传统才能使改革更加平稳，社会更加稳定。[③] 他指出，乌兹别克人对于政治冷漠，主动性差，一切都依靠国家。同许多东方民族一样，乌兹别克人崇尚权威政治，习惯于下级服从上级。有的西方学者称，乌兹别克斯坦民众天生顺从和隐忍的性格是卡里莫夫总统得以长期执政的重要原因之一。历史上乌兹别克的主流文化是狭隘的屈从文化，缺乏民主政治传统。独立至今，多数乌兹别克人对于民主政治的意识仍很淡薄，参与政治和改革现有政治体系的意愿并不强烈。民间谚语称，“好好斗争不如赖活着”，或者“活着总比受压迫和受屈辱强”，[④] 反映出民众不想继续现有生活，但也惧怕新生活的心理。[⑤]

六、外部因素

乌兹别克斯坦地缘政治地位显要，被称为“地缘政治的支轴之一”“中亚地区多样化的民族觉醒的灵魂”[⑥]，以及“影响欧亚地区稳定的特别因素”。[⑦] 乌兹

---

① Власов А. В. Политическая реформа в Узбекистане вступает в новую стадию，http：//www. postsoviet. ru/.

② Выборы президента Узбекистана：Взгляд экспертов из－за рубежа，www. ferghana. ru，2007 年 10 月 9 日。

③ 赵会荣：《大国博弈——乌兹别克斯坦外交战略设计》，光大出版社 2007 年版，第 53 页。

④ 这两句谚语的俄文分别是“Лучше полохо жить，чем хорошо воевать”和“Жизнь слаще чем угнетение и оскорбление”。

⑤ 乌兹别克斯坦民间流传的谚语是这种心理的贴切反映：“Низы не хотят жить по－старому，но и по－новому тожс боятся”。

⑥ （美国）兹比格纽·布热津斯基：《大棋局——美国的首要地位及其地缘战略》，上海人民出版社 1998 年版，第 171、198 页。

⑦ Starr Frederick S. Making Eurasia Stable. //Foreign Affairs. －1996. －January/February. －pp. 80－92.

别克斯坦的内部稳定直接关系到整个中亚地区的稳定。因此，保持乌兹别克斯坦国家和社会稳定成为外部势力的一致利益。西方虽然不满卡里莫夫总统长期独揽政权的局面，但也无奈选择承认历次总统选举结果和与卡里莫夫政权进行接触。对于他们来说，与其冒着恐怖主义泛滥和地区动荡的风险推翻现有政权，还不如保留一个他们已经非常熟悉的政权，维持目前的稳定局面和自身在该国的利益。2005 年安集延事件后，欧盟以乌兹别克斯坦当局“血腥镇压反对派”并拒绝对事件进行国际调查为由先后对乌兹别克斯坦实行了政府官员旅行禁令和武器禁运等制裁措施。但 2008 年欧盟就宣布部分取消对乌兹别克斯坦的制裁，2009 年欧盟宣布全部取消对该国的制裁。此后，乌兹别克斯坦与西方国家之间的交流日益密切。

七、个人因素

卡里莫夫总统是一位坚韧、果敢、谦虚而又务实的政治家，也是一位睿智的经济学家。他有着丰富的从政经验。苏联时期，他曾任乌兹别克苏维埃社会主义共和国共产党中央第一书记。1990 年 3 月 24 日他在乌兹别克苏维埃社会主义共和国最高苏维埃会议上当选为总统。1991 年 12 月 29 日当选乌兹别克斯坦独立后首任总统。1995 年 3 月 26 日全民公决将任期延至 1999 年年底。2000 年 1 月 9 日，他再次当选总统。2002 年 1 月 27 日，乌兹别克斯坦举行全民公决，决定将总统任期由 5 年延长为 7 年。2007 年 12 月 23 日，卡里莫夫继续当选总统。2008 年 1 月 16 日宣誓就职，任期至 2014 年。他思维敏捷，个性自信、直率。他把打击恐怖主义作为内外政策的首要目标，把国家政治稳定作为首要国家利益，把政权安全看作内外政策的核心。历次总统选举，经过政府筛选的竞争对手得票率都不超过 5%。

87. 白俄罗斯的转型进程有什么特点?

何　卫

在原苏东国家中，白俄罗斯的转型有三个明显的特色：一是采用渐进和温和的步伐，坚持国家干预；二是保持国家领导人地位的稳定性，确保卢卡申科总统能长期执政；三是努力与俄罗斯发展关系。

白俄罗斯的市场经济模式

独立后，白俄罗斯也立即开始实施转型。转型的方式同样是私有化和自由化，转型的目标也是建立“市场社会主义”。政府制定的改革内容主要包括：进行经济体制改革，逐步实现国有财产的非国有化和私有化；调整经济结构，使之不断趋于合理；放开价格，建立符合市场经济体系的价格机制；改革财政金融体系；改革社会保障体系，发挥国家对就业和社会保障的调节作用；实行全方位对外经济战略，以最快速度走向国际市场，参与世界经济，通过大力发展对外经贸来巩固国家的经济独立并使其不断走向繁荣。

但是，与其他原苏东国家相比，白俄罗斯选择了渐进和温和的方式。与此同时，在向市场经济过渡的同时，白俄罗斯并没有削弱国家的作用，不忘加强政府的宏观调控，并重视对民众提供社会保障，使其少受转型的负面影响。

卢卡申科认为，“市场社会主义”能在发展市场经济的同时促进社会发展，使劳动的“物质动机”与“精神动机”更好地结合在一起。在这样的社会里，市场规则不是自发地发挥作用，而是在政府的有效调控下促进生产和改善分配。他还说，“市场社会主义”既不是无限地夸大市场机制的功能，亦非随意地贬低计划经济的作用。

2002年3月，卢卡申科提出“白俄罗斯发展模式”，强调以民为本、渐进改革、稳中求进，摒弃全盘私有化和休克疗法，建立强有力的国家政权和可调控的面向社会的市场经济体系。

与其他转型国家相比，白俄罗斯经济转型的进程比较缓慢。虽然白俄罗斯政府也曾制定了一系列改革措施，但它似乎并未真正实施市场经济转型，是原苏联地区保留苏联特征最多的国家。白俄罗斯私有化程度不高，迄今依然保持大量国有企业，保留了大部分集体农场和国营农场。其中，许多国有企业处于亏损状态，需要国家补贴。更为重要的是，其经济体制基本沿袭了旧的管理体制，经济改革并未触及体制结构，经济开放度相对较低。在许多经济领域，政府仍然进行较为有力的干预。但总的说来，白俄罗斯生产下降的幅度和转型的代价在原苏联地区国家中相对比较小。

独立之初，白俄罗斯也曾出现过严重的经济危机。1991—1993年，白俄罗斯国内生产总值均是负增长。1992年的价格自由化还导致了严重的财政危机和恶性通货膨胀。1994年，由于进口能源和原料价格高涨、农业歉收、军工生产不景气等原因，白俄罗斯经济形势严重恶化，国内生产总值的减幅高达12.6%，超过独联体国家的平均下降水平。1994年，白俄罗斯国内生产总值仅相当于1990年的73%，工业产值相当于69%，投资额相当于57%。

自1996年起，白俄罗斯经济开始出现积极的发展势头。2002年，白俄罗斯经济在独联体国家中率先恢复到苏联解体前水平。此后几年，白俄罗斯经济稳定增长，在独联体国家中名列前茅。

随着经济的不断发展，白俄罗斯社会稳定，人民生活安逸，社会治安良好。国家依然为居民建造和分配住房，人们还像苏联时期那样享受免费教育和免费医疗。为此，卢卡申科认为，白俄罗斯的改革之路是正确的。

由于受到国际金融危机的影响，2009年白俄罗斯经济增长放缓，国内生产总值比2008年增长了0.2%。相对而言，白俄罗斯是独联体国家中受金融危机冲击时间稍晚，程度较轻的国家。虽然全球金融危机同样对白俄罗斯经济及其外部融资能力造成了负面影响，但由于国家保持了对经济强有力的控制，白俄罗斯受国际金融危机的冲击小于周边国家，宏观经济形势相对比较稳定，是国际金融危机时期GDP仍保持增长的少数国家之一。

2010年4月20日，卢卡申科在国情咨文中指出，白俄罗斯经济已经结束衰退，开始复苏。白俄罗斯没有削减社会开支和最重要的国家发展计划，避免了几乎所有欧洲国家和美国实施的大规模裁员。2010年，白俄罗斯经济增长回复到7.6%。

为应对金融危机，白俄罗斯接受了国际货币基金组织提供的援助，同时也表示要采纳其提出的政策建议。国际货币基金组织的贷款有助于稳定白俄罗斯经济的严峻局势。在连续接受IMF援助后，白俄罗斯做出了某些经济调整。然而在短期内，白俄罗斯按照西方要求进行激进的自由化改革的可能性不大。

如何处理好稳定与发展的关系，这是卢卡申科在经济领域面临的主要挑战。白俄罗斯《2011—2015年国家创新发展纲要》提出的五年计划目标是，通过五年规划进入全球最具竞争力的30个经济体排名。一些学者认为，白俄罗斯经济增长稳定，但其潜力基本已尽，经济发展的后劲有限。在近期内，白俄罗斯经济将继续保持增长的态势。然而，能源的短缺以及企业生产设备的老化等现象，制约了劳动生产率的提高，也影响了出口产品的国际竞争力。因此，就中长期而言，白俄罗斯经济的增长潜力不大。卢卡申科政府表示，白俄罗斯将继续奉行"市场社会主义"，在经济生活中进一步发挥国家的干预作用。为了减轻财政负担，政府会在今后几年内被迫对一些亏损国有企业的所有制进行改革，但这一进程将是缓慢的。但卢卡申科总统也表示，白俄罗斯将逐步加大改革开放的力度。

白俄罗斯在转型进程中出现的独特现象已引起了学术界的广泛关注。有的学者甚至认为，白俄罗斯现象是否意味着旧有的经济结构比"半自由"的市场经济更有效。前世界银行首席经济学家普雷迪·密特拉认为，白俄罗斯的经济制度中仍然存在许多指令性经济成分，因此国家有能力提供一些基础公共产品，只要国家对企业进行了良好的管理，并且实施的规章制度能充分发挥职能作用，这个国家就能在一定程度上减少经济转型所带来的部分负面影响。这位经济学家甚至认为，"一旦白俄罗斯进行经济改革，那么它面临的主要问题也将最终与其他转型国家一样"。

白俄罗斯转型进程的这一特色显然与国家领导人卢卡申科的执政理念密切相关。卢卡申科独立性强，敢于标新立异，敢于同西方国家对着干。

卢卡申科为什么能长期执政

卢卡申科于1954年8月30日生于白俄罗斯维捷布斯克州奥尔尚斯基区科佩斯村，白俄罗斯族。先后毕业于莫吉廖夫师范学院和白农业科学院，专业为历史学、经济学。1975—1977年在苏联边防军服役，1979年加入苏联共产党。曾先后担任莫吉廖夫州什克洛夫区团委书记、集体农庄党委书记、国营农场场长。1990年当选为共和国最高苏维埃代表。1993年担任白最高苏维埃反腐败临时委员会主席。1994年7月，卢卡申科高票当选白俄罗斯独立后的首任总统。此后，卢卡申科又连续三次蝉联。2001年9月卢卡申科以75.65%的得票率蝉联总统。2006年3月19日，卢卡申科以82.6%的得票率第三次当选为总统。在2010年12月19日的白俄罗斯总统大选中，卢卡申科以79.67%的高票胜出，第四次当选为白俄罗斯总统。

卢卡申科之所以能长期当政，是因为他能致力于发展经济和维系政治稳定。卢卡申科就任总统17年来，为白俄罗斯经济发展和社会稳定所做的努力是有目共睹的。

如同其他独联体国家那样，独立之初，白俄罗斯经济也曾出现过严重衰退，国家曾一度处于崩溃之中：生产瘫痪、商品匮乏。1994年人均工资仅20美元，退休金7美元，通货膨胀率高达2300%。自1996年起，白俄罗斯经济开始复苏。自那时以来，白俄罗斯经济虽然有些年份出现了起伏，但总的说来是能够稳步增长的。

白俄罗斯具有保持稳定的社会基础。与其他独联体国家相比，白俄罗斯转型的社会成本相对较小。在推动经济发展的过程中，卢卡申科政府努力创造就业机会，大力发展教育和医疗卫生事业，并对贫困阶层实行有效的社会保障。因此，相对而言，白俄罗斯的贫富悬殊不大，社会各阶层没有出现分化与纷争，民众生活环境安逸，社会犯罪率很低。尽管居民收入水平与欧洲国家相比差距较大，但由于注重社会保障和收入分配的调节，民众对社会公平的满意度较高。大部分民众对政府的经济政策持肯定态度，对自己的生活状况表示满意，并相信卢卡申科能使他们的生活继续得到改善。换言之，符合国情的社会经济政策为卢卡申科总统赢得了很多民心。因此，虽然反对派多次发起“街头斗争”，但参与者很少，不成气候。追求稳定、避免社会动荡是大部分选民的普遍愿望。社会调查也表明，社会主流民意对卢卡申科的17年政绩表示满意，大部分居民不反对变革、不赞成上街示威。大部分居民因担心改革的“阵痛”伤及个人利益而分外珍惜目前的平静和安定。

由于政绩显著，卢卡申科在人民群众中享有至高无上的威望。许多选民发自内心地拥护和崇拜卢卡申科，亲切地称他为“父亲”。卢卡申科也因此在前两个任期内成功地两次就总统权限与任期问题举行全民公决。

第一次全民公决成功地延长了总统任期。1996年11月24日，白俄罗斯全民公决通过卢卡申科提出的宪法修正案。11月27日，新宪法正式生效。它赋予总统更大的权力。宪法修正案规定总统任期从新宪法草案通过时起算，卢卡申科总统的任期因此被延长至2001年11月。

第二次全民公决允许卢卡申科再次参加总统竞选。2004年10月17日，白俄罗斯就现任总统卢卡申科能否参加下届总统大选和取消宪法关于限制总统任期的规定举行全民公决，79.4%的选民赞成取消宪法关于总统任期不得超过两届的规定，支持卢卡申科参加2006年总统大选。卢卡申科认为，全民公决结果真实反映了白俄罗斯民意，他再次竞选总统并不是出于一己私利，而是为了使国家变得富裕和强盛。

卢卡申科驾驭时局的能力很强。他执政17年来，白俄罗斯逐步建立起从中央到地方的垂直权力体系，确立了总统对国家权力的绝对控制。在独联体国中，白俄罗斯总统的权力相对较大。1996年的修宪，加强了总统的权力，议会的作用明显削弱，从而形成了“强总统、弱议会、小政府”的政治格局，议会对政府的制约力十分有限。

如同其他转型国家那样，白俄罗斯独立后也搞多党制，但政党在白俄罗斯社会政治生活中影响极其有限。截至2009年年底，白俄罗斯共有15个合法政党，2221个合法社会团体（其中国际性团体224个）。[①] 议会中没有政治党团，议员资格由地区产生，与党派无关，因此政党在社会生活中处于边缘化的地位。

1996年白俄罗斯修宪及与俄罗斯结盟后，白俄罗斯与西方关系全面恶化。美国对白俄罗斯内政的干涉不断加强，在人权、新闻自由等问题上对白俄罗斯不

---

① http：//www.fmprc.gov.cn/chn/pds/gjhdq/gj/oz/1206 _ 4/.

断予以指责，不仅停止对白俄罗斯提供经济援助，而且在外交上孤立白俄罗斯，将白俄罗斯视为“暴政前哨”“欧洲最后一个独裁政府”，并号召白俄罗斯民众推翻卢卡申科政权。自卢卡申科当选以来的历次总统大选中，西方观察员均认为白俄罗斯总统选举是“不自由、不公平”的，拒绝承认卢卡申科的合法性。

近年来，一些政党在西方国家的支持下，以民主为幌子，制造各种事端。面对国内外的“民主攻势”，我行我素的卢卡申科总统果断出击、从容应对，在政治、经济、立法、舆论、外交等方面采取了一系列预防措施。这些措施主要包括：

1. 用法律手段防范“颜色革命”。2005 年，议会先后对《政党法》《社会团体法》和《刑法》进行了修改和补充，并制定了《反极端行为法》等法律。这些法律规定，严禁国民借助外国和国际组织损害国家机关权威，危害国家主权、安全和领土完整。那些蓄意捏造并传播有关白俄罗斯的不实信息以及组织非法游行集会的人将被严惩。

这些法律还规定，任何机构、团体和个人在接受外国援助（包括外国基金会的赞助）以前，必须得到上级有关部门的批准，而且，资金的使用必须严格按照指定的用途。任何机构、团体和个人不得借助外国基金会的经费来从事损害白俄罗斯国家主权、安全和领土完整的活动，否则将受到严惩。这些文件对反对派活动的威慑作用是显而易见的。

2. 严格限制反对派的活动。多年来，尤其是乌克兰等国爆发“颜色革命”后，政府加强了对非政府组织活动及其资金流向的监控，并取缔了一些反对派刊物和非政府组织。有关法律规定，白俄罗斯任何政党和社会团体一律不得接受外国资金或物质援助。政府禁止未经登记的非政府组织存在。反对派组织的示威和集会，必须经官方批准，否则将予以严厉处罚。

在 2006 年 3 月的总统大选前，各级国家机构明确要求其工作人员不得参加任何示威游行，学校组织大学生提前投票。有关部门还成功阻止了反对派支持者前往首都参加选举当天的集会。由于政府驾驭时局的能力很强，在选举前做好了应对突发事件的充分准备，因此及时阻止了反对派组织的一些活动。2008 年 7 月 4 日，首都明斯克市中心为庆祝白俄罗斯独立日而举行庆典活动时发生了爆炸。事后，卢卡申科对反对派展开大规模压制，改组权力机构。

3. 严禁外国非政府组织和基金会干预白俄罗斯内政。在独联体国家中，白俄罗斯对外国非政府组织和基金会的管理是比较严格的。卢卡申科始终将名目繁杂的西方基金会和其他种类的非政府组织视为西方渗透的工具，对其予以坚决抵制。根据有关规定，外国基金会的办事处只能从事与政治无关的学术活动和人道主义援助方面的活动，不得资助反政府组织、不得从事反政府活动。

此外，政府还以经济手段来控制外国基金会的活动范围。卢卡申科于1997年3月10日发布行政命令，不再给予索罗斯基金会下属的开放社会研究所免税优惠。这一措施实际上限制了开放社会研究所的活动范围，对其他外国基金会的活动有威慑作用。

为防止西方推行所谓的“民主”观念，卢卡申科先后关闭了美国索罗斯基金会、国际研究和交流协会等各种西方非政府组织。1997年3月16日，白俄罗斯将索罗斯基金会下属的开放社会研究所所长彼得·拜恩（美国公民）驱逐出境。白俄罗斯指控他参与反对派组织主办的非法群众集会。

4. 牢牢掌控主流媒体。卢卡申科非常重视新闻媒体在总统选举中的作用。为了避免外国基金会与国内反政府媒体勾结在一起，白俄罗斯政府规定外国基金会对“独立”媒体的资助不得超过合理的限度。总统大选前，政府对新闻媒体进行重新登记，取缔非法报刊，关闭非法网站。例如，2010年3月17日，白俄罗斯警方突然搜查了最主要的反对派网站的办公场所以及一些知名新闻记者的住宅，同时没收了电脑等办公设备。为应对2010年12月举行的总统大选，白俄罗斯当局采取了前所未有的措施，从2010年7月起实行新的互联网管理办法，信息会受到过滤，从而使得反对派政治家丧失宣传自己思想的阵地。

国家控制的新闻媒体不仅大量报道卢卡申科执政以来的政绩，而且还揭露了西方对本国内政的干预。此外，媒体还经常宣传“颜色革命”给乌克兰等国带来的消极影响，从而提高民众抵御“街头革命”的免疫力。一些反对派领导人因此认为，没有自己独立的报刊和电视频道是竞选失利的主要原因之一。

5. 发挥强力部门的作用。卢卡申科保持着对军队、警察和安全等部门的绝对控制，从而确保其工作人员忠于国家。在最近两次总统选举中，强力部门采取了一系列旨在防范“街头革命”的有效措施。内务部严阵以待，重点防止社会动乱。边防军加强了边境巡逻，从而有效堵塞了境外“民主势力”的资金和宣传资料的入境渠道。安全部门加强了对外国非政府组织和基金会活动的监控，并破获了多起国外团体试图在白俄罗斯大选期间制造爆炸事件的阴谋。此外，政府还加强了对出入境的管制，严禁“街头革命”所需的露营装备入境白俄罗斯。强力部门的维稳措施为总统选举的顺利举行和国家的安定团结提供了有效保障。

上述措施使白俄罗斯的反对派难以与卢卡申科抗衡。在2006年3月19日的总统选举中，反对党统一候选人米林科维奇获得6.1%的选票，自由民主党主席盖杜克维奇和社会民主党主席科祖林分别获得3.5%和2.2%的选票，远远低于卢卡申科的82.6%。在2008年9月举行的议会选举中，反对党候选人未能获得席位。在2010年4月25日举行的地方选举中，卢卡申科的反对派无一当选。本次地方选举的候选人共25035名，竞争21300个席位，而反对派候选人只有240人。虽然在欧盟的压力下，卢卡申科同意所有的政治派别均可参加选举，但反对派影响甚微，难以在选举中有所作为。在2010年12月19日举行的总统选举中，反对派候选人、前副外长桑尼科夫仅以2.56%的得票率位居第二，其余候选人的得票率均不足2%。

这些选举结果足以说明，目前白俄罗斯国内能够出现的真正对抗卢卡申科的政治挑战并不强。卢卡申科在白俄罗斯拥有绝对权威和广泛的群众基础。西方一直把卢卡申科视为“欧洲最后一个独裁者”，曾多次接见、重金资助白俄罗斯反对派领导人。但目前白俄罗斯的反对派政党人数不多，而且党派之间分歧很大，难以真正联合起来。在2010年年底的总统选举中，反对派没有推举联合候选人。这在一定程度上表明，白俄罗斯反对派政党间矛盾重重。此外，白俄罗斯缺乏有名望、有影响的反对派领导人。在白俄罗斯没有任何一位政治家的威望能与卢卡申科总统相提并论。由于平时无法获得在主要媒体露面的机会，因此他们在选民中知名度很低，无力与卢卡申科对抗。目前，西方和俄罗斯都难以在白俄罗斯扶植新的代理人。卢卡申科已被视为能够领导白俄罗斯抵抗一切潜在威胁的不可或缺的领袖。

努力发展与俄罗斯的关系

白俄罗斯和俄罗斯是独联体国家中在政治、经济和文化等方面关系最为密切的两个国家。由于白俄罗斯与西方国家的经济关系非常有限，因此它在实施经济转型的过程中与俄罗斯保持着密切的关系。白俄罗斯缺乏能源，国内的能源需求严重依赖俄罗斯。面对这样一种局面，卢卡申科把发展与俄罗斯的关系作为对外关系的重中之重。俄白两国特殊的经济关系是白俄罗斯经济持续高速增长的主要原因之一。

独立之初的俄白关系并不融洽，当时的国家领导人舒什克维奇对俄罗斯一直抱有戒心和疑虑。卢卡申科于 1994 年 7 月当选总统后，提出了以俄罗斯为重点、以国家安全和经济利益为中心的务实外交政策，其外交核心是与俄罗斯联盟。

1996 年 2 月 27—28 日，卢卡申科在访问俄罗斯期间正式提出俄白两国联盟的建议。同年 4 月 2 日，卢卡申科和叶利钦签署了成立俄白共同体条约。条约规定，双方承担协调对外政策的义务，对重大国际问题保持一致立场，在安全保障、保卫边界及与犯罪行为斗争方面相互协作。条约还规定了各领域一体化的目标、步骤和期限。同年，俄白共同体的最高决策机构、执行机构和立法机构相继成立。两国就实行统一法律、税收政策和财政货币政策以及制定统一的安全政策和加大国防合作等问题签署了大量的双边协议。

1997 年 4 月 2 日，卢卡申科与叶利钦签署俄白联盟条约。根据卢卡申科的建议，两国由共同体改为联盟。1998 年 12 月 25 日，在俄白共同体条约和联盟条约的基础上，两国签署了《关于建立俄罗斯和白俄罗斯联盟国家宣言》。该文件规定，两国一体化的最终目标是建立俄白联盟国家。1999 年 12 月 8 日，卢卡申科总统和叶利钦总统在莫斯科签署《关于成立俄白联盟国家的条约》及《关于实施条约的行动计划》。2000 年 1 月 26 日，卢卡申科总统与普京（当时是俄罗斯代总统）在莫斯科交换条约批准书，条约正式生效。双方确定，两国在保留各自主权的同时，逐步建立统一的联盟国家。

俄白联盟有利于两国关系的发展，但俄白关系并非无懈可击。自 2002 年起，由于两国领导人对俄白联盟采用什么模式、两国是否应该发行统一货币以及白俄罗斯在联盟中处于什么地位等问题分歧严重。白俄罗斯不愿意在两国关系中甘做“配角”。卢卡申科明确表示，白俄罗斯希望建立的是一个主权平等的联盟国家，因此白俄罗斯不应成为俄联邦第 90 个联邦主体。他还表示，白俄罗斯的货币（白俄罗斯卢布）不应该被俄罗斯货币（卢布）取而代之。而俄罗斯则不会以牺牲自己的经济利益为代价来换取俄白联盟国家的建立。构建联盟国家的步伐因此开始放慢，甚至到了停滞不前的地步。

近年来，俄白两国领导人对国际政治问题的分歧在增多。俄白双方在格鲁吉亚和吉尔吉斯斯坦等问题上立场不尽相同。白俄罗斯拒绝承认阿布哈兹和南奥塞梯的独立，向被赶下台的吉尔吉斯斯坦总统巴基耶夫提供庇护。两国在经济领域的利益之争也屡屡出现。普京执政后，俄罗斯对白俄罗斯实行了实用主义外交政策，在经济利益问题上对白俄罗斯不再那么“优待”。

由于白俄罗斯没有在建立联盟国家的道路上做出一些让步，普京总统就希望用“能源牌”来“教训”卢卡申科，不再为其提供廉价能源。2004 年 2 月，俄罗斯以“白俄罗斯没有履行双方在天然气领域合作的协议”为由，停止对白俄罗斯的天然气供应。白俄罗斯以往靠来自俄罗斯的廉价能源加工出口而赚取大量收入。俄罗斯提升能源价格，加大了对白俄罗斯的经济压力。对于俄罗斯的“断气”行为，卢卡申科发出了断绝与俄罗斯关系的威胁，并表达了与西方加强往来的意愿。此后，双方有关天然气、石油等能源价格的谈判经常不能达成共识。

俄白天然气纠纷实际上是两国长期以来的经济利益之争，是两国关系不顺畅在经济领域的体现。在 2010 年白俄罗斯总统大选前夕，俄罗斯再次大幅减少对白俄罗斯能源出口的优惠。与此同时，俄罗斯有媒体发表了对卢卡申科不利的文章。俄罗斯制作的一个名为“教父”的纪录片，描述卢卡申科如何压制、打击对手。这些无疑给谋求连任的卢卡申科总统带来很大的经济和政治压力。一些媒体甚至认为，此举是俄罗斯不支持卢卡申科继续连任的一种表现。

俄罗斯之所以给卢卡申科施压，其原因主要是：1. 试图扶植更加听话的新代理人。卢卡申科在俄白关系中，坚持维护本国的主权利益，使俄罗斯的战略企图无法如愿以偿。卢卡申科拒绝白俄罗斯以俄罗斯的联邦主体的身份加入俄罗斯、拒绝在白俄罗斯使用俄罗斯卢布、拒绝俄罗斯石油和天然气公司试图控制白俄罗斯能源运输和加工企业资产的战略意图。2. 美俄关系的缓和使白俄罗斯的战略地位有所下降。由于俄罗斯与西方关系的“重启”、俄罗斯与乌克兰关系的改善，白俄罗斯在俄罗斯眼中的战略地位开始下降。事实上，在俄白关系中，俄罗斯总是居于主动和主导地位。每当俄罗斯与西方关系处于低潮时，就会走俄白联盟这着棋，而一旦俄罗斯与西方关系顺畅时，俄白联盟在其外交政策中的地位则会有所下降。

由于俄白关系不时出现一些纠葛，赞成与俄罗斯建立联盟的白俄罗斯人在减少。卢卡申科总统的反对派甚至认为，卢卡申科出卖了白俄罗斯的国家利益，俄白联盟实质上就是白俄罗斯被俄罗斯吞并。卢卡申科总统本人也对俄白联盟的态度发生了很大的变化，多次宣布白俄罗斯不会并入俄罗斯，并开始重新审视其与俄罗斯和西方国家的关系。

近年来，白俄罗斯与西方国家的关系开始出现了缓和的迹象。2009 年 5 月，欧盟决定将白俄罗斯纳入“东方伙伴关系”计划之内，向其提供金融援助。欧盟希望通过“东方伙伴计划”来加强与白俄罗斯的经济往来，拓展其对白俄罗斯的政治文化影响，从而避免白俄罗斯因经济危机而对俄罗斯做出更多的主权让步。

随着白俄罗斯与西方国家关系的改善，俄罗斯对白俄罗斯的防范正在加强。如果俄罗斯进一步动用其“能源牌”，不仅白俄罗斯经济的增长势头会受到影响，而且俄白联盟的组建也将成为“空中楼阁”。

就目前态势而言，俄白两国在近期内建立联盟的可能性不大。但出于战略同盟的考虑，俄罗斯不会过分挤压白俄罗斯。发展和谐的俄白双边关系符合两国的共同利益，因为两国在政治、经济、军事等领域互补性很强，合作具有不容置疑的战略意义。

俄白关系的和谐发展对白俄罗斯的重要性是显而易见的。作为原苏联的“总装配车间”，白俄罗斯的能源和外贸严重依赖俄罗斯。一方面，白俄罗斯的大量产品销往巨大的俄罗斯市场；另一方面，俄罗斯向白俄罗斯提供了较为廉价的能源。在军事领域，面对北约东扩，白俄罗斯将俄罗斯视为自己的国家安全利益的支撑点，并希冀在俄罗斯的支持和帮助下，有效地维护本国的安全。除在经济和安全领域加强与俄罗斯合作以外，卢卡申科还将俄罗斯视为反击“民主攻势”的坚强后盾。一些俄罗斯学者认为，只有当明斯克与莫斯科产生严重分歧时，西方才有可能趁机介入。此言在一定程度上表明了俄白关系的重要性。

88. 格鲁吉亚内政外交有何特点?

张　亮

格鲁吉亚位于南高加索地区西部，北邻俄罗斯，西濒黑海，南与土耳其、亚美尼亚、阿塞拜疆接壤，格地处欧亚交界，是东西（黑海和里海）和南北（俄罗斯与土耳其）交通干线的枢纽，也是中亚地区向西欧国家输送石油和天然气的必经之地，地理位置和战略地位十分重要。高加索地区地理地貌与民族状况复杂、政治形势变化相互交织，为各种潜在的冲突埋下了隐患，加之俄罗斯与美国出于各自的地缘战略利益都十分看重格鲁吉亚的战略价值，格鲁吉亚的内政与外交政策与两国在高加索地区的博弈存在着密切的关系。

动荡的国内政局

格鲁吉亚于 1991 年 4 月 9 日正式独立，首任总统加姆萨胡尔季阿，独立后国名为“格鲁吉亚共和国”，1995 年 8 月 24 日该国通过新宪法，国名定为“格鲁吉亚”。根据格鲁吉亚官方发布的数字，截止到 2008 年 7 月，格鲁吉亚共有人口 467 万，其中格鲁吉亚族占 83.8％，其他民族主要是阿塞拜疆族 6.5％、亚美尼亚族 5.7％、俄罗斯族 1.5％。格鲁吉亚实行立法、司法、行政三权分立，总统和议会均由全民以无记名投票方式直接普选产生。议会是最高权力代表机构和最高立法机构，实行单院制，每届议会任期 4 年，共有 150 个席位。总统既是国家元首，又是政府首脑，有权解散议会和政府。格鲁吉亚实行多党制，现任执政党是萨卡什维利 2001 年 10 月创立的格鲁吉亚民族联合运动，其主要施政纲领是提倡加强与欧盟和北约的联系，重新获得对阿布哈兹和南奥塞梯的控制。在 2008

年 5 月的议会大选中该党获得了占多数的 119 个议席，牢牢把握住了议会大权，反对党联盟（自由运动、保守党、国民论坛等）只获得了 17 席，其他政党如基督教民主运动和工党各获得 6 席，格鲁吉亚共和党获得 2 席。[①]

格鲁吉亚国小势弱，自然资源贫乏，国家建立之初，面临着诸多的困难。

一、经济发展水平低下，国内政局不稳

格鲁吉亚独立之后，脱离了苏联的计划经济体系，由于短期内无法建立新的经济秩序，它陷入了严重的经济危机之中，国民收入和社会生产率大幅降低，人民生活水平明显下降，物价飞涨，通货膨胀率曾高达 2000%。[②] 谢瓦尔德纳泽当选格鲁吉亚总统后，在政策上进行了一定程度的调整，经济发展取得了一些成果，但是经济总体状况依然不容乐观，存在诸多问题，如生产能力不足、缺乏资金和技术、对外依赖严重，人民生活水平提高较慢，由于一味推行国际货币基金组织的“休克疗法”，经济几乎崩溃，沦为独联体国家中最贫困的国家之一，外债高达 20 亿美元，一半以上居民处于失业和贫困线以下，同时腐败盛行，政府打击不力，社会矛盾不断加深。社会危机的加深最终在 2003 年 11 月的议会选举中得到了爆发，虽然支持总统谢瓦尔德纳泽的政党取得了胜利，但以萨卡什维利为代表的反对派认为选举存在舞弊行为，连续举行抗议活动，最终导致了“玫瑰革命”的胜利，在 2004 年 1 月 4 日重新举行的选举中萨卡什维利当选为新一届的总统。

在萨卡什维利执政之后，格鲁吉亚虽然在经济上得到了西方世界的援助，但经济发展水平依然落后，新政府亲西方的政策受到了俄罗斯的强烈抵制，给格鲁吉亚的经济造成了极大的损害。葡萄酒是格鲁吉亚的第二大出口产业，每年产量的 70%以上出口俄罗斯，俄罗斯海关总署以不符合卫生标准为由，从 2006 年 3 月 27 日起，宣布开始禁止进口格葡萄酒和矿泉水，仅此一项就给格鲁吉亚带来上亿美元的损失；俄罗斯还以维修北高加索上拉尔斯过境站为由，无限期关闭了其通往格鲁吉亚的唯一陆上口岸，使格农产品无法出口俄罗斯。2008 年俄格冲突后，格鲁吉亚宣布退出独联体，俄罗斯进一步加大了对其经济制裁力度。俄罗斯在国内对格鲁吉亚劳工的使用加以限制，80 万格鲁吉亚侨民受到影响，据统

---

① http：//baike. baidu. com/view/2665. htm.

② 格鲁吉亚概况 http：//www. allzg. com/n53023c669. aspp。

计每年从俄罗斯汇入格鲁吉亚的外汇约为12.52亿美元，相当于国内生产总值的29%，远远高于国外的援助，此外，俄罗斯还将出口格的天然气价格从过去每千立方米63美元提高到110美元，这对于依赖俄罗斯能源供应的格鲁吉亚无疑是沉重的打击。俄格战争结束后，格鲁吉亚国内民众对于现任总统萨卡什维利的内外政策不满情绪大为增加，国内政治反对派势力也不断强大，凝聚力在增强，反对派阵营领导人政治资本雄厚，反对派的民意支持在提高。反对派针对腐败、民生等问题发动猛烈抨击，一些反对党派常常联合起来，2006年1月，格非政府组织协会向欧洲议会发出公开信，认为格“正形成一党独裁的权威管理体系”；①2009年4月9日，格鲁吉亚14个反对派政党联合发起声势浩大的反政府抗议集会，在数万名参与者的支持下，反对派向总统发出“最后通牒”，要求其在24小时内辞职；2009年5月5日，格鲁吉亚发生近400名军人反总统哗变事件，由于萨卡什维利采取了强硬的手段，很快被平息下去。格鲁吉亚国内反对派不断举行抗议和游行示威活动，要求萨卡什维利为俄格战争的失败承担责任，强烈要求其辞职，面对反对派的强硬立场，萨卡什维利一面回应说仍将履行总统一职至2013年任期届满，一面呼吁反对派通过对话寻找化解危机的出路。同时，他还降低姿态，承认国家存在严重的贫困问题，在目前的形势下，萨卡什维利将艰难地维持国家的政局。

二、分离主义倾向严重

在格鲁吉亚，分离主义传统由来已久，早在20世纪五六十年代，格鲁吉亚的各种民族分离主义运动便露出萌芽，1957年和1967年，阿布哈兹知识界代表两度上书莫斯科，要求把阿布哈兹自治共和国划归俄罗斯管辖，南奥塞梯也表达了要与俄罗斯联邦所属的北奥塞梯合并的愿望，1979年，阿布哈兹爆发了要求脱离格鲁吉亚的示威活动。② 苏联解体后，格鲁吉亚境内的分离运动更加严重，主要表现为阿布哈兹、南奥塞梯和阿扎尔问题。

阿布哈兹是格鲁吉亚的自治共和国，1990年8月，阿布哈兹发表主权宣言，宣布退出格鲁吉亚，1992年8月，格鲁吉亚军队进入阿布哈兹，双方战事频发。

---

① Н. Мухин, Коалиция НПО Грузии заявляет об угрозе демократии в стране, РИА—Новость, 24.01.2006. http://www.rbcua/rus/newsline/2006/10/26/137174.shtml.

② 苏畅主编：《格鲁吉亚》，社会科学文献出版社2005年版，第67页。

在俄罗斯出面斡旋调停下，1994 年 5 月 14 日在莫斯科双方正式签署停火和隔离双方武装力量的协议，3000 多名俄军以独联体维和部队的名义进驻冲突地区。1997 年 4 月，格鲁吉亚和阿布哈兹签署了《格鲁吉亚和阿布哈兹双方会晤声明》，就和平解决相互间争端问题达成一致。但此后，双方分歧未得到根本的解决，谢瓦尔德纳泽表示，愿意给阿布哈兹最大限度的自治，但阿布哈兹坚持要建立独立国家，并拒绝了联合国的相关提议。随着俄罗斯越来越多地参与阿布哈兹问题的讨论以及驻军的常态化，阿布哈兹问题一直悬而未决。

南奥塞梯是格鲁吉亚的一个自治州，与俄罗斯的北奥塞梯共和国接壤。奥塞梯于 1774 年并入俄国版图，1917 年俄国革命之后，奥塞梯一分为二，北奥塞梯划入俄罗斯，南奥塞梯划归格鲁吉亚，苏联时期，南奥塞梯是格鲁吉亚境内的自治州。1990 年 9 月，格鲁吉亚退出苏联后，南奥塞梯于 9 月 20 日全民公决通过独立宣言，宣布退出格鲁吉亚。1992 年 1 月，南奥塞梯通过全民公决宣布独立，声称要与俄罗斯的北奥塞梯共和国合并，并与格鲁吉亚政府公开发生了冲突。1992 年 6 月，俄罗斯、格鲁吉亚和南、北奥塞梯四方达成了停火协议。7 月，俄罗斯、格鲁吉亚、南奥塞梯三方联合组成的维和部队在南奥塞梯和格鲁吉亚边界建立了安全走廊，事实上造成了南奥塞梯脱离了格中央政府的控制。期间俄罗斯政府并未承认南奥塞梯的独立，也没有支持它同北奥塞梯合并，两国三方的状况就一直保持到俄格冲突前。

阿扎尔是格鲁吉亚两个自治共和国之一，位于格鲁吉亚西部，格最重要的港口——巴统就位于该共和国境内。阿扎尔共和国与俄罗斯关系密切，与俄罗斯之间有简化签证制度的协议，俄罗斯在阿扎尔驻有军事基地。2003 年格鲁吉亚发生政治风波之际，阿扎尔自治共和国领导人阿巴希泽宣布实施紧急状态，阻止民众参加格总统大选，并多次出访俄罗斯寻求独立的政治支持。在 2004 年格鲁吉亚总统大选结束后，阿扎尔地方政府与格中央政府的矛盾更加突出，在俄罗斯等国家的调解下，阿巴希泽在 2004 年 5 月 6 日宣布辞职，萨卡什维利对阿扎尔实行总统直接管制，阿扎尔的独立倾向才得到彻底解决。2007 年 11 月 8 日，在格鲁吉亚政府的压力之下，俄罗斯撤出了在巴统的军事基地，这意味着俄罗斯的势力得到进一步的遏制。

在 2008 年 8 月份的俄格冲突之后，俄罗斯宣布承认了阿布哈兹和南奥塞梯的独立地位，这标志着格鲁吉亚的分离独立问题更加严重化了，在与俄罗斯为敌的态势下，格的国家主权与领土完整受到了挑战，格鲁吉亚要实现国家领土统一的意图难以实现，萨卡什维利政府的内外政策也受到了民众的质疑，反对派的力量也在不断扩大，要求萨卡什维利下台的呼声不断涌现，但是在格鲁吉亚当局的强力控制和美欧外部势力的支持下，尽管政府当局受到了一定程度的冲击，社会局面还是保持了相对的稳定，但是短期内国内的分离主义的问题难以得到有效解决。

从平衡外交转向亲西方外交

在加姆萨胡尔季阿执政时期，格鲁吉亚实行闭关锁国的政策，几乎不与任何国家打交道，在国际社会中处于孤立地位。谢瓦尔德纳泽执政后，全面调整对外政策，积极发展对外关系。总体上来说，格鲁吉亚的外交政策可以分为以下两个时期：

一、谢瓦尔德纳泽时期的东西方平衡外交

格鲁吉亚将与俄罗斯的关系摆在首要的位置，保持同独联体国家周边国家的良好关系，并重视发展与美国、欧盟国家的关系。格鲁吉亚有限度地参与独联体一体化的进程，并认为这一进程不应损害格本国的独立和主权完整；努力发展对欧关系，谋求参与欧洲一体化建设，积极争取经济援助，格鲁吉亚试图在欧美与俄罗斯之间寻求平衡，最大限度维护国家利益。

在对欧洲关系方面，1997年谢瓦尔德纳泽先后访问了法国、意大利、希腊等国家，签署了一系列的声明与合作协议，1999年年初，格鲁吉亚加入欧洲委员会，谢瓦尔德纳泽公开宣称融入欧洲是格鲁吉亚对外政策的优先方向之一。1999年7月1日，欧盟与格鲁吉亚签署的《伙伴关系与合作条约》正式生效，欧盟与格鲁吉亚之间的经济合作与政治合作步入机制化。2001年“9·11”事件发生后，格鲁吉亚与欧美等西方国家在经济、安全等方面的合作得到了加强，但仍旧实行全方位的平衡外交政策，谢瓦尔德纳泽在2002年的国情咨文中指出，格鲁吉亚对外政策的基本原则是，与邻国建立伙伴关系，与美国和俄罗斯这两个伙伴建立平等互利关系，格鲁吉亚应该成为美国和俄罗斯合作的舞台，而非对抗的舞台。2003年7月，欧盟在格鲁吉亚设立了南高加索特别代表处，同年11月“玫瑰革命”的胜利标志着欧洲的民主价值观在格鲁吉亚得到了认可，这为双方

的合作开辟了新的前景。此后，欧盟与格鲁吉亚的高层互访频繁，在阿布哈兹、南奥塞梯问题上，欧盟官员也多次表示支持格鲁吉亚的立场。欧盟对于格鲁吉亚的援助主要集中于支持改革计划，建立公民社会，建立法律、管理、人权、民主体制减少贫困和防止冲突方面，同时欧盟还设立了特殊财政援助项目。欧盟对格鲁吉亚最主要的援助项目是塔西斯国家行动计划，该计划 1992—2002 年度的援助金额为 8400 万欧元，2002—2003 年度为 1400 万欧元，资金主要用于支持法律和行政改革，支持私有经济发展，建立医疗卫生保障体系等。

在对美国关系方面，格鲁吉亚积极发展友好关系，希望在美国的支持下得到国际社会的经济援助，并希望美国因素能够制衡俄罗斯的势力。谢瓦尔德纳泽于 1994、1997、1999、2001 年四次访问美国，获得了美国支持格鲁吉亚独立，实行西方民主政治改革的措施，并向格鲁吉亚提供了大量的经济和军事援助，美国尤其重视格鲁吉亚在建设欧亚交通走廊和里海石油管道经格鲁吉亚运输所发挥的作用。美国向格鲁吉亚提供了大量的经济援助，据统计，1992—2003 年美国共向格鲁吉亚提供了 11 亿美元的援助，[①] 此外，美国还积极促成国际金融组织向格鲁吉亚提供贷款，截至 2000 年 3 月，格鲁吉亚从世界银行获得了 3.642 亿美元的贷款，从国际货币基金组织得到了 3.25 亿美元的贷款。[②] 美国展开在阿富汗的反恐战争后，双方的军事合作大大强化了，双方高层互访不断，格鲁吉亚加大了与美反恐合作的力度，向美国开放领土和领空，并派遣军队进入阿富汗支援美军作战；美国向格鲁吉亚提供了大量的军用物资，为其培训军事人才，2002 年，美国为格鲁吉亚培训了 2000 多人的 4 个营和 1 个连的特种部队，提供了 10 架眼镜蛇攻击直升机。[③]

在对俄罗斯关系方面，格鲁吉亚独立初期，由于国内政局动荡，需要俄罗斯的政治和军事支持为维护国家稳定，这一时期两国发展稳定。格鲁吉亚独立初期，与阿布哈兹和南奥塞梯的战争时断时续，给国家造成了严重的损失，在俄罗斯的调停下，内战基本停息，此后俄罗斯在格鲁吉亚境内设立了军事基地，有利

---

① США окажут помощь Грузии на 75 млн в 2004 году, BizTime. ru/29. 09. 2003.

② 谢・米哈伊洛夫：《格鲁吉亚同美国的关系是各有打算的婚姻》，《莫斯科新闻时报》2002 年 12 月 19 日。

③ 阿・汉巴比扬、米・霍达雷诺克：《第比利斯让美国充当保卫格鲁吉亚的盾牌》，《独立报》2002 年 4 月 10 日。

于双方合作打击分离主义势力。1994 年叶利钦访问格鲁吉亚，两国缔结了友好合作条约，1996 年谢瓦尔德纳泽访问俄罗斯，签署了《联合声明》和经贸协议，两国的关系发展较为稳定。在经贸合作方面，格鲁吉亚对俄罗斯的依赖性很强，格鲁吉亚 70%—80%的进出口货物要取道俄罗斯销往独联体各国，能源绝大部分需要俄罗斯的供应（少量由阿塞拜疆和土库曼斯坦供应），可以说俄罗斯在格鲁吉亚的经济领域占据了重要的地位。为了增强自主能力，格鲁吉亚努力寻求其他贸易伙伴，1996 年 2 月，它与阿塞拜疆签署了运送里海石油到黑海的协议，以此避开俄罗斯的西线运输线路，但是其对俄罗斯能源的依赖性还是十分严重，2003 年 7 月，格鲁吉亚与俄罗斯天然气公司签署了为期 25 年的《能源战略合作协议》，俄罗斯依旧主导了格鲁吉亚的能源供给。自 2000 年以来，俄格关系中的负面因素不断体现出来，其主要因为包括俄罗斯延迟撤出在格鲁吉亚的军事基地，不满格鲁吉亚与美国加强军事合作，以及格鲁吉亚认为国内自治地区的分离倾向得到了俄罗斯的支持。随着格鲁吉亚与欧美关系的不断加强，希望借助欧美的力量平衡俄罗斯的影响力，用国际维和部队取代俄罗斯维和部队，俄罗斯对此坚决抵制，双方在俄撤军问题上一度僵持，在高层的多次沟通之后才最终达成共识，此时的俄格关系相比与欧美关系而言，开始出现了向两极分化的趋势。

二、萨卡什维利时期逐渐转向亲西方的外交

2004 年 1 月 4 日，萨卡什维利当选为格鲁吉亚总统，上任初期，萨卡什维利基本延续其前任的平衡外交政策，与俄美等大国保持良好的关系，认为美国是制衡俄罗斯的重要保障，美国在高加索地区的影响力将不断增强，格美关系将不断加深，俄格关系紧随其后。同年 2 月和 7 月，萨卡什维利两次访问俄罗斯，与总统普京举行了会谈，对俄罗斯在高加索地区的重要性给予了充分肯定，并允诺创造良好的投资环境以吸引俄罗斯的投资，双方在加强边界地区合作和签证问题上达成了诸多成果。美国对格鲁吉亚的总统大选给予了充分肯定，认为这是格鲁吉亚迈向民主的重要一步，国务卿鲍威尔出席格总统就职仪式时表示希望密切与格鲁吉亚的全方面合作，并向它继续提供经济和军事援助，同年 2 月和 8 月，萨卡什维利两次访问了美国，争取到了 1.66 亿美元的经济援助和 2.6 亿美元的军事援助。2004 年 4 月，萨卡什维利访问了布鲁塞尔，进一步加强了与欧盟和北约的联系。2006 年美进一步加大对格军援力度，批准向格提供总额为 3 亿美元、为期5年的援助计划。[①] 是年11月，美参议院批准了支持乌克兰、格鲁吉亚、阿尔巴尼亚、克罗地亚和马其顿尽快加入北约的《2006年北约自由统一法案》，允许美国向上述五国提供必要的援助，以使它们的武装力量达到北约标准水平。为此，美共拨款1980万美元协助除乌外的上述四国加强安全，其中大部分资金1000万美元提供给了格，格加入北约的进程也由此正式进入“加紧对话”阶段。[②]

虽然萨卡什维利在上任初期总体上保持了与俄罗斯的伙伴关系，但这并不能掩盖格鲁吉亚与俄罗斯越来越严重的问题，融入欧洲是格鲁吉亚历届领导人的共同愿望。格鲁吉亚出台的《21世纪国家发展战略》中明确提出，国家的发展目标是加入欧盟和北约，削弱与俄罗斯形成的政治、经济和人文联系。[③] 格鲁吉亚的国家战略目标与美国削弱俄罗斯力量的目标相吻合，即打破俄罗斯对里海中亚地区油气资源外运的垄断，阻止俄罗斯与伊朗在里海和黑海能源问题上的结盟，保证该地区国家的独立性，最终防止俄罗斯在该地区实力的复兴。而此时萨卡什维利与俄罗斯就解决阿布哈兹和南奥塞梯问题上的努力不断受到挫折，“潘基西峡谷”问题日益严重，双方的矛盾不断升级，格鲁吉亚转变了政策，希望通过北约向俄罗斯施加压力，格鲁吉亚的政策符合北约扩大在高加索地区布局的意图，北约积极促使格鲁吉亚对俄采取强硬立场。2005年3月，格鲁吉亚议会通过了《关于俄罗斯驻格鲁吉亚军事基地的协议》，限期让俄罗斯撤出军事基地，针对此项决议，俄罗斯强力回应威胁采取中断电力和燃气供应的方法进行报复，此后通过多次谈判，双方最终于2006年3月签署了协议，就俄罗斯撤军时间表达成一致。2006年4月，格鲁吉亚与北约以“26＋1”的形式在布鲁塞尔举行会谈，讨论继续深化合作，提高合作水平。通过深化与北约的合作，格鲁吉亚向俄罗斯施加压力，力促加快俄罗斯从格鲁吉亚撤出军事基地，2007年6月27日和11月8日，俄罗斯完全撤出了在阿哈尔卡拉和巴统的军事基地；此外，格鲁吉亚将北约

---

① 李学军：《格鲁吉亚“亲美抗俄”隐患重重》，新华社2006年7月7日，http：//news.sina.com.cn/w/2006－07－08/05519404555s.shtml。

② Владимир Соловьев, Запад у ворот — Россия и США ведут борьбу за Грузию. Коммерсантъ. 0210. 2006.

③ 顾志红：《普京安邦之道：俄罗斯近邻外交》，中国社会科学出版社2006年版，第424页。

引入阿布哈兹和南奥塞梯问题，增加与俄罗斯谈判的砝码。由此带来的矛盾不断侵蚀着双方的合作基础，2006 年 5 月格鲁吉亚与乌克兰、阿塞拜疆、摩尔多瓦四国在基辅成立“民主和经济发展组织”，进一步摆脱独联体的影响。加之此时的俄罗斯正对北约东扩，对北约蚕食俄罗斯势力表示强烈不满，对北约在高加索的举动更加警惕。在对阿布哈兹和南奥塞梯的问题上，俄罗斯的立场更加强硬，与格鲁吉亚的矛盾难以调和，并最终导致了萨卡什维利采取了全面转向西方的外交政策，其政策全面转向的标志性事件就是 2008 年 8 月爆发的俄格冲突。

2008 年 8 月 8 日，格鲁吉亚率先向其境内南奥塞梯首府茨欣瓦利的俄罗斯维和部队发动进攻，其军队攻入茨欣瓦利，并同时造成了当地俄军和大量平民伤亡。8 月 9 日，萨卡什维利总统宣布进入战争状态，俄罗斯随后展开了大规模的反击作战，俄军军事行动于 8 月 12 日结束。8 月 12 日，在欧盟轮值国主席法国总统萨科齐的调停下，格俄达成关于停火的六点协议。8 月 26 日，俄罗斯总统梅德韦杰夫正式宣布承认南奥塞梯和阿布哈兹两国作为主权国家独立，同时美国以“向格鲁吉亚运送人道主义救援物资”为由派遣军舰停靠在格鲁吉亚的黑海港口，俄罗斯则相应派出包括黑海舰队多艘舰船与美军隔海对峙，局势再度复杂化。9 月 8 日后，法国总统萨科齐、欧盟委员会主席巴罗佐、负责欧盟外交与安全事务的高级代表索拉纳，先后前往莫斯科和第比利斯，最后在莫斯科达成了一个六点条款的补充协议，在欧盟的担保之下，俄罗斯和格鲁吉亚之间的冲突形势暂时告一段落。

影响格鲁吉亚未来发展的外部因素

一、俄罗斯因素

外高加索地区对于俄罗斯具有重要的战略意义，主要体现在两个方面：一是维护南部地区的安全与稳定，苏联解体后，俄罗斯南部地区的安全形势极为严峻，车臣地区的分离主义和恐怖主义活动严重威胁到俄罗斯的领土完整和国家安全，车臣共和国与外高加索地区接壤，与外高加索三国保持良好的关系，是俄罗斯维护南部地区安全的重要保障。在俄罗斯与外高加索三国全长约 80 公里的边境线上，俄罗斯设置了近30个哨卡，[①] 在此地区部署了欧洲规模最大的军事集群（大约有30万人），约占俄罗斯总兵力（不包括内卫部队和边防军）的三分之一，俄罗斯5个内务部师中有4个驻扎在俄罗斯南部。[②] 此外，俄罗斯长期驻军格鲁吉亚的阿布哈兹，使得俄黑海舰队有效地实现了对该地区的威慑，也有利于俄罗斯清剿车臣武装分子，打击毒品和武器走私。

另一方面，俄罗斯在外高加索地区重要使命就是保证南方陆路和海路的畅通，在本地区形成相对有利的地缘政治格局。为了经营好外高加索地区，早在1996年6月，俄罗斯、格鲁吉亚、阿塞拜疆、亚美尼亚就通过了《争取高加索的民族和解、经济和文化合作》的联合文件，俄罗斯希望通过沟通协商的形式保持与高加索国家的合作，避免被边缘化，2001年1月和6月两次的高加索四国首脑会晤中，再次确认了这种地区合作的机制。但是，由于俄罗斯自身的原因，俄罗斯并未充分利用这一有利条件，与外高加索三国的关系发展缓慢，在外高加索三国之中，只有亚美尼亚是俄罗斯的盟国，而亚美尼亚与阿塞拜疆因为纳一卡争端处于敌对状态，俄罗斯对本地区解决领土争端、提供经济援助的能力有限，削弱了自身的影响力，格鲁吉亚和阿塞拜疆不得不将对外合作的重点转向了美国和欧盟，致使俄罗斯在该地区的影响力不断下降。随着里海石油引发世界的关注，外高加索的地缘经济地位也得到了提升，据统计，到2015年，里海（包括哈萨克斯坦和阿塞拜疆）每昼夜可生产400万桶原油，比科威特和伊拉克两国生产的总和还要多。[③] 美国与欧洲不断推动里海沿岸国家修建通往欧洲的油气管线，而俄罗斯则希望保持对中亚里海地区能源开采和运输的垄断地位，格鲁吉亚把持了里海地区油气管道西向的通道，自然成为大国博弈的焦点。

格鲁吉亚独立后，试图摆脱以俄罗斯为首的独联体的控制，早在1997年，就联合乌克兰、阿塞拜疆和摩尔多瓦建立了“古阿姆”集团，试图摆脱俄罗斯的影响，并进一步接受美国等西方国家的经济和军事援助。1999年，格鲁吉亚宣

---

① 科热夫·尼科夫：《关于边界“热点”地区的局势》，2002年5月7日，俄罗斯国家网站，http：//www. strana. ru。

② 阿纳多利·齐加诺克：《不朽的友谊，致命的伤害》，2005年8月26日，俄罗斯国家网站，http：//www. strana. ru。

③ 叶夫根尼·维尔特利渤：《对中亚地区形形色色的地缘政治影响》，《全球政治中的俄罗斯》2006年第1期。

布退出独联体集体安全条约，2002年格鲁吉亚正式申请加入北约。2003年萨卡什维利出任最高领导人之后，其反俄政策更趋明朗化，2006年5月格鲁吉亚与乌克兰、阿塞拜疆、摩尔多瓦四国在基辅成立“民主和经济发展组织”。此外，在军事方面，格鲁吉亚多次要求驻扎在其境内的俄军尽快撤离，并与俄罗斯在军事方面出现了许多摩擦。格鲁吉亚与俄罗斯的关系不断恶化，最终于2008年8月双方爆发了全面冲突，9月8日在欧盟的调停下，两国实现了停火。此次冲突之后，俄罗斯基本摧毁了格鲁吉亚的军事力量，使其在短期内无法在此地区对俄构成威胁，并促成了南奥塞梯和阿布哈兹的独立，在此问题上牢牢占据了优势地位。其次，进一步打击了现任政府的反俄立场，萨卡什维利政府的威信受到削弱，全面亲美的政策也受到国内的责难，其国内脆弱的经济进一步受到俄罗斯的挤压。俄罗斯通过与南奥塞梯和阿布哈兹签署友好互助条约，以法律手段巩固了其在高加索地区的军事存在，保持了对格鲁吉亚和高加索地区的战略威慑。

俄格冲突后，两国的关系在短期内难以取得突破，未来格鲁吉亚要实现国家的统一将会面临非常困难的局面，俄罗斯对格鲁吉亚全方位的封锁将会导致其面临更加险恶的外部环境。俄罗斯对格鲁吉亚的战争是对美国和北约在外高加索地区扩展势力的警告，美国传统基金会的著名俄罗斯专家阿里尔·科恩分析道：“俄罗斯向格鲁吉亚开战的目的是意味深长的，阻止格鲁吉亚加入北约并向乌克兰发出强硬信息，如坚持加入北约就可能导致战争或被肢解；通过对格鲁吉亚的控制来改变对高加索地区的控制，尤其是对战略能源输送管道的控制；通过在必要时使用武力来恢复前苏联地区19世纪时的那种势力范围。”① 俄罗斯再一次确立了在本地区的主导地位，彻底扭转了美攻俄守的地缘态势，作为美国与俄罗斯博弈的焦点，格鲁吉亚未来的发展将取决于两国在该地区竞争结果。

二、美国因素

作为全球唯一的超级大国，美国的全球战略决定了其地区战略，对于俄罗斯，美国认为，随着苏联的解体，俄罗斯已经蜕变为地区性国家，不可能再恢复到原苏联的超级大国地位，其对于美国的战略价值已经大为降低，根本不可能成为美国的平等盟友。尽管俄罗斯的经济实力远远不如美国，但是在军事实力方

---

① Ariel Cohen: The Russian — Georgian War: A Challenge for the U. S. and the orld. http://www.heritage.org/Research/RussiaandEurasia/wm2017.cfm.

面，俄罗斯目前仍然是除美国之外唯一在三大洋拥有战略利益，并可同时在亚太和欧洲两个战略方向上与美国争夺国际事务主导权的大国，特别是其广袤的领土、丰富的资源、强大的军事实力以及科技潜力都使俄罗斯具有重新崛起为一个超级大国的“雄厚基础”，而“美国是否能阻止一个占主导地位和敌对的欧亚大陆大国的出现，对美国在全球发挥首要作用的能力依然是极为重要的”。[①] 所以，在俄罗斯的力量还没有恢复之前，美国就一直采取持续不断的挤压与遏制战略，通过“北约”东扩从地缘上挤压俄罗斯的生存空间，在格鲁吉亚、乌克兰和吉尔吉斯斯坦等国策动“颜色革命”，在政治上孤立俄罗斯的战略空间，以及试图在波兰和捷克部署导弹防御系统削弱了俄罗斯的安全空间，力图使俄罗斯完全屈从于美国的战略控制，使其彻底隔绝于欧洲大陆之外，在各方面都要依附于美欧，最终将其完全纳入以美国为主导的世界秩序之中。

在高加索地区，美国选定了格鲁吉亚，把格鲁吉亚作为从南方削弱、排挤俄罗斯战略空间的支点，“实际上，布什政府以及美国国会两党一贯支持萨卡什维利的反俄倾向。显然，华盛顿是选择了格鲁吉亚作为自己在该地区的主要附庸国。美国为格鲁吉亚军队提供装备，派遣军事专家，让萨卡什维利对俄采取更为强硬立场……美国对萨卡什维利不惜一切的支持给莫斯科造成一种印象，即华盛顿正在执行一种破坏和削弱俄罗斯在该地区影响的政策”。[②] 美国与格鲁吉亚关系不断升温，并在格鲁吉亚建立了军事基地，以此来强化在高加索和中亚地区的影响力。近年来，俄罗斯与格鲁吉亚在有关阿布哈兹自治共和国和南奥塞梯自治州问题上的分歧的加剧，实质上反映了幕后美俄两国之间的较量。在科索沃单方面宣布独立后，西方多个国家纷纷予以承认，俄美从各自的战略利益考虑采取截然不同的立场：美国予以承认，而俄罗斯则坚决抵制；在乌克兰与格鲁吉亚加入北约的问题上，美国和俄罗斯的态度也是针锋相对。按照北约的入盟条件，由于具有领土纷争的国家不可以加入北约，美国先将格鲁吉亚纳入了北约“成员国行动计划”，并宣称此举有利于缓和地区关系，从而促进南奥塞梯和阿布哈兹问题的解决；俄罗斯对此坚决反对，认为此举只会进一步加剧双边对立局势，使本已

---

① （美国）布热津斯基：《大棋局——美国的首要地位及其地缘战略》，上海人民出版社1998 年版。

② Дмитрий Саймс. Теряя Россию. Россия в глобальной политике, №6, Ноябрь — Декабрь 2007.

稳定的局面受到威胁。

另一方面，控制全球的油气资源，一直是美国全球战略的重要组成部分，中亚和里海地区被誉为第二个波斯湾，为打破俄罗斯对这一地区的垄断地位，美国不惜挑起了里海油气管线争端，直接冲击俄罗斯在本地区的战略利益。格鲁吉亚扼守着中亚—里海地区通往黑海和欧洲的咽喉，多条油气管道通过格鲁吉亚领土，其中最著名的就是西方国家建成的 BTC 石油管道，以及正在筹建的纳布科管道，布热津斯基则认为“独立的格鲁吉亚对全球石油运输有至关重要的意义”[①]，所以美国才对格鲁吉亚如此的看重。

在美国的扶持下，格鲁吉亚对于俄罗斯的态度趋于强硬，在与俄罗斯就领土问题无法取得进展的情况下，萨卡什维利希望通过战争的方式实现国家的统一，但却遭遇了失败。而美国此时正忙于国内大选，其军事力量也主要用于伊拉克和阿富汗战场，无法向格鲁吉亚提供足够的支持。美国著名俄罗斯问题专家、哈佛大学戴维斯俄罗斯与欧亚研究中心副主任马歇尔·戈德曼在接受俄罗斯《独立报》采访时表示：“美国没有太多惩罚和挤压俄罗斯的手段，原因是美国在伊拉克和阿富汗泥足深陷。”[②] 冲突爆发后，美国也只是派遣了海岸警卫队的巡逻舰到达黑海领域，象征性地支持格鲁吉亚，在外交层面，美国也没有组织起统一的牵制俄罗斯的舆论，这突出反映了美国在此地区所处的被动局面。美国有评论指出，“俄罗斯人没有将眼下的冲突解读为弱小落后的格鲁吉亚军队被击败，而是解读为对支持格鲁吉亚总统萨卡什维利并训练格军的美国的一次打击”。[③] 美国在格鲁吉亚遭受了严重的挫折，军事上的失败使得萨卡什维利政府的亲美政策受到国内民众的普遍怀疑，美国不得不投入更多的力量来帮助当局稳定局面。但是，美国对外高加索地区的政策并未改变，其与格鲁吉亚的关系依然在加强，并承诺帮格重建军事力量，提供更多的经济援助，萨卡什维利在稳定国内局势之后，其亲美的对外政策也并未改变，在收回阿布哈兹和南奥塞梯无望的背景下，保持与美国与北约的合作，是格鲁吉亚未来发展的必然要求。

鉴于格鲁吉亚所处的地缘政治环境及独特的战略价值，未来俄罗斯与美国在

---

① （美国）布热津斯基：《迫使俄罗斯人屈服》，《时代周刊》2008 年 8 月 25 日。

② 见《独立报》2008 年 9 月 1 日文章：《回到 20 世纪，但不是冷战》。

③ 梅甘·斯塔克：《俄罗斯将格鲁吉亚冲突的结果视为自身统治地位的佐证》，（美）洛杉矶时报网站，2008 年 8 月 25 日。

格鲁吉亚和外高加索地区的博弈将更为激烈，美国要遏制俄罗斯重新崛起、争夺里海能源的政策目标并未发生改变，在对格鲁吉亚主导权的控制上，美国占据了优势，俄罗斯则处于不利的地位。当前，在全球经济陷入新一轮危机的形势下，美俄也在缓和双边关系，将精力集中于国内的经济建设方面，格鲁吉亚问题逐渐淡出国际关注的焦点，然而俄美在格鲁吉亚争夺主导权的问题上仍将继续对立，格鲁吉亚未来的发展也取决于两国博弈的结果。

89. 乌兹别克斯坦的外交政策缘何多变?

赵会荣

乌兹别克斯坦是中亚非常有特色的国家，其最大的特色表现在，独立 20 年来，它的外交政策变化无常，难以捉摸。它以“自由人”的身份活跃在中亚地缘政治版图上，对于中亚地区乃至欧亚大陆的稳定与发展起着特殊的“砝码”作用。乌兹别克斯坦的外交政策缘何多变？本文通过分析影响外交政策的因素来寻找问题的答案。

外交政策变化无常

乌兹别克斯坦没有外交战略构想，对外政策总是随行就市，根据现实利益需要左右逢迎，摇摆不定。乌偏好双边外交，对于多边合作持谨慎怀疑态度。它的外交路线图表现为无数条跳跃的双边外交曲线的自然集合。这些曲线代表着乌兹别克斯坦与其他国家的双边关系。无论是在中亚地区层面，还是全球层面，这些曲线的跳跃性都较大。曲线之间有的相互联系，有的则毫不相关。

在地区层面上，它与中亚邻国的关系不畅，与个别国家关系紧张。它对于中亚地区一体化、独联体一体化以及上海合作组织都存在很多顾虑和疑问。它一方面希望在这些国际和地区合作机制中发挥重要甚至领导性作用，对于所参加组织的发展提出很多富有建设性的倡议，另一方面却不积极签署和履行所参与机制框架下的合作文件。

在全球层面，它重视发展与大国之间的关系，但却总是在俄罗斯和美国之间摇摆不定。20 世纪 90 年代上半期，它倾向于维持和加强与俄罗斯的经济联系。

由于不满俄罗斯在独联体及双边关系中的强势地位，90 年代下半期开始与西方接触，特别是“9·11”事件后与美国的关系密切。2002 年乌兹别克斯坦与美国建立战略伙伴关系。2003 年西方开始在独联体地区搞“颜色革命”，乌兹别克斯坦不得不对西方保持警惕，驱逐了国内一些具有西方背景的非政府组织。2005 年西方因“安集延事件”逼卡里莫夫就范，导致双方关系破裂，乌兹别克斯坦回到俄罗斯怀抱。2006 年双方建立联盟关系。近几年由于西方改变对乌兹别克斯坦策略，以及与西方关系恶化造成的经济损失没有在俄罗斯等非西方国家那里得到相应补偿，乌兹别克斯坦开始努力与西方缓和关系，外交方向出现“回摆”。

外交政策的特点

第一个特点是地区外交中的随机性。乌兹别克斯坦与周边邻国的关系并非一帆风顺。乌兹别克斯坦与哈萨克斯坦都争当中亚地区领袖，双边关系总是“磕磕绊绊”。乌兹别克斯坦与吉尔吉斯斯坦的关系在经历了 1999 年的极度紧张后，又因签署双边安全合作协定有所恢复。2000 年乌兹别克斯坦同吉尔吉斯斯坦、塔吉克斯坦合作对于地区伊斯兰极端势力的活动作出一致的反应。2010 年吉尔吉斯斯坦发生民族冲突，给乌吉关系蒙上了阴影。近几年，乌兹别克斯坦与塔吉克斯坦的关系因水资源等问题而变得紧张。

乌兹别克斯坦积极倡导中亚地区一体化和独联体一体化，曾参加很多地区性国际组织，如独联体、独联体集体安全条约组织（前身是独联体集体安全条约机制）、“古阿姆”、北约、中亚合作组织、欧亚经济共同体、上海合作组织等。然而，乌兹别克斯坦对于这些组织的态度经常变化，体现出随机性。

乌兹别克斯坦对于阿富汗塔利班政权在不同时期采取不同的态度，因为阿富汗问题与周边国家的关系也不一样。

第二个特点是通过改变外交方向来获取外交利益，而不是执行稳定的外交政策。在国际关系中小国的外交有多种方案：可以选择自主，强调外交的独立性，但执行起来非常困难；也可以与大国结盟，以搭车的策略发展，如日本与美国；也可以采取平衡的政策，与诸国皆交朋友，如哈萨克斯坦。乌兹别克斯坦的摇摆外交使它在整个后苏联地区成为个性独特的国家，既不属于亲俄阵营，也不属于亲西方阵营。它与俄、美两国的关系均经历了大起大落，尽管它的初衷是开展平衡的全方位外交。乌兹别克斯坦是中亚国家中第一个与俄罗斯签署联盟条约的国家，也是“9·11”事件后中亚国家中第一个宣布向美国开放领空和租借军事基地的国家。乌兹别克斯坦与某一国的关系可能在某段时期接近盟友，而在另一段时期则反目成仇，乌兹别克斯坦与俄罗斯、美国的关系均为如此。

第三个特点是外交的目标与实力不相称。乌兹别克斯坦在历史上拥有很多可以成为中亚地区领袖的条件，但在独立以后逐渐被哈萨克斯坦拉开了差距。乌兹别克斯坦资源出口能力有限，其对外吸引力主要在于地缘战略位置。无论经济实力，还是军事实力，乌兹别克斯坦都很难为邻国提供有力的帮助和保障，这在很大程度上削弱了它在地区的号召力。中亚地区的另一重要国家——哈萨克斯坦在经济改革和地区一体化方面有着不同的思路，近年来经济增长迅猛，全方位外交成效显著，国际影响不断提高，对乌兹别克斯坦构成一定竞争压力。除了伊朗把塔吉克斯坦和土库曼斯坦作为中亚外交重点外，其他大国和周边地区强国基本上都把哈萨克斯坦作为中亚最重要的伙伴，对于乌兹别克斯坦的关注有限。而且，乌兹别克斯坦超出实力的目标令邻国反感，其国内的人口、经济、宗教和安全形势令邻国担忧，与邻国在边界、交通、水资源、天然气贸易等方面的矛盾导致它们在相互信任方面付出一定代价。

综观独立十几年的外交，始终能感觉到乌兹别克斯坦在四处寻觅，不断试探可能给自身带来利益的方向，一旦获得友好的反馈，马上调整外交方向。如2000年7月5日，在中亚安全形势复杂的背景下，卡里莫夫总统参加“上海五国”的杜尚别会晤，试探同该组织合作或者加入该组织的可能性，结果他的愿望获得认可，2001年乌兹别克斯坦从观察员变成上海合作组织的创始成员国。乌兹别克斯坦外交称得上是“总统寻觅式外交”。外交决策的核心是总统，外交遵循的原则是国家利益，总统外交行为的指导思想是寻觅国家利益。由于个体决策模式的缺憾，总统所认可的国家利益中首当其冲的是政权利益，即维护政权的稳定和安全。

影响外交决策的因素

西方决策理论普遍认为，外交决策作为应变量，是影响外交决策的众多因素——自变量相互作用的结果。自20世纪50年代以来，决策理论不断发展，研究对象和研究范式越来越趋向多元化。然而，直到今天，外交决策研究的对象仍多局限于西方国家，对于转轨国家决策模式的研究凤毛麟角，在决策理论研究至今未获得一种公认的研究范式的情况下，勉强套用西方决策理论的研究框架研究转轨国家的外交极有可能发生“材料不失毫厘，结论谬以千里”的情况。因此，笔者综合决策理论以往取得的研究成果，认为层次分析法——国际关系学经典研究方法是研究转轨国家——乌兹别克斯坦外交决策的适用理论框架。下面将分别阐述影响乌兹别克斯坦外交决策的三个重要因素——决策者、民族国家、国际和地区体系。

一、决策者因素

决策者是影响外交决策过程的关键性因素，因为任何决策归根到底是由人作出的，决策者的心理特点、生活经历和对周围环境的认知等都会直接影响决策的结果。决策者的声誉和公众的支持是其很重要的政治资本，而他的职业名望和公众威信取决于他的执政能力和个性，他的个性将最终影响决策的风格。乌兹别克斯坦的决策体系和决策过程对于外界来说是未解的谜团。不过，可以肯定的是，总统是外交决策的核心人物，因为乌兹别克斯坦宪法规定，总统既是国家元首又是政府首脑，同时还担任国家内阁主席和国家武装力量统帅，是国家权力系统的中心。卡里莫夫总统生于撒马尔罕，是一位坚韧、果敢、谦虚而又务实的政治家，自乌兹别克斯坦独立以来一直担任总统一职。他毕业于塔什干国民经济学院，青年时期即开始从政，既有经济学家的智慧，也有政治家的敏锐。他对于国际和地区问题的很多见解都非常精辟，他提出的建议具有务实、平等的特点，他的言论既显露出他治理国家的智慧，也反映了他自信、直率的个性。他是国家各方面政策形成的动力。他的政策的三大支柱是，建立和保障国家主权；维护国内政治稳定；循序渐进地进行经济改革，避免经济和社会动荡。[①] 在卡里莫夫总统早期的主权意识中，摆脱俄罗斯的影响，同时尽可能与非独联体国家建立紧密关系是重要内容，同时强调建立和加强军队、强力部门。他积极倡导民族传统和文化，反对盲目照搬别国模式，反对建立军事和政治联盟，不愿意受制于任何势力。他把国家政治稳定作为首要的国家利益，把打击恐怖主义作为内外政策的首

① Annette Bohr，Uzbekistan：Politics and Foreign Policy，London：Royal Institute of International Affairs，1998，p. 5.

要目标。他关注阿富汗问题，认为地区安全威胁与本国安全紧密相关。他希望建立以乌兹别克斯坦为首的中亚安全体系，为此提出建立中亚无核区、中亚共同市场等重要倡议。他在打击国内反对派的问题上态度坚决，行动果断，为此遭到西方在人权和民主问题上的指责。在独联体一体化问题上，他赞同经济一体化，而在军事和安全一体化问题上则非常谨慎。在中亚地区事务和国家政治经济体制转轨等问题上，他与中亚某些邻国领导人有明显分歧，相互关系复杂。

二、民族国家因素

民族国家是影响或限制外交决策的内部环境因素，是国际体系和地区体系中的主角。民族国家层次中包含的因素很多，这里选取自然资源属性（地理、资源和人口）、经济、政治、军事、社会（民族和宗教）等因素分析乌兹别克斯坦区别于其他中亚国家的特点。

自然资源属性。乌兹别克斯坦位于中亚中心，与其他中亚四国及阿富汗相邻，无出海口，属双重内陆国家。领土面积在中亚五国中居于第三位。乌兹别克斯坦自然资源比较丰富，储藏着中亚地区 74%的天然气冷凝物、30%的石油、40%的天然气和 55%的煤。① 此外，该国还是黄金、银、铀等珍贵和稀有金属的重要产地，黄金储量居世界第四位。

截至目前，乌兹别克斯坦已开采 30%—32%的石油和天然气，已探明的煤储量超过 20 亿吨。② 该国通过苏联时期的管道体系向俄罗斯、哈萨克斯坦、吉尔吉斯斯坦以及塔吉克斯坦出口天然气，在水资源分配、海关等问题上与除俄罗斯外的上述邻国存在纠纷。乌兹别克斯坦人口基数大，增长率高，人口密度高。

经济。苏联时期，乌兹别克斯坦经济取得显著发展，在中亚国家中居于第二位。以 1990 年为例，乌兹别克斯坦国民生产总值占全苏的 4.0%，在中亚仅次于哈萨克斯坦（5.3%）。③ 独立后，乌兹别克斯坦推行渐进的经济改革政策，主张政府在改革中发挥主导作用，在货币、价格改革等问题上采取谨慎做法。近年

---

① Н. Султан Мухамедов, Инвестиционные возможности Респулики Узбекистан, выступление нанаучно — практической конференции “Узбекско — китайские отнощения: экономическое сотрудничество и развитие” 20—27декабря2005. Пекин, КНР.

② 同上。

③ （苏联）《论据与事实》周刊，1991 年第 39 期。转引自施玉宇：《土库曼斯坦》，社会科学文献出版社 2005 年版，第 88 页。

来，由于乌兹别克斯坦政府推行以进口替代型经济为主、资源出口为辅的发展战略，经济改革取得一定成绩，实现了宏观经济稳定，实现了能源和粮食自给，建立起汽车制造业，单一的经济结构有所改善，市场逐渐发育，非国有和私有经济成分大量增加，中小企业快速发展。然而，由于经济改革中存在体制性障碍、官僚腐败等问题，经济发展速度和总体实力都被哈萨克斯坦远远抛在后面。经济不景气导致就业问题严峻，居民生活水平低于哈萨克斯坦。国内大量劳动力涌向俄罗斯和哈萨克斯坦等国。

政治。同其他中亚国家一样，乌兹别克斯坦选择权威主义政体，总统的权力高度集中。乌兹别克斯坦是中亚国家中唯一在宪法中未规定弹劾总统以及总统辞职内容的国家。为了打击宗教极端主义威胁，总统把政权安全和社会稳定作为政府工作的首要任务，严格控制国家的政治生活，不允许破坏国家稳定和内外政策的政治反对派存在，行政管理对于经济的干预较多。乌兹别克斯坦对于社会生活的控制比土库曼斯坦强，对总统的个人崇拜稍稍逊色于后者。与吉尔吉斯斯坦和塔吉克斯坦不同，乌兹别克斯坦国内政治派别之间的冲突以及地区政治势力之间的对立均不明显。总统善于利用和平衡各派政治势力，政治精英紧紧围绕在总统身边，政坛不存在能够挑战总统威信的政治人物。国内获准登记五个政党均拥护总统主张。反对派分世俗和伊斯兰两类。世俗反对派主要是20世纪90年代初退出政治舞台的精英领导的政治团体，如阿布杜拉姆·布洛特领导的“统一”党，穆哈迈德·萨利赫领导的“自由”党，巴布尔·玛利科夫领导的“自由农民”党。这些反对派的总部和领导人均在国外，在国内的活动被当局严格禁止，影响很小。伊斯兰反对派主要是“伊斯兰解放党”和“乌兹别克斯坦伊斯兰运动”。两者均得到国外伊斯兰势力的支持，在国内制造多起恐怖事件，目标是推翻现政权，建立政教合一的伊斯兰哈里发国家，是当局重点打击的对象。

军事。乌兹别克斯坦重视军队建设，视其为国家独立的重要支柱，军队的数量和质量在中亚五国中均居首位。乌兹别克斯坦是独联体一体化的倡导者之一，在中亚国家中率先建立作为独联体武装力量组成部分的乌兹别克营。塔吉克斯坦内战期间，乌兹别克斯坦没有如其他中亚国家那样仅仅派陆军，而是派空军、防空军等多兵种参加独联体驻塔维和活动，协助守卫塔阿边界，显示出军力的优越。

社会（民族和宗教）。乌兹别克斯坦的主体民族——乌兹别克族约占全国人口的80%，较其他中亚国家民族单一性程度更高。乌兹别克族还不同程度居住在各邻国，包括阿富汗，凝聚力很强。与中亚地区其他民族不同的是，乌兹别克族虽然形成较晚，但是他们曾征服中亚，建立了布哈拉、希瓦和浩罕三个封建军事汗国。阿木尔·帖木儿被乌兹别克族奉为民族英雄，曾征服阿富汗、波斯、高加索、印度等周边邻国和地区，打败奥斯曼土耳其。虽然这些汗国存在的时间不长，但对于整个地区政治、经济和文化的发展有深远的影响。乌兹别克斯坦在历史上是中亚地区伊斯兰文明的中心，超过90%的居民信仰伊斯兰教，宗教对于社会生活的影响较大。乌兹别克斯坦国内各地区的宗教氛围也不一样，费尔干纳州的宗教氛围最浓厚，宗教极端主义相对活跃。由于受到农耕文化和游牧文化的双重影响，也由于独特的历史以及宗教和社会结构（农民占60%）的影响，乌兹别克族性格善良、容忍、坚韧，既拥有强烈的民族优越感、追求独立与自由的精神以及突出的贸易能力，同时也崇尚权威、重土安迁、相对保守、对主权和独立十分敏感。

三、体系因素

国际体系和地区体系作为环境因素或者一国外交的宏观历史背景是决策者进行决策的必要依据。大卫·辛格指出，“国际系统的分析层次，而且只能是这种层次，才使我们能够全面地从整体上去考察国际关系……由于避开了单从国内角度观察而带来的种种‘陷阱’，这一层次便以极易驾驭的模式出现，既避免了方法论上的烦琐，也躲开了人们在探索行为者行为的外在性时所需要的复杂的实证主义。”[①] 苏联解体导致国际体系和地区体系发生重大变化：两极体系崩溃，东欧剧变，原苏联加盟共和国纷纷独立，包括中亚在内的后苏联地区地缘政治地位获得提升；后苏联空间出现所谓的“力量真空”，美、俄等大国为争夺新的势力范围，既相互竞争又相互合作，既相互制约又相互协调，整个地区的地缘政治格局多元化，任何一种政治力量都无法在短期内取得地区控制权；后苏联地区国家承袭了苏联时期遗留的经济、文化联系，彼此在经济、安全和人文等领域存在紧密的相互依赖关系；在旧的相互依存体系被人为割裂的情况下，新独立国家之间产生领土、民族和边界等问题，地区内部国际关系复杂化；由于新独立国家在政

---

① 倪世雄、金应忠主编：《当代美国国际关系理论流派文选》，学林出版社1987年版，第111—112页。

治、经济等领域的脆弱性以及彼此之间的矛盾，地区内部问题很难靠自身力量解决，借助外部势力成为必然选择，外部势力地区战略的调整导致后苏联空间地缘政治形势变化，该地区国家出现离心倾向。中亚作为后苏联空间的一部分，一方面由于显要的地缘战略地位、丰富的资源储备而成为外部势力觊觎的对象，另一方面也由于其自身在安全等领域的脆弱性引起国际社会的关注。乌兹别克斯坦学者达利波夫指出，乌兹别克斯坦不适当地想象了古老的零和游戏式的地缘政治。它认为地缘政治三角——美国、俄罗斯和中国是永远的竞争者，它本身是地缘政治的牺牲品，而不是采取措施促进三个国家在中亚进行合作。①

外交政策多变的原因

在外交决策的过程中，各种影响外交决策的因素相互作用，共同对决策产生影响。由于决策因素的性质不同，其影响的期限也不一样。地理、历史和文化等因素变化缓慢，对外交决策的影响相对深远和持久，而内外环境以及决策者的执政能力、心理、个性等因素则变化较快，需要在动态环境中进行捕捉和分析。在不同决策模式中，各因素所发挥的作用也不一样。在一般问题决策过程中，各影响因素综合作用于政府中处理外交事务的专业部门，而在重大外交决策和危机决策时，决策者则成为影响决策的关键因素，其他因素通过被决策者认知间接对决策施加影响。决策者认知其他因素的过程实际上是对于后者客观功能进行判定和理解的过程。决策者通过对民族国家因素功能的分析可以发现国家发展具有的优势条件和所面临的问题，通过对于体系因素功能的分析可以发现国家发展面临的机遇与挑战，从而确定外交需要实现的子目标，各种子目标综合的结果便产生了终极目标。内外环境因素决定的子目标反映了国家利益诉求。而决策者在决策过程中对于自身利益的诉求表现为主观子目标，由此产生多重子目标之间的冲突。

在民族国家因素中，不与大国相邻、能源自给自足等因素被乌兹别克斯坦认为是优势因素，这使得它趋向于制定独立的外交政策。辉煌的历史文化传统，显著的经济和军事潜力，在中亚政治中的分量以及在中亚地区人口、民族和宗教方

① Farkhad Tolipov: UZBEKISTAN: GRAND STRATEGY OR STRATEGIC FAILURE CENTRAL ASIA - CAUCASUS ANALYST, Wednesday/August 24, 2005.

面的独特地位，所有这些都促使乌兹别克斯坦从独立伊始就把自身定位为地区大国，把促进地区安全作为自身的外交使命，提出了建立“中亚无核区”、共同解决阿富汗问题等很多重要倡议。乌兹别克斯坦官方文件以及学者多次撰文指出，对外政策的目标是为建设开放民主的社会、发达的市场经济保障良好的条件，保障中亚地区和全世界的稳定、进步与繁荣。因此，很多分析者都把乌兹别克斯坦外交的终极目标概括为成为中亚地区领袖。① 同时，民族国家因素中还存在一些相对劣势因素，暴露出国内存在的问题，成为外交的子目标。下面我们通过图表表现民族国家决策因素与外交目标的关系。

在国际体系和地区体系变化的过程中，乌兹别克斯坦获得重要历史机遇从而成为国际社会独立主体，开始以主权国家的身份开展独立外交。20 世纪 90 年代以来，中亚地区地缘政治地位的提升促使大国及周边强国在该地区展开激烈博弈，这使包括乌兹别克斯坦在内的中亚国家的发展面临多重机遇和挑战：一方面，大国提供的政治支持是中亚国家融入国际社会的重要条件，大国提供的经济和安全援助是其发展的重要保障，一些地区和国内问题需要依靠外部力量解决，中亚国家可以巧妙利用内外因素，借外部势力压制国内反对派，借国内压力应对外部问题，从而达到维护政治稳定的目的。另一方面，一些大国对中亚地区事务以及乌兹别克斯坦内政的干涉可能造成地区和乌兹别克斯坦国内政治和社会不稳定，它们在经济和安全领域的渗透不可避免地损害到乌兹别克斯坦国家经济独立和安全。乌兹别克斯坦面临着既需要依靠外部力量又要避免被其主宰的两难选择。由于中亚地区存在恐怖主义、宗教极端主义、毒品走私等安全威胁以及边界、资源分配和政治竞争等问题，而乌兹别克斯坦与俄罗斯等独联体国家有着特殊的历史传统联系，因此与各国一道共同维护中亚地区安全与稳定，同时避免使该地区和本国成为其他力量的势力范围，成为乌兹别克斯坦外交的子目标。

---

① И. Гребенщиков, Кыргызстан — самая уязвимая фигура в Центральной азиатской шахматной партии. Инфоцентр, Бишкек, 04. 12. 2000. А. Чеботарев, Завтра была война. — XXIвек (Казахстан), 10. 11. 2000. М. Лаумулин, По закону маятника. //Континент, №11 (138) . Алма—Ата. 1～14июня2005.

乌兹别克斯坦民族国家决策因素与外交目标的关系一览表

决策因素	国内问题	外交子目标	终极目标
地理	封闭、对外交通不便	与邻国、大国及国际组织开展交通合作，开拓多元出海通道	为建设开放民主的社会、发达的社会市场经济保障良好的条件，保障中亚地区和全世界的稳定、进步与繁荣（成为地区领袖）
资源	资源开发缺乏资金和技术，水资源紧张，能源出口渠道相对单一	加强对外经济合作，引进外资和先进技术，与邻国协商建立合理的水资源分配机制，通过国际合作拓展多元能源出口通道	
人口	土地紧张、就业问题、居民生活水平较低	劳务合作，通过教育合作提高人口素质，通过经济合作增加就业机会	
经济	经济增长乏力，经济结构不合理，资本不足，生产能力有限，贸易结构不合理	依靠大国和国际组织的帮助进行经济体制改革，引进资金、技术和先进管理经验，提高生产能力，改变以原料出口为主的局面	
政治	反对派对于政权施加压力	与大国和国际组织加强政治对话，反对外部势力对内政的干涉	
军事	军队防务能力有待提高	加强军事交流与合作，提高国防能力，获得大国和国际组织的安全保障	
宗教	宗教极端主义和恐怖主义的威胁	加强国际合作，解决阿富汗问题，共同打击恐怖主义、宗教极端主义和毒品走私等跨国犯罪活动，建立地区安全保障机制	
民族	主体民族与其他民族之间的矛盾，分立主义，跨界民族，地方主义和部族矛盾	在移民、双重国籍问题上与其他国家协商解决，维护国外乌兹别克族权益，防止外部势力插手国内政治斗争	

乌兹别克斯坦宪法规定，总统拥有极其广泛的重要权限，这决定了总统本人作为决策者在决策机制中的关键作用，由此很多分析家都把乌兹别克斯坦外交政策的调整归于总统个人意向的调整。虽然，这种看法由于众所周知的原因缺乏足够的事实依据支撑，但从乌兹别克斯坦崇尚的阿木尔·帖木儿时代的权威主义外交传统看，却不无道理。乌兹别克斯坦的外交决策带有鲜明的总统个人色彩，即外交决策快速、高效、自信、果断和强硬，不屈从任何势力。与群体决策模式和组织决策模式相比，个体决策的特点是高效、快速，同时也缺乏民主性、规范性和科学性。从决策者的立场出发，政权安全是决策的根本，也是决策者自身最大的利益，作为主观子目标在外交决策时可能被置于其他子目标之上，直接影响到外交决策的结果。在缺乏缜密的外交目标结构的情况下，个体决策模式受主观经验影响较多，可能导致外交行为呈现出寻觅式、反应式和跳跃式的特点，甚至是无连续性、无逻辑和无规律。

贯穿乌兹别克斯坦外交始终的只有一个永恒的原则——维护乌兹别克斯坦所认同的国家利益。这种国家利益往往与国内问题紧密联系，也受到总统个人主观判断的影响。乌兹别克斯坦的外交是在一定的时间和一定的情况下为了某种具体的需求而作出的决策，这种决策的生命力不一定很长，因为乌兹别克斯坦国内的形势和需要解决的问题在不断变化，而乌兹别克斯坦外部的国际环境和大国政策也在不断地变化。因此可以说，乌兹别克斯坦的外交是内政的延续。决定乌兹别克斯坦外交表现的主要因素是乌兹别克斯坦的内部因素。

虽然乌兹别克斯坦独立以来在外交领域取得了显著的成绩，建立了独立的符合国家利益的外交机构体系，但是外交人才不足、外交实践少不利于其在短期内制定对于外交工作具有长期指导意义的外交构想，独立至今乌兹别克斯坦仍未形成围绕终极目标——成为地区领袖的完备而成熟的目标结构。尽管民族国家因素和体系因素所决定的外交子目标是清晰的，但在乌兹别克斯坦官方外交文件中对于这些子目标以及它们彼此之间的关系和优先顺序并没有具体说明，长期以来外交部所遵循的纲领主要是独立初期制定的外交基本原则。子目标的纷乱无序给外交决策造成困难，加之主观子目标的影响，易导致决策结果与终极目标脱轨。

90. 乌克兰的“橙色革命”是怎么回事?

何　卫

“橙色革命”是指2004年乌克兰总统大选诱发的民众抗议和政党纷争导致的政治危机。由于这一危机的主角之一、“我们的乌克兰”联盟候选人维克多·尤先科及其支持者在政治造势中使用橙色的旗帜或身穿橙色服装，国际媒体就将这一危机称作“橙色革命”或“颜色革命”。

“橙色革命”是2003年11月在格鲁吉亚爆发的“玫瑰革命”的翻版，也是此后被国际媒体称作“颜色革命”的组成部分之一。但乌克兰“橙色革命”的国际影响最大。

“橙色革命”的由来

2004年10月31日，乌克兰举行独立以来的第四次总统选举，共有24位候选人参加角逐。首轮选举在平静中结束。11月10日，中央选举委员会公布总统选举首轮计票结果：前总理尤先科得票率最高，为39.87%。时任总理亚努科维奇得票率位居第二，为39.32%。由于所有候选人在首轮投票中均未达到法定的50%以上的选票，排名居前的尤先科和亚努科维奇进入第二轮一决高下。

11月21日，第二轮投票如期进行，竞争者就是尤先科和亚努科维奇。当天的“出口民调”(即投票后在投票站出口处进行民意调查)显示，尤先科在选举中领先，其支持率达54%，而亚努科维奇的支持率为43%。

11月22日，中央选举委员会宣布了第二轮选举的初步结果，亚努科维奇以2.85个百分点的微弱优势获得胜利。但尤先科阵营拒绝接受这一结果。其支持者发起了声势浩大的游行示威活动，并通过围攻总统府、政府和议会来保持对当局的压力。尤先科指出，第二轮投票存在重大舞弊，必须再举行一轮投票，以消除民众对投票结果的争议。而亚努科维奇的支持者则反对重新选举，要求维持原判。虽然国际社会进行了积极的调停和斡旋，但两大竞选阵营始终各持己见，不愿作出实质性的让步。全球瞩目的乌克兰大选危机由此而来。

11 月 25 日，最高法院宣布暂停举行亚努科维奇就任总统的仪式。26 日，最高法院接受尤先科阵营有关大选存在舞弊现象的诉讼请求，决定对选举进行调查，并宣布禁止任何官方宣布选举结果。27 日，议会在非常会议上通过决议，宣布第二轮投票无效，并通过了对中央选举委员会的不信任案。乌克兰中央选举委员会表示，不反对重新进行选举。至此，反对派试图通过议会和最高法院解决问题的策略初见成效，形势开始向有利于尤先科的方向发展。

面对反对派阵营的强大攻势，支持亚努科维奇的东部地区也举行了大规模示威游行，一些地方官员甚至提出了地区自治的要求。这一要求在国内外引起了强烈反响。时任总统库奇马明确表态，不允许乌克兰解体。尤先科也认为，那些呼吁分裂主义的人是在犯罪。

11 月 29 日，乌克兰最高法院开始举行听证会，以解决乌克兰大选所引发的政治危机。库奇马总统表示支持举行新一轮总统选举。他认为，重新选举或许是维持乌克兰和平的唯一方式。正在进行调停的波兰众议院议长奥莱克西会见了两位总统候选人。在奥莱克西的斡旋下，亚努科维奇和尤先科虽坚持各自的先决条件，但同意重新举行选举。

12 月 3 日，最高法院就选举舞弊案作出终审判决，裁定第二轮选举的投票结果无效，并确定 12 月 26 日重新进行第二轮投票，总统候选人仍为亚努科维奇和尤先科。

12 月 8 日，议会以压倒优势通过了选举法和宪法修正案，并决定改组中央选举委员会。宪法修正案内容主要是削减总统权力，扩大议会和地方政府权力。

根据修改后的宪法，自 2006 年 1 月 1 日起，乌克兰由总统议会制转变为议会总统制，政府由对总统负责转为对议会负责。虽然总统仍是国家元首，但他要向议会和政府让出一部分权力。由于议会任命政府总理及其他内阁成员，立法机关将成为国家权力体制的核心，政府接受议会监督。同日，新组成的中央选举委员会召开全体会议，以无记名投票方式选举达维多维奇为中央选举委员会主席。

亚努科维奇对中央选举委员会的人员构成表示不满，认为乌克兰“正在进行一场缓慢的政变”。但大多数乌克兰人对政治改革方案和组建新的中央选举委员会的决定表示认可。他们认为，此举缓解了紧张的政治局势。

12月26日，乌克兰举行第二轮总统大选的重新投票。2005年1月10日，中央选举委员会宣布计票结果，尤先科获得51.99%的选票，亚努科维奇获得44.2%的选票，尤先科以高出亚努科维奇7.8%的优势领先。亚努科维奇拒绝接受选举结果，并就此向最高法院提出上诉。1月20日，乌克兰最高法院作出终审裁决，认定2004年12月26日乌克兰总统选举结果有效，驳回亚努科维奇要求推翻选举结果并重新进行大选的上诉请求，确认尤先科在总统大选中获胜。乌克兰政府和议会机关报公布了大选的正式结果。

2005年1月20日，中国国家主席胡锦涛和俄罗斯总统普京分别致电尤先科，祝贺他当选乌克兰总统。胡锦涛主席在贺电中说：“在你当选乌克兰总统之际，我代表中国政府和人民，并以我个人的名义，向你致以诚挚的祝贺和良好的祝愿。”普京在贺电中说：“我深信我们之间紧密的战略伙伴关系完全符合我们两国人民长期的利益。”

2005年1月23日，尤先科在议会大厅宣誓就任乌克兰总统，持续两个月的大选危机随之告一段落，尤先科成为乌克兰独立后的第四任总统。

“橙色革命”的根源

“橙色革命”引起了国际媒体的高度关注，但国际媒体对乌克兰大选危机的评价完全是对立的。例如，2004年11月25日《华盛顿邮报》刊载的社论说，有人把乌克兰危机视为俄罗斯与西方竞争势力范围的结果，因为西方支持尤先科的方式与俄罗斯支持亚努科维奇的方式一模一样。该文认为，这一看法是不对的。对于那些在基辅街头度过了数个寒夜的乌克兰人来说，斗争的目标不是为了地缘政治取向，而是为了使国家获得自由，拥有独立的媒体和法庭，有一个真正通过民主程序选出的总统。而俄罗斯总统普京却把数亿美元提供给亚努科维奇，希望在乌克兰创造出一个类似俄罗斯的独裁政权。《华盛顿邮报》写道，美国和欧盟的抗议并不是为了在乌克兰树立一个代理人，而是为了捍卫大多数乌克兰人想要的民主和独立。如果美国和欧盟胜利了，它们不会创造出东西方的分裂，而是阻止普京总统创造分裂。

同一天俄罗斯《真理报》刊载的一篇措辞强烈的文章则指出，乌克兰大选危机是西方导演的一出“木偶戏”，尤先科是戏中的“小丑”。文章认为，决定乌克兰选举的不应该是华盛顿、伦敦或渥太华，而应该是拥有国家主权的乌克兰的有关机构。西方国家不接受乌克兰中央选举委员会宣布的结果是非常荒唐的。在美国 2004 年的大选中，俄亥俄州出现一些争议后，难道世界上其他国家也应该拒绝承认美国的大选结果吗？该文作者指出，乌克兰人完全能够解决自己的问题，不需要那些拼命让尤先科上台的西方国家插手。毫无疑问，如果尤先科上台，西方会与乌克兰签署一系列利润丰厚的军火协议，并在俄罗斯的边境线上建立军事基地。《真理报》的文章甚至写道，尤先科在 11 月 23 日自编自演的“就职典礼”是对公众的愚弄。

《华盛顿邮报》和《真理报》的评论在一定程度上说明，外部影响对乌克兰的“橙色革命”起到了推波助澜的作用。导致乌克兰大选危机的外部因素是俄、美、欧三方的插手和干预。

俄罗斯支持亚努科维奇。当 11 月 22 日第二轮选举的初步结果公布后，正在国外访问的普京总统立即致电亚努科维奇，祝贺他当选总统，并批评西方国家干预乌克兰总统大选。

美国是尤先科的“后台”。白宫发言人承认，美国确实通过“民主基金会”向乌克兰选举捐献了资金。11 月 24 日，在乌克兰中央选举委员会宣布亚努科维奇取胜后，美国国务卿鲍威尔立即举行新闻发布会，表明美国不能接受这一选举结果。而当乌克兰最高法院裁定第二轮选举结果无效后，美国立即对这一裁决表示欢迎。

欧盟同样直接或间接地支持尤先科。监督此次选举的欧洲安全与合作组织、欧洲议会、欧洲委员会和北约的观察员纷纷指责乌克兰大选存在舞弊现象。为了表示对大选“不公”的抗议，欧盟国家甚至召回了驻乌克兰大使。

俄罗斯、美国和欧盟之所以如此“关心”乌克兰大选，主要是因为它们都希望在乌克兰确立一个对自己有利的政权。更为重要的是，乌克兰这个独联体中的第二大国家拥有重要的战略地位。

乌克兰是原苏联最重要的经济地区之一，工农业基础和科技实力相当雄厚，具有很大发展潜力，其农业生产水平的起伏直接影响世界农业市场走势。无论在原苏联，还是在独联体，就总的经济规模而言，乌克兰都居第二位，仅次于俄罗斯。独特的地理位置使乌克兰在欧洲的能源和物资运输中占据重要地位。乌克兰是俄罗斯向欧洲出口天然气的中转站。俄罗斯输往欧洲的天然气管道大部分经过乌克兰。此外，俄罗斯黑海舰队的基地就驻扎在乌克兰境内的港口城市塞瓦斯托波尔。

乌克兰的地缘政治地位非常重要。乌克兰前总统库奇马曾指出，乌克兰处在欧洲的地缘政治中心，有一个欧洲大国的分量。乌克兰不仅对独联体的安全、稳定和发展有重要的地缘政治意义，而且对欧洲的安全、稳定和发展举足轻重。美国前国务卿布热津斯基在其《大棋局》一书中指出，“乌克兰的存在有助于改变俄罗斯。没有乌克兰，俄罗斯就难以成为欧亚的帝国”。美国前国防部长佩里也认为，乌克兰作为独立国家“对整个欧洲的安全与稳定的重要意义怎么估计也不过分”。目前，在俄罗斯，越来越多的人认识到了乌克兰地缘政治地位的重要性，而迫切希望与乌克兰发展双边关系。例如，久加诺夫在其《地缘政治的胜利》一书中为提高俄罗斯的国际地位提出了三种策略，其中之一就是使乌克兰回到俄罗斯的怀抱。

乌克兰独特的地缘政治地位使之成了大国争斗的舞台。西方和俄罗斯在乌克兰都有各自的地缘政治利益。随着波罗的海三国加入北约和欧盟，俄罗斯对西方的戒备在加剧。格鲁吉亚的“玫瑰革命”后，俄罗斯的忧虑更加强烈。为了使乌克兰留在自己的势力范围内，在乌克兰确立一个亲俄罗斯的政权对俄罗斯而言是至关重要的。因此，俄罗斯显然无法接受亲西方的尤先科。反之，如果乌克兰成为西方阵营的中坚力量，则其可以成为西方遏制俄罗斯的前哨地带。

俄罗斯的忧虑所在正是美、欧希望达到的目的。换言之，美、欧支持尤先科的动机之一，就是希望乌克兰在尤先科的领导下能成为“一个可以抗衡俄罗斯帝国复苏野心的重要国家”，一个能够遏制俄罗斯“新帝国主义”势力的“桥头堡”。

一方面，乌克兰的政治力量以各自的外部力量为“靠山”，在对峙中各不相让。另一方面，俄罗斯和西方国家则通过多种手段向乌克兰施加影响，从而加剧了乌克兰这场政治危机的复杂性。

虽然外部因素对“橙色革命”的成因和“发酵”产生了重要的影响，但是，归根到底，这一政治危机的根源是在乌克兰内部，其中最重要的是东部地区和西部地区之间长期存在的巨大隔阂以及政治转轨进程中形成的缺陷。

尤先科的选票主要来自西部地区，亚努科维奇的选票主要集中在东部和南部地区。这表明，此次大选依然具有明显的地区特征。在乌克兰，东西部地区的民族构成差异很大。乌克兰族约占全国总人口的78%，主要生活在西部地区，因此西部地区被认为是所谓“乌克兰民族精神”的发源地。俄罗斯族占全国总人口的17.3%，主要生活在东部地区。东西部选民因政治理念存在差异而分成了势均力敌的两大阵营。东部地区的选民大多倾向于亲俄罗斯的政治立场，而西部地区的选民则更多地希望与欧洲接轨。独立后，乌克兰历届政府为消除区域发展之间的失衡和减少族群关系中的不和采取了一系列措施，但历史上形成的东西部之间的差异以及族群之间的隔阂很难在短时间内彻底改变。事实上，在此以前举行的各次总统选举或议会选举中，东西部分歧总会在政治舞台上凸显。因此无论谁当选下届总统，都须兼顾东西部选民的意见。

出生于乌克兰东部顿涅茨克州的亚努科维奇是老牌的“亲俄派”。支持他的选民主要来自东部和南部地区，因而亚努科维奇也受到了俄罗斯的支持。亚努科维奇承诺，一旦胜出，将努力恢复与俄罗斯的睦邻友好关系，使俄语成为乌克兰的第二语言，允许乌克兰人拥有俄罗斯和乌克兰双重国籍，并放弃加入北约的目标。他认为，乌克兰必须与俄罗斯进行全方位的合作。普京曾两次前往乌克兰为亚努科维奇助选。由于得到了现任总统库奇马的大力支持，亚努科维奇在总统候选人中的人气指数一直很高。

尤先科是乌克兰西部和中部地区选民的“代言人”。他的妻子出生于美国，因此许多人说，无论在家庭中还是在政治舞台上，尤先科都是亲美的。尤先科多次表示，如果在大选中获胜，他将致力于推动乌克兰加入北约的进程，并将大力发展与欧盟的关系。

亚努科维奇和尤先科都为乌克兰的经济复苏提出过很好的建议。作为现任总理，亚努科维奇手中控制着大量的行政资源。亚努科维奇拥有丰富的行政管理能力，其主持内阁的政绩有目共睹。2004年是乌克兰独立后经济形势最好的一年，增长率高达12%。莫斯科卡内基中心副主任德米特里特列宁认为，亚努科维奇代表着乌克兰很大一部分选民的利益，任何一届政府都无法忽视这些选民的利益。尤先科是前总理，同样具有很强的政治家才能，且个人魅力不容小觑。尤先科曾于乌克兰经济最困难的1993年出任国家银行行长。当时，乌克兰的通货膨胀率高达5位数。由于成功地提出了一系列遏制通货膨胀和稳定经济的有效措施，尤先科于1997年被全球金融杂志评为世界杰出的中央银行行长之一。因此，两强相遇，双方都希望能出奇制胜，问鼎总统宝座。

亚努科维奇和尤先科显然都利用了民众对经济现实的不满情绪。独立后，伴随着转轨进程的推进，乌克兰经济陷入了严重的危机。苏联解体前，乌克兰在全苏经济中占有举足轻重的地位。独立之初，很多人认为乌克兰独立后经济将很快得到恢复和发展，乌克兰摆脱苏联后的日子将会更好过。但是事实却与人们的期望完全相悖。1991年独立后，乌克兰经济形势持续恶化，经济实力急剧下降。在所有转轨经济国家（不包括受战争影响的前南斯拉夫国家）中，乌克兰的经济危机最为严重。1992—1999年国内生产总值均为负增长，其中1994年的负增长率高达23%。1999年乌克兰国内生产总值仅相当于1989年的35%。[①] 如果按人均国内生产总产值计算，无论在独联体国家中，还是在欧洲国家中，乌克兰都是最后一位。[②] 一些乌克兰学者因此认为，乌克兰的改革之路是一条衰退之路，一条通往民族灾难之路。据估计，乌克兰因实行“激进的经济改革方针”而遭受的经济损失，比其在整个卫国战争期间所受的损失还大。4年卫国战争使乌克兰丧失了40%的经济潜力，而在独立后的头7年，乌克兰经济潜力的损失则超过70%。[③]

虽然在90年代末，乌克兰经济已摆脱了困境，但人民生活水平并没有出现大幅度的提高，而政府官员及其子女或亲属则在私有化的过程中大搞腐败活动，中饱私囊。例如，库奇马总统的女婿平丘克拥有电视台、银行和多个重工业企业，成为乌克兰最富有的人。

许多乌克兰人将自己的贫困状况归咎于政府的无能和政治家的腐败。因此，当国家的政治生活出现动荡时，他们不是冷静地分析和观察，而是随波逐流地跟从政治家的鼓噪，以参加抗议活动的方式来发泄不满。

还应该指出的是，乌克兰政治转轨进程的缺陷也在一定程度上恶化了这一政治危机。独立后，乌克兰进行了以政治自由化为手段、以多党制为基础、以三权分立为目标的政治改革。不容否认，在这一过程中，乌克兰建立了民主政治必需

---

① 国际货币基金组织：《世界经济展望》，2000年10月，第89页。

② （乌克兰）帕夫洛夫斯基著，何宏江等译：《过渡时期的宏观经济——乌克兰的改革》，民主与建设出版社2001年版，第157页。

③ 同上，第157页。

的制度，如设立了宪法法院和中央选举委员会，定期举行大选，在有关部门办理简单的注册手续后就可成立政党，任何政党在满足一定的条件后都可以参加竞选。但是，这样一种政治制度既不能确保法律能够得到尊重，也不能确保政治家能全心全意地为人民服务；既不能确保选举能理性地对待政治家之间残酷的斗争，也不能确保政党政治在公正而规范的游戏规则中得到发展。其结果是，政治家注重的仅仅是政治改革的形式及速度，对西方民主是否符合本国国情等问题并不关心，众多选民关心的不是国家的安定，而是错误地把“街头政治”当作民主参与。此外，围绕总统、议会和政府之间权限的划分问题，各派政治力量一直存在尖锐矛盾和斗争。

“橙色革命”的后遗症

“橙色革命”以尤先科的获胜而告终，但这一政治危机的后遗症不容低估。乌克兰的国家形象一落千丈，东西部地区的隔阂更宽更深，执政党与在野党之间你死我活的对立情绪也更为强烈。事实上，最近几年政府的组阁和议会选举都受到了“橙色革命”后遗症的不良影响。

“橙色革命”后，乌克兰政局持续动荡。在不到 5 年时间里，乌克兰经历了 2 次议会选举，4 届政府更迭。在这期间，乌克兰政坛发生了多次“政府危机”和“议会危机”。围绕总统、议会和政府之间的权力分配等问题，各派政治力量一直存在尖锐矛盾和斗争。

“橙色革命”时期，乌克兰政坛上形成对峙的是“橙色”和“蓝色”两大阵营。然而，“颜色革命”结束后不久，尤先科与季莫申科这对“橙色搭档”就反目成仇。而在 2007 年 9 月 30 日的议会提前大选闹剧中，俩人却又“破镜重圆”。由于没有政党达到单独组阁所要求的过半数席位，季莫申科联盟与亲总统的“我们的乌克兰”联盟不得不再次签署组成议会多数派的协议以实现联合组阁。虽然 2008 年的议会危机最终也是以橙色联盟的再次联手而告一段落，但新执政联盟的组建并非出于三派统一的政治立场，而是各种政治力量妥协的结果。乌克兰媒体认为，“橙色”阵营的分分合合既是乌克兰政党政治不成熟的表现，也是尤先科和季莫申科争权夺利的必然结果。而“橙色”阵营的内讧则加剧了国内政党政治的混乱。

由于“橙色”阵营的内讧，乌克兰的政治力量格局也由“橙”“蓝”对抗变为尤先科、季莫申科和亚努科维奇的三足鼎立。他们掌控了乌克兰政坛上几乎所有的政治资源，但却无一人能够占据绝对优势。由于权力制衡机制尚不完善，政党政治制度的游戏规则并不明确，各党派常为了自身利益而互不妥协，最终导致政局混乱。

虽然在“橙色革命”中亚努科维奇及其领导的地区党颜面尽失，但在2006年3月的议会选举中，亚努科维奇却一挽颓势，率其领导的地区党赢得了议会的足够多数。其本人也在同年8月第二次出任总理。这一戏剧性变化被人们视为乌克兰各派政治力量初步达成的权力共享的一种妥协。然而，2007年4月解散议会的总统令打破了乌克兰政坛曾经达成的脆弱的权力平衡，加剧了尤先科与亚努科维奇两大阵营的权力之争。

频发的政治危机带来的政局动荡以及行政机关的腐败等问题给乌克兰经济带来的消极影响是显而易见的。乌克兰是受国际金融危机影响最严重的国家之一。2009年，乌克兰经济下降15.1%，是近10年来经济形势最严峻的一年。长期无序的政治斗争使得许多人对尤先科总统掌控国家的能力表示怀疑。许多人把乌克兰政坛的乱象纷呈归咎于现总统尤先科，认为只有更换总统，调整国家政策才能改变现状。

在2004年的乌克兰总统大选中，俄罗斯支持亚努科维奇而冷落尤先科，从而对乌俄关系产生了负面影响。“橙色革命”后，尤先科外交政策的西倾趋势日趋明显，“去俄化”进程不断提速。与俄罗斯交恶的后果是不言而喻的。2006年元旦前后爆发的“天然气危机”不仅使乌俄关系更趋恶化，而且还给许多欧洲国家带来了挥之不去的能源恐慌。俄罗斯的“能源牌”使乌克兰认识到，在融入欧洲的过程中，必须妥善发展与俄罗斯的关系，因为乌俄两国在天然气供应上的争端给乌克兰经济带来的沉重打击是显而易见的。

2010年1月17日，乌克兰举行独立以来的第五次总统选举。共有18位总统候选人参加总统职位的角逐。选举结果表明，亚努科维奇得票率最高，为35.32%，季莫申科得票率位居第二，为25.05%。由于所有候选人在首轮投票中均未达到法定50%以上的选票，排名居前两位的亚努科维奇和季莫申科进入第二轮选举。在2月7日举行的第二轮投票中，亚努科维奇以微弱优势领先。

第五届总统大选候选人囊括了乌克兰政坛最有影响力的政治家。首轮选举中无人获法定50%的选票，表明乌克兰政坛具有政治力量比较分散的特点。亚努科维奇和季莫申科在首轮得票率居前，意味着两人在政坛的地位依然举足轻重。现任总统尤先科在首轮选举中的惨败预示着其在“铁三角”中已地位不再。5.45%的得票率足以表明，选民对尤先科政绩不满。在70%选民参与的第二轮选举中，亚努科维奇的得票率为48.95%，其支持者主要来自东部和南部地区。这意味着，亚努科维奇并非大多数选民心目中的强势总统，而是乌克兰历届总统中唯一一位选票没过50%的弱势总统，是一个仅在10个行政区获胜的“半个国家”的总统。乌克兰政局的动荡不安充分表明，乌克兰的政党政治尚不成熟，各政党围绕总统、议会和政府之间权限划分的博弈尚未结束。

亚努科维奇上台后的政局变化

2010年2月25日，亚努科维奇宣誓成为乌克兰独立以来的第五届新总统。美国《时代》杂志曾盘点历史上十大成功翻盘的领导人，东山再起的亚努科维奇“荣幸”入选，与拿破仑、丘吉尔等一起，成为上榜人物。

为了能为更多选民所接受，亚努科维奇不断突破自己，并在坚持核心政见的同时，注意弱化某些有意见分歧的政治问题。一些学者认为，2004年的亚努科维奇与2010年的亚努科维奇是完全不同的两个人。前者自恃有俄罗斯支持，且手中握有行政资源而忽视法律的存在，后者今天却在依法行事。

发展经济和加强对俄关系是亚努科维奇主打的两张王牌。他希望通过带领民众走出政治和经济危机来彰显自己治理国家的实际能力。亚努科维奇的政治主张是：振兴经济，赋予俄语第二国语地位，坚持不结盟的对外政策。他认为，改革是通向国际化的必由之路。乌克兰要想得到国际的承认和尊重，必须进行系统的改革，包括政权结构、政治理念、经济、社会、法律等方面的改革。亚努科维奇承诺，将通过改革来应对乌克兰日趋严峻的经济形势。他希望，经过十年的努力，使乌克兰成为全球经济最发达的20国之一。

改革国家的权力体系，在议会成立新执政联盟并重组政府，理顺总统、政府和议会三者关系，形成高效的行政管理机制，这是亚努科维奇上任后面临的首要政治任务。总的说来，亚努科维奇在就任总统后，已基本理顺国家政权关系，政局逐渐趋于稳定，政治力量格局开始出现一些新的变化。

2010年3月2日，利特温议长宣布解散季莫申科领导的执政联盟。次日，议会通过对季莫申科领导内阁的不信任案，迫使季莫申科下台。亚努科维奇希望地区党（175个议席）、利特温联盟（20席）和乌共（27席）组建新的执政联盟，进而组建内阁和提名总理。然而，三党席位之和没有达到法定的议会多数。2010年3月9日，议会通过一项由地区党提交的宪法修正案，允许议员以个人身份加入执政联盟，从而为亚努科维奇率领地区党主导建立执政联盟铺平了道路。3月11日，地区党、共产党、利特温联盟和其他党团共235名议员组成了名为“稳定与改革”的新执政联盟，并组建阿扎罗夫总理新内阁。至此，总统、总理、议会“三驾马车”正式形成。

2010年10月，宪法法院宣布恢复1996年的宪法，乌克兰的国家政体重归总统一议会制。这意味着总统的权力得以扩大，亚努科维奇将获得与库奇马时代同样的掌控政府的权力，即有权提名总理并任命和解职内阁成员。

在巩固自己领导地位的同时，亚努科维奇成功地让“蓝白阵营”占据了政权体系的主导地位。2010年7月，亚努科维奇签署法律改变地方选举规则。在2010年10月31日举行的地方选举中，地区党取得了不俗的战绩。在全国27个行政划区中，地区党掌控和主持了22个州市。亚努科维奇建立了对自己负责的政府，由自己任命的州长，以及由自己党派人员执掌的行政权力和州市议会的立法权力。至此，亚努科维奇及其领导的地区党在乌克兰政治中开始取得强势地位，主导控制了乌克兰政局。

然而，乌克兰政局仍存在许多不稳定的隐患。亚努科维奇提出的内政外交新政经常遭到反对派的抵制，媒体时常出现对当局打压反对派等问题的质疑，议会不时上演群殴打斗的闹剧。2011年8月5日，前总理季莫申科因越权和腐败等指控出庭受审，遭法庭判决当庭羁押。有媒体报道，陪审团的任何一条有罪裁定都有可能导致季莫申科失去2012年议会选举和下届总统大选的资格。季莫申科否认指控，认为这是总统亚努科维奇打压反对派的手段。

乌克兰拉祖姆科夫经济和政治研究中心2011年4月公布的最新社会调查结果表明，多数民众并不认可国家发展方向，63.8%的受访者认为国家正在不正确的方向上发展，只有14.2%的人认同国家发展方向。32.5%的被调查者中认为现政权不如前政权，仅18.2%的人认为现政权好于上一任。被调查者中完全支持总统亚努科维奇的占10.6%，不支持者占49%；完全支持总理阿扎罗夫的占

5.3%，不支持者占60.1%；完全支持议长利特温的占3.6%，不支持者占64.6%。地区党的支持率虽然位居榜首，但已降至15.7%。这一调查结果在一定程度上显示，现政权的威信不高，主要政治家的民众支持率较低。

2011年11月19日，乌克兰宪法法院通过法案，将下届议会选举定于2012年10月举行。可以预料，围绕议会选举，各派政治力量还将展开新一轮博弈。届时，乌克兰政坛不排除出现一些难以预测的变数。

91. 如何认识摩尔多瓦的转型进程？

何　卫

摩尔多瓦实施转型的三大举措

第一，建立“三权分立”的政治体制。独立后，摩尔多瓦彻底摒弃了原来的国家政体，并效仿西方国家建立立法机构、权力机构和司法机构“三权分立”的国家政体。1994年7月29日颁布的宪法明确规定：摩尔多瓦奉行三权分立原则，坚持在政治多元化条件下的民主，公有和私有制并存；奉行公民至上原则。

摩尔多瓦共和国实行议会制。议会是摩尔多瓦人民的最高代表机构，是国家唯一的立法权力机构。2000年修订的摩尔多瓦宪法规定，总统的产生由全民普选改为议会投票选举，政府的产生由议会多数派政党或者政党联盟批准产生。政府直接向议会负责，接受议会的质询。凡涉及国家及社会政治经济生活的重大问题和需要经立法规范的问题均需在议会中讨论通过。

第二，建立多党制。摩尔多瓦将建立多党制作为实现政治转轨的必要手段之一。因此，在独立后的短短几年时间内，摩尔多瓦的政治舞台就出现了二十多个大大小小的政党。有些政党不断发展，在选民中的影响力不断扩大；有些政党则仅仅持续了数年时间就名存实亡或四分五裂。目前，全国共有28个较为重要的政党，其中包括：摩尔多瓦共产党人党（以下简称“摩共”）、摩尔多瓦自由民主党、摩尔多瓦民主党、自由党、“我们的摩尔多瓦”联盟等。

在2001年2月25日和2005年3月6日举行的两届议会选举中，“摩共”曾两次获胜，成为原苏东剧变十年后第一个通过选举重新复出执政的共产党。

第三，全面实施私有化。私有化是摩尔多瓦转轨的重要组成部分。1991 年，摩尔多瓦颁布了财产法、私有化法和土改法，1992 年又实施了旨在稳定和发展经济的行动纲领。这一纲领进一步明确了私有化的目标和方式。但是，大规模的私有化直到 1994 年才全面展开。

根据私有化法的有关规定，摩尔多瓦的私有化原则是：确保居民得到社会保护；充分考虑私有化对象劳动集体的意见；公民有权平等地获得一份国有财产；采取有偿和无偿相结合的形式转让国有财产；保证私有化过程中信息披露的公开化。摩尔多瓦公民和法人、外国法人和公民都可以使用可兑换货币购买国有财产。

摩尔多瓦的私有化主要包括以下三种：

1. 国有企业私有化。其形式主要是：(1) 以拍卖和招标的方式出售私有化财产。(2) 拍卖私有化财产的股票。本企业的职工在参加私有化项目的招标时享有购买企业的优先权。

2. 土地私有化。土地私有化主要是指土地私有化和农业企业国有财产私有化。土地私有化依据摩尔多瓦土地法进行。摩尔多瓦私有化法规定，在 2001 年 1 月 1 日以前，土地不得进行买卖。

3. 国有住房私有化。它是指国家将住房的所有权转让给承租人。承租人可用人民财产证券或资金购买。如在国家规定的住房标准范围内购房，可按国家定价付款；超标部分则按商业价格付款。

应该说，摩尔多瓦的私有化降低了国家在生产领域中的参与度，使私人资本发挥更大的作用。这无疑在一定程度上推动了摩尔多瓦的经济转轨。此外，私有化还使国家放弃了许多长期的亏损企业，从而减少了对它们的财政补贴。有些企业在实现了私有化后，经济效益得到了一定的提高。

然而，私有化并没有解决摩尔多瓦在转轨过程中面临的所有问题。相反，私有化也带来了一些新的问题和矛盾：第一，收入分配开始出现不公平的趋势。有钱人通过私有化获得了大量财产，而低收入阶层则无法参与私有化。其结果是，贫富差距越来越明显。第二，由于“内幕人交易”频繁，加之政府缺乏有效的监督，国有企业的财产常常被低估，大量国有资产流失。第三，一些企业在私有化后大量裁减工人，从而增加了社会的就业压力。

“摩共”为什么能两次执政

2001年2月25日，议会提前举行选举。共产党人党在此次选举中大获全胜，赢得101个议席中的71席，获单独组阁权。2001年4月，“摩共”领导人沃罗宁当选总统，成为摩尔多瓦自1991年独立后第一位通过议会选举产生的总统。

2005年3月6日，摩尔多瓦举行了1991年独立以来的第四次议会选举。大选前，美国将摩尔多瓦作为其推行“民主”的目标之一，反对派也试图步乌克兰和格鲁吉亚的后尘，在摩尔多瓦进行一场“颜色革命”。然而，他们的计划未能如愿。选举在平和的气氛中顺利进行，“摩共”以46.10%（55个议席）的得票率再次成为议会第一大党。

2005年4月4日，摩尔多瓦议会举行特别会议，选举新一届总统。为了获得当选总统所需要的61票，共产党人党与进入新议会的其他党派人士进行了协商，获得了民主党和社会自由党部分议员的支持。摩尔多瓦共产党许诺进行必要的改革，以换取在野党对摩尔多瓦共产党领导人沃罗宁连任的支持。选举中有78名议员参加投票，沃罗宁以75票赞成再次当选总统。

摩尔多瓦独立后，摩尔多瓦共产党被迫解散，有些党员加入了摩尔多瓦农业民主党，有些党员则组建了“摩共”。1994年2月，摩尔多瓦农业民主党在议会选举中大获全胜，并在议会中占据着大多数席位。同年4月，议会通过决议，取消了对摩尔多瓦共产党的禁令，“摩共”作为原摩尔多瓦共产党的继承者进行登记和注册，并开始公开活动。同年12月，“摩共”召开第一次党代会，沃罗宁当选为中央委员会第一书记。

“摩共”能两次执政并在2005年3月的选举中抵御“颜色革命”的原因，主要包括以下几个方面：

一是沃罗宁当政后取得了有目共睹的政绩。如同其他转轨国家那样，摩尔多瓦的经济转轨进程启动后，工农业生产陷入了极为严重的困境。1998年的GDP和工业生产仅相当于1990年的三分之一左右。仅在1994年，国内生产总值下降幅度就高达31.2%。1997年，摩尔多瓦经济首次实现增长，尽管增幅仅为1.3%。但在1998年，由于受俄罗斯金融危机的影响，摩尔多瓦经济又下降了6.5%。2001年摩共上台时，摩尔多瓦社会经济形势依然处于严重困难之中。职工月均收入不足30美元。

面对这些困难，沃罗宁政权能够根据本国国情及时调整内外政策，制定具有本国特色的发展战略和政策主张。沃罗宁总统将重振国家经济、提高人民生活水平、构筑和谐社会作为其政府工作的“重中之重”，并提出了一系列具体的经济政策，争取在最短时间内使社会经济回到正常的发展轨道。在“摩共”的第一个执政期内，国内生产总值年均增长率超过6%。“摩共”基本上兑现了4年前作出的振兴经济的承诺。2005年沃罗宁连任总统后，继续致力于发展经济，并承诺进行有效的、符合欧洲价值观的改革。

二是制定了与时俱进和顺应民意的执政纲领。“摩共”第四次全国代表大会提出了一整套以振兴国家为目标的治国方略，号召“摩共”党员勇于创新，顺应民意，打造“全新的”“摩共”，完成从反对党到执政党角色的转换。“摩共”第五次代表大会提出，要将“摩共”建设成一个新型的欧洲民主政党。

作为执政党，“摩共”十分重视社会整合和社会稳定，将加强党的自身建设与提高执政水平作为不可偏废的两个重点。“摩共”的许多文件提出，“摩共”必须正确处理党与国家的关系以及党与法律的关系，坚持将国家利益摆在首要位置，以民族利益团结各派政治力量，以政绩争取人民支持。

在2005年3月的议会选举中，“摩共”的竞选纲领承诺，将在2005—2009年任期内，把摩尔多瓦建成一个国家富足、人民安康的新社会。

三是从亲俄罗斯转为疏远俄罗斯。在2001年2月的议会选举中，“摩共”是打着亲俄派的旗子上台的。当时，沃罗宁政府曾经提出了优先发展与独联体国家关系，尤其是发展与俄罗斯战略伙伴关系的主张。沃罗宁甚至还提出了加入俄白联盟等亲俄政策。但此后不久，摩尔多瓦因德涅斯特河左岸问题而与俄罗斯关系逐渐疏远。2005年2月，摩尔多瓦驱逐俄罗斯间谍，指控俄罗斯对摩尔多瓦从事颠覆活动。与此同时，摩尔多瓦加强了与乌克兰和格鲁吉亚的关系，积极推动“古阿姆”的运转，以抵御俄罗斯在本地区的势力范围。

在2005年3月的议会大选中，“摩共”和其他两个主要参选政党的竞选纲领基本相似，但“摩共”“亲西疏俄”的态度更为坚决。因此，许多民众认为，“摩共”从过去的亲俄罗斯变为疏远俄罗斯，是捍卫国家利益的体现。

四是西方国家对“摩共”及其领导人沃罗宁并不反感。为了在选举中得到西方国家的支持，沃罗宁政府加快了融入欧洲的步伐。沃罗宁多次表示，加入欧盟是摩尔多瓦不变的战略目标。2005 年 2 月，摩尔多瓦与欧盟签署《摩尔多瓦共和国—欧洲联盟行动计划》，成了第一个与欧盟签署此类行动计划的独联体成员国。该行动计划是摩欧关系发展的纲领性文件，反映了摩尔多瓦希望融入欧洲的构想和努力。

还应该指出的是，摩尔多瓦的第二大党民主摩尔多瓦竞选联盟与俄罗斯关系相对比较密切。如果美国和欧盟不支持“摩共”，就有可能会导致民主摩尔多瓦竞选联盟上台。

摩尔多瓦转轨面临的难题

在原苏东国家中，摩尔多瓦是转轨进程较为艰难的一个国家。这一进程之所以崎岖不平，在很大程度上是因为摩尔多瓦难以解决以下几个难题。

第一，难以提升产业结构。历史上，由于资源匮乏和政局动荡，摩尔多瓦是一个较为贫穷落后的地方。其经济以农业生产为主，城市经济活动基本上局限于小商业、食品加工和简单的消费品生产。在苏联时期，摩尔多瓦的经济取得了较快的发展。但摩尔多瓦在原苏联经济中的地位并不重要。至独立时，摩尔多瓦国民生产总值和国民财富仅占全苏的 1.2％和 1.5％。

摩尔多瓦的产业结构比较单一。在原苏联时期建立的工业部门基本上以重工业为基础，而相对发达的种植业则使食品工业和轻工业得到了很大发展。

摩尔多瓦经济中最为严重的问题之一就是缺乏能源。这一问题的根源是：第一，摩尔多瓦国内仅有少量水电和热电。第二，绝大多数能源来自动荡的德涅斯特河左岸地区或通过该地区输送。第三，许多发电设备和输电线路破旧老化。由于得不到修理或更新，发电设备和输电线路无法高效率地工作。

能源部门改革的滞后既影响了经济活动和居民生活，也阻碍了其他部门的改革。1996 年，政府开始重视能源部门的改革。首先，针对能源部门债务沉重的特点，政府实施了重新安排债务的计划，督促有关企业向能源部门偿还欠款，并对能源部门内部企业之间的“三角债”进行相互豁免。其次，鉴于能源部门长期面临着资金匮乏和亏损严重的困境，政府分别于 1997 年 3 月和 6 月两次提高能源价格，使能源价格基本上能等同于生产成本。第三，重组电力部门中的企业，通过私有化和减少垄断等手段来增强竞争。第四，努力争取来自外部的资金援助和技术援助。

第二，西方式的政治民主制度尚不完善。如前所述，独立后，摩尔多瓦建立了“三权分立”的政治体制，但三权之争时有发生，从而影响了政局稳定。

1999 年 2 月，卢钦斯基总统提出修改宪法，建议摩尔多瓦由半议会半总统制改为总统制，即总统有全权管理国家，并负责组建内阁。他认为，议会制是导致国家政治体制改革失败的主要原因。1999 年 7 月 1 日，卢钦斯基总统发布修改宪法的命令，同时成立修改国家宪法委员会。

然而，卢钦斯基总统关于修改国家宪法的建议遭到了议会的坚决反对。议会根据通行的欧洲标准也提出了一项宪法修正案。根据议会的宪法修正案，政府和议会的权力得到了很大加强，而总统在国家事务中的权力则被大大削弱。这项宪法修正案得到了欧洲议会委员会的支持。2000 年 7 月 5 日，议会以绝对多数通过宪法修正案，确立摩尔多瓦为议会制国家，总统由全民选举改为议会选举产生。根据这一宪法修正案，议会和政府拥有立法动议权，总统不再享有这一权力。

自 2009 年 4 月议会换届选举以来，摩尔多瓦在选择新总统问题上陷入了一种持久的政治僵局。议会在 2009 年 4 月和 7 月的两次选举后，均未选出新总统。为了避免上两次选举后带来的政治僵局，摩尔多瓦于 2010 年 9 月 5 日就是否修改宪法、把议会选举总统改为全民直选举行全民公决。由于投票率低于 33%的要求，公决失败。这意味着国家总统仍将由议会选举产生。

本届议会自 2010 年 11 月 28 日产生后，依然没有选出新总统。如何达成“可能的妥协”和破解议会选举和总统选举的僵局，将取决于摩尔多瓦当局和反对派双方的立场。在双方都无法在议会获得绝对主导权的情况下，摩议会内部的斗争将日趋激烈。

2009—2010 年爆发的政治危机充分说明，摩尔多瓦虽然实施了政治转轨，但其西方式政治民主制度尚不完善。这是摩尔多瓦各政党及选民必须认真对待的难题。

第三，德涅斯特河左岸问题久拖不决。摩尔多瓦的德涅斯特河左岸地区是指德涅斯特河东岸的一个面积为 4163 平方公里的区域，人口 75 万，其中俄罗斯族人超过 1/4。该地区土地面积虽然不大，但工农业生产都比较发达，是摩尔多瓦的重要经济区，在摩尔多瓦国民经济中占有非常重要的地位。

德涅斯特河左岸问题始于 20 世纪 80 年代末。在苏联时代末期，随着苏联各地兴起的民族独立浪潮，一些摩尔多瓦人也开始倡导“复兴民族文化”。自1989年起，摩尔多瓦人民阵线等民族主义组织经常在基什尼奥夫市中心广场民族英雄斯特凡大公纪念牌前组织群众集会和示威游行，要求重新评价德左地区并入俄罗斯版图以及比萨拉比亚地区被苏联吞并等历史事件。它们甚至希望共和国政府公开谴责1941年和1949年苏联政府两次强迫摩尔多瓦居民迁移的历史事件，主张摩尔多瓦脱离苏联，与罗马尼亚合并。

为迎合民族主义者的要求，摩尔多瓦最高苏维埃于1989年3月30日颁布了共和国语言法，规定摩尔多瓦语为国语。但这一法令引起了其他民族居民（特别是俄罗斯族人）的不满。

1990年6月，摩尔达维亚苏维埃社会主义共和国改名为摩尔多瓦苏维埃社会主义共和国，并表示要在条件成熟时宣布独立。但德涅斯特河左岸地区的俄罗斯族人反对独立。1990年9月，他们宣布成立“德涅斯特河沿岸共和国”。德涅斯特河左岸问题由此产生。

“沿岸共和国”领导人坚持要求独立，只同意作为独立共和国与摩尔多瓦共同联合组成联邦，并表示，一旦摩尔多瓦与罗马尼亚合并，“沿岸共和国”有权退出联邦，并加入俄罗斯联邦。他们还拒绝了摩尔多瓦政府关于在该地区建立“自由经济区”的建议，尽管政府承诺，一旦日后摩尔多瓦与罗马尼亚合并，该地区可以全民公决来决定其归属问题。

1991年5月23日，摩尔多瓦苏维埃社会主义共和国改名为摩尔多瓦共和国，并于1991年8月27日宣布独立。毫无疑问，摩尔多瓦的独立进一步强化了德涅斯特河左岸地区俄罗斯族人的离心倾向。1991年8月，“沿岸共和国”决定退出摩尔多瓦，并选举产生了总统，但未得到国际社会承认。

1992年年初，摩尔多瓦当局与德左地区的俄罗斯族人发生武装冲突。驻扎在该地区的俄罗斯第14集团军参与了冲突。7月，摩尔多瓦总统与俄罗斯总统签订了和平解决冲突的协议后，武装冲突停止。

1997年5月，摩尔多瓦总统鲁钦斯基与德涅斯特河左岸地区领导人斯米尔诺夫签署了《摩尔多瓦共和国与德涅斯特河左岸地区关系正常化备忘录》。1998年3月，摩尔多瓦、德涅斯特河左岸、俄罗斯和乌克兰在敖德萨签署了《摩尔多瓦和德河左岸地区采取信任措施和发展关系的协议》。协议要求摩尔多瓦、德涅斯特河左岸地区与俄罗斯各自将驻扎在地区的维和部队人数减至500人，并重新部署乌克兰军事观察员。但独立与反独立的争斗并没有彻底缓和。

上世纪90年代末，德涅斯特河左岸问题越来越国际化。1999年7月，摩尔多瓦总统鲁钦斯基、乌克兰总统库奇马、俄罗斯总理斯捷帕申、德涅斯特河左岸地区领导人斯米尔诺夫以及欧安组织代表在基辅举行“4＋1”会晤，并签署了《关于摩尔多瓦与德涅斯特河左岸关系正常化的联合声明》。11月，第六次欧安组织首脑会议在土耳其的伊斯坦布尔举行。在会上，俄罗斯承诺在2002年年底前从格鲁吉亚和摩尔多瓦撤军。

2000年7月，欧安组织常设理事会在维也纳举行了讨论德涅斯特河左岸问题的会议，美国、加拿大、法国、俄罗斯和乌克兰等国代表与会。俄罗斯向欧安组织提交了拟在2002年12月31日前分三阶段从德涅斯特河左岸地区撤出军火和军事装备的时间表。2001年4月，沃罗宁当选摩尔多瓦总统后立即会晤德涅斯特河左岸地区领导人斯米尔诺夫。双方表示，德涅斯特河左岸问题是摩尔多瓦的内政，因此调停国和国际组织的作用应该被削弱和降低。

2003年11月17日，俄罗斯出台了一个旨在解决摩尔多瓦德涅斯特河左岸问题的“联邦化”新方案。新方案出台后，沃罗宁总统曾表示“原则上接受”。但此举在摩尔多瓦引起了强烈反响。首都基希纳乌连日出现要求总统辞职的大规模群众示威游行，沃罗宁总统的地位面临严重挑战。迫于美国和西方以及国内反对派的压力，沃罗宁最终拒绝了俄罗斯的这一方案，并开始疏远与俄罗斯的关系，转而寻求美国和欧盟的支持。由于沃罗宁总统在国内的反对声中退阵，政治解决德涅斯特河左岸问题的可能性再次消失。

2005年4月，沃罗宁连任总统后再次表示，摩尔多瓦反对俄罗斯提出的在德河左岸实现“联邦化”的方案。2005年6月，摩尔多瓦议会发表声明，要求俄罗斯在2005年年底前从德涅斯特河左岸撤军，并在2006年年底前从德河地区撤走主要由俄军组成的维和部队。这是摩尔多瓦议会首次发表声明要求俄罗斯从摩尔多瓦撤军。但迄今为止，摩尔多瓦的要求尚未实现。2005年7月，摩议会通过法案，给予“德左”地区特殊行政地位，但同时强调“德左”地区是摩不可分割的一部分。

2006年9月17日，德涅斯特河沿岸地区举行全民公决，就“德左”未来地位等问题进行全民公决。78.6％的选民参加了全民公决（投票总人数超过31万人）。97.2％的选民表示支持“德涅斯特河沿岸共和国”的独立，96％的选民同意与俄罗斯结盟，94.6%的人反对与摩尔多瓦结盟。同日，摩尔多瓦首都基希讷乌市民在俄罗斯驻摩尔多瓦大使馆前举行示威游行，抗议俄罗斯支持德河东岸地区当局组织这次非法投票活动。9 月 18 日，摩尔多瓦共和国政府发表声明，不承认此次全民公决的结果。声明强调，解决德河地区问题的前提是尊重摩尔多瓦共和国的主权和领土完整。德涅斯特河沿岸地区全民公决引起了国际社会的广泛关注。俄罗斯认为，德涅斯特河沿岸地区全民公决遵守了所有的程序，是民主和开放的。而美国和欧盟、罗马尼亚、乌克兰及其他一些国家和组织则支持摩尔多瓦政府的立场。

2009 年 3 月，摩尔多瓦沃罗宁总统、俄罗斯总统梅德韦杰夫、“德左”领导人斯米尔诺夫在莫斯科就“德左”问题举行磋商。三方签署共同声明，同意在“德左”问题解决后将三方维和部队改为由文职人员组成的欧安组织部队。同年 8 月，欧洲一体化联盟上台执政。新政府主张在解决“德左”问题上加强对话与合作，争取推动这一问题早日解决。2010 年 6 月 24 日，摩尔多瓦代总统金普签署总统令，要求俄罗斯军队尽快无条件撤出。

悬而未决的德涅斯特河左岸问题至今仍是影响摩尔多瓦社会稳定的主要因素。一方面，摩尔多瓦与俄罗斯的分歧难以在近期内消除；另一方面，该地区的民族主义倾向也在增长，因此，该地区的政治地位会成为一个潜在的冲突点。

92. 为什么波罗的海三国的转型较为成功?

何　卫

波罗的海三国转轨的成功之处

国内外学术界对原苏东国家转轨进行了深入的研究，在一些问题上达成了共识，但对 20 年转轨的成效的评价，则有很大的差异。这既与研究人员掌握的资料多寡有关，也与研究方法不同密切相连。

邓小平在论述中国的改革开放时提出了“三个有利于”的标准，即衡量中国改革开放成败得失的尺度就是“是否有利于发展社会主义社会的生产力，是否有利于增强社会主义国家的综合国力，是否有利于提高人民的生活水平”[①]。而我们在评判原苏东国家的转轨是否成功时，却找不到衡量的标准。这就增加了评判的难度。

虽然我们没有客观而公正的衡量标准，但在国际上，普遍被人们接受的共识是：相对而言，波罗的海三国（爱沙尼亚、拉脱维亚和立陶宛）的转轨是较为成功的。这一成功主要体现在以下几个方面：

一是波罗的海三国都已加入了北约和欧盟。波罗的海三国始终认为，它们的安全面临的最大威胁来自俄罗斯，北约则能抵御这一威胁。2004 年 3 月 29 日，波罗的海三国终于与保加利亚、罗马尼亚、斯洛文尼亚和斯洛伐克一起加入了北约。自那时以来，波罗的海三国与北约的合作进展顺利。北约不仅在波罗的海三

① http://www.people.com.cn/GB/shizheng/252/5303/5304/20010626/497655.html.

国举行军事演习，而且还计划在那里部署军队。

在经济上，波罗的海三国将加入欧盟视为融入欧洲的必要途径，并将欧盟市场作为其发展对外经济关系的首要目标。2004 年 5 月 1 日，波罗的海三国终于加入欧盟。

北约和欧盟的成员国都奉行西方民主价值观和实施市场经济体制，因此，波罗的海三国能够被北约和欧盟接纳，充分说明三国的政治和经济体制已经融入西方。波罗的海三国在短短的十多年时间内就已实现这一目标，不能不说是“奇迹”。

二是市场经济体制得到初步确立。国有企业私有化打破了政府对经济生活的垄断，也使所有制结构改变了国家资本一统天下的局面，从而形成了私营、个体、集体、合资和股份制与国有经济成分并存的多元化格局。此外，商品市场、金融市场和劳动市场已经形成，以市场经济理念为基础的国家宏观调控体制也开始发挥越来越重要的作用。

三是与世界市场的联系越来越密切。在实施转轨之前，在斯大林“两个平行市场”理论的影响下，波罗的海三国与外部世界的联系主要局限在经互会内。在实施转轨的过程中，波罗的海三国不断发展与外部世界的联系，从而使对外贸易和外国资本在国民经济中的地位显著上升。

在这方面，爱沙尼亚的业绩尤为引人注目。爱沙尼亚认为，加入欧元区是其彻底融入欧洲、在经济上与欧洲实现彻底的一体化的必要途径。为此，爱沙尼亚在 2004 年 6 月 28 日将本国货币克朗纳入欧洲汇率机制第二阶段（ERMII）。根据有关规定，任何一个国家在加入欧元区之前，必须在被称作“等候区”或“假日港湾”的 ERMII 内等待不少于 2 年的时间。在此期间，其货币对欧元的汇率可在中心汇率上下 15％的区间内浮动。

此外，根据欧元区的“趋同标准”，爱沙尼亚必须在通货膨胀率、政府的财政收支（包括公共债务）、汇率、利率和中央银行的独立性共 5 个方面达到一定的标准。为此，爱沙尼亚采取了一系列措施，其中包括制定相应的法律，严格要求中央政府必须使财政预算保持基本平衡。因此，与其他一些转轨国家相比，爱沙尼亚的财政状况较好。如在 2010 年第二季度，公共债务相当于 GDP 的比重仅为 6.9％。通货膨胀率也不高，2010 年 9 月仅为 3.1％。

2010 年 5 月 12 日，欧盟委员会对爱沙尼亚加入欧元区的资格进行了评估，并在随后发表的声明中指出，爱沙尼亚政府在控制财政赤字、公共债务以及通货膨胀等方面做出了积极而有效的努力，达到了欧元区的“趋同标准”。6 月 8 日，欧元集团 16 国财长在卢森堡批准爱沙尼亚加入欧元区，6 月 17 日在布鲁塞尔召开的欧盟峰会做出了同样的决定。7 月 13 日，欧盟 27 国经济和财政部长在布鲁塞尔批准爱沙尼亚从 2011 年 1 月 1 日起加入欧元区，并通过了相关法律。

立陶宛和拉脱维亚也希望早日加入欧元区。由于它们尚未满足欧盟的有关经济指标，目前还处在等待状态。但能够提出加入欧元区的申请，充分说明两国融入欧洲的决心是巨大的。

四是国民经济构成发生了重大变化。世界各国的经济发展进程表明，第三产业的加快发展有利于建立和完善市场经济体制，有利于加快经济发展，有利于提高国民经济素质和综合国力，有利于扩大就业，缓解就业压力，也有利于提高人民生活水平。众所周知，在转轨之前，原苏东国家的第三产业在国民经济中的地位很低。经过 20 年的努力，第二产业在经济中的比重大幅度缩小，第三产业则获得了较快的发展。如下表所示，三国的第三产业已接近或超过 70%。

波罗的海三国的第三产业在国民经济中的地位（占 GDP 的%）

	第一产业	第二产业	第三产业
爱沙尼亚	2.7	29.1	68.2
立陶宛	3.4	27.9	68.7
拉脱维亚	4	21.7	74.4

资料来源：https：//www.cia.gov/library/publications/the－world－factbook/geos/lh.html.

五是在较短时间内克服了转轨导致的“阵痛”。原苏东国家的转轨进程伴随着生产的大幅度下降，下降幅度甚至可与 20 世纪 30 年代的资本主义世界经济大萧条相比。但是，相比之下，波罗的海三国生产下降的幅度相对而言不大。三国在 1994—1995 年就开始走上了复苏之路，此后取得的增长率是其他许多转轨国家望尘莫及的。

统计数字表明，在 1991 年至 2010 年期间，立陶宛的 GDP 总额从 13 亿美元扩大到 363 亿美元，爱沙尼亚从 6 亿美元上升到 192 亿美元，拉脱维亚从 10 亿美元增加到240亿美元。这些增长幅度在所有转轨国家中是较为引人注目的。2010年，爱沙尼亚、立陶宛和拉脱维亚的人均GDP（按购买力平价计算）已分别达到1.9万美元、1.6万美元和1.4万美元。

六是政治转轨基本完成。在政治领域，波罗的海转轨的成效也十分显著。例如，以民主选举为基础的多党制在不断完善。由于波罗的海三国大力发展具有西方特色的政党政治，各类政党如雨后春笋般地出现在三国的政治舞台上。尤其在各种选举来临之际，各政党都提出了多种多样的竞选纲领。又如，以“三权分立”为基础的西方政治体制业已确立。1992年7月3日生效的爱沙尼亚宪法确定爱沙尼亚是独立的民主国家，独立和主权至高无上，并实行三权分立的多党议会民主制。拉脱维亚于1993年7月6日通过决议，恢复1922年的宪法。这一宪法确定，拉脱维亚是独立的民主共和国，实行“三权分立”，议会是国家最高立法机构。立陶宛在1992年10月25日举行的全民公决通过了宪法。这一宪法规定，立陶宛是独立的民主共和国，主权属于全体人民，公民权利一律平等。宪法还规定，立陶宛为议会制国家，议会是国家最高立法机关。

波罗的海三国转轨的理论基础

理论是人们对客观事物本质及其运动规律进行科学认识后的归纳。它既是实践的总结，又是实践的向导。原苏东国家实施的各项改革政策表明，它们的转轨是以新自由主义为理论基础的。新自由主义是在继承资产阶级古典自由主义经济理论的基础上发展起来的一种理论思潮。它反对和抵制凯恩斯主义，主张最大限度地限制国家干预的范围，最大限度地利用市场机制的力量，由私人资本协调一切社会经济活动。它反对公有制，推崇私有制，认为私有制具有内在的稳定性。

20世纪70年代之后，凯恩斯主义学说因无法解释西方发达国家中的“滞胀”现象而遭到越来越激烈的攻击，新自由主义的各种学派应运而生。这些学派是对凯恩斯革命的一次“反革命”，试图恢复经济自由主义在经济理论中的正统和主流地位。

不容否认，原苏东国家的领导人从不在公开场合赞同新自由主义，甚至在竞选时还高举反新自由主义的大旗。但是，我们很难说这些领导人的思想没有受到新自由主义的影响。事实表明，在全球化时代，由于信息流通不断加快，人员交流日益频繁，新自由主义思想很容易以各种方式进入原苏东地区，并对一些国家的领导人产生深远的影响。

同样不容忽视的是，一些国际金融机构利用原苏东国家急于得到经济援助的心理，将新自由主义改革方案附加在贷款的条件上。1991年7月，由于戈尔巴乔夫非常希望在参加西方七国首脑会议期间得到西方发达国家的援助，他终于接受了西方提出的要求，其中包括在经济上引进市场机制和实行私有化，在政治上同意联盟中央与加盟共和国实行分权，不对有意退出苏联的加盟共和国使用武力，等等。克林顿入主白宫后，进一步提出了迫使原苏东国家走新自由主义道路的要求，并利用国际货币基金组织（IMF）的贷款来左右其转轨的方向。据报道，1995年，叶利钦在IMF贷款协议的签字仪式上说，俄罗斯考虑的问题就是如何使IMF及其总裁康德苏满意，如何确立俄罗斯在西方国家心目中的形象。俄罗斯除了对IMF做出加快私有化步伐的允诺以外，还撤销了不受西方欢迎的、对私有化计划持异议的副总理兼国家财产委员会主席列瓦诺夫的职务。

当然，新自由主义对不同转轨国家的影响是不同的。一般说来，它对俄罗斯的影响最大。萨克斯为盖达尔政府炮制的休克疗法，就是典型的新自由主义经济计划。休克疗法的主要内容是：一次性全面放开价格，实行紧缩的财政政策和货币政策，推动贸易自由化，实施大规模的私有化。由于这一新自由主义改革方案不符合俄罗斯的实际情况，违反经济规律，并伴随着多方面的内在矛盾，因此休克疗法以失败告终。应该指出的是，当年主管俄罗斯经济的盖达尔和丘拜斯后来都承认，即使没有萨克斯，俄罗斯也会采取以新自由主义为指导的经济政策，因为他们都信奉这一理论思潮。

针对转轨进程中出现的各种问题，许多人指出了新自由主义造成的不良后果。例如，乌克兰学者帕夫洛夫斯基指出，“颓废的新自由主义社会哲学把乌克兰的改革引上了经济、社会和道德崩溃的轨道。……既然乌克兰当今改革的思想是建立在以亚当·斯密的市场经济思想为滥觞的新保守主义、新自由主义和弗里德曼的货币主义经济政策的思想之上的，那么，这一思想自然与有组织犯罪和贪污受贿的意识形态并不矛盾”。他进而指出，“乌克兰由于受到国际金融组织的压力和俄罗斯的影响，由于乌克兰头几届政府不能独立决策，怀有半奴隶心态，由于‘改革者’浅薄无知，听从外国二流顾问的建议走上了自由竞争的道路，（因此乌克兰）采用了反映出新保守主义学派思想，并把弗里德曼的货币主义经济政策奉为圭臬的古典资本主义模式”。这位乌克兰学者还认为，放弃休克疗法，放弃新自由主义，就能够消除乌克兰经济中存在的种种怪现象。①

除新自由主义以外，“华盛顿共识”也对原苏东国家的转轨产生了一定的影响。正如著名的波兰经济学家科勒德克所指出的那样，“尽管最初形成的‘华盛顿共识’与转轨国家毫无关系，然而，这一‘共识’对东欧、原苏联及亚洲社会主义国家的思维及行动方式产生了极大的影响。”

“华盛顿共识”是美国国际经济研究所前所长约翰·威廉姆逊提出来的改革计划。它包括以下内容：(1) 加强财政纪律，压缩财政赤字，降低通货膨胀率，稳定宏观经济形势；(2) 把政府开支的重点转向经济效益高的领域以及有利于改善收入分配的领域（如文教卫生和基础设施）；(3) 开展税制改革，降低边际税率，扩大税基；(4) 实施利率市场化；(5) 采用一种具有竞争力的汇率制度；(6) 实施贸易自由化，开放市场；(7) 放松对外资的限制；(8) 对国有企业实施私有化；(9) 放松政府的管制；(10) 保护私人财产权。威廉姆逊认为，上述政策工具不仅适用于拉美，而且还适用于其他有意开展经济改革的国家。在他看来，“华盛顿共识”似乎是放之四海而皆准的“灵丹妙药”。

“华盛顿共识”的试验地有两块：一块是原苏东国家，另一块是发展中国家。在原苏东国家这块试验地上，播下的是“华盛顿共识”的种子，长出的是“休克疗法”的苗子，收获的却是经济衰退甚至是经济崩溃的果子。②

原苏东国家的一些经济学家对“华盛顿共识”进行了有力的批判。例如，科勒德克认为，“华盛顿共识”仅仅是对拉美经验的总结，因此“处于不同困难状况的其他国家”很难从“华盛顿共识”中得到“令人满意的答案”。他还指出，“华盛顿共识”的炮制者认为，“对于后社会主义转轨经济，只要它们能够充分地修复财政基础，将大量国有资产私有化，随后即可达到可持续的经济增长。可惜这一允诺的前景从未实现过。因此，有必要对‘华盛顿共识’重新检讨。”在科勒德克眼中，“华盛顿共识”从来就没有什么标准的定义，不同的实践者对它总

① （乌克兰）帕夫洛夫斯基著，何宏江等译：《过渡时期的宏观经济——乌克兰的改革》民主与建设出版社 2001 年版，第 186—187 页。

② 《斯蒂格利茨对“华盛顿共识”的批判》，环球视野网站，http：//www.globalview.cn/ReadNews.aspNewsID=224。

是断章取义，任意发挥。[①]

毋庸置疑，“华盛顿共识”片面强调市场机制的功能和作用，轻视国家干预在经济和社会发展进程中的重要性和必要性，因此，照搬这一改革方案的转轨国家遇到了各种各样的问题。但是，我们也应该注意到，“华盛顿共识”中有一些合理的成分。例如，对于那些通货膨胀率居高不下的转轨国家来说，加强财政纪律或许是当务之急。对于那些国内资本积累能力较弱的国家来说，放松对外资的限制无疑是非常必要的。而对于所有转轨国家来说，通过减少国家干预等手段来强化市场机制，则更是一个必须要完成的任务。众所周知，几乎所有原苏东国家的转轨都以新自由主义和华盛顿共识为理论基础的，而有些国家的转轨充满了坎坷，波罗的海三国则较为顺利。由此可见，是否奉行新自由主义理论或是否采纳“华盛顿共识”并不是成功与否的关键。因此，这一理论基础不应该是导致波罗的海三国的转轨较为成功的原因。

波罗的海国家转轨的特点

在影响转轨成效的诸因素中，初始条件被认为是较为重要的。例如，世界银行的经济学家德梅洛等人在分析世界上所有转轨国家的业绩时指出，初始条件的不同，会对经济转轨的成效产生一定的影响。他们将初始条件分成三大类：(1)结构性因素，如工业占GDP的比重、城市化水平、贸易依存度、自然资源禀赋以及居民的收入水平。(2)国民经济中的各种扭曲，如通货膨胀长期被压制，官方汇率与黑市汇率的差幅很大，以及经互会成员国之间的贸易活动与世界市场脱节，等等。此外，德梅洛还考虑到了转轨之前的经济增长率以及一些国家（如匈牙利、波兰、南斯拉夫和保加利亚）过去进行的不同程度的改革对目前转轨产生的影响。(3)制度性因素。这一类因素包括：第一，有些国家过去曾试图建立一些法律框架或完善制度建设。第二，有些国家的地理位置临近西欧，因而与西方

① （波兰）格泽戈尔兹·科勒德克著，刘晓勇等译：《从休克到治疗：后社会主义转轨的政治经济》，上海远东出版社2000年版，第142页。

的接触比较多。第三，有些国家独立后在确立独立国家所需的政治体制方面缺乏经验。[①]

波罗的海三国的初始条件并不好。但这些国家却能克服这一制约因素，实施了稳妥而有力的改革，仍然取得了显而易见的成就。由此可见，波罗的海三国的成功可能与其转轨进程的以下特点有关：

首先，波罗的海三国基本上能保持政局稳定。世界各国的发展进程充分说明，政治稳定是发展必要条件之一。很难想象在一个政治动荡不安的环境中能鼓励投资和推动经济发展。

美国的“自由之家”负责人卡拉特涅基在一篇文章中指出，[②] 经济转轨与政治改革似乎是相互促进的。他认为，政治改革力度大的国家，往往也是那些经济改革力度大的国家。而政治改革不彻底的国家，也正是那些经济转轨成效较差的国家。此外，政治改革和经济改革的程度与人均收入也存在着高度的相关性，已经建立稳固的民主制度的国家的人均收入是 4121 美元，是那些中间类型的转轨国家的 3 倍，是威权主义国家的 5 倍。[③]

应该注意到，波罗的海三国的政治转轨与经济转轨是同步进行的。在西方国家的鼓动下，波罗的海三国在实施经济转轨的过程中不遗余力地推动政治民主化，并建立了西方式的三权分立政治体制。与乌克兰等国相比，波罗的海三国的政治转轨较为平稳，尽管有时也出现政府更迭较为频繁的现象。

其次，波罗的海三国经济转轨采用了“急进”的方式。不可否认，“急进”与“渐进”相比的孰优孰劣，是一个仁者见仁、智者见智的问题。1992 年诺贝尔经济学奖得主贝克认为，转轨的最佳途径是迅速地进行大规模改革，不要等到确定了改革的“正确”顺序之后才行动，因为迅速的变革能够使转轨受到市场力量的引导，不是受政府计划者或经济学家人为的指导。他还认为，迅速进行重大的改革，能够防止那些“从共产主义体制中获益的各种各样的利益集团”有效地

---

① M. 德梅洛、C. 丹尼泽、A. 盖尔伯：《从计划到市场：转轨的模式》，世界银行，1996 年。

② “自由之家”自称是一个非营利的无党派组织，成立于 60 年以前，其成员是美国的一些政治家、工商界人士和学者。

③ A. 卡拉特涅基：《转轨国家 1999—2000：从后革命的停滞到发展》，思想评论网站（http：//intellectual. members. easyspace. com/note/nations%20in%20transit. htm）。

组织起来，因为在转轨之初，这些集团还处于守势，没有政治实力来反对“激进的和不可逆转”的转轨。贝克甚至说，捷克共和国总理克劳斯也认为转轨进程必须快速地进行。贝克认为，“200多年前亚当·斯密在其《道德情操论》中也提出了同样的思路：重要的公共政策变革，不能像象棋大师在落子时那样精确算计”。①

诚然，在某些情况下，转轨和改革需要采取有力而迅速的行动，以便为进行重大变革打开这扇狭小的希望之窗。② 此外，延误改革（尤其是价格领域和贸易领域中的改革）有时也会导致严重的通货膨胀和缓慢的经济复苏。但是，为加快转轨而盲目地“急进”则容易出现“欲速则不达”。

波罗的海三国的“急进”之所以能取得成功，在一定程度上与下述2个重要因素有关：首先，这几个国家都是小型经济体，真所谓“船小好调头”。其次，政治家和民众求变的心态较为强烈，这与某些转轨国家“思念昔日之美好时光”形成了鲜明的对比。

第三，波罗的海三国较为注重制度建设。制度建设涉及一个国家的立法程序以及执法体系是否完善以及是否科学。只有在完善和科学的法律体系中，市场经济制度才能生存和发展。正如诺贝尔经济学家获得者D. 诺斯所说的那样，制度是为人类设计的、构造着政治、经济和社会相互关系的一系列约束。制度是由非正式约束（道德约束力、禁忌、习惯、传统和行为准则）和正式的约束（宪法、法令、产权）所组成。制度也是一个社会的游戏规则，或是人类设计出来的改变人们相互影响的约束。③ “有些变革的确可以在一夜间发生。市场可以开放，对小企业的限制可以取消，外汇控制措施可以废止。这些只要大笔一挥即可完成。宏观经济稳定化措施也可以很快得以实施，甚至是利用简单的政策工具就能做到。但绝大多数其他类型的改革则肯定是进展缓慢的。正式的私有化可能用一至二年就能实现，但改变大企业的基本管理方法几乎总是要花费更长的时间。开发

① G. 贝克：《转轨的经验》，1996年，思想评论网站（http://intellectual. members. easyspace. com/transits/transforming%20communist%20economies. htm）。

② 世界银行：《世界发展报告》，中国财经出版社1996年版，第9页。

③ Douglass C. North, Institution, Institutional Change and Economic Performance, Cambridge University Press 1990, p. 3. 转引自孔田平：《制度变迁与经济转轨：对原苏联和东欧10年经济转轨的思考》，《东欧中亚研究》2001年第1期。

支持市场的体制，如法律和金融体系，要花费数年乃至数十年的时间，因为这涉及技能、组织和态度的根本性变化。”①

在某种意义上，经济转轨是一个制度重建的过程。市场经济所需要的除了私有制以外，还有一种适应其需求的制度。换言之，在转轨的过程中，制度建设是必不可少的。正如科勒德克所说的那样，“转轨过程中发生如此大范围的经济衰退，只能用既无计划也无市场的制度真空来解释。这种制度真空状况持续时间之久，大大超出了当初‘休克疗法’的利益团体的设想”。②

事实表明，与其他一些转轨国家相比，波罗的海三国较为注重制度建设，尤其重视法制建设。因此，波罗的海三国的腐败问题不及其他转轨国家那样严重，转轨的成本相对较小。

第四，波罗的海三国能吸引较多的外国资本。原苏东国家在实施转轨之初面临的困难之一就是国内资本积累能力弱，投资率得不到大幅度的提高。此外，它们还面临着债务负担沉重或外汇储备减少等对外失衡问题。这些问题因经互会解体后传统的贸易联系中断而变得更为严重。因此，能否获得足够的外部资金（包括国际私人资本、发达国家政府以及国际货币基金组织和世界银行等国际机构的援助），便成为转轨能否取得成功的关键因素之一。

不同国家在减少对外失衡方面取得的成效是不同的。根据其成效的不同，国际货币基金组织在 1998 年将转轨国家分为两组。第一组国家包括波罗的海三国、克罗地亚、捷克、匈牙利、波兰、斯洛伐克和斯洛文尼亚。③ 这些国家已大幅度地降低了它们的对外失衡，充实了国际外币储备，并且不再向国际货币基金组织和其他官方机构借债，因为它们能获得国际私人资本，如国际债券、银团贷款、外国直接投资以及采用购买国内债券和股权等形式的境外投资。大多数国家已获得了穆迪公司和标准普尔公司等国际评级机构的“投资等级”，因此，它们能吸

---

① 世界银行：《世界发展报告》，中国财经出版社 1996 年版，第 9 页。

② （波兰）格泽戈尔兹·科勒德克著，刘晓勇等译：《从休克到治疗：后社会主义转轨的政治经济》，第 130 页。

③ 张驰在比较俄罗斯和波兰转轨的绩效时指出，波兰的转轨之所以比俄罗斯成功，与多个因素有关，其中包括：（1）波兰获得了大量侨民的投资；（2）波兰得到了大量西方援助。这两个因素加快了波兰经济复苏的步伐，有助于波兰减轻不良的社会经济状况对制度选择的约束。参见张驰：《俄罗斯与波兰转轨绩效的动态比较》，《俄罗斯中亚东欧研究》2003 年第 5 期，第 36 页。

引较多的外资。第二组包括阿尔巴尼亚、保加利亚、罗马尼亚、前南斯拉夫国家以及大多数原苏联国家。在这些国家中，有些得到了国际信用评估机构“无投资级别”的评级，有些国家则没有获得评级。因此，这些国家进入国际资本市场的途径非常有限或根本没有，获得的外国直接投资也微乎其微。

波罗的海三国之所以能吸引较多的外国资本，既是因为三国拥有优越的地理位置，也是因为其投资环境得到了改善。在改善投资环境方面，以下因素尤为重要：政局稳定、政府矢志改革的决心强大、经济复苏较快、法律体系较为完善。

第五，波罗的海三国能在较短时间内稳定宏观经济形势。宏观经济形势的稳定有助于克服经济增长率的大起大落，有助于强化国内外投资者的信心，因此也是有助于推动转轨进程的。在实行转轨以前，波罗的海三国的商品供给长期不敷需求，消费者只能不自愿地积聚货币持有量，从而使“货币过剩”的现象非常突出，通货膨胀被长期压抑。转轨进程起步后，政府采取的一个重要措施就是实行价格自由化。然而，一方面，价格放开后通货膨胀率大幅度上升；另一方面，由于财政收入急剧下降，巨大的财政赤字只能通过印刷钞票来弥补，从而加大了通货膨胀压力。

由于公众对本国银行体系缺乏信心和宁愿持有现金，货币的乘数作用极低。由于没有存款，银行不能发挥金融中介的作用，因此也无法有效地通过动员储蓄来为新投资融资。此外，居高不下的通货膨胀率扰乱了价格信号，削弱了消费者的储蓄能力，也打击了国内外投资者的信心。因此，能否成功地控制通货膨胀，在很大程度上影响了转轨的成效。

不同转轨国家解决通货膨胀问题的方式是各不相同的。波罗的海三国是用货币局制度来控制通货膨胀，因而避免了货币的快速贬值。① 当然，货币局制度并非十全十美，但它在帮助波罗的海三国稳定宏观经济形势方面的积极作用不容低估。

在波罗的海三国，爱沙尼亚实施货币局制度的积极成效尤为显著。其中最为

---

① 货币局制度是一种汇率机制。它有两项基本原则：一是本国货币汇率盯住一种作为基准的外国货币；二是本国中央银行所发行的货币保证完全以外汇储备作为后盾。货币局制度不同于中央银行制度。两者的主要区别是：在货币局制度下，货币的发行量受外汇储备限制；而在中央银行制度下，政府和商业银行都可通过向中央银行借款来发行货币，不受外汇储备的限制。由此可见，中央银行在制定货币信贷政策方面的自由度要大于货币局制度。

显著的成效之一是成功地控制了通货膨胀。1992 年，爱沙尼亚的通货膨胀率高达 1069.3%，翌年就下降到两位数。此外，由于货币局制度限制了货币当局向政府提供信贷的能力，因此，爱沙尼亚政府只能实施谨慎的财政政策。这在一定程度上帮助政府有效地控制了财政开支，使财政赤字保持在较低的水平上。与其他转轨国家相比，爱沙尼亚的财政赤字占国内生产总值的比重是很低的。①

第六，波罗的海三国能制定并实施恰如其分的改革措施。无论转轨国家采取激进或渐进的转轨步伐，决策者难以回避这样一个问题：如何在设计转轨方案时不是使各项政策措施前后矛盾或相互冲突，而是充分考虑到不同政策的顺序以及各个环节之间的联系，使各项改革政策统筹兼顾、相互协调、相得益彰。事实表明，“错误运用不合适的原则或听从错误的政策建议，会对政策形成及其效率产生负面影响。相应地，不合适的政策和缺乏良好的转轨及发展战略已使一些后社会主义国家走入死胡同。”② 俄罗斯在推出价格自由化后不久就实施私有化，不仅放大了价格自由化本身带来的副作用，而且还加剧了私有化进程的难度。可见，价格自由化与私有化这两个政策之间应该有一时间间隔段。在乌克兰，克拉夫丘克政府在国内市场竞争体系缺位和生产萎缩的条件下，盲目地在俄罗斯放开价格后立即步其后尘，使通货膨胀率一度达到 5 位数，严重扰乱了市场信号。

在国际货币基金组织和经济合作与发展组织（OECD）的建议下，波罗的海三国将政策重点置于以下几个方面：一是维系宏观经济稳定，二是确保各个政策之间的协调性。这一做法既减少或缩短了通货膨胀率居高不下的时间，又为其他领域的改革创造了良好的宏观经济环境；既避免了转轨进程中容易出现的“头痛医头，脚痛医脚”的局面，又提高了各个领域的改革措施的效率。

第七，波罗的海三国能较为成功地应对对外经济关系发生重大变化后遇到的消极影响。苏联的解体以及“社会主义阵营”的瓦解，使转轨国家的对外经济关系发生了重大变化。诚然，就长期趋势而言，这一变化有利于这些国家参与世界经济一体化，有利于它们与西方世界建立密切的联系和合作。但这一变化带来的近期影响却是消极的。因此，如何应对这样一种不确定性，遂成为波罗的海三国

---

① 参见江河：《爱沙尼亚的货币局制度》，《俄罗斯中欧东亚市场》2008 年第 5 期。

② （波兰）格泽戈尔兹·科勒德克著，刘晓勇等译：《从休克到治疗：后社会主义转轨的政治经济》，第 416 页。

能否成功地推动经济转轨的关键因素之一。

有些转轨国家面对原有对外经济关系的崩溃而束手无策或依赖于俄罗斯，而波罗的海三国则积极发展与西方国家的多元化关系。当然，波罗的海三国的这一转型与西方国家的战略意图是一拍即合的。

如前所述，加入北约和欧盟是波罗的海三国的国策。为了达到这一目标，三国在经济、政治、外交、社会和国防等领域做出了巨大的努力。其结果是，加入北约和欧盟产生了不可多得的良性循环。

综上所述，虽然波罗的海三国的转轨被认为是较为成功的，但并非一帆风顺。三国都在转轨之初遭遇过经济停滞不前而通货膨胀居高不下的“阵痛”，银行体系也曾陷入过危机。波罗的海三国还因其经济的对外依存度高而成了次贷危机引发的全球金融危机中最脆弱的新兴市场国家。此次危机暴露了三国经济的诸多缺陷，因此三国还需要继续探寻适合于自身特点的发展模式和发展战略。

第六编

中东欧国家

93. 中东欧国家政治转型有哪些类型和特点？

项佐涛

中东欧国家政治转型始于 20 世纪 80 年代末 90 年代初的剧变，其整体目标是一致的，都可看作“从集权统治向民主转轨的更一般现象中的次范畴”[①]。但是，20 年来中东欧国家政治转型的模式并不相同，大体上可分为两类：一类是平稳演进型，属于这类的国家有波兰、匈牙利、捷克、斯洛伐克、罗马尼亚、保加利亚、阿尔巴尼亚和斯洛文尼亚。在这些国家，政治转型相对比较平稳，只是在初期经历了短暂的政局动荡。竞争性民主作为一种政治设计被民众和主要政党广泛接受。活跃于政坛的主要政治力量是代表不同经济利益集团的政党，它们主要通过意识形态的不同和政治经济政策的差异来吸引选民，政党之间的关系也比较融洽。另一类是冲突裂变型，属于这类的国家有前南地区的塞尔维亚、黑山、克罗地亚、波黑和马其顿。在这些国家，政治转型一波三折，伴随着国家分裂和不同民族间的战争。政党政治也不成熟，尽管建立了多党制，但大多数政党都是民族主义政党，通过煽动民族主义情绪来获得民众的支持；政党关系也比较紧张，选举过程常伴随暴力，选举结束后各政党常常不能理性地接受选举结果和通过妥协组成联合政府，以致政府常常难产。

一、平稳演进型国家转型的特点

平稳演进型国家政治转型的总体特征是民主化朝着接近西欧民主模式的方向发展。这些国家的政治转型大体经历了三个阶段。第一个阶段是政党政治重组阶

---

① Russell Bova，Political Dynamics of the Post－Communist Transition：A Comparative Perspective，World Politics，Vol．44，No. 1，1999，pp. 113－138.

段，其特点是右翼政党执政，多党林立，政党分化，政党关系紧张。第二个阶段是政党政治成熟阶段，其特点是中左、中右政党轮流执政，政党关系平和，形成左、中左、中右、右阵线分明的政党格局。第三个阶段是新民粹主义政党兴起阶段，其特点是中左、中右翼政党趋同并伴随着不同程度的式微，新民粹主义政党的兴起挑战了传统左右均衡的政坛格局。

剧变初期，中东欧各国都出现了多种不同类型的政党，由于意识形态和纲领主张的分歧，它们彼此关系较为紧张。在除罗马尼亚之外的其他国家，以反共产党为主要特征的右翼政党占据了绝对优势。共产党的后继党中，无论是坚持马克思主义的共产党，还是改弦更张的社会民主党，处境都非常艰难。反对派上台后，绝大多数共产党成为非法政党而被禁止活动，党产被没收；社会民主党虽然获得了合法地位，但反对派也总是抓住后继党的历史问题不放，借反共来降低其在民众中的支持率。共产党与社会民主党的关系也非常紧张。社会民主党为了摆脱历史包袱，不愿意与共产党合作，甚至在选举中也打出反共的旗号。因而，在大部分国家的政坛出现了一种奇怪的现象：同为社会主义政党的社会民主党与共产党之间的距离，要比社会民主党与右翼政党之间距离更大。社会民主党在选举中宁愿和中右翼的自由民主党结盟，也不和共产党结盟。[①] 右翼政党之间的合作也并不愉快。由于意识形态和政策主张的不同，政党间争吵时有发生。

在党际关系紧张的同时，各政党内部也纷争不断，分裂和重组比较普遍。右翼政党多由形形色色的反对派演变或组合而成，“各种派别集结在反共的旗帜下，容易表现出统一、和解和团结。一旦共同的敌人消失了，离心倾向就再次出现了”。[②] 波兰团结工会起初分裂为支持瓦文萨的“中间协议会”和支持马佐维耶茨基的“民主行动公民运动”两派，后又分裂成自由联盟、中派联合党、农民联盟、团结工会等十几个立场各异的政党和政治组织。捷克斯洛伐克的公民论坛分化为社会民主党、“复兴俱乐部”、“左派选择”、公民民主党和公民运动。匈牙利的民主论坛分裂为民主论坛和真理与生命党。阿尔巴尼亚的民主党也分裂出民主

① Lubomír Kopeek, Pavel Peja, Czech Social Democracy and its “Cohabitation” with the Communist Party: The Story of a Neglected Affair, www. sciencespo. site. ulb. ac. be/dossiers _ supports/pavel2. doc , 2008—08—05.

② S. Berglund and J. A. Dellenbrandt, eds. , The New Democracies in Eastern Europe: Party Systems and Political Cleavages, Aldershot: Edward Elgar Publishing, 1991, p. 7.

联盟党和新民主党。左翼政党则由于意识形态定位上的分歧而发生分裂。罗马尼亚救国阵线分裂为左翼的伊利埃斯库派和右翼的罗曼派，前者几经演变成了社会民主党，后者成了民主自由党。匈牙利社会党在1990年发生分裂，波日高伊脱离社会党，另组国家民主联盟。捷克—摩拉维亚共产党，目前已分裂为捷摩共、左翼—民主左派党和捷克斯洛伐克共产党人党三个党。

以反共为核心的激进的政治狂潮并没有持续很久。许多中东欧人在剧变之初认为把共产党赶下台，实行了西方的那一套政治经济模式，国家就能快速发展，迅速赶上西欧。然而，这样的梦想带来的却是通货膨胀、社会动荡和混乱、生活水平下降。在痛苦的现实面前，民众对政府的评判标准开始从感情上的好恶转向经济上的成绩。面对自己曾寄以民族复兴希望的右翼政党治国无术的事实，他们不得不考虑新的选择。各国社会民主党抓住这个机遇，明确自己有别于右翼政党的民主社会主义的政策主张，并日益赢得民众的支持。最终，从1993年开始，各国社会民主党相继执掌政权。与此同时，一些国家的共产党在政坛的影响也逐渐扩大，例如，在1996年的议会大选中，捷摩共获得了10.33%的选票，成为议会第三大党。[①] 有学者将其称为“左翼的回归”。[②]

左翼的回归表明了中东欧反共浪潮的消退和政治理性的恢复。各政党在选举中不再打反共的牌，而是侧重于改善国计民生的策略。选民在选举中投谁的票不再根据这个党与共产党有什么历史瓜葛，而主要看该党的政策主张是否符合自身利益的需要。意识形态被淡化，左右阵营的关系也随之由紧张到缓和，各党认识到，多党政治的规则就是轮流执政。与此同时，经过几年的分化重组，左翼、右翼阵营内部阵线分野也逐渐清晰。左翼力量的主要代表是共产党，如捷摩共、阿尔巴尼亚劳动党、保加利亚工人党、斯洛伐克共产党、罗马尼亚共产党等。中左翼的主要代表是社会民主党，有由原执政的共产党演变而来的“改建社会党”，如波兰社会民主党等；有“重建社会党”，如捷克社会民主党等；有剧变后新建的社会民主主义政党，如波兰劳动联盟等。中右翼政党的主体是自由民主党，有

---

① Daniel Kuntát, Public Support to the KSM after 1989: Historical Grounds, Political and Social Context, Perspectives, www.cvvm.cas.cz/upl/nase _ spolecnost/100033se _ Kunstat—kscm%20EN.pdf, 2007—09—20.

② 参见 Charles Bukowski, Barnabas Racz and Edward Elgar, The Return of the Left in Post—communist States, Cheltenham: Edward Elgar Publishing, Inc. ,1999。

民主党，如捷克公民民主党等；有带有宗教性质的保守党，如波兰全国基督教运动等。右翼的主要代表是民族主义政党，如保加利亚的土耳其人“争取权利与自由运动”等。

然而，近年来，这种左右均衡的政治格局却出现危机。为了加快入盟步伐和吸引更多投资，中左、中右政党上台后都采取了相似的政策，即进行私有化、开放市场、降低税收等新自由主义的措施，导致政府税收减少，无力进一步完善社会保障体系和改善人民生活质量。另外，中左、中右政党都不能很好地解决腐败问题。民众因而得出这样的印象，即传统的左右翼政党都是无能的，它们只是代表资本和自身利益，而不关心普通民众的利益。部分民众开始怀疑政府，怀疑政党政治。他们认为，政客们只关心自身利益，任何政党上台都不能改变自己的生活状况。民众的这种政治怀疑主义通过他们不积极参加投票表现出来。与此同时，部分民众“喜新厌旧”，寄希望于一个“超越传统左右”的新型政党和一个“非官僚”的魅力领袖来改变现状。

新民粹主义政党的出现迎合了选民。与传统政党相比，新民粹主义政党具有以下特征：第一，意识形态的随意性和模糊性。新民粹主义政党“在意识形态上是空心的，使它可以成为进步者的、反动者的，民主主义者的、独裁者的，左派的和右派的工具”。[①] 它们可以随意地与其他类型政党结成联盟。有学者指出：“在民粹主义时代，阵线不再位于左和右，改革者和保守者之间。”[②] 第二，政策的投机性。新民粹主义政党的政策就是“取悦于民”。经济上，针对民众对生活状况的不满，它们认为，广大民众普遍贫困的根源在于政治精英和经济精英结合在一起共同窃取了转型所带来的利益，因而应当在精英和普通人民间重新分配财产。[③] 政治上，针对民众对传统政党的不信任，它们主张民主非自由主义（Democratic Illiberalism），即接受民主却反对自由主义。[④] 它们认为，现存的政党政

---

① Paul Taggart, Populism, Philadelphia: Open University Press, 2000, pp. 1—22.

② Ivan Krastev, The Populist Moment, http://www.eurozine.com/articles/2007－09－18－krastev－en.html，2007－09－18.

③ Grigorij Mesenikov, Oga Gyárfáová, and Daniel Smilov, eds., Populist Politics and Liberal Democracy in Central and Eastern Europe, Bratislava: Institutie for Public Affairs, 2008, p. 10.

④ Ivan Krastev, The Populist Moment, http://www.eurozine.com/articles/2007－09－18－krastev－en.html，2007－09－18.

治使民主选举形同虚设，选民只能在政党推举出的政客中间做出选择。结果，政治精英控制了所有政治资源，而不受选民约束。据此，新民粹主义政党标榜自己代表所有人利益，而不是代表左右利益集团。对外政策上，新民粹主义政党的对外政策是一种奇怪的混合物，渴望与担忧并存。它们是本国融入欧洲的最坚决的支持者，但却担心本国可能会沦为欧洲发达国家的附庸。这种矛盾的对外政策正好反映和迎合了中东欧国家大部分民众的复杂心理特征。[①] 第三，塑造魅力型的领袖。绝大多数新民粹主义政党的活动受领袖的影响比较大。保加利亚欧洲公民发展党有其魅力领袖鲍利索夫，波兰法律与公正党有其魅力领袖卡钦斯基兄弟，罗马尼亚民主自由党有自己的领袖伯塞斯库等。在实践方面，各党极力塑造领袖的平民、反腐和非官僚形象。例如，鲍利索夫担任过日夫科夫和西美昂二世的保镖，欧洲公民发展党借此渲染鲍利索夫神秘英雄的形象。史泰龙主演的电影《眼镜蛇》在保加利亚上映后，一些媒体便报道说鲍利索夫就是电影中打击坏人和腐败的英雄警探。

自 2004 年开始，标新立异的新民粹主义政党影响迅速扩大。在波兰 2004 年的议会选举中，法律与公正党获得了 9.5％的选票；在 2005 年的议会大选中，法律与公正党以 27％的选票成为议会第一大党，获得组阁权。在匈牙利，青年民主主义者联盟—匈牙利公民联盟在 2006 年的议会大选中共获得 386 个议席中的 164 席，成为议会第二大党；在 2010 年的议会选举中，青民盟和基民党竞选联盟赢得 206 席获得组阁权。在斯洛伐克，民主斯洛伐克运动—人民党在 2006 年大选中获得 8.79％的选票，成为执政联盟中的一员。在罗马尼亚，民主自由党在 2008 年的议会大选中获得 115 个议席成为议会第一大党并上台执政。在保加利亚，保加利亚公民欧洲发展党在 2009 年 7 月举行的议会选举中，以 39.7％比 17.7％的巨大优势再次战胜社会党。

综上所述，平稳演进型国家的民主化水平在第二个阶段与西方国家最为接近，而在第三个阶段又与西方国家出现了差异。在西欧国家，新民粹主义色彩的政党近年来在选举中影响日益扩大，但没有任何一个党成为该国政坛上的主角。在中东欧国家，大多数新民粹主义政党都已上台。

---

① Paul Blokker，Populist Nationalism，Anti－Europeanism，Post－nationalism，and the East－West Distinction，German Law Journal，Vol. 06，No. 2，2005，pp. 371—389.

二、冲突裂变型国家转型的特点

与平稳演进型相比，冲突裂变型国家政治转型的总体特征是民主化转型过程中“本土化”“民族化”特征明显，与西欧的民主模式有不同程度的差异。冲突裂变型国家的转型经历了两个阶段。第一阶段是分离与战乱阶段，其特点是民族分离主义导致南联邦解体，继而各民族和国家陷入战乱，冲突不断，各国实行的是形式上的多党制和实质上的激进民族主义政党一党执政。第二阶段是战后重建和发展阶段，其特点是国家间关系缓和，但仍有不稳定因素。各国的民主化进程取得实质性进展，多党竞争的选举机制形成，非民族主义政党或温和的民族主义政党上台执政，但激进的民族主义政党仍比较活跃。

苏东剧变的“滚雪球效应”使前南地区“压抑多年的民族矛盾在‘民主’‘自由’口号的鼓动下，在某些国家领导人及一批民族主义政党和团体的推动下，在西方国家及其机构的干预下迅速激化”[①]。斯洛文尼亚和克罗地亚是最早宣布脱离南联邦的国家。斯洛文尼亚的独立只是和南联邦政府发生了短暂的武装冲突，而克罗地亚的独立则曲折得多。克罗地亚宣布独立后，其境内的塞族宣布成立“塞尔维亚克拉伊纳共和国”，并声称要与波黑塞族一道加入塞尔维亚共和国。结果，克罗地亚军队出兵干涉，与境内塞族武装及其支持者南联邦人民军陷入了持久的战争。直到 1995 年《代顿协议》签署，塞族同意将其控制的地区归克罗地亚政府管辖后，冲突才平息下来。

更为剧烈的民族冲突发生在波黑。斯洛文尼亚和克罗地亚宣布独立之后，波黑的三大民族围绕着共和国的前途问题发生了激烈的争执。塞尔维亚人主张波黑留在南联邦之内；克罗地亚人要求波黑分成克罗地亚、塞尔维亚和穆斯林三个地区，组成一个独立的联邦国家；穆斯林则打算在波黑独立后成为一个以穆斯林为主体的中央集权国家。1992 年 3 月，在穆斯林和克罗地亚两族的支持下，波黑脱离南联邦；而坚持要留在南联邦内的塞尔维亚人则单独建立了波黑塞尔维亚共和国。之后，三个民族为了争夺领土战争不断。南联盟的塞尔维亚共和国和克罗地亚也先后介入战争。战争一直持续了三年半。最终，米洛舍维奇、图季曼和伊泽特贝戈维奇签署了《代顿协议》，波黑分成穆克联邦和塞族共和国两个政治实体，它们各自拥有自己的政府、议会、军队和警察部队。

---

① 高歌：《试析东欧民族问题与政治转轨之关系》，《东欧中亚研究》2002 年第 5 期。

然而，《代顿协议》只是给前南地区带来了短暂的和平。在其他民族纷纷获得独立的刺激下，科索沃地区阿族的独立呼声也越来越高。1991 年，科索沃通过全民公决成立科索沃共和国并选举鲁戈瓦为总统后，遭到塞尔维亚的反对。但是，塞尔维亚当时正同斯洛文尼亚、克罗地亚发生着武装冲突，随后又卷入波黑内战，无暇顾及科索沃的事。所以，科索沃已是实际上的国中之国。可是，科索沃境内的阿族人却并不满足于此，而是积极谋求国际社会的承认，甚至激进主义者还准备诉诸武力。最终，1999 年的“拉察克事件”成为科索沃战争的导火索。科索沃战争在以阿族及北约为一方，南联盟为另一方展开。结果，在北约武力轰炸的胁迫下，南联盟接受了科索沃在联合国托管下实行“高度自治”的决议。

战争中断了前南地区的民主化进程。各国都宣布实行多党制，但实际上，却是激进的民族主义政党一党在执政。在 2000 年之前，在塞尔维亚执政的是社会党。它尽管宣称接受民主社会主义的价值原则，接受西方的议会多党制，却采取严厉的手段控制政治和社会生活。在国家安全的名义下，反对党长期处于被打压的状态，得不到与社会党公平竞争的机会；新闻自由得不到充分尊重，有关社会党的负面报道很难见诸报端。因此，在西方人眼中，塞尔维亚社会党和米洛舍维奇与原来的共产党没什么区别。[①] 克罗地亚的政党制度是“一种民族政党制，即一种每个政党的支持来自某个族群并只吸引某个族群的政治制度”[②]。克族选民的代表是民主联盟，战争期间它竭力维护自己的政治统治，利用自己的地位来谋取经济利益。同时，它还把民族安全放到了一切政治问题之上，以民族安全的名义打压其他政党。“克罗地亚民主联盟给批评者贴上‘叛国者’的标签。从 1990 年到 2000 年没有一次选举被认为是自由公平的选举”。[③]

科索沃战争结束后，前南地区仍有不稳定因素，如科索沃独立问题、马其顿内的阿族问题等，但整体局势较为平稳，大规模的战争并未爆发。这给前南地区的民主化提供了较好的宏观环境。

---

① Srbobran Brankovi，The Yugoslav “Left” Parties，in András Bozóki，John T. Ishiyama，eds.，The Communist Successor Parties of Central and Eastern Europe，New York ：M. E. Sharpe，pp. 206－223.

② （美国）宝拉·M. 皮克林、马可·巴斯金著，乔春霞编译：《克罗地亚共产主义者联盟的继承党》，《当代世界与社会主义》2009 年第 5 期。

③ 同上，第 48 页。

科索沃战争之后，执政十余年的塞尔维亚社会党在选举中落败，米洛舍维奇在总统大选中也落选。此后，社会党在塞尔维亚的影响大大减弱，在议会大选中的得票率仅维持在7%左右。2001年4月，米洛舍维奇被捕后，达希奇开始掌握了党内实权，并尝试着改变社会党的强硬政策。社会党先于2004年3月表示愿意与科什图尼察领导的塞尔维亚民主党政府合作，后来在2008年大选后参加了民主党主导的联合政府。取代社会党上台执政的是亲西方的民主党和温和的民族主义政党塞尔维亚民主党。民主党将加入欧盟作为塞尔维亚的首要任务并为此大力推进塞尔维亚的民主化进程，反对科索沃独立，但认为科索沃问题应在加入欧盟后解决。塞尔维亚民主党也希望加入欧盟并进行有针对性的政治改革，但坚决反对科索沃独立，声称可以为此放弃加入欧盟。取代社会党成为塞尔维亚最大的激进的民族主义政党的是塞尔维亚激进党。它坚决反对科索沃独立，认为在没有确认科索沃是塞尔维亚一个自治省的地位之前不能向西方妥协，塞尔维亚应派出警察和军队保护科索沃地区的塞族人。它还呼吁塞族人应当团结，称塞尔维亚有义务保护前南地区塞族人的利益。从2003年开始，塞尔维亚激进党成为议会第一大党。不过由于其他政党都不愿意和它结成执政联盟，激进党并没有上台执政。

克罗地亚的情况与塞尔维亚类似。战争结束后，民主联盟一党统治的局面被打破。在2000年举行的议会选举中，社会党和社会自由党联盟战胜了民主联盟，从而开启了克罗地亚的第二次转型。克罗地亚政府修改了宪法，减少了总统的权力，把克罗地亚改造成一个议会民主制国家；主张尊重政治权利和自由，增加选举和政策的透明度；通过了少数民族权利法，提高塞族人有效参与国家公共生活的能力，并把少数民族的特别代表从5名扩大到8名；实行亲西方的外交政策，在战后问题上积极与国际社会合作，并积极谋求加入欧盟等。与此同时，图季曼的去世也打开了民主联盟的改革之门。2002年，相对温和的萨纳德以微弱的优势战胜了右翼领袖帕萨里克，再次当选主席。在准备2003年议会选举的过程中，他着力削弱党内黑塞哥维纳派的力量，开除极端的民族主义者，最终将民主联盟改造成了一个以他为核心的年轻的、民主的和亲欧洲的政党。[①] 去民族主义化的

① （美国）宝拉·M. 皮克林、马可·巴斯金：《克罗地亚共产主义者联盟的继承党》，第49页。

改革给民主联盟带来了活力，使它赢得了2003年和2007年议会选举的胜利。

在波黑，鉴于民族间相互残杀造成的惨重后果，各民族和政党都认识到妥协和彼此尊重的重要，强调要加强民族团结和实现民族平等。波黑的政体设计充分体现了“尊重和妥协”的精神。议会由代表院和民族院组成。代表院由三个民族的42名代表组成，其中28名来自波黑联邦，14名来自塞族共和国。代表院设主席1人，副主席2人，分属三族。主席一职由波黑三族轮流担任。民族院设15个席位，由波黑联邦的10名代表和波黑塞族共和国的5名代表组成。作为裁决两实体之间及两实体内机构间纠纷的宪法法院由9名法官组成，其中4人由波黑联邦代表院选出，2人由塞族共和国议会选出，其余3人由欧洲人权法院院长推选，但不能是波黑或波黑邻国的公民。[①]

马其顿政坛一直由马其顿族的左翼政党社会民主联盟与右翼政党马其顿内部革命组织—争取马其顿民族统一民主党两党交替执政。不过，这种局面也是马其顿族和阿族两大民族之间合作和妥协的产物。无论是社会民主联盟，还是马其顿内部革命组织—争取马其顿民族统一民主党都致力于倡导民族平等和团结、反对分裂和保护少数民族的利益。在选举之后，两大党往往会拉上温和的阿族政党一起联合执政，如社会民主联盟与阿族融合民主联盟在2002年组成了联合政府，马其顿内部革命组织—争取马其顿民族统一民主党和阿族民主党在2006年组成了执政联盟。

非民族主义政党或温和的民族主义政党上台执政，是冲突裂变型国家民主化的一大进步。然而，这些国家政治发展的前景并不明朗。国内国际形势的一旦恶化，是否将导致激进的民族主义政党上台或温和的民族主义政党向激进的民族主义政党转化，目前还难有定论。

三、中东欧国家政治转型出现不同类型和特点的原因

导致中东欧政治转型出现上述类型的原因很复杂，以致任何一种单一的转型理论都难以解释情况为什么会如此。总体看来，现有的转型理论将以下几方面作为影响政治转型的主要因素。

首先，经济因素。目前，学术界对经济与民主化的关系已经初具共识。亨廷

---

① 参见《波斯尼亚和黑塞哥维那国家概况》，http://www.fmprc.gov.cn/chn/pds/gjhdq/gj/oz/1206_8/，2010—7—30。

顿的观点颇具代表性："从长远的观点看，经济发展将为民主政权创造基础。从短期看，迅速的经济增长和经济危机会瓦解威权政权。"[①] 南欧、东亚和拉美的民主化大体是按上述逻辑发生的：经济发展培育了民主的客观需要和支持民主的社会因素，而威权政权会阻碍经济进一步发展，从而导致改革失败和政权最终瓦解。[②] 但是，中东欧的民主化却有所不同。一方面，中东欧政治转型的确是由共产党政权的经济改革失败所致，根据官方公布的数据，波兰1988年的国内生产总值（GDP）增长率4.1%，匈牙利是-0.1%，捷克斯洛伐克是2.2%，罗马尼亚是-0.5%，保加利亚是2.6%。[③] 但是，中东欧国家在危机之前的经济高速发展并没有培育出充分的西方式的民主因素。尽管早在社会主义时期民主改革就是各国改革的一个话题，但是，西方式的民主化却是突如其来的。在绝大多数国家，剧变是由于苏联松绑和滚雪球效应产生的，支持西方民主的精英是剧变过程中临时拼凑起来的形形色色的人，而绝大多数普通民众的政治行为主要是盲从。因此，有些学者将中东欧的转型称之为"路径偶然"。[④] 最典型的例子就是前南地区。在社会主义时期，南斯拉夫的经济状况在中东欧国家是比较好的，民主化程度也较高。但是，南斯拉夫在剧变后并没有比其他国家更快地适应西方式民主，而是陷入了冲突和战争。另一方面，转型之后，在平稳演进型国家，以私有化和市场经济为取向的经济转轨确实为政治转轨提供了日益广泛的社会基础。[⑤] 克罗地亚和塞尔维亚的情况却是例外，两国目前的经济发展水平已经超出了阿尔巴尼亚和保加利亚，民主化程度却不及后者。

其次，文明因素。文明和民主化的关系是学术界一个有争议的话题。有学者认为，西方的民主观念产生于基督教文明，非西方国家只有首先接受西方文明才能建立民主制度。也有学者认为，民主并非西方文明的专属，民主化不等于西

---

① （美国）塞缪尔·亨廷顿著，刘军宁译：《第三波：二十世纪后期的民主化浪潮》，上海三联书店1998年版，第82—83页。

② （美国）斯迪芬·海哥德、（美）罗伯特·考夫曼著，张大军译：《民主化转型的政治经济分析》，社会科学文献出版社2008年版。

③ （匈牙利）雅诺什·科尔奈著，张安译：《社会主义体制：共产主义政治经济学》，中央编译出版社2007年版，第184—185页。

④ 参见郭中华：《新制度学派对后共产主义国家制度变迁的探索》，《上海行政学院学报》2005年第5期。

⑤ 高歌：《中东欧国家的政治转轨》，世界知识出版社2003年版，第151页。

化，非西方文明也可以建立起民主制度，而且非西方文明的本土特色恰恰可以成为新的民主机制的生长点。帝国遗产论从文明角度研究中东欧政治转型。该理论认为，中东欧国家转型的进程和质量差异是由宗主国奥斯曼帝国和奥匈帝国留给中东欧的历史遗产造成的。由于两个帝国本身存在诸多差异，曾受奥斯曼帝国统治的东南欧国家的转型进程较慢，问题较多。[①] 这一理论表面看起来比较有说服力，但有两点注意：其一，奥斯曼帝国和奥匈帝国在历史上的势力范围是变动的，中东欧地区作为两个帝国争夺的焦点，有时候处于这个帝国统治下，有时候处于那个帝国统治之下；其二，从政治转型结果看，与其他国家相比，波兰、匈牙利、捷克、斯洛伐克、罗马尼亚等天主教国家民主发展的确较快，但同为天主教国家的克罗地亚则发展相对缓慢。在许多西方人眼中，伊斯兰教与民主价值观格格不入。[②] 然而，信奉伊斯兰教的阿尔巴尼亚却建立了比较稳固的民主制度，当前其民主发展程度不仅比塞尔维亚等东正教国家高，比天主教的克罗地亚也高。

再次，国际因素。大国干预历来是影响中东欧政治发展的重要因素。历史上，中东欧是大国争夺的战略要地和政治试验田。大国对中东欧政治转型的影响主要体现在政治和军事两方面。前者是建设性的，后者是破坏性的。在政治设计方面，欧盟对其候选国的民主化要求成为各国政治改革和发展的重要动力，最典型的例子就是“哥本哈根标准”要求候选国家有稳定的民主制、尊重人权、法治和保护少数民族。此后，欧盟定期对其候选国的政治民主化程度进行评估并提出指导意见。为了尽快加入欧盟，中东欧国家在绝大多数情况下也会采纳欧盟的建议，不断向欧盟国家看齐。在军事方面，苏联解体及其继承者俄罗斯的衰弱使中东欧地区一时间成为权力的真空。以美国为首的北约抓住这个机会，积极扩大自己的影响，插手该地区事务。它们积极扶植当地的亲美和亲北约势力，而对亲俄的或者希望走独立道路的“不合作”力量采取打压的政策，最典型的例子就是波黑战争和科索沃战争的爆发，这成为前南地区民主化进程受阻的重要原因。

---

① 转引自朱晓中：《转型九问：写在中东欧转型 20 年之际》，《俄罗斯中亚中东欧研究》2009 年第 6 期。

② 汪波：《伊斯兰与西方文明蕴涵的民主价值观比较分析》，《回族研究》2008 年第 1 期。

最后，民族主义。民族主义对后发国家民主化的影响已被学术界广泛关注。[①] 民族是由血缘、宗教和民族凝聚在一起的特殊团体，也是承载历史记忆的特殊团体。血缘上的亲疏、宗教和文明上的远近、历史上的恩怨都会通过民族间的关系表现出来。中东欧地区民族众多、分布错综复杂，使这一地区的政治关系也变得更为错综复杂。然而，民族不等于民族主义。在波兰等平稳演进型国家，民族关系较为融洽，虽然出现了代表少数民族利益的党，甚至在保加利亚、斯洛伐克等国家少数民族政党力量不可小视，但这些政党大部分比较温和，并不拒绝与主体民族的政党合作，而主体民族的政党也能够妥善处理与少数民族政党的关系，时常拉拢它们一起参加竞选和执政。但是，在塞尔维亚等冲突裂变型国家，民族和民族主义结合在一起。有学者指出：在前南地区，“多个民族不可救药地混合在一起”，民族间的关系比较紧张，“把它们安排进一个国家实际上是不可能的”。[②] 历史上，这些民族就曾经相互仇杀；剧变过程中，民族主义借民主、自由和民族自觉还魂，不仅肢解了南斯拉夫，更引发了不同民族间的战争，阻碍了民主化的进程；在战争结束后，尽管国家关系实现了和平，但在各个国内影响最大仍是民族主义政党。

总之，上述因素的“合力”而非单一因素，影响了中东欧政治转型。经济因素和欧盟因素推动中东欧的民主化朝着同质化方向发展，而文明因素和民族主义则增加了中东欧的民主化的差异性。这四种因素交互作用、相互制约、此消彼长，合力构造了中东欧政治转型的不同类型。同时，由于“合力”在不同时期内质和量的差异，每种类型内部也呈现出了不同特点。

结语

总结中东欧 20 年来的政治转型，可以得出两个阶段性的结论。第一，中东欧国家的政治转型的大方向已经确定。无论是平稳演进型国家还是冲突裂变型国

---

① 参见（美国）林茨著，孙龙等译：《民主转型与巩固的问题：南欧、南美和后共产主义欧洲》，浙江人民出版社 2008 年版，第 16—39 页。

② Regina Cowen Karped：Central and Eastern Europe：The Challenge of Transition. New York：Oxford University Press，1993，p. 34.

家，以多党竞争为主要内容的民主制度都已经扎根，获得了民众和主要政治团体的广泛认同，任何政党要想生存和发展必须遵守这个基本前提。但是，中东欧国家民主化的过程中仍有许多不确定的因素，稳中有变。近年来，在平稳演进型国家中，传统的中左、中右翼政党由于自身腐败，以及在如何平衡经济发展和社会公正问题上的困境，越来越不能唤起选民的政治热情。新民粹主义政党的迅速壮大正是中东欧国家政治发展出现危机的一个信号。在冲突裂变型国家，民族主义成为民主巩固的重要障碍，民族问题的激化可能再次引发动乱和战争，继而出现民主化的倒退。第二，民主化并不等于西化，民主制度需要与各国的具体国情相结合。任何不顾各国历史、文化传统和社会发展水平而强制移植一种模式的做法注定要造成诸多问题。中东欧剧变源于各国共产党不顾国情而整齐划一地制移植了苏联模式，并在后来的实践中将探索符合本国国情的社会主义模式的改革视为异端邪说。前南地区剧变后出现的人道主义灾难和社会倒退，源于以民主的名义把民族主义无限放大。

总的看来，建立西方式民主制是中东欧各国政治转型的既定目标，但民主化并不是中东欧历史的终结，国情的多样性也蕴涵了中东欧民主模式多样性的可能。

94. 中东欧国家是怎样向市场经济体制转型的?

孔田平

前苏联和东欧地区的转型是人类社会经济史上最重大的事件之一，而且其影响仍在持续。转型涉及政治、经济、社会以及对外关系诸方面，其变革的深度、广度和速度在人类社会经济史中实属罕见。匈牙利经济学家科尔内认为，中东欧的转型是全面的转型，涉及经济、政治结构、政治意识形态、法律体系和社会的层化。① 东欧剧变后中东欧国家面临的首要的问题是如何建立可行的经济体制，实现经济体制从中央计划经济向市场经济的过渡。

中东欧国家经济转型的回顾

东欧剧变后，建立何种经济体制提上了中东欧国家决策者的议事日程。1989年6月，在波兰议会选举后不久，哈佛大学教授杰佛里·萨克斯来到华沙，团结工会活动家库伦要求萨克斯一夜之间拿出一个经济改革方案，变革的急切性可见一斑。经济体制转轨必须首先解决经济体制向何处去的问题，因此政策制定者必须在头脑中有一个初步的蓝图即经济转型后经济体制具有何种特点，以使经济转型有目标地向这一终结状态推进，这就涉及经济转型的目标模式的选择问题。中东欧国家纷纷将市场经济作为经济转型的目标模式。一些国家在其经济改革纲领中开宗明义地指出经济转型的目标在于建立在发达国家经过考验的行之有效的市

① Janos Kornai：The Great Transformation in Central Eastern Europe：Success and Disappointment. Economics of Transition，Volume 14 (2)，2006.

场经济体制。针对关于“第三条道路”的说法，捷克经济转型的设计师克劳斯加以拒绝，他在1990年1月明确指出“第三条道路是走向第三世界最快的道路”。[①]美国哈佛大学的经济学家杰佛里·萨克斯曾直接参与了许多东欧国家经济体制改革的设计。他在1990年年初就指出，东欧国家为经济改革的目标而争吵不休是没有什么意义的。经济改革的主要争论应是转变的方式，而不是转变的目标。[②]在他看来，对东欧而言，可供选择的西欧模式是相同的。确实，各种不同的市场经济模式都有其共通的东西。市场经济的主要特征是产权的私有化、决策分散化和资源配置的市场化。此外，市场经济还需要一套法律制度，以界定和实施产权，同时也需要一个能够有效监督市场活动、规定可接受的市场行为标准、阻止不正当竞争与促进竞争、提供公用品的政府。

早在东欧剧变之前的经济改革中曾出现过“目的论”与“发生论”之争，亦即激进改革与渐进改革的争论。现任捷克共和国总统克劳斯早在剧变之前就撰文分析了经济体制转轨的两种方式，一种是小步改革的方式，其优点在于可以避免付出较大的社会代价，缺点在于渐进的改革只会延续现存的结构危机。另外一种是休克疗法，许多经济学家认为长痛不如短痛，主张实行激进的改革，并提到了二战之后德国很快过渡到所谓的社会市场经济的成功范例。[③] 剧变之前一些东欧国家曾进行过不同程度的市场取向的经济改革，但经济改革战略基本上是渐进式的。唯一的例外是1987年波兰政府试图实行激进的价格改革，但由于该计划缺乏必要的社会支持，被全民公决所否决。东欧剧变以来休克疗法在该地区大获青睐，除匈牙利、罗马尼亚外，大部分中东欧国家都先后选择了休克疗法。

按照萨克斯的看法，东欧国家从中央计划经济向市场经济过渡的三个要素是宏观经济的稳定化、价格及国际贸易的自由化和国有经济的私有化，简称稳定化、自由化和私有化。[④] 同时，经济转型也是一个制度重建的过程。应运而生的

---

① Vaclav Klaus：Transition from Communism：A Decade After. CERN Web Note ＃6，April 21，1999.

② Jeffrey Sachs：Eastern European Economies：What is to be done The Economist，January 13，1990.

③ Vaclav Klaus：The Imperatives of Long－term Prognosis and Dominant Characteristics of the Present Economy. Eastern European Economics，Summer 1990.

④ David Lipton and Jeffrey Sachs：Creating a Market Economy in Eastern Europe：The Case of Poland. Brookings Papers on Economic Policy，Number 1，1990.

市场经济需要指导经济交易乃至经济运行的新的机构、新的规范和新的法律，这涉及国家作用的重新界定。因此，经济转型是一个制度化的过程。因此，东欧经济转型包括四个要素：稳定化、自由化、私有化和制度化。

稳定化是东欧国家转型经济面临的首要议程，因为没有宏观经济的稳定，其他领域的改革很难取得实质性进展。人们很难设想在恶性通货膨胀居高不下、货币严重过量以及对外经济存在严重不均衡的条件下，不对宏观经济的不稳定进行治理便能成功地进行其他领域的改革。稳定化的主要内容如下：政府不再奉行扩张性的货币和财政政策，而是实行限制性的货币和财政政策。紧缩政策是经济转型初期宏观经济政策的核心。其内容包括本国货币进行贬值，调整汇率，以纠正本国货币定值过高的偏差；政府大幅度削减补贴，不再通过预算赤字向经营不善的国有企业提供补贴；大幅度提高利率，改变长期存在的名义正利率、实际负利率的状况，以使利率反映资本的稀缺水平；在过渡初期限制工资的过快增长，控制通货膨胀。

自由化包括价格的自由化与外贸的自由化，旨在解决资源的合理配置问题。价格自由化是与以价格改革为核心的市场改革相联系的，商品市场、劳动力市场及金融市场的市场化是改革的方向。价格自由化的主要内容如下：放开绝大多数商品和劳务的价格，使价格由市场根据供给与需求进行调节；放开劳动力市场，使劳动力市场的价格即工资根据劳动力市场的供给与需求进行调节；放开金融市场，使资本市场的价格即利率根据资本的供给与需求进行调节。外贸自由化的主要内容如下：取消中央计划经济中长期实行的外贸垄断，使企业、个人可以自由从事进出口贸易；实现本国货币的国内可兑换性；为使本国货币成为国际可兑换货币做准备；减少乃至取消进口配额，取消出口许可制度；确立合理的关税水平。

私有化的主要目的在于通过国有企业的私有化提高经济效益。从更广泛的意义上看，国有企业的私有化与私人部门的发展是该领域并行不悖的两个方面。私有化的主要内容如下：以内部私有化、外部私有化、无偿分配实行国有企业的私有化；界定和分配国有产权包括农业用地、工业资产、住房以及商用房地产等；对未出售的国有企业进行改造，强化企业的公司治理，把国有企业置于真正的硬预算约束之下；国有企业的非垄断化；促进私人部门的发展。

制度化的目的在于为新的经济体制有效运行提供适当的制度框架。制度化首先涉及法律改革。法律改革的范围较广，它包括宪法对于私人产权的确认，有关财产、契约等法律的制定，以及公司法、私有化法、反不正当竞争法、银行法、合资法、破产法等法律的制定。制度化也包括适合于市场经济的信息体系的建立，这涉及统计、会计、审计等制度的更新。制度化还包括国家作用的重新界定。国家对于经济的管理将从过去的直接管理转向间接管理，因此需要新的政策手段。国家需要改革税制，建立以增值税和所得税为核心的税制。国家也需要进行预算改革，建立预算和支出控制的机制。国家还需要间接的货币管理制度，建立两级银行体系，确保中央银行的真正独立性。制度化也涉及社会领域，如建立适当的社会保障网，以减少经济转型给人们带来的阵痛。

匈牙利经济学家科尔内曾区分了代价低廉的制度改革和代价高昂的制度改革，中东欧的改革属于后者，属于难以实施、牺牲较多、抵制较强的改革。东欧经济转型确实付出了很大的代价，在经济转型后出现了转轨性衰退、失业的剧增、贫困的扩大以及收入分配差异扩大等现象，这在上世纪 90 年代表现得非常明显。到 2000 年后尤其是欧盟扩大后转轨的代价下降，收益扩大，中东欧国家进入了享受改革成果的时期。

在经济转型之初，不同学科的学者围绕休克疗法与渐进改革的争论波澜起伏。1995 年市场经济在中东欧国家初步得到确立，1996 年世界银行发展报告《从计划到市场》试图对前苏联和东欧的经济转型进行初步的总结。90 年代末围绕“华盛顿共识”和“后华盛顿共识”的讨论促进了对转轨十年经验教训的反思，然而对“华盛顿共识”的过于简化的理解以及失之偏颇地将“华盛顿共识”视为中东欧转轨政策的主流事实上夸大了“华盛顿共识”对中东欧的影响。“华盛顿共识”在一定程度上成为了休克疗法或新自由主义的代名词。“华盛顿共识”的提出者威廉姆森强调“华盛顿共识”是为拉美改革提出的政策框架，“如果要为其他地区的政策改革提供一份具有可比性的计划，那么该计划将与‘华盛顿共识’有重叠之处，但也会有所不同，如果我一定要为转型国家提供与‘华盛顿共识’相似的计划，我将把建立市场经济的制度基础写入”。[①] 在转轨 20 年的讨论

① John Williamson: Differing Interpretations of the Washington Consensus. Leon Kominski Academy of Entrepreneurship and Management (WSPiZ) and TIGER, Distinguished Lectures Series, No. 17, Warsaw, 12 April 2005.

中“华盛顿共识”仍占有一席之地，赫尔舍尔教授将激进和渐进两种转轨战略概括为“华盛顿共识”与制度演进方式（参见下表）。[①] 围绕经济转型的两分法的讨论如休克疗法与渐进主义、激进与渐进等在转轨之初确实具有现实意义，在转型 20 年后这些问题的讨论虽然已无现实意义，但仍具有永恒的学术意义，有助于增进对转型进程的了解。

纵观中东欧的经济转型进程，可以发现中东欧经济转型具有如下特点：首先经济转型的初始条件相当不利。中东欧是在市场经济制度遭到摧毁的基础上进行经济转型的，而德国二战后的经济改革面临的条件是市场经济制度被“冻结”，拉美国家经济改革面临的是扭曲的市场经济制度。其次，经济转型是全面转型的重要组成部分。中东欧的转型涉及政治、经济、社会和法律体系等诸多方面，经济转型面临的挑战要比正常情况下的经济改革大得多。再次，经济转型是以难以置信的速度进行的。中东欧国家用了不到 10 年的时间就奠定了市场经济制度的基础。最后，中东欧国家加入了经济全球化和欧洲一体化进程，而全球化和一体化也在塑造中东欧的经济体制上发挥了重要作用。

不同经济转型战略的比较

	“华盛顿共识”	制度演进方式
形象比喻	“一跃跳过深不可测的河流”：休克式的自由化，宏观经济的稳定化和减少国家的规模	“在河两岸建桥”：渐进和有序的行动包括建立制度、竞争、支持私营企业和解决公司治理的问题
初始条件	遗产是负担，代表旧的和无效率的联系，更多的特权阶层而非市场；选择不受初始条件扭曲的最优的社会工程的解决方案	遗产有价值，应当得到保护，否则会摧毁社会的社会资本，将特权阶层变异为黑手党
对国有企业的态度	加快实行私有化，以避免资产剥夺和寻租；关闭无效率的企业	依赖私营部门的发展，逐步缩小规模
价格	自由市场灵活的价格导致效率与增长；价格传导预期的信号，确保合理的行为	制度确保稳定的预期，价格只是制度其中之一；转型期灵活的价格是不公平的

---

① Jens Hlscher：20 Years of Economic Transition，Successes and Failures. http：//www. euij－tc. org/news/events _ 2007/20090223/Holscher. pdf.

续表

	“华盛顿共识”	制度演进方式
宏观经济政策	通过控制货币供应稳定价格，消减政府支出，引入名义工资和汇率稳定器	产出的稳定化；控制稳定化对实体经济的影响，首先是失业
主要的问题	个人当事人即生产者和消费者如何合理行动	人类如何通过形成符合与环境关系的结构来控制自己的生活
预见性	由于合理的行为，并处在一定的法律环境下，个人行动的结果和转型的结果是可预见的	由于市场的自由进入和退出和技术进步，制度环境得到改变，因此个人和集体行动的结果是难以预测的
市场经济中的交易	只有市场交易是有效率的	市场和非市场交易都有助于效率，不忽视社会关系包括公司治理
产权	资产的有形所有权	所有权＋契约权＋契约履行权
国家与政府	最小限度的国家；降低国家在国内生产总值和就业中的比重	对国家进行改革，利用国家执行法律，保护产权；支持穷人和危机预防政策，以支持中产阶级

资料来源：Hlscher（2009）。

中东欧国家经济转型的成就

中东欧国家自2008年10月以来遭受了金融危机的严重冲击，一些学者称中东欧经济转型的整个进程是失败的。从中东欧转型20年的实际看，这一看法并不符合现实。尽管中东欧国家之间在经济转型进展上存在很大差异，中欧国家显然要领先于巴尔干国家，但是无论从经济体制看还是从转型后的经济实绩看，中东欧国家都取得了不俗的成果。

一、经济体制的变化

中东欧经济转型最大的成就是彻底摆脱了运行不良的无效率的中央计划经济，建立了市场经济体制。在1990年之前，东欧国家有许多一流的经济学家，但是却没有一流的经济。一些国家拒绝改革，保持僵化的计划经济体制。实行市场取向经济改革的国家由于改革目标的模糊和政治的约束举步维艰，产生了“非计划非市场的体制”，并最终导致了经济的严重危机。转轨之初，新上台的执政力量担心经济转型会逆转，但是到了90年代中期向市场经济的转型已不可逆转。转型20年后，中东欧国家市场经济体制的基础已得到巩固。

1. 私有经济已居主导地位。在转型之前，除波兰保留了私营农业外，其他东欧国家的私营部门在经济中的地位微不足道，国有部门在经济中居主导地位。剧变后中东欧国家加快了国有企业私有化的步伐，同时新生的私营部门在自由的经济环境下迅速成长。到1996年私有化取得了重大进展，波兰、捷克、匈牙利、斯洛伐克和阿尔巴尼亚私营部门占国内生产总值的比重为60%—75%，其他国家私营部门也占到了半壁江山。与发达国家和发展中国家的私有化速度相比，中东欧国家私有化速度超出了人们的预期。到2008年捷克、斯洛伐克和匈牙利私营部门占国内生产总值的比重为80%，波兰、保加利亚和阿尔巴尼亚私营部门占国内生产总值的比重为75%，其他国家私营部门的比重在60%—70%（见下表）。

私营部门占国内生产总值的比重（%）

国家	1989年	1996年	1999年	2004年	2008年
捷克	5	75	80	80	80
波兰	30	60	65	75	75
匈牙利	5	70	80	80	80
斯洛伐克	5	70	75	80	80
斯洛文尼亚	10	55	60	65	70
保加利亚	10	55	70	75	75
罗马尼亚	15	55	60	70	70
阿尔巴尼亚	5	75	75	75	75
塞尔维亚	—	—	—	—	60
克罗地亚	15	50	60	65	70
马其顿	15	50	55	65	70
波黑	—	—	35	50	60
黑山	—	—	—	—	65

资料来源：EBRD2009。

2. 经济决策的分散化。经济决策的集中化是计划经济的特征之一。在经济转型过程中，中东欧国家解散中央计划当局，加快国有企业改造步伐，促进私营经济的发展，经济决策日益分散化。在中东欧，主要的经济决策是由成千上万的企业自主做出的。1990年之后，中东欧各国开始进行经济转型，长期压抑的经济活动自由得到恢复。中东欧国家取消了非国有经济进入市场的行政壁垒，各种所有制的企业可自由进入市场，个人或企业从事经济活动的自由因而得以扩大。与之相联系，中东欧国家还采取了如下举措：承诺要缩小政府规模，减少政府对于经济的过多干预；形成有助于企业经营的良好的法律环境，保护产权；企业可获得外汇，并可自由从事外贸；减少繁文缛节，为新企业的建立创造便利条件。经济活动自由的恢复促进了遭到长期压抑的企业家精神的复苏，中小企业获得了前所未有的发展机遇。到1992年10月，捷克斯洛伐克共有中小企业120万家，波兰有120万家，保加利亚和罗马尼亚有20万家。到2003年欧盟新成员国中小企业的数量为596万家，大型企业仅有1万家。

3. 资源配置实现了市场化。中东欧国家经济转型的目标模式是市场经济，而市场经济是一种由价格调节社会生产和经济活动的自组织经济，价格则是一种资源配置机制。在市场经济中价格具有信息、激励和分配的功能。在剧变前价格并非不存在。但价格在资源配置中所起的作用微乎其微。一些东欧国家就曾进行过价格改革，但是改革并未产生一个合理的价格体系。1990年之后中东欧国家纷纷实行价格自由化，放开了绝大多数商品和劳务的价格。在其他配套措施的配合下，价格自由化取得了成效，价格的功能很快得到了恢复。中东欧的经验表明，价格自由化有助于恢复价格在资源配置中的主导作用，促进资源的合理配置，为经济运行提供适当的价格信号。

4. 市场经济的制度框架得以建立。中东欧国家建立了适应市场经济的法律体系，尤其是欧盟的中东欧新成员国在法律改革上取得了长足的进步，实现了司法独立，其法律体系与欧盟国家完全一致，具备了现代的法律制度。[①] 中东欧国家建立了适应市场经济的统计、会计和审计制度。中东欧国家建立了现代的税制、银行体系和股票交易所，市场经济的基础设施趋于完备。

① 雅诺什·科尔奈：《大转型》，《比较》第17辑，中信出版社2005年版。

国内生产总值的变化

国家	实际国内生产总值增长率				2007 年实际国内生产总值指数	
	实际年平均增长率%	年增长率%				
	1990—2007 年	2005 年	2006 年	2007 年	1989 年＝100	2000 年＝100
捷克	1.7	6.4	6.4	5.8	135	133
爱沙尼亚	2.1	10.2	11.2	7.8	144	172
匈牙利	1.5	4.1	3.9	1.4	132	129
立陶宛	0.6	7.9	7.7	8.5	112	168
拉脱维亚	1.2	10.6	11.9	10.5	124	181
波兰	2.9	3.6	6.2	6.5	167	130
斯洛伐克	2.3	6.6	8.5	8.7	151	149
斯洛文尼亚	2.1	4.1	5.7	6.0	146	131
保加利亚	0.3	6.2	6.1	6.3	106	145
罗马尼亚	0.9	4.2	7.9	6.0	118	151
欧盟 15 国	2.2	1.7	2.8	2.6	147	114

资料来源：Ryszard Rapacki (2008)。

二、生活水平

进行生活水平的国际比较面临选择何种汇率的问题。官方汇率计算人均的国内生产总值可以反映国家间价格差异，但是不能反映实际的购买力。以官方汇率计算的国内生产总值有可能低估实际的生活水平。因此以购买力平价计算就可处理实际生活水平的差别，有助于反映实际生活水平的变化。下表反映了以汇率计算和以购买力平价计算之间的差异。中东欧国家在转型后实际生活水平有很大提高，2008 年按购买力平价计算的人均国内生产总值高于 1991—2000 年的水平。2008 年捷克人均国内生产总值为欧盟 27 国平均水平的 80%，斯洛文尼亚为欧盟 27 国平均水平的 92%，匈牙利为 62%，波兰为 55%。

东西欧差距由来已久，1500 年东欧的人均国内生产总值相当于西欧水平的 60%，此后东欧与西欧的差距不断扩大。1600 年、1700 年、1820 年、1870 年和 1913 年东欧的人均国内生产总值分别为西欧的 58%、55%、52%、44%和 44%。1950 年东欧的人均国内生产总值为西欧的 46%，1973 年再次下降到 43%，1998

年东欧的人均国内生产总值仅相当于西欧水平的30%。2008年新欧洲（中东欧新成员国）的人均国内生产总值相当于西欧水平的近60%。假如东欧在第一个千年其人均收入并不比西欧高，那么2008年新欧洲达到了有史以来最高的物质福利水平。[①]

2008年中东欧国家人均国内生产总值（欧元）

国家	A：以汇率计算	B：以购买力平价计算	B/A：汇率偏差系数
保加利亚	4400	10000	2.27
捷克	14300	20200	1.41
匈牙利	10600	15700	1.48
波兰	9500	11400	1.46
罗马尼亚	6500	11400	1.75
斯洛伐克	11800	17300	1.47
斯洛文尼亚	18600	23300	1.25
爱沙尼亚	12200	16700	1.37
拉脱维亚	9800	13300	1.36
立陶宛	9600	15200	1.58
奥地利		31400	
欧盟27国平均		25200	

资料来源：WIIW。

按现行购买力平价计算的人均国内生产总值的比较

（欧盟27国平均人均国内生产总值=100）

国家	1991年	2000年	2008年
保加利亚	32	28	40
捷克	64	68	80
爱沙尼亚	40	45	66
匈牙利	50	56	62

① Marcin Piatkowski：The Coming Golden Age of New Europe http://www.tiger.edu.pl/onas/piatkowski/Piatkowski_ENG.pdf.

续表

国家	1991 年	2000 年	2008 年
拉脱维亚	47	37	53
立陶宛	52	39	60
波兰	33	48	55
罗马尼亚	29	26	45
斯洛伐克	42	51	69
斯洛文尼亚	62	80	92
克罗地亚	44	43	54
马其顿	31	27	35
俄罗斯	55	35	54
葡萄牙	77	78	76

注：2008 年按不变购买力平价计算。

资料来源：WIIW。

三、劳动生产率

转型后中东欧国家劳动生产率得到了提高，尤其是欧盟新成员国劳动力的使用更有效率，其增长为内涵式的增长。转轨有助于劳动生产率的提高。如果1990 年劳动生产率的水平为 100，那么 1999 年捷克为 159.5，匈牙利为 172.4，波兰为 195.7。从下表可见，即使是在转轨性衰退时期，中欧国家的劳动生产率不仅没有下降，而且有所提高。

1991—2006 年劳动生产率的变化（%）

	1991—1995 年	1996—2000 年	2001—2006 年
中欧	2.3	4.1	3.6
东南欧	—3.6	5.4	4.6
波罗的海国家	—4.8	6.9	6.6

资料来源：Garbis Iradian（2007）。

注：中欧包括捷克、匈牙利、波兰、斯洛伐克和斯洛文尼亚。东南欧包括阿尔巴尼亚、保加利亚、克罗地亚、马其顿和罗马尼亚。波罗的海国家为爱沙尼亚、拉脱维亚和立陶宛。

四、赶超进程

1989 年东欧剧变的一个口号是回归欧洲。中东欧经济转型的目的就是建立可行的经济体制，缩短与西欧发达国家的经济差距，实现经济的赶超。在转型后第一个 10 年间，由于经济衰退，中东欧国家与西欧国家间的差距事实上扩大了。根据国际货币基金组织官员的估计，转型后中东欧国家生产平均下降了 28%，到 1998 年东欧国家的生产平均已恢复到转轨前一年水平的 90%。中欧国家的国内生产总值超过了 1989 年的水平，而巴尔干国家的国内生产总值仍低于 1989 年的水平。从 1990 年到 1999 年，只有波兰和斯洛文尼亚与欧盟的差距没有扩大。从 1997 年至 2007 年绝大多数中东欧国家与欧盟 15 国的差距在缩小（参见下表）。波兰 1989 年为欧盟 15 国水平的 38%，2007 年达到了欧盟 15 国水平的 49%。斯洛文尼亚 1989 年为欧盟水平的 74%，2007 年为欧盟 15 国水平的 82%。

1989—2007 年中东欧欧盟新成员国与欧盟 15 国的发展差距

（以购买力平价计算的人均国内生产总值，欧盟 15 国＝100）

国家	1989 年	1997 年	2003 年	2007 年
捷克	75	63	65	73
爱沙尼亚	54	36	48	65
匈牙利	56	45	56	57
拉脱维亚	52	33	43	54
立陶宛	52	33	43	54
波兰	38	41	43	49
斯洛伐克	59	45	49	61
斯洛文尼亚	74	67	71	82
保加利亚	46	23	29	34
罗马尼亚	34	23*	28	36

资料来源：Ryszard Rapacki (2008)。

注：* 为 1999 年。

五、福利改进

福利的改进并不仅仅体现在收入的提高上，如在转型 20 年后，波兰人的平均收入比 1989 年高几乎 80%。短缺经济的消失是转型取得的重大成就。中东欧国家告别了短缺经济，超级市场和大型超市的发展不仅为消费者带来了便利，而且也改变了消费者的购物习惯。中东欧国家已进入了成熟的消费社会。2006 年欧洲复兴与开发银行与世界银行联合举行的“转轨中的生活”调查结果表明，中欧和波罗的海国家 18—34 岁的人群中超过 50%的人认为经济形势要好于 1989 年，而在 65 岁及 65 岁以上的人群中只有 35%的人对此表示认同。中欧和波罗的海国家对生活满意的年轻人占 65%，而东南欧年轻人对生活满意的只有 40%多。[①] 伊斯特林对中东欧欧盟新成员国的研究表明，从 20 世纪 90 年代初到 2005 年，除保加利亚和斯洛伐克外，其他国家平均的幸福满足感都有所提高。[②]

中东欧的经济转型也改变了中东欧在世界经济中的地位。中欧国家告别了封闭经济，走向开放经济，积极参与欧洲经济一体化和经济全球化进程。中东欧国家在经互会解散后，积极扩大与西欧的经济联系。目前中东欧国家的贸易主要是与欧盟国家进行的。中东欧国家在欧洲一体化上取得了重大进展，2004 年 5 月八个中东欧国家正式成为了欧盟成员国。2007 年 1 月保加利亚和罗马尼亚正式加入欧盟。中东欧国家积极参与国际经济组织的活动，捷克（1995 年 12 月）、匈牙利（1996 年 5 月）、波兰（1996 年 11 月）和斯洛伐克（2000 年 12 月）先后加入了作为富国俱乐部的经济合作与发展组织，斯洛文尼亚也在 2010 年加入经合组织。2008 年 1 月，斯洛文尼亚加入欧元区，斯洛伐克 2009 年 1 月已加入欧元区。2004 年以来，斯洛文尼亚、捷克、匈牙利和斯洛伐克相继从世界银行的受援国行列“毕业”，成为捐助国。自 2008 年起，应捷克的请求，欧洲复兴与开发银行结束了对捷克的借贷活动。2007 年 4 月国际货币基金组织世界经济前景资料库将斯洛文尼亚列入发达国家行列，2009 年 4 月斯洛伐克和捷克也被列入发达国家行列。作为欧洲新兴市场的中东欧地区在国际经济中的地位得到提升。

---

① EBRD：Life in Transition：A Survey of People's Experiences and Attitudes. http：//www. ebrd. com/pubs/econo/lits. pdf.

② Richard A. Easterlin：Lost in Transition：Life Satisfaction on the Road to Capitalism. http：//www. diw. de/documents/publikationen/73/diw _ 01. c. 81744. de/diw _ sp0094. pdf.

中东欧国家面临的挑战

中东欧国家经济转型取得了重大进展，一些中东欧国家在加入欧盟后自认为转型已经结束，在外部约束减弱的条件下出现了“改革疲乏症”。虽然欧盟最近几年出现了“扩大疲乏症”，不再热心于欧盟的进一步扩大，但其他未入盟的中东欧国家为加入欧盟仍在进行艰苦的努力。2008 年前 10 年中东欧经济的高速增长使中东欧决策者充满了乐观情绪，似乎经济的繁荣会持续下去。然而，从 2008 年下半年开始，中东欧经济感受到国际金融危机带来的阵阵寒意，强劲的经济开始走弱，本币大幅度贬值，股市大跌，房市走低，融资成本大幅度提高，生气勃勃的中欧小虎俨然成为了不堪一击的纸老虎，匈牙利和罗马尼亚等国不得不寻求国际货币基金组织的救助。在转型 20 年后中东欧再次成为国际关注的焦点，媒体充斥着“危机”“崩溃”“欧洲的次贷”和“金融危机第二波”等负面辞藻。2009 年中东欧经济陷入衰退，这将是中东欧国家在摆脱转轨性衰退后最为困难的一年。危机也为中东欧国家反思 20 年转型与发展的经验教训，筹划进一步的改革提供了独特的机会。

中东欧国家在转型和发展上面临如下挑战：

一、重新界定政府作用

经济转型后国家对经济的全能干预已不复存在，但是国家并没有完全退出，国家对经济干预的数量减少了，但对干预质量的要求提高了。而全球性金融危机的一个潜在影响是增强政府在经济中的作用。在危机时期，国家对经济干预的力度将增加。出于反危机的需要，政府会出台临时性的干预措施，当经济走出危机后需要对干预政策进行调整，临时性措施的永久化将对经济有不利影响。中东欧国家为应对危机出台了反危机措施。中东欧国家政府在提供公共服务，减少行政壁垒，投资于基础设施等方面仍有很大的改进空间。作为经济转型领先者的波兰政府面临着提高公共服务的质量、加大基础设施投资以及政府从非竞争领域退出等挑战。

二、加强法治

建立法治是经济转型成功的先决条件，因为市场经济是基于法治的经济，法律应保护个人自由、经济权利及公民自由。中东欧国家在建立法治上取得了长足的进步，中欧国家的进展要快于东南欧国家。但是与西欧发达国家相比，即使是欧盟的中东欧新成员国存在很大差距。除匈牙利外，中东欧的欧盟新成员国对法律体系的信任度低于欧盟的平均水平。司法体系的效率有待提高，中东欧国家在人力资源和资金上的制约影响到司法体系的效率，法院积案过多成为严重的问题。因此中东欧国家需要从人力资源和资金上支持法院，解决法律积案过多的问题。已加入欧盟的保加利亚和罗马尼亚在反腐败和打击有组织犯罪上尚不能让欧盟满意，其他东南欧国家的腐败和有组织犯罪仍相当严重。2003—2008 年中东欧欧盟新成员国中除保加利亚外，透明国际清廉指数有所改善。

三、国有企业的改造

虽然中东欧国家在产权制度变革取得了巨大成就，私有经济已在经济中占主导地位，但是国有企业改造的任务尚未完成。波兰重工业、矿业、造船、能源、石化和保险部门仍面临私有化的任务。斯洛文尼亚银行、保险、电讯、铝业和钢铁部门的私有化仍面临阻力。罗马尼亚政府持有多数股的 26 家国有企业处在私有化的不同阶段。匈牙利国有企业已为数不多，政府不排除未来出售的可能性，但必须符合严格的条件。

四、金融改革的深化

对于目前中东欧危机的原因有不同的解读。有学者认为中东欧的危机类似于 1997—1998 年的东亚危机。根本的问题是在固定汇率的诱惑下短期银行信贷的过度流动，这导致了私人外债的剧增。① 但实行浮动汇率的国家也遭到了严重冲击。中东欧的问题并不在于金融业的过度开放，而在于金融业开放后外币贷款的非理性扩展，忽视了汇率变动的风险。中东欧国家需要在金融业开放的过程中加强金融监管，防范金融系统的潜在风险。中东欧国家需要促进非银行金融机构的发展，特别是要引进创新性的金融产品，使养老基金和保险公司的资产组合多元化。

五、社会领域的改革

中东欧的经济转型具有社会后果。中东欧国家在转轨后出现了收入差距扩大的问题，根据世界银行的资料，到 2000 年年初中东欧国家的基尼系数在 0.27—

① Anders Aslund: Implications of the Global Financial Crisis for Eastern Europe. Development and Transition, No. 13, July 2009.

0.37，而转型之前在0.19—0.24。2007年在社会转移后有陷入贫困风险的人口占总人口的比率，保加利亚为14%，捷克为10%，匈牙利为16%，波兰为19%，罗马尼亚为19%，斯洛伐克和斯洛文尼亚均为12%。因此中东欧国家需要高度重视社会领域的改革，关注经济转型对人的影响。在未来社会领域改革中，中东欧国家需要进行养老体制、医疗体制、教育体制的改革。由于人口老龄化和不利的人口趋势，中东欧国家现有养老体系的可持续性成为问题。斯洛文尼亚、匈牙利、罗马尼亚和保加利亚需要进行养老体制的进一步改革。中东欧欧盟新成员国医疗支出低于欧盟平均水平，斯洛伐克医疗支出有所下降，波兰和斯洛文尼亚保持着七年前的水平。医生和护士收入低微不仅导致人才流失，而且直接影响到医疗质量的提高。中东欧国家需要进行医疗改革。医疗改革可能包括增加私营医疗机构的作用，与国有医疗机构公平竞争；改革拨款体制，确定国家医疗保险覆盖的医疗服务范围，引进自愿的私人医疗保险；重新确定医疗服务的价格；使患者付费的合法化。教育体制的改革也刻不容缓。中东欧国家对教育投入不足以及教师社会地位的下降直接影响到教育的质量。教育的产出不符合劳动力市场的需要。中东欧国家需要进行教育体制改革，以提高教育的质量。此外，中东欧国家需要增强劳动力市场的灵活性，鼓励终身教育，将劳动力政策的重点从直接创造就业机会转向支持就业和就业再培训，减少结构性失业。

目前的危机事实上对“改革疲乏症”敲响了警钟，迫使中东欧国家对改革进行改革。达博罗夫斯基强调“必须回到在经济繁荣时期被忘却的结构和制度改革”①。匈牙利经济学家拉什罗·乔鲍在转型20年提出的下列问题值得进行深入思索：如何实现体制变革？如何衡量转型的成功？如何使转型持续？如何使转型欧洲化？如何在转型中利用全球化？转型是否已结束？② 有经济学家认为，危机表明目前的基于外资银行作为中介引进储蓄所刺激的快速的金融深化的发展模式已丧失信用。中东欧国家需要新的发展模式，减少对金融深化的依赖，重视生产

① Marek Dabrowski，Responding to Crisis：Core and Periphery，Development and Transition，No. 13，July 2009.

② László CSABA，On the Future of Transition/Studies，Paper presented to the International Conference 1989—2029：20 Years of Transition and Perspectives for Development of Post—socialist Economies April 3—4 2009，TIGER，Warsaw.

率的增长、采纳欧元、向移民开放边界和进一步的欧盟一体化等因素。[①] 塞尔维亚中央银行行长耶拉希奇强调，中东欧国家需要新的增长模式，要解决的关键问题是匈牙利经济学家科尔内所称的“早熟的福利国家”。许多国家扩大支出，特别是社会领域的支出，大大超出了其支付能力。[②] 中东欧国家需要对过去20年的转型进行反思，需要进行持续的制度改革，以为实现经济的持续增长和赶超西欧发达国家奠定良好的制度基础。

---

① Marcin Piatkowski，The Coming Golden Age of New Europe，http：//www. tiger. edu. pl/onas/piatkowski/Piatkowski _ ENG. pdf.

② Radovan Jelasic，A New Growth Model in Eastern Europe，http：//online. wsj. com/article/SB10001424052970203946904574299990240864378. html.

95. 如何看待中东欧国家转型进程中的新民粹主义？

徐　刚

新民粹主义政党是中东欧国家转型过程中出现的一种新现象。[①] 作为一种新类型的政治力量，在 20 世纪 90 年代，新民粹主义政党的力量还比较弱小，只在斯洛伐克和匈牙利有一定的影响。2000 年之后，尤其是中东欧国家相继加入欧盟后，新民粹主义政党在各国政坛日益活跃并在一些国家上台执政，冲击了剧变后形成的中左、中右翼政党轮流执政的格局。

对于中东欧国家的新民粹主义，国内学术界关注的并不多。目前的研究主要集中在两方面：其一，在对欧洲民粹主义的研究中稍带提及中东欧的新民粹主义[②]；其二，对中东欧某一国家的新民粹主义进行的研究。[③] 本文拟选择波兰、匈牙利、斯洛伐克、保加利亚和罗马尼亚等国的新民粹主义政党作为研究对象，

---

① 本文研究的新民粹主义，从时间上看是指后冷战时代的第三代民粹主义，从内容上看是指政治领域的民粹主义现象，从表现上看以新民粹主义政党为研究载体。俄国十月革命前后也出现了一些被称之为“新民粹主义”的思想流派，但不同于本文的“新民粹主义”，其出现有那个时代的俄国历史背景，详见金雁：《十月革命后的“新民粹主义”》，《学习日报》2005 年 8 月 1 日。

② 参见杨皓、史志钦：《欧洲新民粹主义政党探析》，《国际论坛》2004 年第 4 期；林红：《后冷战时代的欧洲新民粹主义》，《国际论坛》2005 年第 4 期。

③ 如斯洛伐克民粹主义的研究，参见姜琍：《转型时期斯洛伐克民粹主义探析》，《俄罗斯中亚东欧研究》2008 年第 1 期。

尝试对中东欧新民粹主义政党的类型、特征、表现、兴起原因及走向进行分析。①

民粹主义与新民粹主义

研究新民粹主义，首先要了解民粹主义。民粹主义本身是一个语境依赖很强的概念，② 至今人们也没有给它一个明确的定义。仅从政治层面看，它可以被看作是一种社会政治思潮、一种社会运动、一种政策策略或者一种政治心态。③ 英国思想家以赛亚·伯林非常形象地将易变的民粹主义称之为"灰姑娘情结"，"有民粹主义形式的鞋子，却没有适合穿这双鞋子的脚"。④ 匈牙利的安德拉斯·布佐基等学者认为，"民粹主义属于最难定义的概念之一，并且在特定的历史形势、

---

① 在进行中东欧国家的转型研究时，必须注意地区的复杂性与差异性。在学术界，有学者根据民族分离主义强弱的不同把中东欧国家政治转轨模式分为自由民主模式和民族分离模式，参见 Milada Anna Vachudova，Tim Snyder，" Are Transitions Transitory Two Types of Political Change in Eastern Europe Since 1989，" East European Politics and Societies ，Vol. 11，No. 1，1997，pp. 1—35。也有学者根据国家政[illegible]度将其分为平稳演进型和冲突裂变型，参见项佐涛：《中东欧政治转型的类型、进程和特点》，《国际政治研究》2010 年第 4 期。虽然分类标准稍有差异，但它们所包含的对象国是一致的，前者有波兰、匈牙利、捷克、斯洛伐克、保加利亚、罗马尼亚和斯洛文尼亚，后者则是除斯洛文尼亚外的前南地区。本文即以前者为研究对象。没有提及捷克，是出于以下两点考虑。第一，捷克的新民粹主义相比其他中东欧国家来说影响小得多，在政坛中没有出现新民粹主义色彩很浓的政党，一些政党如右翼"公民民主党"和左翼"社会民主党"也仅仅在竞选或施政中偶施民粹主义策略，前者标榜欧洲怀疑主义，后者常打"德意志民族"牌。第二，在笔者看来，捷克没有新民粹主义政党还可能与这样一个现象有关，即捷克有一个党员人数较多且具有一定影响力的捷克和摩拉维亚共产党，在不断趋于稳定、成熟的政治体制中，捷克民众有这样的选择，可以把选票投给共产党。斯洛文尼亚没有被提及是因为该国民族主义政党较为强大，没有出现新民粹主义政党。

② Grigorij Mese nikov，Oga Gyárfáová，and Daniel Smilov，ed.，Populist Politics and Liberal Democracy in Central and Eastern Europe，Institutie for Public Affairs，Bratislava，2008，p. 7.

③ 实际上，除政治层面的区分外，还有经济民粹主义、生态民粹主义、文化领域（主要是文学、美学）的后现代民粹主义等。

④ 参见（英国）保罗·塔格特著，袁明旭译：《民粹主义》，吉林人民出版社 2005 年版，第 2 页；Ivan Krastev：The Populist Moment. http：//www. eurozine. com /articles/2007—09—18—krastev—en. html.

地区以及社会中以不同变换的形式出现”。[1] 英国政治学者保罗·塔格特则进一步指出了民粹主义尴尬的概念不确定性，认为“在寻求对民粹主义有一个完美恰当的解释的过程中充满着种种的错觉和许多不尽如人意的东西，其结果并非总是令人满意的”。[2] 英国后马克思主义学者欧内斯托·拉克劳认为“其内在的本质特征是无法或者难以给出任何精确的解释，概念的清晰性明显缺失，更不要提定义”。[3]《泰勒斯》杂志的创始人保罗·比克尼指出，人们对民粹主义“概念的理解是如此模糊，以至于它可以指一切东西，同时又什么也无所指”。[4]

民粹主义的内涵尽管过于宽泛，但其核心内容是一致的，即以民意的真实代表自居。[5] 换言之，民粹主义是政治生态的民意反映。自 19 世纪后期始，民粹主义主要经历了三次浪潮：（1）19 世纪末在美国、俄国以及东欧出现的第一代民粹主义；（2）20 世纪 60—70 年代全球兴起的第二代民粹主义，尤以拉美的民粹主义复兴为甚；（3）20 世纪 80 年代尤其是 90 年代以来在欧洲和北美复兴的第三代民粹主义。[6]

在后冷战时代，民粹主义对自由民主政治冲击和挑战的能量日益显现。正如伊恩·克拉斯蒂夫描述的那样，“只有像‘民粹主义’这样模糊和内涵不清楚的概念才能让人认识到世界很多地方发生的急剧政治转变。‘民粹主义’比现在流行的任何其他概念都更好地抓住了自由民主在当今遭遇的挑战的本质”[7]。但是，如果以民粹主义的传统解释来套用第三代民粹主义即新民粹主义，或者简单地以为新民粹主义仅是一种现象的“复活”或“回归”，无疑会阻碍人们对新民粹主义的全面认识。

“复活论”的主要论点在于：20 世纪后期，一些极端右翼政党和新法西斯主

---

① Andras Bozoki，Miklos Sukosd，Civil Society and Populism in the Eastern European Democratic Transitions，Praxis International 13，No. 3，1993，p. 232.

② （英国）保罗·塔格特著，袁明旭译：《民粹主义》，第 2 页。

③ Ernesto Laclau，On Populist Reason，London ; New York : Verso，2005，p. 1.

④ Paul Piccone，“ Postmodern Populism，” TELOS，No. 103，Spring 1995，p. 45.

⑤ 参见（英国）保罗·塔格特著，袁明旭译：《民粹主义》，第 123—133 页。

⑥ 参见俞可平：《权利政治与公益政治》，社会科学文献出版社 2005 年版，第 262—263 页。

⑦ Ivan Krastev：The populist moment. http：//www. eurozine. com/articles/2007－09－18－krastev－en. html.

义政党在欧洲政治舞台的频频出现，它们是20世纪上半叶法西斯式的民粹主义的“重生”。[①] 甚至有学者指出，欧洲新民粹主义“在本质上是原始法西斯主义，是政治理性的死亡，是以盲目的乌托邦狂热为幌子的反叛行为”。[②]

欧洲固然存在蕴涵某些“原始法西斯主义倾向”的民粹主义，但这并不是欧洲新民粹主义的全部内容，而只是很小的一个方面。保罗·塔格特比较全面、清楚地指出了欧洲新民粹主义至少有三种表现形式：“一是像2000年燃料抗议运动或反全球化运动之类的社会动员；二是欧盟的各种政治力量所表现出的欧洲怀疑主义；三是欧洲右翼民粹主义政党。”[③] 由此，可以总结出欧洲新民粹主义以下几个特征。第一，与20世纪30年代的右翼民粹主义相比，新民粹主义有了新的内容，即在显示极端的同时又保持了对民主的肯定，它们不是反对民主而是反对自由；第二，与传统民粹主义相比，新民粹主义不再主张作为人民的精英来带领人民取得政治成果。通过观察中东欧的新民粹主义，有学者总结出它有一个特点是“抨击1990年以来的精英共识”[④]；第三，对欧洲一体化进程的质疑与忧虑成为新民粹主义兴起的一个催化剂，并且新民粹主义是一个泛欧洲的现象，它首先出现于西欧，但不限于西欧并广泛存在于中东欧国家；第四，新民粹主义是具有

---

① 20世纪上半叶，意大利墨索里尼领导的法西斯党于1922年上台执政，此后希特勒领导的纳粹党于1933年成为德国执政党。20世纪80年代以来尤其是90年代末，欧洲出现了新民粹主义崛起浪潮：1999年，奥地利具有排外和仇犹色彩的极右翼政党——自由党成为第二大党，并于次年2月与奥地利人民党组成联合政府；2001年春，意大利的极右派组织，由墨索里尼的法西斯党演变而来的全国联盟作为第三大党参加了保守派总理贝卢斯科尼组成的联合政府；同年11月，丹麦“联合人民党”成为议会第三大党；2002年5月，法国民粹主义组织“人民阵线”的领导人勒庞入围第二轮总统选举；同月，荷兰右翼民粹政党“富图恩名单党”成为议会第二大党；2005年6月，法国、荷兰的民粹政党发动了拒绝《欧盟宪法条约》的全民公决。2008年4月，意大利新民粹主义组织“意大利力量党”的领导人贝卢斯科尼成功利用民众对中左政府的不满情绪，与同为民粹政党的全国联盟和北方联盟结盟在议会选举中再度获胜。参见周凡：《国外民粹主义研究前沿》，中央编译局专家文库：http://www.cctb.net/zjxz/expertarticle/201011/t20101105_24436.htm；林红：《后冷战时代的欧洲新民粹主义》，第12—16页。

② Slavoj Zizek：Against the Populist Temptation. Critical Inquiry，Vol. 32，No. 3，Spring 2006，p. 553.

③ Paul Taggart：Populism and Representative Politics in Contemporary Europe. Journal of Political Ideologies，Vol. 9，No. 3，October 2004，p. 285.

④ Jacques Rupnik：Populism in Eastern Central Europe. http://www.eurozine.com/articles/2007－09－10－rupnik－en.html.

相似性和同时性的现象聚合，是一个地区不同国家社会生态的表征，而且其最主要的表现形式是政党。对此，有学者这样指出，“新民粹主义不是一个单独的政党或者运动，而是在同一时期不同国家出现的具有一些相同主题特征的一系列不同的政党。”[①]

中东欧新民粹主义政党的类型及其特征

研究中东欧的新民粹主义，主要以新民粹主义政党在政党政治中的表现为载体。大体说来，中东欧民粹主义政党有两大类型：“温和”的民粹主义政党或称温和派民粹主义、“强硬”的民粹主义政党或称强硬派民粹主义。

所谓“温和”派民粹主义，代表这样一种立场或态度，它对现有的代议制，主要是政党制度发出挑战，却并不反对现有的宪法框架和选举原则，持这种立场的人“不质疑现存的政治、社会或经济秩序，也不挑战所在国家的基本外交政策取向，他们接受法制、多元化和民主，还可以成为政治当局的组成部分，只是通过挑衅或简单化的沟通方式开发新的选民市场或排挤政治对手”。[②] 它的兴起主要是由于代议制危机的出现，如选民对原有的政党失去信心，认为它们已经完全堕落，在议会和政治生活中代表的是精英而不是选民的利益。目前，在中东欧地区属于“温和”派民粹主义性质的政党主要有：匈牙利的青年民主主义者联盟—匈牙利公民联盟（以下简称青民盟）、民主论坛，斯洛伐克的社会民主—方向党、公民谅解党，保加利亚的稳定与振兴国民运动[③]、争取欧洲发展公民党以及罗马

---

① （英国）保罗·塔格特著，袁明旭译：《民粹主义》，第 98 页。

② 姜琍，《转型时期斯洛伐克民粹主义探析》，《俄罗斯中亚东欧研究》2008 年第 1 期。

③ 前身为 2001 年 4 月保加利亚末代国王西美昂创建的西美昂二世国民运动（National Movement Simeon the Second），2002 年 5 月注册成为政党。2005 年 6 月在议会大选中获得 53 个议席，成为议会第二大党并于 8 月中旬与社会党及“争取权利与自由运动”共同组阁。2007 年 6 月，更名为稳定与振兴国民运动。

尼亚的民主自由党[①]，等等。

"强硬"派民粹主义则是这样一种取向，它不仅反对现有的代议制，更反对自由民主制度的一些基本原则，如保护少数精英或政治人物等，认为这是对宪法框架的一种严重威胁。正如有学者所描述的那样，"强硬派民粹主义者更为激进，它们宣扬善恶截然对立的世界观，旨在政治当局和民众之间形成严重对抗局面。"[②] 目前，在中东欧地区属于"强硬"派民粹主义性质的政党主要有：波兰的法律与公正党、自卫党和波兰家庭联盟、保加利亚的"阿塔卡"联盟、斯洛伐克的争取民主斯洛伐克运动一人民党（以下简称民斯运）和民族党以及匈牙利的"为了更好的匈牙利运动"（简称尤比克党）、大罗马尼亚党等。[③] 此外，在一国"强硬"派民粹主义中，也还有温和与强硬之分，比较明显的是斯洛伐克的民斯运和民族党，与前者相比，后者更加突出民族主义的色彩，推崇爱国主义和民族责任感。

尽管新民粹主义政党有上述性质和程度上的差别，但它们之间的界线也不是固定不变的，易发生变化。总的看来，这两大类型的民粹主义政党都具有以下几个基本特征。

首先，政党的意识形态难以界定。与传统的民粹主义相比，新民粹主义已经失去了原有的小农主义政党的特征，也不再如原来的民粹主义那样"激进"或者"极端"，意识形态的左和右也不再那么重要，而是成为"一种政治心态而非某种哲学或意识形态"[④]。正如一位学者指出的那样，"民粹主义已成为进步的工具，但也是保守的工具；是民主主义者的工具，也是独裁者的工具；是左派政党的工

---

① 前身为建立于1989年12月的救国阵线，1990年2月登记注册为政党。1990年5月大选后曾执政。1992年3月救国阵线分裂，其中以罗曼（Petre Roman）为首的派别于1993年与原民主党合并成立新的民主党。2005年6月，该党决定由左翼社会民主性质转为右翼，退出社会党国际。2007年1月，成为欧洲人民党成员。同年12月，该党吸纳自由民主党，更名为民主自由党，约有党员45万人。

② 姜琍：《转型时期斯洛伐克民粹主义探析》，《俄罗斯中亚东欧研究》2008年第1期。

③ 参见 Grigorij Mese nikov, Oga Gyárfáová, and Daniel Smilov, ed., Populist Politics and Liberal Democracy in Central and Eastern Europe, Institutie for Public Affairs, Bratislava, 2008, p. 9。

④ 邓正来主编：《布莱克维尔政治学百科全书》（修订版），中国政法大学出版社2002年版，第634页。

具，也是右翼势力的工具。这种适应性源于民粹主义的‘空心化’：民粹主义缺乏一种能为之献身的价值。”[①]

那么，造成新民粹主义政党意识形态模糊的原因有哪些呢？一方面，新民粹主义政党是一些“出身”和“来源”不尽相同的大杂烩。有从左翼转化来的，如斯洛伐克的社会民主—方向党；有从自由民主党转化来的，如匈牙利的青民盟；还有从社会民主党转变成自由民主党，再转变成新民粹主义的政党，如罗马尼亚的民主自由党；还有一些“横空出世”的，如保加利亚的西美昂二世全国运动和欧洲发展公民党、匈牙利的尤比克党等。另一方面，在竞选过程中，自由主义政党的政策、社会民主党的政策、民族主义政党的政策，只要能够迎合选民的口味，新民粹主义政党都可以采用。在选举过程中，新民粹主义政党可以和左翼社会民主党合作，如西美昂二世全国运动在2005年与保加利亚社会党共同组成了联合政府；也可以和右翼政党合作，如罗马尼亚民主党和国家自由党在2004年组成了选举联盟；还可以另起炉灶，挑战左、右政党，如波兰法律与公正党单独参加2005年的议会大选，并在议会议席未过半数的情况下，一度组建了少数派政府，后与民粹主义的政党自卫党和波兰家庭联盟组成联合政府。概言之，新民粹主义政党的“阵线不再位于左和右、改革者和保守者之间。在更多的情况下，我们看到的是日益怀疑民主的精英和日益怀疑自由的愤怒的公众之间的结构性冲突”[②]。

其次，意识形态的模糊性导致新民粹主义政党的政策主张也具有很强的变动性。新民粹主义政党政策的核心内容就是“取悦于民”，正如有的学者指出的那样，“‘民粹主义’常常和感情冲动的、简单化的、操纵性的、旨在挑动人民的直观感受（gut feelings）的演说或者旨在‘收买’支持的机会主义政策联系在一起”[③]。

在经济上，新民粹主义政党的主张可以概括为两点：一是赞成自由市场经济，同时主张重新分配转型带来的财产。保加利亚的欧洲发展公民党和西美昂二世全国运动、斯洛伐克的社会民主—方向党等都承认自由市场经济带来的好处，

---

① （英国）保罗·塔格特著，袁明旭译：《民粹主义》，第5页。

② Ivan Krastev：The Populist Moment. http：//www. eurozine. com /articles/2007－09－18－krastev－en. html.

③ 同上。

把繁荣本国的市场经济作为自己的竞选纲领。然而，它们却认为，政治精英和经济精英在转型过程中相互勾结，共同窃取了转型所带来的收益，造成了广大人民的普遍贫困，因而主张在精英和普通民众之间重新分配财产。[①] 二是针对选民对现有经济的不满，给选民提供一些不切实际的承诺。例如，保加利亚欧洲发展公民党成立后，抓住了民众对社会的不满情绪，提出了一些有些夸大但却十分吸引人的口号，如实现关键经济领域投资的零税率，废除遗产税，在短期内将保加利亚人的年收入提高到800—1000列弗等。[②]

在政治上，新民粹主义是一种民主非自由主义。[③] 新民粹主义政党并不反对和挑战自由选举与民主制度，相反它们是民主制度的受益者，不时赢得选举，所以，“将民粹主义政党的崛起看作是反民主的胜利的观点是错误的。实际上，它是20世纪90年代漫长的民主化潮流的产物”[④]。不过，新民粹主义政党却积极地反对自由主义。它们认为，政治上的自由主义导致了政治精英和普通民众的对立。本来由民众选举出的政治精英，在政治生活中应当代表民众的利益反映民众的需求，但现实的政党政治却使民主选举形同虚设，选民只能在政党推举出的政客中间做出选择，结果却是政治精英和政治集团控制了所有政治资源，选民的约束荡然无存。据此，新民粹主义政党鼓吹自己是代表所有人利益的人民党，而不是代表左右利益集团的政党。

在对外政策上，新民粹主义政党并不反对加入欧盟，它们甚至是该国加入欧盟最坚决的支持者，但它们却对加入欧盟可能会使本国再次沦为欧洲发达国家的附庸表示出了强烈的担忧，不热衷于欧洲一体化，对民主的、精英主导的超国家机构欧盟充满疑虑。在对待美国和北约的态度上也是如此。有学者这样总结，新民粹主义的对外政策实际上是一种奇怪的混合物，渴望与担忧并存，实际上反映

---

① 参见 Grigorij Mesenikov，Oga Gyárfáová，and Daniel Smilov，ed.，Populist Politics and Liberal Democracy in Central and Eastern Europe，Institutie for Public Affairs，Bratislava，2008，p. 10。

② 参见孔寒冰、项佐涛：《保加利亚社会党欧洲议会议员选举失利的原因和影响》，《中国特色社会主义研究》2007年第5期。

③ Ivan Krastev：The Populist Moment. http：//www. eurozine. com /articles/2007－09－18－krastev－en. html.

④ 同上。

和迎合了中东欧国家大部分民众的心理特征。[①]

再次，组织结构不稳定，政党的影响来自领袖的魅力形象。民粹主义“几乎在所有地方都未能形成自身独立的政党”。[②] 在欧洲同样如此，“由于欧洲民粹主义总是以一种新奇的‘边际效应’来袭扰主流的政治形式，它在呈现出不落俗套的非常规性和例外性的同时也往往只会捕获那些少数具有强烈的反惯例主义者，迄今为止，在欧洲也没有出现成为绝对多数的民粹主义政党。”[③] 这表明绝大多数新民粹主义政党并没有一个庞大而完备的组织结构，它们的兴起或由于某些权力集团以“人民的不满”为借口打“民粹主义牌”，在社会经济动荡中“脱颖而出”。

有学者指出，“民粹主义缺乏实质和核心的价值观意味着它特别倾向于个人政治。”[④] 这里的个人政治体现为该类政党的活动受其领袖的影响比较大，获取选民支持也来源于领袖的个人魅力。例如，保加利亚欧洲发展公民党有魅力领袖博伊科·鲍利索夫，波兰法律与公正党有魅力领袖卡钦斯基兄弟，斯洛伐克社会民主一方向党有魅力领袖罗贝尔特·菲佐，罗马尼亚民主自由党的前身民主党有魅力领袖特拉扬·伯塞斯库，等等。这些政党在政治活动中极力塑造领袖的平民、反腐败和非官僚形象。例如，鲍利索夫在保加利亚共产党执政时期曾经任职于内务部，担任过日夫科夫的保镖；保加利亚末代国王西美昂二世 2001 年回国后，他又担任了国王的保镖。一些支持鲍利索夫的索非亚媒体抓住了这一点，渲染鲍利索夫神秘英雄的形象。由著名演员史泰龙主演的电影《眼镜蛇》在保加利亚上映后，一些媒体便报道说索非亚的市长正是电影中的英雄警探的现实写照，是一个打击坏人和腐败法官的英雄。因而，在短期内鲍利索夫便成为一个深受保加利亚人喜爱的生活在现实中的英雄，尤其深受女性选民的喜爱。[⑤] 又比如，伯

---

① 参见 Paul Blokker：Populist Nationalism，Anti－Europeanism，Post－nationalism，and the East－West Distinction. German Law Journal，Vol. 6，No. 2，2005，pp. 371－389。

② 邓正来主编：《布莱克维尔政治学百科全书》（修订版），第 634 页。

③ 周凡：《国外民粹主义研究前沿》，中央编译局专家文库：http：//www. cctb. net/zjxz/expertarticle/201011/t20101105 _ 24436. htm.

④ （英国）保罗·塔格特著，袁明旭译：《民粹主义》，第 136 页。

⑤ 参见孔寒冰、项佐涛：《保加利亚社会党欧洲议会议员选举失利的原因和影响》，《中国特色社会主义研究》2007 年第 5 期。

塞斯库一直被民众视为一个非官僚平民的领导人形象。他个性爽朗，能力突出，早在担任布加勒斯特市市长时就表现出了较强的城市管理本领和过人的领导风范。例如，“当议会拒绝通过改善城市取暖系统的计划时，伯塞斯库出其不意地号召市民签署了一份请愿书，最终通过了这一计划。”[①] 2004 年 12 月伯塞斯库当选总统后，依照宪法辞去了民主党主席职务，但仍然影响着民主党，正如其后任民主党主席埃米尔·博克（Emil Boc）对他的评价那样：“他已经将自身的形象资产转移给了民主党”。[②]

中东欧新民粹主义政党的兴起及其表现

在上世纪 90 年代，中东欧有一些国家出现了新民粹主义政党和民粹式人物，但影响不大，也没有形成强大的活跃力量。斯洛伐克是一个较突出的例子，曾三次担任政府总理并有着非凡魅力的弗拉基米尔·麦恰尔领导的民斯运在 1992 年到 2002 年十年间维持着斯洛伐克第一大党的地位，继 1992 年单独组建政府后，1994 年和 1998 年议会大选均成为执政联盟的主体。另外，斯洛伐克民族党在 1990 年议会大选中获得 13.94％的选票，位居第三，在 1994 年议会大选后进入执政联盟。[③] 匈牙利的新民粹主义政党在这一时期主要有青民盟和民主论坛，不过这两个政党的走向却是一个相逆的过程。青民盟在议会中的位次及选票不断攀升，1990 年获得 9％的选票，1994 年获得 7％的选票，到 1998 年选票升到 28.2％，成为议会第二大党。匈牙利民主论坛则日渐式微，1990 年获得 24.7％的选票位居第一，1994 年获得 11.7％的选票，位次跌落至第三，到 1998 年仅获得 3.1％的选票。值得一提的是，波兰虽然没有出现强大的新民粹主义政党，但一些民粹主义分子仍然比较活跃。例如，在 1990 年波兰剧变后举行的首次总统大选中，民粹主义者旅加拿大波兰裔企业家斯坦尼斯瓦夫·蒂明斯基在第一轮选举中以“黑马”姿态脱颖而出，挤掉了时任总理的塔德乌什·马佐维耶茨基，与

① 李停、项佐涛：《罗马尼亚民主党“右转”及其原因分析》，《当代世界社会主义问题》2008 年第 2 期。

② Daria Anghel, PD still enjoying Basescu's image capital, http://www.nineoclock.ro/index.phpissue=4829&page=detalii&categorie=politics&id=20050615－503739.

③ 2006 年和 2010 年议会大选中分别获得 11.7％和 5.1％的选票，均进入执政联盟。

莱赫·瓦文萨共同进入第二轮选举，最后遗憾败北。[1]

进入21世纪，尤其是中东欧国家相继加入欧盟后，新民粹主义政党在这些国家的政坛上日益活跃，并成为一股较强的地区性政治力量。在波兰，主要有法律与公正党、自卫党和波兰家庭联盟，它们一直活跃于波兰政坛。法律与公正党的表现值得关注，2001年议会大选虽然只获得9.5%的选票，但2005年异军突起，获得了27%的选票成为议会第一大党，在2007年提前举行的大选中虽败给了公民纲领党，但也获得了32.1%的选票。自卫党与波兰家庭联盟在2001年和2005年分获10.2%、7.9%和11.4%、8%的选票，到2007年它们的力量有所下降，分别只获得1.5%和1.3%的选票。它们在欧洲议会选举中的表现也有相类似的趋势。2004年，波兰家庭联盟以15.9%的得票率和10个议席位居第二，法律与公正党获得12.7%的选票和7个议席，自卫党获得10.8%的选票和6个议席；2009年，法律与公正党继续保持强劲的势头，获得27.4%的选票和15个议席位居第二，其他两个政党则没有获得一个议席。可见，法律与公正党是波兰新民粹主义政党中的"主力"。这一点在波兰总统选举中亦有体现。2005年，法律与公正党的候选人莱赫·卡钦斯基与公民纲领党的多纳德·图斯克在第一轮投票中分获33.1%和36.3%的选票，在第二轮投票中卡钦斯基以54%对46%的选票击败图斯克当选总统。2010年，法律与公正党的候选人雅罗斯瓦夫·卡钦斯基与布罗尼斯瓦夫·科莫罗夫斯基展开较量，在第一轮投票中分获36.5%和41.5%的选票，在第二轮投票中以47%对53%的选票遗憾败北。

在斯洛伐克，新民粹主义政党繁多，主要以社会民主—方向党和民斯运为代表。这两个政党交替成为斯洛伐克的第一大党。社会民主—方向党在2002年议会大选中获得13.5%的选票位居第三，2006年和2010年分获29.1%和34.8%的选票，成为议会第一大党。如前所述，民斯运从1992年以来一直都是斯洛伐克的第一大党，但是进入21世纪后选票呈持续下降趋势，2002年获得19.5%的选票仍然是第一大党，但从2006年起其地位被社会民主—方向党所替代，2006年和2010年分别只获得8.8%和4.3%的选票。这一现象在欧洲议会选举中也有所体现。2004年社会民主—方向党获得了斯洛伐克全部14个议席中的3席，得

---

[1] 2005年，他从加拿大返回波兰作为独立候选人参加竞选，仅获得23545张选票，得票率为0.16%。

票率为16.9%，2009年则获得13个议席中的5席，得票率为32%；民斯运则分别只获得13.2%的选票和9%的选票、1个议席。

在匈牙利，新民粹主义政党依然以20世纪90年代活跃的青民盟和民主论坛为代表，但在最近的国际金融危机发生后又出现了一个较有影响的尤比克党。如前所述，转型以来，民主论坛一直是匈牙利政坛的主要力量之一，但是其影响不断减弱的趋势也非常明显，2002年的议会大选几乎没有获得选票，2006年和2010年则分别只获得5%和2.7%的选票。青民盟则不断壮大，在2002年和2006年议会大选中分获41.1%和42%的选票，接近于社会党的选票；2010年获得52.7%的选票击败社会党，成为第一大党，获得组阁权。在欧洲议会选举中，青民盟占据了“半边江山”，2004年获得24个议席中的12席，得票率为47.4%；2009年获得22个议席中的14席，得票率为56.4%。国际金融危机的巨大冲击，给匈牙利国内经济、政治生活均带来了深远影响，政治领域中尤比克党的异军突起是其中一大表现。在2009年举行的欧洲议会选举中，尤比克党赢得14.8%的选票和3个议席，首次参选便位居第三；在2010年议会大选中获得16.7%的选票，也是议会第三大党。

在保加利亚，带有新民粹主义性质的黑马政党相继出现。2001年4月创建的西美昂二世国民运动在与几个小党组成“西美昂二世国民运动联盟”参加同年6月的议会大选便获得胜利，组成政府，其领导人西美昂出任总理。[①] 在2005年议会大选中获得19.9%的选票、53个议席，成为议会第二大党，并于8月中旬与社会党及争取权利与自由运动共同组阁。但是该党的影响日渐减弱，在2007年6月更名为稳定与振兴国民运动前参加的首次欧洲议会议员选举中获得6.3%的选票，在2009年的议会大选和欧洲议会选举中分别只获得3%和8%的选票。另一个政党是2006年12月成立的欧洲发展公民党，该党成立后不久参加2007年的欧洲议会议员选举便以21.68%比21.41%的选票的微弱优势战胜了执政的社会党，影响和改变了保加利亚的力量对比；在2009年议会大选和欧洲议会选举中延续了强劲势头，成为保加利亚第一大党，议会大选中获得39.7%的选票、16个议席，独立组阁，欧洲议会选举中获得17个议席中的5席，得票率为

① 由于未能及时注册为政党，失去了独立参选的可能，于是组成选举联盟。该组织于2002年5月注册成为政党。

24.4%，党主席鲍利索夫出任政府总理。此外，阿塔卡联盟也是保加利亚政坛一支不可忽视的力量，该党在2005年和2009年议会大选中分获8.1%和9.4%的选票，在2007年的欧洲议会议员选举和2009年的欧洲议会选举中也分获14.2%和12%的选票。

在罗马尼亚，新民粹主义政党主要有罗马尼亚民主自由党与大罗马尼亚党。民主自由党经历了更名、重组、合并的过程，其力量不断扩大，在2007年11月举行的罗马尼亚首次欧洲议会议员的选举中，获得最高28.8%的选票；在2008年议会大选中获得32.4%的选票和115个议席，成为议会第一大党，组成联盟上台执政。大罗马尼亚党早在20世纪90年代就活跃于罗马尼亚政坛，进入21世纪尤其是罗马尼亚加入欧盟后其影响力日渐下降，2000年议会大选中获得19.5%的选票位居第二，2004年获得13%的选票和48个议席位居第三，到2008年仅获得3.2%的选票，没有获得一个议席。

可见，进入21世纪后，中东欧国家的新民粹主义政党已经有了不同程度的兴起，有些政党曾经执政或正在执政，这个现象也引起了学界和有关机构的广泛关注与讨论。《经济学家》杂志在2004年6月发表文章，对波兰、匈牙利、捷克以及斯洛伐克等国家在欧洲议会议员选举中和欧盟扩大投票中新民粹主义力量的扩大表示担忧，并认为欧洲议会选举的低投票率和新民粹主义政党的高支持率反映出一部分选民是反政府和反欧盟的；[①] 2006年5月，保加利亚的两大非政府组织自由战略中心和开放社会研究所组织召开了一次题为“新民粹主义的挑战”的学术研讨会，吸引了许多学者、政治家和社会活动人士围绕新民粹主义的问题及挑战展开了讨论；[②] 同年9月，世界银行在季度经济报告发布中指出，维谢格拉德集团[③]国家的新民粹主义力量获得了较大发展，对进一步的改革包括财政改革

① 参见 Central Europe's Elections：Populists，ahoy. The Economist，June 17，2004，http：//www. economist. com/node/2773991story _ id=2773991。

② 参见 Ivan Krastev：The Challenge of the New Populism. http：//www. cls—sofia. org/en/projects/democracy—15/the—new—populism—7/the—challenge—of—the—new—populism—37. html。

③ 由波兰、匈牙利、捷克和斯洛伐克组成。

以及加入欧元区都造成了影响。[①]

2000年以来部分中东欧国家新民粹主义政党在议会选举中的得票率

（单位：%）

年份	波兰			保加利亚			年份	匈牙利			斯洛伐克			年份	罗马尼亚	
	PiS	LPR	SRP	GERB	ATAKA	NDSV		FIDESZ	JOBBIK	MDF	SMER	HZDS	SNS		PD—L	PRM
2001	9.5	7.9	10.2			42.7	2002	41.1		—	13.5	19.5	3.3	2000		19.5
2005	27	8	11.4		8.1	19.9	2006	42		5	29.1	8.8	11.7	2004		13
2007	32.1	1.3	1.53											2008	32.4	3.2
2009				39.7	9.4	3	2010	52.7	16.7	2.7	34.8	4.3	5.1			

资料来源：根据挪威社会科学资料服务中心（http：//www.nsd.uib.no/european_election_database/country/）数据整理。

注：(1)“—”表明选票非常少；(2) PD—L经历了多次变化，这里只列2007年12月正式更名为罗马尼亚民主自由党以后的选举情况。

2004年以来部分中东欧国家新民粹主义政党在欧洲议会选举中的得票率与议席

	政党	2004年		2009年	
波兰	PiS	12.7%	7席/54席	27.4%	15席/50席
	LPR	15.9%	10席/54席	—	—
	SRP	10.8%	6席/54席	1.5%	—
匈牙利	FIDESZ	47.4%	12席/24席	56.4%	14席/22席
	JOBBIK	—	—	14.8%	3席/22席
	MDF	5.3%	1席/24席	5.3%	1席/22席

① 参见World Bank EU8 Quarterly Economic Report. September 2006，http：//siteresources.worldbank.org/INTECA/Resources/EU8QERSeptember2006_MainReportFINAL.pdf，pp. 6—8。

续表

	政党	2004 年		2009 年	
斯洛伐克	SMER	16.9%	3 席/14 席	32%	5 席/13 席
	HZDS	13.2%	2 席/14 席	9%	1 席/13 席
	SNS	—	—	5.6%	1 席/13 席
		2007 年			
保加利亚	GERB	21.9%		24.4%	5 席/17 席
	ATAKA	14.2%		12%	2 席/17 席
	NDSV	6.3%		8%	2 席/17 席
罗马尼亚	PD—L	28.8%		29.7%	10 席/33 席
	PRM	4.2%		8.7%	3 席/33 席

资料来源：根据挪威社会科学资料服务中心（http://www.nsd.uib.no/european_election_database/country/）数据整理。

注：(1)“—”表明选票非常少，也没有获得议席；(2) 未能找到保加利亚与罗马尼亚2007 年的议席情况。

事实上，上述学界与有关机构表现出来的担忧和警惕与其说是中东欧新民粹主义政党兴起的写照，不如说是中东欧社会转型进程中尤其是加入欧盟后的社会生态的反映。以下将从两个方面来探讨中东欧新民粹主义政党出现的原因及其未来的走向。

第一，20 世纪 90 年代，中东欧新民粹主义政党为何没有活跃起来？换句话说，转型初期和之后的一段时期中东欧一些国家出现了新民粹主义现象，但新民粹主义并没有成为主流政治，在经济上更没有转向民粹主义。① 有学者指出，虽然“在转型的最初岁月里，民粹主义成了学术界和政界的热门话题”，而且“东欧的很多民粹主义势力在转型初期有上台执政的机会”，但事实上“它们在该地

① 关于这一点，匈牙利学者贝拉·格雷什科维奇对比拉丁美洲作了比较详细的分析。在他看来，东欧没有在经济上出现明显的民粹主义时期主要是由于再分配压力小。第一，不存在结构性断裂即收入分配的严重不均衡现象；第二，出口部门与其他经济部门的分割程度不大使关注国内市场部门的民粹式政策转向受限。参见（匈牙利）贝拉·格雷什科维奇著，张大军译：《抗议与忍耐的政治经济分析》，广西师范大学出版社 2009 年版，第 120—127 页。

区依然处于靠边站的地位”。[①] 90 年代“在中东欧地区的所有政党，独独民粹主义党派，即声称以混合了民族和社会性诉求的民粹式纲领参与竞选的唯一政治势力，从未赢得政治上的主导权以及经济政策的决策权”。[②]

究其原因，首先，在转型开始后不久，经济学家和政治家都密切关注新民粹主义的风向并采取快速、果断的措施防止其“侵袭”。以波兰为例，美国经济学家杰弗里·萨克斯[③]在波兰转型之初就给予提醒：“民粹派政客将试图与受到沉重打击的部门内的工人、经理和官员联盟勾结起来，以延缓或者推翻调整方案——就像他们在超过一代人的时间内在阿根廷成功地做到的那样。”[④] 波兰经济学家耶日·豪斯内尔也指出：“不知所措并且承担着社会经济危机后果的社会大众对统治精英及其克服危机局势的能力失去了信心，热切地期待着新的希望和认同。”[⑤] 政治家们接受了这些警告，相信“采取决定性行动才能控制住民粹主义的这些压力”。[⑥] 1990 年瓦文萨上台后将自由主义经济学家莱舍克·巴尔采罗维奇作为他的头号经济政策制定者，在此之后波兰总的经济政策没有发生大的变化。其他中东欧国家情况也大体如此，例如，在匈牙利，虽然第一届联合政府继续冠冕堂皇地发表民粹主义的观点，但其 1993 年春天的财政调整计划几乎是完全符合新自由主义的。[⑦]

此外，中东欧国家从集权体制下解放出来不多久，相比政治体制非常成熟的西方国家来说，一方面这些国家的人民对过去有一种“不愿回首”的情结；另一

---

① 参见（匈牙利）贝拉·格雷什科维奇著，张大军译：《抗议与忍耐的政治经济分析》，第 113、29 页。

② 同上，第 120 页。

③ 1989 年，杰弗里·萨克斯被邀请作为波兰改革的咨询顾问，使用“休克疗法”开启了东欧经济改革先河。

④ Sachs，Jeffrey：Eastern Europe's Economics：What Is to Be Done? The Economist ，January 12，1990，p. 21.

⑤ 参见 Hausner，Jerzy. Populist Threat in Transformation of Socialist Society. Warsaw：Friedrich Ebert Foundation，Warsaw Office. 1992，pp. 124－127。

⑥ Lipton，David and Sachs，Jeffrey：Creating a Market Economy in Eastern Europe：The Case of Poland. Paper Presented at the Brookings Institution Panel on Economic Activity，Washington，D. C. ，April 5－6，1990，p. 20.

⑦ （匈牙利）贝拉·格雷什科维奇著，张大军译：《抗议与忍耐的政治经济分析》，第 133 页。

方面共产党继承党在各国均不同程度地存在，它们仍然掌握着较多的人力和社会资源。这样一种张力的存在客观上有利于中东欧国家的政治走向成熟，为民众的政治选择提供空间，从而使新民粹主义的动员失去了基础。此外，从经济上来看，虽然中东欧国家的经济态势趋弱，但个人经济状况并不是特别糟糕，至少在收入差距上是不明显的，而且原来的体制还给这些国家留下了一种较为平均主义的社会福利遗产，以前的教育、医疗、卫生系统都存在。[①] 这些都在一定程度上限制了民众的民粹主义诉求。

第二，进入21世纪，尤其是加入欧盟后，中东欧新民粹主义政党为何活跃起来？原因是多方面的。首先，回归欧洲、加入欧盟后仍存在的期望落差推动了民众的躁动。一方面，经济转型取得的成果与民众的预期存在很大差距。从国内生产总值来看，除波兰外，中东欧国家总体上到2007年才恢复到1989年的经济水平。若与西欧相比，则相去甚远。另一方面，经济转型付出了较大的社会代价，部分社会阶层成为了转型的输家，民众并没有过上像西欧人那样经济上富足、政治上民主、文化上自由的生活。同时，有些国家如罗马尼亚和保加利亚，在私有化过程中还出现了较为严重的贫富分化现象，失业率居高不下，由此出现了罢工、骚乱等集体抗议性行为。

第三，左、右政党政策“枯竭”，腐败问题严重，影响了民心。一方面，原本民众可以通过选票来表达抗议，然而在转型过程中，这些国家的中左、中右翼政党的政策出现了趋同，在改善人民生活状况方面难以提出有吸引力的实质性方案。甚至，传统的左右翼政党常因“束手无策”借民粹主义来相互攻伐。另一方面，更为重要的是，在政治转型过程中出现了极为猖獗的腐败现象，领导人渎职、政府危机乃至执政党下台或多或少都与腐败丑闻有关。腐败成为中东欧国家严重的社会政治问题。[②] 这样，给民众造成的印象就是传统左右翼政党只是代表资本利益的政党，而不是为人民谋利益的政党，政客只关心自身的利益，而不顾及人民的利益。民众逐渐寄希望于一个“超越传统左右”的新型政党、一个由“非官僚”的领袖领导的能够代表人民的政党来改变现状，而“新民粹主义者是

---

① 参见（匈牙利）贝拉·格雷什科维奇著，张大军译：《抗议与忍耐的政治经济分析》，第124页。

② 高歌：《中东欧国家政治转轨的基本特点》，《当代世界与社会主义》2009年第1期。

不会错过利用精英腐败问题的任何一个机会来维持他们的支持的”[①]。概言之，由于传统政党在诸多问题上的能力缺失，使意识形态随意性、政策投机性及领袖魅力性的新民粹主义政党在中东欧有较大的市场。

第四，整个社会生态尤其是政治生态发生的变化，为新民粹主义提供了生存空间。有学者指出：民粹主义不是政治常态的短暂脱轨，政治领域中的一些长期变化促成了民粹主义的广泛传播。比如，在更加以媒体为中心、个性化的政治环境里，由于存在更加有效的社会协调手段（网络联系、移动技术、有线电视、24小时新闻频道等），使人们对政党理念和纲领的忠诚度下降，民粹主义政党比传统政党更能适应这种环境；选举体制在社会生活中仍具有重要的作用，但忠诚于政党不再是民众维护自身利益的最主要方式，人们可以选择其他渠道如法院、欧盟、罢工以及游行示威等来表达和主张利益。[②] 关于大众传媒与新民粹主义的关系，有学者进一步补充道：大众传媒改变了政治活动家与官僚们进行政治动员的方式，传统的组织化的程序和等级化的机制逐渐被广播、电视、网络、报纸等这些便利、直接、富有个性化的方式所淘汰，民粹主义领袖们不失时机地抓住并有效利用了这些变化。[③]

新民粹主义的活跃时期能持续多久是一个未知数。不过，鉴于新民粹主义力量的壮大，有人开始担心中东欧地区的民主正在褪色。[④] 尽管这种担忧有一定道理，但是，稳固的民主政治的确立是中东欧国家政治转型的最大成就。从长远来看，新民粹主义政党将在民主政治框架内发挥着一种“晴雨表”的作用，成为“代议制政治的宽容性的考验标准”。[⑤] 对于转型中出现的困难，中东欧国家的“公民尽管会不满意，但是他们或许可以接受丘吉尔所说的，民主相对于他们经

---

① （英国）保罗·塔格特著，袁明旭译：《民粹主义》，第118页。

② 参见 Grigorij Mesenikov，Oga Gyárfáová，and Daniel Smilov，ed.，Populist Politics and Liberal Democracy in Central and Eastern Europe，Institutie for Public Affairs，Bratislava，2008，p. 10。

③ 参见 Benjamin Arditi：Politics on the Edges of Liberalism：Difference，Populism，Revolution，Agitation，Edinburgh ：Edinburgh University Press，2007，pp. 60－74。

④ 参见 Petr Holub：1989? Central Europe Calls for New Revolution. http：//aktualne. centrum. cz/domaci/zdravi－skola－spolecnost/clanek. phtmlid＝287122。

⑤ （英国）保罗·塔格特著，袁明旭译：《民粹主义》，第154页。

历过的选项来说至少还不是最坏的”。[①] 同时，新民粹主义本身具有很大的弱点。比如，打着反对腐败、清理内部的旗号上台，然而一旦上台执政，它也会从事它的前任的那些活动，退回到庇护主义和国家的工具化上而不是忠诚于它根本的主张。[②] 另外，新民粹主义政党的影响力很大程度上依赖于魅力型领袖，一旦领袖发生“蜕变”或者“死亡”，新民粹主义政党的维持也会出现困难。[③] 再者，新民粹主义政党由于其主要支持者的“有限忠诚”而具有不稳定的特征。这是因为新民粹主义政党的支持者主要来源于年轻人，它们还极易被其他政党吸引并发生动摇。[④] 因此，保罗·塔格特的观点值得我们思索，在他看来，新民粹主义只是一个“间歇性出现的小插曲，常常以排山倒海之势掀起政治上的剧变。但它却总是昙花一现，不久便烟消云散、灰飞烟灭了”。[⑤]

---

① 转引自 Richard Rose Doh Chull Shin 著，王正绪、方瑞丰译：《反向的民主化：第三波民主的问题》，《开放时代》2007 年第 3 期。

② 参见 Jacques Rupnik：Populism in Eastern Central Europe. http：//www. eurozine. com/articles/2007－09－10－rupnik－en. html。

③ 参见（英国）保罗·塔格特著，袁明旭译：《民粹主义》，第 134—139 页。

④ 同上，第 102 页。

⑤ 同上，第 1 页。

96. 中东欧国家为何选择了“回归欧洲”?

高　歌

本文讨论的中东欧国家，指的是由第一次世界大战结束后出现在欧洲中部和巴尔干半岛的波兰、捷克斯洛伐克、匈牙利、罗马尼亚、保加利亚、塞尔维亚人—克罗地亚人—斯洛文尼亚人王国和阿尔巴尼亚发展而来的13个国家，即波兰、捷克、斯洛伐克、匈牙利、罗马尼亚、保加利亚、塞尔维亚、黑山、斯洛文尼亚、克罗地亚、波黑、马其顿和阿尔巴尼亚。这些国家“缺少天然疆界”，“好像是一些只有脊椎和动脉而没有外壳的生物体，不多的几条山脉都被河流切断，既不能阻绝游牧部落，也抵挡不了一支所向披靡、攻无不克的军队；唯有那一望无垠的灰绿色波涛起伏似的草原构成的海洋，延绵不断地伸入欧亚大平原。这一辽阔的地区，既对东方游牧民族敞开门户，又吸引着西方人前来殖民”。特殊的地理位置使得中东欧成为世界上国内发展道路与国际关系相关度最高的地区之一，因此，考察中东欧国家的发展历程，国际关系是一个极为重要的观察问题的角度。

一

随着第一次世界大战的结束，捷克斯洛伐克、匈牙利、波兰和塞尔维亚人—克罗地亚人—斯洛文尼亚人王国宣告成立，罗马尼亚赢得了统一，连同早几年独立的保加利亚和阿尔巴尼亚，中东欧国家终于结束了几个世纪以来依附于别国的历史，获得了选择发展道路的机会。

十月革命胜利后，第一个社会主义国家建立。中东欧国家站在历史十字路口，何去何从呢？在1918年的匈牙利资产阶级民主革命中，一种以苏俄为榜样的新的国家政权形式——苏维埃悄然出现。11月，在库恩·贝拉领导下建立了匈牙利共产党。1919年3月，匈牙利苏维埃共和国成立。6月，在匈牙利红军帮助下，斯洛伐克也建立了苏维埃共和国。与此同时，波兰、塞尔维亚人—克罗地亚人—斯洛文尼亚人王国、保加利亚、捷克斯洛伐克和罗马尼亚也相继成立了共产党。然而，资产阶级和西方资本主义国家不会容忍在它们的眼皮底下实行社会主义制度，它们联合起来，武装干涉匈牙利革命，7、8月间，斯洛伐克和匈牙利苏维埃共和国相继覆亡，绝大多数国家的共产党遭遇严酷压制和打击，资本主义制度成为中东欧国家的共同选择。

20世纪20年代初，在资本主义制度的大方向下，中东欧国家在民主制和独裁制之间进行了不同的选择。匈牙利开始了霍尔蒂·米克洛什的独裁统治，捷克斯洛伐克和波兰采用议会民主制，保加利亚、罗马尼亚和塞尔维亚人—克罗地亚人—斯洛文尼亚人王国实行君主立宪制，阿尔巴尼亚正纠缠于要资产阶级民主还是要封建专制的斗争之中。而到20年代末，除捷克斯洛伐克仍坚持资产阶级议会民主制，其余6国不约而同地走上了以独裁为特征的资本主义道路。

彼时的世界，一方面，十月革命的胜利打破了资本主义的一统天下，社会主义与资本主义之间的矛盾成为国际关系的基本矛盾之一。另一方面，美、英、法、意主导下形成的凡尔赛体系基本划定了中东欧国家的疆界，确认了它们的独立地位。

在凡尔赛体系中，中东欧国家“置身于新建立的共和德国与新建立的布尔什维克俄国之间”，“比以往任何时代更为名副其实地成了‘夹缝中的国家’”[①]。只不过德国因战败而大受打击，无力向中东欧扩张，苏俄/苏联奉行民族自决权原则，也不再对它构成威胁。而作为战胜国的英美虽扩大了在这一地区的影响力，但由于地缘关系尚不想直接介入，只有法国和意大利给予了特别的关注。法国拉拢愿意维护凡尔赛体系的中东欧国家——捷克斯洛伐克、波兰、罗马尼亚和塞尔维亚人—克罗地亚人—斯洛文尼亚人王国，意欲抵制苏俄/苏联影响，防止德国东山再起，保住霸权地位。意大利则把中东欧作为其冲破凡尔赛体系、向外

① （英国）艾伦·帕尔默著，于亚伦等译：《夹缝中的六国——维也纳会议以来的中东欧历史》，商务印书馆1997年版，第189页。

扩张的对象，起初，它致力于与罗马尼亚、塞尔维亚人—克罗地亚人—斯洛文尼亚人王国和捷克斯洛伐克发展关系，后在意识到无力超越法国在这三国的影响[①]后，将目光转向匈牙利、保加利亚和阿尔巴尼亚。

中东欧国家的对外政策目标正好合乎法意的需要。对于新近获得独立或统一的波兰、捷克斯洛伐克、罗马尼亚、塞尔维亚人—克罗地亚人—斯洛文尼亚人王国来说，其目标是维护凡尔赛体系，以保持国家独立和领土完整，这与法国不谋而合，自然要寻求法国的保护；对于在一战中失去土地的匈牙利和保加利亚来说，其目标是修改构筑凡尔赛体系的一系列和约，收复失地，这与意大利的图谋颇为接近，自然会得到意大利的支持；对于立足未稳的阿尔巴尼亚来说，其目标是争取更多的经济援助和政治保证来巩固独立地位，意大利恰恰满足了它的这一要求，成为其最为依赖的国家。同时，半是受到法意等西方国家的驱使，半是因为领土纠纷、意识形态等问题，中东欧国家都采取了反苏立场，只有波兰在20年代中后期，由于德国威胁的增大，在一定程度上改善了与苏联的关系。

20世纪20年代的国际关系主要在三个方面影响着中东欧国家的发展方向。首先，十月革命的胜利和第一个社会主义国家的建立为中东欧国家树立了榜样，鼓舞了这些国家无产者的革命热情，共产党组织在除阿尔巴尼亚[②]外的中东欧国家出现，匈牙利和斯洛伐克还一度建立了苏维埃共和国。其次，法国等协约国为遏制苏俄，把中东欧建成“西方与世界上第一个社会主义国家之间”的“间隔地带”，[③]联合与匈牙利存在领土纠纷的罗马尼亚、捷克斯洛伐克和塞尔维亚人—克罗地亚人—斯洛文尼亚人王国武装干涉匈牙利革命，颠覆了斯洛伐克和匈牙利苏维埃共和国，促使它们走上资本主义道路。再次，中东欧国家的反苏倾向使得它们不可能步苏俄后尘，实行社会主义制度，反过来，资本主义制度在中东欧的确立又有助于它们反苏路线的巩固。

除此之外，国际关系的影响间接而微弱，中东欧国家的选择更多的是由于历史文化传统、阶级力量对比、民族关系状况等内部因素的作用。从这个意义上说，中东欧国家发展道路的第一次选择拥有相当的自主性。

---

① 实际上，意大利对凡尔赛体系的否定态度也与这三国完全相反。

② 阿尔巴尼亚共产党直到1941年才成立。

③ （匈牙利）温盖尔·马加什、萨博尔奇·奥托，阚思静等译：《匈牙利史》，黑龙江人民出版社1982年版，第318页。

如果说“20世纪20年代后期是繁荣、稳定与和解的几年，20世纪30年代则是萧条、危机和战争的10年”[①]，“处在经济萧条和希特勒崛起的难以抗拒的影响之下”，“民主政体”“是否能继续存在下去，甚至在民主制已经巩固地建立起来的国家中也是一个引起激烈争论的问题”，[②] 更何况已经走上独裁道路的绝大多数中东欧国家，独裁体制的加强可想而知。就连一直坚持民主制的捷克斯洛伐克，德国扶植的苏台德德意志党、带有某些法西斯倾向的赫林卡斯洛伐克人民党的力量也在不断增长。进入1938年后，德、意的扩张势头更为猛烈，中东欧国家的安全岌岌可危。1938年9月的慕尼黑会议将捷克斯洛伐克的苏台德区划给德国，1939年3月德国灭亡捷克斯洛伐克，1939年4月意大利占领阿尔巴尼亚，1939年9月德国入侵波兰，就此点燃了第二次世界大战的战火，中东欧国家连续20年的发展因战争的爆发而中断。

二

第二次世界大战后，从德、意法西斯铁蹄下解放出来的中东欧国家又一次站在了历史的十字路口，是恢复战前的资本主义制度，还是建立社会主义制度？两次世界大战之间在资本主义制度下经历的危机、独裁乃至战争使中东欧人民对资本主义制度产生了怀疑，而苏联社会主义建设的成就和战胜法西斯的业绩则增加了社会主义制度的吸引力。在此情况下，中东欧国家没有重建资本主义，而是把社会主义作为其共同的发展方向，如何向社会主义过渡便成为其选择发展道路的关键。

保加利亚、波兰等国共产党人早就开始了对具有本国特点的发展道路的探索。保加利亚党的领导人格奥尔基·季米特洛夫在二战爆发前就曾阐述过“人民民主”的内涵，波兰党的领导人阿尔弗雷德·兰普和瓦迪斯瓦夫·哥穆尔卡也曾于二战结束前的1943年提出过人民民主道路的主张。中东欧国家解放前后，面对根除法西斯影响、维护和平和独立、恢复被战争破坏的经济，彻底完成民族民

① （美国）斯塔夫里阿诺斯著，吴象婴、梁赤民译：《全球通史：1500年以后的世界》，上海社会科学院出版社1999年版，第710页。

② （美国）C. E. 布莱克、E. C. 赫尔姆赖克著，山东大学外语系英语翻译组译：《二十世纪欧洲史》上，人民出版社1984年版，第579—580页。

主革命的任务，匈牙利、保加利亚、捷克斯洛伐克、波兰、南斯拉夫和罗马尼亚的共产党立足本国国情，倡导人民民主道路，在保留多党议会民主制的同时，逐步加强了共产党的领导地位，在实行多元混合经济的同时，逐渐扩大了经济中的社会主义成分，从而奠定了向社会主义过渡的基础。

不过，南斯拉夫的人民民主阶段十分短暂，共产党很快便掌握全部政权，带领国家建立了类似苏联的政治经济制度。阿尔巴尼亚则没有经历人民民主阶段，而是在反帝反封建革命完成后，直接追随南斯拉夫，走上了建设苏联模式社会主义的道路。

彼时的世界，德、意、日一败涂地，英、法疲弱不堪，美国的经济和军事力量则大大增强，苏联也经受住了战争的考验，国际地位迅速提升。一方面，出于解决难民、赔偿等问题和划分势力范围的需要，苏美维持着战时结成的联盟关系；另一方面，国家利益、社会制度和意识形态的对立又使得这种联盟关系岌岌可危。如《50 年战争》一书所说："在战争的最后一年和'和平'的第一年这样的关键时刻，存在着破坏和维持联盟作为世界新秩序基础的两种力量间的脆弱平衡。"①

在这种脆弱的平衡中，苏联凭依在大部分中东欧国家反法西斯斗争和争取解放过程中发挥的重要作用，在与美英商讨中东欧的战后安排时，逐渐占据上风，最终把中东欧纳入自己的势力范围。值得注意的是，或是因为阿尔巴尼亚太过弱小而不值一提，或是因为苏联并没有帮助过阿尔巴尼亚的解放斗争，苏、美、英没有对阿尔巴尼亚的未来做出谋划，只有南斯拉夫于 1945 年 4 月率先承认了阿尔巴尼亚民主政府。

处在苏联势力范围之内，发展与苏联的友好关系自然成为中东欧国家外交的重中之重。但鉴于苏联与美英尚未彻底闹翻，中东欧国家也没有完全切断与西方的联系，而是"试图在东西方之间寻求某种平衡"，② 捷克斯洛伐克、波兰等中东欧国家甚至试图参与美国提出的马歇尔计划。阿尔巴尼亚则只与南斯拉夫缔结了友好合作互助条约及一系列经济协定，建立了全面的合作关系。

① （英国）理查德·克罗卡特著，王振西译：《50 年战争》，新华出版社 2003 年版，第 65 页。

② 蒋锐：《东欧人民民主道路》，山东人民出版社 2002 年版，第 100 页。

在美苏由合作走向对抗的微妙年份里，美英和苏联既欲维持战时的合作关系，又欲加强自己的力量，为即将来临的对峙做准备，因而对中东欧国家的未来走向采取了一种异常复杂的立场：苏联既要维护中东欧这一势力范围，又要尽量避免与西方公开决裂，因而既不容许中东欧国家建立资产阶级政府，亦不主张它们马上进行社会主义革命；美英既要削弱苏联在中东欧的影响、抑制苏联势力范围的扩展，又不想激怒苏联，因而既希望中东欧国家能够实行资本主义制度，又不愿公开支持中东欧的资产阶级政党，只是要求建立由各主要政党参加的联合政府，呼吁各国尽快举行自由选举。而中东欧国家既要发展与苏联的友好关系，又想保持与西方的联系，因而需要寻找一条苏联和美英都能认可的发展道路。人民民主道路恰恰是这样“一种介于社会改良主义和苏联社会主义之间的、向社会主义过渡的特殊道路或‘中间道路’”[①]。可见，苏联和美英的立场为中东欧国家选择人民民主制度提供了不可或缺的外部条件。换句话说，即便人民民主道路是立足中东欧国家国情的选择，如果不符合当时的世情，也无法成为现实。

有学者甚至认为，中东欧国家采用人民民主制度不仅得到苏联的首肯，而且更是斯大林的授意。[②] 暂且不论这种说法是否成立，至少在南斯拉夫，苏美英的干预对它走上人民民主道路起了很大的作用。

与多数中东欧国家不同，到二战结束时，南斯拉夫共产党因在反法西斯斗争中建立的卓越功绩而赢得多数民众的支持，已然成为国内政治的主导力量。实际上，早在 1942 年 11 月南共领导的反法西斯人民解放委员会召开第一次会议时就已准备成立临时政府，但苏联为维护其与美英的良好关系，制止了这一举动，并指示反法西斯人民解放委员会不要与南斯拉夫流亡政府对立。1943 年 11 月，反法西斯人民解放委员会举行第二次会议，宣布成立铁托任主席的临时政府，苏美英三国都不愿予以承认。斯大林更是火冒三丈，认为“这是对苏联和德黑兰决定背后捅了一刀”。[③] 此后，苏联和英国努力促使南共与流亡政府妥协，终至双方达成协议，成立民主联邦南斯拉夫联合政府，共产党与其他党派联合执政。可也正是由于共产党力量强大，很快便取得了全部政权，开启了共产党一党执政的新

---

① 蒋锐：《东欧人民民主道路》，山东人民出版社 2002 年版，第 152 页。

② 参见李宗禹等：《斯大林模式研究》，中央编译出版社 1999 年版，第 370—375 页。

③ （南斯拉夫）伊万·博日齐等著，赵乃斌译：《南斯拉夫史》下册，商务印书馆 1984 年版，第 758 页。

的历史阶段。

至于阿尔巴尼亚，苏美英没有像对其他中东欧国家那样安排阿尔巴尼亚的未来，阿尔巴尼亚则对南斯拉夫亦步亦趋，跟随南斯拉夫建设苏联模式的社会主义。[①]

不难看出，作为苏联的势力范围，中东欧国家发展道路的第二次选择与苏联和美英的安排以及它们之间的妥协密切相关。唯因如此，尽管人民民主道路适合中东欧的实际，极有可能是一条切实可行的道路，但是，一旦国际局势变化，苏美走向对立，中东欧国家便不得不放弃对它的探索。事实正是这样。20世纪40年代末，随着苏美英联盟的瓦解和冷战的爆发，苏联加紧了对中东欧的控制，开始在中东欧推行苏联模式，人民民主道路无可挽回地走到了尽头。

三

冷战的到来再次改变了中东欧国家的发展轨迹。波兰、匈牙利、捷克斯洛伐克、罗马尼亚和保加利亚接受和照搬苏联模式，南斯拉夫则走上了社会主义自治道路，只有阿尔巴尼亚坚持最初的选择，继续实行苏联模式。

在实行人民民主制度的波兰、匈牙利、捷克斯洛伐克、罗马尼亚和保加利亚，从多党联合执政过渡到共产党一党集权是实行苏联模式的关键。到1947年时，共产党和社会民主党[②]已经成为各国联合政府中的主要力量，因此，当务之急便是实现共产党与社会民主党合并，建立统一的工人阶级政党。从1948年2月起不到一年的时间里，在共产党提议和主导下，罗马尼亚（1948年2月）、匈牙利（1948年6月）、捷克斯洛伐克（1948年6月）、保加利亚（1948年8月）和波兰（1948年12月）相继进行了两党合并。合并后的新党延续了共产党的指导思想和组织原则，成为政权的核心。

与此同时，罗马尼亚、波兰、阿尔巴尼亚、保加利亚、匈牙利和捷克斯洛伐克通过对共产党内部的清洗，将党和国家的领导权集中到一批笃信苏联模式的人

---

① 此时的南斯拉夫已经结束了短暂的人民民主阶段，开始仿照苏联模式建设社会主义。

② 即19世纪末成立的波兰社会党、匈牙利社会民主党、捷克斯洛伐克社会民主党、罗马尼亚社会民主党和保加利亚社会民主党。

手中，波兰的博莱斯瓦夫·贝鲁特、保加利亚的瓦西里·彼得罗夫·科拉罗夫和伏尔科·契尔文科夫、匈牙利的拉科西·马加什、捷克斯洛伐克的安托宁·诺沃提尼和罗马尼亚的乔治乌—德治全盘接受苏联模式，阿尔巴尼亚的恩维尔·霍查更是进一步加强了对苏联模式的模仿。

到20世纪40年代末50年代初，上述国家确立了以高度集权为特征的苏联政治模式，形成金字塔形的权力结构，即国家权力集中于共产党，党的权力集中于领导人；移植了苏联经济模式，实行生产资料公有制，建立指令性计划经济体制，优先发展重工业。

在中东欧国家纷纷接受苏联模式之时，南斯拉夫却“把苏联的模式公开地抛到南斯拉夫党史的垃圾堆上”，① 走上了一条独具特色的发展道路，经过工人自治、社会自治、联合劳动三个阶段的改革，建立了社会主义自治制度。

彼时的世界，苏联与美英间的敌对情绪日渐强烈，苏美英联盟迅速瓦解，美国对苏联采取遏制政策，抛出杜鲁门主义和马歇尔计划，推动建立了北大西洋公约组织，实现与西欧国家的联合，当上了西方资本主义阵营的霸主；苏联则发起建立欧洲九国共产党和工人党情报局、经济互助委员会和华沙条约组织，形成以苏联为首的社会主义阵营。资本主义与社会主义间的矛盾以阵营对抗的形式出现，冷战已然降临。

在苏美对峙中，中东欧作为苏联的势力范围，自然是苏联加强控制的对象。苏联认识到，要确保自身安全，增加与美国对抗的力量，就必须避免西方阵营对中东欧国家的分化利诱，防止这些国家出现离心倾向。而要做到这一点，只实行政治上和军事上的控制是不够的，还要把自己的模式推广到中东欧，以便“在这些国家中建立起符合需要、便于控制的政权”，② 使中东欧国家实现与苏联的一体化，与苏联结成铁板一块。

面对苏美的尖锐对立和苏联控制的加强，中东欧国家“在东西方之间不再有机动的余地”，③ 只能加入苏联领导的社会主义阵营，一切唯苏联马首是瞻。唯

---

① （美国）特里萨·拉科夫斯卡—哈姆斯通、安德鲁·捷尔吉主编：《东欧共产主义》，黑龙江人民出版社1984年版，第240页。

② 李宗禹等：《斯大林模式研究》，第370页。

③ （英国）本·福凯斯著，张金鉴译：《东欧共产主义的兴衰》，中央编译出版社1998年版，第26页。

有南斯拉夫与苏联发生激烈冲突，孤悬于社会主义阵营之外，从此倡导不结盟运动，奉行独立、自主、非集团的宗旨和原则，团结发展中国家反对一切形式的外来统治和霸权主义。而阿尔巴尼亚则在苏南冲突中站到苏联一边，与南斯拉夫决裂。

20 世纪 40 年代末 50 年代初的国际关系直接决定了中东欧国家发展道路的第三次选择，以至于很难说这是一次真正意义上的选择，倒更像是在外部压力下的别无选择。

首先，苏联模式是苏联为加强控制，推行到中东欧国家的。在 1947 年 9 月的情报局成立大会上，苏联代表团的发言强调：不管东欧人民民主国家迄今走的是什么道路，它们的社会都应该“类似或者尽最大可能接近苏联的社会主义模式”。[①] 成立大会通过的《关于国际形势的宣言》进一步提出了共产党与社会民主党合并的要求，“在新民主主义国家中，共产党、社会党和其他民主进步政党结成的联盟，成为这些国家抵抗帝国主义计划的基础”。[②] 此后，情报局在苏联的指挥下，一面大力宣扬苏联至高无上的思想和苏联经验的普遍适用性，一面组织中东欧国家批判南斯拉夫的“民族主义”立场，指使它们清洗共产党内部的“右倾民族主义分子”和“铁托分子”。共产党与社会民主党的合并和共产党内的清洗运动不仅为推行苏联模式扫除了障碍，而且更重要的是，确立了共产党的绝对领导地位，形成了权力高度集中的局面，为从人民民主道路向苏联模式的过渡打下了坚实的基础。

其次，苏南冲突促使南斯拉夫走上了社会主义自治道路。随着苏南冲突愈演愈烈，苏南两党、两国的冲突迅速演变为苏联带领其他中东欧国家对南斯拉夫的讨伐。在政治上，苏联操纵情报局，组织各国党围攻南共；在经济上，苏联和其他中东欧国家取消与南斯拉夫的经贸合同，削减与南的贸易，新成立的经互会也对南实行禁运；在外交上，苏联带头废除了苏南友好条约，匈牙利、波兰、保加利亚、罗马尼亚、捷克斯洛伐克也随之废除了与南斯拉夫的友好条约，南斯拉夫

---

① 德·德拉甘诺夫：《在斯大林主义的阴影下——二战后的共产主义运动》，索非亚“赫·鲍特夫”出版社 1990 年版，第 43 页。转引自马细谱：《季米特洛夫关于人民民主思想的演变》，《世界历史》1997 年第 4 期。

② 《共产党和工人党情报局关于国际形势的宣言》（一九四七年九月），法学教材编辑部审订：《国际关系史资料选编》下册，武汉大学出版社 1983 年版，第 130 页。

被孤立于苏东社会主义阵营之外，甚至国家安全也受到威胁。为摆脱困境，南斯拉夫只有另辟蹊径，探索一条不同于苏联模式的新路。另外，苏南冲突还导致了阿尔巴尼亚与南斯拉夫决裂和与苏联的接近，使得阿尔巴尼亚更为坚持苏联模式。

尽管苏联模式在一定程度上有助于社会主义制度在中东欧的确立和巩固，但对于大多数中东欧国家来说，苏联模式是在冷战爆发的特定条件下，由苏联强制推行的，很难适合于中东欧的实际。随时间推移，这种不适应越来越明显地暴露出来。在严重的政治经济危机面前，波兰、匈牙利、捷克斯洛伐克的改革尝试非但没有克服危机，完善社会主义，反而因苏联的干涉和改革的受挫，因执政党对党的思想理论建设和社会主义发展方向的忽视而造成混乱局面；罗马尼亚、保加利亚、阿尔巴尼亚对苏联模式的固守更强化了其弊端，损害了社会主义的形象。而南斯拉夫的社会主义自治制度虽然在贯彻社会主义民主原则、抑制官僚主义、调动劳动者的生产积极性等方面具有积极作用，但却走入了放权的误区，权力过于分散，本位主义和地方主义盛行，联邦国家越来越难以维系。到 20 世纪 80 年代末，中东欧国家如滚雪球般相继抛弃共产党领导和社会主义制度，重新选择它们的发展道路。

四

东欧剧变又一次改变了中东欧国家的发展轨迹，共产党的领导地位和社会主义制度被否定，“欧洲化”道路成为中东欧国家的共同选择。在政治上，中东欧国家通过新宪法或宪法修正案，更改了国名，取消了原名中的“社会主义”或/和“人民”的字样；放弃了共产党单独执政的一党制或共产党领导下的多党合作制，改行多党制；确立了三权分立的国家政权组织原则，实行议会制。在经济上，它们推行自由化、私有化、市场化、稳定化和制度化，力争实现由高度集中的以指令性计划为主的计划经济向以市场调节为主的市场经济的转换。在外交上，它们大都提出“回归欧洲”的口号，争取尽快加入欧洲已有的政治、经济和军事机构，特别是北约和欧盟。

彼时的世界，伴随着东欧剧变，正在发生天翻地覆的变化。柏林墙倒塌、德国统一、华沙条约组织和经济互助委员会解散、苏联解体，苏联领导的社会主义阵营和美国领导的资本主义阵营间的冷战局面和两极对峙格局被彻底打破，世界进入后冷战时期。一方面，东西方之间的均势不复存在，美国成为世界唯一的超级大国；另一方面，经济竞争取代政治和军事对抗成为国家间关系的主要内容，和平与发展成为时代的主题，世界多极化的发展遇上了难得的机遇。同时，由于被两极格局压抑和隐藏了40多年的许多矛盾浮上水面。由于各国一时难以应付新旧世界格局交替之机出现的新问题，也由于美国独霸世界的野心和举动，不仅苏东集团四分五裂，一些地区爆发流血冲突和战争，而且欧美国家内部的利益冲突也日益暴露出来，地区主义与民族主义重新抬头，世界并不安宁。

两极格局崩溃后，中东欧国家不再是苏联的势力范围，甚至几乎断绝了与苏联继承国——俄罗斯的一切军事和经济联系。面对中东欧这块昔日“领地”的失去，俄罗斯在“亲西方”外交方针指导下，表现得无动于衷。其实，即便俄罗斯有意恢复在中东欧的影响，国力的衰退和新的地缘政治环境——除波兰与俄罗斯的飞地加里宁格勒接壤外，中东欧国家已不与俄罗斯为邻——也使它心有余而力不足了。

以美国为首的西方国家则一面惊喜于中东欧的变化，以支持和扶植反对派运动、提供经济援助等方式，推销西方民主价值，促使中东欧国家向西方体制演变。一面又忧心于中东欧的不稳局势和不明前景，认为：“东欧的政治和经济转轨包含着高度的风险因素。最终的结果很难预料。甚至可能在短时间内出现令人震惊的事情。”[①] 鉴此，西方似乎没有必要对中东欧做出任何承诺，把自己与不可预知的形势绑在一起，让中东欧分享其已取得的经济成就，削弱欧洲一体化水平，乃至造成西方政治、经济和社会的波动。所以，欧共体和北约没有及时回应中东欧“回归欧洲”的热望，1992年6月，欧共体里斯本首脑会议才广泛讨论了共同体未来的扩大问题，表示：“至于与中欧和东欧国家的关系……合作将集中在有系统地帮助它们努力准备加入它们寻求加入的联盟”。[②] 1994年1月，北约布鲁塞尔首脑会议推出和平伙伴关系计划，但仍没有提出东扩的时间表和候选

---

① Marc Maresceau (ed.), Enlarging the European Union: Relations between the EU and Central and Eastern Europe, Addison Wesley Longman Limited, 1997, p. 372.

② European Council, Conclusions of the Presidency, Lisbon (June 1992). Alan Mayhew, Recreating Europe. The European Union's Policy towards Central and Eastern Europe, Cambridge University Press, 1998, p. 25.

国名单。

这样，在20世纪80年代末90年代初的几年中，中东欧脱离了苏联的掌控，不但不再是东西方争夺的对象，而且因俄罗斯的撒手和西方的犹疑，处于“真空”状态，“危险地飘浮在东西方之间”。[①] 在这一危险处境下，中东欧国家为解决民族矛盾和领土纠纷，消除俄罗斯的潜在威胁，保障并促进政治经济转轨的顺利进行，急需把自己拴到西方的大船上。实际上，“回归欧洲”既是中东欧国家的对外政策目标，又是“欧洲化”道路的一个重要组成部分。

在中东欧国家选择发展道路之时，苏联已从中东欧抽身，连苏联本身也已灰飞烟灭，俄罗斯更是无心亦无力重新控制中东欧。西方国家和组织虽然支持中东欧的变化，但并不想把它们看来走势尚不明朗的中东欧纳入自己的轨道。显然，中东欧国家走上“欧洲化”道路并非外力使然，而是在苏联模式失去信誉、苏东集团四分五裂、内外安全面临危险的情况下，为生存和发展作出的选择。

当然，这不等于说外力对中东欧发展道路的转向毫无作用。事实上，苏联和俄罗斯的撤退给中东欧选择“欧洲化”道路提供了契机，西方国家和组织则促进了中东欧国家向西方体制的转变，它们向波兰团结工会、捷克斯洛伐克公民论坛、保加利亚生态公开性组织等反对派提供经费，扶植其舆论工具，煽动民众的反党反社会主义情绪，有时还参与反对派的示威游行，插手反对派的竞选运动；出台“24国援助计划”“法尔计划”等，以经济援助帮助和引导中东欧国家向市场经济和多党议会民主制演变；国际货币基金组织、世界银行等国际金融组织还在“华盛顿共识”的指导下，参与制定中东欧国家的经济转轨战略、阶段性经济发展指标及相应的政策措施，介入中东欧国家经济制度的变化。在此，“国外的援助、投资和专家的意见显然在后共产主义发展中扮演了重要的角色。它们加速了转型。”[②]

随着中东欧国家政治经济转轨的推进，东西欧间在社会制度、意识形态等方面的差别日渐缩小，在中东欧国家“回归欧洲”的强烈要求下，西方国家和组织

① Alan Mayhew, Recreating Europe. The European Union's Policy towards Central and Eastern Europe, Cambridge University Press, 1998, xiii.

② 苑洁主编：《后社会主义》，中央编译出版社2007年版，第110页。

逐步走出了最初的犹豫和观望，欧共体/欧盟[①]和北约向中东欧敞开了大门。至此，中东欧“回归欧洲”的渴望与欧盟和北约的东扩汇成一股巨大的合力，规范并推动中东欧国家的“欧洲化”进程。

首先，欧盟和北约提出的加入标准对中东欧国家的“欧洲化”进程具有导向和规范作用。1993 年 6 月，欧共体哥本哈根首脑会议出台了入盟的三个标准，即政治上“保证民主，法治，人权以及尊重和保护少数民族的制度的稳定”，经济上“存在可行的市场经济，具有应对欧盟内竞争的压力和市场的波动的能力”，并“能够履行成员国义务，包括具备承担实现政治、经济和货币联盟的目标的能力”。[②] 自 1997 年起，欧盟委员会通过一年一度的评估指出中东欧申请国在政治、经济制度等方面与入盟标准间的差距和今后的努力方向。北约也在 1994 年 12 月的成员国外长会议上提出加入北约的三个标准，即承诺继续和保持民主化进程、由文官控制军队、对集体防务作出贡献，并于 1996 年 12 月对候选国的国防资产和参加北约的能力进行了详细评估。[③] 对急于加盟入约的中东欧国家来说，这些评估报告无异于一份行动指南，指导着它们按西方标准规范自己的体制模式。在此，可以说，“制度变化的主要解释性变量是欧盟或北约的候选国地位”。[④]

其次，欧盟和北约成员资格的确定前景、进而成员资格本身驱动了中东欧国家的“欧洲化”进程，并保证其不偏离“欧洲化”轨道。1997 年 7 月，北约马德里首脑会议邀请波兰、匈牙利和捷克加入。12 月，欧盟卢森堡首脑会议启动与中东欧国家的入盟谈判，决定在第二年春天开始与波兰、匈牙利、捷克和斯洛文尼亚谈判。上述举措使得中东欧国家成员资格的前景变得清晰起来，也“给那些被排除在外的国家发出了一个明确信号，通过进行必需的变化，能够得到更多回报”。[⑤] 斯洛伐克正是在这一信号驱使下，开展了一系列符合欧盟要求的改革，

---

① 1991 年 12 月，欧共体成员国在荷兰马斯特里赫特签署《欧洲联盟条约》，就政治联盟和实现经货联盟的时间表达成协议。1993 年 11 月，欧共体正式改称欧洲联盟。

② 参见欧洲联盟网站，http：//www. europa. eu. int。

③ 参见李静杰总主编：《十年巨变》（中东欧卷），中共党史出版社 2004 年版，第 250 页。

④ Klaus Armingeon & Romana Careja，Institutional Change and Stability in Postcommunist Countries，1990 - 2002，European Journal of Political Research，Volume 47，Issue 4 (June 2008).

⑤ Tim Haughton，When Does the EU Make a Difference Conditionality and the Accession Process in Central and Eastern Europe，Political Studies Review，May 2007，Vol. 5，Issue 2.

如举行自由公正的市政选举、解决总统选举危机、通过少数民族语言法、起草保证司法独立的宪法修正案等，“显示了它追赶并保证不‘误船’的愿望。”[①] 1998年3月，与波兰、匈牙利、捷克和斯洛文尼亚的入盟谈判开始后，欧盟对参加谈判国家的制度约束更为具体。2005年4月，欧盟与罗马尼亚和保加利亚签署入盟条约时，还设置了“特保条款”，规定两国如在指定期限内不能完成各自的改革承诺，将可能被推迟一年入盟，以此激励两国加大改革力度，满足欧盟要求。作为欧盟的新成员，中东欧国家的发展继续受到欧盟的约束。2008年7月，欧盟委员会以保加利亚在反对腐败和有组织犯罪以及妥善使用欧盟资金等方面与欧盟标准存在较大差距为由，决定冻结原定提供给保加利亚总额8亿欧元的援助，11月，又注销了其中的2.2亿欧元。

在西巴尔干国家[②]的“欧洲化”进程中，欧盟和北约也发挥了不小的作用。从“鲁瓦约蒙进程”到“地区立场”，再到“稳定与联系进程”、《东南欧稳定公约》，欧盟一直致力于帮助和推动西巴尔干国家实现和平与稳定、建立市场经济、进行地区经济合作、保护人权和少数民族权利、加强民主化进程。同时，欧盟多次强调“参与稳定与联系进程的国家的欧洲前景与它们作为欧盟潜在候选国的地位”，[③] 以增强西巴尔干国家融入欧洲的信心。北约也在向西巴尔干国家扩大的过程中，注重传播所谓的西方价值观，推进这些国家的民主化，“从西巴尔干的角度看，北约在该地区的行动显示了在整个欧洲保护人权和促进民主化的强大决心。该组织的成员资格强调了共同的西方价值观，并许诺在整个大陆保护这些价值观。”[④]

可见，尽管中东欧国家走上“欧洲化”道路并不是外力所致，但是，由于“欧洲化”本身就包含内部体制上与西欧国家趋同、外部关系上与西欧融为一体

① Tim Huaghton, Darina Malová, Emerging Patterns of EU Membership: Drawing Lessons from Slovakia's First Two Years as a Member State, Politics, June 2007, Vol. 27, Issue 2.

② 指克罗地亚、阿尔巴尼亚、马其顿、塞尔维亚、黑山和波黑。

③ Mustafa Türkes and Gksu Gkgz, The European Union's Strategy towards the Western Balkans: Exclusion or Integration East Europe Politics and Societies, November 1 2006, Volume 20, No. 4.

④ Jim Seroka, Security Considerations in the Western Balkans: NATO's Evilution and Expansion, East European Quarterly, Spring 2007, Vol. 41, Iss. 1.

的双重含义，外部融合的追求使得欧盟和北约提出的加入标准、它们的成员资格的确定前景以及成员资格本身在相当大程度上引导和带动了内部趋同的进程，保证了中东欧国家“欧洲化”道路的不断推进。20 年来，中东欧国家已经确立了多党制和议会制，建立了市场经济的基本架构，并逐步被西方社会接纳，波兰、匈牙利、捷克、斯洛伐克、斯洛文尼亚、罗马尼亚和保加利亚已经加入北约和欧盟，克罗地亚和阿尔巴尼亚于 2009 年 4 月 1 日成为北约成员国，其他国家也相继开启了加盟入约进程。

五

在选择发展道路的关键时刻，中东欧国家往往处于大国之间，仰仗大国或大国集团的保护。一战后的中东欧国家身处德俄之间，以法国或意大利为靠山；二战后的中东欧国家身处苏美之间，成为苏联的势力范围；冷战结束后的中东欧国家身处苏联/俄罗斯[①]与美国和西欧之间，寻求“回归欧洲”。

身处大国之间、依附于大国或大国集团的中东欧国家，其发展特别容易受到国际关系变动的影响。一战后，由于“俄国与德国同时声威黯淡”，[②] 中东欧国家在被奴役几百年后第一次获得难得的发展机遇。然而好景不长，世界性经济危机席卷而来，德、意法西斯上台，战争威胁日益加大，中东欧岌岌可危，终因战争的到来而中断了发展。二战后期和战后初期，在美苏由合作走向对抗的短短几年间，中东欧又一次获得选择发展道路的机会，多数国家走上了人民民主道路。但这一选择的夭折速度比上次还快。随着冷战的开始，苏联加紧了对中东欧的控制，在中东欧推行苏联模式，使得这一模式在多数国家得以确立。

与前两次选择的发展道路分别终止于二战和冷战的爆发不同，苏联模式并非结束于国际关系的巨大变动，相反，东欧剧变和“欧洲化”道路的选择打破了东西方之间的力量均势，极大地改变了国际关系格局。而在“欧洲化”道路的推进中，国际关系的变化，特别是欧盟和北约的东扩起到了重大作用。如《在历史遗

---

① 1991 年 12 月，苏联不复存在。

② （英国）艾伦·帕尔默著：《夹缝中的六国——维也纳会议以来的中东欧历史》，第 217 页。

产和西方一体化承诺之间》一文所说："由于地理、历史、文化和经济原因，在转轨开始时最有可能被纳入西方一体化范畴（尤其是被吸收进欧盟和北约）的国家，它们的后共产主义民主化更为迅速，更难以逆转。"①

身处大国之间、依附于大国或大国集团的中东欧国家，其发展道路多移植外来模式。一战后，匈牙利和斯洛伐克曾学习苏俄，建立了苏维埃共和国，捷克斯洛伐克和波兰等多数中东欧国家则进行了西方式民主制的试验，"向西方特别是向法国寻求议会制度的蓝本"。② 冷战爆发后，在苏联压力下，除南斯拉夫外的中东欧国家都接受和照搬了苏联模式。东欧剧变后，中东欧国家不仅在国内体制上采用西方模式，而且在对外关系上也力图融入西方社会。唯有二战后初期，中东欧国家立足国情、世情，"首创了经济文化落后国家向社会主义过渡的新途径——人民民主制度和人民民主道路"。③

遗憾的是，匈牙利和斯洛伐克苏维埃共和国很快就在国内外资产阶级的进攻下覆亡，人民民主道路也没有来得及在中东欧开花结果便因苏联的干预而夭折，以致很难判断是外来模式还是本土模式更有利于中东欧的发展。好在中东欧国家的发展阶段并不总是这样稍纵即逝、难以把握，两次世界大战之间模仿西方式民主制的尝试和冷战时期照搬苏联模式的实践就充分展示了移植外来模式的后果。对西方式民主制的模仿"把外国事物生硬地嫁接到土生土长的政治机体上，自然会产生混乱，促使腐败作风蔓延。加之这些国家无一不存在有势力的集团，它们仇恨这些政治机构的存在，想方设法要搞垮议会制度；于是在这十年（指 20 世纪 20 年代——作者注）之末，除捷克斯洛伐克之外，各地的民主理想看来都已被弄得污点斑斑，无法挽回"。④ 在经济发展水平、历史文化传统和所处的外部环境都与苏联模式形成之时的苏联有很大不同的中东欧照搬苏联模式更使中东欧饱尝苦果，最终把中东欧国家推到了崩溃的边缘，实行了 40 多年的社会主义制

---

① Grigore Pop－Eleches，Between Historical Legacies and the Promise of Western Integration：Democratic Conditionality after Communism，East Europe Politics and Societies February 2007，Volume 21，No. 1.

② （英国）艾伦·帕尔默：《夹缝中的六国　　维也纳会议以来的中东欧历史》，第 217 页。

③ 蒋锐：《东欧人民民主道路》，第 187 页。

④ （英国）艾伦·帕尔默：《夹缝中的六国——维也纳会议以来的中东欧历史》，第 217—218 页。

度毁于一旦。

中东欧国家的"欧洲化"道路也是对西方模式的移植，但这次移植似乎摆脱了前两次失败的命运，出现了生根发芽的迹象。为什么会这样呢？

首先，苏联模式的确立不是出于多数中东欧国家的意愿，而是在冷战爆发的特定条件下，由苏联强制推行的结果。"欧洲化"道路则不然，它并非外力所致，而是中东欧国家基于对国内实际情况和国际关系状况的估计作出的选择。弗朗西斯·福山说过："国家构建和制度改革的成功实例绝大部分都发生在社会产生对制度强烈的国内需求的时期，于是制度便通过全面设计、照搬外国或因地制宜地借鉴外国模式这三种方式创造出来了。"①

其次，在某种意义上，"欧洲化"道路不仅照搬了西方模式，也是对它因地制宜的借鉴。因为，其一，中东欧国家本就属于欧洲，其西部的中欧国家更与西欧国家同属天主教文化圈，推崇多元主义和法治社会，捷克斯洛伐克在两次世界大战期间连续不断地实行议会民主制在很大程度上得益于此。对于它们来说，西方模式更像是一个因地制宜的选择。其二，西方模式除了某些共通的因素外，还表现为各种不同的形式，如总统制、议会制、委员会制的政体，一党制、两党制和多党制的政党制度，以及各式各样的市场经济模式等，这就为中东欧国家提供了较大的选择空间，使它们有可能找到适合自己的体制模式。

再次，与两次世界大战之间移植西方式民主制的失败经历相比，"欧洲化"道路的推进拥有更为有利的外部条件。一方面，起源于1974年葡萄牙政变的"第三波民主化浪潮"在其后的15年中，"席卷了南美，横贯拉丁美洲，来到了亚洲"，"变成几乎势不可当的世界潮流"，② 中东欧国家裹挟在这股潮流之中，很难逆之而动；另一方面，经济全球化深入发展，促使中东欧国家按照全球市场的活动准则确立新的制度和规则，建立市场经济，而"在全球化条件下，如果国家的民主机构和公民社会机构长期不能伴随着全球化进程而建立起来，那么市场经济就无法有效地运转，国际竞争也不可能无冲突地发展……市场机制的成熟过程——市场越来越自由化，越来越无拘束地同外部世界建立起广泛的接触——迫

① （美国）弗朗西斯·福山著，黄胜强、许铭原译：《国家构建：21世纪的国家治理与世界秩序》，中国社会科学出版社2007年版，第34页。

② （美国）塞缪尔·亨廷顿著，刘军宁译：《第三波——20世纪后期民主化浪潮》，上海三联书店1998年版，第25页、21页。

使国家的政治向民主化方向转变”。[1] 同时，由于“回归欧洲”、加入欧盟和北约本就是“欧洲化”道路的应有之意，欧盟和北约因而在中东欧国家移植西方模式的过程中起到了十分重要的导向和驱动作用。

综上所述，鉴于中东欧国家选择和推进“欧洲化”道路的主观意愿、中东欧各国国情对西方模式的适应性以及“民主化”和经济全球化浪潮的推动，特别是欧盟和北约的作用，中东欧国家的“欧洲化”进程已经取得了显著进展。随着越来越多的中东欧国家加入北约和欧盟，“欧洲化”是否将失去原有的外部驱动力？随着“欧洲化”道路的前行，中东欧国家的内部体制将继续与西欧国家趋同，还是会形成具有自己特色的模式？时间将告诉我们答案。

---

① （波兰）格·科沃德科著，郭增麟译：《全球化与后社会主义国家大预测》，世界知识出版社 2003 年版，第 19 页。

97. 欧盟能否成为中东欧国家的“共同家园”?

孔寒冰

行走在西欧和东欧之间

本文研究的中东欧国家指的是地处欧洲中部的捷克、斯洛伐克、匈牙利和波兰，地处东南欧（巴尔干半岛）的罗马尼亚、保加利亚、阿尔巴尼亚，以及由前南斯拉夫分化而来的克罗地亚、斯洛文尼亚、塞尔维亚、马其顿、黑山、波黑。① 无论是从书本上阅读还是近距离地观察②，中东欧国家社会发展的多样性和复杂性表现之一就是自身定位的矛盾和由此而产生的归属上的不确定性，即它们到底属于西欧还是属于东欧充斥着疑问和争论。如果从宗教文明、政治文明或民族归类上看，地理位置上的西欧和东欧的界限是比较清晰的，而在中东欧却模糊不清。于是，夹在东方和西方之间的中东欧国家常常在“我是谁”问题上陷入迷惘。比如，斯洛文尼亚、克罗地亚、波兰、捷克和斯洛伐克等国的主要宗教是天主教，这与西欧相同；而主要民族却是斯拉夫人，这与东欧相同。罗马尼亚的

---

① 科索沃虽于2008年就事实上从塞尔维亚分离出去，海牙国际法院2010年7月也在“咨询意见书”中载定它宣布独立“不违法”，但是，包括中国在内的许多国家尚未承认它。因此，本文暂不将科索沃当做独立国家。

② 2009年2—3月、8—11月和2010年3—6月，笔者先利用参加国际会议的机会，而后又在北京大学博诚基金的资助下对东欧（原苏联的欧洲部分）、中欧（波兰、匈牙利、捷克和斯洛伐克）、东南欧（巴尔干半岛）以及西欧的奥地利、德国、意大利和瑞士等国的近百个大小城市进行了学术访问。

主要民族与西欧很近，也自称是罗马人的后裔，但主要宗教却是东正教。匈牙利占主导地位的宗教是天主教，可马扎尔人却带有亚洲血统。塞尔维亚、黑山和保加利亚等国的主要宗教是东正教，而占主导地位的民族却是南部斯拉夫人。阿尔巴尼亚的主要民族是巴尔干半岛上的伊利里亚人，而占主导地位的宗教却是伊斯兰教。在马其顿、波黑等国家，主要民族在信仰上有近西方的，也有近东方的，还有亲伊斯兰世界的。这样一来，中东欧到底属于东欧还是属于西欧，从不同角度会有不同的甚至相反的结论。中东欧国家在西欧和东欧之间定位上的矛盾直接的后果，一是无论是西欧还是东欧对这些国家都缺乏真正的认同感，二是这些国家之间也缺乏真正认同。就前者而言，西欧或东欧同中东欧国家的联系也好结盟也罢，往往都是暂时的利益需要。就后者来说，分离、分裂长期困扰着中东欧国家，这里的矛盾与争端远远多于团结与合作。

由于自身归属上的两面甚至多面性，中东欧国家的西欧或东欧的定位都不是锁死的，而是周期性发生变化。

第一，中东欧近代民族国家的出现差不多都是大国之间战争的副产品。比如，罗马尼亚和保加利亚的独立是1877—1878年俄土战争的后果之一，阿尔巴尼亚的独立是巴尔干战争的后果之一，波兰的重建、捷克斯洛伐克和南斯拉夫的出现是第一次世界大战的主要后果。当这些战争进行的时候，世界还没有分裂，各个大国势均力敌，中东欧国家的“出生证”往往是各大国讨价还价的结果。因此，这些国家出现伊始自然归属的特征比较明显，即靠西的近西欧，靠东的近东欧，而处于多个大国阴影之下的国家在发展模式则“四不像”。比如，罗马尼亚、南斯拉夫等国既有君主，又有议会，宪法明确规定保护生产资料私有制和个人自由。捷克斯洛伐克是西方式的民主共和国，波兰虽然有个人独裁特点但形式上也是西方式的民主共和国。保加利亚、阿尔巴尼亚和匈牙利则在东方和西方之间挣扎，但在归属的一般倾向上，前一个更近东欧，后两个更近西欧。

第二，第二次世界大战结束之前，中东欧国家与东欧的联系比较弱。第一次世界大战快结束的时候，欧洲发生了裂变，俄国从帝国主义阵营分离出去，通过十月革命建立起共产党一党领导的社会主义政权。需要指出的是，社会主义无论从思想上说还是从实践上看，最初起源仍在西欧，而在俄国的社会主义在表现上却呈现出浓厚的东方色彩。20世纪二三十年代开始形成的苏联社会主义模式，从本质上说，就是俄罗斯的政治文明和俄罗斯化的社会主义思想的相结合。不过，在第二次世界大战结束之前，苏联是孤独的。中东欧国家无论内政还是外交基本上属于西欧或受制于西欧，总的来看，与西欧联系相当紧密，而与苏联的联系比较疏远。它们政治上有的是西方式的民主国家，有的是披着西方式民主外衣的专制国家；经济上有的是西方式的发达工业国家，有的是西方式的落后农业国家。另外，它们以民族复兴为主旨的科学、文化和教育也都是西方式的。在对外关系上，它们要么站在法西斯国家一边，如匈牙利、保加利亚和罗马尼亚，要么依靠英法而后来成为法西斯侵略的牺牲品，如捷克斯洛伐克、波兰和南斯拉夫等。总之，在这些主要方面，它们与社会主义的苏联几乎没有什么共同之处。不过，苏联同这些国家的共产党有一种特别的联系，即这些共产党都是按照布尔什维克党的样子并在苏联的帮助下建立的，苏联通过共产国际直接控制着它们，进而使这些国家的共产主义运动服从苏联的利益。当两者出现矛盾的时候，受到伤害的则是这些国家的共产党。比如，苏联就通过它控制的共产国际先后于1936年、1938年解散了匈牙利共产党中央委员会和波兰共产党。其中，匈牙利共产党的领导人库恩·贝拉还被苏联安全部门逮捕并死在苏联监狱里。

第三，二战后初期和整个冷战期间，中东欧国家归属了东欧并且成为地缘政治意义上的东欧大家庭中的附属部分，而与西欧的联系被彻底“硬切割”，几乎断了任何往来。第二次世界大战快结束的时候，欧洲在地缘政治上分为东西两部分。在以后的40多年里，总体上看，西欧式的多党议会民主制和建立在生产资料私有制基础之上的自由市场经济在这些国家基本上都消失了，取而代之的是苏联式的共产党的一党集权政治和高度集中计划经济，多元化的自由主义、社会民主主义等政治思潮被一元化的共产主义思想所代替。在对外关系方面，多元化的外交被以社会主义为纽带的对苏结盟所取代。西欧的任何方面都是东欧社会主义的对立面，任何回归的想法和尝试都被视为异端的思想和行为。当然，个别国家在某些方面有所不同，如南斯拉夫自治、不结盟的社会主义，罗马尼亚的独立自主外交，阿尔巴尼亚极端的内外政策等，在一定程度上的确与苏联模式有所不同。但是，所有这些不同都是非本质的，并不影响它们本质归属上的东欧特性。

第四，冷战结束之后，中东欧国家又整体地回归西欧。经过上世纪80年代末90年代初的社会剧变，中东欧国家不论原有的还是新诞生的都不再实行苏联式的社会主义政治制度和经济制度，价值取向上从原来的苏联化的马克思主义转向西欧的自由主义或民族主义，对外政策也从对苏联的依附转向北约和欧盟。因此，原来地缘政治意义上的东欧或东欧国家实际上已经不存在了，出现了“中欧”“另一个欧洲”“中间地带”“中东欧”和“后社会主义”等各种说法。[①] 不过，原东欧国家的人更愿称自己为“中东欧国家”。之所以这样，“对他们来说，‘东欧’这个词不仅会引起许多令人不快的回忆，还会使他们误认为你继续把它们看作是苏联的‘卫星国’”[②]。不仅如此，为了表明与西欧的亲近和对俄罗斯的疏离，一些认为自己属于西方民族的人还提出了“东中欧”概念，以此说明他们的国家所处地理位置是“西欧的东边”，而不是“东欧的西边”。[③]

需要指出的是，上面讲的中东欧国家在西方和东方之间的游走是就整体而言。其实，不同的国家，每个国家社会发展的不同方面在东西欧的“归”与“离”的程度上还是有不小的差别。另外，西欧和东欧对它们的认同度也不尽相同。

大国或大国关系的遗产

中东欧国家的东西欧空间归属或定位为什么这么难？之所以如此，那是因为在这样一个看似简单问题的背后有很复杂的内涵。对此，至少可以从两个路径进行探讨。

第一个是文明延续与中断的路径。中东欧国家虽然都有自己的早期文明，可惜都没有能整体地延续下来，而先后被大国文明所浸染甚至吞没，在自身文明归属上的矛盾性和不确定性都是大国文明交融与冲突的产物。

文明的内涵十分丰富。一般而论，“文明是人类所创造的伟大成果，它既有物质的，也有精神的，既有政治的，也有经济的、文化的等等，所以我们也可以大致把文明划分为物质文明和精神文明两大类”[④]。从欧洲地域上看，文明可分为西欧文明和东欧文明。本文所谓的西欧文明，指的是由希腊城邦政治结构和公

---

① 参见（英国）本·福凯斯著，张金鉴译：《东欧共产主义的兴衰》，中央编译出版社1998年版，第1页；（波兰）格泽戈尔兹·W. 科勒德克著，刘晓勇等译：《从休克到治疗：后社会主义转轨的政治经济》，上海远东出版社2000年版。

② 舒笙：《斯洛文尼亚：巴尔干半岛的“北欧国家”》，《国际瞭望》1999年第11期。

③ Robert Bideleux and Ian Jeffries，A History of Eastern Europe：Crisis and Change，New York：Routledeg 1999，p. 10.

④ 马克垚主编：《世界文明史》（上），北京大学出版社2004年版，导言第3页。

民文化、古罗马共和精神和法律传统、中世纪基督教政治价值观和二元权力体系，以及日耳曼传统相互叠加与融合的产物，特点是强调民主、共和与法治。[①]本文所谓的东欧文明，也称俄罗斯文明，指的是受拜占庭文明和蒙古文明双重影响而产生的非欧非亚的一种文明，特点是民主色彩比较淡，个人专制色彩比较浓。从上述文明的两方面内容和地域两分法来观察，中东欧国家其实有很多问题值得探讨。

中东欧国家都曾有过自己的文明及其承载者。从民族上看，中东欧国家可以分为斯拉夫国家和非斯拉夫国家两部分。波兰、捷克和斯洛伐克属于西斯拉夫国家，而斯洛文尼亚、克罗地亚、塞尔维亚、马其顿、黑山和保加利亚则属于南斯拉夫国家。中欧的匈牙利和东南欧的阿尔巴尼亚、罗马尼亚则属于非斯拉夫国家。这些民族出现的过程和方式多种多样，有的是直接由当地的土著居民发展而成，有的是外来民族逐渐演化而成，而更多的则是由前两者融合而成。中东欧地区民族的这种构成在某种程度上反映了中东欧国家早期文明的多样性和独特性。不仅如此，在早期历史上，这些国家都曾出现过存在时间长短不一的公国或王国。在斯拉夫人的早期国家中，保加利亚王国出现得最早。681 年，保加尔人打败了拜占庭之后建立了第一保加利亚王国，一直存在到 1018 年。[②] 波兰在 8—10 世纪出现以城市为中心的部落公国，重要的有维斯瓦公国、玛佐夫舍公国、波兰公国等。963 年，梅什科一世以这些公国的基础之上建立了统一的波兰王国。这个王国兴衰交替持续了 9 个多世纪，直到 18 世纪末被俄普奥三国瓜分后才不复存在。830 年，捷克人和斯洛伐克人建立了大摩拉维亚王国，只存在了 76 年。但在波希米亚，捷克人又建立了延续了 700 多年的捷克王国。880 年，布拉尼斯拉夫建立了克罗地亚王国，一直存在到 1090 年。1200 年，斯提芬二世建立了统一的塞尔维亚王国。在非斯拉夫国家中，最早出现王国的是阿尔巴尼亚，从公元前 5 世纪起北部伊利里亚人就建立了恩凯莱、陶兰特、伊庇鲁斯和阿尔迪安等王国，但存在时间都不算太长，到公元前 3 世纪就陆续消失了。1000 年，伊斯特万建立了匈牙利王国，存留时间长达 500 多年。瓦拉几亚于 1290 年、摩尔多瓦

---

① 丛日云：《西方政治文化传统》，吉林出版集团有限公司 2007 年版，序言第 7 页。

② 不过，近年来，有的保加利亚学者提出，第一保加利亚王国是库勃腊特于 632 年建立的。参见 Божидар Димитров，12 мита в българска история：Фондация. КОМ，София，2005. С. 3.

于 14 世纪中叶先后建立了自己的公国。

不幸的是，由于内外多方面原因，中东欧的早期国家没有一个能够延续下来。那些能代表中东欧国家自身文明最高成就的公国或王国，没有像英吉利、法兰西、德意志、奥地利、俄罗斯等那样发展成世界性的大国。但是，这里的各个民族却不管有多么千辛万难始终生活在世界民族的大家庭之中，只是在自身发展的过程中都被打上了轻重不同的东欧或西欧的烙印。之所以如此，原因也不奇怪。同交汇于中欧和东南欧的世界性大文明相比，中东欧国家的文明显得太弱小了；同承载世界性大文明的大国相比，这些公国或王国总的来说也都处于弱势地位，偶尔强大，那也只是在地区性的和暂时性的。西部斯拉夫人和南部斯拉夫人大体上形成于 3—7 世纪之间。在非斯拉夫民族中，伊利里亚人是巴尔干半岛的土著居民之一，公元前 10 世纪就生活在这里。达契亚人与罗马人融合成罗马尼亚人是公元 2 世纪的事情。马扎尔人则是在 9 世纪末定居在现今的匈牙利一带。除了伊利里亚的几个公国的出现时间比较早之外，中东欧其余的早期国家都出现在 7—14 世纪。比较一下时间就不难看出，这也是罗马帝国（公元前 27—公元 395 年）、拜占庭帝国（330—1453 年）和土耳其奥斯曼帝国（1300—1922 年）兴起和发展的时期。奥斯曼帝国后延的时间虽然较长，但兴盛时期还是在 18 世纪中叶之前。这三个世界性大帝国在征服、统治中东欧地区的时候，也强化或推行了它们的文明，如政治文明，宗教文明等。面对这些强大的帝国和帝国文明，中东欧地区的各个民族都进行过抗争，有时甚至还取得了暂时的胜利，但是，或者在抵制的过程中或者在失败之后，它们自身的文明不断褪色，而大国文明的色彩不断加重。

在这个方面，中东欧国家错综复杂的宗教就是一个很好的例证。尽管程度上有所不同，但一般而言，受罗马帝国、西罗马及其后继者侵扰或影响的西斯拉夫人，巴尔干半岛上西北的南斯拉夫人，原本受希腊文明影响的阿尔巴尼亚人和有着亚洲游牧民族血统的马扎尔人都接受了西派基督教（天主教）。受拜占庭帝国侵扰和影响的其他南部斯拉夫民族，罗马尼亚人则接受了基督教（东正教）。奥斯曼帝国统治巴尔丁半岛的几百年间，阿尔巴尼亚人和一小部分南部斯拉夫人又改信了伊斯兰教，成为穆斯林。其实，在接受基督教之前，这些民族或受希腊影响或受亚洲游牧民族影响，信奉的主要是崇敬自然的多神教。大国征服的不只是他们的家园，还有他们的灵魂。“宗教是人们组织社会生活的一种有力的黏合剂，但同时也是包容憎恨和矛盾的永久性资源。”① 因此，处于天主教、东正教和伊斯兰教交汇处的中东欧地区成了几大宗教力量此消彼长的场所，从而使这一地区民族间的关系更为复杂。

第二个是大国干预和影响的路径。与前者相联系，到了近现代，中东欧国家的社会发展更是笼罩在大国的阴影之中。甚至可以这样说，中东欧国家的“生”、“死”和“怎样活着”等重大问题都是由大国决定的。对于这些，它们基本上只能听命和认命，而无力抗争。

这里所谓的国家，指的是近代欧洲民族国家。欧洲民族国家是在文艺复兴以后开始形成的，历时两个多世纪。在西欧，原本封建制度发达但民族认同不强的国家随着封建王权的确立、国际法准则的形成和民族文学文化的发展，逐渐确立了以国家为框架的民族认同。但在中东欧，由于历史上的公国或王国的一体化程度不强以及长期受异族的统治和不同文明的影响，这里的民族的政治发展并没有像西欧那样发生明显的变化。不仅如此，就在许多西欧民族国家崛起为世界性大国的时候，中东欧和东南欧的各民族却处于东西方大国的压迫之下，为生存和独立而苦苦挣扎，直到1878—1919年间才陆续建立起民族国家。中东欧民族国家的出现固然离不开各民族长期不懈的争取独立的斗争，但是，为它们开具“出生证”的却是东西欧大国。

摩尔多瓦和瓦拉几亚早在1861年年底就联合成为统一的罗马尼亚并于1866年通过了相应的宪法。但是，欧洲各大国直到1878年7月才在《柏林条约》中正式承认，同时将比萨拉比亚划归俄国。保加利亚的“自治公国”地位也是《柏林条约》给予的，但在地域上只包括保加利亚北部和索非亚地区。阿尔巴尼亚1912年从俄、法、英、意、德、奥六国外长在伦敦召开的会议上获得了形式上的独立，但实际控制者还是六大国。不仅如此，独立后的阿尔巴尼亚的领土和人口都不及阿尔巴尼亚人所希望的一半。塞尔维亚—克罗地亚—斯洛文尼亚（1929年改称南斯拉夫王国）、捷克斯洛伐克、波兰、匈牙利等国的“出生证”则是被各大国“放在”了1919年的《凡尔赛条约》当中。《凡尔赛条约》的制定者根据自身的利益和需要规划了中东欧各国的边界，因而使这一地区以民族、宗教、领

---

① Tron Gilberg, Nationalism and Communism in Romania: the Rise and Fall of Ceausescu's Personal Dictatorship, Boulder, Colo.: Westview Press, 1990, p. 2.

土、历史为载体的文明更为复杂。欧洲各大国给中东欧国家开具的“出生证”都带有种种限制条件，拿着这些“出生证”面世的中东欧国家是或者有“内伤”或者“肢体不全”的“残疾国家”。比如，《特里亚农条约》将匈牙利3/4的领土和2/3的人口割让给捷克斯洛伐克、罗马尼亚和塞尔维亚—克罗地亚—斯洛文尼亚，《讷伊条约》将保加利亚的西部马其顿地区分别割让给塞尔维亚—克罗地亚—斯洛文尼亚、罗马尼亚和希腊。由此造成民族分布上的“马赛克”现象成为这些国家在相互关系上以及与大国的关系上难以愈合的“创伤”。表面上看，《凡尔赛条约》确立了中东欧各国的独立主权地位并且划定了它们的疆界，但实际上在其背后却潜伏着无限的危机。在这里，“很可能每五个人中就有一个是少数民族，其中一些人安于他们的境况，一些人从最初就吐露过他们的敌意，许多人在经历多年令人沮丧的不平等待遇之后，终于满怀怨恨”。[①] 需要指出的是，欧洲大国是故意在中东欧制造出领土、民族和宗教等方面“马赛克”的，其目的就是便于它们对中东欧国家的干预和控制。

所有这些不仅影响了中东欧地区的文明认同，也影响了这里的国家与东西方大国文明的认同。在两次世界大战期间，中东欧国家有的追随德意，有的紧跟英法，也有的试图在德意、英法和苏联之间搞平衡。然而，它们后来的命运几乎是殊途同归。捷克斯洛伐克1939年3月被德国肢解，阿尔巴尼亚1939年4月被意大利占领，波兰同年9月被德国和苏联再一次瓜分，南斯拉夫1941年4月被德意占领。匈牙利在战争期间倾全国之人力、物力和财力支持德国，可当它在严重失败面前略有动摇的时候，1944年3月就被德军占领。罗马尼亚为了保住在《凡尔赛条约》中从邻国获得的领土，二三十年代先是试图在东西方大国间搞平衡，后在面临东西方大国伤害的现实面前与德意结盟。然而，德国为了平衡匈牙利和保加利亚，1940年8月迫使罗马尼亚接受维也纳仲裁，将领土和人口的三分之一划归苏联、匈牙利和保加利亚。保加利亚为了实现领土收复和扩张在战争中与德国为伍，但进退都不像匈牙利那样尽力。最终，德国虽然没有拿它开刀，却把它变成了德国法西斯的殉葬品。

二战之后，中东欧国家全部被西欧大国及其承载的文明所抛弃，被置于苏联

---

① （英国）艾伦·帕尔默著，于亚伦等译：《夹缝中的六国——维也纳会议以来的中东欧历史》，商务印书馆1997年版，第214页。

的控制和影响之下。在冷战岁月中，几乎所有国家以不同的方式进行过抗争，或者希望保留自身文明的某些特征，如建立具有本国特色的社会主义；或者希望回归西欧文明的某些方面，如建设具有人道面貌的社会主义。这些就是中东欧国家的改革。但是，它们都是以“喜剧”开始，以“悲剧”结束。当苏联对中东欧国家的这种保留自己文明和回归西欧文明进行血腥镇压的时候，西欧国家始终是袖手旁观，很少说“不”字，更鲜有实际干预。在冷战期间，由于《雅尔塔协定》，朝向东方还是皈依西方，中东欧国家自己根本不可能有别的选择。

东西方文明与中东欧社会发展的多样性

从整体上看，中东欧国家的社会发展的文明取向一会儿西一会儿东。但需要指出的是，由于所受的文明辐射的强度和大国影响的程度不一样，中东欧国家在自身文明留存度、其他文明的浸染度等方面还是有着很大的差距，对东西欧文明的向心力或离心力也有不小的区别。因此，在“集体飘移”的共同表象之下，中东欧的不同国家在不同阶段的社会发展或明或暗都显现着多样性。中东欧国家社会发展的这种多样性在很大程度上映衬着不同文明既提供动力，也设置的障碍，而这些在冷战后表现得特别明显。

冷战结束之后，中东欧国家的社会发展再一次集体步入西欧文明轨道。这也就是通常所谓的社会转型，即从苏联模式的社会主义制度向西欧政党政治和市场经济的转变。经过20年的发展，这些国家离过去的东欧渐行渐远，而离今天的西欧越来越近。由于内部和外部多重因素的制约和影响，这些国家在社会发展模式和发展水平上的“位移”及其结果都存在着程度不同的差别。

从政治方面看，政党政治是这些国家社会转型的起点，它意味着放弃原来的共产党一党领导下的议行合一的模式，改行多党议会民主制。然而，由于国情不同，尤其是民族分离主义影响的强弱不同，这些国家的政治转轨的模式和过程却不尽相同。[①] 捷克、斯洛伐克、波兰、匈牙利、斯洛文尼亚、罗马尼亚、保加利

---

① Milada Anna Vachudova，Tim Snyder，Are Transitions Transitory Two Types of Political Change in Eastern Europe Since 1989，East European Politics and. Societies，Vol. 11，No. 1，1997，pp. 1—35.

亚和阿尔巴尼亚等国属于自由民主模式。在这些国家中，活跃在政坛上的政治力量是利益集团，它们主要通过意识形态的区别和政治经济转型的策略来赢得选民。这些国家政治发展的主要标志是民众的政治选择由情感转向理性，政党政治已经形成并且在逐步完善。南联盟（塞尔维亚、黑山）、克罗地亚、波黑和马其顿等前南地区国家的政治转型是民族分离模式。这些国家虽然也都确立了三权分立原则，形成了左、中左、中右、右等各派政党相互分野的政党格局，社会主义政党也都是在西方式的政治框架内沉浮。但是，由于民族问题比较复杂，这些国家不仅民主化进程相对缓慢，而且民族分离主义势力比较强。由于塞尔维亚与黑山 2006 年和平分手，南联盟已不存在。科索沃 2007 年从塞尔维亚分离出去，已成了既成事实。另外，巴尔干的其他一些国家虽然没有明显的分裂主义事实，但对国家不认同的标识还是非常明显的。比如，在马其顿，有的阿族人聚居区挂着阿尔巴尼亚的国族；而在波黑，有的塞族聚居区挂着塞尔维亚的国旗。总之，在这种类型的国家中，民族主义超载了其他各种“主义”，成为主要的政治思潮。各政党的主张不论是自由主义，或是民主主义，还是民主社会主义，几乎都无一例外地被民族主义所包裹着。

但无论怎么说，经过二十来年的发展，不管哪种模式转型的国家，都建立起了多党议会民主制，因而也显现出某些共同的政治特征。第一，以共产主义、社会主义为目标的政治理想主义基本不复存在，而以挤压对手、上台执政为目标的政治现实主义盛行。意识形态色彩极浓的政治宣传在民众中基本上没有了市场，相互竞争的各个政党都在用最实惠政策来吸引选民。第二，对某一个党及其政党领袖的歌功颂德的现象基本上不复存在。执政党、国家和政府领导人做得好是应该的，做得不好则备受非议，就要下台。至少在形式上，他们的上台和下台都是各国民众选择的结果，而民众将选票交替地投给左翼和右翼的主要根据就是看谁更能满足他们的现实利益和诉求。第三，管理层面的政治依然是少数精英的游戏，普通民众有限的政治参与主要体现在形式的民主层面上。

不过，与政党政治成熟的西欧比较起来，中东欧的政党政治仍显得不很完善、不很成熟。比如，各种类型政党的分化组合依旧频仍，即使像波兰、匈牙利、捷克、斯洛伐克和斯洛文尼亚这些回归欧洲比较快的国家迄今为止也没有定型的政党格局。另外，在政党的平衡度、政治的稳定度等方面，中东欧各国也有比较大的差别。虽然摆脱了过去那种情绪、情感主导政治的局面，但是，由于政党分化和重组比较频繁，这些国家的政党格局差不多都还没有最终定型。中东欧国家政党政治的不够成熟还表现在国家政策的连续性不够，许多国家是一个政党一朝政，对这些国家的内政外交的消极影响也相当大。各个政党竞选获胜上台执政后，更多的是关心本党或本集团的利益，而非从全社会着眼，这在很大程度上影响到了国家整体的和持续的发展。

从经济方面看，中东欧国家虽然以私有制为基础的市场经济都已经确立起来，但发展和完善的程度并不相同，在此基础之上呈现出的经济发展状况也不一样。透过城市面貌、基础设施、交通工具、物价与民众生活状况、开放程度，以及对比国际权威机构发布的某些经济发展指标，中东欧国家的经济发展的差别还是非常明显的。如果用2009年的人均GDP来划线的话，斯洛文尼亚和捷克最发达，前者为27300美元，后者为20858美元。处于第二阶梯的国家是斯洛伐克、克罗地亚、匈牙利和波兰，人均GDP分别为17600美元、15975美元、15542美元和11141美元。[①] 总体上看，这些国家老城、老房屋、老街道保存得都很完好、完整，新城、新楼房、新马路修建得都比较整齐、漂亮和宽阔；公共交通设施比较完善，档次也较高；窗口行业设施比较完备，服务也非常周到；现代化气息比较浓厚，人们的开放度也比较高。当然，这些都是相对于中东欧其他国家而言的，与西欧相比较，它们还是明显落后。处于第三个阶梯的有罗马尼亚、塞尔维亚、保加利亚和黑山，它们的人均GDP分别为9555美元、6781美元、6636美元和5332美元。在这些国家里，无论是首都还是中小城市，基础设施都比较陈旧和落后，现代化气息比较淡。但是，这些国家的开放度都不低，其中，罗马尼亚和保加利亚已是欧盟的成员国。经济发展程度相对最低的是波黑、马其顿和阿尔巴尼亚，人均GDP分别为4888美元、4765美元和3458美元。比较起来，这三个国家的基础设施更为陈旧和落后。波黑的80%经济设施和一半多的住房毁于1992—1995年战火，除了农业、交通运输、旅游业之外，几乎没有任何工业。马其顿和阿尔巴尼亚的马路多半凸凹不平，路上跑的小汽车绝大部分是二手甚至三手的旧车，到处都是没有建完的“烂尾楼房”。马其顿的经济支柱是旅游业和农业，阿尔巴尼亚则有少量的石油和建材工业。当然，人均GDP并不能完全反

---

① 国内外不同机构统计出的数字也不尽相同，但不会有太大的误差，还是可以说明问题的。

映中东欧国家的经济发展状况。在这些国家中，相当多的人在海外打工，每年会将大量资金汇回或带回国。这部分钱不计在 GDP，而算 GNP。比如，阿尔巴尼亚 360 多万人口中有 100 万人在意大利、希腊、德国、法国及西欧的其他国家打工，每年带回或汇回阿尔巴尼亚的资金在 10 亿美元左右。

中东欧国家社会发展的这种格局与不同文明影响之间的关系也是很明显的。第一，政治转型越是顺畅、经济越是发达的国家，与西欧一体化的程度就越高。人均 GDP10000 美元以上的国家中，除了克罗地亚还没有加入欧盟和申根区之外，其他国家都加入了北约、欧盟和申根区。其中，斯洛文尼亚和斯洛伐克还加入了欧元区。另一方面，在人均 GDP10000 美元以下的国家中，只有保加利亚、罗马尼亚既加入了北约也加入了欧盟，阿尔巴尼亚只加入了北约。另外，阿尔巴尼亚和马其顿虽然不是申根国，但是，非免签国的公民持申根多次往返签证可以进出境，不用再申请该国的签证。第二，在宗教文明归属上，人均 GDP 处于第一和第二阶梯的国家都是天主教国家。人均 GDP 处于第三阶梯的国家都是东正教国家。人均 GDP 处于最后一个阶梯的国家是三大宗教并存，其中，在阿尔巴尼亚占主导地位的是伊斯兰教，在马其顿占主导地位的是东正教，而在波黑则是伊斯兰教、东正教和天主教并存。当然，不能根据从宗教文明和经济发展这两方面的偶合笼统地说，西欧强于东欧，天主教文明优于东正教文明和伊斯兰教文明。但是，不能不承认，比较起来，西欧在现代化方面启动得要早，发展程度也高，而东欧的现代化启动得要晚，发展程度也低。在宗教文明方面，单一的或以某一宗教为主的国家比较和谐，而多种宗教并存的国家则冲突多于和谐。中东欧国家社会发展过程中呈现出的多样性与这些是分不开的。

欧盟会成为中东欧国家“共同家园”吗？

不论在社会发展各方面有多大差别，中东欧国家行进的方向现在看来却是锁定的，那就是“回归欧洲”，也就是全面融进西欧社会。已经进入北约和欧盟的中东欧国家不用说，就是正在迈入门槛和走近门槛的中东欧国家几乎无一例外都将北约和欧盟看成自己的最终归宿。另一方面，西欧也试图通过北约和欧盟的双双东扩，实现西欧和中东欧的一体化，建立统一的大欧洲。对此，不管是中东欧还是西欧，甚至整个世界都在憧憬或关注着。

然而，这样的大欧洲真的有可能吗？它到底是可以成为现实的理想还是可望而不可即的幻想？

说大欧洲是在不远的将来可以成为现实的理想，无疑有一定的根据，似乎为从古到今的许多理论和实践所支撑。在理论方面，早在15世纪中期君士坦丁堡被土耳其攻陷的时候，就有人提出，欧洲基督教国家应当组成联盟，共同对抗奥斯曼帝国的扩张。再往后，当美利坚合众国建立后，欧洲也有人提议建立一个欧洲合众国。[①] 在实践方面，最早进行这方面尝试的当属以基督教西派主要基地出现的法兰克王国（481—843年）和神圣罗马帝国（1157—1806年）。前者包括了后来的德、奥、意、法等西欧主要国家，后者的范围进一步扩大到了中欧地区，如今天的捷克、斯洛伐克和匈牙利等国。

不过，真正意义上的欧洲一体化还是在二战之后启动和逐步发展的。为了能在冷战中逐渐成为国际政治舞台上的一支独立力量，不仅仅是充当美国的附庸，西欧国家试图通过经济一体化增强自己的实力，从上世纪50年代开始建立一个既可摆脱美国控制又能同经互会抗衡的区域性经济组织。于是，1951年4月出现了由西欧五国组建的欧洲煤钢共同体，1955年6月煤钢共同体的原则推广到其他经济领域并形成了欧洲共同市场，1967年7月欧洲共同体正式成立。受冷战格局的影响，1991年以前的欧洲一体化内容上局限于经济合作，地域上局限于西欧。冷战结束之后，欧洲一体化有了质的变化。1991年年底，欧共体各国首脑在荷兰南部城市马斯特里赫特召开会议，通过了建立“欧洲经济货币联盟”和“欧洲政治联盟”的《欧洲联盟条约》。两年之后，欧共体更名为欧洲联盟（简称欧盟），正式由一个经济实体向政治经济实体过渡。更为重要的是，也就从这时开始，欧洲的一体化的范围开始越过西欧，向中东欧甚至东欧扩展。经过欧共体时期的四次扩大和欧盟在2002年和2004年的两次扩大，如今的欧盟已有成员国27个，所及人口4.8亿，是世界上经济实力最强、一体化程度最高的国家联合体。

综合上述过程，从最初五国的煤钢联合体，到欧共体，再到欧盟，再不断地东扩，欧洲的一体化的范围不断扩大，内涵不断加深。冷战期间的西欧和东欧走到了一起，成为一个大家庭的成员。欧盟符合全球化和区域一体化的潮流，对于

① http：//baike. baidu. com/view/19788. htm.

欧洲乃至世界的和平、稳定与发展都有好处。欧盟宣告成立时，将“多元一体”定为自己的目标。根据这些，人们似乎也完全有理由对欧盟的发展前景给予无限期待。

然而，现实远比想象要复杂。冷战期间的欧洲一体化是在同一个文明区域内，各个成员的基本政治制度和经济发展水平相近。冷战后的欧洲一体化不仅范围是跨文明的，而且扩展的驱动力带有浓厚情感色彩的“政治征服”。因此，观察、评析欧盟的扩大和发展，除了全球化和区域一体化这个世界通行背景之外，还不能忽视中东欧特有的多元化的文明底色。几十个规模大小不同、社会发展程度不同、政治文明背景不同的国家能真正和谐得像一家人似的吗？甚至在不远的将来联合成为一个超级国家？所有这些并不取决于人们的良好愿望，而是取决于下列难题是否可以解决。

第一，巨大的经济鸿沟能填平吗？在一体化程度比较高的区域，各成员国家经济实力和经济发达水平虽然有差别，但不会很大。比如，原来的欧共体就是如此。然而，现在的欧盟完全不同，这两方面存在着巨大的差别。2009 年，欧盟国家 GDP 总量前三位的国家是德国、法国和英国，分别为 3.818 万亿美元、2.978 万亿美元和 2.787 万亿美元。在加入欧盟的中东欧国家中，最多的是波兰（世界排名是第 18 位），而最少的是保加利亚，分别为 5674 亿美元和 519 亿美元。① 其中，最多的和最少的相差 10.9 倍。至于说那些还没有加入欧盟的巴尔干小国，GDP 总量更是微不足道。欧盟人均 GDP 前三位的国家是卢森堡、丹麦和荷兰，分别是 104512 美元、56115 美元和 48223 美元。人均 GDP 后三位的则是中东欧的波兰、罗马尼亚和保加利亚，分别为 11141 美元、9555 美元、6636 美元。② 其中，最高的和最低的相差 15.8 倍。同样，那些没有加入欧盟的巴尔干小国的人均 GDP 更少。中东欧国家入盟的主要目的就是希望在资金和技术等方面得到更多的好处，而西欧国家除了怀有“政治征服”的心理之外，并不愿意承担太多的“扶贫”义务。因此，在可预见的将来，欧盟成员国之间的经济鸿沟不可能填平，甚至难以“浅化”，由此造成的心理失衡会影响到对大欧洲的认同。

第二，不同文明的巨大差异和冲突能消失吗？文化或文明只有不同但无优

---

① http：//blog. sina. com. cn/s/blog _ 5df263130100caki. html.

② http：//tieba. baidu. com/fkz=754391419.

劣，基督教和伊斯兰教的基本教义也都劝诫人心向善，和睦相处。然而，当宗教为载体的文明成为大国或强国对外扩张、争夺地区和世界霸权的工具时，不同文明之间的矛盾和冲突就会出现。这些国家都强调自己的文化的优越性，由它们支撑的不同宗教文明也显现出严重的排他性，它们之间的矛盾与冲突都披上了“神圣”的外衣。比如，伊斯兰教和基督教自中世纪以来就处于尖锐对立的状态，始于11世纪末并持续了200年的十字军东征，就是这两大宗教的直接冲突和战争。这些在单一文化区域看不出来什么消极后果，然而，在多种文化交汇的中东欧可就完全不同了。近现代发生在中东欧的许多冲突和战争，如奥土战争，俄土战争，巴尔干战争，第一次世界大战，波黑战争等都有文明或文化冲突的色彩。欧盟成功东扩的基本条件是欧洲大国力量及其承载的文明力量对比失衡，西欧国家和西欧文明压过东欧国家和东欧文明。可是，不同文明的地域格局并没有改变，欧洲分裂和冲突的软性土壤仍然存在。

第三，民族分布的“马赛克”问题能解决吗？中东欧社会发展多样性和复杂性的物质基础是民族分布的多样性。这里既有多个不同的南部斯拉夫民族，还有多个的非斯拉夫民族。不仅如此，在中东欧不少民族还是越国而居，你中有我，我中有你，这种跨界的民族分布被西方学者形象地称为“马赛克”。[①] 在中东欧，几乎相邻的国家之间都有民族跨界现象，但比较突出的是罗马尼亚和斯洛伐克的匈牙利人，塞尔维亚、马其顿、黑山和克罗地亚等国的阿尔巴尼亚人，塞尔维亚、波黑、黑山等国的穆斯林。许多“热点”或“难点”问题都与民族的跨界分布有关。其中，影响比较大的，一是跨界民族认同与界内民族分离的问题，如某些跨界民族对处在国的认同感差，而对界外母国的认同感强，“大阿尔巴尼亚”和科索沃独立是这方面典型的例子。二是跨界民族聚居区归属的争端，特兰西瓦尼亚之于罗马尼亚和匈牙利，科索沃之于塞尔维亚和阿尔巴尼亚等等，差不多相邻的国家之间都有此类问题，映射的是一些民族的辉煌和另一些民族的悲哀。三是诸如大阿尔巴尼亚主义、大塞尔维亚主义之类的民族主义政治思潮的出现也都与跨界民族有着密切的关系，这些思潮共同的表现对外是普遍的扩张和对内是对少数民族否认、歧视和同化。四是相关国家的内部民族关系、相邻国家间的关系

---

① Stephen R. Bowers, Ethnic Politics in Eastern Europe, London: Research Institute for the Study of Conflict and Terrorism, February 1992, p. 9.

以及地区的国际政治都变得复杂起来。

第四，好不容易获得的独立能够轻易放弃吗？作为超级国家的欧盟在一体化方面程度越高，就越要求其成员国让渡更多的主权，甚至为“大家”而舍“小家”。这对那些历史比较久远并且或强或大的国家来说，影响可能不大，它们在欧盟这个统一大家庭里什么时候恐怕都是家长。然而，对那些费了九牛二虎之力才诞生不久的国家来说，这种影响恐怕是致命的。在这方面，前南地区的塞尔维亚、黑山、马其顿、波黑、克罗地亚、斯洛文尼亚等国最典型。独立成国是各个南部斯拉夫人多少世纪的愿望，为此他们用泪、用血甚至用生命不懈地争取独立，但直到十几年前、几年前他们的梦想才成为现实。斯洛伐克和现在还没有正式身份证的科索沃也有着同样的情感和经历。这些国家无疑都想加入欧盟，可它们心甘情愿地“自我消失”这个大家庭里吗？许多年来争吵、打斗的“邻居”甚至“冤家”能成“兄弟姐妹”和睦相处吗？

欧盟或许在不远的将来能将中东欧所有国家都吸收进来，或许在社会发展的各个方面会有更强的一体化，甚至进而成为一个超级国家。但是，由于上述问题还将在不同程度存在，欧盟最多也只能是哈布斯堡王朝那样的超级国家，形式可以维持，但很难永存。更悲观一点说，历史地看，分久必合、合久必分是欧洲的一种常态，大国争霸也是欧洲的一种常态。中东欧正处于三大文明交汇处，也是统一欧洲的裂缝地带。在内部的离心倾向和外部的拉拽效应双重作用下，作为一个超级国家的欧盟是可望而不可即的，统一的大欧洲更多的还是美好的愿望而已。

98. 中东欧欧盟新成员国的赶超进展如何?

孔田平

1989年东欧剧变后，东欧加入了大转型的洪流。匈牙利经济学家科尔奈认为这是人类在中世纪经历的大转型之后的又一次大转型。在中世纪欧洲经历了从绝对君主制到议会代议民主制、从封建社会到资本主义社会、从教会统治到政教分离的世俗社会的转变。目前的转型不仅包括经济的转型，而且也包括政治、法律制度、生活方式和文化的转型等。[①] 1990年之后东欧国家开始了从中央计划经济向市场经济的过渡，而经济转型的目的在于建立可行的经济体制，实现经济的赶超。所谓赶超是指落后国家赶超先进国家或贫穷国家在经济发展上追赶或超越富裕国家的进程，其中人均国内生产总值成为了赶超最重要的指标。从世界经济发展的角度看，赶超是落后国家经济发展永恒的主题。在过去的数百年间，西方以其经济的发达成为赶超的目标，因此成为落后国家赶超进程的重要参照物。即使在冷战时期，西欧的政治民主和经济繁荣也对东欧民众具有很大的吸引力。1989年东欧剧变的一个口号是“回归欧洲”，经过15年的艰难转型，一些中东欧国家终于梦想成真，2004年5月波兰、匈牙利、捷克、斯洛伐克、斯洛文尼亚和波罗的海三国成为了欧洲联盟的正式成员国。2007年1月罗马尼亚和保加利亚加入了欧盟。已加入欧盟的中东欧国家面临着前所未有实现赶超的历史机遇。

① 亚诺什·科尔奈:《大转型》,《比较》第17辑，中信出版社2005年版。

中东欧国家赶超：历史透视

东欧国家与西欧国家的差距早已存在。中东欧国家长期处在欧洲的边缘。在过去 250 年间，西欧国家的经济增长从大西洋的贸易体系获益匪浅，这一贸易体系逐步向东方扩展，当出现了东西方分裂后这一进程陷入停顿。因此，在 1989 年之前，东欧国家的外围性质没有改变。

一、中东欧国家的落后具有历史性

从欧洲经济史看，中欧落后根源于过去，而不只是 1945 年后的时期。中欧的落后可追溯到现代早期，当原工业化的农村地区在西欧萌芽时，第二农奴制却在东欧生根。[①] 一个有趣的现象是目前已加入欧盟的中东欧国家多数曾为哈布斯堡帝国的领地。18 世纪之前，哈布斯堡帝国西部的阿尔卑斯地区和波希米亚地区并不比英国、法国和低地国家落后，比东部匈牙利农业区更为先进。在 19 世纪，帝国西部领土自 18 世纪开始的缓慢的转型已不可逆转。西部与西欧的发展并驾齐驱，西部与东部的差距进一步扩大。在 19 世纪中期，哈布斯堡帝国内部的经济一体化促进了一些东部地区的经济发展。但是帝国内部的经济增长并不平衡。到 19 世纪末地区差距扩大。只有匈牙利西部与阿尔卑斯和波希米亚地区的发展并驾齐驱。帝国的东部和南部收入有所增长，但是增长较为缓慢。到 1910 年西部发达地区和落后地区特别是特兰西瓦尼亚、克罗地亚—斯洛沃尼亚、达尔马提亚和喀尔巴阡地区间的差距继续扩大。

1870 年“奥地利”（帝国的阿尔卑斯地区）收入虽然低于英国，但并不比西欧国家低很多。“捷克斯洛伐克”（波希米亚和上西匈牙利）和“匈牙利”（下西匈牙利）其人均收入水平低于挪威、瑞典和芬兰。“南斯拉夫”的北部和沿海地区（约包括斯洛文尼亚的土地、达尔马提亚和克罗地亚—斯洛沃尼亚）的发展水平与之相当。帝国的外围地区（喀尔巴阡山地区即今波兰和乌克兰的一部分、匈牙利东部和特兰西瓦尼亚即今罗马尼亚的一部分）收入水平最低，但是其收入水平高于俄国和巴尔干新独立国家，与西班牙和希腊不相上下。到 1910 年这些地

① David F. Good，Economic Transformation in Central Europe：The View from History. Department of History University of Minnesota，January 1992 Working Paper 92－1.

区在哈布斯堡帝国的中欧地区的排名没有发生变化，它们之间的相对排名以及它们与英国的排名发生了变化。除了外围地区外，帝国大多数地区增长快于英国，因此开始赶超英国。帝国内的“奥地利”增长最快，达到了西欧的平均水平。从经济增长率看，排序为“捷克斯洛伐克”“匈牙利”和南斯拉夫的沿海和北部地区。

第一次世界大战后，哈布斯堡帝国解体，中东欧出现了新独立国家。在两次世界大战期间欧洲经济出现了不稳定和停滞，哈布斯堡帝国的继承国经济表现也很差。在1910—1938年人均收入有所增长，但增长速度低于英国。而在中欧收入差距有所缩小，这部分是由于奥地利经济的停滞。这使得其他中欧国家开始赶超奥地利。捷克斯洛伐克增长最快，到1938年几乎达到了奥地利的水平。

1870—1989 **年欧洲的赶超与落后（人均国内生产总值指数）**

英国＝100				
国家	1870年	1910年	1938年	1989年
英国	100.0	100.0	100.0	100.0
比利时	81.6	85.3	72.8	104.9
德国	64.0	73.6	不详	125.0
法国	62.4	67.8	62.4	116.1
挪威	48.7	54.2	67.5	152.4
芬兰	43.1	43.1	47.1	159.6
瑞典	38.8	58.6	97.1	157.5
意大利	51.7	42.1	33.6	104.3
西班牙	43.3	42.0	不详	66.0
希腊	34.5	34.9	21.2	36.8
俄罗斯*	27.9	30.6	不详	60.6
哈布斯堡帝国	45.7	55.9	——	——
奥地利*	57.2	83.6	47.3	115.6
捷克斯洛伐克**	47.9	58.3	46.6	67.5
匈牙利**	39.4	54.8	29.6	60.0
奥地利＝100				

续表

奥地利	100.0	100.0	100.0	100.0
捷克斯洛伐克**	83.9	69.7	98.3	58.4
匈牙利**	62.3	65.5	62.5	51.7

资料来源：David F. Good (1992)。

注：*1938年和1989年为苏联。**1870—1910年的资料为哈布斯堡帝国比较资料。奥地利指帝国阿尔卑斯山地区。捷克斯洛伐克指波希米亚和上西匈牙利地区。匈牙利指帝国的下西匈牙利地区。

二、中东欧国家的赶超伴随着持续的制度变迁

中东欧的发展进程也是持续的制度变迁的进程。从19世纪六七十年代—到第一次世界大战的半个多世纪中，中东欧国家热情模仿西方模式，引进西方的制度，加入了英国倡导的自由放任的国际体系，实行了出口导向的工业化政策。这些国家确实在经济现代化上取得了一定的成功，但是只是延缓而并没有阻止地区的相对衰落。根据麦迪逊的估计，1820年和1870年该地区国家人均的国内生产总值分别为西欧中心国家的58.1%和48.1%。1913年下降到西欧水平的42.0%。第一次世界大战后，东欧国家进口替代工业化取代了出口扩张的工业化，以保护主义和国家干预取代自由放任经济。议会制度遭到了激烈抨击，中东欧出现了不同形式的独裁统治。在第二次世界大战后，东欧成为苏联的势力范围。东欧国家被迫采纳苏联模式，实行了中央计划经济体制，强制实行工业化。东欧国家的现代化在25年间取得了相对的成功。到1973年，东欧国家与发达国家的差距有所缩小。（参见下表）1950—1973年东欧国家保持了很高的经济增长率，年平均经济增长率达到了3.9%。[①] 20世纪的最后30年，东欧国家的赶超努力陷入失败。由于无力应付结构性经济危机，70年代末东欧经济增长放缓。80年代一些国家的改革尝试并没有使负病运行的经济起死回生，经济危机进一步加剧。90年代初中央计划经济的经济体制崩溃，东欧国家又不同程度陷入了转型性衰退。从

① Ivan T. Berend，Transformation and Structural Change：Central and East Europe's Post—Communist Adjustment in Historical Perspective，in Tadayuki Hayashi. The Emerging New Regional Order in Central and East Europe. Slavic Research Center，Hokkaido University，1997.

1973年至1992年，东欧国家的年平均增长率为－0.8%，而同期西欧国家的年平均增长率为1.8%。其结果是东欧与西欧的差距从1∶2扩大到1∶4。[①]

1913—1973年中东欧人均国内生产总值占世界不同地区的百分比

地区	1913年	1938年	1973年
西欧	42.0	44.1	46.6
海外西方	29.7	34.9	35.7
南欧	88.8	107.9	95.2
拉美	102.8	105.5	120.9
亚洲	209.8	238.3	341.8
非洲	270.9	291.7	450.7
世界平均	97.8	108.3	132.6

资料来源：Angus Maddison。

注：西欧包括16个国家，海外西方亦称西方支流，包括澳大利亚、加拿大、新西兰和美国。南欧包括希腊、爱尔兰、葡萄牙、西班牙和土耳其。中东欧包括保加利亚、捷克斯洛伐克、匈牙利、波兰、罗马尼亚、南斯拉夫和苏联。拉美有7个国家代表，亚洲有12个国家或地区代表。非洲有10个国家代表，世界平均为上述56个国家的平均数。

历史学家大卫·古德认为，中欧在过去的100年间曾面临4次冲击。第一次冲击是19世纪末现代经济增长在哈布斯堡帝国的不平衡开展，消除了传统的农业社会。第二次冲击是第一次世界大战和哈布斯堡帝国的解体，其结果是中断了哈布斯堡地区经济的统一。第三次冲击是第二次世界大战和冷战，这或许是最具破坏性的冲击，其结果是通过欧洲的中心地带将欧洲一分为二。1989年的事件是中欧过去100年间面临的第四次冲击。[②] 1989年东欧剧变为东欧国家的赶超提供了新的历史机遇。但是基于历史的经验，中东欧国家的赶超将是一个漫长的过程。

---

① David F. Good，Economic Transformation in Central Europe：The View from History. Department of History University of Minnesota，January 1992 Working Paper 92－1.

② 同上。

中东欧国家的赶超：现实观察

一、中东欧赶超的国际条件

1. 地缘政治环境的变化

冷战的结束是根本改变国际秩序的主要因素。虽然学者们对于冷战何时结束存在争议，但是下列的事件都具有标志性：1989 年 11 月，柏林墙倒塌；1990 年 10 月，德国实现统一；1991 年 7 月，华沙条约组织解散；1991 年 12 月，苏联解体。随着冷战结束和苏联解体，东欧摆脱了苏联长达 40 多年的控制，获得了国家的独立与自由，东欧国家面临着在新的国际格局中如何定位的问题。冷战结束初期欧洲国际格局的特点是：美国成为了唯一的超级大国，主导着欧洲—大西洋联盟；俄罗斯走向衰落，在欧洲事务的影响力下降；欧洲一体化进程加快，欧盟扩大列入了议事日程。在这样的国际格局下，是保持中立还是成为军事同盟的成员国就成为了中东欧国家面临的重大抉择。虽然一些中东欧国家如匈牙利有赞成国家保持中立的声音，但对政治决策过程的影响力不大。倒是在一些中欧国家的民众对于加入北约的支持率非常的高，而政治家出于国家利益的考虑也主张加入北约。1999 年 3 月震动世界的两件大事表明冷战后新的国际秩序在东欧尘埃落定。一是原华沙条约组织成员国波兰、匈牙利和捷克成为了北约成员国；二是北约武力干预科索沃危机，对南斯拉夫实施空中打击。冷战后新的国际秩序降临，中东欧地区不同程度纳入了美国支配的欧洲—大西洋联盟的体系之内。2002 年北约布拉格会议做出了北约进一步扩大的计划，2004 年 3 月爱沙尼亚、拉脱维亚、立陶宛、保加利亚、罗马尼亚、斯洛伐克和斯洛文尼亚正式加入北约。目前欧盟的中东欧成员国都为北约成员国，欧洲大西洋体系为中东欧国家提供了安全保障。虽然由于美国在中欧部署反导体系导致了俄罗斯与美国关系的紧张，但是从目前的国际力量对比以及国际格局演化的趋势看，中东欧国家所处的地缘政治环境会保持基本稳定。

2. 经济的全球化

东欧剧变加速了世界经济的全球化进程，而中东欧国家是在经济全球化条件下进行赶超的。科沃德克教授认为，全球化是商品、资本和劳动力市场的自由化与一体化的历史进程，这些分离的市场将形成一个统一的全球市场。他还指出了现代全球化的六个特点：由于关税壁垒的降低，世界贸易额增长非常迅速，其增长率几乎是产量增长率的两倍。1965—1999 年，全球国内生产总值平均每年增长 3.3%，而出口额每年增长 5.9%；资本流动加速。30 年前从富裕国家流向不发达国家的资本转移额不足 280 亿美元，而到了 1997 年则达到了破纪录的 3060 亿美元，增长了 11 倍多；人口的迁徙增加；新技术的扩散与传播，特别是信息和计算机技术相关的科学技术革命促进了知识经济的发展；“后社会主义”的制度转型；金融和经济制度的转型伴随着深刻的文化变迁。从现实看，全球化是不完整的。我们可以看到商品、劳务、资本和信息的自由流动，但是劳动力的自由流动尚未成为现实。全球化已经成为我们所处时代的巨大的政治和经济力量。全球化促使通讯和运输成本大幅度下降，推动全球经济走向市场经济，并使数十亿人融入世界经济之中。

中东欧国家向市场经济的转型促进了世界经济的全球化。1990 年以来，由于原苏联和东欧地区走向市场经济，推行国际贸易的自由化和经济的开放，斯大林的两个平行市场的理论随着经互会的解散而不攻自破，世界经济全球化进程大大加速。中东欧国家陆续加入了世界银行、国际货币基金组织和世界贸易组织等国际经济组织。1995 年 12 月，捷克加入了被称为“富国俱乐部”的经济合作与发展组织，1996 年 5 月和 11 月匈牙利和波兰分别加入了经合组织，2000 年 12 月斯洛伐克加入经合组织，斯洛文尼亚于 2010 年加入该组织。中东欧国家加入全球范围的经济竞争是促进经济全球化的重要因素，如果没有该地区的参与，我们很难想象经济全球化的浪潮会以如此大的力量冲击全球的每个角落。东欧剧变之前东欧国家的贸易主要面向经互会成员国，与西方国家的贸易额非常有限。这种封闭的贸易环境不利于提高经济的竞争力，使得东西欧经济差距越拉越大。国际经验表明，一个开放的经济与一个封闭的经济相比提供了更多从国际贸易中获取比较利益的机会。中东欧国家实行了贸易自由化，目前正致力于与欧洲经济的一体化，同时恢复与前经互会国家的贸易联系，以使中东欧经济融入世界经济之中。一个开放的贸易环境不仅有益于中东欧分享国际劳动分工的好处，同时又是促进东欧经济增长的重要因素。在经济全球化的条件下，中东欧国家有可能利用全球化带来的机遇，促进其经济发展，实现经济的赶超。全球贸易的开放、通讯和运输成本的降低、信息与通讯技术发展引导的知识经济的发展、技术、技能和管理经验的传播以及外国直接投资的自由流动为中东欧国家的经济发展提供了前所未有的历史机遇。然而，全球化也有其风险，如保护主义压力、全球经济失衡、资源压力、地缘政治冲突和全球化伴生的威胁如恐怖主义、传染病传播、犯罪、毒品和盗版以及气候变化。因此，中东欧国家在经济全球化的浪潮中应当趋利避害。增进其经济利益，促进其经济发展。

3. 欧洲一体化

中东欧国家由于地理上靠近西欧，对于欧洲经济一体化所产生的示范效应有深切的体验。1989 年东欧剧变的口号“回归欧洲”不仅仅是价值观的宣示，而且具有重要的政治经济含义，即中东欧应当在政治和经济上回归欧洲的主流。转型之初，中东欧的政治家就已经意识到中东欧的重建与发展不可能脱离欧洲的一体化进程，中东欧经济的赶超离不开欧盟。

在两极格局解体后，欧洲统一的步伐加快，欧盟在 20 世纪 90 年代做出了扩大欧盟的重大决策，改革领先的中东欧国家成为了欧盟扩大的首选对象。1998 年 3 月，波兰、匈牙利、捷克、斯洛伐克、斯洛文尼亚、罗马尼亚、保加利亚和波罗的海三国与欧盟开始了入盟谈判。2004 年 5 月，波兰、匈牙利、捷克、斯洛伐克、斯洛文尼亚、爱沙尼亚、拉脱维亚和立陶宛成为了欧盟成员国。2007 年 1 月，保加利亚和罗马尼亚也成为欧盟成员国。加入欧盟不仅意味着这些国家从政治上回归欧洲大家庭，而且有助于这些国家的经济发展，有助于缩小与西欧国家间的经济差距，结束欧洲依然存在的“经济铁幕”。

二、中东欧国家赶超的制度条件

从世界经济发展史看，后进国家的赶超是永恒的主题。在后进国家的赶超进程中，一些国家成功了，一些国家失败了。为什么有的国家或地区的赶超取得了成功，而有的国家则未能取得成功？应当说赶超取得成功的国家或地区具有制度基础，该制度能够合理限制国家的作用，使市场在国家法律的框架内运行。该制度包含下列因素：健全的财政；稳定的货币；法律的稳定且可执行（法治）；低而简单的税收；开放经济；经济竞争；私有产权；企业家自由。而赶超失败也有其制度根源。这包括国家的失败，或者国家过度控制，或者国家的基本职能（确保法制，保护产权）弱化。其他的因素有财政问题（公共支出和税收水平过高）；货币问题；垄断；保护主义；封闭经济；过多的国有制；过度管制。从国际经验看，理顺制度是后进国家赶超取得成功的基本条件。因此良好的制度是后进国家实现赶超的必要条件。

关于制度，经济学家有不同的阐释。在诺斯看来，“制度是为人类设计的、构造着政治、经济和社会相互关系的一系列约束。制度是由非正式约束（道德约束力、禁忌、习惯、传统和行为准则）和正式的约束（宪法、法令、产权）所组成”。[①]“制度是一个社会的游戏规则或者更正式地说是人类设计出来的改变人们相互影响的约束”。[②] 国际货币基金组织的一些经济学家认为，从实质上看，制度确定了游戏规则，这些游戏规则决定了生产、投资和消费的激励。在经验分析中，制度的特征体现在3个层次：组织实体和规制架构（如中央银行的独立性和国家贸易协定）；对公共制度的评价（治理的质量、对私人产权的法律保护和对政治家的限制）；具有长期历史影响的制度，如殖民的模式和不同的法律框架（民法与普通法）。[③] 这表明制度作为游戏规则事实上为经济提供了激励机制。英国学者保罗·海尔提出了对经济增长进行政治经济分析的框架。该框架包括五个因素：良好的治理、宏观经济的稳定、足以维持适当增长的储蓄和投资、对世界经济的开放、外部参与的约束。他认为，增长模式需要适当的治理安排的支持。好的治理有两个主要因素即保护产权与责任政府。[④] 所谓的治理安排可理解为制度安排。

中东欧国家转型的重大成就是实现了政治与经济的分离，建立了良好运作的市场经济。市场经济有助于资源的合理配置，是后进国家实现经济起飞的必由之路。应当说市场经济的形成是中东欧国家实现赶超最重要的制度条件。中东欧国家形成了私有制居主导地位的产权制度，而且产权得到了有效的保护。有效的产权可以产生稳定的预期，是促进经济增长和劳动生产率提高的重要因素。中东欧国家建立了适应市场经济的法律制度，为加入欧盟实现了与欧盟法律体系的接轨。法治的确立有助于保护经济当事人的利益，有助于竞争的经济秩序的形成，是促进经济增长的长期有效的因素。

---

① 道格拉斯·诺斯：《论制度》，《经济社会体制比较》1991年第6期。

② Douglass C. North，Institution，Institutional Change and Economic Performance. Cambridge University Press 1990，p. 3.

③ Susan Schadler，Ashoka Mody，Abdul Abiad and Daniel Leigh：Growth in the Central and Eastern European Countries of the European Union，IMF Occasional Paper 252，2006.

④ Paul Hare，The Political Economy of Growth and Governance. Studies & Analyses CASE. No. 337.

三、中东欧国家赶超的政策条件

中东欧国家要实现经济的赶超，需要保持经济的持续增长。美国经济学家萨克斯等根据亚洲四小龙等国实现经济快速增长的经验，指出这些国家或地区经济上的成功有四个因素：资源配置效率高；储蓄和投资率高；从国外引进新技术，实现技术升级；利用自然优势，实现出口导向的增长。他们进一步断言，如果东欧国家奉行上述国家或地区的政策，要达到欧盟平均收入水平的 90%所需的时间，匈牙利将从 120 年降至 23 年，波兰将从 141 年降至 31 年。同样，要达到欧盟平均收入水平 70%所需的时间，捷克将从 36 年降至 10 年，匈牙利从 45 年降至 13 年，波兰从 65 年降至 21 年。[①]

从国际经验看，宏观经济的稳定、贸易开放、出口导向、技术引进与创新以及限制政府的规模均有助于经济的增长。已入盟的中东欧国家保持了宏观经济的稳定，通货膨胀率保持在较低水平。中东欧国家在巨变初期实行了贸易的自由化，贸易开放和出口导向成为了政府经济政策的重要组成部分。中东欧国家重视技术引进与创新，通过发展信息与通讯技术来提高经济的竞争力，缩短与西欧国家的数字鸿沟。与中央计划经济时期相比，中东欧国家的政府规模已大大下降，政府不再对经济进行全能的干预，政府干预主要是为了弥补市场缺陷。总之，中东欧国家已具备赶超的政策条件。

四、1990 年后中东欧国家的赶超

在转型后的前 10 年，由于经济衰退，中东欧国家与西欧国家间的差距事实上扩大了。根据国际货币基金组织官员的估计，转型后中东欧国家生产平均下降 28%，到 1998 年中东欧国家的生产平均已恢复到转型前一年水平的 90%。从 1990 年到 1999 年，只有波兰和斯洛文尼亚与欧盟的差距没有扩大。中东欧九国（克罗地亚、捷克、爱沙尼亚、匈牙利、拉脱维亚、立陶宛、波兰、斯洛伐克和斯洛文尼亚）2000 年的国内生产总值为 1989 年水平的 107%。1991—1997 年东欧欧盟候选国总要素生产率除斯洛文尼亚、波兰和匈牙利外均为负的。20 世纪 90 年代绝大多数东欧国家的赶超尝试并不成功，但我们也很难断言 20 世纪 90 年

---

① Jeffrey Sachs and Andrew Warner, How to Catch Up with the Industrial World—Achieving Rapid Growth in Europe's Transition Economies. Transition, Volume 7, Number 9—10, 1996.

代是“失去的10年”。虽然多数东欧国家的赶超尝试不成功，但在制度变迁上取得了重大的进展。

自2001年以来，尤其是中东欧国家加入欧盟后，这些国家的赶超进程加快。从入盟的中东欧国家的经济实绩看，入盟对中东欧国家的经济发展有积极的影响。

1. 入盟后中东欧国家的经济实绩

中东欧国家经济持续增长。从经济增长率看，入盟后中东欧新成员国表现良好。在加入欧盟前3年即2001—2003年，中东欧8国平均的经济增长率为3.1%，而在入盟后的2004—2006年平均的经济增长率达到了5.3%，比前3年增长了2.2个百分点。2001—2003年中东欧8国平均的经济增长率比欧盟15国高1.7个百分点，而2004—2006年中东欧8国平均的经济增长率则比欧盟15国高3.1个百分点。加入欧盟后多数中东欧欧盟新成员国的经济增长率高于欧盟15国平均水平（参见下表）。从投资增长率看，欧盟15国和中东欧8国在2001—2003年投资只有微弱的增长。欧盟扩大后，欧盟15国和中东欧8国投资都实现了快速增长。2004—2006年中东欧8国的投资增长率比欧盟15国高出4.7个百分点。

中东欧欧盟新成员国GDP增长率（%）

国家	2001—2003年（平均）	2004—2006年（平均）	2007—2008年（平均）
欧盟15国	1.4	2.2	1.6
拉脱维亚	7.2	10.4	2.7
爱沙尼亚	8.6	10.0	1.3
立陶宛	7.9	7.5	5.9
斯洛伐克	3.8	6.6	8.4
捷克	2.7	5.5	4.6
波兰	2.1	4.9	5.8
斯洛文尼亚	2.9	4.6	5.2
匈牙利	4.2	4.3	0.8

资料来源：WIIW Database，Eurostat。

中东欧国家经济进一步开放，吸引了大量外国直接投资。中东欧8国在加入欧盟后出口增长率几乎增长了1倍。这表明中东欧8国在加入欧盟后对世界经济的开放程度进一步增加。(参见下表)由于中东欧国家进口的增幅落后于出口增幅,贸易平衡状况良好。加入欧盟后,中东欧8国吸引外资显著增加。(参见下表)加入欧盟后的3年间吸引的外国直接投资与入盟前3年相比增加了近250亿欧元。

中东欧欧盟新成员国出口增长率(%)

国家	2001—2003年(平均)	2004—2006年(平均)
A欧盟15国	0.7	8.9
B新成员国8国	10.0	18.7
B－A(百分点)	9.3	9.8
爱沙尼亚	4.0	23.6
捷克	11.0	20.7
斯洛伐克	14.6	19.9
拉脱维亚	7.7	19.9
波兰	11.3	19.5
立陶宛	15.5	18.4
匈牙利	6.6	15.5
斯洛文尼亚	6.3	14.3

资料来源:Eurostat Database。

中东欧欧盟成员国外国直接投资(亿欧元)

国家	2001—2003年累计	2004—2006年累计
A欧盟15国	13317	12858
B新成员国8国	558	804
波兰	148	291
捷克	172	181
匈牙利	95	146
斯洛伐克	81	75
爱沙尼亚	17	44
立陶宛	14	29
拉脱维亚	7	24
斯洛文尼亚	24	14

资料来源:WIIW Database,Eurostat。

入盟后强劲的经济增长导致了中东欧 8 国失业率的下降。与入盟前 3 年相比，中东欧 8 国总的失业率下降了 1.7 个百分点。与欧盟 15 国相比，中东欧 8 国失业率高达欧盟 15 国水平的 2 倍，但是入盟后与欧盟 15 国的差距缩小了 2 个百分点。中东欧 8 国中有 6 国的失业率有所下降，一直保持低失业率的捷克和匈牙利在入盟后失业率有所提高。

中东欧 8 国的失业率（劳动力调查，%）

国家	2001—2003 年（平均）	2004—2006 年（平均）	2007—2008 年（平均）
欧盟 15 国	7.5	7.8	7.0
斯洛文尼亚	6.5	6.3	4.6
匈牙利	5.8	6.9	7.6
捷克	7.7	7.8	4.8
爱沙尼亚	11.0	7.8	5.1
立陶宛	14.5	8.4	5.0
拉脱维亚	11.9	8.6	6.7
斯洛伐克	18.4	15.9	10.3
波兰	19.2	16.9	8.8

资料来源：WIIW Database，Eurostat。

入盟 3 年后主要宏观经济的稳定指标在国家间存在差异。与入盟前 3 年相比，通货膨胀指标正面变化的国家为匈牙利、波兰、斯洛伐克和斯洛文尼亚；捷克和波罗的海 3 国则出现负面的变化。从外部平衡指标（经常项目赤字占国内生产总值的百分比）看，捷克出现正面的变化，匈牙利没有变化，其他国家出现负面的变化。从预算指标看，除匈牙利外，其他国家均出现正面的变化。入盟后除匈牙利之外，中东欧国家财政状况有所改善。匈牙利的财政问题具有政治性质，是 2000 年以来与选举相关的政府过度支出的结果，与欧盟成员国地位无关。2001—2003 年只有 3 个中东欧国家的通货膨胀率符合马斯特里赫特的标准，2004—2006 年有 5 个国家达标，1 个国家超出马约 3%的标准 0.1 个百分点。而到了 2007—2008 年则只有斯洛伐克符合马约标准。

中东欧 8 国的通货膨胀率（消费价格变化%）

国家	2001—2003 年（平均）	2004—2006 年（平均）	2007—2008 年（平均）
欧盟 15 国	2.1	2.1	—
波兰	2.7	2.2	3.4
捷克	2.2	2.4	4.6
立陶宛	0.1	2.6	8.4
斯洛文尼亚	7.2	2.9	4.6
爱沙尼亚	3.6	3.8	8.6
匈牙利	6.4	4.8	6.9
斯洛伐克	6.3	4.9	2.9
拉脱维亚	2.4	6.6	12.6

资料来源：WIIW Database，Eurostat。

中东欧 8 国的经常项目状况（占 GDP 的百分比）

国家	2001—2003 年（平均）	2004—2006 年（平均）	2007—2008 年（平均）
欧盟 15 国	0.2	0.2	−7.6
斯洛文尼亚	0.1	−2.4	−4.8
波兰	−2.5	−2.7	−5.1
捷克	−5.7	−4.2	−3.1
匈牙利	−7.0	−7.0	−7.4
斯洛伐克	−7.3	−8.3	−6.1
立陶宛	−5.6	−8.7	−13.1
爱沙尼亚	−9.4	−12.8	−13.6
拉脱维亚	−7.5	−16.1	−17.6

资料来源：WIIW Database，Eurostat。

中东欧国家政府财政总余额（占 GDP 的百分比）

国家	2001—2003 年（平均）	2004—2006 年（平均）
A 欧盟 15 国	−2.1	−2.2
B 新成员国 8 国	−5.4	−4.2

续表

国家	2001—2003 年（平均）	2004—2006 年（平均）
B－A（百分点）	－3.3	－2.0
爱沙尼亚	0.7	2.8
拉脱维亚	－2.0	－0.3
立陶宛	－2.3	－0.8
斯洛文尼亚	－3.1	－1.7
斯洛伐克	－5.7	－2.9
捷克	－6.4	－3.1
波兰	－5.5	－4.7
匈牙利	－6.8	－7.8

资料来源：WIIW Database，Eurostat。

从入盟后3年与入盟前3年的经济指标看，入盟后中东欧8国的经济表现好于入盟前。其主要的原因有：外部环境较为有利，2001—2003年世界贸易增长了8%，而2004—2006年则增长了近30%。欧盟15国作为中东欧8国的主要出口市场，经济增长强劲。2004年后能源价格高涨，但未影响中东欧8国的增长；贸易壁垒的消除。入盟后欧盟取消了对中东欧新成员国的贸易壁垒。除了少部分农产品和食品外，欧盟市场对中东欧国家实行了开放。入盟后，老的欧盟成员国取消了对新成员国的边界控制。与其他欧盟新成员国的合作更为便利，这有助于促进新成员国之间的贸易，促进向非欧盟地区的出口；制度改革的后发效应。中东欧国家的制度改革与欧洲经济一体化密切相关，转型进程伴随着全面采纳欧盟的共同法。由于制度的改进，外国和国内投资者对加入欧盟导致的制度和经济政策环境的可预见性的信心显著增强，投资活动日益活跃。

2. 入盟后中东欧国家的赶超

加入欧盟后中东欧国家的赶超取得了进展，与欧盟15国的差距有所缩小。2004年中东欧8国的人均国内生产总值为欧盟15国平均水平的50.6%，而2006年中东欧8国达到了欧盟15国平均水平的54.4%。而2001年中东欧8国的人均国内生产总值仅为欧盟15国平均水平的46.2%。（参见下表）赶超步伐在入盟后明显加快，2001—2003年中东欧8国平均赶超的百分点为2.7，2004—2006年中东欧8国平均赶超的百分点为3.8。波罗的海三国的赶超步伐明显快于中欧5国，因此一些经济学家称中东欧国家出现了双速的赶超。从危机之前2008年水平看，中东欧欧盟成员国与欧盟15国的差距有所缩小（参见下表）。

中东欧8国人均国内生产总值（以购买力平价计算）

（欧盟15国=100）

国家	2001年水平	2004年水平	2006年水平	2008年水平
欧盟15国	100	100	100	100
中东欧8国（平均）	46.2	50.6	54.4	57*
拉脱维亚	33.8	40.2	49.4	50
波兰	42.0	44.8	47.8	52
立陶宛	36.6	45.1	50.9	55
爱沙尼亚	40.0	49.5	61.4	61
斯洛伐克	44.4	50.1	55.9	65
匈牙利	51.9	56.5	58.8	57
捷克	60.1	66.4	70.4	72
斯洛文尼亚	67.4	73.6	78.2	81

资料来源：WIIW，IMF，Eurosta。

注：*为中东欧10国（包括罗马尼亚和保加利亚）。

值得注意的是，中东欧国家的增长是由全要素生产率（TFP）的显著增加所主导的。全要素生产率的增长几乎是其他新兴市场国家的两倍。这表明技术发展和效率改进在经济增长中发挥了重要作用。[①] 关键的问题是是否全要素生产率的增长是可持续的。从转型冲击中最早复苏的中欧5国特别是波兰和斯洛文尼亚，全要素生产率的增长出现了下降。波罗的海三国的全要素生产率仍在增长。假如中东欧五国全要素生产率增长继续放缓，并扩散到波罗的海国家，为实现快速的赶超，其他的增长来源必须得到保证。如更多地使用劳动力，为了满足增长的潜

① Susan Schadler，Ashoka Mody，Abdul Abiad，and Daniel Leigh：Growth in the Central and Eastern European Countries of the European Union，IMF Occasional Paper 252，2006.

力，每个国家特别是波兰、匈牙利和斯洛伐克，必须改善其劳动力市场的表现。投资率也需要提高。最后，融资将是这些低储蓄国家的主要挑战。

五、中东欧国家赶超面临的挑战

已加入欧盟的中东欧国家的赶超已具备适当的国际条件、制度条件和政策条件，但是在未来能否成功实现赶超是中东欧国家面临的重大挑战。

中东欧国家实现快速的经济增长面临一些有利的条件：良好运作的市场经济体制已经形成；促进增长的出口导向的经济政策正在实行；临近西欧的地缘优势；缓慢的人口增长有利于赶超；全球大型跨国公司大举进入中东欧国家；欧洲一体化在支持中东欧国家的迅速的赶超中发挥着至关重要的作用。来自欧盟的转移支付的贡献相当于中东欧国家年国内生产总值的2%—3%。中东欧国家从与西欧的制度、贸易和金融一体化中受益匪浅。中东欧国家贸易额的增加、风险的降低和日益多地利用国外储蓄将有助于促进经济的持续增长。斯洛文尼亚2007年1月加入欧元区，2009年斯洛文尼亚加入欧元区，2011年爱沙尼亚加入欧元区，其他中东欧国家也将以欧元取代本国货币。加入欧元区有助于消除货币和汇率风险，有助于使中东欧国家更好地利用国外储蓄。然而，欧元区主权债务危机愈演愈烈，中东欧欧盟成员国很可能会放缓加入欧元区的进程。入盟后并非所有新成员国的竞争力得到提升。从2004年至2010年中欧国家在全球竞争力报告排名的变化看，波兰的竞争力得到持续提高，2004年波兰排名第60位，2006年上升到第48位，2010年上升到第39位。捷克的排名从2004年的第40位提高到2010年的第36位。匈牙利的排名从2004年的第39位下降到2010年的第52位。斯洛文尼亚的排名从2004年的第33位下降到2010年的第45位。斯洛伐克的排名从2004年的第43位下降到2010年的第60位。

但是，中东欧国家的赶超尚面临许多挑战。劳动力市场缺乏灵活性，一些中东欧国家税楔（雇用工人的费用与工人实际税后收入的差额）过高，不利于就业的增加。教育体系不能完全满足劳动力市场的需要，人力资源管理和高级营销人才不足。与西欧国家相比，中东欧国家金融市场的不发达是制约增长的一个要素，而有效的金融体系有助于促进投资、创新和风险承担。中东欧国家的储蓄率过低，因此中东欧国家不得不利用国外储蓄。但是利用国外储蓄也有潜在的风险，如会造成外债占GDP的比率的增加、货币升值和信贷扩张。中东欧国家在政府稳定性、民主的问责制、法律与秩序、行政机构的素质、政府的廉洁程度上与西欧国家相比存在一定的差距，制度层面上的缺失也会影响经济的发展。一些中东欧国家在加入欧盟后改革动力明显不足，政治上民粹主义势力抬头，出现了政治的不稳定。如果民粹主义政治力量的经济政策主张转化为实际的经济政策，那将对中东欧国家的赶超产生不利的影响。中东欧国家要实现赶超，必须实现经济的持续增长。从 1993 年至 2008 年看中东欧 10 国的平均经济增长率为 4.8%，而欧盟 15 国只有 1.8%。波兰学者估计中东欧 10 国赶超欧盟 15 国平均需要的时间为 26 年，其中斯洛文尼亚仅需 9 年，斯洛伐克需要 11 年，而罗马尼亚需要 41 年，保加利亚需要 79 年。波罗的海国家需要 11—16 年，捷克、波兰和匈牙利分别需要 21 年、22 年和 30 年。[①] 2008 年后中东欧如同加入全球化的新型市场一样遭受了国际金融危机的冲击，目前危机的冲击已经减弱，2010 年中东欧经济开始微弱复苏。国际金融危机对欧盟中东欧新成员国的赶超进程会有所影响，但不会改变中东欧国家实现赶超的长期趋势。

---

① Zbigniew Matkowski, Mariusz Próchniak, Zbieno rozwoju gospodarczego w krajach Europy rodkowo—Wschodniej i w stosunku do Unii Europejskiej, http://akson.sgh.waw.pl/~zme2/7.pdf.

99. 中东欧国家地缘政治格局为何发生了翻天覆地的变化？

高　歌

英国历史学家艾伦·帕尔默在《夹缝中的六国》中写道：中东欧国家由于“缺少天然疆界”，“好像是一些只有脊椎和动脉而没有外壳的生物体，不多的几条山脉都被河流切断，既不能阻绝游牧部落，也抵挡不了一支所向披靡、攻无不克的军队；唯有那一望无垠的灰绿色波涛起伏似的草原构成的海洋，延绵不断地伸入欧亚大平原。这一辽阔的地区，既对东方游牧民族敞开门户，又吸引着西方人前来殖民”。[①] 这种特殊的地理条件使得中东欧在漫长的历史中一直是东西方争夺和控制的对象，奥斯曼帝国、奥地利哈布斯堡王朝、普鲁士、俄国和法国都曾把中东欧作为它们的角斗场，两次世界大战也从这里爆发。二战结束后，美国和苏联在国家利益、社会制度和意识形态方面严重对立，很快便由盟友变成了敌手。在美国为首的西方阵营与苏联为首的苏东阵营的对峙格局下，中东欧国家作为苏东阵营的一员和苏联与西欧之间的缓冲地带，处于苏联的庇护和控制之下。20 世纪 80 年代末 90 年代初，剧变浪潮席卷中东欧和苏联，中东欧的地缘政治格局发生了翻天覆地的变化。

苏东剧变与两极格局崩溃

如《冷战到全球化：意识形态的终结？》一书所说：“如果没有苏联在 1985

---

① （英国）艾伦·帕尔默著，于亚伦等译：《夹缝中的六国——维也纳会议以来的中东欧历史》，商务印书馆 1997 年版，第 3 页。

年开始的变化，中欧和东欧的变革或苏联的变革或许都不会发生。”[①] 正是从这一年起，米哈伊尔·戈尔巴乔夫入主克里姆林宫。他倡导“新思维”，在“全人类价值高于一切”的思想指导下，寻求结束与美国的对抗，从中东欧脱身。1988年12月，戈尔巴乔夫在联大会议上宣布将减少在民主德国、捷克斯洛伐克和匈牙利的驻军。[②]

对于长时间处于苏联控制之下、内外政策遵从苏联意志的中东欧国家来说，苏联的放手引发了它们蓄积已久的对苏联控制、苏联模式乃至对社会主义制度的不满情绪，加速了它们离弃社会主义的进程。随着苏联主动缓和与美国关系和给中东欧国家松绑，以美国为首的西方国家也不再像以往那样担心染指苏联势力范围内的中东欧国家将导致与苏联直接交锋，它们公然向中东欧国家的反对派伸出援助之手，促使这些国家向西方式民主制度和市场经济体制演变。

在20世纪80年代末90年代初的中东欧剧变中，奥匈边界开放，许多民主德国公民经匈牙利和奥地利出逃联邦德国，民主德国局势动荡。1989年11月，民主德国与联邦德国的边界全面开放，横亘于东西柏林之间的柏林墙被推倒。此后，大批民主德国公民涌向西柏林和联邦德国，局势更加难以控制。面对一浪高过一浪的游行示威，统一社会党步步退让，两度改名，[③] 最终在1990年3月失去政权。联邦德国抓住时机，力促实现在联邦德国安排下的国家统一。1990年10月3日，民主德国正式并入联邦德国，分裂40余年的德国实现了统一。

相反，南斯拉夫和捷克斯洛伐克在剧变过程中发生了分裂。在南斯拉夫联邦，1991年6月25日，斯洛文尼亚和克罗地亚议会统一行动，宣布脱离南联邦，成为独立国家。紧接着，马其顿和波黑也分别举行全民公决，于1991年11月底和1992年3月正式宣布独立。1992年4月27日，南联邦中仅存的塞尔维亚和黑山两个共和国联合组成南斯拉夫联盟共和国，南斯拉夫联邦一分为五。在捷克斯洛伐克，1990—1991年间，捷克和斯洛伐克就国家体制问题展开争论，多次谈

---

① （美国）R. R. 帕尔默等著，牛可等译：《冷战到全球化：意识形态的终结?》，世界图书出版公司2011年版，第198页。

② 参见郑羽：《北约东扩的历史由来：1985—1991年的苏联、美国和东欧》，《俄罗斯中亚东欧研究》2005年第6期。

③ 1989年12月改名为德国统一社会党—民主社会主义党，1990年2月再次改名为民主社会主义党。

判均未能达成一致意见。1992 年 6 月大选后，捷克和斯洛伐克的两个执政党——公民民主党和争取民主斯洛伐克运动就解体达成协议。1993 年 1 月 1 日，捷克和斯洛伐克和平分手，分别成立捷克共和国和斯洛伐克共和国。

与此同时，抛弃了苏联模式的中东欧国家把彻底清除苏联影响、脱离苏联为首的苏东阵营当做一项重要任务。它们的努力与苏联撤出中东欧的意愿相结合，很快便使苏东阵营分崩离析。

1989 年年底以来，捷克斯洛伐克、匈牙利和波兰相继要求苏军撤离，1990 年 2 月、3 月和 1991 年 4 月，苏军分别开始从捷克斯洛伐克、匈牙利和波兰撤出。1990 年 10 月德国统一后，苏德两国达成协议，规定在 1994 年年底前完成撤军。到 1991 年 6 月，苏军全部撤出捷克和斯洛伐克以及匈牙利，1993 年 6 月，最后一批独联体军队离开波兰。

随着苏军的撤离，以往将中东欧国家同苏联紧紧绑在一起的华沙条约组织和经济互助委员会失去了存在的基础。先看华约。1990 年 5 月，匈牙利议会外交委员会要求匈牙利政府尽快与华约其他成员国举行双边谈判，解决匈牙利退出华约的问题。6 月，华约成员国召开政治协商委员会会议，决定成立一个委员会，在 11 月底向特别最高级会议提出改革建议。但会议刚一结束，匈牙利就表示要退出华约。9 月，民主德国国防部长和华约总司令签署了退出华约的议定书。波兰、匈牙利、捷克斯洛伐克也随即要求退出。1991 年 2 月，华约政治协商委员会特别会议声明从 1991 年 3 月 31 日，中止《华沙条约》范围内的军事协定的效力并解散华约所有军事组织和机构。7 月 1 日，华约成员国举行政治协商委员会最后一次会议，宣布废除 1955 年 5 月签署的《友好合作互助条约》和 1985 年 4 月签署的《关于延长〈华沙条约〉期限议定书》，华约正式解散。再看经互会。1990 年 1 月，在经互会第 45 次会议上，与会国要求改革经互会的合作机制，确立新的合作模式，建立新的合作关系，会议决定成立专门委员会，拟订对经互会全部活动和组织机构实行根本改革的构想，制定经互会的后续机构——国际经济合作组织的成立宣言和章程。1991 年 1 月，经互会第 134 次执委会会议“同意了关于根本改革经互会成员国经济合作体制的建议，其中包括特别委员会起草的新的国际经济合作组织的章程草案”。1991 年 6 月，在经互会第 46 次会议上，成员国代表签署了解散经互会的议定书，规定 90 天后经互会章程失效，经互会解散。[①]

伴随着中东欧剧变和苏东阵营瓦解，苏联国内也发生了翻天覆地的变化。1990 年 2 月，苏共中央全会通过《走向人道的民主的社会主义》的纲领草案，承认并接受多党制，准备在苏联建立各种形式的联邦关系。3 月，第三次非常人民代表大会决定设立总统职位，并从宪法中删去共产党的领导作用的条款。7 月，苏共二十八大把党的“领导作用”改为“先锋作用”，不再提马列主义指导思想、共产主义理想和党的无产阶级性质。不仅如此，中东欧的剧变还“强有力地鼓舞了苏联国内的民族主义势力。由于允许中东欧国家从苏联的势力范围中分离出去，戈尔巴乔夫使人们更加相信，莫斯科不愿意动用军事力量来反对国内的分离主义者”。[②] 各加盟共和国相继发表“主权宣言”或“独立宣言”，苏联领导人一再让步，提出了承认各加盟共和国主权地位的《新联盟条约》。1991 年 8 月，就在原定签署《新联盟条约》的前一天，发生了“8·19 事件”。从此，苏联局势急转直下，苏共自动解散，各加盟共和国纷纷独立。12 月，独立国家联合体成立，苏联不复存在。

德国统一，南斯拉夫和捷克斯洛伐克分裂，华约和经互会解散，苏联解体，苏东阵营不复存在，二战后形成的美苏两极对峙格局被彻底打破。

美欧俄融为一体与中东欧“回归欧洲”

两极格局崩溃后，中东欧面临全新的地缘政治格局。一方面，两极体系“留下了令人头疼的遗产——一个过于强大的美国、一个过于衰微的俄罗斯和一个过分依赖他人的欧洲”。[③] 作为苏联继承国的俄罗斯奉行“亲西方”的外交战略，国际上出现了美国及其为首的北约、欧盟和俄罗斯融为一体的局面。中东欧不再是苏联的势力范围，也不再是美国等西方国家渗透的对象，其在美苏对峙下战略

---

① 参见刘金质：《冷战史》（下），世界知识出版社 2003 年版，第 1458—1459 页。

② （美国）霍华德·威亚尔达主编，榕远译：《民主与民主化比较研究》，北京大学出版社 2004 年版，第 69 页。

③ （美国）戴维·卡莱欧著，冯绍雷等译：《欧洲的未来》，上海人民出版社 2003 年版，第 128 页。

地位的重要性大大削弱。俄罗斯急于融入西方，对中东欧这块昔日“领地”的失去无动于衷。实际上，即便俄罗斯有意恢复在中东欧的影响，国力的衰退和新的地缘政治环境（即除波兰与俄罗斯的飞地加里宁格勒接壤外，中东欧国家已不与俄罗斯为邻）也使它心有余而力不足了。美国等西方国家既惊喜于中东欧的变化，又忧心于中东欧的不稳局势和不明前景。它们认为：“东欧的政治和经济转轨包含着高度的风险因素。最终的结果很难预料。甚至可能在短时间内出现令人震惊的事情。”① 因此，西方没有必要对中东欧做出任何承诺，把自己与不可预知的形势绑在一起，让中东欧分享其已取得的经济成就，削弱欧洲一体化水平乃至造成西方政治、经济和社会的波动。俄罗斯的撒手和西方的犹疑使中东欧国家落入“真空”状态，“危险地飘浮在东西方之间”。② 另一方面，随南斯拉夫联邦解体燃起的战火使中东欧面临民族、宗教冲突的威胁。同时，虽然俄罗斯已经撤出中东欧，但“遥远的过去和社会主义时期令人不快的斯大林主义和勃列日涅夫主义”仍令中东欧国家心有余悸，满怀“对昔日俄罗斯的恐惧和对苏联遗产以及俄罗斯国内不时出现的不稳定形势的担忧”。③

在此情况下，中东欧国家领导人“越来越明白如果他们想要避免陷入那种无论如何都不希望的境地，即处在俄罗斯（这个国家代表了所有的不稳定和潜在威胁）和西欧的夹缝之中，那么他们就必须采取行动将自己与西方捆绑在一起”④。争取加入欧洲共同体/欧洲联盟⑤和北大西洋公约组织以图“回归欧洲”，成为中东欧国家的共同选择。中东欧国家的强烈要求及它们推进政治经济转轨，力求在社会制度和意识形态等方面与西欧趋同的举动促使欧盟和北约逐步走出了最初的犹疑和观望，向中东欧敞开了大门。

1989 年 12 月，欧共体开始讨论与中东欧国家缔结《联系国协定》的可能

---

① Marc Maresceau, ed., Enlarging the European Union: Relations between the EU and Central and Eastern Europe. London; New York: Addison Wesley Longman Limited, 1997, p. 372.

② Alan Mayhew. Recreating Europe, The European Union's Policy towards Central and Eastern Europe. Cambridge; New York: Cambridge University Press, 1998, xiii.

③ 李静杰总主编：《十年巨变》（中东欧卷），中共党史出版社 2004 年版，第 283 页。

④ （美国）霍华德·威亚尔达主编，陈玉刚等译：《全球化时代的欧洲政治》，北京大学出版社 2010 年版，第 372 页。

⑤ 1993 年 11 月，欧共体正式改称欧洲联盟。

性。1990 年 4 月，欧洲共同体都柏林首脑会议同意就此与中东欧国家进行谈判。1991 年 12 月，波兰、匈牙利和捷克斯洛伐克率先与欧共体签署《联系国协定》，其后罗马尼亚、保加利亚、捷克、斯洛伐克和斯洛文尼亚相继签署了该协定。[①] 1993 年 6 月，欧共体哥本哈根首脑会议向中东欧联系国保证，只要它们满足必需的政治和经济条件，将被接收为正式成员，并提出了加入的标准。1994—1996 年间，匈牙利、波兰、罗马尼亚、斯洛伐克、保加利亚、捷克和斯洛文尼亚先后递交入盟申请。经过谈判，波兰、匈牙利、捷克、斯洛文尼亚和斯洛伐克于 2004 年 5 月、保加利亚和罗马尼亚于 2007 年 1 月加入欧盟。

对西巴尔干国家，[②] 欧盟开启了“稳定与联系进程”，认定它们是欧盟成员资格的“潜在候选国”。[③] 西巴尔干国家与欧盟签署了《稳定与联系协议》，除波黑外的 5 国递交了入盟申请。其中，克罗地亚于 2004 年 6 月获得欧盟候选国地位，2005 年 10 月开始入盟谈判，正争取在 2011 年上半年完成谈判，2012 年加入欧盟。马其顿和黑山也分别于 2005 年 12 月和 2010 年 12 月获得欧盟候选国地位，但入盟谈判尚未启动。

中东欧国家加入欧盟的进程

国家	签署《联系国协定》	签署《稳定与联系协议》	递交入盟申请	开始入盟谈判	正式加入欧盟
波兰	1991 年 12 月 16 日		1994 年 4 月 5 日	1998 年 3 月 30 日	2004 年 5 月 1 日
匈牙利	1991 年 12 月 16 日		1994 年 3 月 31 日	1998 年 3 月 30 日	2004 年 5 月 1 日
捷克	1993 年 10 月 4 日		1996 年 1 月 17 日	1998 年 3 月 30 日	2004 年 5 月 1 日
斯洛文尼亚	1996 年 6 月 10 日		1996 年 6 月 10 日	1998 年 3 月 30 日	2004 年 5 月 1 日
斯洛伐克	1993 年 10 月 4 日		1995 年 6 月 27 日	2000 年 2 月 15 日	2004 年 5 月 1 日

① 1993 年 1 月，捷克、斯洛伐克成为独立国家后，于 1993 年 10 月分别与欧共体签署《联系国协定》。

② 指克罗地亚、马其顿、阿尔巴尼亚、黑山、塞尔维亚（含单方面宣布独立的科索沃）和波黑。

③ 参见 Roberto Belloni，European Integration and the Western Balkans：Lessons，Prospects and Obstacles. Journal of Balkan and Near Eastern Studies，Volume 11，Number 3，September 2009，p. 318。

续表

国家	签署《联系国协定》	签署《稳定与联系协议》	递交入盟申请	开始入盟谈判	正式加入欧盟
保加利亚	1993 年 3 月 8 日		1995 年 12 月 14 日	2000 年 2 月 15 日	2007 年 1 月 1 日
罗马尼亚	1993 年 2 月 1 日		1995 年 6 月 22 日	2000 年 2 月 15 日	2007 年 1 月 1 日
克罗地亚		2001 年 10 月 29 日	2003 年 2 月 21 日	2005 年 10 月 3 日	
马其顿		2001 年 4 月 9 日	2004 年 3 月 22 日		
阿尔巴尼亚		2006 年 6 月 12 日	2009 年 4 月 28 日		
黑山		2007 年 10 月 15 日	2008 年 12 月 15 日		
塞尔维亚		2008 年 4 月 29 日	2009 年 12 月 22 日		
波黑		2008 年 6 月 16 日			

北约东扩进程的开启比欧盟稍晚，东扩速度却略快于欧盟。1994 年 1 月，北约布鲁塞尔首脑会议出台“和平伙伴关系计划”，中东欧国家全都加入了该计划。1999 年 3 月，波兰、匈牙利和捷克率先加入北约。1999 年 4 月，北约华盛顿首脑会议启动“成员国资格行动计划”，帮助参与国为加入北约做准备，斯洛伐克、保加利亚、罗马尼亚、斯洛文尼亚、阿尔巴尼亚和马其顿随即参加该计划，克罗地亚、黑山和波黑也先后于 2002 年 5 月、2009 年 12 月和 2010 年 4 月加入。2004 年 3 月，保加利亚、罗马尼亚、斯洛伐克和斯洛文尼亚正式成为北约成员。2009 年 4 月，阿尔巴尼亚和克罗地亚加入北约。至此，中东欧 13 国中已有 9 国迈进了北约的门槛，马其顿一旦解决了与希腊的国名之争，便可接到北约的邀请，黑山和波黑也在加入北约的道路上取得一定进展。塞尔维亚虽然与北约签订了“和平伙伴关系计划”，但由于北约 1999 年轰炸塞尔维亚和 2008 年支持科索沃独立严重伤害了塞尔维亚的国家利益和民族感情，尚没有加入北约的意愿。不过，2008 年 10 月，塞尔维亚与北约签署了允许双方交换机密信息的安全协议，双方的军事合作有所加强。

中东欧国家加入北约的进程

国家	签订“和平伙伴关系计划”	加入“成员国资格行动计划”	接到北约邀请	加入北约
波兰	1994 年 2 月 2 日		1997 年 7 月 8 日	1999 年 3 月 12 日
匈牙利	1994 年 2 月 8 日		1997 年 7 月 8 日	1999 年 3 月 12 日
捷克	1994 年 3 月 10 日		1997 年 7 月 8 日	1999 年 3 月 12 日
斯洛伐克	1994 年 2 月 9 日	1999 年 4 月 24 日	2002 年 11 月 21 日	2004 年 3 月 29 日
保加利亚	1994 年 2 月 14 日	1999 年 4 月 24 日	2002 年 11 月 21 日	2004 年 3 月 29 日
罗马尼亚	1994 年 1 月 26 日	1999 年 4 月 24 日	2002 年 11 月 21 日	2004 年 3 月 29 日
斯洛文尼亚	1994 年 3 月 30 日	1999 年 4 月 24 日	2002 年 11 月 21 日	2004 年 3 月 29 日
阿尔巴尼亚	1994 年 2 月 23 日	1999 年 4 月 24 日	2008 年 4 月 3 日	2009 年 4 月 1 日
克罗地亚	2000 年 5 月 25 日	2002 年 5 月 14 日	2008 年 4 月 3 日	2009 年 4 月 1 日
马其顿	1995 年 11 月 15 日	1999 年 4 月 24 日		
黑山	2006 年 12 月 14 日	2009 年 12 月 4 日		
波黑	2006 年 12 月 14 日	2010 年 4 月 22 日		
塞尔维亚	2006 年 12 月 14 日			

美欧俄博弈下的中东欧

在中东欧“回归欧洲”进程逐渐展开的同时，欧盟随一体化程度的加深而增强了力量，越来越希望与美国建立更平等的关系，俄罗斯也改变了“亲西方”外交，强调维护俄罗斯的利益和大国地位，国力有所恢复，美、欧、俄融为一体的局面被它们之间的博弈所取代。尽管美国与中东欧隔着大西洋和西欧国家，俄罗斯几乎不与中东欧为邻，但从更广泛的意义上看，中东欧处于美、欧、俄之间，成为美、欧、俄博弈的重要地区之一。这在欧盟和北约东扩中表现得最为突出。

对于欧盟东扩，欧盟坚持以自己的方式和条件接收中东欧国家，以求通过东扩增加欧盟的经济实力；推行欧盟的价值观和政治模式，改变欧洲的政治版图；改善东西欧国家间和中东欧国家间的关系，结束欧洲分裂状态，拓展欧盟的疆域；带动欧盟内部改革，加强欧盟的力量和独立性，扩大其在国际舞台上的影响力。美国也支持欧盟东扩。在它看来，作为美国的盟友、不可缺少的商品市场和投资场所、遏制和演变俄罗斯的前沿，一个稳定和繁荣的欧洲符合美国的利益。但对欧盟不断增长的实力和独立倾向，尤其是共同外交与安全政策的发展，美国又不免忧心忡忡，担心欧盟终将摆脱对美国的军事依赖，挑战其在欧洲和全球的主导地位。俄罗斯把欧盟东扩看作一个自然的历史的进程，对此没有太大的反感，[①] 并且几乎从苏联解体时起就表达了与欧共体合作的愿望。虽然欧盟东扩给俄罗斯带来一定的压力，但俄罗斯更为看重与欧盟合作的意义，以理解和包容的态度对待欧盟东扩。不仅如此，俄罗斯还十分注重同欧盟的全面交流与合作。欧盟出于满足能源需求、开拓市场空间、构建欧洲安全、抗衡美国霸权等考虑，也非常重视发展与俄罗斯的关系。欧俄之间也有分歧，但鉴于双方都有改善关系、加强合作的愿望，又建立了良好的对话机制，欧俄关系虽有波折，但基本保持了平稳的发展态势。

可见，欧美均支持欧盟东扩，这是欧盟东扩得以进行的决定性因素。即便面对将因接纳新成员而日益壮大的欧盟，美国也没有直接阻碍欧盟向东扩展，而是通过拉拢中东欧国家、分化欧盟来制约共同外交与安全政策的发展，防止欧盟成长为挑战美国霸权的竞争对手。有意思的是，美国的这一政策有时会间接影响到欧盟东扩进程。2003 年，法国总统希拉克要求支持美国对伊拉克动武的中东欧国家安静下来，他暗示说，如果公开支持美国，可能会影响它们加入欧盟。[②] 他的威胁尽管没有变为现实，但反映出欧美分歧可能给欧盟东扩进程带来的负面作用。

俄罗斯对欧盟东扩的理解和包容、欧俄关系的平稳发展特别是欧俄间在多年交往中形成的通过协商解决问题的模式，使得欧盟东扩没有遭遇俄罗斯的掣肘。在 2002 年 11 月的欧俄首脑会议上，双方便在欧盟东扩所涉及的加里宁格勒飞地等问题上取得了共识。2004 年 5 月欧盟东扩前，欧俄间的沟通和磋商更加频繁。4 月初，德国总理施罗德、法国总统希拉克和意大利总理贝卢斯科尼访问俄罗斯。月底，欧盟委员会主席普罗迪访问俄罗斯，欧俄商定成立由欧盟委员会委员和俄罗斯政府部长组成的常设理事会，解决欧盟东扩带来的令俄罗斯担忧的问

---

① 参见《俄罗斯副外长谈俄的中东欧政策》，http：//gb. chinabroadcast. cn/321/2004/04/28/149@142640. htm，2004 年 4 月 28 日。

② 参见（美国）罗宾 · W. 温克、约翰 · E. 泰尔伯特著，任洪生译：《牛津欧洲史》（IV），吉林出版集团有限责任公司 2009 年版，第 168 页。

题，为东扩铺路。

对于北约东扩，美国及其为首的北约持支持态度，认为它有助于北约在美苏对峙格局崩溃、面临生存危机之时拓展发展空间、寻求新的存在依据；有助于挤压俄罗斯的战略空间，防范俄罗斯的重新崛起和向西扩张；有助于美国和北约扩大在欧洲的势力范围，维护在欧洲“传统”利益，并通过拉拢中东欧新成员国抑制欧盟的独立倾向，继续保持对欧洲的控制；有助于建立以美国和北约为主导的欧洲安全体系，保证欧洲和大西洋地区的和平与稳定。欧盟也支持北约东扩，认为东扩可增强北约的力量，遏制俄罗斯的影响，促进欧洲和平。但欧盟身处欧洲，对俄罗斯的威胁更为敏感，对欧洲安全的需求更为迫切，特别担心北约东扩，特别是美国及其为首的北约主导的欧洲安全体系的建立会激怒俄罗斯，甚至可能逼迫它铤而走险，给欧洲安全带来新的危险，因而不希望由美国和北约完全控制欧洲安全体系，而是试图通过发展共同外交与安全政策谋求对欧洲事务的主导权。与美欧的支持立场相反，俄罗斯难以容忍“持反俄态度的国家加入北约，强化北约的反俄倾向”，[①] 难以容忍北约的军事力量推进到俄罗斯西部边境，对它的国家安全构成直接威胁，更难以容忍“本应处于正在形成中的欧洲大西洋集体安全体系中心位置的俄罗斯联邦被排除在不断扩大的军事联盟之外”。[②] 所以，1993 年 9 月，叶利钦在对波兰等中东欧国家加入北约的愿望表示理解仅 1 个多月之后便转变了态度，警告北约不要接纳中东欧国家。从那时起，俄罗斯的反对立场一直没有改变。只不过与叶利钦时代的坚决反对略有不同，普京上台后，俄罗斯开始以更加理智和务实的态度对待北约东扩，强调加强与北约的合作。

可见，美欧都支持北约东扩，它们在欧洲安全体系主导权上的分歧尚不足以阻碍东扩的进行。美俄则北约东扩问题上尖锐对立，这种对立使得东扩进程在很大程度上受制于美俄之间的争斗与妥协。从这个意义上说，北约东扩是中东欧国家与北约之间的问题，更是美国及其为首的北约与俄罗斯之间的问题，北约东扩道路上的每一步进展都与美国及其为首的北约与俄罗斯的关系发展密切相关。

美国和北约在实施北约东扩计划时，十分在意俄罗斯的反应，力求在推进东

---

① Teresa Rakowska－Harmstone and Piotr Dutkiewicz，eds.，New Europe：The Impact of the First Decade，Vol. 1，Trends and Prospects. Warsaw：Institute of Political Studies Polish Academy of Sciences and Collegium Civitas Press，2006，p. 80.

② Ibid.

扩和不过分触怒俄罗斯间寻找平衡，在得到俄罗斯理解和默认的基础上，把中东欧国家纳入北约麾下。“和平伙伴关系计划”的出台正是这种努力的结果。它回应了中东欧国家加入北约的请求，向它们展示了加入北约的前景，但没有提出东扩的时间表和候选国名单，更没有把俄罗斯拒在“和平伙伴关系计划”之外。俄罗斯没有立即认可这一计划，而是要求与北约建立“特殊关系”。在得到同意和参加“七国集团”首脑会议有关政治问题讨论的许诺后，俄罗斯于1994年6月与北约签订了“和平伙伴关系计划”。波兰、匈牙利和捷克加入北约的要求也是在美国和北约与俄罗斯达成妥协后才得以实现。1997年5月，经过艰苦谈判，美国和北约以不在北约新成员国部署核武器和驻军的含糊承诺以及吸收俄罗斯进入“七国集团”、让俄罗斯尽快加入世界贸易组织、向俄罗斯提供经济援助等条件换取俄罗斯放弃与北约签署具有法律约束力的条约的要求和对北约东扩的默认，北约与俄罗斯签署《俄罗斯和北约相互关系、合作与安全基本文件》，建立北约—俄罗斯常设联合理事会，即所谓“19＋1机制”，就共同关心的重大问题进行磋商。仅仅1个多月后，北约便向波兰、匈牙利和捷克发出了邀请。同样，保加利亚、罗马尼亚、斯洛伐克和斯洛文尼亚加入北约亦是得益于普京上台后特别是“9·11”事件后，俄罗斯加强与美国和北约合作的形势。2002年5月，北约和俄罗斯外长会议决定建立北约—俄罗斯理事会，取代北约—俄罗斯常设联合理事会，即以“20机制”取代“19＋1机制”。随后，北约19国与俄罗斯签署《罗马宣言》，北约—俄罗斯理事会正式成立，俄罗斯由此在打击恐怖主义、防止大规模杀伤性武器扩散、军备控制、危机处理、防务改革、导弹防御系统、海上搜救、民事突发事件等方面获得了与北约成员国同等的参与权和决策权。虽然声称仍然反对北约东扩和“20机制”不能成为对北约扩大的补偿，[①] 但是，俄罗斯与北约合作的加强毕竟减少了北约对东扩将引起俄罗斯激烈反应的担心。11月，北约决定邀请保加利亚、罗马尼亚、斯洛伐克、斯洛文尼亚和波罗的海3国加入。到2008年4月北约向阿尔巴尼亚和克罗地亚发出邀请之时，俄罗斯的关注点已经从中东欧国家转向了它的邻国乌克兰和格鲁吉亚。正是碍于俄罗斯的反对，北约没有接纳乌克兰和格鲁吉亚加入“成员国行动计划”。

---

① 参见朱晓中：《双东扩的政治学——北约和欧盟扩大及其对欧洲观念的影响》，《俄罗斯中亚东欧研究》2003年第2期。

可以看出，北约虽然坚定不移地向东扩展，但仍不得不顾忌到俄罗斯的反应；虽然俄罗斯至今未放弃反对北约东扩的立场，但因国力所限，它的反对充其量只能影响东扩进程，而不能阻止东扩的脚步。事实上，正是在美国及其为首的北约与俄罗斯达成妥协、俄罗斯默许之后，北约才一步步向东挺进。

综上所述，欧盟、美国及其为首的北约作为东扩战略的实施者和中东欧国家的接纳者，决定着欧盟和北约的东扩进程，俄罗斯作为中东欧国家曾经的“领导者”和欧亚地区的大国，则是欧盟和北约东扩时不能不有所顾忌的对象。美、欧、俄三方的博弈渐次展开，但远未形成势均力敌、三足鼎立的局面，美国仍是世界唯一的超级大国，美欧虽有分歧，但基本价值观和社会制度相同，拥有许多共同利益，俄罗斯虽是美欧提防的目标，但终因国力所限，无法与美欧抗衡。在这种格局下，欧盟和北约不断向东推进，中东欧国家不再是苏东阵营的成员，而成为西方世界的一分子；不再是美苏对峙之下、苏联与西欧之间的缓冲地带，而成为美欧俄博弈之下、背靠西欧，面朝白俄罗斯、乌克兰和摩尔多瓦等国的欧盟和北约的东方前沿。如《欧洲—大西洋一体化的地缘政治》一书所写：“后冷战时期中东欧国家面临的主要地缘政治挑战是退出它们原来的东方组织，进入主要的西方组织，欧盟和北约。对于已经成功完成这一任务的国家，下一个任务是获得与欧盟和北约原有成员‘平等’的地位……中东欧国家还面临着在继续向东开放时保护欧盟东部边界，捍卫自身利益的棘手任务。”①

---

① Hans Mouritzen and Anders Wivel，eds.，The Geopolitics of Euro－Atlantic Integration，Oxon. New York：Routledge，2005，p. 129.

100. 中东欧国家私有化进展如何？

孔田平

中东欧国家经济转型的目标模式是建立以私有制为基础的市场经济，因此，中东欧各国将私有化作为国有企业改造的主要手段，掀起了在人类社会经济史上史无前例的大规模的私有化浪潮。中东欧在某种程度上已成为拍卖国有企业的超级市场。

经济转型前的所有制状况

东欧在第二次世界大战之后成为苏联的势力范围，以高度集中的计划经济为特征的苏联模式也移植到了东欧。东欧国家仿效苏联，在实行大规模的国有化之后，建立了庞大的国有经济部门。经过数十年的苦心经营，国有经济的规模日益扩大，经营范围更是无所不包，渗透于整个社会经济生活之中。东欧国家的工业生产的90%甚至更多是由国有部门进行的，服务部门也主要由国家控制，除波兰（战后波兰保留了农业的私人经营）外，农业也主要是国有的。东欧国家的合作部门也具有准国有色彩。下表可以反映国有部门在整个经济中的规模。从下表中可以看出，中东欧国家国有经济的规模大大高于发达的市场经济国家。

国有部门规模的国际比较（占总产量的百分比，年度不同）

捷克斯洛伐克（1988）	97.0	法国（1982）	16.5
东德（1982）	96.5	意大利（1982）	14.0
苏联（1985）	96.0	西德（1982）	10.7
波兰（1985）	81.7	英国（1983）	10.7
匈牙利（1984）	73.6	丹麦（1974）	6.3
中国（1984）	73.6	美国（1983）	1.3

资料来源：Branko Milanovic（1991）。

如果庞大的国有部门效率很高、充满活力，这也无可非议。但东欧的问题是存在一个低效率的国有部门，虽然东欧不乏成功的国有企业。一些东欧国家如南斯拉夫、匈牙利和波兰在共产党统治时期进行了有限的市场取向的经济改革，但回天无力，没有从根本上解决国有企业效绩不佳的问题。另外一些国家阿尔巴尼亚、保加利亚和罗马尼亚则顽固拒绝经济改革，国有部门继续负病运行。国有部门低效率使得中东欧在世界经济中的地位不断下降。当亚洲四小龙奋起直追，实现经济起飞时，东欧则成了早期工业时代的博物馆。

东欧国家的私人部门羽毛未丰，而且受到各种限制。私人部门在捷、保、罗、南、阿等国受到严格限制，只有很少部门的私营服务部门在东德的国有化过程中幸存下来。波兰、匈牙利的经济改革允许私人经营，但是弱小的私人部门仍受到行政壁垒、税法、投入品短缺、外汇短缺和缺乏贷款的限制，私营经济仍是社会主义经济中的丑小鸭。私营企业在经营中举步维艰困难重重，面临着比国有企业更大的风险。为了获得必需的投入品，私营企业不得不贿赂国有企业的经理和有关的政府官员。而中央计划经济并不允许企业破产，也缺乏企业进入和退出的适当程序。政府总是以总保险公司的身份出现，以拯救濒临破产的经营不佳的国有企业。转型之前，私人部门的产值在波、匈占国内生产总值的14%，在保加利亚占9%，在捷克斯洛伐克占3.1%，在罗马尼亚占2.5%。庞大的低效率的国有部门与弱小的受到种种限制的私人部门并存是东欧经济转型前所有制状况的基本特点。

中东欧国家私有化的目标、方式与步骤

在分析中东欧国家私有化之前，首先澄清一下私有化的定义。长期以来，人们对于私有化的定义众说纷纭，莫衷一是，但概括起来有狭义和广义之分。就狭义而言，私有化是指产权从国有部门向私人部门转移。就广义而言，私有化不仅包括产权的转移，而且也包括经营权的转移或经营方式的改变（租赁、承包便属于经营权的转移）。虽然广义的私有化定义被一些国际组织所接受，但从严格的意义上看，狭义的私有化定义更为贴切。因为决定企业性质及经营方向的归根结底是产权制度的变化，经营权的转移虽然对企业有重大影响，但最终受产权制度的制约。因此私有化意味着产权从国有部门转向私人部门。自20世纪80年代以来，私有化作为一种经济思潮冲击了整个世界。无论是发达国家或是发展中国家，私有化或多或少成为政府经济政策的组成部分。

中东欧国家的私有化既有其经济目的，又有其社会政治目标。

关于私有化的目的，波兰政府所有制改造全权委员会根据世界银行的一份报告撰写的文章指出："私有化的目的是使经济自由化和非集中化。私有化既是国营企业非盈利状况的解毒剂，也是在更加广泛的范围内推行市场机制的手段。"中东欧国家的决策者认为，经济转型的核心是私有化过程，而私有化的一个基本假定是国有资产的非国有化会导致微观效率的提高。中东欧国家的私有化有其经济上的考虑，目的在于通过私有化，明确产权界定，改变中东欧经济效率低下的状况，缩短与西欧的经济差距，与迎接欧洲政治一体化乃至世界经济一体化的挑战。具体而言，中东欧国家的私有化有以下三个经济目标：其一，提高经济效率。中央计划经济下国有企业效绩不佳的根本原因在于国有资产的经营中缺乏资产约束，产权界定不明晰。国有制成了"无主所有制"，国有经济成了无人负责的经济，国有企业的经理关心的仅是个人的升迁，而对于国有资产的长期增值漠不关心。剧变之后中东欧的执政者确信，通过私有化实现国有资产的重组，可达到明确产权界定，提高经济效率的目标。一方面，国有企业的私有化可以减少企业冗员，杜绝原料和能源的浪费，从而提高生产效率，另一方面，在国有企业私有化中应运而生的企业家在存在反映相对稀缺的价格的条件下，在没有生产和贸易管制、没有企业进入和退出壁垒的条件下，将追逐利润，提高效率，从而实现资源的优化配置。其二，广泛公平地扩大产权。在中央计划经济中，尽管总体保持了收入的相对平等，但是短缺的存在养肥了一批黑市交易者和徇私舞弊的政府官员，传统体制的受益者又成为了国有企业私有化的潜在受益者，他们手中握有大量来路不正的资金，国有企业的私有化显然对他们有利。中东欧国家在私有化中不得不兼顾绝大多数、缺乏资金的民众，力求使每一个公民都成为国有资产的新主人，以广泛公平地扩大产权。其三，增加财政收入。几乎所有中东欧国家在经济转型初期都存在严重的财政赤字。为了遏制通货膨胀，中央银行不再通过发行货币的方式来弥补预算赤字。经济转型后为建立社会保障网等的支出剧增，而税制改革还不能立刻带来滚滚财源。因此，中东欧国家的政府希望通过国有企业的私有化增加政府的财政收入。

中东欧国家的私有化也有政治上的考虑。新上台的执政力量意识到，私有化对于建立市场经济是必需的，而市场经济有助于保证中东欧新生的脆弱的政治体制的稳定。中产阶级随着私人部门的壮大而崛起，有助于社会结构的稳定。正是在这个意义上，英国学者马丁·麦卡利称东欧的私有化是一种具有政治动机的行为。

中东欧私有化就其主体、对象及具体方式而言，有着不同的分类。

1. 从私有化的主体看，可分为“来自上边的私有化”和“来自下边的私有化”（亦称自发私有化）。“来自上边的私有化”是指国家作为所有者暂时将国有资产集中在国家手中，然后再将资产出售或分配给私人，在这里私有化的主体是国家。“来自下边的私有化”是指企业作为国有资产的实际所有者，决定将资产出售给某人以及以何种方式出售。这里企业是私有化的主体。中东欧国家私有化初期，自发私有化发展很快，匈牙利、波兰尤为引人注目。但这种私有化方式实际上只有利于本企业管理部门与工人的利益，他们往往不考虑国家的利益，追求有利于自己的资产分配，因而造成了国有资产的流失。后来波兰政府制定了相关的法律，为自发私有化设置了法律上的障碍，从而禁止了自发私有化。匈牙利则通过国有企业的创办机构对这一进程进行控制。从中东欧私有化的现实看，“来自上边的私有化”占了上风。

2. 从私有化对象看，可分为大私有化和小私有化。大私有化是指对于大型国有企业的私有化，这些企业主要集中在国有工业部门，小私有化是指对中小型国有企业实行私有化，这些企业主要集中在国有商业和服务部门。大私有化较为困难，小私有化较为容易。

3. 从私有化方式看，世界银行的布兰考·米拉诺维奇将其分为三类：内部私有化，外部私有化和无偿分配。他对这三种方式的分析有独到见解，启人深思。

内部私有化是指将股票出售给本企业的经理和职工，其优点在于易于操作，而且在效益较好的企业较受欢迎。其缺点有三：一是内部私有化具有自发性，如果管理部门牢牢控制了企业委员会，它就可以通过贿赂、强制或操纵信息等手段，使工人接受有利于管理部门的私有化方案；二是内部私有化只有利于盈利状况好的企业的工人，而那些亏损企业的工人以及国家行政机构以及社会服务部门的工作人员则一无所获；三是内部私有化不会给国家带来任何收入，而且带给企业的收入也是相当有限的，因为管理部门及工人宁愿接受一种无偿分配或象征性收费的选择。在中东欧国家，管理层收购（Management Buyout）与管理层职工收购（Management and Employee Buyout）成为受欢迎的私有化方式。

外部私有化是股票可向任何人出售。其优点在于国家以现实价格出售企业可以从中获取收入。但是外部私有化也有三个缺点：一是在缺乏资本市场的条件下如何确定股票的最低价格，而低于国家确定的最低价格，国家将拒绝出售。二是外部私有化只有利于社会中的富有阶层，只有他们才会从中获取资本收益，这会引起社会的反对，因为这些富有阶层拥有的资本多半与过去有联系，而且大多是从半合法和非法经营活动中获取的。三是外部私有化是一个缓慢的过程，英国的私有化便是佐证。

无偿分配就是将股票免费分给全体公民。其优点有二：一是有助于确保中央计划经济国家长期存在的社会平等，二是能够保证迅速地私有化。缺点则有三：第一，无偿分配使国家得不到任何收入，国家将蒙受损失。第二，无偿分配使持股人的收入与其持股企业的实绩缺乏联系。第三，无偿分配使股权过于分散，而缺乏居支配力的股东，使得所有者不能有效地对管理部门实行监督。

此外，重新私有化在一些中东欧国家也很盛行。重新私有化是指国家将国有化中及其他原因被没收的财产归还给原来的主人或他们的继承人。如果因为国家已对原有财产进行了改造不能归还，则要做出相应的赔偿。以上对于中东欧私有化的分类尚不能完全概括中东欧私有化的现实，国外一些学者如莫里斯·伯恩斯坦就此曾作了详尽的讨论。世界银行对于不同私有化方式的得失利弊进行了分析，表明没有十全十美的私有化方式（参见下表）。事实上，中东欧国家在大中型企业私有化中使用了不同的方式，只不过侧重点不尽相同（参见下表）。

大企业不同私有化道路的权衡

目标方式	更好的公司治理	速度与可行性	更好地获得资本与技能	更多的政府收入	更为公平
向外部所有者出售	+	−	+	+	−
经理和职工收购	−	+	−	−	−
平等的凭证私有化	?	+	?	−	+
自发私有化	?	?	−	−	−

资料来源：From Plan to Market，World Development Report 1996，Oxford University Press。

中东欧国家大中型企业私有化的主要方式

国家	直接出售	凭证	管理层与职工购买
阿尔巴尼亚	n. a.	次要	主要
波黑	次要	主要	n. a.
保加利亚	主要	次要	n. a.
克罗地亚	n. a. 次要	主要	
捷克共和国	次要	主要	n. a.
爱沙尼亚	主要	次要	n. a.
马其顿	次要	n. a.	主要
匈牙利	主要	n. a.	次要
拉脱维亚	主要	次要	n. a.
立陶宛	次要	主要	n. a.
波兰	主要	n. a.	次要
罗马尼亚	次要	n. a. 主要	
斯洛伐克	主要	次要	n. a.
斯洛文尼亚	n. a.	次要	主要
俄罗斯	次要	主要	n. a.
乌克兰	次要	n. a.	主要
白俄罗斯	n. a.	次要	主要

资料来源：European Bank of Reconstruction and Development data.

注：n. a. 为不适用。

中东欧国家的私有化的步骤如下：

（1）立法准备。在经济转型阶段，通过有关国有企业改造的法律对于保障私有化的秩序是相当重要的。在立法方面，匈牙利走在了中东欧国家的前列。早在1988年10月议会就通过了《经济结社法》，允许国有企业转变为股份公司。1989年6月又通过了《改造法》，确立了私有化的程序。1992年8月又制定了一些与私有化相关的法律。南斯拉夫1988年又通过了《企业法》，该法试图限制工人自治，同时允许将自治企业改造为股份公司。1989年12月通过的《社会资产法》试图规定社会所有制的产权，并规定了资产出售的程序。波兰议会1990年7月30日通过了《国有财产私有化法》，明确规定了私有化的步骤与方法。捷克斯洛伐克议会1991年2月通过了《私有化法》。罗马尼亚也于1991年7月通过了《贸易公司私有化法》。保加利亚私有化法几易其稿，终于在1992年获得通过。斯洛文尼亚1992年也通过了私有化法。马其顿1993年通过了《社会所有制企业改造法》。1996年5月，南斯拉夫联盟通过了《社会所有制财产改造法》，1997年塞尔维亚共和国通过了《私有化法》，1999年黑山也通过了《私有化法》。除私有化法外，中东欧国家还制定了相应的配套法规如商法、公司法、反垄断法和破产法等。

（2）建立机构。根据世界其他国家的经验，中东欧各国相继成立了负责私有化的机构。波兰1990年7月建立了所有制改造部，全权负责私有化事宜。匈牙利负责国有企业私有化的国家财产局，1990年3月正式开始运作。1992年匈牙利又成立了国有资产控股有限公司，以不同方式参与私有化进程。捷克斯洛伐克在开始私有化时，在联邦一级未设私有化部，由经济部和工业部负责私有化，而捷克和斯洛伐克两共和国分别成立了各自的私有化部。这两个共和国的私有化部后来成为两个独立国家的私有化部。罗马尼亚、保加利亚都设立了私有化署。德国东部的私有化主要由托管局负责。

（3）具体实施。中东欧国家的私有化分两步走：首先将国有企业改造为股份公司，股份公司一般为国家所有。将国有企业改造为股份公司通常被称为“商业化”或“公司化”。新的股份公司是自主经营单位，并以利润最大化为其经营目标。其次将股份公司以各种方式出售给私人或机构投资者，以实现国有企业的私有化。德国东部和匈牙利以外部私有化为主，波兰、捷克、罗马尼亚则是外部私有化、内部私有化和无偿分配三种方式并用。

(4) 配套推进。私有化并不是一个孤立的政策问题，它需要其他政策的配套。这包括：适当的宏观经济政策、合理的价格体系、稳定的汇率、货币的可兑换性以及金融市场的发展等。中东欧在经济体制转变中致力于实现宏观经济的稳定，同时实行经济自由化。金融市场的发展是影响私有化进展的重要因素。没有一个运行良好、发育健全的发达的金融市场，私有化的推进显然是成问题的。目前中东欧各国从两个方面入手：一是创建能够按照效率标准利用储蓄、评估风险和分配资金的市场取向的银行体系，建立二级银行体系，强调中央银行的独立性，鼓励发展私人银行；二是培育资本市场，发展股票交易所。中东欧大多数国家都建立了股票交易所，这些交易所尚处在初创阶段，交易额非常有限，距形成完善的金融市场的目标相去甚远。

中东欧私有化战略的比较

中东欧各国私有化战略的制定都考虑到了经济转型时本国的政治、经济和社会状况。因而各国的私有化各具特色。我们将就较为典型的德国东部（原民主德国）、波兰、捷克斯洛伐克、匈牙利和罗马尼亚的所有战略进行比较分析。

1. 德国东部：德国东部的私有化是由一个强大的拥有实权的政府机构－托管局负责，托管局兼有与中东欧其他国家不同的政府机构（如计划、工业、财政、劳动和私有化部）的职能。依托强大的国家行政权力实行国有企业的私有化是德国东部私有化的一个主要特点。

早在两德统一之前的 1990 年 3 月，当时的民德政府就成立了托管局，目的在于把国有企业改造成股份公司，实现国有企业的公司化。同年 6 月，新选出的人民议院通过了《国有财产私有化法》，正式将私有化列入托管局的议事日程。随着东西德国 10 月 3 日的统一，托管局成为了联邦政府机构，负责对于德国东部拥有 300 多万就业人口的国有企业的私有化，并对国有企业的经营进行监督。托管局成了世界上最大的工业资产所有者。托管局不仅负责国有企业的整顿和私有化，而且设立了投资银行，为东部的企业和个人提供贷款。此外，托管局还参与托管股份公司的领导，托管局有权决定股份公司的领导人选，并委派专家管理股份公司或指导公司的私有化。

托管局主导下的德国东部私有化有如下几个特点：

（1）对于不同类型的企业实行区别对待的政策。对于那些经济效绩良好、商业前景看好的企业，托管局迅速将其出售，令其私有化；对于那些经营不佳、亏损严重但是经过改造之后仍有前途的企业，托管局对其进行整顿，并给予资金上的扶持，待机出售；对于那些经营不佳、亏损严重，即使经过改造也无前途的企业，托管局对其强行关闭。

（2）国有企业的出售要通盘考虑。托管局在出售国有企业时既要考虑这些企业在整个国家经济中的地位及影响，又要考虑这些企业的产品在国内外市场中的竞争力，还要考虑企业私有化之后对于工业布局以及就业的可能影响。

（3）为了加速私有化而拆散大型国有企业。德国东部国有企业规模庞大，投资者购买意愿低下，影响了私有化的速度。托管局为了加速私有化，将许多大型股份公司拆散为数个公司，分别进行出售。此举确实刺激了许多大中型企业的私有化。托管局在这一行动中把 316 个大型联合企业拆散为 8500 个企业，以后又拆散为 1.4 万个企业。

（4）对国有企业的购买者进行严格审核。托管局根据以下四项标准对国有企业的购买者进行评价：买主提出的报价是否合理；买主是否有购买企业后长期的商业计划；买主是否将向私有化的企业提供投资；买主是否许诺保持现有的就业或创造新的就业机会。如果购买者涉嫌进行房地产投机或试图消除潜在的竞争者，购买者的报价则不予考虑。托管局还要审查购买者的资信状况以及经营经验。

（5）鼓励国有企业的职工和经理购买本企业，成为本企业的股东。

德国东部的私有化由于有强大的国家的支持，进展较快。到 1995 年 1 月 1 日，托管局已完成历史使命，正式解散，这标志着德国东部私有化的完成。

应当注意的是，德国东部的私有化是在依托西部雄厚的行政资源和财政资源的条件下进行的，私有化的速度之快超出了人们的预料。但是在德国统一 10 年后，东部企业的状况仍不容乐观。尽管有大量的投资，但仍有约一半的东部企业亏损，生产率远低于西部的水平，失业率高达 18%。在过去几年间，国家阻止了 150 家大型私人企业的破产。这表明指望私有化立竿见影实现效率的提高是不切实际的幻想。

2. 波兰：波兰国有企业私有化有两种主要方式：一是资本私有化即把国有企业改造为股份公司，然后将股份公司的股票进入股票市场，这一方式一般适用于大中型国有企业的私有化。二是通过撤销的方式实行私有化，把国有企业撤销，然后再出售企业的资产，这一方式一般适用于经营不佳、经过改造仍难以起死回生的企业，这些企业大都是中小型企业。由于私有化进展缓慢，波兰所有制改造部于 1991 年 6 月提出了颇为新颖的大众私有化计划，这一争议很大的计划终于在 1993 年 4 月获议会批准得以通过。这就是《关于建立国民投资基金会及其私有化法》。

这一大众私有化的主要内容是：

（1）由所有制改造部选择实行私有化的国有企业，并获得企业财务状况的信息。这些企业为大中型企业，涉及冶金、机械、精密机械、化工、电子、造纸、食品、建筑、交通设备制造等部门。波兰共选择了 512 家国有企业参与该计划。

（2）国家以股份公司形式建立国民投资基金会，对属于国库的股份公司的资产进行管理。国民投资基金将成为参加全面私有化的股份公司的股票的拥有者。国家通过公开招标以竞争方式选择基金管理公司（由波兰和外国的财团组成）。由国家投资基金与基金管理公司签订为期 10 年的基金管理协定。基金管理公司的主要任务是确保国家投资基金资产的增值。国家也以竞争方式选择国家投资基金的监事会成员。

（3）参加全面私有化的企业的股票将分配给国民投资基金会，每个企业股份的 27％以相等的份额分配给每一个基金会，33％将只分配给一个基金会，15％将无偿分配给本企业的职工，25％仍由国库所有，用于建立社会保险和养老基金。

（4）向年满 18 岁的波兰公民发放相同份额的股权证（大众股权证），这种股权证可兑换为国民投资基金会的股票。原来波兰打算向公民免费发放股权证，后来决定象征性收费，收费相当于公民一个月工资的 10％。国民投资基金会的股票将在华沙股票交易所交易，公民可以选择股票的买进或卖出。

波兰的大众私有化计划具有以下特点：首先，波兰的大众私有化计划将国有资产的转让与国有企业的改造结合起来。波兰的大众私有化计划包含着国有资产转让的因素，波兰的成年公民以及纳入该计划的国有企业的职工成为了部分国有资产的所有者，而且更重要的是该计划包含着通过委托管理对国有企业进行改造的机制。这与捷克和俄罗斯等国的大众私有化计划形成了鲜明对照。其次，波兰的大众私有化计划将国有企业的改造与资本市场的发育结合起来。波兰的大众私有化计划实行之后产生了三种证券：股权证、国有企业的股票和国家投资基金的股票。这三种证券的上市流通有助于促进资本市场的发展和国有企业的资产重组。再次，波兰的大众私有化计划将国有企业的改造与社会保障制度的改革结合起来。参加大众私有化计划的国有企业必须将其股份的25%交给国库，用于建立社会保障基金与养老基金。这有助于基金管理公司对国有企业进行有效的改造。

世界银行的一些研究人员认为，波兰的大众私有化计划不同于捷克，波兰的计划强调通过国家干预建立金融中介机构，并使其公民的风险分散化。

波兰的大众私有化计划在90年代中期开始推行，涉及国有资产的约10%。波兰的一些经济学家认为，这种私有化方式未达到改善公司治理结构的效果。

3. 捷克：解体之前的捷克斯洛伐克为了加速本国的国有企业私有化进程，提出了投资券私有化计划。1993年1月捷克与斯洛伐克分离之后，捷克仍继续了原联邦政府的私有化方案。

投资券私有化方式的主要内容是：凡在捷克斯洛伐克有永久居住权的公民均有权以1000克朗（约1美元合29克朗）的价格购买一份投资券。该投资券合1000个投资点。经注册后公民可将投资券向一家或数家公司作形式上的投资，以投资券换取公司的股票，成为公司的股东。每100点可换3股，每个公民可获得30股。投资券的持有人可亲自或委托自然人或法人代表其行使其投资权，也可以委托经政府审核成立的私有化投资基金会进行投资。投资券持有人相应地成为基金会的股东，或获得基金会的股票。以投资券换取股票是一个复杂的过程。如果一个公司的股票供过于求，股票价格就下降。如果股票求大于供，股票价格就上升。经过数次的投资券拍卖，投资券就相应成为具有不同价格的股票。在拍卖过程中很可能会出现同样投资点的投资券换取的股份相差很大的情况。

捷克的投资券私有化计划旨在通过投资券的拍卖过程形成国有企业股票可以自由流动的资本市场，进而完成通过市场对国有资产进行评估的过程。这一计划最大的特点是试图通过国有企业私有化培育资本市场。与波兰的大众私有化比较起来，捷克斯洛伐克的私有化方式是自下而上的，试图通过拍卖投资券逐步形成以股票交易所为核心的资本市场，这种思路接近于英美模式，而波兰则试图通过银行等金融组织指导、监督企业，这一思路更接近于日德模式。

捷克斯洛伐克（1993年之后捷克继续该计划，斯洛伐克则中止了投资券私有化计划）的投资券计划取得了很大的进展。经过六轮拍卖，到1994年11月该计划已经完成，只有37%的股份未售出，只有0.6%的投资点未被利用。捷克的投资券私有化于1995年结束。

捷克的私有化计划在其推行之初，并没有引起质疑。1996年，当时的总理克劳斯称捷克的转型已告结束，捷克的经济已正常化。但是到1997、1998年人们才开始关注捷克私有化的效果，因为1997年捷克受到了金融危机的打击，1998年捷克经济出现下滑。

现在看来，捷克的投资券私有化所造成的所有制结构妨碍了有效的公司治理结构的形成，阻碍了企业的重组。匈牙利经济学家科尔内认为，捷克将分散在数百万凭证所有者手中的资产重新集中在投资基金手中，而投资基金与国有的大型的商业银行相联系。这样的所有制结构不能建立有效的公司治理结构，企业的改造过程也遭到了拖延。

4. 匈牙利：匈牙利国有企业私有化也有其独特之处，其主要特点是：

（1）产权重组的分散化：在国有企业改造中一些国有企业的经理、专业人员和技术工人成立了股份公司和有限责任公司，其余的股份来自其他的股份公司和有限责任公司以及银行。这些新成立的公司所有权比较分散，也被称为混合所有权。

（2）重视投资银行和咨询公司在私有化中的作用：国家财产局在私有化中与约20家投资银行和咨询公司进行合作，这些投资公司和咨询公司相互竞争，就实行私有化的国有企业的资产评估、信贷安排和招标购买提出建议。

（3）多种私有化方式并用：匈牙利国有企业私有化有多种方式：自发私有化、职工股份所有计划、公开拍卖等。其中自发私有化颇有争议，许多人认为此举会鼓励经理舞弊和滥用权力，但政府为了加速国有企业的改造，仍在1991—1992年间授权小企业的经理与国家财产局指定的咨询公司合作进行私有化。职工股份所有计划鼓励通过长期贷款计划购买国有企业。此外，匈牙利还有鼓励小投资者购买股份的计划。

（4）国有资产控股公司监督管理尚未私有化的国有企业：1992年匈牙利根据《管理国家暂有财产法》，成立了国有资产控股公司。该控股公司负责尚未私有化的国有企业的经营，在对企业进行评估之后可以决定改造或出售国有企业。国有资产控股公司接管了160家大型国有企业，资产总值为120亿美元。

匈牙利在经济转型之前的经济改革对于经济转型有着良好的影响，尤其是经济改革中灵活务实的传统。这也反映在国有企业的改造上不拘泥于一种方式，实行多种方式的并用。从匈牙利私有化的实践看，将国有企业出售给外资是匈牙利私有化的一个重要特点。这反映了作为高负债国家的匈牙利的灵活做法，即以出售国有企业所获得的硬通货收入偿付外债。

5. 罗马尼亚：1991 年 7 月罗马尼亚议会通过了《贸易公司私有化法》规定了贸易公司私有化的方案（罗马尼亚贸易公司含义较为宽泛，包括生产、贸易、服务领域建立的公司，贸易公司由原来的国有企业改组而成）。

所有贸易公司在资产评估之后将资产总额的 30％上交国家私有化署，这部分资产将由国家私有化署组建的五个私有制基金会以所有权证书的形式免费分配给每一个到 1990 年 12 月 31 日止年满 18 岁的罗马尼亚公民。每个公民将获得五个基金会的五份所有权证书，并因此成为基金会的股东，可以从基金会领取股息。所有权证书必须在 5 年内换成其他形式的有价证券，所有权证书的持有者可以用证书购买贸易公司的股票或换成贸易公司的股票。私有制基金会将在 5 年期满后结束使命，成为互助基金会，那些尚未换成股票的所有权证书将成为互助基金会的股票。贸易公司其他 70％的资产将通过出售的方式进行私有化。罗马尼亚成立了国家所有制基金会，它是全国贸易公司 70％资产的股东，负责国有贸易公司的私有化，通过出售国有资产不断减少国家在贸易公司所占的股份。无偿分配与有偿出售是罗马尼亚私有化的主要特点。此外，罗马尼亚还有向本公司职工和经理以优惠价格出售资产的计划。

私有化的进展、问题与经验

1. 中东欧私有化的进展

中小企业的私有化进展顺利，大多数中东欧国家小私有化在转型开始后不久即完成。但大型企业的私有化相对缓慢，比当局预计的要缓慢得多。德国东部是唯一的例外。德国东部以西部强大的经济实力和高效的行政管理能力为依托，由托管局负责的私有化已经完成。捷克由于改革派政府在改革政策上的始终不渝和民众对于改革政策广泛的社会支持，私有化进展之快在中东欧是首屈一指的。国有企业的私有化也导致了私有化企业劳动生产率的提高（参见下表）。尽管有许多家企业已实现私有化的具体数字，但并不能说明国有企业已被私有化的比例。转型后的三年内，波兰、匈牙利和捷克斯洛伐克国有部门私有化的比例不足10%。但在转型10年后，国有企业私有化确实取得了重大进展。但是国有企业的私有化尚未完成，尤其是在航空、冶金、采矿、能源、石化、银行和保险等部门。转型10年后，捷克的国家财产基金尚拥有1000多家企业约20%的股份，波兰国有部门仍占总资产的近50%，匈牙利国有资产占总资产的1/3。在转型20年后，国有企业的规模和数量已大幅度下降，但国有企业并没有消失。捷克国有企业主要集中在能源、邮政和交通部门。中东欧国家仍在出售国有企业。2009年捷克开始出售捷克航空公司，2010年波兰政府国库部仍在为300多家国有企业寻找潜在的买家，这些企业涉及能源、化工、金融和日用品等部门。而匈牙利政府2011年则强调匈牙利私有化已经结束，政府将致力于国有资产的增值。匈牙利国有企业或国家控股企业主要集中在能源、供水、邮政、交通等部门。

中东欧转型国家劳动生产率的变化（%）（1992—1995年）

国家	私有化企业	国有企业
保加利亚	12.4	−1.4
捷克共和国	8.6	−2.6
匈牙利	6.0	3.2
波兰	7.5	1.4
罗马尼亚	1.0	−0.5
斯洛伐克	7.8	−4.1
斯洛文尼亚	7.2	1.8
平均	7.2	−0.3

资料来源：世界银行，世界银行技术报告，第368号。

虽然从总体上看国有企业私有化进展缓慢，但新产生的私人部门发展迅速，成为刺激私有化的重要因素。国有企业的私有化和私人部门的发展成为私有化并行不悖的两个方面。下表表明到1998年私人部门在经济转型之后已有了很大的发展。中东欧国家的实践表明，私有化在增加国家财政收入的作用是非常有限的（参见下表）。

1998 年中期私人部门占国内生产总值的比例（%）

国家	私人部门占 GDP 的比例	国家	私人部门占 GDP 的比例
阿尔巴尼亚	75	波兰	65
保加利亚	50	罗马尼亚	60
克罗地亚	55	斯洛伐克	75
捷克	75	俄罗斯	70
匈牙利	80	乌克兰	55

资料来源：EBRD Transition Report，October 1998。

中东欧国家私有化的收入（占 GDP 的百分比）

国家	1990 年	1991 年	1992 年	1993 年	1994 年	1995 年	1996 年	1997 年	1998 年
阿尔巴尼亚	0.0	0.0	1.0	0.7	1.2	0.1	0.2	0.3	0.2
保加利亚	0.0	0.0	0.0	0.0	0.0	0.0	0.0	3.2	0.9
捷克共和国	—	—	0.0	0.7	1.6	1.1	0.2	0.4	0.4
匈牙利	0.0	0.1	0.8	0.4	0.8	3.1	3.9	3.1	0.4
波兰	0.0	0.2	0.4	0.8	0.3	0.3	0.5	1.5	—
斯洛文尼亚	0.0	0.0	0.0	0.0	0.0	0.4	0.4	0.5	0.0

资料来源：国际货币基金组织。

2. 中东欧私有化的问题

尽管中东欧存在着有利于私有化的因素，但私有化的进展并不顺利，存在的问题可归结为以下几点：

（1）巨额的国有资产与资本短缺的矛盾制约了私有化的进展，使得迅速的私有化成为不可能。据报道，波兰有 800 亿美元的国有资产要出售，如果完全由本国公民购买，至少需要 25 年。蓝条委员会的报告认为，匈牙利国有资产的票面价值为约 2 万亿福林，而匈牙利每年可用于购买国有资产的私人储蓄为不到 200 亿福林，如果完全靠私人购买需要 100 年。解体之前的捷克斯洛伐克国有企业资产为 2.5 万克朗，但居民存款只有 2680 亿克朗。上述数字表明如果以常规的方式，迅速的私有化是不可能的。居民手中的储蓄不足是中东欧私有化的一个不利因素。外国资本是中东欧私有化可以利用的资本来源，外资确实在匈牙利等商业前景看好的国家发挥了重要作用。但在动荡的巴尔干国家由于投资风险高，外国资本不可能在国有企业的私有化中发挥大的作用。

（2）缺乏发达的资本市场体制影响了私有化的速度，也给国有资产的评估造成困难。缺乏发达的资本市场的条件下，准确的评估实际上是不可能的。资产评估的一个问题是：资产定值过高，会使买者望而却步，资产定值过低，则会使国家蒙受损失。波兰采取协商的方法评估资产，匈牙利最初或者由企业委员会确定资产价值，或者通过拍卖来确定资产价值，后来允许国际上主要的咨询公司和投资公司参与资产评估。解体之前的南斯拉夫按核算价值或估算来评估资产价值。我们很难说这些方式是完善的，但它却是缺乏发达的资本市场条件下的一种替代。

（3）国有工业部门长期形成的利益集团在经济转型中试图维护既得利益，阻止国有工业部门的改造。中东欧国有工业集中了30%—40%的就业人口，长期以来奉行苏联的发展模式，在其发展中形成了利益集团，即被称为“铁三角”的工人、管理人员和政府官员之间的联盟。他们希望国有部门维持现状，要求对国有工业部门提供保护和补贴，满足国有工业企业提高工资的要求。他们担心国有企业私有化使他们的利益受到损害，因此在国有企业改造中他们往往会抵制和阻碍这一进程。

（4）私有化中出现的社会公平问题可能会延缓私有化进程。中央计划经济下的黑市交易者和个别官员是国有资产的潜在买主。以捷克斯洛伐克为例，在经济转型初1/3的个人储蓄掌握在5%的居民手中。在经济不景气、投资风险高的条件下，国有资产可接受的价格水平不会太高，从而使那些从前的官员、黑市交易者从中牟取暴利。这会引起社会的不满，使人们对于私有化的公平性产生怀疑。国有企业的经理掌握了大量的有关企业内部信息，他们可以操纵信息，在私有化中进行不公平交易，追求有利于自身的资产分配。自发私有化在许多情况下一直是一个腐败的过程。波兰人对于私有化的态度在近年来也发生了变化。波兰国库部长卡赤玛雷克在2001年8月指出：“社会对私有化的接受程度是1990年以来最低的，只有20%的人认为私有化是一件好事。”2002年5月由TNS OBOP进行的一项调查也表明，波兰民众对私有化的看法是负面的。关于私有化对于经济的影响，87%的被调查者认为私有化的影响不好，7%的被调查者认为其影响是好的，7%的被调查者认为难说。关于如何描述私有化，41%的被调查者选择“掠夺”，33%的被调查者选择“低价出售”，18%的被调查者选择“出售”，8%的被调查者选择“难说”。可见，如何实行公平交易，制止私有化过程中的徇私舞弊行为，是中东欧各国政府面临的一个棘手问题。

(5) 失业人口剧增以及社会贫困的扩大有可能削弱对于私有化的社会支持。早在剧变之前，中东欧就存在贫困问题。根据布兰考·米拉诺维奇对1978—1987年间中东欧贫困问题的研究，波兰的贫困率从9.2%上升到了22.7%，南斯拉夫的贫困率从17.5%上升到24.8%，匈牙利的贫困率一直徘徊在13%—15%之间。经济转型之后中东欧国家的失业率上升到12%—15%，只有捷克失业率保持在4%的低水平。尽管在衡量转型后的贫困率上存在一些问题，贫困人口的增长和社会不平等的加剧却是不争的事实。上述状况可能会削弱人们对于体制转型的社会支持，从而使私有化更为艰难。看来建立适当的社会保障网将有助于私有化的顺利进行。

3. 中东欧国家私有化的经验

中东欧国家的私有化提出了哪些值得思考的可以借鉴的经验教训呢？

(1) 在中东欧国家特定的制度条件下，仓促的私有化与仓促的国有化一样代价颇高、风险颇大。中东欧国家国有企业都占主导地位，私营经济发展不足。在经济转型前，匈牙利6%的工业资产由私人所有，波兰20%多的工业产量由私人企业生产。其他中东欧国家在1990年之前几乎没有私人企业。国有企业大型化，而且具有自然垄断色彩，这表明大型国有企业尚需实行非垄断化。中东欧90%的企业有职工100—25000人，而这样大的企业在西方很少。小企业在中东欧很少，它只提供了3%的就业，而经济合作与发展组织成员国的小企业则提供了50%以上的就业。国有资产的巨大规模以及资本供给的不足表明私有化是一个漫长的过程。现在的问题并不存在是否加速国有企业改造的进程，而在于如何加速。在缺乏政治、经济准备的条件下仓促行事，只会引起混乱，使产权重组受阻。一些国家在私有化的速度上很快，但私有化企业并没有形成有效的公司治理结构，并没有明显的效率改进。

(2) 中东欧国家在私有化中忽视了对国有企业的改造和预算约束的硬化，使经济转型付出了很大的代价。英国私有化的经验表明，在竞争的条件下，对国有企业的改造同样会达到提高效率的目的。经济转型之后，由于放开价格、开放国际贸易，竞争的经济环境已基本形成。匈牙利已意识到过去那种试图出售国有企业而不对其进行改造的做法已不适宜。波兰也认识到将国有企业置之死地而后生的政策不是一种明智的选择。在可预见的将来新成长的私人部门将与传统的国有部门长期并存，在上述情况下显然有必要加强对国有企业的改造，将国有企业置于严格的预算约束之下，同时果敢地切断政府与企业间千丝万缕的“父爱主义”联系。

(3) 中东欧国家在适宜的顺序上倾向于先出售经济效绩好的国有企业，经济效绩差的企业则无人购买，留在了政府之手。由于私人部门羽毛未丰，国有部门仍是主要的税收来源。为鼓励私人部门的发展，私人部门往往成为税收优惠的对象。将经济效绩好的国有企业率先私有化意味着国家财政收入的流失，而经济效绩差的国有企业又难以向国家提供足够的税收，这会对政府产生很大的财政压力，使本已捉襟见肘的财政状况更加恶化。

(4) 国有企业私有化之后并不会万事大吉，已私有化的企业仍面临如何建立适当的公司治理结构的问题。在中东欧的转型经济中许多企业转入了内部人控制即由经理与职工控制企业，外部约束机制很弱，银行等金融机构或许能在对企业监督上发挥作用。这需要银行改革与企业改革的配套进行，单方面的改革不会起作用。在动荡的巴尔干地区，由于国家的虚弱，私人产权难以得到有效的保护。

(5) 由于中东欧国家特定的经济政治条件的制约，私有化不能不具有自身的特点。由于居民储蓄不足，而且缺乏金融意识，中东欧实行了大规模分配国有资产的计划，尽管加拿大等国也有过类似的做法，但规模较小。1989 年美国劳联、产联向波兰推销过职工股份所有计划，波兰事实上接受了这一计划，最初坚决拒绝这一计划的匈牙利在 1992 年 8 月也通过了赞同职工股份所有计划的法律，这反映了中东欧各国工人的影响力并未因制度转变而减弱。从中东欧的现实看，私有化的方式都不是单一的。在许多中东欧国家，管理层收购（MBO）和管理层与职工收购（MEBO）等私有化方式得到利用。

(6) 对中东欧国家来说，最重要的是要形成竞争性的产权结构。中东欧国家共产党领导的经济改革之所以失败，一个重要的原因就是忽视了形成竞争性的产权结构，对私人部门横加限制，而对经营不善的国有企业加以保护。目前这一状况已有所改变，一些新自由主义的政治家甚至强调要将私有化作为唯一的政策选择，但中东欧经济政策的主流并未受这种思想的左右，许多中东欧国家打算把国有部门减少到与西方市场经济国家相当的比例。具有国有、私有等多种所有制之间相互竞争的产权结构对于经济效绩的提高是有益的。

从国际比较看中东欧的私有化

中东欧与发达国家和发展中国家的私有化的相同点主要表现在目的的相似性，私有化既是解决国有企业经营不善的手段，又是推行经济市场化和自由化的手段。

中东欧国家与发达国家和发展中国家的私有化有以下不同之处。

1. 私有化的体制环境：发达国家和发展中国家的私有化是在不同程度的市场经济体制下进行的，竞争不同程度地存在于经济生活之中。中东欧国家的私有化是在经济体制从中央计划经济向市场经济转变的条件下进行的。虽然匈、波、南在共产党执政时期曾不同程度进行过市场取向的经济改革，但中央计划经济并未发生实质性变化，其他国家甚至连市场取向经济改革的历史都没有。中东欧国家是在经济体制转变的条件下实行私有化，而发达国家或发展中国家则是在体制相对稳定的条件下实行私有化。

2. 国有部门的规模：发达国家与发展中国家国有经济的规模与中东欧国家是难以相比的（孟加拉在私有化之前，90%的工业属国家所有，是一个例外）。中东欧国家国内生产总值的65%—90%是由国有部门创造的，而工业化国家平均只有10%，发展中国家也只有15%。从国有部门就业所占比重看，1985年英国国有部门就业占总就业的27.3%，私人部门占72.7%，波兰转型前的状况与此相反，呈倒金字塔结构，国有部门占总就业的71.5%，私人部门占28.5%。国有部门在产量中所占比率，中东欧国家在65.2%—97%之间，而西方国家只有1.3%—16.5%。中东欧国有企业数目惊人，规模庞大。转轨之初波兰有8000家国有企业，匈牙利有2000多家，捷克斯洛伐克有4500家。国有企业中无效率企业居多。以匈牙利为例，据官方估计，无效率企业占到了企业总数的2/3。如此大规模的国有部门实行私有化确实是史无前例的。

3. 私有化的机制与方式：波兰学者扬·威尼茨基认为，西方的私有化是通过长期存在的金融机构的范畴内进行的，而中东欧国家的私有化是在没有这种金融机构或者在最好的情况下也是在刚建立起来的但还没有经过考虑的金融机构的范畴内探索进行的。在西方国家，存在一个完善的资本市场，有丰裕的资本集中在私人和机构投资者手中，因此私有化不存在资金上的障碍。发展中国家也在不同程度上存在着资本市场机制。中东欧国家则缺乏发达的资本市场，新近成立的股票交易所的发展的初期。中东欧存在着资本短缺的问题，如波兰公民的储蓄只能购买国有企业总资产的6%—10%。中东欧私有化的方式也较为独特，内部私有化。外部私有化、无偿分配等方式并用是其显著特点。而在发达国家和发展中国家，直接出售是私有化的主要方式。

中东欧私有化无论从规模、目标以及影响上都是史无前例的。智利花了15年的时间使占国内生产总值25%的国有企业实现了私有化，英国花了8年时间使占国内生产总值4.5%的国有企业私有化。而中东欧在过去20年私有化取得了重大的进展，根本改变了所有制结构，中东欧国家实现了从国有制居主导地位的经济向私有制居主导地位的经济的转型。

101. 中东欧国家是如何对国有商业银行进行改造的？

孔田平

国有商业银行的改造是经济转型的重要组成部分。纵观中东欧银行部门的发展，中东欧国家国有银行改造的顺序是首先对国有银行的资产负债表进行清理，处理银行的不良资产，然后将国有银行进行私有化，将国有银行卖给外国战略投资者。从中东欧国家国有银行改造的实践看，私有化特别是将国有银行出售给外国战略投资者时国有银行改造的主要方式。

中东欧国有商业银行改造的实践

在转型初期，商业银行尚未成为真正的银行，中东欧国有商业银行面临着许多的问题。

首先是坏账的积累。在旧体制下积累的坏账存量和转型后新产生的坏账流量成为了商业银行的沉重负担。中东欧国家在1992—1993年开始对银行的坏账进行处置。解决坏账问题有两种方式可供选择，一是集中化方式，二是分权化方式。集中化方式就是指建立专门的金融结构，其任务是从商业银行回收坏账资产。这些专门的金融机构的名称有“清理银行”“改造银行”和“银行医院”等。分权化方式就是商业银行设立解决坏账的工作单位。中东欧国家决策者希望以此实现国有银行好资产与坏资产的分离。事实上，无论是将坏账交给“清理银行”（捷克）还是其他的安排如注资（匈牙利）都产生了道德风险问题。其次，转型初期新的专业银行或部门银行继续与这些部门的企业合作，其信贷活动充斥着内部交易，缺乏有效的风险评估、审慎监督和透明度。再次，转型初期的商业银行的主要精力放在外汇交易和政府债券的交易上，而对于生产部门和家庭部门缺乏关注。只有少数银行有面向中小企业的金融服务。最后，转型初期国有商业银行的所有制结构没有发生根本变化。国有银行的私有化尚未大规模展开。到1993—1994年国家仍控制着匈牙利、保加利亚、斯洛伐克和阿尔巴尼亚和罗马尼亚银行资产的70%。总之，转型之初中东欧国有商业银行并没有向企业和家庭提供良好的金融服务。

国有商业银行的私有化是中东欧银行改革的主要方式。关于银行私有化的目标，其长远的目标是形成能为经济提供金融服务的有效的私营部门。短期的目标是实现经济的转型，减少国家对银行的补贴，提高银行的效率。其他的目标包括加入欧盟，促进国有企业的改造①。

匈牙利：匈牙利应当说是中东欧银行改革的先驱。1991—1994年间，匈牙利国有商业银行的资产质量迅速恶化，大多数银行无清偿能力。匈牙利政府数次对国有银行进行注资。注资的代价是公共债务的增加，1992—1995年为此所增加的公共债务相当于国内生产总值的约10%。匈牙利政府通过注资拯救国有商业银行的做法产生了很大的道德风险，增加了国有商业银行获得拯救的预期。1990—1994年间，匈牙利政府向银行系统投入了30亿美元的资金（相当于国内生产总值的约10%）对银行的资产负债表进行清理。在清理和注资之后，坏账仍在增加，因为向亏损的国有企业提供融资在政治上得到了支持，国有银行仍不能摆脱政治的干预。1993—1994年很少有外国银行进入中东欧国家，匈牙利是个例外。在转型开始前的1989年，已经有7家外国银行落户匈牙利，且控制着银行部门资产超过了6%。匈牙利 Magyar Hitel Bank（MHB）是一家拥有许多亏损的国有工业企业客户的银行。MHB将其坏账资产放在了不同的单位即银行中的银行中，以追回其中的一些贷款。而该银行有良好资产的部分进行了私有化。荷兰银行 ABN Amro 将其设在匈牙利的分行与 MHB 进行合并，MHB 因此成为了财务上健康的外资银行。1995年之后，匈牙利将国有银行改造的重点放在私有化上。匈牙利的政治精英和专家学者接受了商业银行通过向外国战略投资

① Roger C. Kormendi and Edward A. Snyder, Bank Privatization in Transition Economies. The William Davidson Institute, Working Paper Number 1, May 1996.

者出售实现私有化的主张。这被视为解决国有银行注资问题、打破道德风险的恶性循环和遏制腐败的唯一方法。匈牙利国有银行私有化的目的是多重的。既有财政的需要，又有改善银行体系、促进银行部门竞争的需要。

1998 年，匈牙利私营的邮政银行由于管理不善和欺诈而陷入破产。政府感到有义务以纳税人的钱拯救该银行。政府就是否保持国有或再将其私有化进行了争论。如果进行私有化，是将其卖给战略投资者还是将其上市。政府原打算在不招标的情况下将其出售给 OTP（原储蓄银行），但 OTP 出价过低政府不得不放弃。2000 年 4 月，政府正在考虑将邮政银行转交国有邮局管理的问题。目前除邮政银行外，外资控制了其他的匈牙利大银行。外国银行介入银行的私有化后，匈牙利的私营银行部门得到加强。银行的资产得到增加，平均的盈利状况有所改善，针对中小企业的贷款获得也有所增加。到 1999 年年底，外国控制的银行已占匈牙利银行资产的 68.5%。

波兰：波兰在 1990—1993 年间放开了对于银行部门的管制，以宽松的条件允许私人银行进入。波兰在短期内出现了 61 家新的私营银行。这些银行的规模较小，股东多为国有企业和市政当局，主要服务于专门的经济部门（如能源和制糖）或其股东。外国银行也开始在波兰开展业务，有 4 家著名的外国银行在波兰建立了 3 家银行（Raiffeisen－Centrobank，Creditanstalt 和 Citibank）。由其他的外国银行、投资基金和外国公司成立了 7 家银行，其中的一些银行有波兰国有银行、国有企业和国家机构的少量股份。外国银行的进入促进了竞争，有助于国内金融服务质量的提高。由于私人银行进入的条件过于宽松，由于私人银行缺乏足够的资本和资产再加上缺乏必要的技能，新成立的私人银行陷入了困境。中央银行不得不进行干预，对其进行代价高昂的注资。波兰的一个教训是银行部门的进入不应当轻而易举，如果银行的进入非常容易，不可避免地会导致金融危机。1993 年之后，对新银行的进入实行了限制政策，提高了新建银行的自有资本要求，1996 年新成立的银行必须有相当于 500 万埃居的自有资本。波兰有条件地向外国银行发放许可证，外国银行为获得许可证，必须同意对一家财务困难的私营银行进行改造。从 1993 年至 1997 年共有 14 家外国银行满足了波方的条件，在波兰建立了银行。为了解决国有银行的坏账问题，波兰在 1993—1994 年实行了“银行与企业改造计划”。参与该计划共有 9 家国有银行，国家对其中的 7 家进行了注资。1993—1997 年波兰中央银行对处在困境中的私人银行进行拯救，承担了直接或间接的费用。一些银行被波兰国家银行接管，经过改造后出售；一些银行由波兰国家银行支持的银行接管；一些银行为外国银行接管或者由外国银行提供了优惠的融资。

波兰银行的私有化开始于1993年。1993—1995年间有4家银行（WBK、西里西亚银行、BPH和格但斯克银行）通过在股票市场上市实现了私有化，外国投资者获得了近30%的股份，成为了少数股东，而国库仍控制着33%—48%的股份。1994—1997年间，左翼政府试图强化国有银行。左翼政府认为，波兰银行规模太小，不能经受与外国银行的竞争，因此需要对国有银行进行合并。其真正的原因与意识形态有关，即认为银行部门应当是国有的，外国银行对国家利益不利。政府试图将BDK、PBG和PBK三家新的国有银行与转型前的专业银行PEKAO组成银行集团，但是此举并不成功。对于PBK和西方银行分别进行了私有化。食品经济银行和PKO BP的私有化推迟到2000年。1997年右翼政府在选举中获胜，1998年之后波兰银行的私有化过程加快。1998—1999年间BDK、PBG、PBK和PEKAO四家银行合并。合并后的银行Bank PEKAO的52.09%的股份卖给了战略投资者UniCredito Italiato和Allianz。PBK卖给了Creditanstalt，西方银行卖给了爱尔兰联合银行。2001年1月，转型之前的专业银行之一贸易银行与波兰华旗银行合并。1994年年末，外国机构只控制着波兰银行资产的2.1%，而到了2000年，商业银行63.7%的资产被外资控制。

波兰银行私有化留下了许多教训：转型初期私有化过程中过多的股份留给了国库，这使得改善银行的公司治理结构非常困难（如董事会任命的政治化）；国有银行的上市导致了股权的过于分散，对于改善银行的公司治理结构没有很大的帮助；国有银行的私有化并不仅仅要改变银行的所有权结构，而且更重要的是要寻找能够增加资本、推出新的金融产品和营销战略和改进服务质量的战略投资者。这表明让外国银行参与银行的私有化是明智之举。

捷克：转型之初，捷克对在金融部门中起主导作用的4家大型商业银行进行了注资，但是商业银行不良的贷款做法仍在继续，虽然这些国有商业银行的坏账都转交给了新成立的“医院”银行。政府反对将旗舰银行卖给外国人。捷克宣称其银行已由私人控制，因为经过大众私有化捷克的银行已经实现半私有化。这4家大型商业银行中的3家参加了凭证私有化（Voucher Privatization），少部分股份被转移给个人投资者和投资基金（以私有化凭证换取）。参与凭证私有化的银行也是最大的投资基金的创办者。其结果是银行持有参与凭证私有化的国有企业的股份，而国家又掌握着大银行的控制权。捷克的凭证私有化加强了银行与企业间的联系，使得银行的治理成为了过去遗产的人质。

捷克共和国用于拯救国有商业银行的最终费用可能接近于国内生产总值的30%，大大高于匈牙利10%多的数字。据捷克报纸披露，在过去10年间国家对于银行的直接援助额高达2250亿克朗（相对于80亿美元）。① 对于4家大银行的资产负债表进行的多次的清理并没有导致这些银行经营状况的改善，因为这些银行既不能独立于国家，也不能独立于其未经改造的客户即国有企业。

1992年的私有化并不成功，因为私有化并没有导致市场取向的独立的银行业的应运而生。1997—2000年捷克进行了银行的第二轮私有化，将3家大银行的多数股出售给外国人。这3家银行是 Ceskoslovenska Obchodni Banka（CSOB）、Ceska Sporitelna（CS）和 Investicni a Postovni Banka（IPB）。IPB在私有化后出现了无偿付能力的窘境，国家对其实施破产管理，将IPB与CSOB合并。2000年6月IPB被迫重新进行了国有化，并立即出售给CSOB。该案例的教训在于：将银行的多数股卖给外国投资者而不对管理权进行转移是没有任何意义的；并非所有的外国伙伴是审慎的能够有效地对银行进行改造的战略伙伴；政府应当认真准备交易的法律文件，以确保资产的价值得到合理的评估，指明与资产价值和债务有关的不确定性，有关的资产得到明确的保障。1997年捷克将IPB卖给 Nomura 时未满足这些基本的条件。其结果是出现了道德风险，私营伙伴将所有收益私有化，而捷克政府将损失社会化。2000年 Komercni Bank（KB）再次被国有化，由于资金的注入国家再次获得了该银行的多数股。2001年6月，捷克政府将KB卖给了 Societe Generale。至此，捷克4家大银行的私有化得以完成，外国所有者控制着银行的多数股。到2001年中期，捷克大银行的国有股份的私有化已经完成。到2001年12月底，有16家银行和10家外国分支机构由外资所有，占市场中获准运作的银行实体总数目的71.1%。银行主要的战略投资者来自欧盟。国家对银行的控股大幅度下降。国有制主要集中在政府向支持出口和中小企业的专业银行中。

保加利亚：转型之初的数年内，保加利亚银行系统存在着结构问题。两家国

---

① Prague Business Journal，22/05/2000.

有银行 Bulbank 和 Derzhavna Spectovna Kassa 主导着保加利亚银行部门。Bulbank 并没有积极参与商业贷款业务，向非金融部门的贷款只占其资产的不足1%。Derzhavna Spectovna Kassa 所持有的主要资产是政府债券和银行间的信贷安排。保加利亚在 1996—1997 年经济危机后，政府试图夺回失去的时间。保加利亚社会党政府在 20 世纪 90 年代上半期，无意对银行实行私有化，但允许小的私人商业银行的进入。1996 年年底，由于宏观经济的管理不善和薄弱的银行治理，保加利亚经济陷入崩溃。新政府决定拯救国有银行，并实行私有化，允许外国资本参与。保加利亚中央银行即保加利亚国家银行启动了对于 5 家银行的破产程序，其中包括最大的私人银行。保加利亚对国有银行进行拯救，对于国有银行注资的总额达到了国内生产总值的 35%，是转型国家中比率最高的。成立于1992 年的银行清理公司主要负责银行的拯救，获得了向外国投资者出售银行的授权。保加利亚首先对一些比较容易的银行进行私有化，如邮政银行、保加利亚联合银行、EXPRESSBANK 和 HEBROSBANK。最大的银行 BULBNK（原外贸银行）占有市场几乎 40%，2000 年在面临管理层抵制的条件下实行了私有化。到 2000 年年底，国有资产占保加利亚银行资产的份额不足 20%，而外国控制的银行占银行总资产的 74%。

从保加利亚银行改革的后果看，经过金融危机的保加利亚银行在金融媒介上的作用仍非常有限，这表现在银行向企业提供贷款的意愿并不强烈。银行更愿意购买政府债券和吸收外汇储蓄。

罗马尼亚：罗马尼亚 1990 年到 1998 年，银行体系没有根本的变化，国有的专业银行和储蓄银行占主导地位。到 1995 年年末，5 家最大的国有商业银行 Bandore、Blanca Roman pantry Desolater（BRD）、Blanca Arcola、Casa de Economic si Consemnatiuni（CEC）和 Banca Commerciala Romana（BCR）控制着银行资产的 73%。商业银行继续向国有企业提供贷款，由于缺乏资信审查和风险评估机制，许多贷款难以收回，成为坏账。到 20 世纪 90 年代中期，Bancorex 和 Banca Agricola 出现了严重的财务困难，这主要是由于向能源和农业部门的贷款成为了坏账。1997 年这两家银行的问题已经相当严重，到 1998 年年末，在货币大幅度贬值后，坏账占 Bancorex 信贷资产的 80%，因此该行发生了挤兑，2 亿美元的资金从该行流出。面对银行危机的威胁，罗马尼亚政府决定建立一家医院银行，以接管来自 Bancorex 和 Banca Agricola 的坏账。罗马尼亚政府决定关闭 Bancorex，其良好的资产转移给 BCR。对于 Banca Agricola 则进行改造，2001 年已将其出售。罗马尼亚 1999 年关闭 Bancorex 的代价为约 15 亿美元，相对于国内生产总值的 4.5%。如果再加上 1997 年之后的五次注资，代价就更大，对 Bancorex 经过五次注资花费了纳税人 10 亿多美元的资金。银行私有化也取得一些进展，如罗马尼亚将 BRD 和 Banca Post 卖给了外国投资者。到 20 世纪 90 年代末，外国银行控制着罗马尼亚银行资产的 49.6%，国有银行控制着银行资产的 47.4%，形成了外国银行和国有银行各占半壁江山的局面。

外国银行与国有银行的改造

大型的国有商业银行在转型初期一度被中东欧国家政府视为国家的战略资产，中东欧国家对是否实行私有化犹豫不决。政府意识到国有商业银行不良资产的存量问题即所继承的不良资产问题，而不理解流量问题，即新产生的不良资产，不理解需要改变国有商业银行的治理方式，以避免新的不良资产的积累。① 一些中东欧国家利用纳税人的钱拯救国有商业银行的举措并没有带来商业银行财务状况的改善。转型之初国有商业银行的私有化并没有进入大多数中东欧国家政府的议程。然而改变国有商业银行的资本结构和治理结构的需要迫使中东欧国家在国有商业银行改造时引进外国战略投资者。自 20 世纪 90 年代中期以来，中东欧国家银行改革的主要趋势是外资银行对于国有银行改造进程的参与。外国战略投资者即外国银行对中东欧银行私有化的参与是中东欧国有银行改造的主要特点。

世界银行的一份报告认为，外国银行的引进有助于提高效率、促进竞争和金融部门的稳定。② 外国银行的进入对于转型国家的潜在贡献在于：外国银行的进入有助于现代支付和交易体系的形成；外国银行能够动员家庭储蓄，引导资金流动；外国银行能够提供短期和长期的储蓄和贷款服务；外国银行会带来风险评估、风险转换和风险共享的经验；外国银行能够提供金融管理的咨询、培训和帮

① Lajos Bokros，Twenty (Five) Years of Banking Reform in CEE，in ONB，1989—2009 Twenty Years of East—West Integration：Hopes and Achievements，2009.

② World Bank，Finance for Growth in a Volatile World. World Bank Policy Research Report，2001.

助；外国银行有助于企业公司治理结构的形成；外国银行在会计和审计领域可进行指导；外国银行在监督贷款的状况和偿还时间上富有经验；外国银行可以游说和促进整个银行体系监管制度的形成；外国银行的进入有助于降低交易成本。①

虽然外国银行的进入对于转型国家有上述的益处，但是外国银行大规模参与中东欧国有银行的私有化进程却发生在20世纪90年代下半期。外国银行进入中东欧之所以出现拖延有如下几个原因：缺乏外国银行进入的法律框架影响了外国银行的进入；民族主义的主张要求抵制外国银行，担心外国银行的进入会使本国失去对其银行体系的控制权；国内银行部门害怕外国银行的竞争，担心失去既得利益。外国银行之所以在20世纪90年代下半期大举进入中东欧国家也反映了中东欧国有银行改造的困境。要使国有商业银行成为真正独立的适应市场经济的商业银行需要对国有商业银行进行产权的改革。一方面国家财政难以支付银行改革的巨额代价，对于国有银行的救助产生了国有银行再次被拯救的预期，其道德风险是不言而喻的；另一方面中东欧国家内部也缺乏国有银行改造的知识、技能、经验和资金，靠内部的力量显然难以改变国有银行的产权和治理结构。因此，中东欧国家国有银行的改造必须借助于外部力量即外国银行的参与。

1995年匈牙利开始向外国战略投资者出售国有银行。1995—1996年，波罗的海国家、捷克、罗马尼亚、克罗地亚、波兰和保加利亚外资参与的国有银行的私有化进程加速。到2000年有6个转型国家约2/3的银行资产由外资控制。2000年爱沙尼亚、克罗地亚、匈牙利、波兰、捷克和保加利亚外资占银行资产的比率比1993年有大幅度的提高（参见下表）。立陶宛、斯洛伐克和罗马尼亚外国资本占银行资产的比率为50%左右。到2000年，国家仍控制着斯洛伐克和罗马尼亚银行资产的约一半，捷克、波兰和罗马尼亚的比率在20%—30%。唯一的例外是斯洛文尼亚，到2002年外资只占银行资产的15%，国有资产占银行资产的40%多。转型20多年来，中东欧国家银行的所有制结构发生了根本的变化。

① Michael Keren and Gur Ofer，Globalization and the Role of Foreign Banks in Economies in Transition，Paper presented to the International Conference on Globalization and Catching－up in Emerging Market，May 16－17，2002，Warsaw.

转型国家银行所有权的变化

A 外国所有权超过 50%的银行						
	1993 年		1997 年		2000 年	
	银行数目	资产,%	银行数目	资产,%	银行数目	资产,%
入盟国家（第一轮）						
捷克	12	4.7	15	23.7	16	66.5
爱沙尼亚	1	0.4	3	28.8	4	97.4
匈牙利	15	12.0	30	59.7	30	67.4
拉脱维亚	不详	不详	15	70.6	12	74.4
立陶宛	0	不详	4	40.6	6	54.7
波兰	10	2.8	29	16.0	47	72.5
斯洛伐克	13	不详	13	19.3	13	42.7
斯洛文尼亚	5	不详	4	5.4	不详	15.6
其他中东欧国家						
阿尔巴尼亚	不详	不详	3	不详	12	35.2
保加利亚	0	不详	7	不详	25	75.3
克罗地亚	不详	不详	7	3.0	20	84.1
罗马尼亚	不详	不详	13	11.5	21	46.7
苏联						
白俄罗斯	不详	不详	2	1.4	6	4.3
摩尔多瓦	不详	不详	4	不详	11	39.8
俄罗斯	不详	不详	26	6.7	33	不详
乌克兰	不详	不详	12	8.2	14	11.1
B 政府所有权超过 50%的银行						
入盟国家（第一轮）						
捷克	2	11.9	4	17.5	5	28.2
爱沙尼亚	3	25.7	0	0.0	0	0.0
匈牙利	16	74.9	8	10.8	6	8.6
拉脱维亚	4	不详	2	6.8	1	2.9
立陶宛	不详	53.6	3	48.8	2	38.9
波兰	29	86.2	15	51.6	7	24.0
斯洛伐克	4	70.7	5	48.7	6	49.1
斯洛文尼亚	不详	47.8	3	40.1	3	42.2

续表

其他中东欧国家						
阿尔巴尼亚	不详	不详	不详	89.9	1	64.8
保加利亚	不详	不详	不详	66.0	4	19.8
克罗地亚	不详	58.9	7	32.6	3	5.7
罗马尼亚	不详	不详	7	80.0	4	50.0
苏联						
白俄罗斯	不详	不详	不详	55.2	7	66.0
摩尔多瓦	不详	1.0	不详	不详	2	9.8
俄罗斯	不详	不详	不详	37.0	不详	不详
乌克兰	不详	不详	2	13.5	2	11.9
C 国内非政府所有权超过 50%的银行						
入盟国家						
捷克	38	83.4	31	58.9	19	5.3
爱沙尼亚	17	73.9	9	71.2	3	2.6
匈牙利	9	13.1	3	29.5	2	24.0
拉脱维亚	na	na	14	22.6	14	22.7
立陶宛	na	na	5	10.6	5	6.4
波兰	48	11.0	39	32.4	20	3.5
斯洛伐克	11	na	11	32.0	4	8.3
斯洛文尼亚	na	na	27	54.5	na	42.3
其他中东欧国家						
阿尔巴尼亚	na	na	na	na	12	0.0
保加利亚	na	na	na	na	31	4.9
克罗地亚	na	na	54	64.5	41	10.2
罗马尼亚	na	na	26	8.5	29	3.3
苏联						
白俄罗斯	na	na	na	43.5	18	29.7
摩尔多瓦	na	na	na	na	7	50.4
俄罗斯	na	na	na	56.3	na	na
乌克兰	na	na	213	78.3	138	77.0

资料来源：EBRD data base。

1995—2004年中东欧国家外资银行数目（占银行总数的百分比）

国家	1995年	1996年	1997年	1998年	1999年	2000年	2001年	2002年	2003年	2004年
保加利亚	7	7	25	50	65	68	74	76	71	69
克罗地亚	2	9	11	17	25	49	56	50	45	41
捷克共和国	42	43	48	56	64	65	68	70	74	74
爱沙尼亚	26	27	31	50	43	57	57	57	57	67
匈牙利	49	57	67	64	67	79	76	71	76	71
拉脱维亚	26	40	47	56	52	57	43	39	43	39
立陶宛	0	25	33	42	36	46	46	50	54	50
波兰	22	31	35	37	51	63	67	76	79	77
罗马尼亚	33	32	39	44	56	64	73	77	70	72
斯洛伐克	55	48	45	41	40	57	57	75	76	76
斯洛文尼亚	15	11	12	10	16	21	21	27	27	32
平均	25	30	36	42	47	57	58	61	61	61

资料来源：Central Bank Survey and EBRD。

外资银行的资产占银行总资产的百分比（1995—2004年）

国家	1995年	1996年	1997年	1998年	1999年	2000年	2001年	2002年	2003年	2004年
保加利亚	1	2	18	25	42	72	71	72	82	82
克罗地亚	0	1	4	8	39	84	89	90	91	91
捷克共和国	17	20	24	27	40	66	89	86	86	85
爱沙尼亚		2	2	90	90	97	98	98	98	98
匈牙利	19	46	62	63	62	67	67	85	84	63
拉脱维亚		53	72	81	74	74	65	43	53	49
立陶宛	0	28	41	52	37	55	78	96	96	91
波兰	4	14	15	17	49	73	72	71	72	71
罗马尼亚				36	44	47	51	53	55	59
斯洛伐克	19	23	30	33	24	43	78	84	96	97
斯洛文尼亚	5	5	5	5	5	15	15	17	19	20
平均	4	17	21	33	42	67	72	84	82	82

资料来源：Central Bank Survey and EBRD。

奥地利、意大利、德国、比利时、瑞典等国的商业银行进入中东欧国家，参与中东欧国有商业银行的私有化。外资银行成为了中东欧国家最大商业银行的战略投资者（参见下表）。奥地利银行在中东欧的银行部门中的市场份额达到了20%。2004年奥地利银行在中东欧国家的总资产接近1000亿欧元，到2007年年底达到了1800亿欧元。已入盟的中东欧国家和克罗地亚银行部门年平均的增长率在2004年之后达到了22%，而在1995—2004年银行部门的年平均增长率为9%。

2005年中东欧国家最大银行外国直接投资来源

国家	银行	外国所有者>50%	来源
保加利亚	BULBANK DSK BANK UNITED BULGARIAN BANK	UniCredito Italiano（意大利联合信贷银行） OTP Bank（匈牙利国家储蓄银行） National Bank of Greece（希腊国家银行）	意大利 匈牙利 希腊
克罗地亚	ZAGREBACKA BANKA PRIVREDNA BANKA ERSTE & STEIERMARKIS-CHEBANK	UniCredito Italiano（意大利联合信贷银行） Banca Intesa（意大利联合银行） Erste（奥地利第一储蓄银行）	意大利 意大利 奥地利
捷克	CSOB ESKá SPOITELNA KOMERCNI BANKA	KBC（比利时联合银行） Erste Bank Austria（奥地利第一储蓄银行） Société Générale（法国兴业银行）	比利时 奥地利 法国
爱沙尼亚	HANSAPANK SEB EESTI üHISPANK SAMPO BANK	Swedbank（瑞典银行） SEB（瑞典北欧斯安银行） Sampo PLC（桑普有限公司）	瑞典 瑞典 芬兰
匈牙利	OTP BANK KERESKEDELNI ES HITEL-BANK MKB BANK	* KBC（比利时联合银行） Bayerische Landesbank（巴伐利亚州银行）	比利时 德国
拉脱维亚	PAREKSS BANKA HANSABANKA SEB LATVIJAS UNIBANKA	* Hansapank（汉莎银行） SEB（瑞典北欧斯安银行）	爱沙尼亚 瑞典

续表

国家	银行	外国所有者>50%	来源
立陶宛	SEB VILNIAUS BANKAS BANKAS HANSABANKAS BANKAS NORD/LB LIETUVA	SEB（瑞典北欧斯安银行） Hansapank（汉莎银行） NORD/LB（北德意志州立银行）	瑞典 爱沙尼亚 丹麦
波兰	PKO BP BANK PEKAO BANK BPH	波兰政府 Unicredito Italiano（意大利联合信贷银行） HVB Group/ BA－CA（裕宝银行集团/奥地利信贷银行）	波兰 意大利 德国
罗马尼亚	ROMANIAN COMMERCIAL BANK BRD RAIFFEISEN BANK	* Société Générale（法国兴业银行） Raifeissen（奥地利国际控股集团）	法国 奥地利
斯洛伐克	SLOVENSKA SPORITELNA VSEOBECNA UVEROVA BANKA TATRA BANKA	ERSTE（奥地利第一储蓄银行） Banca Intesa（意大利联合银行） Raiffeisen（奥地利国际控股集团）	奥地利 意大利 奥地利
斯洛文尼亚	NOVA LJUBLJANSKA BANKA NOVAK KREDITNA BANKA ABANKA VIPA	* 斯洛文尼亚政府 *	斯洛文尼亚

资料来源：June 2006 edition of Bureau van Dijks’ BankScope。

注：该表提供了中东欧国家最大的3家银行的多数股股东。*为无股权超过半数股东的银行。OTP BANK 已上市。两人控制着 PAREKKS BANKA。ROMANIAN COMMERCIAL BANK：APAPS (37%)；5家地区私有化投资基金（30%），EBRD 和 IFC 各占 12.5%。NOVA LJUBLJANSKA BANKA.：斯洛文尼亚国家控股 35%，比利时 KBC 控股 34%。ABANKA VIPA 的最大的股东为保险公司 Triglav (33%)。

外国银行对于私有化过程的参与不仅改变了中东欧国家商业银行的资产结构，而且也在改变其控股的银行的商业行为，为减少内部交易和政府制定的“软贷款”提供了现实的可能性。外国银行的进入促进了银行间的竞争，有助于为企业和家庭提供更好的金融服务。外国银行将其在市场经济中运作的知识、经验、产品和技能带到了中东欧，促进了中东欧银行部门的现代化。从外资银行的盈利状况看，1995—2000年，外资银行从资产收益率（ROA）和股权收益率（ROE）都高于国内银行，同期外国银行的净利息收入低于国内银行。2000年到2008年，中东欧国家的存款与贷款额增长了3倍。银行商业的金融服务惠及普通百姓，2000年波兰、捷克、斯洛伐克、匈牙利和斯洛文尼亚只有70%的人口开设银行账户，而到了2008年几乎100%的人口开设银行账户。民众可以享用商业银行提供的更多的金融服务。

中东欧商业银行改造的经验教训

中东欧银行改造的经验教训体现在如下几个方面：

1. 不良贷款的处置并不能取代国有银行的产权改革。坏账是困扰中东欧国家银行改革的一个严重的问题（参见下表）。中东欧国家决策者希望以此实现国有银行好资产与坏资产的分离。坏账的处理无疑是非常必要的，但是仅此不会导致国有商业银行的有效运行。如果回避国有银行的产权改革，坏账还会不断出现。中东欧在解决坏账存量的同时，也产生了坏账的流量。

银行不良贷款（占总贷款的百分比）

国家	1993年	1995年	1998年	2000年
入盟国家（第1轮）				
捷克	不详	26.6	20	19
爱沙尼亚	不详	2.4	4	2
匈牙利	29.6	12.1	7	3
拉脱维亚	不详	19.0	7	5
立陶宛	不详	17.3	12	11
波兰	36.4	23.9	12	16
斯洛伐克	12.2	41.3	44	26
斯洛文尼亚	不详	9.3	9	9
其他中东欧国家				
阿尔巴尼亚	不详	34.9	35	43
保加利亚	6.7	12.5	12	11

续表

国家	1993 年	1995 年	1998 年	2000 年
克罗地亚	不详	12.9	13	20
罗马尼亚	不详	37.9	59	4
苏联				
白俄罗斯	不详	11.8	17	15
摩尔多瓦	不详	39.1	32	21
俄罗斯	不详	12.3	31	15
乌克兰	不详	na	35	33

资料来源：EBRDdata base。

2. 向处在困境中的商业银行进行注资不仅财政代价高昂，而且产生了很大的道德风险。匈牙利、捷克等国对困境中的商业银行进行了数次注资，付出了很大的财政代价。匈牙利为此付出的代价要小于捷克，这主要与外国银行进入匈牙利市场较早有关。捷克共和国用于拯救国有银行的费用接近于国内生产总值的30%。更为严重的是与之相关的道德风险，国有银行产生了被国家拯救的预期。

3. 私人银行的进入有助于促进竞争，但是如果私人银行进入的门槛过低会导致银行危机。一些中东欧国家对私人银行的进入实行了非常宽松的许可政策，导致了私人银行数目的急剧增加。由于国内私人银行资本有限，加上缺乏必要的知识技能和管理经验，许多私人银行很快陷入了困境，中央银行不得不干预，有时不得不进行注资。波兰等国后来已意识到该问题的严重性，严格了私人银行进入的条件。

4. 银行改造的目的在于摆脱国家对于商业银行经营的政治干预，摆脱商业银行与无效率的国有企业间的千丝万缕的联系。而要实现上述目标，就必须对商业银行进行产权的改造。在中东欧国家，私有化特别是外国战略投资者对于商业银行私有化过程的参与为越来越多的国家所接受。

5. 外国银行对于中东欧银行部门的渗透利弊兼有。有利之处在于：外国银行的管理经验和信息技术直接或间接地与国内银行进行竞争，可以提高国内银行体系的效率；外国银行可提供新的金融服务，可以促进更好的法规、会计标准和金融和法律结构的形成，可以吸引外国直接投资；外国银行贷款的增加有助于降低国内企业获得贷款的成本。一些中东欧国家的学者对其不利影响也有所担心：当经济环境不好时，外国银行不会向国内企业贷款；外国银行只向大企业和外资企业提供贷款，而将信贷风险大的业务、零售市场和相关的支付服务交给国内银行；外国银行的渗透可能会导致国内银行无法应付竞争压力，从而造成金融不稳定。考虑到中东欧国家多为小型的开放式经济，应当说外国银行的进入还是利大于弊的。

6. 政府不应当在银行的公司治理中发挥作用，政府应当提供适当的法律框架，加强对银行的监督。中东欧国家的趋势是政府逐步退出国有商业银行，将其产权转移给国内或国外的投资者。这样政府就摆脱了既当运动员又当裁判员的双重角色，可以使政府将其注意力集中在为商业银行的健康发展提供制度环境上。

从中东欧银行部门的发展趋势看，随着银行私有化的完成或接近完成，私有化的重要性将下降，并购将成为中东欧银行部门进行整合和结构调整的主要手段。在这背后起作用的是实力雄厚的外国银行；少数大银行将起主导作用。银行部门的高度集中，这一方面是由于社会主义时期储蓄银行的主导地位，另一方面是由于国外战略投资者的并购。未来银行部门集中的局面不会发生根本的变化，少数大银行将在银行部门中起主导作用；效率将成为商业银行关注的重点。商业银行将注重客户关系管理、新产品开发、销售网络的优化和银行服务的现代化。

102. 中东欧国家社会保障体制改革进展如何？

陈 新

中东欧国家社会保障制度的起源基本上与西欧国家同步，大部分国家的社会保障体系源自 18 世纪下半叶或者更早。二战结束后，东欧国家建立了社会主义制度，社会保障制度的路径与西欧相比发生了变化。冷战结束后，中东欧国家开始向市场经济转型，原有的社会保障制度无论是从合法性还是资金平衡能力都受到了极大冲击，中东欧国家陆续开始了社会保障制度的改革。改革进展缓慢，一是历史惯性仍在发挥作用，二是转型初期出现的新的社会问题给改革增添了额外的负担，三是各种利益集团影响了改革方案的制定。因此，中东欧国家社会保障制度的改革存在着极大的局限性。

20 世纪 90 年代中东欧国家在向市场经济转型的过程中，原有的社会保障制度受到了来自种种方面的猛烈冲击，社会保障制度的改造成为中东欧社会经济转型的内容之一。转型进程中，新自由主义思潮盛行，以世界银行等国际机构倡导的新自由主义的改革思想被一些中东欧国家所接受。与此同时，也有一些国家借鉴北欧模式或者对俾斯麦模式进行更新。在改革的速度上，既有激进的打破旧制度的改革，也有渐进的在旧制度上创新的改革。因此，转型带来的是中东欧国家社会保障制度的多彩斑斓。在加入欧盟的进程中，中东欧国家在一系列政策上需要与欧盟接轨，接受欧盟成套的法律和规定。但社会保障属于成员国权能范畴，而不是欧盟权能范畴，因此，加入欧盟进程本身对中东欧国家的社会保障制度改革所施加的影响有限。入盟后，中东欧国家的社会保障制度已经被纳入欧盟社会政策框架之中。它们跟欧盟其他成员国一起承受欧盟因老年化而进行的社会改革，此外还要共同迎接金融危机对社会福利制度带来的挑战。

社会保险和养老金制度改革

一、转型之初的状况

在计划经济时代，东欧社会主义国家为人们提供了从出生开始到死亡为止的全面社会保障制度，其中包括退休后可以得到工资的80%的养老金。这些制度被看作是对退休前低工资的一种补偿。许多东欧国家在20世纪70年代就开始实行统一的退休制度。例如，匈牙利早在1975年就确定了全国统一退休制度，1980年统一了工人、职员和合作社社员退休年龄，规定男性退休年龄为62岁，女性为58岁。对于残疾人和特殊工种还有专门的优惠，他们的退休年龄男子为57岁，女子为53岁。到1990年，中东欧国家标准退休年龄（除波兰外）男子为61岁，女子为58岁，这低于经合组织（OECD）国家的平均水平（分别为62岁和60岁）。而实际退休年龄在这10个中东欧国家应该还要低，因为大部分国家中获得全额养老金的年限只有20—25年，因此，可以提供提前退休的可能性。

这种统一的退休制度在某种程度上体现了社会主义制度的优越性。但不断地降低退休年龄所带来的后果之一就是退休人员大量增加，再加上人口老年化的影响，在职人员的负担加大。据统计，匈牙利的退休人员从1950年起的38.9万增至1970年的145万，1989年增加到250万。领取退休金的人数甚至超过了正在缴纳退休金的人数，这给现收现付（PAYG）制度带来了入不敷出问题。

在经济转型的过程中，一方面由于国内生产总值的不断下降，另一方面由于工资和价格向市场方向的调整，退休金制度表现出心有余而力不足。另外，由于劳动力市场发生的变化，从劳动力缺乏转为劳动力过剩，一些国家为了增加就业机会、降低失业，对即将到退休年龄的职工实行了提前退休的做法，这样无疑又增加了退休者的人数，加大了养老金制度的负担。例如在波兰和捷克，2/3以上的退休人员年龄在60岁以下。

即使如此，中东欧国家的平均养老金支付水平也超过了绝大多数经济发展与合作组织成员国的水平。换句话说，中东欧国家虽然收入水平较低，纳税能力较差，但为退休者许诺的养老收益已经超过了世界上最富的一些国家，虽然这些富国现在已经发现本国的福利开支承受不起了。（参见下表）

在绝大多数中东欧国家养老金发放占国内生产总值的比重在转型的前期都有

所上升。如今，养老金支出已经成为这些国家政府预算中最大的单项开支。在波兰和斯洛文尼亚这一比重为15%，在匈牙利、保加利亚、拉脱维亚和斯洛伐克这一比重为10%。

养老金支出占国内生产总值的比重（%）

国别	60岁以上人口的比重	1990年 养老金占GDP的比重	1993/1994年 养老金占GDP的比重
波兰	14.8	8.80	15.0
捷克共和国	16.9	8.00	8.0
斯洛伐克	16.2	7.40	9.4
乌克兰	18.7	9.60	9.0
保加利亚	19.7	7.80	8.8
匈牙利	19.3	9.10	10.3
日本	17.3	—	5.0
美国	16.6	6.50	—
德国	20.3	—	10.8
加拿大	15.6	—	4.2
拉脱维亚	17.9	5.60	10.2
爱沙尼亚	17.2	5.6	6.4
立陶宛	16.2	6.77	5.2

资料来源：Louise Fox（1997）：Pension Reform in the Post—Communist Transition Economies. In Nelson，Joan M.，Tilly，C. and Walker，L. ed. 1997. Transforming Post—Communist Political Economies. Task Force on Economies in Transition. Washington D. C.：National Academy Press. p. 373.

二、转型中的政策选择

从中央计划经济向市场经济的转变给中东欧国家现收现付制的养老金体系带来了深远的影响，令这些国家的财政捉襟见肘。因此，转型之初，中东欧国家在养老金方面实施的改革主要表现为：把社会保障资金，特别是养老金基金与国家预算资金分离；在养老金制度筹资结构中广泛吸纳雇员的参与；在养老金收益与个人收入更紧密地挂钩；提高退休年龄和增加领取养老金的最低年限，以便推迟养老金的发放；根据通货膨胀或者工资增长状况建立养老金的指数体系。

在经历了转型之初的财政困境之后，中东欧国家关于养老金制度改革讨论的中心议题转向如何为现在的劳动者设计好 21 世纪的养老金制度。其目标是：防止老年时出现贫困；将收入与增加储蓄以及避免长期生活风险挂钩；公平地支持经济增长和发展。

中东欧国家在实现第一个目标方面尽管付出了昂贵的财政代价，但取得了成效。正如有些数据表明，虽然贫困现象在扩大，但中东欧国家的大部分养老金领取者并没有沦落到贫困线之下。这主要是因为：第一，大部分退休人员，特别是刚刚退休的人员，仍在继续工作；第二，大部分退休人员仍能享受到低廉的住房；第三，大部分退休人员并不是单独生活，而是同子女生活在一起，因此得到家庭内部的其他收入的支持。

但是，在实现第二和第三个目标方面，中东欧国家的状况不甚理想。主要原因在于这些国家实行的“现收现付”的养老金模式。这一模式不利于收入与储蓄的有机结合，同时这些国家人口结构的老化也意味着劳动者将不公正地付出更多。

世界银行 1994 年在考察了一些国家的养老金制度状况后，提出了一种将“现收现付”制度同养老基金制度结合起来的方案。① 世界银行在 1996 年更进一步具体建议中东欧等转型国家可以确定一种把 3 个因素相结合的养老金制度：一是国家部分，即实行强制性的“现收现付”公共养老金制度，以便为所有的老年人提供一个收入基础；二是基金积累式部分，通常为私人养老金，其基金积累部分是强制性的；第三个部分也包括基金积累计划，而个人可以自愿额外缴款，作为一种补充。② 在这样一个框架之内，每个国家在这 3 个组成部分的相对规模和每个部分的设计上作出自己的战略选择。

当然，并不是所有的中东欧国家都按照世界银行的建议改革本国的养老金制度。有一些国家继续保留俾斯麦制度的做法，另外也有一些国家吸收北欧国家的经验。

---

① 参见 World Bank (1994)：Averting the Old－Age Crisis：Policies to Protect the Old and Promote Growth. New York：Oxford University Press。

② 世界银行 (1996)：《1996 年世界发展报告——从计划到市场》，中国财政经济出版社 1996 年版。

三、中东欧国家养老金制度的现状

目前，养老金制度在中东欧国家差别较大，这主要是这些国家养老金改革处于不同阶段，同时各自的条件也不一样。大部分国家都有公共的基础养老金体系，也有一些国家建立了职业年金以及强制性的或自愿性的私人养老基金。

在养老金的支出类型方面，鉴于许多国家实行的是与公共收入挂钩的养老金体制，因此，他们提供确定收益类型的养老金，也就是说养老金的权利跟收入和服务的年限相关，而跟缴费没有直接的关系。但近年来，一些中东欧国家，例如保加利亚、爱沙尼亚、拉脱维亚、立陶宛、匈牙利、波兰以及斯洛伐克把它们的公共养老金体系转成了私人基金体系。虽然这一政策转变是法定的，但具体保险政策则需要个人跟养老基金之间商定。

大部分国家，养老金制度的核心是立足于法定的与收入挂钩的养老金体系。与此同时，对于没有被与收入挂钩的制度覆盖的人，或者只能获得很少的与收入挂钩的养老金的人，公共养老金制度也往往需要向他们提供最低保障的养老金。最低保障养老金一般要进行家计调查，然后通过专门的最低养老金制度或者通过社会救助体系发放。

公共养老金制度所提供的收益类型也不完全一样。大部分养老金不仅提供老年养老金，而且还向提前退休的人、失能的人以及遗属提供养老金。有一些国家不把失能收益看作是养老金体系的一部分，这样往往就由疾病保险来覆盖。

资金流也不一样。大部分公共养老金的资金流是基于现收现付，所收上来的养老保险缴费马上被用于现有养老金发放。大部分国家最低保障养老金是由国家税收来承担的。与收入挂钩的养老金制度往往需要得到政府基金不同程度的补贴。一些特别的养老金制度，例如公共部门雇员的养老金有时不一定是一个好的养老金制度，但政府可以从预算开支中直接发放养老金。另一方面，一些以现收现付制为主的养老金制度对政府弥补养老金发放中的差额有法定要求，因此，考虑到不断增长的养老金支出，许多政府已经开始为公共养老金制度筹备建立储备。

四、中东欧各国的养老金制度简介

1. 保加利亚

保加利亚的养老金改革始自 21 世纪初，建立了三支柱的结构，包括现收现付制，以及新的由私人管理的强制性的以及自愿性的养老保险，原则是建立“差异化的保险”制度。第一支柱是强制性的公共养老保险，采取现收现付制。第二支柱包括强制性的普通和专业养老金基金。第三支柱包括自愿性养老金基金和自愿性职业养老金基金。第二和第三支柱由私人养老金保险公司管理，其中的社会保险部分实行固定缴费、足额支付的原则。2009 年有 283 万人口（占居民的 37.3%）参加了公共养老保险，289 万（占人口的 38.1%）参加了普通养老基金，22.5 万人（占居民的 2.97%）参加了专业养老基金。此外，还有 60 万人（占居民的 7.92%）参加了自愿养老基金，只有 4600 人自愿参加了职业养老基金。

2008 年 10 月起，保加利亚实行新的养老金计算办法。所有在 2007 年年底之前投保的人，他们的养老金将采用不同的公式计算，该公式是基于 2007 年的平均缴费（203.6 欧元）。该计算方式是为了统一决定养老金的参数（个人系数和服务年限）。公共养老金费率根据“可投保的收入”来计算，计算时考虑主要职业群体和主要经济活动的收入，而不是跟个人的实际收入挂钩。

2009 年 1 月，向国家社会保险养老基金缴纳的养老保险缴费比例从 22%下降到 18%。雇主的贡献率为 10%，雇员的贡献率为 8%。此外，国家作为第三方还向国家社会保险养老基金缴纳当年缴费总额的 12%，作为补充。2011 年费率从 18%下降到 16%，其中雇主缴 8.9%，雇员缴 7.1%。国家在此基础上再提供“可投保收入”的 12%加入该养老基金。自雇人员的缴费率为 16%。目前，正在讨论今后第一支柱是否需要提高缴费费率和延长缴费期限。

第一支柱下，领取养老金的条件是年龄加投保时间男子超过 100，女子超过 94。保加利亚退休年龄目前男子为 63 岁，女子为 60 岁。保加利亚正在讨论延长投保期限，增加 3 年，这样到 2013 年男子投保期限提高到 40 年，女子提高到 37 年。

提前退休在保加利亚不是所有人都可以享受。只有从事危险职业或工作环境恶劣的人才可以享受。公务员和一些公共部门的人员提前退休的可能性目前正在被重新审议。2009 年，保加利亚修订了养老金法律，鼓励到了退休年龄还继续工作的人，他们可以获得每推迟一年增加 3%养老金的额外奖励。

保加利亚的公共养老金被称为“保险和养老金”。2009 年 1 月起，最低养老金提高了 10%，平均月养老金为 263.47 列弗（134 欧元），最低养老金为 136.08 列弗（69.5 欧元），最高养老金从 250.5 欧元提高到 357.9 欧元。21.4%的退休人员养老金在160列弗以下，26.7%的人在300列弗以上。养老金的差别主要是基于所从事职业的年限和投保的年限。保加利亚为最低收入的老人提供“老人社会养老金”，资金来自公共社会保障预算，金额由政府每年决定。

2008年，保加利亚还通过法律，建立人口储备基金。基金来自所有私有化收入的90%，任何年度财政盈余的25%以及其他收入。这些收入将累计至少10年。基金将用于弥补公共养老金的赤字。

补充性养老保险包括第二支柱（强制保险）和第三支柱（自愿保险）。补充性养老保险缴费将在个人账户中累计并享有投资收益。补充性的养老保险基金由私人养老金保险公司管理，并受金融监管委员会的监管。

第二支柱的强制性保险包含有两种养老基金：普通型和专业型。普通型养老基金覆盖面为1959年12月31日以后出生的并在国家社会保险中投保的所有人群，投保人存活期间该养老保险一直发放。专业型养老基金用于所有从事一类和二类工作范围（即繁重的或危险的工作环境）的人，没有年龄限制。对于提前退休、失能和死亡，这些基金提供固定期限的养老金。普通型养老基金将从2015年起支付养老金，专业型的则从2013年起。2007年，普通型养老基金的缴费率提高到5%。缴费由雇主和雇员共同承担。自雇者则需要支付全部缴费。对于专业型养老基金，缴费率为12%或7%（取决于工作范围），并且由雇主全额承担。每个人只能参加一个普通型和一个专业型的养老基金。

第三支柱包括自愿性的养老基金和自愿性的职业养老金。自愿性的养老基金提供终身的和固定期限的养老金、失能人员的养老金和遗属的养老金。自愿性的职业养老金提供固定期限的养老金和遗属养老金。这两种养老基金都可以提供一次性的支付和按期支付。自愿性养老金的受益人有权在法定退休年龄时或者最多提前5年退休时领取养老金。参加自愿性职业养老基金的投保人需要到60岁时才能领取养老金。根据集体协定建立的职业养老基金可以最多提前5年支付。贡献率由个人社会保险合同或者雇主跟养老保险基金公司签署的合同决定。

补充性的养老保险不能替代，但可以补充国家养老保险，这样投保人可以在获得国家养老金的同时还可以再享有一份或更多的养老金，如果符合法律规定。目前金融监管委员会正在就强化第二支柱和第三支柱问题进行讨论，以期修订法律，转向风险监管，强化基金的风险评估、管理和汇报，并对基金严格监管要求。

保加利亚养老金开支占 GDP 的比重 2009 年为 7.3%（根据 ESSPROS 数据），低于前几年，也低于欧盟 27 国的平均线（11.8%）。

2. 捷克

捷克养老金制度包括公共养老金以及自愿性的个人养老金储蓄作为补充。普通的公共养老金采取现收现付，固定收益。覆盖全体居民，居民在临时退出劳动力市场时（如失业，育儿）也享有养老金的权利。

捷克《养老保险法》于 1996 年开始实行，具体做法是：

（1）将养老金分成两个部分。一是固定部分，所有退休者一律平等，数额相同。它取决于国家的具体经济情况、生活费用的标准。1998 年为 1310 克朗。二是浮动部分，取决于退休者的工龄、工资情况。浮动部分等于每年投保的计算基数的 1.5%。计算基数是 1995 年以后实行的指数化收入。这种制度比较灵活，可根据经济的发展情况作出决定。它的优越性还在于可缩小养老金之间的差别。此外，新的养老金制度可满足退休者的基本生活需要，不至于使退休者陷于贫困之中。1998 年最低养老金为固定部分加上 770 克朗。

（2）延长退休年龄。鉴于人口迅速老化，具有劳动能力的人口的负担越来越重。目前，捷克每 100 个适龄劳动人口要承担 34.3 个退休者的生活费用。到 2010 年，这个比例将达到 42.2%。国家用于养老金的开支也越来越多。捷克现在已经意识到问题的严重性，因此决定从 1996 年起，妇女退休年龄每年延长 4 个月，男子延长 2 个月。从 2007 年起，男子退休年龄从 60 岁增至 62 岁，妇女由 53—57 岁，依据生育子女的多寡延长至 57—61 岁。对于推迟退休的人，浮动部分的乘数为 4%。

（3）对退休金实行价格补贴。捷克一直在实行这方面的补贴。《养老保险法》将使价格补贴制度化。法律规定消费价格每增长 5%—7%，就对退休金进行一次调整。调整的幅度还将参照实际工资的增长情况。

捷克除实行上述养老保障制度外，还积极鼓励居民参加养老保险，以便改善退休者的晚年生活。捷克国会 1994 年 2 月 16 日通过的《补充养老保险法》调节这方面的活动。该法律的特点是个人自愿参加，国家予以支持。法律规定，这项自愿参加的养老保险活动，由养老基金组织承办。凡 18 岁以上在捷克境内常住的捷克籍公民，皆有权参加这种保险。参加保险的金额自愿决定，但最低额为 100 克朗。国家根据投保的金额予以补助，一般为 40—120 克朗。如果超过 100

克朗则再按一定的比例给予补贴。比如100—199克朗，国家的补贴为40克朗再加上超过100克朗部分的32%。200—299克朗，补助72克朗再加上超过200克朗部分的24%。300—399克朗，补助为96克朗再加上超过300克朗部分的16%。500克朗以上的补助金额为120克朗。除此之外，参加者在投保后的头2年还可再额外得到25%的补助。

养老基金组织是根据商业法建立的股份公司，享有法人地位，它至少要拥有2000万克朗的资金。养老基金组织必须由财政部同劳动社会事务部协商批准，许可证不得转让。目前捷克全国已有7个养老保险基金获准开展保险业务，如捷克保险公司养老保险基金、企业养老保险基金等。这些养老保险基金以具体的保险条件和今后的投资意向招揽投保者。

2003年捷克对养老金制度进行进一步改革。2004年1月起修改退休年龄，从2004年8月起，1968年以后出生的人的退休年龄持续提高，男子每增加一岁推迟2个月退休，一直到65岁，女子每增加一岁推迟4个月退休，一直到62—65岁（仍然取决于子女数量）。到达退休年龄仍推迟退休的将获得奖励，每晚90天退休，退休金增加1.5%。不鼓励提前退休，并对提前退休采取处罚，每提前90天退休，养老金减少0.9，一直累计到720天，第721天起减少1.5%，但最终领取的养老金不能少于770克朗（相当于28欧元）。

目前，捷克养老金缴费率为28%，其中雇员6.5%，雇主21.5%。

3. 波兰

波兰自1999年4月1日开始实行双重养老保险制度。30岁以下的必须参加新的双重养老保险制度，30岁以上、50岁以下的可以在新、旧养老保险制度方面进行选择。1949年1月1日以前出生的人必须继续保留在旧的养老保险制度中。养老保险制度覆盖职员、合作社社员、自我就业的艺术家、家庭作坊主、律师以及神职人员。独立农场主有专门的养老保险制度。

男子65岁投保25年以上、女子60岁投保20年以上可以享受养老金待遇。舞蹈演员、杂技演员、矿工、从事地下或非健康环境工作人员、教师、航空人员以及海员可适当放宽规定。如果女子投保满30年，享受养老金待遇的年限可以提前5年。老退伍军人以及残疾人也可提前5年享受养老金待遇。如果失业人员在失业前男子已经投保40年，女子35年，那么在退休年龄上没有限制。如果男子投保已25年，女子20年，而他们放弃工作是因为照顾残疾儿童，那也没有严格的退休年龄规定。

在旧的养老金制度中，养老金计算方法为：国家平均工资的24%，加上基础工资的1.3%乘以投保的年数，加上基础工资的0.7%乘以非投保年数（例如抚养儿童的时间）。非投保年数不能超过投保年数的1/3。基础工资的上限不能超过国家平均工资的250%。最低养老金1999年6月为451.11兹罗提。

在新的养老金制度中，就社会保险而言，养老金发放的依据是退休前10年内的平均工资。最低养老金为当时平均工资的28%。就私人养老金而言，个人从自己的私人养老金账号中提取投保的年金。

2003年，波兰对养老金制度进行进一步改革。1948年以后出生的所有投保人将被新的确定缴费型的现收现付制所覆盖，拥有名义账户，同时建立三支柱养老金体系。标准的退休年龄男子65岁，女子60岁。1948年以后出生的人不享有提前退休，矿工除外。2007年起，失能养老金保险的缴费被削减。

4. *匈牙利*

匈牙利1997年通过《社会保障法》，并于1998年实行双重养老保障制，即继续延续旧的社会保险制，同时建立新的私人保险制。

20世纪90年代初，匈牙利成立了一个叫做全国退休基金会，其任务是：管理退休基金，使所有退休人员的退休金不断得到提高，对退休年龄不断调整。基金会的主要资金来源是：（1）劳动者和雇主的缴费构成基金会的主要资金来源。劳动者每月缴纳毛工资的8%给退休基金会，3%给医疗基金会；雇主缴纳22%给退休基金会，11%给医疗基金会。（2）国家拨出一部分不动产给退休基金会，基金会可以用这些不动产开展经营活动，所得收入纳入退休基金会中。（3）政府从财政预算中给退休基金会一定的拨款。

全国退休基金会由劳动者利益代表机构（工会）和雇主的利益代表机构的代表进行管理。这些代表经选举产生。基金会共有60名代表。有关建立退休基金会的法律虽然在1991年就被通过，但直到1993年6月全国退休基金会才正式开始运转。此后在各地建立分支机构，形成全国性的网络。在全国各退休基金会工作的工作人员一度达到4000人。

全国退休基金会还就退休制度和养老金问题提出过一些改革方案。如曾提出修改退休法，建议对70岁以上无人抚养的老人实行退休金以外的补贴（目前是不定期发救济金），补贴数额在任何时候都应与最低退休金相等。保证退休人员的退休金与其上一年收入所达到的购买力至少相等，最低退休金在任何时候都应与最低工资相等。基金会还建议加强社会保障，逐步过渡到以一生收入为基础来计算退休金的制度。这些改革建议看来一时难以实施，因为首先要同政府协商，还要国会审议。正如匈牙利全国退休基金会负责人塞赖米·拉斯洛妮所说："要彻底完成退休金改革，看来需要15—20年时间，因为现存矛盾只能一步一步地解决。"

匈牙利还在1995年对那些只有退休金而无其他收入的老人实行一种保护性措施，使他们的最低退休金不低于社会最低生活标准所需的资金。

1998年匈牙利开始实行新的养老保险制度，即社会保险制度同强制性的私人养老基金制度相结合。每一个新参加工作的人都必须参加新的养老保险制度。离退休年龄不到15年的劳动者可以在新的和旧的养老保险制度方面进行选择。

在新的养老保险制度中，劳动者需交纳收入的2%给社会保险（旧的养老基金），6%给私人养老基金，此外还可以自愿再交纳最多4%给私人养老基金。单位需交纳工资收入的22%。

在匈牙利，每个年满60岁的男子或57岁的女子（对于在非健康工作环境中工作的人年龄可以降低）有权享受养老金。从2009年起享受养老金的年限无论是男子还是女子都提高到62岁。到2009年为止，工作满20年以上者享受全额养老金，15—20年者享受部分养老金。在此之前，男子年满60岁，女子年满55岁，并且工作38年以上，享受全额养老金，工作15年以上享受部分养老金。

养老金的构成是：（1）全额养老金。在旧的养老金制度下，从1998年1月1日起为收入的43%—74%，取决于养老金交纳额度的大小以及服务的年限（从15—36年不等）。超过36年以上者额外增加收入的1.5%。这些规定到2013年将进行改变。（2）部分养老金。如果工作满10年，为收入的33%，满19年可以提高到51%。（3）最低养老金为15350福林（1998年）。每年根据全国平均工资水平进行年度调整。在新的养老金制度下，养老金的构成是投保的数额及其利息。在退休时投保人获得年金。投保满15年的情况下可以一次性购买。

在夫妇双方一方死亡的情况下，如果丈夫死亡时对方的年龄为55岁以上，或者妻子死亡时对方的年龄在60岁以上，则可以获得所投养老金数额的50%。对方为残疾人，或者有2个以上儿童需要抚养的情况下没有年龄限制。这种福利只能领取1年。

国家养老保险总局通过其地方分支机构负责管理养老金。

2006—2007 年，匈牙利国会通过了 2 个新的法律，确定提前退休只能提前 2 年（原来为 3 年）。这样从 2013 年起，无论男女，提前退休年龄都是 60 岁。同时，从 2013 年起，提前退休者的退休金将被削减，削减的程度取决于到法定退休年龄之间的时间，61—62 岁的人每个月减少 0.3%，不足 61 岁的人每个月削减 0.4%。此外，养老金的计算方式也有所调整，从事危险职业的人的退休条件更好。

2009 年，匈牙利继续进行改革。从 2014 年到 2022 年，把退休年龄从 62 岁逐步提高到 65 岁，每一年龄段提高 6 个月，即 1952 年出生的人 62.5 岁退休，1953 年出生的人 63 岁退休，以此类推，一直到 65 岁退休。提前退休的年龄从 60 岁逐步提高到 63 岁。

匈牙利养老金指数组成及比例

实际 GDP 增长	消费价格指数	名义工资
<3.0	100	0
3.0—3.9	80	20
4.0—4.9	60	40
5.0<	50	50

匈牙利对计算养老金的指数也进行了调整，并与 GDP 的增长挂钩。也就是说，在 GDP 增长超过 5%以上才会使用原来的“瑞士指数公式”。

从 2009 年下半年起还取消了第 13 个月的养老金，并实施养老金奖励。2004 年至 2006 年匈牙利实行 13 个月养老金，2008 年改为 8 万福林（平均养老金收益）。2009 年下半年起取消。

如果匈牙利的实际 GDP 增长超过 3.5%，那政府可以提供养老金奖励。奖励的金额与 GDP 增长的幅度成比例。如果 GDP 增长的幅度超过 7.5%以上，这一奖励的价值将等同于第 13 个月的养老金，最高不超过 8 万福林。

基于这些改革，养老金的可持续性将得到改善，社会保障的养老金开支将从 2007 年的 13.8%减少到 2060 年的 10.5%。

5. 斯洛文尼亚

2001 年 1 月斯洛文尼亚新的《养老和失能保险法》生效，并形成三支柱的架构，即新型的确定收益型的现收现付制，加上强制性和自愿性的补充养老金基金。标准的退休年龄不断提高。男子退休年龄在 58—63 岁，女子为 61 岁（在改革之前，最低退休年龄女子为 53 岁，男子为 58 岁）。18 岁以前工作的女子可以提前退休（但不能早于 55 岁）。对于一些特殊情况，法律规定可以把退休年龄降低到 55 岁（在改革之前设置可能降低到 50 岁以下）。女子的最低退休年龄从 53 岁提高到 58 岁，跟男子的最低退休年龄一致。应计利息自 2000 年起从 2%下调到 1.5%。法律鼓励推迟退休。如果达到退休年龄（男子 63 岁，女子 61 岁）并继续工作，养老金将会获得额外的奖励，第一年增加 3.6%，第二年增加 2.4%，第三年增加 1.2%，再按照标准的年息 1.5%的应计利息计算最终养老金。

6. 斯洛伐克

2004 年起，斯洛伐克进行了改革，建立起三支柱的养老金制度。标准的退休年龄男子自 2006 年起从 60 岁提高到 62 岁，女子自 2014 年起从 57 岁（拥有 5 个及以上子女的女子退休年龄可以逐步递减到 53 岁退休）提高到 62 岁。如果劳动者从第一支柱和第二支柱拿到的养老金加总后不低于政府公布的最低生活水平的 60%，该劳动者可以申请提前退休。但在提前退休的情况下，养老金每年递减 6%，与此同时推迟退休的人可以得到 6%的奖励。斯洛伐克的法律还允许在一边工作一边领取养老金收益。

2008—2009 年，斯洛伐克对第二支柱进行了两轮调整。在调整期间，所有已经加入第二支柱的人可以有机会选择是否离开第二支柱，同时还没加入的人也有机会被允许加入第二支柱。在 2008 年 11 月 15 日至 2009 年 6 月 30 日，共有 6.6 万人离开了第二支柱，同时 1.46 万人加入进来。由于采取了这些调整措施，第二支柱中参加基金的人下降了 3.5%。

7. 波罗的海三国

爱沙尼亚改革了现收现付制度，包括将女子的退休年龄从 2016 年起推迟到 63 岁，同时修订养老金发放公式。2001 年 9 月通过了法律，在第二支柱中建立强制性的私人养老金账户，并从 2002 年起实施，与此同时，将自愿性的养老金账户转到第三支柱。

拉脱维亚于 1996 年实行新的三支柱体制，采用确定缴费型的现收现付制，拥有名义账户。退休年龄女子每年提高 6 个月，一直到 2008 年提高到 62 岁，男子 2003 年起为 62 岁。

从 2008 年 7 月起，拉脱维亚对养老金制度进行了一些调整。提前退休的养老金总额从原来标准应领取养老金的 80％减少到 50％。从 2011 年起，对于低额养老金，计算指数由原来基于个人养老金金额的指数改为 4 月的 CPI 物价指数，同时考虑到 10 月的实际 CPI 指数加上实际工资涨幅的 50％；对于中等金额养老金，以每年 10 月的 CPI 指数计算；对于高额养老金，则不采用指数，并对 2009 年和 2010 年的指数进行冻结。此外，第二支柱的缴费率被削减，2009 年从 8％减到 2％，2010 年为 2％，2011 年为 4％，2012 年及以后为 6％。原来的缴费率为 2009 年 8％，2010 年 9％，2011 年及以后 10％。

立陶宛的女子退休年龄 1995 年为 55 岁 4 个月，2003 年提高到 58.5 岁，自 2006 年起为 60 岁。男子退休年龄从 1995 年的 60 岁 2 个月起每年推迟 2 个月，一直到 2003 年为 62.5 岁。

医疗保险制度改革

中东欧国家的医疗保险体制改革可能是这些国家社会保障制度改革中刚性最强的一个部门，所以也是进展最慢的。改革的敏感程度超出了养老金改革。

在社会主义时期，中东欧国家的整个医疗体制归国家管理并归国家所有。国家拥有医院、诊所、药房以及制药公司。这些国家几乎是统一模式，只有一些国家有一些小小的例外，如波兰有医疗合作社，匈牙利有教会医院。社会主义建设的初期，这些国家的医生人数和医院的床位数不比西欧国家低。东欧国家的医疗制度也一度体现出社会主义制度的优越性。

从 20 世纪 60 年代起，东欧国家和西欧国家医疗体制的发展路径出现了不同的轨迹。东欧国家医疗体制的效率以及医疗技术的革新动力大大下降，医疗体制的产出也在下滑。面对越来越多的新病种的出现，例如癌症、心血管病和循环系统疾病，东欧国家的医疗体制的刚性无法适应新的复杂局面。因此，无论是医疗质量还是及时获得医疗的可能性都在下降。这造成了看病需要忍受漫长的等待，看医生需要递红包，黑市药品市场盛行。

中东欧国家开始向市场经济转型后，医疗体制改革也提到议事日程上来。中东欧国家改革的总趋势是建立更开放和更灵活的医疗保险制度，但各国采取的方式不太一样。斯洛伐克转向采取几家医疗保险可供选择的体制，而罗马尼亚则继续保持单一的全国医疗保险制度。斯洛文尼亚打破单一医疗保险基金体制，引进私人医疗保险和患者共同承担部分费用的方式，而捷克则继续保留很大一部分国家医疗保险基金。与此同时，捷克对医疗服务的供应方进行了改革，在医院的运营和管理方面引进私人部门的参与，而匈牙利的医疗服务则继续由国家提供。此外，波兰在医疗保险体制的管理方面采用了“联邦制”的方式，将一些责任划归地方层面，而匈牙利则继续归中央政府管理。因此，改革带来了中东欧国家医疗保险制度的多样性。

1. 保加利亚

保加利亚的医疗开支低于欧盟的平均水平。2008 年，医疗总开支占 GDP 的 7.3%，欧盟的平均水平为 9.6%。医疗开支从 1998 年的 5.2%增加到 2003 年的 7.8%，此后开始下降。公共医疗开支也是类似的趋势，从 1998 年的 3.6%增加到 2003 年的 4.9%，然后下降到 2007 年和 2008 年的 4.2%。按照人均水平，2008 年保加利亚的医疗总开支在欧盟中倒数第二，公共医疗开支倒数第一。

保加利亚 1998 年通过了医疗保险法，实行强制性的社会医疗保险体制，覆盖常住人口。国家医疗保险基金一方面收取来自强制性社会医疗保险中规定的跟工资挂钩的个人缴费，另一方面收取来自政府通过税收收入支付用于非工作人口的缴费（包括退休人员、失业人员、照顾家庭中的失能成员的人、有权享有社会福利的人等）。国家医疗保险基金跟提供一般医疗服务的机构、门诊部门和医院里的专家签订医疗服务合同。此外，卫生部从税收中直接支付医院的资本开支以及其他与公共卫生相关的设施和国家疾病防控项目的运营和管理成本。

尽管社会医疗保险是强制性的，但仍然有许多人没有享受到医疗保险。2008 年这一数字为 96.5 万人，占一般医疗服务机构注册人员的 12.67%。这是因为他们没有缴纳医保费用，同时他们也没有权利享受社会救助（因为如果有权利享受社会救助，那相关开支就会由政府承担）。

国家提供免费的紧急医疗护理服务。私人开支在医疗服务中起重要作用。2008 年私人开支占到全部医疗开支的 42.2%，远远超出欧盟的平均水平（22.7%）。这些开支主要用于药品和牙医服务。私人开支主要采用现金支付（占到全部医疗开支的 36.5%）。2004 年至 2009 年，保加利亚的医疗服务和实物开支增加了 21.4%。

保加利亚的医疗服务体系的筹资分为三个部分，一是强制性的医保缴费，二是税收，三是家庭私人开支。最近 10 年，医保保费在支出中的比例不断上升，与此同时，税收的部分所占比例则在下降。1999 年，来自税收的部分在支出总额中所占比例为 58.9%，而强制性医保保费只占 6.5%。到 2003 年，这两个比例基本接近，税收部分为 26.4%，缴费部分为 28.1%。在 2007 年的医保开支中，国家医疗保险基金占 60%，财政部占 25%，地方政府占 7%，其他来源占 8%。

2007 年保加利亚医疗保险的管理成本占 GDP 的比重为 0.1%，低于欧盟 0.4%的平均水平，公共卫生管理成本占 GDP 的比重也为 0.1%，同样低于欧盟 0.3%的平均水平。医保管理成本加上公共卫生管理成本占医疗开支的比例分别为 4.6%和 3.3%，也低于欧盟的平均水平。因此，保加利亚的医疗管理成本不太高。

2. 捷克

捷克医疗保险体制是强制性社会医疗保险体制，基本上覆盖所有居民。医保的覆盖范围是依据永久居住地而不是依据缴费，因此每个人都应该被医保所覆盖，要么是社会医疗保险，要么是外国的社会医疗保险，要么是私人医保。医保覆盖的层面也很广泛，包括“任何用于维持和改进个人健康状况的医学治疗”。

2007 年，捷克社会医疗保险的支出在全部医疗支出中占 78.4%，此外，政府预算提供的支出占 7.4%。政府的支出用于直接由卫生部管理的设备等资本投资（教学设备、特殊医疗设备、科研以及研究生教育设备），或者由地方政府管理的资本投资（地区性的和地方医院），以及用于公共医疗服务（医疗人员的培训、推广健康生活方式、预防癌症、医疗研究、研究生培养等）。

私人支出包括三个部分，一是现金支付的非处方药，二是超出报销限额的医疗费和处方药费用，三是处方药和医疗服务的使用费。2008 年私人开支占到总医疗开支的 17.5%，比 1998 年的 9.6%上升了许多。相对于欧盟的 22.7%的平均水平，捷克私人开支占医疗开支的比重较低。1990 年捷克的现金支出（out－of－pocket expenditure）在整个医疗费用中所占比例在欧洲国家中处于最低的水平之一，又来不断上升，到 2007 年已经达到 13.2%，接近欧盟的平均水平 14.4%，2008 年更是超过了欧盟的平均水平，达 15.7%。

捷克虽然有私人的自愿医保，但所起作用很小，2007 年只占到医疗开支的

0.2%，主要原因是在社会医疗保险范围内有广泛的受益。

捷克的强制性医疗保险由医疗保险基金体系构成，20世纪90年代中期有27家基金，到2009年剩9家。这些基金是半公共半自治的机构，同时是医疗服务的支付方和购买方。病人可以每12个月重新选择基金。基金应接受所有的申请人。VZP是捷克最大的保险基金，成立于1992年，当时市场占有率100%。2007年市场占有率下降到63%。

2009年强制性的社会医疗保险的缴费占到社会医疗保险收入的76%，其他24%来自国家预算拨款，用于一些非经济活动人口的医疗保障（儿童、学生、因抚养儿童而休假的妇女或男子、退休人员、失业人员、囚犯以及寻求避难的人）。社会医疗保险缴费由雇主和雇员根据工资共同分担，雇主缴纳9%，雇员缴纳4.5%，共13.5%。自雇人员按照他们收入的50%缴纳13.5%的保费。

2008年捷克的公共卫生开支和医疗开支占GDP的比例均为0.2%，低于欧盟的平均水平（0.3%和0.4%）。公共卫生服务和医疗保险的管理成本占医疗开支的比例2008年均为3.5%，前者高于欧盟3.1%的平均水平，后者则低于欧盟的4.4%。

3. 爱沙尼亚

爱沙尼亚医疗保险基金覆盖96%的人口。基金资金来自强制性医疗保险缴费和政府来自税收的预算支出。医保缴费由雇主和雇员共同承担。政府预算支出用于支付救护车和紧急救护的费用，公共医疗推广和疾病预防。

私人开支在医疗开支中的比例2008年为20.6%，略低于欧盟22.7%的平均水平，并且是2000年（22.5%）以来的最低水平。现金支付占到医疗支出持续上升，1998年为13.2%，2003年上升到20.3%，2008年为19.7%，超出欧盟14.4%的平均水平。

医保缴费加上政府预算开支占医疗保险基金支出的77.8%，现金开支占19.7%，私人医保以及其他国家的缴费支出分别占1%多。

爱沙尼亚的关键问题在于，基金的资金主要来自就业相关的缴费，而爱沙尼亚的儿童和退休人员几乎占到投保人口的50%。

公共卫生和医疗保险的管理成本占GDP的比例2008年均为0.1%，低于欧盟的平均水平（0.3%和0.4%）。公共卫生和医疗保险的管理成本占医疗支出的比例为2.8%和2.3%，也低于欧盟的平均水平（3.1%和4.4%）。

4. 拉脱维亚

2009 年拉脱维亚进行公共行政部门改革时成立医疗支付中心，管理以税收为基础的医保预算，并通过 5 家区域分支机构提供全覆盖。

拉脱维亚医保实行全民覆盖，但 100％免费服务的程度有限，例如成人牙科等服务则不包括在内。因此，私人医疗支出在医疗总支出中的比例是欧盟国家中最高之一，2008 年达 40.4％，远远高出欧盟的平均水平（22.7％）。这一比例在 1998 年为 40.8％，2000 年一度达到 45.6％。拉脱维亚对所有类型的医疗服务实行医疗开支共享的原则，病人支付一定费用接受医疗护理，药品可部分报销。

在医保基金中，59.6％的开支来自中央税收，30.0％来自现金，10％来自其他私人渠道（私人医保和世界其他国家的缴费）。

医疗保险管理成本占 GDP 的比例 2006 年为 0.4％，与欧盟的平均水平一致，公共卫生管理成本也是 0.4％，比欧盟的 0.3％平均水平略高。这两种成本占医保开支的比例 2007 年均为 4.0％。

5. 立陶宛

立陶宛实行强制性的医疗保险，资金来自缴费和财政转移支付，覆盖率达 98％—99％。国家医疗保险基金及分支机构（地方医疗保险基金）同医疗服务提供商签署合同，报销医疗费用。

立陶宛对所有永久居民提供免费紧急救护服务。其他大部分服务都是免费，除非病人希望得到超出医疗保险所保障的更高水平的服务或额外的服务，在这种情况下，病人需要支付额外的费用。一些服务成本共享，例如大部分药品和牙科治疗。

私人支出在医疗总支出中的比例 2008 年为 27.4％，高于欧盟 22.7％的水平，并且高于 1998 年 24％的水平，但低于 2004 年的 32.4％的峰谷。

立陶宛医疗总支出的 72.6％来自强制性医保缴费和政府财政支付（中央和地方）。现金支出占 26.8％，0.6％来自私人保险。

2008 年，爱沙尼亚基础医疗保险基金占公共医疗支出的 87.2％。公共卫生支出占 GDP 的 4.4％，基础医疗保险基金占 GDP 的 4.1％，2009 年占 4.9％（这是由于 2009 年 GDP 下降 17.2％）。

6. 匈牙利

匈牙利的医疗保险制度基于社会医疗保险，几乎覆盖了全部居民（只有1%没有被覆盖）。凡是拥有匈牙利居民身份证并居住在匈牙利的人必须加入社会医疗保险，并且不允许退出。全国人口被分成3个部分，一类是缴纳社会医疗保险的雇员，一类是没有缴费但也被社会医疗保险覆盖的人（包括退休人员、休产假的妇女、学生、未成年人、无家可归的人），还有一类是所有其他居民（包括如农民）。医疗保险按照工资的8%缴纳，其中雇员缴6%，雇主缴2%。对于第二类的人，由中央财政预算向医疗保险基金每月支付9300福林/人，作为医疗保险缴费。对于第三类的人，需要每月缴纳4950福林/人的医保费用。

在2006年改革之前，社会医疗保险基本上向几乎全部居民提供了综合的保险服务包，甚至包括没有被覆盖的人以及缴费几乎很少或不缴费的人。2006年的改革通过将基本医疗服务包和社会保险服务包区分开来，在享受服务的资格与缴费的义务之间建立更加紧密的联系。

医疗保险基金负责支付大部分日常性医疗服务成本以及现金收益（病假补助）。医疗保险基金对资金进行集中和专项管理，完全跟支付预算分离，但中央政府有义务弥补医疗保险基金的赤字。自1992年以来一直到2006年，医疗保险基金几乎持续赤字。主要原因是低就业率、普遍逃避缴费、任意削减雇主的缴费率以及其他一些支出方面的因素。自2006年实行新的医疗保险改革后，从2007年起，医疗保险基金从赤字转向盈余。

新的医疗保险基金仅仅支付日常开支，资本成本由医疗护理机构的所有人，主要是地方政府以及一定程度上私人所有者来承担。这一做法对住院病人和门诊病人一视同仁。2008年，私人开支占到全部医疗开支的29%，远远高出欧盟的平均水平（22.7%）。

医疗护理的预算由3方面组成，一是医疗保险基金的预算（2008年占到71%），二是中央政府预算（来自中央税收并转给医疗保险基金，2008年占25%），三是地方政府预算（来自地方税收以及中央政府在投资方面的拨款）。

改革后的一个主要原则是在制度上将资本和日常成本分离，因此在投资方面无所谓是地方还是中央政府决定并提供资金，医疗保险基金制负责支付日常医疗保险成本。资本开支由医疗护理机构的所有者负责，中央政府可以提供有条件的或配套的拨款。有些服务，例如公共医疗以及救护车服务只是由中央政府预算承担。

到2007年，医疗保险基金是唯一一家医保机构，负责缴费、汇集并管理医保基金。根据不同的服务类型，它被分成20个二级预算（例如基本护理、门诊特护等）。除了药品之外，其他所有的二级预算都被国会规定了年度上限。1999年以来允许二级预算之间的转账，主要是因为药品预算经常超支。

匈牙利医保制度的管理水平不是很高，因为享受医保的资格没有跟缴费挂钩，而且实际上全部决定权是在卫生部。公共卫生管理成本以及全部医疗管理成本占GDP的比例为0.08％和0.1％，跟欧盟的平均水平（2008年为0.3％和0.4％）相比低很多。

7. 波兰

波兰的公共医疗保险覆盖率为98.1％。基本上社会所有各阶层都被纳入强制性医疗保险。法律规定了参加强制性医保所能享受的医疗服务的范围，同时也附有一个清单，详细列举不能提供的服务。根据法律规定，有些服务需要成本共享，这些服务的水平有限，并取决于投保人的收入状况。对于牙科服务，法律制定了详细的标准服务包，包括牙科治疗和所使用材料。

公共开支占医疗服务总支出的比例2008年为72.2％，私人开支为27.7％。现金开支占了私人开支的比较大的部分，2008年占医疗总支出的22.4％，但低于1998年的34.6％。药品的现金开支比例在不断加大，目前占到60％。其他私人开支用于无法报销的服务。因此，波兰医保的状况是，获得基本医疗服务的起点低，标准的免费服务质量低，获得专门服务的难度大。

目前医保体制源自1999年实行的一系列制度改革。改革前，医保保险资金来自政府资金，主要的医疗服务提供商作为政府预算单位从卫生部或地区和地方政府获得预算资金。1999年的改革，使波兰的医疗保险体系从原来通过预算体系进行筹资、核销和报告的方式转变成跟所有经济体一视同仁。自此，波兰建立17家医疗基金（16家地区基金和1家行业基金），同服务提供商进行谈判并签订合同。但带来的负面效果是，由于特定地区只有一家基金，病人无法跨地区享受医保服务，因此造成地区医保基金处于垄断地位，行政程序繁冗，监控体系落后，导致很多腐败。

基于这些负面后果，2003年波兰再次进行改革。地区性的医疗保险基金制被集中化的国家医疗基金代替。国家医疗基金管理资金并通过地区分支机构将资金拨付给服务提供商。国家医疗基金定期实行招标，用于提供专门的医疗服务和治疗。

波兰医疗保险基金的资金来自两个渠道。最大的渠道是由国家医疗基金收集的医疗保险金，它占到医疗服务的直接成本的 80%。其次来自政府预算（国家、地区和当地政府预算），主要用于支付公共卫生、特别人群的医疗保险缴费（享受社会保险的失业人员、农民、退伍军人等）、公共医疗机构的资本支出、非常专业的治疗（例如器官移植、心脏手术、国外治疗）以及非常昂贵的药品。

国家医疗基金的缴费计算方式以收入为基础。就业人员的医疗保险缴费率为 9%，其中 7.75%来自个人所得税，1.25%来自投保人直接缴费。

8. 罗马尼亚

罗马尼亚的社会医疗保险实行全民覆盖，缴费以收入为依据。雇员缴纳其收入的 6.5%，雇主缴纳 7%，自雇人员缴纳 7%。对于儿童、受抚养者、失能人员、失业人员、军人和伤残退伍军人、休病假或产假的人，免费获得医疗保险。近来，罗马尼亚减少了免费提供医疗保险的对象，因为目前是 500 万人缴费，2200 万人受益。

罗马尼亚社会医疗保险实行二级管理，国家医疗保险局管理强制性医疗保险，同医院签订合同，确定医疗费用标准。42 家地区医疗保险基金通过与医疗服务提供商签署合同的方式购买服务和报销费用。此外，还有 2 家全国性的医保基金，一是为交通部服务的，二是为国防部和安全机构服务的。国家预算支付公共医疗服务的开支（推广医疗保健、预防疾病）和资本投资。

国家医疗保险局和公共卫生部每年商量基本服务包的构成，并交政府批准。

私人开支在医疗总开支中的比例 2008 年为 18%，低于欧盟 22.7%的平均水平，其中原因是罗马尼亚实行大规模削减现金开支，1998 年为 37.9%，2000 年减少到 32.3%，2008 年降到 17.6%。

罗马尼亚依然还有 5%的人口没有得到恰当的保险，无法获得服务，因为他们没有缴纳医保费用，或者缺乏有效的正式文件和居住地要求，或者还没有在家庭医生那里注册。近年来，政府通过法律，向没有保险的人提供免费的急救服务和一定的疾病预防。

2007 年，医疗总开支的 80.3%来自社会医疗保险缴费加政府转移支付，19.4%来自现金支出，0.3%来自私人保险以及国际机构。

1999 年至 2002 年，42 家地方医疗保险基金收缴保费，然后自己留 75%，

25%转给国家医疗保险基金，国家医疗保险基金再将收上来的25%中的一部分在各地方基金之间重新配置。改革后地方医疗保险基金只收缴自雇人员的保费，财政部的中央办公室在全国层面上收缴所有其他的缴费。然后，国家社会保险基金按照一个公式来对各个地方医疗保险基金进行重新配置，该公式既考虑到一个地区的投保人数，也考虑到人口风险。

罗马尼亚全部医疗保险管理成本以及公共卫生管理成本占GDP的比重2008年均为0.2%，低于欧盟平均水平（分别为0.4%和0.3%）。但全部医疗保险管理成本以及公共卫生管理成本占医疗保险支出的比例则为6.4%，均高于欧盟的平均水平（分别为4.6%和3.3%）。

9. 斯洛文尼亚

斯洛文尼亚采取的是俾斯麦制度，实行法定医疗保险。斯洛文尼亚医疗保险局作为一个独立于政府的公共机构，根据国家法律进行管理。

医疗保险是强制性的，提供全覆盖。保险覆盖投保人（雇员、退休人员、农民和自雇人员），他们的受抚养者（由强制性医疗保险提供补贴），同时还覆盖失业人员和没有收入的人员（他们的保费分别由国家就业局以及中央和地方政府支付）。投保人所享有的服务包括初级服务、二级和三级服务、药品、医疗设备、长期病假和交通费用。

私人开支占27.8%，超过欧盟22.7%的平均水平，这也表明人们在获得医疗服务时更依赖私人开支。私人开支包括两方面的内容，一方面是现金支付，2008年大约占13.4%，另一方面是自愿医疗保险服务，占12.7%。自愿医疗保险有两种主要形式，一是补充性的自愿医疗保险，只覆盖共同支付的部分，二是增强性的自愿医疗保险，可以获得更高水平的保险和更多的受益。由于公共部门在过去10年中逐步削减医疗开支，因此加入自愿医疗保险的人数在不断增加，到2008年已经占到居民人口的85%。

强制性医疗保险缴费是医疗保险的主要资金来源，2006年占到总开支的67.1%。国家和地方层面的税收占到总开支的5.2%，并且主要是用于医院和国家以及地方层面的特别医疗机构的资本投资、公共卫生项目、医学教育和研究（卫生部）、公共医疗中心和公共药方（地方政府）。

缴费标准为收入的13.45%，其中雇员缴纳6.36%，雇主缴纳7.09%。2005年，来自政府预算的资金占中央政府开支的0.95%和地方政府开支的1.2%。根据每年的财政计划，斯洛文尼亚医疗保险局同卫生部和财政部共同确定下一年度医疗服务开支的上限。

医疗保险管理的成本占 GDP 的比重和占医疗开支的比重 2008 年分别为 0.3%和 4.0%，低于欧盟的平均水平（分别为 0.4%和 4.4%）。

10. 斯洛伐克

斯洛伐克实行强制性社会医疗保险制度，全覆盖。但实际上，2008 年有 4.6%的人没有缴费，因此未被覆盖。在服务方面，有一小部分服务（如牙科和美容手术）没有被包括在内，病人需要用现金支付部分药品。

自愿医疗保险起着很小的作用，但在不断增长。私人医疗保险主要起到对基本医疗保险没有提供的非基本服务作为补充。

斯洛伐克有 3 家医疗保险公司，投保人可以在这 3 家之间进行选择。一家为国有公司，另外 2 家为私人股份公司。国有公司在市场上占主导地位，2007 年市场份额占 69%。斯洛伐克医疗保险贡献率为 14%，由雇员承担。自雇人员根据所得税缴纳 14%的保费。

国家对部分社会人群支付缴费（未成年儿童、退休人员、抚养 3 岁以下的儿童的人），以保证医疗保险对他们的覆盖。国家对这部分人群的缴费近年来缓慢上升，从 2006 年的 4%增加到 2009 年的 4.9%。

在进行了一系列改革之后，私人开支所占比例在过去 10 年急剧上升。2002 年还低于 10.9%，2003 年就达到 26.2%，2008 年提高到 31.0%，远远超过欧盟的平均水平（22.7%）。现金开支也是类似的趋势，从 10.9%上升到 25.7%，远远超过欧盟 14.4%的平均水平。

2008 年，斯洛伐克公共资金占到总的医疗开支的 69%。社会医疗保险占到公共资金的 90%，剩余 10%由政府提供。现金开支占到 25.7%，其他来自私人保险、企业以及非营利机构。现金开支是斯洛伐克唯一的私人开支，因为斯洛伐克实际上没有私人医疗保险。

医疗保险管理成本占 GDP 的比例 2008 年为 0.3%，低于欧盟 0.4%的平均水平。医疗保险管理成本和公共卫生管理成本占医疗保险总开支的比例 2008 年均为 4.1%，前者低于欧盟平均水平（4.4%），后者高于欧盟平均水平（3.1%）。

入盟后的改革

欧盟委员会2010年发布了关于养老金改革和医疗保险改革的“绿皮书”。根据欧盟的报告，到2060年，男子的寿命将从2008年的76岁延长到84岁，女子将从82岁延长到89岁。目前欧盟劳动人口与65岁以上的人口之间的比例是4比1，到2060年将变为2比1。因此，如果不进行明显的政策改革，公共财政的压力将不断加大。在养老金开支方面，2007年欧盟27国公共养老金开支占GDP的比例平均达到10.1％，其中拉脱维亚、立陶宛和爱尔兰的占比低于6％，而意大利则超过14％。许多国家，例如丹麦、法国、匈牙利、意大利、马耳他、挪威、葡萄牙、罗马尼亚和瑞典，它们的养老金开支的增长速度超过了GDP的增长速度。公共财政在医疗体制上的开支占GDP的比例，1998年欧盟的平均水平为6.6％，到2008年提高到7.4％。

欧盟的改革建议不是试图统一或重建欧盟成员国的社会保障体制，而是在现有体制范围内如何采取措施，保持社会保障体制的可持续性，减少公共财政对社会保障体制的转移支付，进而减小社会保障制度对公共财政的压力。

由于社会保障改革仍然是在成员国层面决定的，因此，欧盟只能通过“开放式协调（OMC）”来支持、监督和评估成员国改革的影响和实施效果。欧盟有3名分别主管就业和社会事务、内部市场以及经济事务的委员从欧盟的层面对成员国的社会保障改革及决定进行积极协调和监督。欧盟提出的指导意见一是尽量减少提前退休，二是将退休年龄与寿命挂钩。

在欧债危机的冲击下，欧盟加强了对“稳定与增长公约”的执行力度和监督力度，特别把公约中的两个关键指标，即赤字不超过3％和公共债务占比不超过60％，作为衡量欧盟成员国是否遵守财政纪律的硬指标，并实施相关预警以及惩罚机制。这给中东欧国家进行进一步的社会保障制度改革带来了极大压力。

早在20世纪90年代，老年化和低出生率迫使欧洲实施“第二支柱”养老金制度，也就是在劳动年龄阶段建立财政储备，这称为“确定缴费”或者预先缴费。这样，在预计到下一代人中缴纳养老金的人数下降时，这一代人已经建立起自己的财政储备。中东欧国家在这方面压力更大。因为他们这一代人将不仅需要缴费来满足政府通过现收现付制来向上一代人支付养老金，而且还要为自己的未来进行储备。

2010 年 10 月欧盟峰会上，波兰、保加利亚、捷克、匈牙利、拉脱维亚、立陶宛、罗马尼亚、斯洛伐克以及瑞典等 9 个国家联合向欧盟委员会提出要求，鉴于改革这些国家成本高昂的养老金体系时成本很大，因此希望在计算它们的公共债务和预算赤字时将这一因素考虑进去。这些国家除了瑞典之外，其他 8 国都是中东欧国家。但在峰会上，它们没有能够争取到多数支持。此后，而有一些国家，如保加利亚和匈牙利则自己寻找出路，弥补公共财政的赤字。

在加入欧盟时，成员国之间达成了临时协议，即对于那些通过将现有的第二支柱的储蓄用于弥补公共养老金赤字的做法睁一只眼闭一只眼。[①] 因此，2010 年 11 月，匈牙利和保加利亚向欧盟委员会均提出了相似的建议，即通过把预先付费的第二支柱养老金收归国有，这样可以降低政府赤字以及公共债务比例，以便达到马约的要求。欧盟对此提议感到惊讶，并表示了关注。

保加利亚的老年化的压力在欧洲最大，目前一半以上的选民是退休人口，因此政府实施政策，强迫对养老保险进行国有化。2010 年 11 月，保加利亚议会通过决定，将第二支柱国有化。

匈牙利执政党由于在国会拥有绝对多数席位，因此 12 月在通过养老金第二支柱国有化法律时也给居民选择的可能。匈牙利人需要决定，他们希望舍弃养老金的哪一部分：如果他们希望保留第二支柱中的预先缴费的个人账户，那他们在未来将不能现收现付，即使他们已经对目前这一代退休人员的养老金支付做了贡献；如果他们选择保留第一支柱，那他们必须“自愿”将他们个人账户中的储蓄转交给政府，以便支付能够维持现收现付制度。法律规定，从私有养老基金中转移最多 100 亿欧元到国有养老基金中，以替代财政转移支付，减少财政开支，进而达到 IMF 和欧盟对匈牙利财政赤字的要求。

事实上，尽管养老基金是私人财产，但由于匈牙利政府就在宣布这一计划的几天之前通过修改宪法来防止任何宪法修正，因此，在预算问题上的任何司法复议都已没有可能。

相对于保加利亚和匈牙利将养老金第二支柱国有化的做法，另一些国家则选

① Euractiv：Hungary，Bulgaria Challenge Rehn on Pensions. Published on December 6，2010. http：//www. euractiv. com. Last visited on September 17，2011.

择了其他方式。一方面，这些国家，如波兰和罗马尼亚寄希望于在2010年12月的欧盟峰会上取得突破。在2010年12月峰会之前，罗马尼亚总统伯塞斯库表示，鉴于欧盟已经同意调整经济治理结构，包括对预算违规进行制裁，因此应该提出“更多的论据”来重新进行努力。波兰总理图斯克认为虽然将会有许多讨论和争议，但这一呼声需要继续提出。他提出，“欧盟委员会应该不能再继续无视在计算公共债务和赤字时养老金改革成本应该被纳入计算这一事实”。波兰希望改变债务规则，以避免改革调整过度，因为欧盟要求的改革长期将受益，但短期会对公共财政带来额外压力。但这些国家的努力没有取得进展。但遗憾的是，波兰和罗马尼亚的努力依然没有取得成果。

在此背景下，鉴于财政压力，波兰决定采用另一种方式对养老金体系进行进一步的改革。1999年波兰举行了养老金制度改革，建立了三个支柱，其中两个是强制性的，一个是自愿性的。第一支柱由波兰社会保险局（ZUS）管理，采用现收现付。第二支柱是开放式的养老基金（OFE），由雇员选择。从20世纪90年代末进行改革以来，波兰每年向私人养老基金的财政转移支付超过2.5%。这些基金主要购买证券，特别是波兰国债。

2011年3月，波兰议会下院通过了一项养老金改革方案，将个人向私人养老基金缴纳养老金的比例从7.3%下调到2.3%。被削减的5%的差额将被转入波兰国有社保基金（ZUS）中。这一措施将保证国家能够持续通过国有养老基金支付养老金，同时也能减少国家财政的压力。该法律将交由上院通过并经总统签字后才能生效。波兰财政部长认为，波兰与匈牙利的做法是不一样的。“波兰政府只是计划改变开放式（OFE）的和国有的（ZUS）个人账户之间的分配比例，因此跟匈牙利的情况是完全不一样的。”

中东欧国家中还有一类情况，以捷克为典型。捷克实行的是俾斯麦制度的改革，没有建立三支柱的养老金体系。鉴于欧盟在政府赤字和债务占比指标上的要求越来越严格，捷克政府也在进行改革。捷克的劳动力与退休人员的比率在50年内将从现在的2∶1变成1∶1。根据捷克劳动和社会事务部长声称，目前捷克退休人员收入的95%来自国库，这充分暴露了捷克政府财政的弱点。[①]

---

① Euractiv：Czech Republic Kicks off Pension Reform. Published on July 14，2011. http：//www. euractiv. com. Last visited on September 17，2011.

2010 年 10 月 30 日，捷克劳动和社会事务部长向政府递交了一份养老金改革的草案。根据草案，从 2013 年起，捷克除了现行的现收现付制度，还将建立第二支柱，允许建立最多 5 家私有养老基金，以对现有养老金制度进行补充。目前，捷克的雇员缴纳收入的 28%给国有养老金基金。从 2013 年起这一比例将降到 25%，被削减的 3%的差额将转交给私人养老基金，并在 6 年内将这一比例提高到 5%。捷克财政部长建议，给公共预算造成的损失将通过把现有的两个税率的增值税到 2013 年统一到 17.5%来弥补。这一方案于 2011 年 7 月在捷克议会下院得到了通过。根据测算，如果有一半的劳动力参加私人养老金体系，对捷克政府来说在起始阶段可能会带来每年 200 亿克朗（约 8.18 亿欧元）的财政收入的损失。

中东欧国家的社会保障制度改革已经进行了 20 年，在经历了转型初期的修修补补之后，最终基本上重新建立了社会保障制度。这种制度的特点在于，国家提供全覆盖的基本社会保障，与此同时，通过吸引私人部分的加入向个人提供更多的选择。对于个人来说，在享受国家提供的基本保障基础上，根据自己的经济状况，选择性地加入补充性的社会保险，以获得更多的收益。

103. 国际金融危机对中东欧国家有何影响？

孔田平

自 2007 年美国次贷危机爆发后，金融危机在全球蔓延的速度超过了人们的预期。从危机的根源看，目前的国际金融危机不同于 1997 年亚洲金融危机，亚洲金融危机被认为是“任人唯亲的资本主义”的结果，而目前的国际金融危机则发端于持续进行金融创新的世界金融体系的中心，是充斥着债务和资产证券化的新产品在全球交易过度投机的结果。一些观察家将这次国际金融危机称为现代金融市场的首次危机。2008 年国际金融危机波及全球，而且金融危机已向实体经济蔓延。中东欧国家自 20 世纪 90 年代以来，加入了经济全球化的洪流，国际金融危机不可避免地对中东欧经济产生影响。① 中东欧经济受到了国际金融危机的严重冲击，在转型 20 年后再次成为国际关注的焦点，媒体充斥着“危机”、“崩溃”、“欧洲的次贷”和“金融危机第二波”等负面辞藻。2009 年适逢东欧剧变 20 周年、北约在东欧扩大 10 周年和欧盟在东欧扩大 5 周年，然而由于国际金融危机的冲击，2009 年是东欧经济转型后摆脱“转型性衰退”后最为困难的一年，纷至沓来的经济坏消息使政治精英心境不佳，普通民众焦虑不安，本应弥漫的喜庆气氛荡然无存。

中东欧国家自 1990 年实行经济转型后在经历了数年的经济衰退后，走上了稳定的经济增长之路。1989 年斯洛文尼亚为南斯拉夫联邦内的一个共和国，人

① Sándor Gardó，Antje Hildebrandt，Zoltan Walko，Walking the Tightrope：A First Glance on the Impact of the Recent Global Financial Market Turbulence on Central，Eastern and Southeastern Europe，Financial Stability Report 15. http：//www. oenb. at/en/img/fsr _ 15 _ special _ topics _ 04 _ tcm16－87340. pdf.

均国内生产总值为500美元，到2008年斯洛文尼亚人均国内生产总值达到了23000多美元。2008年上半年人口200万的斯洛文尼亚担任欧盟轮值主席国，成功应对了科索沃独立为巴尔干和欧洲安全带来的挑战。20世纪90年代末斯洛伐克被视为东欧的“黑洞”，到2004年斯洛伐克被外国金融家视为掌上明珠，斯洛伐克成为了外国汽车制造商投资的天堂。波兰、匈牙利、捷克与斯洛伐克等国获得了国际投资者的青睐，跨国公司纷纷进军东欧市场，东欧新兴市场成为了国际投资的热点。转型也改变了东欧在世界经济中的地位，匈牙利、波兰、捷克、斯洛伐克和斯洛文尼亚成为了经济合作与发展组织成员国，2004年和2007年有10个中东欧国家成为了欧盟成员国。自2004年8个中东欧国家加入欧盟后，已入盟东欧国家的经济增长率高于欧盟老成员国，赶超进程明显加快，东欧的普通民众和企业家尽情享受经济繁荣的成果。然而，从2008年下半年开始，东欧经济感受到国际金融危机带来的阵阵寒意，强劲的经济开始走弱，本币大幅度贬值，股市大跌，房市走低，融资成本大幅度提高，生气勃勃的中欧小虎俨然成为了不堪一击的纸老虎，匈牙利和罗马尼亚等国不得不寻求国际货币基金组织的救助，2009年是转型以来经济增长记录最糟的一年。国际金融危机对中东欧国家的影响值得进行深入的探讨。

国际金融危机对中东欧国家影响的路径

一、国际金融危机对中东欧国家的影响具有制度基础

中东欧国家自1990年经济转型以来，已经建立了市场经济的基本框架。中东欧国家在经济转型中实行了稳定化、自由化和私有化，建立了市场经济的制度框架。虽然中欧国家与东南欧国家在市场经济的发展水平上有差异，但是经历了近20年转型后，中东欧国家都已告别中央计划经济，建立了市场经济的基本框架。

中东欧国家的经济转型伴随着经济的开放。中东欧国家积极参与经济的全球化，与世界经济的联系日益密切。走向市场化的中东欧国家摆脱了封闭经济，成为了全球经济的参与者。中东欧国家强调经济的开放，特别是在金融部门开放的步伐很大，即使在经济民族主义影响很大的波兰，金融部门开放的速度与深度也超过了人们的预期。中东欧国家的市场包括金融市场成为了全球经济的组成部

分，金融的国际化客观上也加快了金融危机传播的速度。

二、中东欧国家的银行部门被西方银行所控制，使得中东欧银行部门直接受到金融危机的冲击

中东欧国家在经济转型过程中对国有商业银行进行改造。东欧国家国有银行改造的顺序是首先对国有银行的资产负债表进行清理，处置银行的不良资产，然后将国有银行进行私有化，将国有银行卖给外国战略投资者。从东欧国家国有银行改造的实践看，私有化特别是将国有银行出售给外国战略投资者是国有银行改造的主要方式。20 世纪 90 年代下半期，外国银行大举进军中东欧市场，参与国有商业银行的私有化。1995 年匈牙利开始向外国战略投资者出售国有银行。1995—1996 年，波罗的海国家、捷克、罗马尼亚、克罗地亚、波兰和保加利亚外资参与的国有银行的私有化进程加速。到 2000 年绝大多数中东欧国家的商业银行部门为外资所控制。目前除斯洛文尼亚外资所占比重较小外，中东欧国家银行部门的百分比在 55%—97%。

2008 年外国银行在中东欧银行部门的地位

国家	主要的外国银行	外国银行在银行部门所占份额（%）
波兰	Unicredit（意大利联合信贷银行）、ING（荷兰商业银行）、Commerzbank（德国商业银行）	67
捷克	KBC（比利时联合银行）、Erste（奥地利第一储蓄银行）、Societe Generale（法国兴业银行）	97
斯洛伐克	Erste（奥地利第一储蓄银行）、Intesa（意大利联合银行）、Raiffeisen（奥地利国际控股集团）	96
匈牙利	KBC（比利时联合银行）、Bayern LB（德国巴伐利亚州立银行）、Intesa（意大利联合银行）	68
斯洛文尼亚	Societe Generale（法国兴业银行）、Intesa（意大利联合银行）、Unicredit（意大利联合信贷银行）	29
罗马尼亚	Erste（奥地利第一储蓄银行）、Societe Generale（法国兴业银行）、Raiffeisen（奥地利国际控股集团）	55

续表

国家	主要的外国银行	外国银行在银行部门所占份额（%）
保加利亚	Unicredit（意大利联合信贷银行）、OTP（匈牙利国家储蓄银行）、Raiffeisen（奥地利国际控股集团）	75
立陶宛	SEB（北欧斯安银行）、Swedbank（瑞典银行）、DnB Nord（挪威银行）	88
拉脱维亚	SEB（北欧斯安银行）、Swedbank（瑞典银行）、DnB Nord（挪威银行）	56
爱沙尼亚	SEB（北欧斯安银行）、Swedbank（瑞典银行）、Nordea（北欧联合银行）	98
克罗地亚	Unicredit（意大利联合信贷银行）、Intesa（意大利联合银行）、Erste（奥地利第一储蓄银行）	90
塞尔维亚	Intesa（意大利联合银行）、Raiffeisen（奥地利国际控股集团）、Hypo Group（裕宝集团）	75
波黑	Unicredit（意大利联合信贷银行）、Hypo Group、Raiffeisen（奥地利国际控股集团）	91
俄罗斯（2006）	Raiffeisen（奥地利国际控股集团）、Societe Generale（法国兴业银行）、Unicredit（意大利联合信贷银行）	12
乌克兰（2006）	Raiffeisen（奥地利国际控股集团）、BNP Paribas（法国巴黎银行）、Unicredit（意大利联合信贷银行）	45

资料来源：European Central Bank，financial supervision authorities of particular countries。

三、外汇贷款的扩张为中东欧国家经济埋下了潜在隐患。一旦发生本币贬值，消费者和企业则无法偿还贷款，银行部门将直接受到冲击

中东欧国家在过去10年的经济繁荣时期经历了信贷的扩张。西欧银行在中东欧国家的分支机构积极拓展在中东欧的业务，向中东欧国家的企业和个人提供金融服务。由于外币的贷款利率低于本币，外币贷款获得了中东欧国家的个人和企业的青睐，外币贷款也成为西欧银行在中东欧国家的主要业务之一。西欧银行在中东欧的分支机构外国向中东欧消费者提供外币的抵押贷款，主要是瑞士法郎和欧元，而外币贷款利率仅为本币贷款利率的约2/3。据估计，中东欧国家拥有约1.7万亿美元的外汇债务。而大部分的外汇债务与消费市场有关。在经济繁荣时期，数百万中东欧人成为了货币投机者。他们以低利率的瑞士法郎或欧元购买房地产、汽车和其他消费品。当本币处在升值时期或保持稳定时，多数贷款人认为以瑞士法郎或欧元等外币偿还债务较为便宜。

在外币贷款高速增长时期，无论是西欧银行在中东欧的分支机构的管理层还是中东欧选择外币贷款的消费者与企业都对外币贷款缺乏必要的风险意识。他们基于下列错误的假定：本币会不断升值或保持稳定。数年之前，当国际货币基金组织的一些专家指出外币贷款扩张的风险时，西欧银行在中东欧分行的高级管理人员强调中东欧国家的中央银行不会放任本币出现大幅度贬值。2005年匈牙利学者也指出了外币贷款增长面临的风险。[①] 欧盟新成员国即将加入欧元区的前景也使他们对中东欧国家的货币稳定充满了盲目的乐观主义情绪。西欧银行在中东欧的分支机构乐于提供瑞士法郎的贷款，外币贷款占匈牙利贷款总额的52%，占罗马尼亚贷款总额的54%。到2008年9月底，罗马尼亚的外汇贷款达到了360亿美元，几乎相当于两年前数字的3倍。奥地利和意大利主导的匈牙利银行部门以及匈牙利最大的国内银行发放了低利率的瑞士法郎贷款。自2006年以来，匈牙利抵押贷款的近90%为瑞士法郎。匈牙利瑞士法郎的贷款利率为福林贷款利率的一半，到2008年4—6月三个月间，消费者的外汇贷款是福林贷款的三倍多。2006年，克罗地亚、罗马尼亚、保加利亚和匈牙利外币贷款占贷款总额的比率分别为77%、56%、45%和50%，波兰、斯洛伐克和捷克外币贷款占贷款总额的比率分别为28%、23%和14%。2000—2005年，中欧三国（波兰、捷克和匈牙利）私营部门外币贷款的平均增长率为15%，家庭外币贷款的平均增长率为88%。根据惠誉评级公司2007年年底东欧国家外币贷款占贷款总额的比率的资料，捷克和斯洛伐克低于20%，波兰超过20%，罗马尼亚、保加利亚和立陶宛超过了50%，匈牙利超过了60%，爱沙尼亚接近80%，拉脱维亚超过了

---

① Lúszló Bokor and Gábor Pellényi, Foreign Currency Denominated Borrowing in Central Europe: Trends, Factors and Consequences, February, 2005, ICEG EC Opinion Nr 5, http://www.icegec.hu/eng/publications/_docs/opinion/ICEG_Opinion_5.pdf. Peter Backé, Balázs égert and Tina Zumer, Fast Credit Expansion in Central and Eastern Europe: Catching—up, Sustainable Financial Deepening or Bubble, http://www.oenb.at/de/img/backe_tcm14—52572.pdf.

80%。外币贷款的非理性扩张事实上成为了中东欧经济的“定时炸弹”。

受国际金融危机的影响，世界范围出现了信贷紧缩，银行不再能够提供外汇贷款，要求收回未偿债务。由于全球主要市场特别是欧元区经济陷入衰退，中东欧经济步履蹒跚，投资者开始撤资，本国货币出现下跌。这使得许多消费者不能支付其债务，人们担心中东欧国家无法履行其外汇相关的债务。自 2008 年 8 月以来，波兰兹罗提相对于瑞士法郎贬值了约 60%。波兰中央银行估计 3.5%的个人贷款和 6.2%的公司贷款有问题。罗马尼亚外币贷款主要为欧元，占零售贷款的约 60%。罗马尼亚列伊相对于欧元下跌了 20%。匈牙利 70%的家庭贷款为瑞士法郎，福林相对于瑞士法郎已贬值了 50%。

当中东欧国家的本币出现大幅度贬值时，外币贷款的企业或个人还贷负担剧增，许多企业和个人难以偿还债务，会出现大量的信贷违约。由于中东欧本币的大幅度贬值，外币贷款的“定时炸弹”已经引爆。西欧银行向中东欧国家提供的贷款为 1.7 万亿美元，这约等于欧洲国内生产总值的 9.0%。考虑到西欧与中东欧间密切的经济联系，特别是金融部门的密切联系，西欧银行在中东欧的分支机构中东欧银行部门的危机必将波及西欧银行部门，这将使面临流动性问题的西欧银行雪上加霜。

四、中东欧经济的脆弱性降低了抵御外部冲击的能力

从经济体制看，中东欧属转型经济，与西欧发达的市场经济国家仍有相当大的差距。虽然一些已加入欧盟的中东欧国家宣称经济转型已经结束，但是从经济体制看其经济体制的成熟度尚有待提高，一些已加入欧盟的中东欧国家社会领域的改革尚未完成。中东欧国家作为全球新兴市场的重要组成部分，其经济抗风险的能力较弱。

中东欧国家存在程度不同的经济问题，这些问题的积累降低了抵御外部冲击的能力。

预算赤字：一些中东欧国家面临预算赤字过高的问题。从中东欧国家预算赤字占国内生产总值的百分比看，匈牙利的预算赤字仍居高位。匈牙利在国际金融危机爆发前就已存在预算赤字过高的问题，2006 年预算赤字占国内生产总值的 9.3%，2007 年预算赤字虽然有所下降，占国内生产总值的 5.5%。

2007 年中东欧国家的预算余额（占 GDP 的百分比）

国家	预算赤字
捷克	－1.6
匈牙利	－5.5
波兰	－2.0
斯洛伐克	－2.2
斯洛文尼亚	0.5
罗马尼亚	－2.5
保加利亚	3.4
爱沙尼亚	3.3
拉脱维亚	0.1
立陶宛	－1.2
克罗地亚	－2.3
塞尔维亚	－2.7

资料来源：EBRD 2008。

外贸逆差：整个中东欧地区经常账户赤字从 2000 年的占国内生产总值的 2%上升至 2008 年的 9%。一些中东欧国家面临外贸逆差过大的问题。2007 年拉脱维亚和保加利亚分别为国内生产总值的 23.8%和 21.8%。这意味着这些国家外汇标价的商品进口额超过出口额，这减少了外汇储备，有可能导致当地货币的贬值。

中东欧国家经常账户余额占国内生产总值的比重（%）

国家	2007 年	2008 年
捷克	－1.8	－2.8
匈牙利	－6.2	－6.1
波兰	－4.7	－5.4
斯洛伐克	－5.7	－6.3
斯洛文尼亚	－4.4	－5.1
罗马尼亚	－13.5	－12.1
保加利亚	－21.8	－24.5

续表

国家	2007 年	2008 年
爱沙尼亚	－18.1	－8.5
立陶宛	－14.6	－12.2
拉脱维亚	－23.8	－13.6
克罗地亚	－8.6	－10.9
塞尔维亚	－13.3	－17.8

资料来源：Source：wiiw（February 2009），Eurostat. Forecasts by wiiw，European Commission（Interim Report，January 2009）for Euro area（16 countries）and EU－27。

外债：根据意大利联合信贷集团的资料，中东欧国家 2007 年外债总额占国内生产总值的比率在 37.9％—133％。这表明，中东欧国家外债总额占国内生产总值的比重偏高。2008 年第二季度，匈牙利国家和企业的总外债为 899 亿欧元，这等于匈牙利国内生产总值的 93.8％。根据匈牙利中央银行的资料，90％的家庭贷款为外汇贷款（欧元和瑞士法郎），30％的公共债务和 60％的公司和个人贷款是以外汇计算的。

2007 年中东欧国家外债总额占国内生产总值的比率（％）

捷克	37.9	保加利亚	97.3
匈牙利	97.3	爱沙尼亚	110.3
波兰	48.0	拉脱维亚	133.3
斯洛伐克	54.7	立陶宛	73.3
斯洛文尼亚	106.0	克罗地亚	87.8
罗马尼亚	30.3	塞尔维亚	65.1

资料来源：UniCredit Group，CEE Economic Data，2008。

值得注意的是，自 2008 年 10 月以来，中东欧国家在新兴市场中率先受到国际金融危机的冲击，匈牙利和拉脱维亚不得不寻求国际金融组织和欧盟的救助。中东欧国家之所以率先受到冲击，其主要的原因有三：第一，中东欧国家金融体系的高度开放性。在金融全球化的浪潮中，中东欧国家的商业银行被西欧银行所控制，东西欧密切的金融联系加快了危机蔓延的速度。第二，中东欧国家高度依赖外部的资金与市场的增长模式。中东欧国家的经济增长主要依赖于外部的资金与市场，特别是欧盟的资金与市场。这一增长模式在全球经济的繁荣时期确实使中东欧国家获益匪浅，但是外部环境的剧烈变化会直接冲击中东欧国家的经济。当欧元区经济增长放缓或陷入衰退时，中东欧国家的经济就直接受到拖累。第三，中东欧国家是国际金融危机在全球蔓延的薄弱环节。2007 年下半年美国出现次贷危机后，2008 年春西欧的银行受到冲击，出现了流动性问题。2008 年 9 月美国投资银行雷曼兄弟公司的破产震动了拥有大量有毒资产的西欧银行，为流动性困扰的西欧银行不得不减少或收回对中东欧分支机构的资本注入。为西欧银行所控制的中东欧国家的银行部门因此直接受到冲击。

2008 年欧洲在中东欧国家贸易中所占的比重

国家	中东欧国家对欧洲出口占出口总额的百分比	中东欧国家从欧洲的进口占进口总额的百分比
阿尔巴尼亚	93.3	88.4
波黑	96.1	97.7
保加利亚	86.0	89.0
捷克	93.0	87.1
匈牙利	90.0	82.5
波兰	92.8	87.4
斯洛伐克	94.5	88.2
斯洛文尼亚	93.7	87.9
克罗地亚	92.8	85.0
塞尔维亚	不详	不详
马其顿	96.7	94.1
罗马尼亚	89.0	84.5
爱沙尼亚	90.0	93.4
拉脱维亚	93.0	93.1
立陶宛	88.5	93.0

资料来源：Euromonitor International（2009）。

国际金融危机对中东欧国家的影响

中东欧各国宏观经济状况不尽相同，金融部门的开放性存在差异，因此中东欧各国受金融危机冲击的程度也不尽相同。匈牙利成为了第一个需要国际救助的中东欧国家。匈牙利社会党在2002年执政之时就面临上届政府留下的预算赤字问题。在2002—2006年社会党政府第一个任期内，政府为兑现竞选承诺而增加公共开支。2006年9月获得连任的久尔恰尼总理坦诚增加公共开支的做法已难以为继，必须停止就经济状况向选民撒谎，此后匈牙利爆发了自1956年事件最严重的社会动乱。即使没有国际金融危机，匈牙利的经济已经出现问题。政府预算赤字占国内生产总值的5%，贸易逆差占国内生产总值的5%，总外债占国内生产总值的122%。1998年1月—2004年12月，金融机构的贷款从35250亿福林增加到121670亿福林，而同期外汇贷款从10013亿福林增加到40636亿福林。如果剔除金融机构和政府贷款，总贷款额从20793亿福林增加到92415亿福林，而外汇贷款从5379亿福林增加到36003亿福林。外汇占总贷款的份额从28.4%增加到33.3%，增加了约5个百分点，其中私人客户所占百分比从25.9%增加到38.9%，而向私营部门的外汇贷款则具有周期性质。在1999/2000年之交和2003年的贷款兴旺时期，其增长率较高，而在2001年困难时期，其下降速度较快。2003年后这一模式有所变化，福林贷款增长率下降，而外汇贷款则持续高速扩张。2004年年底外汇贷款占短期贷款的1/3，占中期贷款的40%，占长期贷款的60%。家庭获得了大规模的外汇贷款，2003—2004年金融机构共发放了价值1326亿福林的外汇住房贷款，大部分外汇贷款为欧元，到2004年年底瑞士法郎占到了外汇贷款的约1/4。外汇贷款利率低于福林贷款利率驱使许多家庭选择外汇贷款，但其中潜在的汇率风险遭到忽视，一旦福林贬值，许多贷款人将难以偿还贷款。国际金融危机使匈牙利经济雪上加霜。在全球信贷紧缩的条件下，匈牙利政府难以筹集到必要的资金以弥补预算赤字，因为匈牙利政府所欠外债已占国内生产总值的66%。受国际金融危机的影响，匈牙利股市大跌，利率提高，本币走弱，金融机构出现了流动性短缺。从2008年7月中旬到10月中旬，匈牙利福林相对于欧元贬值了22%。匈牙利30%的公共债务和60%的公司和私人债务为外币，福林的走低增加了匈牙利的债务负担。由于偿还债务支出的增加，习惯于依赖外国贷款弥补其支出的匈牙利政府与人民付出了高昂的代价。面临不利的经济形势如经济增长乏力和公共债务居高不下，外国投资者产生恐慌，将资金撤离匈牙利。由于投资者逃离市场，外国债权人要求当地银行尽快偿还借款，匈牙利银行体系面临问题。面对愈演愈烈的金融危机，为了防止金融体系的崩溃，匈牙利政府不得不求助于国际组织。2008 年 10 月 29 日，匈牙利获得了 250 亿美元的紧急救助资金。这是危机爆发以来最大的国际救助计划。国际货币基金组织将向匈牙利提供 157 亿美元的贷款，欧盟提供 81 亿美元，世界银行提供 13 亿美元。这些贷款将在 17 个月间进行拨付。国际货币基金组织认为，匈牙利政府已经形成了全面的一揽子政策，以保持经济近期的稳定，改善长期增长潜力。同时，匈牙利政府的政策旨在恢复投资者信心，减轻金融市场的压力。世界银行表示正在与匈牙利就长期的结构问题进行合作。但是考虑到外债的规模，匈牙利要在中期和长期稳定其货币，这些援助可能是不够的。

从中东欧整个地区看，国际金融危机有如下的影响。

一、直接影响

1. 货币贬值：自 2008 年 8 月底以来，一些中东欧国家的货币出现了大幅度的贬值。根据 2009 年 3 月 20 日彭勃新闻社的报道，东欧国家的货币在过去半年间大幅度贬值。在 26 个新兴市场的货币中，波兰兹罗提贬值最大，兹罗提相对于欧元贬值了 28%，匈牙利福林位居第三，福林贬值了 20%，罗马尼亚列伊贬值 16%，捷克克朗贬值 11%。

2. 股市下跌：2008 年 9 月布达佩斯股票市场指数下跌了近 40%。2008 年东南欧主要指数已经下降了一半多。保加利亚股票交易所 Sofix 指数下跌了 66%。罗马尼亚布加勒斯特 BET 指数 2008 年以来下降了 67%，跟踪五大本国投资公司 BET－FI 下降了 82%。由于外国资本的撤离，2008 年 7—10 月四个月股票交易所的 ROTX 指数的欧元价值损失了 60%。在 2006—2007 年，克罗地亚 Crobex 指数每年增长都超过 60%，2008 年损失了 54%。塞尔维亚 Belex15 指数 2008 年下降了 65%。从 2007 年 7 月到 2008 年 7 月，中东欧养老基金损失了 90 亿欧元，相当于养老基金管埋的总资产的 13%。

3. 房地产市场走低：房地产一度是匈牙利收入稳定而且具有可预见性的投资工具，在危机爆发后房地产的价格下降了 20%—50%。保加利亚许多大型房地产项目已经冻结，未售出房地产积压严重。斯洛文尼亚 2008 年房地产交易下降了20%，市场下降到了2003年的水平，住房价格平均下降了20%。据估计，2009年罗马尼亚房地产投资将比2008年下降80%。

4. 融资成本增加。虽然国外市场的流动性紧缩在采取适当的措施后会有所减弱，但是现有的资金更为稀缺，资金配置会更为强调规避风险。国际金融协会认为，新兴市场资本净流入将锐减。根据该协会的估计，2009年欧洲新兴市场（包括中欧、俄罗斯、乌克兰和土耳其）的资本流出将为267亿美元，而2008年资本流入为2410亿美元。即使有国际货币基金组织的援助，中东欧国家面临的资本缺口也很难得到弥补。

二、间接影响

1. 经济增长下降。国际金融危机影响到中东欧国家的实体经济，其主要表现为经济陷入衰退。2008年10月30日，欧洲经济信心降至15年新低。欧元区15国的经济情绪指数从9月的87.5下降到10月的80.4。欧元区的工业信心指数从9月的－12下降到10月的－18，为近七年的最低。消费信心指数从－19下降到－24，为14年的最低。考虑到欧盟是中东欧国家的主要出口市场，欧元区经济的低迷会直接影响中东欧国家的增长前景。2009年4月22日，国际货币基金组织公布对全球经济的预测。国际货币基金组织预测2009年世界经济将下降1.3%，这将是第二次世界大战结束后最严重的衰退。2009年欧元区国内生产总值实际下降4.2%，德国经济2009年下降5.1%。欧元区经济陷入衰退沉重打击了中东欧国家的出口部门。

中东欧国家国内生产总值的增长率（%）

国家	2008年	2009年	2010年
保加利亚	6.0	－2.0	－1.0
捷克	3.2	－3.5	0.1
爱沙尼亚	－3.6	－10.0	－1.0
匈牙利	0.6	－3.3	－0.4
拉脱维亚	－4.6	－12.0	－2.0
立陶宛	3.0	－10.0	－3.0
波兰	4.8	－0.7	1.3
罗马尼亚	7.1	－4.1	0.0
斯洛伐克	6.4	－2.1	1.9
斯洛文尼亚	3.5	－2.7	1.4

资料来源：IMF Economic Outlook，April 2009。

受欧元区经济低迷的影响，中东欧国家经济也陷入了衰退。根据国际货币基金组织预测，2009年中东欧经济进入全面衰退，所有中东欧国家的国内生产总值都有程度不同的下降。这是中东欧国家自摆脱转型性衰退后经济增长记录最差的一年。2008年波兰经济增长4.9%，波兰政府预测2009年波兰经济将增长1.7%。波兰是2009年唯一保持经济增长的、欧盟成员国欧洲复兴与开发银行5月初预测2009年中东欧经济将下降5.2%，而中东欧经济实际下降了5%。

2. 债务危机。在经济繁荣期外币贷款的扩张为中东欧经济埋下了潜在隐患。自2008年下半年起，中东欧经济增长放缓，本币逐渐走弱，出现了大幅度的贬值。本币的大幅度贬值增加了拥有外币贷款的企业和个人的还款负担，加大了信贷违约的风险。

中东欧经济向何处去?

自2008年下半年开始，中东欧经济就出现了危机的迹象，一些中东欧国家不得不诉诸国际援助。应当承认，中东欧国家的经济面临着自转型以来最严重的危机，但是中东欧的危机尚在可控范围之内，不可能发生全面的经济崩溃，并诱发新一轮的金融危机。

一、中东欧经济已经处在危机的边缘，具备发生地区性金融危机的条件

曾预言了美国金融危机的美国经济学家鲁比尼认为，新兴欧洲正处在全面的主权债务、银行和货币危机的边缘。中东欧经济面临两个问题即出口大幅度下滑和资本流入的枯竭。捷克、匈牙利和斯洛伐克的出口占国内生产总值的80%—90%，其最大市场欧元区已处在经济衰退之中。全球信贷紧缩对资本流动的不利影响。东欧国家在经济繁荣时期轻易获得贷款的好时光已经过去。经济繁荣时期累积的外汇贷款在经济萧条时期遭遇了本币的大幅度贬值，信贷违约的风险显著增加。中东欧国家外债居高不下，外债占国内生产总值的比重超过了50%。中东欧国家经济高度依赖西欧消费者。中东欧国家以高负债支撑高增长。西欧银行

向中东欧的消费者和企业提供贷款。其结果一些国家积累了巨额的经常项目逆差。[①] 2008年保加利亚、罗马尼亚和波罗的海三国经常账户的赤字占国内生产总值的比重均为两位数，而东南亚国家1995—1997年经常账户的赤字占国内生产总值的比重在3.0%—8.5%之间。

基于历史的经验，高额外汇贷款、巨额的外债和巨额的经常账户赤字为发生区域性金融危机的条件。从中东欧国家2008—2009年的状况看，中东欧经济已经具备东南亚金融危机的条件。

二、中东欧国家并非铁板一块，中东欧国家间经济的基本面不尽相同，因此面临的风险的高低也不尽相同。从下列指标看，中东欧国家存在很大差异

外部脆弱性指标：穆迪公司将外部脆弱性界定为短期外债+到期的长期外债+超过1年期的非居民存款总额与官方外汇储备的百分比。该指标可以衡量一个国家在出现投资者暂时丧失信心、风险认知的提高以及普遍的流动性紧缩情况下的承受能力。比率越高，风险越大。从外部脆弱性指标看，爱沙尼亚最为突出，达388.7%，拉脱维亚高于300%，匈牙利超过220%。立陶宛超过了200%，波兰不到150%，斯洛伐克超过了130%，罗马尼亚超过了110%，保加利亚超过了100%，捷克超过了80%。由此可见，波罗的海三国和匈牙利风险最高。

经常账户赤字/国内生产总值：波罗的海国家、保加利亚和罗马尼亚经常账户赤字占国内生产总值的百分比为两位数。除非外国直接投资或对当地公司的证券投资增加，否则持续的经常账户逆差会导致外债的累积。赤字的规模可以反映这些国家受外资逆转影响的程度。如果外国直接投资下降意味着为弥补赤字需要增加外债。从经常账户赤字的规模看，1995—1997年东南亚和1994年危机前的墨西哥在3.0%—8.5%的范围之内。中东欧国家除捷克低于5%之外，其他国家均超过5%。

外债：东欧国家外债占国内生产总值的比重较高。2008年穆迪公司估计几乎所有中东欧国家的外债占国内生产总值的比率都超过了50%。拉脱维亚高达约135%，保加利亚、爱沙尼亚和匈牙利超过了100%。1995—2005年波兰外债

---

① How the Crisis is Hitting Europe, February 26, 2009, http://www.businessweek.com/magazine/content/09_10/b4122036855338.htmcampaign_id=rss_null.

增长了 170.2%。1996—2005 年立陶宛外债增长了 378.6%，爱沙尼亚增长了 697.2%，1995—2005 年拉脱维亚增长了 1558.2%。外债的高速增长与 20 世纪 70 年代和 20 世纪 80 年代初的拉美有相似之处，拉美国家由于定值过高的货币、高额的经常账户赤字和巨额的外债导致了严重的经济危机。波罗的海国家国内信贷低于外债总额。匈牙利也有同样的趋向。波兰两者相差无几。只有捷克和斯洛伐克国内信贷高于外债总额。高外债低内债事实上是一种非正式的欧元化。这意味着当出现本币贬值时，支付链会出现问题。

外汇贷款占贷款总额的比率：根据惠誉评级公司 2008 年的资料，外汇贷款占贷款总额的比率捷克和斯洛伐克低于 20%，波兰超过 20%，罗马尼亚、保加利亚和立陶宛超过了 50%，匈牙利超过了 60%，爱沙尼亚接近 80%，拉脱维亚超过了 80%。外汇贷款占贷款总额的比率越高，风险越大。一旦出现本币贬值，会出现信贷违约，导致债务危机。

根据上述指标，匈牙利和波罗的海国家面临的风险较大，罗马尼亚和保加利亚面临中度风险，风险较低的国家有波兰、捷克和斯洛伐克。中东欧国家的银行除波罗的海国家和匈牙利之外，财务状况良好。中东欧地区的银行并没有利用高风险的金融工具，这在一定程度上降低了受金融危机冲击的强度。

三、中东欧国家的危机在可控范围之内，不可能诱发新一轮的金融危机

欧洲复兴与开发银行首席经济学家伯格罗夫强调中东欧的危机具有可控性。他认为，中东欧银行欠西欧银行 1.7 万亿美元的数字有所扩大，该数字是外资银行资产负债的总额，而非债务总额。奥地利第一储蓄银行中东欧宏观和固定收入研究部专家认为，1.7 万亿美元的数字不仅包括从国外的借款，而且包括外国银行在当地的分支机构向当地市场提供的贷款。[①] 一些波兰经济学家认为，中东欧经济崩溃以及可能的多米诺骨牌效应将拖累整个欧盟的看法不能成立。[②] 中东欧尽管具备发生区域性危机的条件，但是中东欧的危机处在可控范围之内，不可能

---

① Juraj Kotian，Gross misrepresentation of BIS Data on CEE —Separating Fact from Fiction on Region's Indebtedness. http：//www. erstebank. hu/file/090306 _ Misrepresentation _ of _ BIS _ data _ on _ CEE _ eng. pdf.

② Marcin Pitkowski and Krzysztof Rybiński，Irrational Exuberance about Central and Eastern Europe's Sovereign risk. http：//www. eurointelligence. com/article. 581 + M531f78f379e. 0. html.

诱发新一轮的金融危机。首先，中东欧的资本流动为外国直接投资，而非证券投资，而外国直接投资要比证券投资更为稳定。其次，中东欧国家债务水平低于西欧国家，外部融资的需要比普遍认为的要低。2008 年家庭贷款占国内生产总值的比重捷克、斯洛伐克、波兰和匈牙利分别为 21%、19%、25%和 27%，保加利亚、罗马尼亚和克罗地亚分别为 32%、18%和 41%，爱沙尼亚、拉脱维亚和立陶宛分别为 46%、38%和 27%，而欧元区家庭贷款占国内生产总值的比重为 63%。再次，基于欧洲统一的原则，欧盟不会放任中东欧新成员国出现经济上的破产。2009 年 2 月 27 日。欧洲复兴与重建银行、欧洲投资银行和世界银行共同向东欧国家提供 245 亿欧元的紧急援助。5 月 5 日，欧盟财政部长会议决定将对中东欧国家的紧急贷款增加 1 倍，增加到 500 亿欧元。2008 年 12 月紧急贷款已增加了 1 倍，达到 250 亿欧元。受中东欧国家债务影响的西欧国家非常集中。奥地利、比利时、法国、德国、意大利和瑞典六国占西欧对中东欧国家贷款的 84%。奥地利银行在中东欧的风险敞口占其国内生产总值的 60%多。比利时银行在中东欧地区的风险敞口占国内生产总值的 30%，瑞典银行在中东欧地区的风险敞口占国内生产总值的约 20%，希腊银行在中东欧地区的风险敞口占国内生产总值的不到 20%，荷兰和瑞士银行在中东欧地区的风险敞口占国内生产总值的约 10%，意大利、德国、法国和英国银行也进入中东欧市场，但其规模较小。① 如果出现大规模的贷款违约将增加对已经遭到削弱的金融体系的压力，中东欧银行将拖累西欧银行。从中东欧危机潜在影响的严重性看，欧盟不会放任中东欧危机波及西欧。第四，中东欧国家也远非铁板一块，捷克、斯洛伐克、波兰和斯洛文尼亚的经济基本面要好于匈牙利、拉脱维亚、罗马尼亚和保加利亚。波兰和捷克银行部门较为健全、财政状况良好以及经常项目赤字较低。斯洛文尼亚和斯洛伐克加入欧元区避免了汇率波动的风险。中东欧银行不良贷款率较低，资本状况良好，没有有毒资产。第五，国家货币基金组织在伦敦 20 国峰会获得新的注资后有助于提高对中东欧国家的干预能力，国际货币基金组织不会放任中东欧国家出现主权违约。20 国峰会后预计国际货币基金组织的资本额扩大 3 倍，增加到 7500 亿美元，这有助于保障中东欧国家债务的安全，增加了有效捍卫该

---

① Antonia Oprita, Can the East Really Sink the European Union? 10 April, 2009, http://www.cnbc.com/id/30087685.

地区货币的可能性，甚至可以直接向当地银行提供帮助。[①] 最后，西欧银行不可能放任其中东欧分支机构陷入危机。中东欧国家的外债主要是企业之间特别是西欧银行与当地分支机构之间的债务。外国银行不可能不向其中东欧分支机构提供资金，放任中东欧分支机构失败将会损害母公司的商誉和市场价格。外国银行也不可能有选择性地支持某个分支机构，因为一个国家分支机构的失败将会导致其他中东欧国家分支机构出现挤兑。[②]

总之，中东欧国家经济遭受了国际金融危机的严重冲击，但是中东欧国家的经济不会出现崩溃，也不会诱发新一轮的金融危机。为应对危机，一些中东欧国家不得不吞下财政紧缩的苦药，这是“经济上的丹药，政治上的毒药”[③]。匈牙利鲍伊瑙伊政府不得不削减养老金、工资和家庭福利，以满足国际货币基金组织270亿美元贷款的条件。然而中东欧的危机不会导致转型的终结，寻求可行的经济体制仍是中东欧国家政府优先考虑的问题。塞尔维亚中央银行行长耶拉希奇强调，基于外国直接投资和对外举债和为了成为欧盟成员国获得额外资金的经济模式需要全面的检讨，需要进行拖延已久的调整，需要进行财政和结构改革，包括养老、医疗和教育改革。[④] 危机也不会导致宪政的危机，使民主化的成果得而复失，虽然最近数月拉脱维亚、捷克和匈牙利政府出现了更迭。危机也不会使欧洲一体化逆转，毕竟中东欧新成员国是欧盟扩大的净受益者。中东欧国家决策者面临的最大挑战是在全球化的世界中如何趋利避害，提高本国经济的竞争力。中东欧国家要走出危机，一方面取决于全球经济特别是欧元区经济的复苏，另一方面取决于中东欧国家进一步的制度改革，以为长期增长奠定稳定的制度基础。

---

① Pomoc MFW moe zwiastowa kolejny kryzys — Przegld prasy — Onet _ pl Biznes — 17 _ 04 _ 2009，http：//biznes. onet. pl/7，1553247，prasa. html.

② Marcin Pitkowski and Krzysztof Rybiński，Irrational Exuberance about Central and Eastern Europe ’ s Sovereign risk. http：//www. eurointelligence. com/article. 581 + M531f78f379e. 0. html.

③ Agnes Lovasz，Eastern European Leaders Learn to Suffer for Sound Economy ，May 5，2009，http：//www. busrep. co. za/index. phpf SectionId＝2880&fArticleId＝4964438.

④ Radovan Jelasic，Effects of the Financial Crisis on Central and Eastern Europe. http：//www. bis. org/review/r090428d. pdf.

104. 阿尔巴尼亚转型后现状如何?

王洪起

阿尔巴尼亚步东欧其他国家之后尘,政局于20世纪90年代发生了激烈动荡与演变。从所谓的"社会主义明灯"变为东欧"转型改制的尾灯"。这次剧变以1990年7月难民潮为前奏,当年12月"民主学潮"和多党制为开始,1992年3月第二次多党议会选举及民主党上台为结束,而转型改制过程却很漫长。1992年上半年,阿尔巴尼亚政权易手,由执政47年的劳动党演变而来的社会党沦为在野党,以中右势力为主体的民主党控制了中央权力。这一剧变时期被阿尔巴尼亚当局称为"阿尔巴尼亚民主革命阶段",接之而来的转型时期则被称为"民主革命后阶段",统称"过渡时期"。综观阿尔巴尼亚的演变原因、过程及后果,与东欧其他国家既有共性,也有其特性。

阿尔巴尼亚剧变的主要内因

东欧各国的演变,均有其内因和外因。正如毛泽东所指出,内因是主要的,外因通过内因起作用。阿尔巴尼亚剧变的主要内因在于:

1. 过于贫穷:自1944年阿解放至1990年,执政的劳动党照搬苏联斯大林的一整套政治、经济模式。70年代后期,阿尔巴尼亚失去了中国援助,霍查仍坚持僵化、极左的政策,拒不改革,造成连年经济停滞、下滑。到1990年,自称"世界上唯一真正社会主义国家"的阿尔巴尼亚实际上成为"贫穷社会主义"的典型,国民经济处于崩溃的边缘。

2. 过于孤立:霍查先后与南斯拉夫、苏联和中国闹翻之后,便成为孤家寡人。他宣称一贯正确，四面出击，骂遍全球，闭关锁国，自谓“光荣孤立”。

3. 积怨甚深：霍查执政40多年，强调“国内外、党内外，时时、处处、人人”搞阶级斗争，先后揪出十几个反党集团，被镇压者、流放者、劳改者、株连者数以万计。在高压政策下，人们不敢怒更不敢言，政治空气窒息，长期积累下的矛盾一触即发。

人们当时对这个国家形象的比喻是：“一盏红灯”（全国仅有一盏红绿灯）、“二牛抬杠”（两头牛拉的车子是农村的主要交通工具）、“三群挡道”（汽车遇到牛、羊、鸡群拦路）、“四处碉堡”（36万个明碉暗堡布满全国）、“武（五）警林立”（警察国家）、“六亲不认”（霍查晚年屡屡清洗“反党集团”）、“七窍不通”（霍查偏执多疑，僵化之极）、“八面威风”（自称只有阿尔巴尼亚才是“世界唯一真正的社会主义”、“世界马列主义的真正维护者”）、“久（九）久不变”（长期坚持极左的政治和经济模式，几十年一贯制）、“十分落后”（欧洲最贫穷的国家）。

由此看来，穷则思变，情理之中。由于上述内因和众所周知的外因——西方的“和平演变”，以及历史和现实原因，阿尔巴尼亚劳动党陷于内有困难、外有压力的劣势，不得不采取妥协、退让和自身蜕变的办法，终至失去政权。

阿尔巴尼亚剧变的主要特点

就东欧剧变的形式而言，可概括为：以波兰、捷克、匈牙利为代表的“天鹅绒式”演变，以罗马尼亚、阿尔巴尼亚为代表的“急风暴雨式”的剧变，以及南斯拉夫的“战争和解体式”剧变。其中阿尔巴尼亚剧变的主要特点是：

1. 破坏性大：阿尔巴尼亚剧变期间，民主党出于政治需要，提出“阿尔巴尼亚劳动党45年来没干一件好事”、“把过去的一切统统砸烂”、“破旧立新”、“一切从零开始”等口号，煽动人们打、砸、抢、烧。结果，许多工矿企业、农场、合作社、学校、医院以及各种社会文化设施遭到严重破坏。据称，剧变造成的物质损失比第二次世界大战给阿造成的损失还大。更为严重的是，政局动荡造成了人们思想上的混乱，使他们失去了希望和信心，国家没有了凝聚力，犹如一盘散沙，并发生了多起世人瞩目的“难民潮”。阿尔巴尼亚极力破坏生产力的做法，可能在东欧国家中是绝无仅有的。

2. 依赖性大：阿尔巴尼亚经济因受到严重破坏而陷入瘫痪状态，国民的基本生活受到威胁，当局和国民把目光转向西方。民主党上台后，领导人贝里沙四处求援，宣称“我们铲除了共产主义，现在是西方世界帮助我们的时候了。阿尔巴尼亚属特殊情况，应当特殊对待”。贝里沙当时被称为“国际乞丐”。

3. 复仇性大：民主党上台后，极右势力抬头。一些由前政治犯、君主派、阿奸等组成的复旧复仇势力千方百计地否定阿尔巴尼亚民族解放战争、煽动反共情绪、取缔共产党、关押并审判阿尔巴尼亚劳动党所有前领导人，没收前劳动党的财产和资金，并将霍查等已故领导人掘坟扬尸。

4. 动荡性大：阿尔巴尼亚发生剧变后的大约 10 年期间，国家政局始终处于不稳定之中。作为剧变的反动，阿尔巴尼亚于 1997 年还发生了全国性武装动乱，导致 3000 人死亡和巨大经济损失，最后不得不由欧洲“八国联军”控制局面。

阿尔巴尼亚转型改制后的现状

自上世纪 90 年代以来，阿尔巴尼亚经历了较长时期的转型改制过程。如今，阿尔巴尼亚历届政府在政治、治安、经济、外交等方面不断采取措施，基本上扭转了动乱造成的社会总危机局面和混乱状态，逐步步入正轨，目前政局相对稳定，治安有所好转，经济缓慢回升，对外关系活跃，亲美明显。

1. 政局相对稳定但党派斗争激烈。和东欧其他国家一样，阿尔巴尼亚向西方国家看齐，政治上实行三权分立和多党议会民主制，意识形态上允许各种世界观和思想流派并存。但与东欧其他国家不同的是，阿尔巴尼亚采取的是“粗野和破坏式”的剧变形式，推行的是“一切从零开始的原始资本主义”制度。自 1990 年剧变以来的 20 余年里，阿尔巴尼亚政局发生多次动荡，全国近百个政党中的二十来个左中右翼主要政党间不断较量而缺少磨合，政治斗争不仅在议会进行，而且还经常出现于街头，甚至付诸武力。

中左翼的社会党 1997 年第二次执政以来，1998 年曾发生民主党发动的未遂政变，1999 年间接参与科索沃战争，2000 年民主党借口社会党在地方选举中舞弊而进行了近两个月的抗议活动，并策动暴力事件。

2009 年中右翼的民主党在议会选举中获胜而继续执政后，反对党社会党发起的各种形式的抗议活动——抵制议会和街头抗议示威迄今仍然接连不断，乃至

2011 年 3 月发生暴力冲突造成 4 人死亡、数十人受伤的悲剧。

2011 年 5 月，阿尔巴尼亚举行地方选举，其中首都地拉那选举推迟两个月后才在欧盟压力下由最高司法机构做出裁决后了结。欧盟 7 月发表声明指出，地拉那的选举十分糟糕，亟待进行改革；欧盟委员会负责扩大事务的委员斯特凡·菲勒同时强调，欧盟对阿尔巴尼亚目前的政治局势深感不安，阿尔巴尼亚失去达到欧盟确立的标准的可能。因此，阿尔巴尼亚入盟远未列入欧盟的议事日程。

迄今发生的事件表明，每当议会选举之后，凡是败选的党派都借口获胜党选举作弊而不承认选举结果，并掀起抗议活动，同时不排除暴力事件在选举过程中和选举后发生，最后只得靠欧盟和美国出面，并在国际压力和调停下，事件才得以平息，问题才可能得到暂时解决。执政党则在“国际社会”的支持下，利用自己的地位和权力，还是能够控制局势，基本上保持国家的相对稳定局面。这似乎成为阿尔巴尼亚政坛上的一个规律。

总之，阿尔巴尼亚基本上建立了多党议会制，但尚不成熟，短期内无法形成强有力的政府，与西方的民主选举和政党的正常轮换有相当大的差距。2011 年 5 月 8 日，阿尔巴尼亚地方选举前夕，荷兰大使范登·多尔公开宣布，政治不能产生民主价值，阿尔巴尼亚迄今仍处于转型时期；今天，阿尔巴尼亚议会中出现暴力，选举结果遭到抵制；竞选期间的政治斗争十分激烈。这都暴露出转型国家的问题。经验表明，目前阿尔巴尼亚最大的左翼党社会党和最大的右翼党民主党在大选中都无法获得绝对多数而单独执政；阿尔巴尼亚政坛基本上形成了以社会党为首的中左翼联合政府和以民主党为首的中右翼联合政府轮流执政的局面。

2. 治安有所好转但后患难以根除。恢复社会治安是各届联合政府上台伊始制定的主要目标之一。西方也把此作为在经济等方面为阿提供援助的首要条件。1999 年的科索沃战争，使阿尔巴尼亚在巴尔干地区的民族矛盾上升到第一位，矛头一致对外（塞尔维亚），国内社会矛盾有所缓和，再加上政府加大了打击犯罪分子的力度，治安状况随之好转，但好转程度仍不尽如人意。

1997 年，阿尔巴尼亚发生了因假集资诱发的震惊世界的全国性武装动乱，造成 3000 人死亡。动乱期间流散在民众之中的枪支达 65 万件，子弹 15 亿颗，手榴弹 150 万颗，炸药 3600 吨。阿尔巴尼亚当局曾专门通过了收缴武器法并限令定期收缴完毕，国际组织还在格拉姆什、爱尔巴桑和迪勃拉等区实施了“以援助换武器”计划。但收效不尽如人意，武器并未如数交还，造成后患无穷。迄今，枪杀事件时有发生，以枪杀为主的各种刑事案件层出不穷。特别令人关注的是，1999年发生的科索沃战争和2001年发生的马其顿安全危机，科索沃的阿族非法武装“科索沃解放军”和马其顿的阿族非法武装“民族解放军”使用的许多武器弹药都是阿尔巴尼亚1997年武装动乱期间从枪药库中“流失”的。

近年来，包括阿尔巴尼亚在内的西巴尔干地区已成为国际毒品走私的主要通道，人口偷渡的跳板，有组织犯罪分子（黑手党）活动的窝点，引起欧盟及其成员国，尤其是与阿尔巴尼亚一海之隔的意大利的严重不安。意大利警方不得不经常与阿警方联手打击跨国走私和偷渡活动。

3. 经济缓慢回升但未摘掉“欧洲贫穷国家”的帽子。1997年的全国武装动乱不仅使国家机构遭到破坏，国民经济的损失也极为严重。这一年的通货膨胀率高达42%。经过社会党联合政府4年的努力，度过了紧急求援阶段，而进入了在外援基础上低水平回升的阶段。国民经济开始出现缓慢回升的势头。据阿尔巴尼亚官方统计，2000年，阿尔巴尼亚虽然经历了近20年来最严重的电力危机和燃料涨价，全年国内生产总值仍增长7.6%，通货膨胀率保持在4.2%，赤字仅占国内生产总值的3.5%，阿尔巴尼亚货币列克与美元的兑换率为143∶1，外汇储备比1999年增长26.2%，达6.078亿美元，引进直接外资1.43亿美元，系历年来最多的一年。关税和国内各种税收首次完成计划任务，其中关税增收26%，其他税收增加29%，并加入了世贸组织。

迄今，阿尔巴尼亚经济领域实现了私有化，按照市场经济运作，引进了外资。阿尔巴尼亚不具备真正像样的工业，只有意大利和希腊的一些合资或独资的服装、皮鞋、食品加工企业，一些矿业等“战略性部门”已租赁给西方国家，一些工业项目还只是纸上谈兵。但值得称道的是，建筑业、服务业、商业有了较大发展；由欧盟等国际组织提供资金修建的跨国公路或跨境公路正在施工；占国内生产总值53%的农业也有发展。宏观经济状况总体稳定，国民经济在本世纪头8年保持了5%—6%的年增长，据称在中东欧经济发展中是不错的，并且出现了“五子登科”，即：票子多了（阿货币列克），车子（小汽车）多了，房子（楼房）多了，铺子（个体商店）多了，游子（侨民及海外打工者）多了。据阿尔巴尼亚财政部统计，2008年阿尔巴尼亚人均GDP从2007年的3153美元上升到4200美元。

阿尔巴尼亚经济虽有所回升，但尚未摘掉“欧洲贫穷国家”的帽子，阿尔巴尼亚人均国民生产总值低于欧洲其他转型国家。《世界经济论坛》（WEF）2008—2009年度全球竞争力报告，将阿尔巴尼亚排名上升至第108名，仍低于巴尔干其他国家；国际货币基金组织（IMF）报告将阿尔巴尼亚列为最易受全球经济危机影响的26个国家之一。据联合国开发计划署公布的人文发展指数，阿尔巴尼亚在174个国家中排在第100位，远在中东欧转型国家之后；据联合国儿童基金会1998年材料，阿尔巴尼亚5岁以下儿童死亡率在175个国家中居第90位。另据意大利保险公司统计，阿尔巴尼亚是世界上投资风险最大的国家之一。

特别是近年来，由于发生世界金融危机和欧洲主权债务危机，国际货币基金组织（IMF）报告将阿尔巴尼亚列为最易受全球经济危机影响的26个国家之一，并对阿尔巴尼亚的年度经济增长预期不断下调。这些年来，阿尔巴尼亚经济增长呈现低迷，侨汇收入减少（侨汇收入对阿经济发展十分重要，是政府平衡国际收支的重要来源，也是居民收入的主要来源之一），外来投资减少，金融系统流动性减少，楼市经营发生困难，实体经济受到冲击，民众生活受到负面影响。但实际表明，与其他国家相比，阿尔巴尼亚迄今还未发生实际的危机。IMF称，阿尔巴尼亚是全球少数几个经济没有衰退的国家之一，经济基本上保持了稳定。该国2010年经济增长4.2%，预计2011年增长3.7%，好于周边国家。

4. 外交活跃但“大阿尔巴尼亚”暗流涌动。亲美是阿尔巴尼亚外交的主调，阿尔巴尼亚所进行的一切外交行动均唯美国马首是瞻；争取尽快加入北约和欧盟（以下简称“加盟入约”）则是阿尔巴尼亚的既定战略目标。与其他发生剧变的东欧国家一样，阿尔巴尼亚当权派在对外政策方面首先提出“回归欧洲”的口号，在政治、经济、安全等领域实行全面倒向西方的路线，把尽快加入北约和欧盟作为其归宿。近年来，阿尔巴尼亚频繁出访欧盟国家和美国，并殷切地希望欧美要员来访，其目的是：保持政治上的紧密接触，引进西方政体；经济上加强合作，力图与欧盟一体化；军事上要求加入北约，以寻求安全保障。阿尔巴尼亚甚至是中东欧国家中率先提出加入北约的国家。2009年4月，阿尔巴尼亚终于与克罗地亚一起，在北约布加勒斯特峰会上被吸纳为北约正式成员，当局称之为“阿外交和安全政策中的最伟大的历史性事件”。与此同时，阿尔巴尼亚经历了3年的艰苦努力，与2006年6月与欧盟签署了《稳定与联系协议》，从而迈开了入盟的重要一步。如今，它正在为争取欧盟候选国资格进行谈判而奋斗。

科索沃问题一直是阿尔巴尼亚的外交重点，目的是首先实现科索沃的独立，继而完成其“民族统一大业”。2008 年 2 月，科索沃终于在美国和欧盟的默许和支持下单方面宣布独立，阿尔巴尼亚当局视其为“外交的伟大胜利”。如今，阿尔巴尼亚仍以争取科索沃获得国际承认为其外交政策中的要务。

尤其值得关注的是，2009 年 6 月，《自然阿尔巴尼亚纲领》在阿尔巴尼亚首都地拉那出炉。这是科索沃 2008 年单方面宣布独立以来，继当年 6 月举行“泛阿尔巴尼亚民族统一会议预备会议”之后，分布在科索沃、马其顿及阿尔巴尼亚本土的阿极端民族主义者采取的又一重大步骤，以便在西巴尔干地区实现其“大阿尔巴尼亚”的野心。据称，作为第一步，这些极端民族主义者计划于 2012 年 11 月 28 日阿尔巴尼亚宣布独立 100 周年之际成立“阿尔巴尼亚—科索沃联盟”；第二步，计划于 2015 年关于阿尔巴尼亚问题的伦敦条约签订 100 周年之际实现阿尔巴尼亚民族问题的全部解决，即成立“自然阿尔巴尼亚”。但是，这与欧美的地缘政治利益和安全利益相悖的。欧美国家担心“大阿尔巴尼亚”思潮泛滥会破坏它们的战略意图，而正在推行比较稳妥的现行巴尔干政策。一切有求于欧美、对欧美亦步亦趋的阿尔巴尼亚当局（包括科索沃当局），目前尚不敢在这方面明目张胆地与欧美唱对台戏。

总体上，阿尔巴尼亚转型改制的进程尽管充满荆棘、曲折，并出现两极分化、贫富悬殊、腐败成风、有组织犯罪猖獗等弊端，但国民经济毕竟取得了发展，人民生活水平有了改善，国家在各领域中的变化确实不小，并得到国民的认可，而国民感受最深的是，“自由了”，可以自由出国了。这在剧变前的闭关自守的“山鹰之国”是难以想象的。然而，回过头来看阿尔巴尼亚剧变初期的动荡局面，阿尔巴尼亚剧变的方式实不可取。它给当时处于全面危机中的国家和饱受灾难之苦的国民造成的后果是十分严重和深远的。

附录：

“如果我再当一次新娘的话”

——阿尔巴尼亚首任总统阿利雅对剧变的反思

拉米兹·阿利雅作为阿尔巴尼亚已故党政最高领导人霍查的接班人，经历了阿尔巴尼亚剧变的全过程，由剧变前的阿尔巴尼亚劳动党中央第一书记、国家议会主席团主席到剧变后的首任总统，以及后来被民主党关押入狱，直至 1997 年释放。这位被外界称为“阿尔巴尼亚的戈尔巴乔夫”的阿利雅，曾多次就上世纪90年代的阿尔巴尼亚剧变进行回顾与反思。他当时的一句发自内心的话就是：“如果我再当一次新娘的话……”（即“如再来一次的话”）。笔者认为，他的反思，从某种意义上讲，具有一定的代表性和现实性，也许更具说服力。

1. 关于阿尔巴尼亚剧变：阿利雅说，1989年发生东欧事件，柏林墙倒塌，东欧社会主义体制结束，阿尔巴尼亚是最后一块多米诺骨牌。阿尔巴尼亚为了适应形势，进行改革，进行政治和经济改革以及国际关系改革。那时，我们与美国和苏联建立了政治关系，与欧洲共同市场建立了关系。但这一切都似乎太迟了，因为当时阿尔巴尼亚处境非常困难，尤其是面临外部压力，国民经济几乎陷于崩溃。在1989年事件中，阿尔巴尼亚又中断了与东欧国家的经济联系，政府为完善社会主义制度进行的努力和推行的一系列自由化措施都没有取得成效。于是，最后我决定实行政治多元化。现在我仍认为这一决定是正确的，因为这不是主观决定，而是时代要求，是为新的自由社会开辟道路，它结束了一党制，开辟了多元社会，特别是在这一体制转变的过程中基本没有流血，是以和平的手段完成的。当时，在党的高层，我与查尔查尼（总理）、弗托·恰米、捷里利·焦尼（中央书记）和索弗科里·拉兹里（阿利雅的密友、中委）交谈过，他们均表示同意，霍查夫人也不反对，在中委中只有科列加、马尔科（政治局委员）反对多党制，但仍表示执行决定。因为当时的情况是，更多的是等待着我做出决定。一旦我做出决定，就没有人反对。

多党制后，就不再是我们党中央决定一切了，不再是党领导国家了，而是所有政治力量决定一切了。也就是说，我们终生为之奋斗的事业完全失败了。我要特别强调，这当然是一个悲剧，因为为了一个理想，为了一个正义的目的，不是为了任何个人利益，我奋斗了整整50年，或者说60年。我坚持这条道路，没有获得任何个人利益，绝对没有。这是我的信念，也是人的信念。我想怀着为了人类的利益、穷人的利益，为了社会正义、社会平等的理想而奋斗。我认为这是非常美好的，但是，我们所找到的道路，或者说我们从别人那里所照搬的道路，却是不正确的，或者说不是我们所想象的那样。这些年当中，我承认我们犯过许多错误，甚至犯了罪。大搞阶级斗争，对许多人来说执行得过于严厉，造成了家破人亡，给他们带来痛苦和灾难。但我们不应只看到负面，不应忘记其他，比如我们捍卫了国家的自由独立，否则为什么连英国布莱尔首相都承认情报局推翻阿尔巴尼亚政权的努力失败了呢。20世纪80年代阿尔巴尼亚的政治经济状况向我们提出了进行改革的必要性。应当说，80年代后半期，我和当时的国家其他领导人采取的民主化改革措施，就是为了改正过去的错误，为在新的条件下，根据时代的要求，提出新的解决办法。但是，要坚持社会主义的大方向。目前东欧各国人民对右翼党感到失望，在阿尔巴尼亚也是这种趋势。人民对国家缺乏稳定、生活困难、复仇主义和反共歇斯底里的现状感到不安，希望生活安定、享有尊严、一切井井有条。阿尔巴尼亚不应当像乞丐那样走向欧洲，而应当通过劳动和创造走向欧洲。

2. 关于对社会主义的认识：阿利雅认为，斯大林模式的共产主义体制是粗线条的、极其意识形态化的、非辩证法的。相反，资本主义却比较辩证，善于更新，社会主义却一成不变。资本主义懂得竞争是发展的创造力量，而我们马克思主义者却把竞争抛在一边。

要分析共产主义，应该把它的思想、原则同它的实现及其方法区别开来。我不同意共产主义失败了的说法，也不接受社会主义失败了的说法，因为共产主义和社会主义理想仍然存在，这是人们争取自由社会的理想，是不可消失的价值观念。因此，不能说这一理想失败了，而失败的是这一体制和实现的方法未能解决新社会的所有问题，这是结构问题。不能说共产主义失败了，因为共产主义的一些东西有利于国家和人民，但可以说集权社会主义体制解决不了阿尔巴尼亚的问题，也不符合全体人民的愿望。社会主义理想是正确的，马克思关于社会主义的理论也是正确的。但错误在于执行这些理论时使用的方法不对，整个东欧国家在经济结构方面都是采用的同一模式，即采用苏联的发展重工业和轻工业的模式。

我主张在社会主义制度的框架内进行变革。因为我始终认为社会主义的优越性尚未发挥出来，社会主义保障人民的社会平等和公正，也可以实行由国家调控的市场经济。我指的不是我们及其他东欧国家建设的那种社会主义，那是一种被歪曲了的社会主义，所以失败了。斯大林建设的社会主义也不是马克思和恩格斯所设想的那种社会主义。我们犯了严重的错误。

现在许多人对过去50年、对社会主义制度和当时的一切均持否定态度，不进行科学的分析，使人们忘记阿尔巴尼亚反法西斯民族解放斗争，把社会主义时期的生活说得一团漆黑，把当时的领导人称作反民族的罪犯。但是，我回首往事的时候，并不感到羞愧。如果说我们过去没有取得人们所预想的成果，这是由各种因素造成的。俄罗斯、东欧和阿尔巴尼亚发生的转变，并不能成为我对社会主义理想失望的理由。当然，我不是说过去一切都很正确，没有缺点和错误。霍查和当时其他领导人也都是人，不可能在领导阿尔巴尼亚50年期间不犯错误。这些错误主要是由于缺乏在新的社会主义制度下的领导经验，以及当时的客观困难、极端主义和主观主义造成的。

阿尔巴尼亚抛弃了社会主义制度，过渡到资本主义。可是，这又是什么资本主义？是原始资本主义，是建立在各党派利益、外国利益基础上的资本主义。今天的阿尔巴尼亚，没有工业，没有生产，一切都被破坏了。官员贪污腐败，有组织犯罪活动猖獗，阿尔巴尼亚已成为偷渡和走私活动的跳板。这难道有利于稳定吗？有利于巴尔干的正常发展吗？

3. 关于东欧剧变：阿利雅强调指出，我不相信社会主义垮台是戈尔巴乔夫的公开性和改革的结果。戈尔巴乔夫试图治理苏联的社会主义，试图改革社会。社会主义垮台的原因在于冷战，在于自1917年10月革命开始以来的资本主义和社会主义之间的斗争。社会主义顶不住了。

戈尔巴乔夫在东欧剧变中没有发挥多大作用。他想改变苏联社会，纠正经济和政治方面的一些错误和缺点。他谈公开性、内部民主和社会民主，但只是泛泛的口号，俄罗斯还是原来的俄罗斯，封闭的俄罗斯，今天的俄罗斯仍然是封闭的。

上世纪80年代发生的一系列事件，导致了苏联和东欧国家的社会主义被推翻，引起资本主义世界的一片狂热，共产主义的对手在为“共产主义的死亡”唱赞歌。但是，很难想象，一次试验的失败就会葬送各国人民争取正义和社会平等的所有愿望。

社会主义被推翻之后，先前存在的政治关系对比发生了变化，现已不存在两个相互对立的集团，已不存在两个超级大国。表面上看，似乎一切走上正轨，但实际上不然，又出现了许多新的、更困难的问题。西方世界本身的矛盾更加显露出来。美国作为唯一的超级大国，企图以保卫自己的利益、维护各国领土的完整和保护人权的名义，在世界各地进行干涉。如果就目前来讲西欧伙伴对美国的所作所为尚持同意或默认的态度，允许它扮演这一角色的话，那么今后就很难相信还会这样。西欧在不感到再有来自苏联的危险之后，就越来越不愿意听从美国的旨意了。

当前正在大谈各国和各地区的政治、经济一体化，并被视为世纪潮流。但是，俄罗斯和整个东欧国家出现了许多问题。这些国家抛弃了社会主义道路，试图建立一个抄袭来的社会：原始资本主义。这些国家的局势如何稳定，如何找到符合人民利益的道路，不仅是它们自己感到不安的问题，也是令西方头疼的问题。

4. 对中国社会主义的认识：阿利雅说，照我看来，中国搞得不错，中国坚持经济改革取得了成就。中国的社会主义道路可能是行得通的，但应注意到中国人的思维方式与欧洲人不大一样，我相信中国人干得好，在经济领域取得了有益的经验。我始终认为中国领导人在理论和实践活动中具有创造性，他们总能灵活地适应发展的需要。中国潜力很大，中国人民勤劳而有才干。中国顶住了西方的一切压力，推行了政治和经济改革。中国实行的改革开放政策，善于保持本国特点，取得了巨大成功和有益经验。中国的发展道路是富有积极成果的道路，值得人们格外重视和研究。目前，中国正在探讨和实行社会主义市场经济。我完全相信，中国同志找到的道路是他们迄今革命和建设经验的最佳总结，是在科学社会主义原则指导下，根据时代的发展和要求，使人们的积极性得到充分发挥的一种最佳选择。我祝愿中国在自己选择的社会主义道路上前进。社会主义在俄罗斯和东欧遭到了失败，却在中国具有非凡的生命力，中国丰富了社会主义的理论与实践，使世界人民看到希望：社会主义不是幻想，而是理想，是实际可能，从而鼓舞人们为之而奋斗。因此，中国建设社会主义的经验不仅对中国，而且对全世界都具有重要现实意义。

105. 保加利亚转型20多年来有何变化?

马细谱

1989年起，保加利亚社会政治和经济生活开始过渡到多党议会民主制和市场经济，随后参加了北约和欧盟。保加利亚实现“回归欧洲”，历史揭开了新的一页。从此，保加利亚开始向新的多元政治体制和市场经济过渡。20多年来，保加利亚也像其他中东欧国家一样，既取得了可喜的成绩，也存在令人担忧的问题。

保加利亚转型进程中有三个基本特点：第一，政治转型好于经济转型，得到社会认可；第二，经济转型导致贫富悬殊，引起社会不满；第三，外交政策转型较快，但处于美、欧、俄三角关系中左右为难。

不健全的政党制度

剧变20年来，保加利亚社会从一党制变成了多党制，从充满了集体主义团结的社会变成了以个人主义和集团利益为主体的社会，由中央计划经济过渡到了资本主义市场经济，由平均主义社会分化为贫富悬殊的社会。一句话，从原来的社会主义过渡到了今天的“民主社会”。

保加利亚社会政治转型（保加利亚统称过渡）较为顺利的原因及其特点有：(1) 政治制度转型在保加利亚和中东欧其他国家一样进度快，时间短，而且是按和平的方式完成的；(2) 政治转型时在西方的策划下反对派可以利用一切手段大胆妄为，没有任何顾忌和禁区；(3) 历史上受到不公平对待的各种性质的形形色色的资产阶级政党蜂拥登上政治舞台，积极参与多党竞争；(4) 议会选举和总统直选及全民公决等形式被普遍接受和采用；（5）人民群众渴望拥有参加政治生活的自由和民主权利，特别是拥有选举权和被选举权，政治积极性一度空前高涨。

20年来，保加利亚中左和中右两大集团轮流坐庄的局面已发生变化。如今，无论左派还是右派都难以一党执政，中间派的平衡作用越来越明显。联合政府模式已是大势所趋，是明智的选择。但是，这一游戏规则在保加利亚经常被打乱。这反映出保加利亚多党议会制尚不成熟，其主要表现有以下几个方面：

1. 政府频繁更迭，执政缺乏连续性和稳定性。2009年保加利亚进行了第七届议会选举，其中有四届是提前选举，只有三届是正常选举。而且这次已是20年内组建的第14届政府，平均一届政府执政的时间只有一年半左右。保加利亚的议会民主制度及其游戏规则还不健全，距西欧的议会民主制度还有很长的距离。

2. 保加利亚第六届和第七届议会选举后都有6—7个政党进入议会，而在中东欧其他国家很少出现这种现象。这一方面说明保加利亚政党分化改组的过程还没有完结，另一方面也说明选民的意向呈多元化趋势。他们盼望有一支新的政治力量来改变执政当局无能的局面和国家的落后状况。由于一些中小党派的出现，哪一个党的人数也不多，没有较固定的同情者和拥护者，更没有赢得多数选民的支持。这么多的党派进入议会，自然增加了组阁的难度，也妨碍执政纲领的实施。

3. 第七届议会选举和第六届议会选举一样，右翼政党和民族主义政党的议员控制着议会的多数，这一般都会给政坛带来不稳定因素。2005年第六届议会选举前夕，刚成立的激进民族主义政党“阿塔卡”成为一匹黑马，作为第四大党闯入议会，使舆论界大为震惊。2009年第七届议会选举刚刚成立不久的保加利亚公民党获胜，成立少数派政府，打破政党游戏规则，又一次引起人们的关注。

4. 保加利亚多次组阁危机暴露了多党制游戏规则不健全，民主机制被滥用。20年来，共产党人（社会党人）、自由民主派、知识精英、中右翼党派，甚至原来的国王，都上台治理过国家，但都不大成功。各党都把党派利益凌驾于国家利益和民族利益之上，而缺乏谅解、妥协和合作的精神与机制。与西欧国家一个党获胜，另一个党认输并祝贺对手不同，保加利亚失败的一方总是不甘示弱，非要编造各种谎言把取胜的一方搞臭撵下台不可。这反映了一个国家政党制度的弊端和民主化程度低下。

5. 中间力量的崛起和联合政府的建立，应该成为保加利亚多党制发展的一个趋势。如果说左派执政过于谨慎和改革不力，右派掌权盲目“西化”和脱离实际，使国家丧失了时间和发展机会，那么推行温和路线、主张各党派联合执政的中间势力，则在很大程度上反映了广大选民图稳定和谋发展的心态和愿望。保加利亚土耳其族争取权利和自由运动就先后参加了历届政府，是一支不可替代的中间派政治力量。中间派力量在保加利亚政坛重新洗牌的过程中起着举足轻重的作用。

各派政治力量对立是意识形态的产物，大联合正成为发展的趋势。这种联合政府由选举中获胜但又未过半数的一党为主，联合中间派和各种民主力量而组成。而且，在中东欧国家，这种联合政府正在由两党或三党向多党方向发展，由单纯的左派或右派政府沿着中左或中右执政的道路前进，还有可能出现左、中、右共治的局面。保加利亚也不应该例外。保加利亚已经有过建立联合政府的实践，但没有找到行之有效的模式。

保加利亚还没有完全从社会崩溃中站立起来，政党斗争激烈。每个政党和每届政府都把精力集中在争权夺利上，而对经济领域关注不够。这导致保加利亚经济转型遇到许多困难，走了不少弯路。

经济从衰退走向稳步发展

如果说保加利亚近 20 年来建立了议会民主制度是政治体制转型取得的一项值得肯定的成就，那么经济体制转型则要困难得多，复杂得多。

1990—1992 年，保加利亚经济进行激进式转型，主要采用“休克疗法”，首先从价格体制开始向市场经济转变，实现经济自由化，排斥政府在经济转型过程中的作用。保加利亚先后制定了多部重要的经济法规，但工农业生产仍然出现萎缩，国内生产总值持续下降。

由于民主力量联盟政府推行盲目的私有化政策，20 世纪 90 年代初的头几年，保加利亚已处于经济崩溃的边缘。据保加利亚学者提供的 1989—1994 年的统计资料，在这期间，保加利亚的国内生产总值平均每年约下降 12%，4 年内国内生产总值比 1989 年下降了近 50%，预算赤字占国内生产总值的比例从 1990 年的 4.2%升至 1994 年的 24%，外债总额 1989 年为 80 亿美元，1994 年达到 140

亿美元；内债 1990 年占国内生产总值的比例为 91%，1994 年则高达 200%；消费品价格指数 1990 年为 100，1993 年已暴涨到 1228，为 1990 年水平的 12 倍多。① 1994 年的工业总产值比 1989 年下降 50%，农业生产总值下降 35%，外贸出口额减少 50%。

1995—1996 年，以让·维德诺夫为总理的民主“左派”联合政府执政时开始改变自由市场经济模式，实行社会市场经济，加强政府对经济转型和宏观经济的调控作用，强调在社会转型期间更应注重对居民实行社会保障政策。1995 年经济出现低速增长。

但是，到了 1996 年，联合政府仍未能有效地推进经济改革，思想保守，措施不力，保加利亚经济和生产出现严重倒退。年初因遭到严寒袭击，农业减产。全国小麦总产量只相当于 1990 年的 1/3，畜牧业面临毁灭，居民的食品供应困难。接着，因发生东南亚金融危机而导致保加利亚金融系统出现危机，9 家银行先后破产，64 家亏损国有企业被关闭。这样，整个经济秩序大乱，国库空虚，通货膨胀，货币贬值 700%—800%，物价暴涨几倍至十几倍。这时保加利亚职工的月平均工资不足 5—6 美元，退休金只有 2—3 美元，居民的生活水平仅为 4 年前的 1/10。1996 年国内生产总值下降 10.1%，通货膨胀率为 123%，失业率为 12.5%，生产下降至大动荡的 1991 年的水平。前两年出现的经济复苏成果丧失殆尽。国家外汇储备已减少到 3 亿美元，而每年却要支付十几亿美元的外债本息，国内债务已超过 3 万亿列弗。当时，经济学家对保加利亚经济大多持悲观态度。他们认为，保加利亚是中东欧国家中改革和经济最糟糕的国家之一。1997 年上半年失业率已达到 23%—25%，通货膨胀率高达 10000%—15000%。保加利亚已到了社会爆炸的边缘。在这种形势下，国际货币基金组织建议保加利亚政府实行货币委员会制度，即让保加利亚货币同美元或马克直接挂钩，固定外汇比价。据称，实施这种办法就能稳定外汇市场，稳定居民的实际收入，降低通货膨胀率和银行利率，也就有利于向生产企业增加贷款。

1997 年 4 月，民主力量联盟政府上台后，保加利亚的经济转型进入新阶段，其主要特点是实行货币委员会制度和继续实施未完成的改革措施，高通货膨胀率

---

① 卡门·洛扎诺夫：《通往新社会的道路》（Камен Лазанов, Пътят към новото общество），索非亚：1995 年，第 139 页。

得到了有效的遏制，经济开始恢复性增长，国家财政相对稳定。1997年国内生产总值下降6.9%，通货膨胀率降低到1082.8%，失业率下降到13.7%。1997年年末，保加利亚全国月平均工资约合100美元，退休金仅30—40美元。整个经济仍处于低迷状态。1997年的国内生产总值也仅是1989年的64.2%。

1990—1997年保加利亚国内生产总值情况（1989年=100%）

1990年	1991年	1992年	1993年	1994年	1995年	1996年	1997年
90.9	80.2	74.4	73.3	74.6	76.7	69.0	64.2

资料来源：亚历山大·利洛夫：《当代保加利亚社会主义》，载《星期一》（Понеделник）杂志，2002年1—2期，第17页。

如果用美元来表示，保加利亚1980年的国内生产总值已达到200亿美元，而1998年则下降到100亿美元。积累在国内生产总值中的比重从1989年的33.1%下降至1999年的14.8%，失业率高达25%—30%，通货膨胀率也始终是两位数。

1998—2002年，保加利亚国内生产总值分别增长3.5%、2.5%、5.8%、5%和4%，出现缓慢增长势头。1998—2000年的通货膨胀率分别为18.7%、2.6%和10.3%，到2001年通货膨胀率已回落到4.8%。2001年的预算赤字占国内生产总值的0.9%，国家总债务减少，从2000年占国内生产总值的66%减少到2001年7月的57.2%。2001年，保加利亚吸收的外国直接投资额达到制度剧变以来的创纪录水平，占国内生产总值的20.4%，外国直接投资总额为25.24亿美元，比2000年增长5.8亿美元。它成为拉动保加利亚经济增长的一个因素。

根据保加利亚国家统计局统计，2000年国内生产总值为125.96亿美元，仅相当于1989年国内生产总值的66%。按当年市场价计算，2001年保加利亚国内生产总值为135.56亿美元，人均国内生产总值为1700美元。到2001年8月，外债达到100亿美元。2000年全国职工人均月工资123.8美元。2001年9月，保加利亚的失业率仍居高不下，达到18.6%。

进入21世纪，保加利亚的经济形势有所好转。通货膨胀率由2000年的10.3%降至2002年的5.8%和2003年的5.3%；2003年的就业率增加了1.5%；

2002年开始到保加利亚旅游的外国人数迅速增加，2003年达到创纪录的400万人；外国投资呈不断增长趋势，2000年外资总额为19.44亿美元，2001年为25.24亿美元，2002年达到35亿美元，2003年保加利亚的外国投资总额超过了40亿美元。欧盟老成员国已占保加利亚外资的70%，占保加利亚出口的50%以上和进口的60%。

2005年是保加利亚加速改革和经济增长较快的一年。2004年保加利亚国内生产总值增长率为5.7%，2005年为5.5%；失业率从2004年的12.7%降至2005年的11.5%，这是近9年来最低的。通货膨胀率为7.4%，外贸增长近19%，外债从2005年底的66亿欧元降至2006年6月底的54亿欧元，这是剧变以来外债最少的年份。

中东欧国家2005年的国内生产总值平均已达到剧变前1989年的133%，而2004年保加利亚才达到剧变前的106%。保加利亚在吸收外国直接投资方面，也远远落后于中东欧其他国家。统计资料显示，捷克、匈牙利和波兰三国从1989年到2005年年底所吸收的外国直接投资占了原东欧国家外资总额的50.6%。这期间保加利亚的外资总额达到103亿美元，人均1327美元；保加利亚的人均外资不到中欧和波罗的海国家人均外资2713美元的一半。这也说明保加利亚的经济发展水平和投资环境都不如中东欧其他国家。

农业遭到严重破坏。1990年宣布解散农业合作社。1992年保加利亚民主力量联盟政府实行“还乡团”式的土地“恢复原状法”，把土地在原来的地界内归还给原主。但由于找不到“原来的土地所有者”和“原来的地界”及地契等原因，致使许多良田荒芜，农业生产大滑坡，不得不进口粮食。据有关方面统计，1992年春，保加利亚全国有40%的耕地没有耕种。当年粮食产量只有345万吨，比1991年减少105万吨。1996年的粮食产量同1991年相比减少了62%。粮食产量（主要是小麦）从过去的800多万吨一直徘徊在320万—350万吨，牲畜存栏头数也不及过去的一半。农业私有化对农业生产所造成的灾难性后果，短期内难以消除。

保加利亚的私有化政策缺乏透明度，由于暗箱操作，国有资产被大量掠夺和吞噬，曾受到社会舆论和欧盟的尖锐批评，同时也滋生了广泛的腐败现象。外电认为，贪污腐败、犯罪和失望笼罩保加利亚，欧盟不信任它。社会主义制度解体20年来，保加利亚人一直在等待别人“拯救”他们。前国王西美昂二世当了一任总理没有改变保加利亚的面貌；社会党人三度执政未能使国家摆脱贫穷；欧盟多方承诺也没能拯救保加利亚。虚无主义、悲观失望、缅怀过去，反映了保加利亚今日的现实。2009 年 7 月初，德国《明镜》周刊发表长篇文章说，“今日保加利亚社会的悲剧的根源在于各种经济的、政治的和犯罪的集团勾结在一起，交织成一张网，控制着秘密警察部门，蒙蔽了欧洲天真的政治家”。

保加利亚市场经济尚不成熟，要改变这一落后面貌还要走漫长的路。普通百姓并没有从经济改革和发展中得到明显的实惠。保加利亚由于经济滞后，人民的生活水平在中东欧国家中也是比较低的。据欧盟 2009 年 6 月底的统计，保加利亚人均国内生产总值在其成员国中居最后一位，约为欧盟平均数的 40%。卢森堡是欧盟平均数的 253%，位于第一。比保加利亚稍好的是罗马尼亚、拉脱维亚和波兰，它们分别为欧盟平均数的 46%、56%和 57%。非欧盟成员国的阿尔巴尼亚仅为欧盟平均数的 25%。统计还指出，在当今保加利亚最富裕的 10%的人口，控制了全国 41.5%的财富，而 10%最贫困的人口只占有全国 1.8%的财富。贫富之间的差距高达 23 倍。[①]

2010 年 2 月，保加利亚中央统计局公布，2009 年保加利亚经济萎缩了 5.1%，国内生产总值比 2008 年减少了 3.6%。在世界“失败国家”排行榜上，2010 年保加利亚排在第 126 位（共 177 个国家）。就经济竞争力（包括经济结果、政府效率、商业环境和基础设施等）而言，保加利亚从前几年的第 55 位降低到 2010 年的第 59 位。保加利亚政府提出改善基础设施、同腐败作斗争和增加生产是政府 2013 年之前的优先工作。

保加利亚的主要问题是腐败、政府缺乏透明度和失去欧盟对它的信任。欧盟委员会指出，2010 年保加利亚的 GDP 是零增长，2011 年可能达到 2.7%。预算赤字 2010 年为 2.8%，2011 年约为 2.2%。但欧盟认为，保加利亚的预算赤字比公布的要高。入盟 3 年来，保加利亚居民的收入比欧盟其他成员国和巴尔干邻国都低。2009 年平均月工资 302 欧元，只比阿尔巴尼亚稍高，比同时入盟的罗马尼亚低。1/5 的人口处于贫困线以下（人均月收入低于 95 欧元），按照这一标准 17%的人口处于贫困线以下。

---

① 瓦西尔·普罗丹诺夫：《保加利亚过渡的四种现实》，载《星期一》杂志，2010 年第 7/8 期，第 65 页。

据 2011 年 3 月的调查，23%的人觉得生活受到了危机的影响，这比 2010 年的 29%略低。57%接受调查的人认为普通保加利亚人近一年来的经济状况恶化了，有 30%的人认为生活没有得到改善，甚至有 34%的人认为这种状况不会很快改变。或者说，在今日保加利亚 5%的居民很快致富了，而 30%—40%的人生活相对可以，其余的人处于贫困的边缘。

加入北约和欧盟

保加利亚加入欧洲一体化进程的一项重要内容，是参加北大西洋公约组织(北约)。为了早日加入北约，保加利亚进行了不懈的努力，大体经过了如下三个阶段。

第一阶段，从 1990 年 7 月到 1996 年，保加利亚开始同北约进行对话，并建立“和平伙伴关系”。1991 年年底，北约通过了与东欧国家发展关系的《关于对话、伙伴关系和合作声明》。1994 年 1 月，北约在布鲁塞尔首脑会议上，正式通过了针对东欧国家的“和平伙伴关系”计划，其主要内容包括：北约正式邀请前华沙条约组织成员国参加“和平伙伴关系”计划，并在军事演习、维和行动、危机控制等方面进行合作和政治磋商；伙伴国可以向北约总部派联络员；伙伴国必须承认西方的民主和人权标准，并尊重现有边界等。

紧接着，保加利亚总统热列夫于 1 月 12 日在布鲁塞尔签署了保加利亚参与“和平伙伴关系”计划的框架文件。1994 年 11 月，保加利亚与北约签订伙伴关系的双边行动纲要。

1995 年 10 月，保加利亚与北约成员国和候补成员国签署关于其武装力量章程的协议。1996 年 2 月 2 日，保加利亚加速同北约的谈判对话。同年 4 月 6 日，国民议会批准保加利亚加入北约“和平伙伴关系”计划。

第二阶段，从 1997 年至 2002 年年底，保加利亚正式申请加入北约和参加北约的集体防务计划和维和使命。1997 年 1 月 29 日，保加利亚当选总统斯托扬诺夫访问北约总部，表达了保加利亚加入北约的坚定立场。同年 2 月 17 日，保加利亚政府正式提出加入北大西洋公约组织的申请，并成立关于准备和加入北约事宜的一体化部门委员会机构。

1997 年 7 月，北约发表关于“北约东扩”的《马德里宣言》，北约决定与欧盟配合，加速欧洲一体化进程，进行有效合作。随后，保加利亚根据北约的要求，改造保加利亚军队，并制订和执行北约提出的各种倡议和行动计划。保加利亚公开支持北约在波黑和科索沃问题上的强硬表态。1999 年春，北约空袭南斯拉夫联盟期间，保加利亚对北约表示支持，并向北约战机开放领空。同年 10 月，保加利亚向北约递交了《保加利亚 1999—2000 年入约行动纲领》，并在全国范围内就北约向保加利亚提出的入约 82 个目标采取具体行动。

2000 年 2 月和 3 月，北约秘书长罗伯逊和北约欧洲联合力量总司令克拉克接连访问保加利亚。4 月，保加利亚外交部长米哈伊洛娃和国防部长诺埃夫在布鲁塞尔与北约成员国代表讨论保加利亚加入北约计划。11 月，北约军事委员会主席文图罗尼元帅访问保加利亚。

2001 年 3 月，保加利亚同北约签署了北约军队和辎重过境保加利亚领土（进入前南斯拉夫联邦地区）的备忘录。同年 10 月 5 日，北约 9 个候选国国防部长会议在索非亚举行。2002 年 11 月 22 日，在布拉格峰会上保加利亚与爱沙尼亚、拉脱维亚、立陶宛、斯洛伐克、斯洛文尼亚和罗马尼亚一起被北约正式邀请加入其组织。

第三阶段，从 2002 年 11 月至 2004 年春，保加利亚从获得加入北约谈判到正式成为其成员国。2003 年 3 月 26 日，北约签署保加利亚等 7 国入约议定书。同年 6 月 18 日，北约确认保加利亚将于 2004 年 5 月 1 日成为该组织的正式成员。根据北约的要求，保加利亚军队需要继续进行改革。改革的方向是组建职业军队，实现装备现代化，最终全面达到北约所要求的标准。

保加利亚同欧洲政治和经济一体化的进程大致经过了如下三个阶段：

第一阶段，从 1989 年年底至 1993 年年初，保加利亚与欧盟签订《联系国协议》的阶段。1990 年 3 月 5 日，保加利亚首任驻欧共体特命全权大使到布鲁塞尔上任。这年 5 月 8 日，保加利亚总理在欧共体总部签署贸易和经济合作议定书，欧共体向保加利亚开放“法尔计划”（经济援助方案）。同年 12 月 22 日，保加利亚国民议会通过决议，表示保加利亚愿意成为欧共体的正式成员国。

1991 年 10 月 1 日，欧共体成员国外交部长会议的决议申明，欧共体准备同保加利亚谈判签署《联系国协议》问题。是年 11 月 14 日，保加利亚总统访问欧共体总部。1991 年欧共体把保加利亚列为享有贸易最惠国待遇国家。1992 年 5 月 14 日，保加利亚与欧共体开始谈判“联系国”问题。经过不到一年时间的谈判，1993 年 3 月 8 日，保加利亚比较早地（仅晚于匈牙利、波兰和罗马尼亚）与欧共体签订了《联系国协议》，同时，欧共体与保加利亚还签订了临时贸易协定和补充议定书。欧共体在索非亚正式设立代表处。同年 10 月，保加利亚获准成为欧共体联系国。

第二阶段，从 1993 年 5 月至 2002 年 2 月，保加利亚正式提出入盟申请，并按欧盟提出的要求进行政治经济转型。

1994—1996 年，中东欧国家纷纷申请加入欧盟。1994 年 4 月 14 日，保加利亚政府发表声明，表示愿意成为欧盟的正式成员国。保加利亚决定按照欧盟的标准，在政治、经济、外交和军事等领域进行彻底改革，尽快加速欧洲一体化进程。1994 年 12 月 16 日，保加利亚政府正式递交了得到议会批准的入盟申请。1995 年 2 月 1 日，保加利亚成为欧盟正式联系国。1996 年 1 月欧盟作出决定，启动保加利亚入盟申请程序并制订对保加利亚入盟准备工作的原则和计划。同年 4 月，保加利亚和欧盟签订《联系国协议》有关的补充议定书。1997 年 7 月欧盟委员会修改和补充对保加利亚入盟准备工作的原则和计划。1998 年，欧盟接受保加利亚为“入盟伙伴”。

1999 年 12 月 10—11 日，欧盟委员会在赫尔辛基作出决定，开始同保加利亚、立陶宛、拉脱维亚、斯洛伐克、马耳他和罗马尼亚入盟谈判。欧盟分别与各入盟候选国签订入盟条约。保加利亚政府通过决议，启动欧洲一体化工作专门机构，成立了政府间委员会、协调委员会和欧洲一体化秘书处。2000 年 2 月，保加利亚在议会和政府设立了欧洲一体化委员会，负责同欧盟的谈判工作。

第三阶段，从 2002 年 12 月起至 2006 年年底，保加利亚加入欧盟谈判阶段。保加利亚无论是中左还是中右政府，都把入盟作为自己的首要目标。

保加利亚于 2000 年 2 月 15 日与欧盟进行关于加入欧盟的条件谈判，并按照欧盟的规定调整自己的法律。谈判十分艰巨和曲折，还伴随着做出国家利益的某种让步和牺牲。自入盟谈判开始后，保加利亚在谈判中取得了明显的进展。到 2002 年年底，所有 30 个章节的谈判都已经涉及，到 2003 年 10 月，结束了 26 个章节的谈判。

2005 年 4 月 25 日，欧盟同保加利亚正式签署了关于结束加入欧盟谈判的条约，确认保加利亚将于 2007 年 1 月 1 日成为欧盟正式成员国。条约在确定这个日期的同时，还规定：如果保加利亚的改革没有按照要求的那样进行，可以推迟一年。保加利亚为按时入盟发起最后冲刺，进行全面改革，做出了艰辛的努力，取得了显著的进步。

欧盟于2006年9月26日决定，同意保加利亚按时入盟，但要求保加利亚在入盟后的3年内每半年向欧盟报告在打击有组织犯罪和合理使用欧盟基金等方面的进展情况。

2007年1月1日，保加利亚正式加入了欧盟。这是保加利亚近18年来长期努力的结果，是保加利亚历史上的重大事件。它为保加利亚“进入后工业社会的经济和科学技术发展开辟了广阔的前景”，将成为保加利亚“发展的强大动力”。

2008年7月，欧盟委员会发表监督报告称，保加利亚打击腐败不力，使用欧盟基金“缺乏监督检查和透明度”。欧盟委员会决定对保加利亚冻结4.86亿欧元的援助，以示惩罚。欧盟有关人士警告说，如果保加利亚不采取行之有效的措施和兑现入盟时的承诺，它加入欧元区和申根协定将变得非常困难。

多方位外交政策

保加利亚政治经济制度转型以来，它的外交政策则较为成功。首先，保加利亚从过去对苏联和社会主义阵营的“一边倒”转变到亲美国和亲西欧。这已成为历届政府的基本方针。其次，保加利亚与过去认为“敌对”的国家，如以色列、韩国、南非等国建立了外交关系。再次，保加利亚不同党派一致选择了“回归欧洲”方向，使国家参加了北约和欧盟，从安全到经济融入了欧洲一体化进程。所以，保加利亚对外政策的基本原则是现实主义和实用主义的，是多方位的。

保加利亚根据本国的实际情况，提出了实现外交政策和任务的基本原则，即：（1）外交政策和活动要保证国家的利益，争得保加利亚在国际关系中应有的地位；（2）实行超党派外交，外交是国家的外交，而不是党派或集团的外交；（3）奉行独立自主的外交政策，并在国际关系中发挥自己的作用；（4）开展积极和平衡的外交。正是在这种思想的指导下，保加利亚开展了多方位的外交活动。

目前，保加利亚同世界上140个国家建立了外交关系。保加利亚已成为关系东南欧地区和平与稳定的一个因素。1996年5月，保加利亚加入世界贸易组织。1998年7月，保加利亚签署了加入中欧自由贸易区的最后文件。2001年10月，保加利亚当选为联合国安理会2002—2003年期间的非常任理事国，这有利于提高它的国际知名度。2002 年 7 月，在索非亚举行了有 10 个东南欧国家参加的同恐怖主义作斗争的地区国际研讨会，保加利亚被选为解决巴尔干问题文件起草协调小组的成员。2003 年年底，保加利亚成为欧洲安全与合作组织的轮值主席国。2004 年和 2007 年保加利亚成为北约和欧盟的正式成员国。

保加利亚除同欧洲实现政治、经济和军事一体化外，与美国和俄罗斯及其他世界大国，特别是与欧洲大国建立了平等和积极的双边和多边关系。保加利亚与美国建立了紧密的经济和军事合作机制，向美国提供军事基地，力图发挥“战略伙伴”作用。保加利亚愿意与俄罗斯恢复和发展友好和平等的合作关系，俄罗斯是保加利亚的重要贸易伙伴和能源供给国。

保加利亚奉行稳定巴尔干地区局势的政策，积极发展与东南欧国家的友好睦邻关系。保加利亚主张和平解决巴尔干地区民族、领土和边界争端，尊重巴尔干各国的主权和不干涉他国内政，奉行同所有邻国建立平等的合作关系政策。

与此同时，中保关系获得了长足发展。中国和保加利亚两国人民的友好交往有着悠久的传统。保加利亚是世界上第二个承认新中国的国家。2009 年迎来了两国建交 60 周年纪念，这有利于加强两国间长期存在的友好和相互尊重的关系。

保加利亚重视中国的大国地位，称赞中国改革开放所取得的成功经验。保加利亚历届政府和不同党派一再重申世界上只有一个中国，台湾是中国领土不可分割的一部分，中华人民共和国政府是代表全中国人民的唯一合法政府的原则立场。

中保两国政治关系没有任何障碍，更没有利害冲突。两国领导人高层互访频繁。两国经济方面合作的前景更是非常广阔，具有潜力。中国历来是保加利亚在亚洲地区主要的贸易和经济伙伴之一。2008 年中保两国贸易总额已达到 13.28 亿美元。两国在军事、科技、政党交流、地方交往等领域也都取得了令人满意的成绩。

近年来，中国在保加利亚的投资明显增长，经济和科技活动愈加活跃。中保在教育、文化领域的合作富有成效，取得了令人鼓舞的成绩，特别是 2007 年 6 月孔子学院在索非亚大学东方语言文化中心成立，它在开展汉语教学、推广中国文化方面起着积极作用。中保两国友好关系健康持续发展，符合两国人民的根本利益，也符合加强中国与欧盟全面战略伙伴关系的需要，必将造福于两国人民。

106. 波兰总统专机失事为何没有导致政治危机？

孔田平

2010 年 4 月 10 日，波兰总统卡钦斯基专机在赴俄参加卡廷惨案 70 周年纪念活动途中在俄罗斯西部斯摩棱斯克坠毁，同机 96 人全部遇难。斯摩棱斯克的悲剧震惊世界，波兰举国哀痛。历史的悲剧再次降临波兰，为纪念 70 年前卡廷大屠杀的遇难者，波兰的政治精英付出了生命的代价。这确是“悲剧中的悲剧”。

斯摩棱斯克的空难是波兰政界难以弥补的巨大损失。在这次空难中罹难的有总统莱赫·卡钦斯基夫妇、伦敦流亡政府最后一任总统、副议长、国家安全局局长、中央银行行长、外交部副部长、波军总参谋长、陆海空三军司令、特种部队司令、奥委会主席、议员及卡廷大屠杀遗属代表。如此多的政治精英遇难对波兰主要政党的政治力量配置产生重大影响。法律与公正党的许多重要成员在事故中遇难，莱赫·卡钦斯基作为法律与公正党的总统候选人寻求在原定 10 月的总统选举中竞选连任。副议长、民主左翼联盟副主席什马伊津斯基为民主左翼联盟总统候选人，他的罹难是对左翼的重大打击，波兰前总统克瓦希涅夫斯基认为波兰左翼再也找不到更为合适的总统候选人。法律与公正党与民主左翼联盟不得不推出新的总统候选人。斯摩棱斯克悲剧后，波兰并没有出现政治真空。根据波兰宪法第 5 章第 131 条的规定，波兰众议院议长科莫罗夫斯基代行总统职责。根据波兰宪法，众议院议长在总统职位出现空缺后 14 天内宣布总统选举日期，总统选举在公布选举日期后 60 天之内举行。波兰在悲怆的气氛中展开总统选举。在 6 月 20 日总统选举第一轮投票中，10 名候选人无一人得票过半，得票率最高的来自公民纲领党的候选人科莫洛夫斯基与已故总统的孪生兄长、法律与公正党候选人雅罗斯瓦夫·卡钦斯基进入第二轮的角逐。在 7 月 4 日举行的第二轮选举中科莫洛夫斯基获得了53.01%的选票，卡钦斯基获得46.99%的选票，科莫洛夫斯基以微弱优势获胜。波兰的政治稳定得益于和平的政治转型模式、宪政秩序的确立和民主制度的巩固。

政治转型的“圆桌会议”模式

波兰通过“圆桌会议”实现了政治转型。波兰前总统克瓦希涅夫斯基认为，“在某种意义上看，圆桌会议是自相矛盾的事件。一方面，它是由于软弱引起的。党弱、政府弱、团结工会弱、苏联弱。另一方面，它也是由于认为突破是可能的和圆桌会议可以进行的人们的力量所致”。《选举日报》主编米赫尼克指出，“妥协通常是由两个相当弱的伙伴达成的。当局太弱不能践踏我们，而我们太弱不能推翻当局。正是由于双方的弱点才出现了妥协解决方案的新机会。圆桌会议妥协是可能的，因为双方都有人冒着被其支持者指责为背叛的风险”。波兰统一工人党原第一书记乔塞克强调，“波兰天主教会对于达成妥协是非常重要的。这是天主教历史上伟大和光荣的一页。教会积极促成了波兰的妥协”。

1989年2月6日—4月5日，波兰统一工人党的代表与团结工会反对派代表举行圆桌会议，讨论的三个主题是经济和社会政策、工会多元化和政治改革问题。代表政府参加谈判的代表有基什查克（当时的内务部长）、克瓦希涅夫斯基（1995—2005年曾任波兰总统）和米莱尔（2001—2004年波兰总理）。代表反对派参加谈判的代表有瓦文萨（1990—1995年波兰总统）、马佐维耶斯基（首届民选政府总理）和米赫尼克（波兰最大报纸《选举日报》主编）。天主教会代表为观察员。

在圆桌会议举行之初，无论是执政党还是反对派的代表都不知道圆桌会议能否产生成果。团结工会代表米赫尼克被盖莱梅克拉到会场，为避免与内务部长基什查克握手，曾躲到厕所，担心与基什查克会导致政治上的失贞，并没有意识到他们正在创造历史。波兰统一工人党中央书记乔塞克曾隐喻民主过多的可能危害，他说“我有一只狗，名叫皮古希。皮古希病了，需要吃药。皮古希就是波兰，而我知道皮古希所需的药就是民主。但是如果我们给我的皮古希注入的药过多，皮古希不会好转，而会一命呜呼”。奥尔舒利克主教则说：“是的，书记先生，但是你的狗只要一见注射器就会晕厥。”

圆桌会议并不是一般意义的政治秀，确实达成了具体的成果。经过近两个月的艰苦谈判，波兰政府和反对派签署了《关于工会多元化问题的立场》《关于政治改革问题的立场》《关于社会和经济政策及体制改革问题的立场》三个文件。圆桌会议的主要成果有团结工会合法化，承认团结工会重新登记后作为全国性合法组织在工厂独立存在；对政治体制进行根本变革，实行立法、行政和司法三权分立原则；实行总统制与议会两院制，总统由众议院和参议院联席会议即国民大会选举产生；政府将吸收建设性反对派参政，进行非对抗性议会选举，众议院2/3的席位留给波兰统一工人党及其盟友。1/3的席位实行自由选举。新设立的参议院实行自由选举。1989年4月7日，波兰议会就通过了《宪法修正案》《议会选举法》《参议院选举法》《个体农民法》和《工会法修正案》等6项法案，将圆桌会议通过的协议转变为法律。

波兰圆桌会议最大的成果是允许举行半自由的选举。新设立的参议院举行民主选举，众议院35%的席位（161个议席）实行自由选举，其余65%议席（299个议席）留给波兰统一工人党及其盟友。选举确实具有不可预测性，因为波兰自20世纪20年代以来没有举行过真正公平的选举。执政党控制着媒体，推出了体育明星、电视名人、地方名人和企业家为候选人参与竞选。反对派担心这些候选人会吸引教育水平低的选民的选票。

在6月4日的选举中，团结工会大获全胜。团结工会获得了参议院议席的99%，众议院议席的35%，161个议席。参议院100个议席中团结工会获得了99席，独立候选人获得1席。波兰政府发言人坦陈，选举具有全民公决性质，团结工会获得了决定性的多数。执政党与团结工会都对选举的结果感到意外，选举前几日，波兰统一工人党中央委员会曾开会讨论了如果团结工会未获得一个议席西方国家可能的反应。而团结工会估计团结工会在选举中不会超过20个议席。团结工会顾问盖莱梅克在选举后发表谈话，“当统治规则发生变化，当斯大林主义体制的传统和共产党任命领导人的权力失去时，就会形成新的政治解决方案。但这并不是今天或明天的事”。但是波兰的变化比盖莱梅克等预想得快。为避免1981年遭到镇压的结局重演，瓦文萨说服反对派阵营选举雅鲁泽尔斯基为总统。7月19日，波兰议会两院以微弱多数选举雅鲁泽尔斯基为总统。8月19日，雅鲁泽尔斯基总统委托瓦文萨提出的总理候选人团结工会活动分子马佐维耶斯基组阁。8月24日，马佐维耶斯基在众议院发表施政报告，众议院通过投票授权他组建苏联集团第一个非共产党政府。9 月 12 日，苏联阵营内部第一个非共产党政府马佐维耶斯基政府获议会批准，宣誓就职。自此，波兰的历史掀开了新的篇章。

2009 年适逢波兰圆桌会议和议会选举 20 周年，波兰以各种形式纪念这些重大的历史事件。时任波兰议长的科莫罗夫斯基认为，圆桌会议和 6 月 4 日的选举改变了波兰和整个欧洲大陆的面貌。在他看来，波兰在 1989 年结束了冷战，最终打破了铁幕，推翻了雅尔塔秩序，为欧盟的扩大和欧洲统一的恢复铺平了道路。圆桌会议的会谈需要克服互相厌恶，战胜互相的不信任。由于圆桌会议达成的妥协才走向了 6 月 4 日的选举。波兰人通过选票决定其命运，波兰的事件开始了中东欧的民主变革，其大结局是 11 月柏林墙的倒塌。波兰前总理马佐维耶斯基认为，波兰使不可能成为可能，因为波兰人能够超越所认为的现实政治的最大边界，而对最后的胜利并没有丧失信心。英国历史学家蒂莫西·加尔登—阿什认为，通过谈判的革命是波兰的独特发现，在某种程度上这是 1989 年波兰给予世界的礼物。米赫尼克指出，“这是一场没有革命的巨大革命。没有人走上街头，没有路障，也没有枪杀令”。绝大多数波兰历史学家认为，圆桌会议为波兰和其他苏联集团国家的民主变革铺平了道路，但是波兰一些右翼的政治家质疑圆桌会议的价值，认为反对派签署该协议意味着背叛。波兰围绕 1989 年遗产的社会分裂尚未弥合，雅鲁泽尔斯基未受邀出席议会的纪念活动，尽管波兰左翼在过去 20 年波兰及整个欧洲的民主转型中作出了重要的贡献。而团结工会发源地格但斯克工会领导人则对市场化改革颇有微词，认为变化并没有帮助那些争取变革的工人。

宪政秩序的确立

波兰具有悠久的宪政主义的传统，1791 年 5 月 3 日通过的波兰第一部成文宪法一直使波兰人引以为豪，因为这部宪法是基于启蒙哲学，且是欧洲第一部成文宪法。在世界宪法史上，波兰也享有独特的地位，因为波兰是第二个拥有成文宪法的国家，仅晚于 1776 年的美国宪法。在社会主义波兰之前，波兰还有过两部宪法：1921 年 3 月宪法和 1935 年 4 月宪法。第二次世界大战后，波兰建立了人民民主政权。当时的波兰政府从法律制度上青睐于 1921 年宪法，认为 1921 年宪法较为进步。1947 年 2 月 19 日通过了宪法法案，试图规范国家最高机构的活动。宪法法案规定议会享有立法权，总统、国务委员会和政府享有行政权，独立的法院享有司法权。

1952 年 7 月 22 日，波兰人民共和国第一部宪法问世。1952 年宪法成为了社会主义波兰国家的根本大法。在社会主义时期，该宪法曾数次修改，以反映现实的变化。1952 年宪法共有 11 章 106 条。宪法第 1 章确立了波兰政治和经济制度的基础。波兰最高权力属于劳动人民。人民通过自己的代表机构议会和地方人民会议行使国家权力。1976 年对宪法进行修改，将对国家行政机构进行监督的机构——最高监察院由议会管辖划归部长会议领导。1980 年曾对 1952 年宪法进行了修改，将最高监察院重新置于议会的领导之下，以加强议会的地位与作用。1980 年以来，在面临严重的政治和经济危机的条件下，波兰加快了政治和经济改革步伐。1982 年波兰对宪法进行修改，决定设立宪法法院，专门处理宪法和法律的实施问题以及法令违宪的案件，以保证国家机关和部门制定的法令、条例和决议必须符合宪法。宪法还规定设立国务法院，以审理担任国家最高领导职务的人员的违法案件。

1989 年波兰发生政治剧变，同年 12 月 29 日波兰议会对 1952 年宪法进行了修改，将波兰人民共和国改名为波兰共和国，将国徽中的白鹰图案加上金色王冠图样。宪法对国体和国家的政治经济制度等内容作了修改。原宪法规定波兰是社会主义国家，现修改为波兰是“实现社会公正原则的法治国家”；删除了波兰统一工人党起领导作用的条款，增加了政党活动自由，公民按照自愿平等原则参加政党的自由；删除了国民经济计划的条款，代之以保障经济活动自由和维护各种所有制形式的内容。1989 年岁末对 1952 年宪法的修正尚不能全面反映波兰所发生的变化，为此波兰众议院成立了以盖莱梅克为主席的宪法委员会，以制定新宪法。1991 年春，宪法委员会完成了宪法草案的制定，但是由于当时主导政治力量对宪法委员会合法性的质疑，该草案被迫放弃。

1992 年下半年，波兰议会集中制定被称为小宪法的文件，以界定立法机构和执行机构的权力，划分总统与总理的权力。1992 年小宪法于 1992 年 10 月 17 日通过，该宪法具有临时宪法性质，旨在改善国家最高权力机构的活动。1992 年小宪法的总则规定，波兰共和国众议院和参议院享有立法权，总统和部长会议享有行政权，独立的法院享有司法权。宪法总则还规定，众议员、参议员、部长会议成员及其他代表国家履行公职的人员不得从事与其职权范围不相符合的活动，违者则受刑事制裁。上属人员在任职前和任期结束后，应提交其财务状况的说明。1992 年小宪法保留了宪法法院和国务法院等机构。

1997 年 4 月 2 日，波兰议会通过了新宪法，同年 5 月 25 日，全民公决通过新宪法，7 月 16 日宪法经波兰总统克瓦希涅夫斯基签署成为法律，10 月 17 日，新宪法生效，它取代了 1952 年的宪法。1997 年宪法是剧变后波兰各派政治力量协商妥协的产物，新宪法全面反映了 1989 年后波兰在政治、经济和社会所发生的变化。新宪法规定，波兰共和国是实行社会正义原则的法治的民主国家。波兰共和国是单一制国家。宪法规定，波兰共和国的最高权力属于人民。人民直接或通过其代表行使其权力。新宪法保证公民权和经济自由权，加强了中央银行的独立性，削弱了总统的权力，议会得到下院 3/5 的票数就能推翻总统的否决，赋予宪法法院强有力的权力，议会不再有权否决宪法法院的裁决。波兰议会为两院制议会，众议院由 460 位议员组成，参议院由 100 位议员组成。议员由选举产生，任期 4 年。总统由选民直选产生，任期 5 年，可竞选连任。总统为武装部队总司令，如果议会不能通过预算和政府组成，总统有权解散议会。总统有权提名总理。

值得关注的是 1997 年宪法对于宪法法院的地位与作用有全面的规定。宪法第 10 条规定，司法权属于法院与特别法院。宪法法院等特别法院应当视为司法机构，同时特别法院又区别于一般的法院。法院隶属于最高法院或最高行政法院，而宪法法院和国务法院处在法院系统之外，构成了相对独立的司法权力的组成部分。在第二次世界大战之前，波兰没有宪法监督制度。无论是受法兰西第三共和国影响较深的 1921 年宪法还是 1935 年宪法，都拒绝对议会通过的法令进行普遍的或行政审议，更谈不上设想成立独立的宪法法院。第二次世界大战后，波兰实行了苏联式的政治制度，以国家权力的高度统一原则取代了分权的原则。直到 20 世纪 70 年代，波兰才开始讨论宪法法院的问题。1982 年 3 月 26 日，波兰进行修宪，成立了两个司法机构：宪法法院和国务法院。在经历了 3 年的激烈辩论后，宪法法院法才被通过，因为反对者声称宪法法院是与社会主义的宪政主义不相容的。1985 年 4 月 29 日通过的宪法法院法是妥协的产物，因为该法包含着对宪法法院权限进行限制的规定。对宪法法院的最重要的限制是宪法法院的裁决并不具有终审性质，因为宪法法院对于法律是否违宪的裁决仍然要受议会的审议。议会 2/3 多数通过的决议可以推翻宪法法院的裁决。这是在建立宪法法院和保证国家权力的统一性之间达成的妥协，其真正的影响在于宪法法院的裁决取决于议会的意志。虽然如此，宪法法院还是在波兰获得了相对独立的地位。波兰成为了社会主义国家中第一个成立宪法法院的国家。从 1989 年政治剧变到 1997 年新宪法制定和宪法法院法出台，波兰宪法法院在新的政治体制中的地位一直悬而未决，但宪法法院已开始适应变化了的形势，在政治进程中发挥非常重要的作用。随着 1997 年宪法和宪法法院法获得通过，宪法法院在波兰政治秩序中的地位得以确立。

宪法法院由包括院长和副院长在内的 15 位法官组成。宪法法院的法官由众议院任命，任期 9 年。宪法法院法官的任期单独计算，法官的任命逐步进行，以避免出现同时任命许多法官的局面。宪法法院的任命由众议院负责，参议院、总统和其他的司法机关无权过问。50 位众议员或众议院主席团可提出宪法法院法官的候选人。只有有资格担任最高法院法官或最高行政法院法官的人才可成为宪法法院法官的候选人，这意味着候选人除了受过法学教育并通过相关考试外，尚需要有 10 年从事法律工作的经验。法学教授不受此限制。事实上，从宪法法院诞生至今，法学教授在宪法法院的法官中占有相当大的比例。1985 年到 1998 年任命的 35 名宪法法院法官中有 23 人为法学教授，6 人为法官，3 人为检察官，2 人为律师，1 人为官员。由此可见，宪法法院的法官具有高度的专业性。宪法法院院长和副院长由总统在宪法法院法官大会就每个职位提出的两个候选人中进行任命。宪法法院的法官必须保持独立性。宪法第 195 条明确规定，宪法法院的法官在履行其公职时保持独立，只服从于宪法。宪法还规定，应向宪法法院的法官提供与其职位尊严和职责范围相符的工作条件和报酬。为保持宪法法院的独立性，宪法规定宪法法院的法官在其任期内不得参加政党和工会，也不得从事与法院和法官独立性原则相背离的公务活动。对于宪法法院独立性的保障还来自对宪法法院法官任期的限制。宪法第 194 条规定，宪法法院法官的任期不得超过 1 届。宪法法院法也禁止在任期内将宪法法院的法官解职，宪法法院法官的职务只有在下列情况下可终止：一、机构撤销；二、医生委员会基于疾病、虚弱和乏力等理由，作出了永久丧失履行法官职责能力的决议；三、因从事刑事犯罪被法院判决有罪；四、遭到训诫法院的弹劾；法官任期届满只有在宪法法院法官大会通过决议后才生效。众议院不能解除宪法法院法官的职务，也不能根据其他国家机构提供的报告来解除宪法法院法官的职务。为保证宪法法院的法官公正执法，宪法法院对于法官有一定的纪律约束，对法官惩戒的措施包括警告、斥责和解职。

宪法法院的权力主要集中在以下几个方面：一、审议法律是否违宪。波兰宪法规定，宪法法院可就下列事务作出裁决：法令或国际协议是否符合宪法；已批准的国际协议的法令是否符合宪法；中央国家机构发布的法规和已批准的国际协定和法令是否符合宪法（宪法第 188 条）。二、就政党的目的和活动是否符合宪法作出裁决（宪法第 188 条）。三、解决中央国家机构间的权力争端。宪法第 189 条规定，宪法法院应解决中央国家机构的权力之争。四、受理违反宪法的申诉。五、宣布总统暂时无力履行职责（宪法第 131 条）。应总统的请求，宪法法院在法律签署之前或国际协议批准之前就该法律或协议是否符合宪法作出裁决。

宪法法院无权就纵向的权力之争进行裁决，因为波兰是一个单一制国家。宪法法院也不就选举和全民公决的有效性作出裁决，因为这是最高法院的职责。宪法法院也不就持有国家最高职务人员的法律责任作出裁决，因为这是国务法院的职责。1997 年宪法也剥夺了宪法法院 1989 年以来享有的对法律进行普遍有约束力的解释的权力。

宪法法院在波兰政治制度中的地位自 1997 年新的宪法和宪法法院法制定后已得到确立，宪法法院成为了波兰政治制度不可分割的组成部分。宪法法院的运作对于维护宪法制度的权威、维护法律体系的完整、保持政治体系的顺利运行以及保障公民的权利和自由具有非常重要的作用。

民主制度得到巩固

波兰的政治转型的结果是民主制度得到巩固。剧变后波兰顺利举行了 7 次议会选举和 5 次总统选举，实现了权力的和平转移。

波兰实行多党议会民主制，在过去 20 多年间尚无政党能够单独执政，赢得大选的政党不得不与其他政党联合执政，因此议会选举后产生的政府为联合政府。1989 年 8 月马佐维耶斯基出任团结工会首任政府总理。1991 年波兰举行剧变后首次自由的议会选举，参加选举的政党有 111 个，没有一个政党获得超过 13％的选票，最终有 29 个政党进入众议院。民主联盟获得了 12.32％的选票，得票率第一。民主左翼联盟得票率第二，获得了 11.99％的选票。其他进入议会的政党有天主教选举行动、公民中心联盟、波兰农民党、独立波兰联合会、自由民主大会、农民联盟、团结工会、波兰啤酒爱好者党、基督教民主、现实政治联盟、基督教民主党、德意志少数民族、X党、西里西亚自治运动和波兰西部联盟。引起媒体关注的是啤酒爱好者党竟然获得了16个议席。大选后由来自自由民主大会党的别莱茨基出任总理。1993年波兰根据新修订的选举法举行议会选举。根据新的选举法，政党进入众议院必须获得5%以上的选票，政党联盟进入议会必须获得8%以上的选票。新修订的选举法为政党或政党联盟进入议会设定了法定的门槛，避免了议会政党格局的支离破碎。民主左翼联盟获得了20.41%的选票，与获得15.40%选票的波兰农民党组成联合政府。其他进入众议院的政党或政党联盟有民主联盟、劳动联盟、天主教选举委员会、独立波兰联合会、支持改革非党集团。团结工会、中间协议、现实政治联盟、自卫等政党未进入众议院。议会选举后由波兰农民党领导人帕夫拉克出任总理。1997年9月波兰举行议会选举，团结选举行动获得了33.83%的选票，民主左翼联盟得票率为27.13%，自由联盟得票率为13.37%，其他进入议会的政党有波兰农民党、波兰重建运动和劳动联盟。选举后团结选举行动的布泽克出任总理。2001年9月波兰举行议会选举。在这次大选中团结选举行动遭到惨败，作为政党联盟未获得8%以上选票，未能进入议会。民主左翼联盟获得41%的选票，公民纲领党获得12.7%的选票，自卫党获得10.2%的选票。其他进入众议院的政党有法律与公正党、波兰农民党和波兰家庭同盟。大选后民主左翼联盟与波兰农民党组成联合政府，米莱尔出任政府总理。2005年9月波兰举行议会选举。选举结果表明波兰中右政治力量赢得大选胜利。保守的法律与公正党获得了27.0%的选票，公民纲领党获得了24.1%的选票，自卫党获得了11.4%的选票，民主左翼联盟只获得11.3%的选票。其他进入众议院的政党有波兰家庭同盟和波兰农民党。选举后法律与公正党与自卫党和波兰家庭同盟组建联合政府，马尔钦凯维奇出任总理。2007年9月波兰众议院投票决定解散议会，提前举行大选。2007年10月波兰举行大选。公民纲领党赢得大选胜利，获得了41.51%的选票，法律与公正党获得了32.11%的选票，左翼与民主党人获得13.15%的选票，波兰农民党的得票率为8.91%。自卫党和波兰家庭同盟得票率低于5%，未能进入议会。大选后组成了公民纲领党领导的政府，图斯克出任总理。一些小的政党为了参加大选通常其候选人以大的政党的名义进行登记。以2007年议会选举为例，波兰家庭同盟的候选人名单中包括现实政治联盟和共和国右翼的成员，法律与公正党的候选人名单中包括波兰农民党（皮亚斯特）、民族人民运动、爱国运动、中间政党和基督教民主联盟的成员，左翼与民主党人的候选人名单中包括波兰社会民主党、民主党、劳动联盟、波兰左翼理性、民主左翼党和波兰社会党的成员，自卫党的候选人名单中包括新左翼党、波兰左翼党和波兰国民大会的成员，劳工党的候选人名单中有波兰共产党、左翼联盟、波兰社会党、波兰左翼理性、失业者保护运动和退休者与养老者全国论坛的成员。2011 年 10 月波兰举行议会选举。执政的公民纲领党赢得大选胜利，执政党竞选连任取得成功在转型 20 多年的历史上尚属首次。

波兰总统由直选产生。1990 年 11 月波兰举行总统选举，瓦文萨当选总统。1995 年 11 月民主左翼联盟总统候选人克瓦希涅夫斯基击败瓦文萨，当选总统。2000 年克瓦希涅夫斯基在总统选举中获胜，蝉联总统。2005 年 10 月的总统选举主要在法律与公正党的莱赫·卡钦斯基和公民纲领党图斯克之间展开，最终莱赫·卡钦斯基击败图斯克，当选总统。不幸的是，2010 年 4 月 10 日卡钦斯基总统在波兰因空难在斯摩棱斯克遇难，波兰不得不提前举行总统选举。波兰根据宪法顺利完成总统选举，公民纲领党的科莫洛夫斯基击败雅罗斯瓦夫·卡钦斯基当选总统。

从 1991 年到 2005 年，波兰议会选举的结果表明波兰政治呈现左翼政党和右翼政党轮流执政的格局，但从 2005 年之后由于波兰左翼政治力量的日益边缘化，波兰政治日益由右翼政治力量主导。1991 年、1997 年和 2005 年的议会选举后右翼上台执政，1993 年和 2001 年议会选举后由左翼上台执政。左右政党轮流执政的格局在 2007 年的议会选举中被打破，一些观察家称波兰进入了右翼主导的政治周期。

波兰自剧变后进行了 7 次议会选举，顺利实现了权力的转移。政府总理更迭较为频繁，有 13 人担任政府总理。政府总理的更迭依照法定程序进行，没有产生权力真空或政治危机。和平有序的权力转移体现了波兰新形成的议会民主制度已日臻成熟。

转型 20 多年波兰政治力量的分化组合尚未结束。剧变后团结工会运动发生分裂。1989 年 9 月起担任团结工会政府总理的马佐维耶斯基试图在 1990 年举行的总统选举中挑战团结工会领袖瓦文萨，但没有成功。在 20 世纪 90 年代团结工会分裂成为相互竞争的政治组织。1990年1月波兰统一工人党自行解散，拉科夫斯基和米莱尔组建了波兰共和国社会民主党。1991年在剧变后，首次自由选举之前波兰社会民主党和其他一些左翼政党组建民主左翼联盟。1999年4月15日，民主左翼联盟成为政党。2005年后民主左翼联盟发生分裂，在波兰政治舞台的地位日益边缘化。一度执政的一些政党淡出了政治舞台，在最近的议会选举中没有能够进入议会。目前活跃于波兰政治舞台的两大右翼政党法律与公正党和公民纲领党成立的历史仅有10年。2010年12月原法律与公正党成员约安娜·克卢齐克—罗斯特科夫斯卡成立“波兰最重要”党。2011年3月25日，自由与法治与现实政治联盟合并成立新右翼大会党，该党领导人为亚努什·科尔温—米凯。该党吸引了一些来自中右翼的要人。一些小的政党为了政治生存，在大选中依托大的政党，将其候选人纳入大党的候选人名单中参选。帕利科特脱离公民纲领党后成立不久的政党帕利科特运动在2011年议会选举中一跃成为议会第三大政党。转型20多年来波兰政党的部分组合不断，尚未形成稳定的政党政治格局，但是政党的分化组合均是在现有政治框架内进行的，没有影响或动摇波兰民主制度的稳定性。

斯摩棱斯克悲剧并没有导致政治危机凸显了波兰民主的宪政秩序的稳定性。悲剧发生后图斯克领导的政府仍正常运作，因为波兰的行政权力主要集中在政府手中。波兰政府主要负责经济政策的制定，波兰政府成功应对国际金融危机的冲击，是2009年欧盟国家中唯一保持经济增长的国家。负责货币政策制定的中央银行行长遇难后，波兰中央银行继续运作，货币政策委员工作正常。波兰宪法对总统的更替有明确的规定，宪政民主制度的巩固使波兰不可能出现权力真空。波兰依照宪法提前举行总统选举，顺利完成了非常时期的权力转移。

107. 波兰民主左翼联盟为何陷于衰落?

孔田平

民主左翼联盟是波兰影响力最大的左翼政党。该党的多数成员曾是波兰共和国社会民主党的成员，而波兰共和国社会民主党是在波兰统一工人党解散后成立的左翼政党，其成员主要来自原波兰统一工人党党员。1990 年 1 月，波兰统一工人党举行第 11 次代表大会，大会宣告了波兰统一工人党解散，一些波兰统一工人党成员宣布成立波兰共和国社会民主党。1991—1999 年间波兰共和国社会民主党与其他左翼政党结盟，组成了“民主左翼联盟”，以参加各类政治活动。民主左翼联盟的组成由 30 个政党、协会和工会等组织组成，其中波兰社会民主党所起的作用最大，其他的政党有波兰社会党、劳动人民运动。1999 年民主左翼联盟正式由政治联盟改组为政党。民主左翼联盟是亲欧洲的社会民主党。民主左翼联盟在 1993 年曾赢得大选，在 1993—1997 年间与波兰农民党联合执政。在 2001 年的议会选举中民主左翼联盟与劳动联盟结盟，赢得了大选胜利，得票率高达 47%，获得了 200 个众议院席位（共 460 席）和 75 个参议员席位（共 100 席）。此后民主左翼联盟和劳动联盟与波兰农民党联合执政，民主左翼联盟主席莱舍克·米莱尔担任政府总理。2003 年 3 月波兰农民党因政见分歧退出了执政联盟。2004 年 3 月，民主左翼联盟的社会支持率下跌到了 10%以下。2004 年 3 月 6 日，民主左翼联盟主席莱舍克·米莱尔宣布辞职，与米莱尔一起辞职的还有两位副主席亚库博夫斯基和策林斯基，克日什托夫·雅尼克继任主席。3 月 21 日，民主左翼联盟马佐夫舍省委员会将众议院议长博罗夫斯基开除出党。3 月 26 日，众议院议长博罗夫斯基与民主左翼联盟的一些高级官员一起退出民主左翼联盟，成立了新的左翼政党——波兰社会民主党，民主左翼联盟正式分裂。民主左翼联盟的分裂将对波兰的政坛，特别是左翼在波兰政治舞台的地位产生不利影响。当晚米莱尔总理宣布将于 5 月 2 日正式辞职。

民主左翼联盟领导的政府自 2001 年 9 月执政以来，在促进经济的复苏和欧洲一体化上取得了公认的成就。2001 年波兰经济的增长率为 1.1％，而 2003 年经济增长率达到了 3.7％。在经过与欧盟的艰难的谈判后，波兰于 2004 年 5 月正式加入了欧盟。但是这些成就并不能掩饰民主左翼联盟内部的问题，正是党内部的问题导致了民主左翼联盟的分裂。自 2004 年以来，民主左翼联盟一蹶不振，走向衰落。2004 年在欧洲议会选举中民主左翼联盟只获得 9％的选票，赢得 5 个议席。2005 年 5 月 29 日，年轻的沃伊采赫・奥莱伊尼查克当选为党的主席。在 2005 年的议会选举中，民主左翼联盟惨败，仅获得 11.3％的选票，赢得 55 个众议院议席，为过去议席数量的 1/4。在参议院选举中全军覆没。2006 年年末民主左翼联盟与一些小左中翼政党组建左翼与民主党人联盟。在 2007 年举行的议会选举中，民主左翼联盟的表现令人失望，左翼与民主党人联盟仅获得 13％的选票。2008 年 4 月左翼与民主党人联盟正式解散。2008 年 5 月 31 日，格热戈日・纳皮耶拉尔斯基取代沃伊采赫・奥莱伊尼查克，担任党的主席。2009 年在欧洲议会选举中，民主左翼联盟与劳动联盟共同获得 12％的选票，赢得 9 个议席。民主左翼联盟在波兰政治舞台日益边缘化，迄今尚未摆脱颓势。2010 年在第二轮总统选举中民主左翼联盟候选人纳皮耶拉尔斯基的得票率为 13.68％。2010 年 12 月 MillwardBrown SMG/KRC 举行的民意调查表明，如果 12 月举行大选，公民纲领党的支持率为 40％，法律与公正党为 25％，民主左翼联盟为 13％，“波兰最重要”党为 8％，波兰农民党为 6％。这表明民主左翼联盟五年来的支持率没有发生根本变化。值得关注的是民主左翼联盟在 2011 年 10 月议会选举中仅获得 8.24％的选票，而成立仅数月的帕利科特运动获得了 10.02％的选票，成为议会第三大党。

民主左翼联盟的衰落的原因值得探讨。

一、民主左翼联盟党内分歧严重，对于党的现实处境和问题也估计不一，尤其是党的主要领导人对党面临的危机缺乏清醒的估计。

民主左翼联盟在具体的政策上存在分歧，如在对待天主教会的问题上党内缺乏统一的意见。民主左翼联盟总书记迪杜赫 2003 年 3 月在比德哥什省党代会上发言，对天主教会进行了攻击，他指出“我们是天主教国家并不意味着我们不是符合民主规范的政教分离的国家，否则我们将会被天主教会所窒息，天主教会想要更多的特权，而且继续捍卫其特权”。迪杜赫的讲话在党内和社会上引起了轩然大波。民主左翼联盟要员就此发表谈话，米莱尔总理和众议院欧洲事务委员会主席奥莱克西在此问题上与迪杜赫保持距离，奥莱克西甚至强调迪杜赫的观点并不代表民主左翼联盟。2004 年年初，民主左翼联盟的社会支持率急剧下降，社会支持率下降到了 10%以下。民主左翼联盟党内对于党的现状和问题的看法也不一。以米莱尔主席为代表的党的主要领导人认为民主左翼联盟尚未陷入危机状态，呼吁保持党的团结，认为党的状况比人们认为的要好。而在米莱尔辞职后新任主席雅尼克意识到了民主左翼联盟存在的问题，但在如何重振民主左翼联盟上犹豫不决，贻误了凝聚党内共识和进行改革的时机。而当时的众议院议长博罗夫斯基等民主左翼联盟活动家要求正视党内的问题，反思民主左翼联盟的执政方式，采取切实有效的措施扭转民主左翼联盟面临的信任危机。他和一些民主左翼联盟著名活动家曾于 2004 年 3 月 7 日向民主左翼联盟党全国代表会议提交了《幻想够了》的决议，历数民主左翼联盟的问题，分析了造成党的危机的原因，但是该决议未引起民主左翼联盟领导层的足够的重视。他们认为，在党的代表会议之后所采取的行动不足以阻止和扭转民主左翼联盟以及整个左翼在政治和社会边缘化的危险。3 月 26 日，以众议院议长博罗夫斯基为首的 21 名民主左派联盟党众议员和 5 名参议员宣布成立波兰社会民主党。他们之所以要脱离民主左翼联盟，是因为对民主左翼联盟内部进行迅速和深刻改革的可能性丧失了信心。他们对民主左翼联盟内部存在的一些现象提出批评，如一些人在民主左翼联盟中发挥着消极的作用，而许多同事却相安无事。

二、民主左翼联盟的执政方式不为社会所接受，缺乏连贯的纲领和明确的社会政治目标。

1993 年，民主左翼联盟开始执政，但是执政理念没有根本变化，认为政治首先就是为其支持者谋取职位。4 年之后民主左翼联盟丧失了权力，但它并没有从中吸取应有的教训。2001 年当米莱尔领导的民主左翼联盟再次上台执政时，在关键职位上仍然是旧人充斥。一些观察家认为，“米莱尔确实通晓一切幕后的政治斗争，但是缺乏对国家的远见”。在日常的政治中不能选择某种政策，在 3 年间使用了 8 位经济部长和财政部长。政府缺乏选民能够认同的主张，其经济政策在新自由主义和国家调控间来回摇摆，这使得左翼的传统支持者无所适从。米莱尔政府推行的公共财政改革事实上使部分社会阶层的福利减少，而且失业率居高不下，一直在20%左右波动。米莱尔以政治攻击取代了对经济问题的讨论，他对中央银行行长巴尔采罗维奇进行了猛烈的攻击，指责巴尔采罗维奇奉行的货币政策阻碍了波兰的经济增长，试图压巴尔采罗维奇改变货币政策。根据TNS舆论调查中心的调查结果表明，2004年3月，有92%的被调查者对政府的评价是负面的，对米莱尔总理评价不佳的被调查者占82%。正如博罗夫斯基所言，内阁人员的频繁变动证明一些部门缺乏政治构想，或者一些担任重要职位的好人犯了错误。对于一系列有关堕胎、财产申报、广播电视、国家医疗基金的法律缺乏精心准备，未与社会进行充分的磋商，也未充分听取法律界的意见，其结果是明显的失败和社会的不安。

三、与民主左翼联盟党员有牵连的腐败丑闻不断，执政党丧失了公共服务的道德，其社会支持率急剧下降。

原民主左翼联盟副主席策林斯基认为，民主左翼联盟背负着个别活动家的私利，而忘记了共同的利益和公共利益。米莱尔总理涉嫌与波兰的“雷温”腐败案有关。2002年7月22日，著名的电影制片人雷温与《选举日报》主编米赫尼克会面，雷温提出，如果能够支付1750万美元，他将游说民主左翼联盟有实权的人通过有利于《选举日报》出版商阿戈拉的新媒体法，拟议中的法律的修正将使阿戈拉可以购买电视台。反对派指控米莱尔是这起腐败案的幕后人物。虽然该案目前仍查无实据，但已严重影响到米莱尔及民主左翼联盟的声誉。民主左翼联盟党员的泄密也在波兰社会产生了不好的影响。在调查发生在斯塔拉霍维查的有当地官员卷入的有组织犯罪活动时，内务部前副部长索博特卡泄露了卧底警察活动的情报，几乎威胁到卧底警察的生命。他将情报泄露给了民主左翼联盟的议员德乌戈什，而德乌戈什又将此消息泄露给了议员雅盖乌沃。雅盖乌沃将情报透露给了当地的有关官员。斯塔拉霍维查两位与民主左翼联盟有关的政府官员涉案。民主左翼联盟议员陷入了重复投票丑闻，2003年3月26日，在众议院就反对党议员提出的对政府副总理兼基础设施部长波尔（民主左翼联盟执政伙伴劳动联盟领导人）不信任案进行投票。民主左翼联盟的两位议员缺席，但其电子投票卡交给了另两位议员，这两位议员进行了重复投票。这一丑闻被反对党揭露，对民主左翼联盟的影响非常坏。虽然民主左翼联盟将卷入丑闻的议员开除出议会党团，但是丑闻的社会影响已经产生。2004年2月11日，格但斯克上诉检察院指控波梅拉尼亚民主左翼联盟负责人叶迪基耶凯维奇贪污3000万兹罗提。此外，内阁成员非法卷入经济活动、政府官员与企业关系暧昧以及民主左翼联盟高层的干部从事党的活动与个人经济活动有关，产生了利益冲突等行为损害了民主左翼联盟的形象，选民对民主左翼联盟丧失了信心。2001年投票支持民主左翼联盟的选民为41%，而到了2004年3月民主左翼联盟的社会支持率下降到了10%以下。博罗夫斯基对党的现状深感失望，他指出，在两年半的时间内有约400万选民背弃了民主左翼联盟。民主左翼联盟自我封闭，不再是为人民的党和创造性的党，而是为自己的党。在这种状况下不可能获得社会的信任。《不》周刊主编乌尔班2004年甚至预言，在下届议会选举中波兰选民将抛弃民主左翼联盟，其预言不幸言中。2007年3月22日，波兰前总理、民主左翼联盟主要领导人奥莱克西与波兰富商古佐瓦蒂的私人谈话被媒体曝光。奥莱克西在谈话中涉及民主左翼联盟的腐败问题。他指责前总统克瓦希涅夫斯基非法获取资金，严词抨击民主左翼联盟主席奥莱伊尼查克及其他领导人。奥莱克西谈话的曝光使得民主左翼联盟进一步信誉扫地。

四、民主左翼联盟在党的建设上存在着严重的缺陷，这导致了党的衰弱。

博罗夫斯基等人认为，党员之间的联系和友谊应当是基于共同的理想和共同的价值观，而不是共同的利益。党的高层与政府和自治地方行政机构的联系扭曲了双方的关系，这是造成党衰弱的原因之一。党的组织存在严重的问题，法定的基层组织华而不实，成为摆设。党的全国委员会膨胀到了荒谬的程度，因此丧失了真正讨论的能力和领导能力。党的领导层与基层组织沟通不畅，早在2002年4月，民主左翼联盟的3000位代表在华沙举行会议，讨论党的纲领和选举战略，会议遭到了一些民主左翼联盟党员的抗议，他们指责民主左翼联盟已经分裂为“当权派和贫困派”，党的领导层与基层组织缺乏沟通。一些主要单位的组织在责任划分不明确的条件下运行，工作效率低下。民主左翼联盟对于起用新人的问题重视不够，事实上在1999年12月党的代表大会选举产生的领导人缺乏新人，被称为“新党老面孔”。民主左翼联盟前主席雅尼克承认，党的生活中不好的行为方式、顽固不化和咄咄逼人产生了不好的结果。民主左翼联盟的活动家忘记了民主左翼联盟的敌人是贫困和失业，是其对手公民纲领、自卫、波兰家庭同盟和法律与正义等政党。

民主左翼联盟在转型15年后进入了政治衰退期，目前尚未挽回颓势。波兰左翼面临着严峻的挑战。首先，波兰选民将更为关注政党的经济和社会纲领。在转型后的 15 年间，与波兰统一工人党有渊源的民主左翼联盟和与团结工会有渊源的政党轮流执政。1993—1997 年、2001—2005 年，民主左翼联盟执政，1989—1993 年、1997—2001 年，与团结工会有联系的政党如团结选举行动等政党执政。传统选民的选择是基于历史遗产，而不是经济和社会纲领。新的选民选择政治领导人是基于其经济和社会政治纲领。波兰保守政党公民纲领党以其自由的经济纲领引起了选民的关注。一些观察家认为，波兰政治已经告别了“后团结工会”和“后共产党”时期，政治的分化和组合进入了新时期。其次，波兰政坛面临着民粹主义政党的冲击。自卫党诉诸民粹主义的策略，攻击执政党的经济和社会政策，并以不切实际的许诺取悦选民。左翼的传统的选民如工人阶级、教育水平不高的选民和失业者对左翼感到失望，部分选民倾向于民粹主义政党。再次，2005 年起波兰政治向右转的趋势没有逆转。自 2005 年以来，波兰一度由法律与公正党主政，总理和总统都来自法律与公正党。2007 年提前举行议会选举，公民纲领党赢得胜利。2010 年斯摩棱斯克悲剧后波兰举行总统选举，公民纲领党的候选人科莫洛夫斯基当选总统。2011 年 10 月公民纲领党再次赢得大选胜利。目前总理和总统均来自温和的自由主义政党公民纲领党。目前波兰最有影响力的政党为公民纲领党和法律与公正党。最后，波兰左翼政党面临着如何在新的政治秩序中定位的问题。左翼缺乏新的计划和新的思想，以吸引选民。特别是在经济政策上与右翼大同小异，这使得左翼的传统选民无所适从。民主左翼联盟的传统选民基础遭到侵蚀，原来部分支持者之所以支持民主左翼联盟是担心遭到因在社会主义时期参加波兰统一工人党遭到政治报复。在转型 15 年之后，他们不再担心政治报复，可以自由选择其青睐的政党。波兰政论家皮拉夫斯基认为，如果一味怀旧，民主左翼联盟就没有前途，如果服务于新贵，脱离选民，党的活动家和青年人用党的经费豪饮，而主要的条件是怀揣左翼 VIP 的公文包，那么民主左翼联盟同样没有前途。在国际金融危机的背景下，目前公民纲领党主政的波兰出现了前所未有的繁荣、稳定与安全，民主左翼联盟东山再起面临的困难进一步增加。

108. 波兰的"休克疗法"为何取得成功?

孔田平

中东欧的经济转型开始于1990年，所面临的困难是史无前例的。中东欧是在市场经济制度被摧毁的基础上建立市场经济的，而二战后德国和日本从统制经济到市场经济的过渡是市场经济制度的"回归"，拉美国家20世纪80年代改革面临的条件是扭曲的市场经济。经过20多年的转型，中欧国家与巴尔干国家的差异愈来愈大。中欧国家在经济转型上取得了重大进展，成为了欧盟的成员国。波兰作为中欧国家的典型值得深入研究。首先，波兰是中东欧面积最大人口最多的国家；其次，波兰是1989年东欧剧变的先驱，圆桌会议开启了东欧变革的先河；再次，波兰是苏联集团中第一个实行"休克疗法"的国家，是中东欧国家中率先摆脱衰退实现增长的国家，也是经济最先恢复到转型前水平的国家，并在2009年全球经济低迷的条件下唯一保持增长的欧盟国家。1990年1月1日，波兰实行"巴尔采罗维奇计划"，开始了全面的经济转型进程。经过20多年的转型，波兰建立了市场经济体制，保持了经济的持续增长，波兰因此从"欧洲病夫"成为展翅飞翔的"中欧之鹰"。

"休克疗法"与波兰的经济转型

应当说波兰统一工人党和团结工会对于1989年的变化都缺乏准备，无论是执政党还是反对派都对政治发展的结局感到意外。1989年4月5日，波兰统一工人党及其执政联盟与团结工会反对派在经过了两个多月的漫长谈判后终于达成了协议，签署了《关于政治改革问题的立场》、《关于社会和经济政策以及体制改革问题的立场》、《关于工会多元化问题的立场》和最后议定书。圆桌会议在波兰以及东欧的历史上具有独特的意义，如果没有圆桌会议，就不可能有波兰政治和经济的全面转型。在当年 6 月 4 日的议会选举中执政联盟失败的结局彻底改变了波兰的政治景观。波兰总统克瓦希涅夫斯基在纪念议会选举 15 周年的谈话中坦言，波兰人就开始转型做出了决定，社会主义改革已不可能，需要进行根本的变革①。

在政治局势剧烈变化的情况下，如何建立新的经济体制的问题就提到了议事日程上。圆桌会议关于社会经济问题的协议既有合理的成分，又有乌托邦的成分。圆桌会议强调要建立基于多元所有制结构、自治和职工参与的社会市场经济的经济秩序，发展竞争，对各种所有制企业实行统一的财政政策②。议会公民俱乐部和团结工会领导人求变心切，萨克斯等外国顾问开始到波兰推销“大爆炸”的转型战略，团结工会活动家库伦甚至要求萨克斯一夜之间提出一个改革的方案③。在波兰独特的社会政治条件下，“休克疗法”成为了波兰的经济转型战略。

萨克斯向东欧国家建议的“休克疗法”起源于 20 世纪 80 年代中期，那时他担任了玻利维亚等拉美国家的经济顾问，从事有关经济政策的咨询。1985 年，他担任了玻利维亚总统顾问，协助玻利维亚政府制定克服严重经济危机的激进的经济纲领。这一纲领内容广泛，不仅包括贸易自由化，而且也包括行政和税制改革及私有化。其主要内容是：实行紧缩的货币和财政政策，通过货币贬值实现汇率的稳定；限制政府支出，缩减有关部门的工资支出；改革行政和税收制度，取消补贴；取消价格管制，实行价格自由化；取消对进出口的限制，实行贸易自由化；实行私有化；重新安排债务和接受外援。上述政策实行不到一周便已奏效，恶性通货膨胀得到遏制，月通货膨胀率从 50％转为价格稳定。从 1986 至 1987 年 7 月，年通货膨胀率为 21.51％，1989 年为 16.56％，恶性通货膨胀受到遏制是“休克疗法”取得的最大成就。1989 年萨克斯在波兰谈到了玻利维亚的情况时说：“4 年前我当上了玻利维亚总统顾问，当时年通货膨胀率为 24000％，而生活

---

① http：//www.onet.pl.

② Władysław Baka，Ekonomiczne idee Okrągłego Stołu po piętnastu latach. Wnioski na przyszłość，Strategia szybkiego wzrostu gospodarczego w Polsce，Warszawa 25 — 26 marca 2004r. www.tiger.edu.pl.

③ Jeffrey Sachs，Reformy gospodarcze w Polsce：transformacja i co dalej?，12 listopada，2001，Warszawa.

水平在1980—1985年之间下降了30%，国家处于无政府状态和经济崩溃的边缘。如今价格稳定，并克服了债务危机。”萨克斯还指导了重新安排债务的谈判，使玻利维亚的外债形势有所缓解。“休克疗法”取得了一定的成就，但也产生了一些问题如失业增加和经济下降等。玻利维亚实行的“休克疗法”实际上是一种危机管理手段，是在经济处于严重不均衡如出现恶性通货膨胀、巨额外债的情况下实行的应急措施。[①] 玻利维亚的“休克疗法”属于政策改革手段，而萨克斯建议东欧实行的“休克疗法”则具有明显的经济转型色彩，其目的在于实现从中央计划经济向市场经济的转变。但玻利维亚的情况与东欧国家的情况存在一定的相似性：两者都存在庞大的经营不善的国有部门；政府的财政赤字引起了严重的财政危机；巨额外债已成为经济发展的包袱；通货膨胀居高不下，发展成了恶性通货膨胀。玻利维亚1985年的改革可以视为东欧实行的“休克疗法”的起源。正因为玻利维亚与东欧具有一定的相似性，才使得萨克斯把他在玻利维亚的经验应用到东欧。在他看来，取消预算赤字、改造为市场经济和减少外债应成为一个负债国稳定经济纲领的组成部分。萨克斯建议波兰实行激进的经济纲领。马佐维耶斯基政府组成后，他被聘为波兰政府经济顾问。他提出了如下建议：取消补贴，放开价格；外贸自由化；兹罗提自由兑换；国有企业私有化；创办企业完全自由；停付外债；争取外援等。由当时的波兰政府副总理巴尔采罗维奇制定的政府激进改革纲领基本采纳了萨克斯的建议，经济体制过渡采取了激进的、一步到位的方式，即“休克疗法”。

“休克疗法”强调要以激进的方式快速地向市场经济过渡。就经济转型的要素而言，不外乎稳定化、自由化、私有化和制度化。波兰1990年1月1日，巴尔采罗维奇计划正式实行。政府实行了限制性的货币和财政政策，试图通过减少补贴、削减开支、提高利率、抑制需求、取消税收优惠等措施实现宏观经济的稳定；一步到位，全面放开了90%的商品的价格，解除了进口的数量限制，实行了统一20%的关税（除对奢侈品加征附加税和对一些商品免税外），同时取消了出口的大部分数量限制，降低了出口税收；兹罗提大幅度贬值，使官方汇率接近于平行市场的汇率；国有企业的私有化。1990—1991年曾被科沃德克教授称为

---

① 关于玻利维亚实行休克疗法的详尽讨论，参见拙作《休克疗法：从政策改革到经济转型》，刘悌和主编：《东欧市场经济走向》，时事出版社1993年版。

只有休克没有治疗的时期[①]。事实上，“休克疗法”实行的时期恰恰是波兰奠定市场经济基础的时期。

笔者认为，关于“休克疗法”只有休克没有治疗的看法并不客观。波兰在1989年出现了严重宏观经济的不稳定，尤其是出现了恶性通货膨胀。而宏观经济不稳定的主要根源在于扩张性的货币政策、定值过高的货币、预算赤字的货币化和工资管理的失控。而波兰1990年采取的主要措施是实行限制性的货币政策，大幅度提高利率；本国货币大幅度贬值，确立合理的汇率水平，纠正本国货币定值过高的偏差；实行限制性的财政政策，政府不再对居民和经营不善的国有企业提供补贴；对工资增长加征重税。由此可见，波兰政府的稳定化政策是非常对症的。此外，价格自由化有助于恢复价格在资源配置中的主导作用，促进资源的合理配置。价格的自由化、贸易的自由化和经济自由的恢复促进了新生的私营部门的发展。显然，“休克疗法”只有休克没有治疗的看法难以成立。

关于“休克疗法”的代价，经济转型一定会付出代价，科尔内所言的“转型性衰退”是不可避免的。波兰的经济衰退持续了两年，国内生产总值下降了18.6%，而匈牙利经济则下降了4年，国内生产总值下降了24%。渐进式的转型付出的代价并不比“休克疗法”小。经济衰退的原因是多方面的：转型后出现的限制性的宏观经济政策对企业经营活动的约束；经济转型涉及国有企业冗员的减少和无销路的产品产量的下降；经互会解体使得企业丧失了传统的市场。

一些学者对波兰1990年实行的“休克疗法”大加鞭挞，认为波兰经济转型战略的设计师巴尔采罗维奇教授奉行的是自由主义的政策，而忽视了波兰经济转型中的“库仑因素”[②]。社会学家库仑是经济转型初期的劳工部长，他实行了提前退休和养老金指数化等政策。库仑曾不无幽默地说，巴尔采罗维奇是主刀的大夫，他则是麻醉师。应当肯定，政府转移支付的增加在某种程度上抑制了收入不公的进一步发展。提前退休政策从积极方面看有利于国有企业的减员和减负，有助于企业的改造，有助于减少转型的阻力。但是提前退休使得养老金支出剧增，

---

① 参见格泽戈尔兹·科勒德克著，刘晓勇等译：《从休克到治疗——后社会主义转型的政治经济》，上海远东出版社2000年版。

② Władysław Baka, Ekonomiczne idee Okrągłego Stołu po piętnastu latach. Wnioski na przyszłość, Strategia szybkiego wzrostu gospodarczego w Polsce, Warszawa 25 — 26 marca 2004r. www. tiger. edu. pl.

加大了预算的负担。波兰在经济转型初期（1990—1993年），收入不公事实上有所缓解，政府用于社会方面的转移支付从约占GDP的10%增加到约20%。应当说，波兰经济转型初期的“库伦因素”缓解了波兰社会因转型而带来的阵痛。

巴尔采罗维奇是波兰经济转型之父，是波兰的爱哈德。正是巴尔采罗维奇计划为波兰建立市场经济，实现经济的持续增长奠定了基础。“休克疗法”实行后，恶性通货膨胀得到遏制，短缺现象迅速消失，宏观经济趋于稳定。如果没有巴尔采罗维奇采取果敢措施遏制恶性通货膨胀，就不可能实现经济的可持续增长。在高通货膨胀的条件下，不可能实现经济的可持续增长。科沃德克在出任财政部长后，事实上也继承了巴尔采罗维奇计划的一些因素。1994—1997年间，科沃德克提出了“波兰战略”，强调制度改革和发展政策的结合，国家为经济增长创造条件。应当承认，在“休克疗法”实行的初期，波兰社会弥漫着类似摩尼教的善恶之分的教条，如强调私人财产优于社会财产、自由市场优于国家干预、中产阶级优于工人阶级等，将国家的作用贬低到了令人感到荒谬的程度。尤其是团结工会政府背弃了圆桌会议确定的各种所有制形式平等的原则，事实上对国有部门进行歧视，导致了许多大企业的破产。私有化战略是基于尽可能快地卖掉最好的国有企业的良好愿望，但对交易的条件缺乏适当的关注①。

波兰在1990年选择“休克疗法”并不是历史的错误，而是历史的必然。剧变前渐进式的经济改革已经走入了死胡同；波兰社会在1989年人心思变，整个社会赞同在经济转型中走激进道路；1989年出现的恶性通货膨胀不可能以渐进方式得到治理；1989年成立的团结工会政府出于政治上的考虑不可能选择渐进式改革，因为担心统一工人党东山再起，担心戈尔巴乔夫改革会逆转。

转型20多年来，我们可以对颇受争议的“休克疗法”进行重新思考。在经济转型初期，“休克疗法”作为一种转型战略具有独特的价值。在巴尔采罗维奇所称的“非常政治”时期，必须就经济转型战略做出明确的选择。从波兰的案例看，“休克疗法”主要是一种反危机的一揽子计划，同时也兼有制度改革的因素。“休克疗法”强调速度主要是针对经济危机的严峻性，以渐进的方式遏制恶性通

① Wadysaw Baka, “Ekonomiczne idee Okrgego Stou” po pitnastu latach. Wnioski na przyszo, Strategia szybkiego wzrostu gospodarczego w Polsce, Warszawa 25 - 26 marca 2004 r. www. tiger. edu. pl.

货膨胀并不是可行的政策选择。针对人们对“休克疗法”的批评，萨克斯近年来强调他是从两种不同的意义上使用“休克疗法”。一种意义就是真正意义上的“休克疗法”。当存在货币混乱，无论是恶性通货膨胀还是极度的商品短缺（由于价格管制）时，需要结束货币混乱，使货币能够购买商品，使供给和需求和正常的市场交易能够发挥作用。这可以非常快地进行。另一种意义上的“休克疗法”，这不是在一天或一周可完成的，而是需要许多年的艰苦努力和许多的政治和制度变迁①。科沃德克认为稳定化和自由化可以尽快实行，而私有化和制度建设是一个渐进的过程。斯蒂格利茨认为，在反通货膨胀计划上与“休克疗法”没有争论，存在争议的问题在于将“休克疗法”作为制度改革的方式。从对经济转型各要素的分析看，稳定化和自由化可实行“休克疗法”，而私有化和制度化则是一个相对渐进的过程。

波兰经济转型的成就

经过 20 多年的转型，波兰已建立了市场经济体制。可以毫不夸张地说，波兰是前苏联和东欧地区中最成功的转型经济之一。转型国家一般都经历了“转型性衰退”。从国内生产总值下降的年份看，波兰仅下降了 2 年，捷克下降了 3 年，匈牙利下降了 4 年，俄罗斯下降了 7 年，乌克兰下降了 10 年。根据欧洲复兴与开发银行的资料，可以对转型国家的经济实绩进行比较。如果 1990 年的国内生产总值为 100，那么到 2000 年波兰的国内生产总值为 147，捷克为 99，匈牙利为 109，斯洛伐克为 82，俄罗斯为 64，乌克兰为 43。如果 1989 年国内生产总值为 100，那么 2008 年波兰的国内生产总值为 177，而 2008 年斯洛伐克国内生产总值为 157，斯洛文尼亚国内生产总值为 156，捷克国内生产总值为 142，匈牙利国内生产总值为 136，俄罗斯的国内生产总值为 107。

具体而言，波兰经济转型的成就体现在如下几个方面：

1. 成功控制了恶性通货膨胀，实现了宏观经济的稳定。1989 年，波兰的通货膨胀率达到了 2000%，1990 年政府实行了紧缩的财政与货币政策，以控制通货膨胀。经过数届政府的不懈努力，通货膨胀持续下降，到 1999 年平均通货膨

---

① http://www.pbs.org/wgbh/commandingheights/shared/minitextlo/int_jeffreysachs.html.

胀率已降到1位数。2001年后波兰通货膨胀率均在5%以下，2010年通货膨胀率为2.6%。

2. 实现了经济的持续增长。波兰经济在经历了两年的衰退后，1992年实现了经济增长。尤其是1993—2000年保持了较高的经济增长率。波兰一度成为欧洲经济增长最快的国家，被称为“展翅翱翔的中欧之鹰”。1996—2007年波兰年平均的经济增长率4.6%。2004年5月波兰加入欧盟，2004—2008年波兰经济持续增长。2006年和2007年波兰经济增长率达到了6.2%和6.8%。2008年经济增长有所放缓，但仍保持了5.1%的增长速度。2009年全球经济受到国际金融危机的冲击。在全球经济低迷的背景下，2009年波兰是唯一保持经济增长的欧盟国家，其经济增长了1.8%。2010年波兰经济增长了3.8%。

波兰国内生产总值的增长率（%）

年份	1990	1991	1992	1993	1994	1995	1996	1997	1998	1999
增长率	－11.6	－7.0	2.6	3.8	5.2	7.0	6.2	7.1	5.0	4.5
年份	2000	2001	2002	2003	2004	2005	2006	2007	2008	2009
增长率	4.3	1.2	1.4	3.9	5.3	3.6	6.2	6.8	5.1	1.8

资料来源：波兰中央统计局。

3. 波兰在欧洲的经济地位有所改善。从以市场汇率的绝对值来计算，波兰已赶上了欧盟成员国希腊和葡萄牙。1991年，波兰的国内生产总值比匈牙利、捷克和斯洛伐克的总和多7%，1998年则比三国的总和多21%。波兰人均收入从占希腊人均收入的46%提高到54%。中东欧国家中在剧变后与西欧发展差距没有扩大的国家只有波兰和斯洛文尼亚。1990年波兰的人均国内生产总值为1630美元，而到了2002年则达到了4803美元。而捷克和匈牙利的人均国内生产总值的增幅要低于波兰，1990年捷克斯洛伐克的人均国内生产总值为3126美元，2002年捷克达到了6742美元，匈牙利1990年人均国内生产总值为3179美元，2002年达到了6220美元。2010年根据国际货币基金组织的资料，波兰的人均国内生产总值为12300美元，匈牙利人均国内生产总值为12879美元，捷克为18288美元。

4. 结束了短缺经济，波兰成为了消费者购物的天堂。波兰已告别了短缺经济，超级市场和大型超市的发展非常迅速。华沙和其他城市的大型超级市场可以说遍地开花。现在在波兰经营的大型超级市场都是国外的零售企业。西方大型零售企业进入波兰市场不仅给消费者带来了更多的选择，而且导致了波兰人消费习惯和消费预期的变化。1989 年波兰街道上行驶的汽车多为波罗乃茨、菲亚特和拉达，如今奔驰、宝马、福特、丰田等汽车获得波兰人的青睐。与 20 多年前相比，波兰人更加富裕，居住条件得到改善，目前波兰 78%的居民拥有自己的住房，1990 年人均居住面积为 3.4 平方米，2007 年则达到了 17.5 平方米。

5. 国内生产总值的结构发生了根本的变化，接近于发达国家的水平。以 2000 年为例，服务业创造了国内生产总值的 61.4%，而工业和农业分别创造了国内生产总值的 34.9%和 3.7%，西班牙服务业、工业和农业占国内生产总值的比重分别为 65.9%、30.5%和 3.6%，葡萄牙的数字分别为 65.6%、30.6%和 3.8%。2010 年波兰服务业在国内生产总值中所占比重为 64.1%，而农业和工业分别为 3.5%和 32.4%，经济结构接近发达国家水平。

6. 私有经济发展迅速，私有经济在国民经济中占据了主导地位。私有经济的发展一方面得益于国有企业的私有化，另一方面可归功于新生的私有经济的崛起。私有部门占国内生产总值的比重从 1989—1990 年的 20%上升到 1995 年的 70%。波兰私有经济占国民生产总值的约 75%，为 75%的劳动力提供了就业，私营企业的出口已占总出口额的约 89%。2001 年中小企业的出口占出口总额的 43.9%，进口占进口总额的 59.4%。目前波兰有 350 万个企业，中小企业成为了促进经济增长的重要因素。根据波兰经济部的资料，2002 年私人部门占总投资的 72.4%，而公共部门的投资占总投资的 27.6%，这表明波兰的投资结构发生了重大变化。根据欧洲复兴与开发银行的估计，2001—2009 年私营部门占国内生产总值的比重保持在 75%，2003 年私营部门占总就业的 68.5%，到 2008 年上升至 74.4%。私营部门占国内生产总值的比重在 2001 年已经趋于稳定。(参见下表)

波兰私营部门占国内生产总值的比重（%）

年份	1989	1990	1991	1992	1993	1994	1995	1996	1997	1998	1999
数字	30.0	30.0	40.0	45.0	50.0	55.0	60.0	60.0	65.0	65.0	65.0
年份	2000	2001	2002	2003	2004	2005	2006	2007	2008	2009	2010
数字	70.0	75.0	75.0	75.0	75.0	75.0	75.0	75.0	75.0	75.0	75.0

资料来源：EBRD。

7. 形成了健全而稳定的银行体系。自从放弃中央计划经济后，波兰尝试银行的合并和资本结构的改变，这导致了1997年银行的稳定化和私有化。到2000年年底，公共部门的银行只占银行系统总资产的21%。而同时外国银行占有波兰银行总股权的54%，其中外资多数股控制的银行占总股权的70%。波兰银行部门的集中接近于欧盟的水平。2000年年底，波兰银行自有的资产比例超过了12%，这超过了国际清算银行规定的8%的标准。多年来从资产的平均收益衡量的波兰银行的赢利状况较好，2001年达到了约15%（而德国为5%）。此外，波兰实行了存款保障制度。不良资产占拖欠贷款总额的13%。从内部稳定的角度看，波兰银行体系符合国际标准。

8. 经济开放程度增加，吸引了大量外国直接投资。经济开放程度提高，以1999年进口和出口额占国内生产总值的比重看，波兰为26%，葡萄牙为34%，西班牙为18%，希腊为22%，波兰经济开放的程度已接近于欧盟不发达国家的水平。由于投资环境的改善，波兰吸引外资呈逐步增长趋势。20世纪90年代中期后，波兰成为了中东欧国家中吸引外资最多的国家。1990—1992年，波兰只吸引了15亿美元的外资，而从1993年到2003年，波兰累计吸引了727亿美元的外资。

1993—2003年波兰吸引的外资（亿欧元）

年份	1994	1995	1996	1997	1998	1999	2000	2001	2002
金额	15.81	28.31	35.92	43.43	56.76	68.24	103.34	63.72	43.71
年份	2003	2004	2005	2006	2007	2008	2009	2010*	2011
金额	40.67	102.37	83.30	157.41	172.42	100.85	98.63	75.38	—

资料来源：National Bank of Poland.

注：*为估计值。

9. 劳动生产率有所提高。与捷克和匈牙利相比，波兰劳动生产率提高的幅度较高。如果1990年的劳动生产率为100，那么到1999年捷克的劳动生产率为159.5，匈牙利为172.4，波兰则为195.7。波兰工业的劳动生产率有所提高，如果1992年工业劳动生产率为100，那么到2001年劳动生产率则为218.7。

10. 居民实际收入提高，社会指标有所改善。波兰在转型期间除个别年份外，居民的实际收入保持了不同程度的增长。波兰人的生活水平有所提高，1990年每千人拥有小汽车138辆，1999年每千人拥有的小汽车的数量增加到240辆。与俄罗斯等国社会指标恶化形成鲜明对比，波兰的社会指标在转型期间有所改善。1989年男子的平均寿命为66.8岁，1998年为68.5岁，1989年妇女的平均寿命为75.5岁，1998年为77岁。波兰人的平均寿命从1990年的71岁提高到2002年的74岁。1989年婴儿的死亡率为19.1‰，1998年下降到9.6‰，2001年下降到8‰。

波兰的经济转型根本改变了波兰在世界经济中的地位。1996年波兰加入了经济合作与发展组织。2004年5月波兰加入了欧洲联盟。转型后波兰加入了经济全球化的浪潮，其国际竞争力得到了提高。波兰在世界经济论坛公布的涉及139个国家的《2010—2011年全球经济竞争力报告》中名列第39位。

波兰经济转型的问题

从计划经济向市场经济的过渡一定会付出代价，这已成为一种共识。波兰的经济转型付出了很大的社会代价，波兰科学院科瓦利克教授坦言，波兰的经济转型有其"丑陋的一面"。波兰从计划经济向市场经济的过渡中出现的问题值得关注。

波兰经济转型面临如下问题：

1. 失业。自1990年开始经济转型后，失业率在1993年达到了16.4%，此后有所下降，到1997年下降到10%左右。2000年以来，失业率急剧上升。2001—2005年波兰的失业率接近20%。在2000年中期波兰有300多万人失业，劳动力市场形势非常严峻，尤其是对那些新进入劳动力市场的大学毕业生而言，就业的压力非常大。2006年失业率下降到13.9%，2007年失业率下降到9.6%，2008年下降到7.3%，2009年失业率上升到8.2%。2010年波兰失业率为9.6%，长期失业者占总失业人口的比重为25.5%。目前波兰有失业人口约167万。

2. 贫困问题突出。1998年进行的一项比较研究的成果表明，1993—1995年间，人均收入不足平均收入一半的家庭所占的比例在波兰为18.3%，斯洛伐克为6.7%，捷克为6.1%，匈牙利为9.3%。在波兰经济持续增长5年后的1996

年，工人的平均收入比1989年低20%。经济转型后，波兰农民的贫困化也是一个严重的问题。

3. 收入差距扩大。基尼系数从1989年的0.28增加到1999年的0.34。经理的收入是居民平均工资的60倍。公共服务部门的工资差异也非常大，护士的月平均工资只有500—700兹罗提，仅相当于医疗改革后新成立的地区性医疗保险基金经理工资的1/30。

4. 劳资关系紧张。在一些新成立的私营企业中，工人缺乏必要的卫生和安全条件，就业合同得不到履行。在一些高失业地区，工人的工资低于法定的最低工资，工人不允许建立工会或从事工会活动。一些波兰学者认为，波兰目前的劳资关系类似于19世纪。

5. 私有化过程中的舞弊盛行。私有化过程中有两种舞弊方式：一是以低价出售国有资产，或在缺乏必要的招标程序的条件下出售国有资产，二是以国有银行的优惠贷款购买实行私有化的国有企业的股份。2002年5月由TNS OBOP进行的一项调查也表明，波兰民众对私有化的看法是负面的。关于私有化对于经济的影响，87%的被调查者认为私有化的影响不好，7%的被调查者认为其影响是好的，7%的被调查者认为难说。关于如何描述私有化，41%的被调查者选择"掠夺"，33%的被调查者选择"低价出售"，18%的被调查者选择"出售"，8%的被调查者选择"难说"。

6. 灰色经济的现金流量相当可观。关于波兰灰色经济的规模，估计不一。2002年波兰统计局估计灰色经济占国内生产总值的16%。根据波兰经济学家的估计，2003年波兰有高达500万人从事未注册的工作，其中包括170万失业者。[①] 对于波兰灰色经济的规模有不同的估计，保守地估计，灰色经济的现金流量为约2000亿兹罗提，但灰色经济的现金流量也可能为4000亿兹罗提。2009年波兰经济学家津科夫斯基估计当年灰色经济的规模为2000亿兹罗提。

---

① Bogdan Mroz，The Shadow Economy and its Socio－economic Implications，http：//wydawnictwa. wsfib. edu. pl/Polska _ w _ UE/mr%F3z. pdf.

波兰经济转型成功的奥秘

波兰是中东欧最成功的转型经济之一，其成功的原因值得探讨。波兰经济转型的成功得益于下列因素：

1. 波兰的经济转型得到了广泛的社会支持。波兰在 1990 年实行了痛苦的经济改革，放开了 90%的商品和劳务的价格，波兰社会平静地接受了这一变化。无论是政治精英还是普通民众都表现出了致力于经济改革的决心。波兰左右两股政治力量虽然在经济政策上不尽相同，但都致力于市场取向的经济改革。无论是民主左翼联盟和团结选举联盟都始终不渝地坚持市场改革的方向。波兰在 1989 年之后更换了 14 个总理，但都没有影响经济政策的连续性。

2. 波兰在经济转型中注意听取国际货币基金组织的看法，但并未完全照搬国际货币基金组织的主张。曾任波兰政府副总理兼财政部长的科沃德科认为，这是波兰转型成功的秘密。波兰并没有听从外国顾问的简单忠告，如波兰不赞成大规模私有化，不赞成固定汇率。尽管一些学者将中东欧的经济问题归咎于国际金融组织的错误的药方，但是在制定经济政策的问题上起决定作用的还是本国政府。波兰前总理、现央行行长贝尔卡也认为，波兰在经济转型中忽视了国际货币经济组织对于转型的简单化教条。波兰在经济转型中实用主义占了上风，如在转型初期实行贷款限额、工资增长税等政策。波兰的大众私有化的范围有限，而且受到了严格的监督。波兰在资本流动自由化上非常谨慎，采取了逐步放开的方式。

3. 波兰在经济转型中非常重视宏观经济的稳定，宏观经济的稳定为经济的持续增长创造了有利的条件。波兰成功遏制了恶性通货膨胀，保持了货币的稳定，1995 年货币改革去掉了兹罗提的 4 个零，表明通货膨胀得到控制。目前波兰的通货膨胀率已降到了一位数。

4. 波兰在经济转型中放开了价格，实行了贸易的自由化，促进了资源的合理配置和经济结构的调整，为企业经营创造了良好的微观经济环境。1990 年 1 月 1 日，波兰放开了 90%的商品和劳务的价格。同时政府取消了外贸垄断，对国际贸易实行开放。波兰面对经互会解体和东方市场萎缩的状况，成功实现了贸易方向的重新调整，目前波兰 70%以上的贸易是与欧盟国家进行的。

5. 波兰在国有企业的私有化的同时，鼓励新生的私营经济的发展。国有企业的私有化和新生的私营部门的发展提升了私营部门在国民经济中的地位，私人部门占国内生产总值的比例占到了70%以上。中小企业成为了促进波兰经济增长的主要因素。波兰国内虽然对外资参与战略性部门的私有化存在争议，但政府对此持开放的态度，目前外国投资者控制着波兰银行资产的70%。波兰中央银行前行长曾指出人们不应当对此担心，因为重要的不在于归谁所有，而在于存款的安全。《金融时报》称波兰的银行部门成为了中东欧效率与稳定的典范。此外，波兰在国有企业改造中强调预算约束的硬化，迫使企业将非核心资产出售以求生存。

6. 波兰转型的外部环境较为有利。国际金融组织为波兰的转型提供了10亿美元的稳定基金，促进了波兰经济的稳定。伦敦俱乐部和巴黎俱乐部减免了波兰所欠的债务的50%，使波兰偿债负担大为减轻。欧盟等组织提供的技术援助有助于波兰的制度改革，使波兰的法律制度更接近于欧盟的标准。从1991年12月波兰与欧共体签署了联系国协定到1998年3月波兰开始加入欧盟的谈判直至波兰2004年5月正式加入欧盟，与欧盟的一体化进程成为了促进波兰经济转型的重要因素。贝尔卡认为，欧洲取向是波兰成功的主要来源，是制度演化的引擎。与欧盟签署的联系国协定和欧盟的共同法事实上限制了国家在经济领域的主权，减少了犯严重错误的自由。① 波兰也是欧盟结构基金最大的受益国，预计波兰在2007—2013年间将获得欧盟结构基金940亿美元。

7. 波兰在经济转型中强调政府的作用，尤其是政府在确保市场激励的有效性中的作用及政府作为制度改革的领导者的作用。波兰政府较为成功地转型为支持市场经济的机构，促进了波兰经济转型的成功，而俄罗斯在政府转型上的滞后可以解释俄罗斯经济的不良表现。② 波兰政府注重经济学家的作用，巴尔采罗维奇和科沃德科两位经济学家都曾主导政府的经济政策，对于波兰经济体制的转变起了重要的作用。巴尔采罗维奇虽然在言辞上强调其经济政策的自由主义特性，但在实际经济政策的制定上采取了实用主义态度。如1990年实行的贷款限额、

---

① Marek Belka，Lessons from Polish Transition，paper presented to the Seminar on Lessons and Challenges in Transition，Prague，22 September 2000.

② Andrei Shleifer，Government in Transition，European Economic Review，41，1997.

超额工资增长税等政策都偏离了正统的自由主义经济政策。[①] 1993年年初，波兰实行了银行和企业金融改造法，国家介入了国有企业和国有银行的改造进程。在科沃德科任副总理期间，“波兰战略”得以出台。尤其值得称道的是波兰总统克瓦希涅夫斯基虽然来自左翼，但在经济政策上能够超越党派利益，2000年12月他任命自由联盟的巴尔采罗维奇为波兰中央银行行长，这项任命被波兰媒体称为是波兰人所获得的最好的圣诞礼物。2004年1月，巴尔采罗维奇对本届货币政策委员会工作进行了评价，他认为货币政策委员会完成了宪法赋予的任务，保持了波兰货币的价值。价格的稳定有助于经济当事人做出适当的经济决策。货币政策委员会顶住各种压力，保持了央行的独立性，维护了货币的稳定，波兰社会对此评价颇高。

波兰经济转型虽然取得了成功，但是波兰经济仍面临许多问题，如结构性失业、农业部门的低效率，以及未来的社会领域的改革。农业人口占总就业人口的1/4，但农业仅占国内生产总值的不足5%。1999年开始的养老、医疗和公共行政改革尚未完成，面临着很大的困难。公共财政的改革仍在继续。到2008年年底波兰尚有2544家国有企业没有完成改造。图斯克政府希望加快国有企业的改造进程，国库部希望在2011年出售300多家国有企业，这些企业涉及能源、化工、金融等部门。2004年5月1日，波兰正式加入了欧盟，但这并不意味着转型的结束，波兰的经济转型将会持续下去，波兰在加入欧盟后能否实现经济的赶超尚有待观察。

---

① Marek Belka, Lessons from Polish Transition, paper presented to the Seminar on Lessons and Challenges in Transition, Prague, 22 September 2000.

109. 波俄关系为何步履维艰?

苗华寿

苏联解体、华约和经互会的相继解散，未能使波兰与俄罗斯两国之间的历史恩怨和相互猜忌得以消除。从波兰方面看，防俄、弱俄仍是当前波兰当局对俄罗斯的主要政策目标，并与美国和欧盟国家在这一问题上取得了某种程度的默契。然而，地缘政治上的天然相近性和俄罗斯本身所具有的自然资源和潜在实力又使得波兰不得不重视发展与俄罗斯的关系，因为保持与俄罗斯长期的睦邻友好关系符合波兰的根本利益。波兰现政府外长西科尔斯基前不久表示："俄罗斯是波兰的邻国和战略伙伴，也是欧盟的重要伙伴。波兰支持俄罗斯和欧盟之间建立伙伴关系的计划"，这预示着，波兰已开始朝这个方向迈出了重要一步。从俄罗斯方面看，苏联解体后，波兰不仅迅速摆脱了俄罗斯的控制，还加速"回归欧洲"，并疏远俄罗斯。俄罗斯也曾一度忽视了波兰对于俄罗斯国家利益的重要作用，致使双方联系曾一度中断。直到普京上台后，俄罗斯才提出了发展与波兰等中东欧国家关系的务实政策，强调俄罗斯将会根据实际情况的变化推动与波兰等中东欧国家人员、经济和文化交往，努力消除双方的疑虑。但由于种种原因，近10年来，波俄关系的发展一直处于步履维艰的状态中。俄罗斯总统梅德韦杰夫于2010年12月6—7日应邀访问波兰，似乎为波俄关系的发展带来了新的希望。因此，可以认为，波俄关系当前正处于一个重要的关键转折时期。

影响波俄关系正常发展的主要因素

一、历史积怨能否得到妥善解决仍是波俄关系发展的关键

在波兰建国后的一千多年里，同属斯拉夫民族的波兰与俄罗斯之间的相处并

不和睦，17 世纪之前波兰曾是欧洲强国之一，曾几度攻入俄罗斯，也曾攻占莫斯科，甚至也曾迫使沙皇在斯摩棱斯克向波兰国王投降。十月革命后，波军对年轻的苏维埃政权的武装干涉以及在 1920—1921 年间，4.5 万名被俘的红军战士在波兰被处死等情景，都使俄罗斯人久久难以忘怀。而从 17 世纪开始，随着俄罗斯逐步强大，波兰的国际地位大大下降。特别是 18 世纪后期，波兰曾被俄普奥三国三次瓜分，其中俄占区面积（约占原波兰领土的 62%）不仅最大，统治也最为残酷。加之，第二次世界大战爆发前，德苏“里宾特洛甫—莫洛托夫秘密议定书”的签订（被波方普遍称为是德苏对波兰的第四次瓜分）以及二次大战期间“卡廷事件”和“华沙起义”的悲惨后果以及苏联在世界社会主义阵营期间对波兰内部事务的种种干预，都在波兰民族心中留下了难以弥合的伤痕，其中，尤以“卡廷事件”和“华沙起义”对波兰民族的伤害最为重大。所以，至今波兰人仍经常强调，俄罗斯方面对这两次事件的立场和态度关系到波俄关系今后的发展。

二、波俄之间的政治互信度太低

波兰认为，虽然从安全角度讲，目前来自俄罗斯的直接军事威胁已不复存在，但对当前俄罗斯国内政治的发展仍颇感不安。但从长远看，波兰仍认为，随着实力的恢复，俄罗斯必然会提出更高的利益要求，以确保其在邻近地区的利益。波兰还担心，俄罗斯将继续其专制主义的传统，对欧盟“毫无保留地接受俄罗斯目前体制”颇为不满。在发展同俄罗斯关系的过程中，波兰利用自身的历史渊源、文化传统以及丰富的政治经验等独特优势，竭力协助美国、欧盟向俄罗斯，乃至整个独联体国家，输出“民主”和“自由”，以树立“民主”转型的榜样，推进俄罗斯及独联体国家的民主化进程，增强欧盟东部边界的稳定。这也是波兰政府为什么会竭力支持“颜色革命”的根本原因。而俄罗斯不仅对波兰在乌克兰、格鲁吉亚等国的“颜色革命”中以及俄格战争中所扮演的角色深感不满。更令俄罗斯恼火的是波兰对美国欲在东欧地区，乃至在欧洲地区建立反导基地的立场和态度。俄罗斯认为，这是波兰充当美欧反俄先锋的重要体现。这一切使波俄之间的政治信任度降到了历史的低点。

三、经济领域合作的不顺也为波俄关系的发展增添了不少变数

无论在社会主义年代还是今天，波兰在能源和原材料领域里对俄罗斯的依赖度都非常高。虽然波兰一直在努力争取能源供应的“多元化”，但收效甚微。至今波兰国内消耗的天然气中，有65%至70%是来自俄罗斯。入盟后，波兰原认为可以凭借整个欧盟的力量进一步加强与俄罗斯在能源领域的合作，以平抑俄罗斯的影响。但由于世界能源供给不稳定，不仅波兰，连欧盟对俄罗斯能源的依赖性也在增强。而俄罗斯面向西欧的最重要的输气管道大都是通过波兰与西欧相连。这种地理上的便利使波兰在欧盟对俄战略决策中发挥积极作用，并想借此来提高它在欧盟中的地位。而为了制约波兰在这方面的欲望，同时也不满波兰阻挠自己加入世界贸易组织，俄罗斯决定在波罗的海海底铺设连接俄德之间的天然气管线而绕过波兰。对此波兰也感到非常恼怒。同时，俄罗斯还以波兰从第三国进口的产品不符合卫生检疫标准为由，对波兰的肉类、蔬菜实施临时进口禁令。遭受“牛肉禁运”的波兰也不甘示弱，在俄欧赫尔辛基峰会上报复性地否决了欧盟想启动与俄罗斯签署新《伙伴合作关系协定》的动议，使谈判被迫搁置。这样，波俄一场单纯的贸易纠纷演变成动摇俄欧战略伙伴关系基础的“外交事件”，使双边关系一度陷入僵局。

四、美国、欧盟的对俄政策仍对波俄关系的发展有着不可忽略的影响

众所周知，美国要达到弱化和矮化俄罗斯的目标，就需得到中东欧国家，特别是波兰的支持和帮助。而波兰在执行美国的对俄战略时既有其有利条件，也有不少制约因素。夹在美俄之争中间的波兰总体上既要支持美国，遵守欧盟的统一外交政策，做到亲美不脱欧，但也要继续周旋于美俄之间，尽量保持与俄罗斯长期的睦邻友好关系，以获取最大的政治和经济利益。所以，今后波俄关系的发展总体上仍会受制于俄美、俄欧关系的发展，特别是美俄关系发展的影响。

五、波兰国内党派的争斗对波俄关系的发展仍会产生一定的制约

总体上讲，剧变之后的波兰外交政策不受党派之争的影响，但在对俄关系上却有着明显的不同表现。以前总统莱赫·卡钦斯基为例，他在外交领域里更强调波兰与美国的政治联系，支持波兰在伊拉克驻军；主张在处理与德、俄的关系时采取强硬态度。在他当选后的首次记者招待会上就表示，“改善波俄关系的第一步最好是俄总统普京访问华沙”。他也曾批评波前总统克瓦希涅夫斯基访问莫斯科过于频繁。特别是在莱赫·卡钦斯基总统的哥哥雅罗斯瓦夫·卡钦斯基当选总理后，波兰政府所执行的疏远和刺激俄罗斯的政策不断被强化，自恃美国、欧盟支持而任由波俄关系自由落体式地下滑。现总统布·科莫罗夫斯基与现总理图斯克虽都属波中右派，但在改善与俄关系上却有着共同的想法，科莫罗夫斯基在总统竞选时就多次强调要改善与两个强大邻邦的关系，这就为波兰现政府改善与德、俄关系奠定了基础。当然，莱赫·卡钦斯基总统的突然提前离任也为波俄关系的这次转暖提供了一定的机会。但他的孪生哥哥、前总理雅罗斯瓦夫·卡钦斯基现仍是波兰主要反对党——法律和公正党的领导人，仍持其弟弟、前总统莱赫·卡钦斯基的观点，在2010年举行的总统大选中他的支持率也达46.99%，是一支不可忽视的力量，这将是现政府改善与俄关系的主要制约因素。因此，可以认为，波俄关系的发展今后在一定程度上仍会受到波国内各党派之争的制约。

波俄关系中有待进一步澄清和解决的两个重大历史问题

一、卡廷事件

早在2010年5月，俄罗斯总统梅德韦杰夫就曾向波兰承诺过，俄方准备解密卡廷事件的秘密文件，以促进两国关系的改善。当时梅德韦杰夫就已向时任波兰代总统的科莫罗夫斯基递交了67卷卡廷事件的有关文件。9月，俄官员再次向波兰方面转交了20多卷文件。11月26日，俄罗斯国家杜马（议会下院）通过一项声明，承认原苏联领导人约瑟夫·斯大林下令制造了1940年卡廷事件。这份声明说："多年来秘密保存的档案显示，卡廷屠杀是在斯大林直接命令下执行的。"在俄波关系的历史中，俄罗斯国家杜马的此次声明无疑是一个标志性的事件。这一声明受到了波兰国内的热烈赞誉。2010年12月3日，俄罗斯再次向波兰提供了一批卡廷事件的有关文件。12月6日，俄罗斯总统梅德韦杰夫访问波兰，呼吁波兰克服像卡廷惨案这样困难的历史篇章，以"新视角"看待俄罗斯。

世人对卡廷惨案的认识应始于1943年。纳粹德国于1941年6月，对苏联发动了全面的战争后，很快就占领了苏联西部的国土，其中包括位于斯摩棱斯克市的卡廷森林地区。1943年，德军工兵部队为了修复斯摩棱斯克附近被炸毁的公路和铁路，在卡廷森林地区施工过程中，发现了大量埋葬着军官、士兵和其他人尸体的坟冢和壕沟。经过检验，德军发现，埋葬的这些尸体所着的服装是属于几年前的波兰军队，而且大部分尸体都是后脑部位中弹而亡，随后纳粹德国就组织了"国际调查委员会"对此进行了调查，根据他们的结论是，上万名波兰战俘在1940年春被苏军屠杀于此。希特勒"抓住机会"命令柏林的所有宣传机构公布这一消息，并且通过照片、影像等手段十分详尽地将发现的地点，场景，死者的装束、容貌、特征公之于众，甚至欢迎记者参观采访，这在国际社会引起了轩然大波。对于德国的宣传，苏联迅速作出了官方反应，苏联方面认为，这是1941年德国占领斯摩棱斯克地区之后制造了大屠杀，并假造了场景，因此，卡廷事件完全是德国的栽赃陷害。由于当时正值世界反法西斯同盟与法西斯势力殊死搏斗的关键时刻，作为苏联的盟国，美国和英国并没有对苏联的结论提出任何异议。

但在伦敦的波兰流亡政府却表示，卡廷事件中发现的大量尸体，正是在1939年9月苏军占领波兰东部之后"消失"的3万波兰军官的一部分。波兰伦敦流亡政府认为德国的调查具有相当的可信度，因此，彻底惹恼了苏联，在波兰伦敦流亡政府要求国际权威机构介入调查此事之后，苏联很快与波兰伦敦流亡政府断绝了外交关系。

1943年10月，苏联收复了斯摩棱斯克地区，收复该地区之后，苏联很快组织记者和国际组织到卡廷森林地区参观，并且派法医在现场从尸体腐烂的细节，为在场的记者和国际组织人员解释这批尸体的死亡时间属于1941年，而不是1940年，并且也拍摄了大量的照片和影像资料，以此反驳德国的"谎言"。

纳粹德国战败后，在1945年11月纽伦堡审判中，苏联曾经试图将卡廷惨案作为起诉德国战犯的新罪名，但是由于证据不足，没有成功。从此，卡廷惨案便成为苏联和波兰历史上的悬案。半个世纪之后，这场悬案才逐渐为世人呈现出真相。

长期以来，苏联与俄罗斯一直否认卡廷事件的真实性，认为这一事件是纳粹德国的栽赃陷害，直至1990年4月13日，苏联才第一次正式向当时访苏的波兰总统沃伊切赫·雅鲁泽尔斯基承认，苏方要对卡廷事件负全部责任，并向波兰移交了一份档案。东欧剧变和苏联解体后，俄罗斯总统叶利钦于1992年10月，派遣特使、国家档案馆馆长鲁道尔夫·皮霍亚前往波兰首都华沙，向时任波兰总统瓦文萨递交了关于卡廷惨案的所有秘密档案的副本，直到此时，"卡廷事件"终于真相大白。

根据相关档案的记载，1939年8月，德国与苏联签订《苏德互不侵犯条约》，随后于1939年9月1日，德军入侵波兰，第二次世界大战爆发。根据《苏德互不侵犯条约》附属的秘密协议，在德军占领波兰西部后，苏军也迅速出兵占领了波兰的东部地区，并且将约23万波兰的军人、公务员、科学家和神职人员俘获。随后，于1940年，在苏联、乌克兰、白俄罗斯等地处死了超过两万名波兰战俘，其中最大的一起屠杀事件就发生在俄罗斯境内斯摩棱斯克市附近的卡廷森林，有约1万名波兰战俘在此被处决。

2010年11月26日，俄罗斯国家杜马的声明确认这一事件是由当时的苏联最高领导人斯大林负责。根据档案显示，1940年3月，贝利亚向苏共中央提交关于枪决战俘的绝密报告，斯大林、伏罗希洛夫、莫洛托夫和米高扬等人都在这份报告上签名。

这份报告经过斯大林的修改，最终变成了政治局的决议。至此，这场经过苏联最高领导层的决策和批准、由苏军和苏联秘密警察具体执行，针对波兰战俘和平民的大规模、高效率的大屠杀脉络终于被完全还原了出来。

二、华沙起义

对华沙起义的这一悲剧，东西方一直有截然不同的说法。苏联认为是波兰伦敦流亡政府为了争夺战后波兰的领导权，要抢在红军前面占领华沙，不顾一切地进行冒险，才导致了起义的失败。西方则认为是斯大林为了控制波兰，故意不支援华沙起义者，才有悲剧产生。

1. 华沙起义爆发的国内外背景

1944年夏秋之交，二次大战中的同盟国已开始进入全面大反攻。在欧洲西线，盟军已在诺曼底登陆，7月下旬正从海滨阵地向德军发动大规模进攻。在东线，苏联红军和波兰第一军不仅于7月18日跨过寇松线，而且，罗科索夫斯基元帅指挥的白俄罗斯第一方面军已于7月29日势如破竹地直抵华沙近郊——维斯瓦河畔，兵临华沙城下。

但当时波兰所面临的国际形势却十分复杂。在战后波兰的政府组成及其边界问题上，英美苏之间进行的斗争，已进入了最后摊牌阶段。波兰流亡政府一直驻在伦敦，得到英国的支持。丘吉尔希望战后波兰能成为一个所谓“强大、自由、独立”的国家，其目的既要保住英国在波兰的地位和影响，又可以使波兰成为对抗苏联的“欧洲斗士”和反共“桥头堡”。美国当时正面临着大选，既不想失掉自己对波兰的影响，也不愿因波兰问题伤了与苏联的“和气”，而影响日后苏联对日宣战，因此，对立即解决波兰问题并不积极，但这并不表明，美国对波兰问题的解决是漠不关心的。然而，苏联对波兰问题却是极为关切，这不仅因波俄两国之间民族矛盾尖锐，积怨很深，而且，苏联极不希望波兰领土被西方“作为侵略东方的走廊和苏联的跳板”。因此，苏联希望波兰将来能建立一个与自己的国家的性质和利益相一致的政权。在苏联的支持下，波兰民族解放委员会于1944年7月22日在波兰赫乌姆城宣布成立，这在后来被称为是波兰千年历史上的第一个人民政府，它由波兰工人党、波兰社会党左派、农民党中的激进分子和进步知识界的民主党代表组成。在宣布成立的当天，波兰民族解放委员会还发表了著名的《七月宣言》。宣言声明：伦敦的波兰流亡政府无权代表波兰人民。宣言号召波兰人民“拿起武器”“进行战斗!”“在哪里遇到德寇，就在哪里痛击他们!”。宣言宣布废除1935年4月的反民主宪法，承认1921年3月17日的宪法，保证国内社会政治生活的民主化。在外交政策方面，宣言指出波兰必须与苏联、捷克斯洛伐克结成持久的同盟，强调波苏边界的原则是“波兰”的土地归波兰，乌克兰、白俄罗斯、立陶宛的土地归苏维埃乌克兰、白俄罗斯和立陶宛。7月27日在莫斯科签署了苏联和波兰民族解放委员会的协议，承认波苏边界以寇松线为界，波兰的西部边界以奥得河和尼斯—乌日茨卡河为界。8月1日苏联政府正式承认波兰民族解放委员会，并互换外交代表。这一切无不引起英美的严重关注和担忧。显然，这一切也已为反法西斯同盟国之间在战后波兰“向何处去”及其边界问题上的复杂矛盾和尖锐斗争作了铺垫。这就是华沙起义爆发时的国际背景。

众所周知，波兰是遭到纳粹德国屠杀和破坏最为严重的国家。在将近六年的法西斯占领期间，共有600多万优秀的波兰儿女被惨杀，占当时波兰人口的六分之一。在波兰土地上希特勒德国设立了无数的集中营、分集中营、监狱和刑场。波兰不仅蒙受了巨大的物质损失，在文化、教育、科学和艺术珍品方面的损失更无法计算，法西斯匪徒所到之地，无不变成一片废墟。然而，具有爱国主义斗争传统的波兰人民并没有被法西斯的屠杀所吓倒，更没有屈服。从德国占领的第一天起，他们就进行顽强的反抗和斗争。德国法西斯对波兰人民长达五年的残酷统治和血腥屠杀是华沙起义的根源。而且，在苏军和波兰人民军逼近华沙城下时，德国法西斯曾扬言：“一旦红军兵临城下，就把所有的男子从华沙运走。”不言而喻，从1939年9月1日那一天起，在波兰，“消灭法西斯”已成为波兰人民压倒一切的全民族的口号和任务。虽然，在波兰民族解放委员会成立后，在战后波兰边界的确定和政府组成及其性质问题上，波兰民族解放委员会和伦敦的流亡政府之间的分歧和矛盾更加尖锐，并展开了复杂而激烈的斗争。但是，面对德国法西斯这一残暴的敌人来说，波兰民族与德国法西斯之间的矛盾仍然是波兰社会的主要矛盾。这就是华沙起义时的国内背景。

2. 华沙起义的过程

华沙起义，从 1944 年 8 月 1 日开始到 10 月 2 日结束，前后共经历了 63 天，最后以悲惨失败而告终。领导这次起义的是隶属于波兰伦敦流亡政府在国内的“国家军”化名为“布尔”的塔德乌什·科莫罗夫斯基将军的司令官。

起义爆发前 10 天，即 1944 年 7 月 21 日，塔·科莫罗夫斯基和流亡政府在国内的“代表处”代表杨·杨科夫斯基就已商定举行起义。伦敦流亡政府在此刻发动起义，其动机就是：要抢在苏军和波军之前，夺取华沙，从而在首都以“主人”身份出现，为伦敦的流亡政府回来接管政权铺平道路，建立一个把波兰共产党人和其他左翼分子排除在外的资产阶级政权。波兰爱国者联盟通过莫斯科电台恰于 7 月 29 日向华沙人民发出呼吁，号召华沙居民起义反对德国人，名为塔·科希秋什科的莫斯科电台也于 7 月 30 日四次重复播放了这一公报，这一公报无疑就成了起义的催化剂。7 月 31 日 18 时，塔·科莫罗夫斯基将军下达了起义的命令，决定次日即 8 月 1 日 17 时开始军事行动。当时参加起义的“国家军”仅有 2.3 万多人，此外，还有波兰工人党领导下的人民军、“波兰起义军”“人民保安部队”等共计 5 千人左右，以及数十万华沙志愿人员、救护队、灭火队和炊事组织等，但问题是弹药和其他军需品严重缺乏；而起义爆发时德国在华沙的驻军司令官 R. 斯塔歇尔将军就拥有 1.5 万多人，后又先后调进 2.5 万多人党卫队和警察部队加以增援，加上其他部队，德军共拥有 5 万多人，后来又有三个师的兵力赶来支援，且德军装备精良、弹药充足，配备有坦克、大炮和飞机。因此，这是一场“双方力量悬殊得出奇的争夺战”。

华沙起义初期，虽然由于组织工作和通信联络上的原因，起义的效果不尽如人意，但由于富有爱国主义传统的华沙人民在 8 月 2 日及时加入了起义队伍，从而扭转了起义的形势，到 8 月 5 日止，起义军便攻占了与维斯瓦河河岸区相连的城中心区的大部分，在只有八个区的华沙，起义军攻占了五个区（有的是部分攻占）。起义军初期的胜利，沉重地打击了敌人，使德军处于被动地位。

在解放了的区域内，起义军在华沙人民的支持下，迅速开展了各种工作：建立了支前的机构，办起了小型广播电台，出版了刊物，呈现一派欣欣向荣的新气象。但是不久，敌人的后援部队陆续赶到，而起义军尽管多次向英美苏呼吁，却得不到任何外力的支持。

8 月 5 日之后，形势发生变化，华沙街头鏖战非常激烈。面对优势的敌人，华沙军民同仇敌忾，万众一心，在街头巷尾建立了许多路障和街垒，用简陋的武器甚至用汽油瓶、砖头石块跟敌人的坦克、大炮搏斗。华沙市民不仅男子参加了战斗，而且妇女和儿童也在弹雨纷飞的炮火下救护伤员、传递文件、输送食品和弹药。起义军与敌人在逐街逐巷地拼杀。为了消灭起义军，凶残的德军把整条整条的街道烧毁。尽管起义军民不屈不挠、英勇抵抗，但由于敌人装备上的绝对优势，经过一番激战，沃拉区和奥霍塔区先后于 8 月 11 日前陷落。

9 月 5 日，德军集中几乎华沙的全部兵力开始向城中心区发起进攻。起义军民多次击退敌人的猖狂进攻。但是，力量相差悬殊，形势对孤立无援的起义军极端不利。一个个街垒被攻破，地盘越缩越小。9 月 10 日，苏军（白俄罗斯第一方面军）和“科希秋什科”波兰第一师开始进攻维斯瓦河东岸——布拉格区，9 月 14 日一举攻占了布拉格区。9 月 16 日到 21 日，为了援助起义军，“科希秋什科”波兰第一师司令官约·贝林格将军请求率领四个波兰步兵营强渡维斯瓦河。他率众渡过了维斯瓦河，并在河西岸浅滩上建立了桥头堡。但是，孤军深入的波军没能顶住德军的强大攻势，桥头堡失守，大多数守卫者英勇牺牲，一部分被俘，只有很少一部分撤回东岸，其中仅有两百来人经下水道到达起义军所在地——城中心区。这时，苏军开始空投物品支援起义军。但由于天气影响，加之双方阵地交叉、炮火密集，大部分空投物资落入敌手。苏军和波兰人民军的支援虽然打击了法西斯，但并不能挽救岌岌可危的起义军。在起义军阵地大多失守、部队几遭全歼的情况下给予援助，显然为时已晚，要扭转败局已不可能了。

9 月 24 日，德军又开始向城中心进攻。仅剩下两千来人的起义军仍然坚持战斗。9 月 30 日 18 时 15 分，“国家军”司令部代表杰姆斯基上校宣布放下武器投降。10 月 2 日，“国家军”的全权代表卡齐米日·伊拉内克—奥斯梅茨基上校和 Z. 多布罗沃尔斯基上校，在华沙城下的奥扎鲁夫——华沙德军司令官、党卫队最高队长冯·登—巴赫的住地签署了投降协定。进行了两个多月英勇斗争的华沙起义终于失败了。

3. 对华沙起义的评析

波兰人民在华沙起义中的损失是巨大的：在 63 天的战斗中，1.8 万多名起义战士壮烈牺牲，2.5 万多名受伤（其中重伤 6500 多名），起义军统帅、化名为“布尔”的塔·科莫罗夫斯基将军等被俘，约有 18 万华沙市民丧生。华沙的许多文化古迹、艺术珍品被法西斯匪徒破坏或掠走，整个华沙城变成了一片废墟。三个多月之后，即 1945 年 1 月 17 日，当苏波军队攻克华沙时，迎接他们的是一座被彻底毁坏了的死城。德国法西斯在镇压华沙起义时也付出了重大代价，1 万人死亡，9 千人受伤，9 千人失踪。因此，可以说，华沙起义是一场规模巨大、悲壮激烈、损失惨重的起义。对华沙起义的评价，长期以来，东西方却有截然不同的说法。

从苏联的角度来看，在政治上，当时他们绝不允许，更不会接受一个亲西方的波兰伦敦流亡政府在战后波兰立足的，所以，在苏军抵达维斯瓦河东岸后，就以运输线拉得过长，军火供应不足，部队需要休整为借口，停止向华沙继续挺进，不能给起义军民以及时的、有力的支持，以至于后来被波兰人普遍称之为“隔河望虎斗”。虽然，在起义的后期，苏联红军也曾支援过华沙起义，但为时已晚，这对当时东西方严重对立以及战后开始的冷战对峙来讲，苏联的这种做法虽然是不应该的，但也符合当时的历史的背景。但从华沙起义的人民性和华沙人民反法西斯、求解放的迫切心情出发，从反法西斯统一战线的大局考虑，苏军的救援不力，不能不说是一种失策和失误。

从西方角度来看，虽然西方国家，特别是英国的丘吉尔政府，明知道苏联及斯大林肯定不会支持波兰伦敦流亡政府领导的起义，但仍坚持支持“国家军”仓促地发动起义，而且在起义进行的过程中，英国和美国虽然也一再宣称要援助华沙起义，并多次敦促苏联援助起义军，但他们自己除了派几架飞机进行收效甚微的空投外，也并没有采取什么切实有效的支援行动。因此，西方，特别是英国伦敦政府，在华沙起义的问题上，也负有不可推卸的责任。同时，起义的悲惨结局也是英美在波兰问题上的一次失败。他们通过华沙起义来建立未来亲西方的波兰资产阶级政权的企图没有现实，也使他们在二战后建立的人民波兰的影响大为削弱。

从波兰伦敦流亡政府角度来看，发动这次起义的意图和目的非常明确，就是要“在苏军和波兰人民军到达华沙之前，抢先夺取首都”，从而控制全国政权。首先，领导华沙起义的“国家军”的主要首领的确是一伙“力图夺权”的亲英美分子，是苏联“不能”与之发生“瓜葛”的代表人物。其次，起义的领导集团成分不纯、指挥机关不统一、目标不一致，因而形不成坚强的领导核心。再次，作为起义统帅的塔·科莫罗夫斯基将军缺乏统率军队的训练和经验，错误地估计了形势。他不仅没有主动直接地把起义的时间和计划事先与苏军联系，以取得苏军的配合，而且也没有获得西方盟国支持的任何保证，而且，起义领导一开始就没有紧紧依靠广大人民。这就是起义失败并付出惨重代价的主观因素和主要原因。当然，双方力量悬殊也是起义失败重要原因。而“孤立无援”只是起义失败的外部原因。事实上，起义的失败，不仅使波兰伦敦流亡政府夺取华沙进而控制全国政权的幻想成为泡影，反而促进了波兰共产党领导下的人民政权在波兰的建立。

从波兰民族解放委员会以及后来执政的波兰统一工人党角度来看，首先是波兰民族解放委员会以及后来的波兰政府，当然也包括波兰史学界在20世纪50年代的波兰历史著作中都对华沙起义持基本否定的态度。到了70年代，波兰史学界根据大量的材料，实事求是地对华沙起义提出了自己的看法。他们一方面认为华沙起义是为了夺取“未来波兰的政权”，在“政治上是反对波兰民族解放委员会”的；另一方面则承认这次起义在“军事上是反对希特勒占领军的”，是“首都人民和抵抗运动同希特勒占领军进行的全面的武装斗争”，“消耗了德军的重要力量”，因此肯定了华沙起义的反法西斯性质，不同意全盘否定这次起义。特别是在1979年8月1日，在纪念华沙起义35周年的大会上，华沙市委第一书记卡尔科什卡代表波兰统一工人党对华沙起义的正义性和反法西斯性作了充分的肯定，并强调：“华沙人民的起义及其染遍了我们城市每一寸土的热血，将永远铭刻在所有波兰人的心中，并将一代一代地传下去。”直至1989年东欧剧变后，波兰历届政府才正式肯定了华沙起义的历史地位，并在华沙建立了华沙起义纪念碑，供世界和全国各界人士瞻仰和悼念。

综上所述，不可否认的事实：一是，这场大规模的城市武装起义是由隶属于波兰伦敦流亡政府的“国家军”领导和发起的，而他们发动华沙起义的目的是，要控制战后波兰的政权，这就是所有问题产生的主要根源。二是，华沙起义爆发之前，正是波兰即将解放的前夕。此时，苏军及波兰人民军已以摧枯拉朽之势解放了波兰东半壁河山，建立了人民政权——波兰民族解放委员会。这个政权拥有比“国家军”强大得多的军事实力，又有强大的苏军作为后盾，华沙的解放是指日可待的事，所以，要苏军和波兰民族解放委员会承认和支持华沙起义确实是非常困难的。三是，华沙起义从根本上来说是一次人民的起义。当然，这一点并不是波兰伦敦流亡政府的本意。但争取早日解放自己的首都既是广大起义战士，也是广大华沙人民的共同要求、共同目标和神圣任务。大敌当前，以国家民族利益为最高准则，几十万华沙居民“不分党派和宗教信仰”奋不顾身地、踊跃地投入了战斗，形成了波澜壮阔、惊心动魄的战斗局面。因此，它的反对德国法西斯、保卫波兰人民、争取民族解放、拯救祖国的进步性质及其对整个反法西斯阵线的贡献是无法抹杀的。四是，起义虽然失败了，但从波兰人民的高度爱国主义精神和反法西斯的坚强意志来看，从起义消灭敌人的有生力量，给德军的沉重打击以及为苏军和波兰人民军西进、解放整个波兰、最后彻底消灭德国法西斯扫清道路来看，起义的作用和影响也是不容忽视的。五是，东西方对华沙起义的评价如此对立，与双方的立场和利益不同有很大的关系，加之，意识形态的严重对立，双方都不能以正确态度来评价和对待华沙起义，在当时的历史背景下，这也是可以理解的。

总之，华沙起义是一次被占领下的华沙人民为了反抗德国法西斯、从希特勒暴政下解放自己的首都而进行的战争，因而是完全合乎情理的、进步的和正义的一次壮举，不能因为一些具体的问题而全面否定它，这样才能得到全体波兰人民的认可。

俄罗斯的主动是促成当前波俄关系转暖的主要因素

应该看到，虽然波俄之间的历史积怨很深，但这毕竟是历史上的问题，而现实是，改善当前的双边关系却是波俄双方的共同愿望，因为波俄关系的改善对双方都是有利的，是不得不为之的。甚至就连对俄罗斯一直持强硬立场的前总统莱赫·卡钦斯基在其 2006 年 1 月 10 日当选总统后首次接见驻波外交使团时仍强调，“波兰希望与俄罗斯建立尽可能好的关系”，并表示，对波兰来说，俄罗斯是一个具有特殊意义的国家，波兰具有在伙伴关系基础上进一步加强与俄罗斯合作的愿望。很明显，波兰的经济发展利益和能源需求决定了波兰不得不与俄罗斯保持一定的“好关系”。当然，要建立这种好关系也不是一件容易的事，关键是要有一方能采取主动，特别是大国一方。

从 2010 年年底俄罗斯总统访波的结果看，俄罗斯确实是表现出一个大国的风度，采取了主动，当然，俄方的主动并不是从那时才开始的，早在几年前俄方领导人就多次主动表示了要改善两国关系的愿望。

1. 莱赫·卡钦斯基当选总统后，普京总统第一个在卡托维茨事故之后向波兰发出唁电，而后在 2006 年年初的记者招待会上还对国际媒体称波兰人是“俄罗斯人的近亲”，波兰人对世界文化和经济的贡献是“巨大的”。这样，才促使莱赫·卡钦斯基在正式上任后对俄罗斯发出较为友好的表示。

2. 俄罗斯总理普京在2009年出席于波兰举行的二战爆发七十周年纪念仪式之前，在为波兰《选举报》撰写的文章中强调，俄波两国应当从第二次世界大战期间的盟友关系出发，建立一种新的关系，过去的阴影不可能再影响俄波今后的合作，并呼吁摆脱互不信任和互相抱有成见的状态，把过去的一页翻过去，开始谱写新的篇章。普京总理还讲述了自己对卡廷悲剧的感受，负面评价对二战全面爆发前夕苏德签署的互不侵犯条约，称其“不道德”，这为俄罗斯后来正面回应波方的要求奠定了基础。

3. 俄罗斯总理普京于2010年4月7日不仅与波兰总理图斯克在俄罗斯境内的卡廷森林共同参加了卡廷惨案70周年纪念活动，还在卡廷纪念碑前单膝跪地来纪念死难者，并表示，“俄罗斯人民明白卡廷对于波兰人民意味着什么，因为俄罗斯也经历过20世纪最深重的苦难。人们不应当忘记历史，但是也不应当凭借愤怒和仇恨并出于政治的目的来书写历史。”图斯克总理不仅对普京出席纪念活动表示感谢，而且还强调，普京的出席具有“象征意义”。正是普京这一“下跪”的动作，被媒体评论为“代表俄罗斯人民对卡廷惨案做了比较真心的反省”，这一跪，对长期以来影响两国关系的“卡廷惨案”表现出深刻的遗憾与反省，为两国关系的改善迎来了契机。

4. 波兰前总统莱赫·卡钦斯基等一行发生空难后，俄方积极配合波方的调查，总理普京还亲自赶赴斯摩棱斯克，陪同波兰总理唐纳德·图斯克查看坠机现场，莱赫·卡钦斯基遗体11日归国时，普京再次亲临斯摩棱斯克机场，为莱·卡钦斯基灵柩送行。俄总统梅德韦杰夫还亲自到克拉科夫出席莱·卡钦斯基的葬礼。俄罗斯政府还将4月12日定为全国哀悼日。俄罗斯各地降半旗致哀，取消娱乐活动，电视台及广播电台禁播广告。按照一些分析人士的说法，尽管这场空难没有俄罗斯公民遇难，但俄罗斯政府仍设立哀悼日，这种做法“前所未有”。甚至连俄罗斯智库机构莫斯科卡内基中心专家玛利亚·李普曼都认为：“俄罗斯领导人（对空难）的反应异常恭敬、得体。”这一切为双方关系的改善奠定了基础。

5. 为了促进俄波双边关系的发展，俄方还主动在2010年10月29日与波方签订了拖延已久的俄波天然气供应和过境运输协议，并延长至2045年。按普京总理的说法，这是个很好的标志，表明俄波关系改善，两国经贸合作加强，并强调，该文件将巩固两国关系基础，提升信任水平。

上述情况表明，俄罗斯领导人确实想改善俄波关系。正是俄方上述的做法和行动，加上波兰新总统科莫罗夫斯基的当选，为波俄双方调整各自的政策提供了机会和可能，才促成了俄罗斯总统梅德韦杰夫于 2010 年 10 月 6—7 日应邀访问了波兰。俄罗斯总统对波兰的这次访问虽是八年以来的第一次，但访问期间不仅签署了一系列协议，更重要的是就安全问题和卡廷事件等历史问题进行了富有成效的讨论，还就加强两国社会对话和青年交流达成了共识。波方对俄罗斯在卡廷事件上的表现感到满意，波兰支持俄罗斯与北约和欧盟进行合作。梅德韦杰夫总统和科莫罗夫斯基总统在会晤时都表达了改善双边关系的愿望。科莫罗夫斯基强调，波兰加入北约和欧盟，作出了融入西方的选择，但波兰也想继续在东方与重要邻国俄罗斯相处。梅德韦杰夫在波兰—俄罗斯公民对话论坛上说，近年来俄波两国贸易发展良好，相比之下，政治往来进展不够，希望此访和公民对话论坛能够为改善双边关系铺平道路。同时，他强调，长期受历史影响的两国关系正在发生变化，但并不意味着历史遗留问题已不存在，“重要的是，我们开始倾听对方，准备讨论我们共同历史中最困难、最黑暗的一面”。他还表示，俄罗斯已做好准备“开放地”面对两国历史中最困难的问题。科莫罗夫斯基则强调，梅德韦杰夫的访问终止了两国关系的“干旱”状态。但他也指出，改善波俄关系还有很长的路要走，但双方将加快这一进程。根据波兰最近民调也显示，“62％的波兰人相信此访会对双边关系产生影响，92％的人认为访问将改善双边关系”。因此，科莫罗夫斯基也认为，“民调表明，波兰公众希望消除波俄关系障碍。”

波俄关系的发展前景

从俄罗斯总统梅德韦杰夫访波期间，两国领导人的言论和访问情况以及近半年的实践来看，梅德韦杰夫此访确实使俄波关系正常化进程迈出了重要一步，开启了双方和解的进程。作为北约与欧盟中重要成员国的波兰对北约与欧盟针对俄罗斯的政策有着不容忽视的话语权。而长期以来波俄两国冰冷的双边关系也确实在一定程度上阻碍了俄罗斯与欧盟、北约关系的发展。在这样的背景下，俄罗斯主动示好，积极改善与波兰的双边关系，也就在情理之中了，同时，也显示出俄罗斯外交政策务实的一面。对于波俄两国关系今后的走向，两国领导人也都有非常清醒的认识，即两国之间仍然存在着很多利益分歧。不过，双方也都表示，两国的关系现已进入了正确的轨道，双方将会继续努力推进这一进程。

一、历史的恩怨仍有待进一步消除

此次波俄首脑会谈虽然基本上消除了在“卡廷事件”上恩仇，但有些问题仍没有得到完全的澄清。例如，有关第二次世界大战爆发前签订《苏德互不侵犯条约》的看法还存在差距，在对“华沙起义”的评价上俄波仍存在一定的分歧。在“卡廷事件”和卡钦斯基总统的空难事件的评价上，在波兰国内仍有各种不同的声音。所以，今后波俄双方仍需继续努力尽快消除两国之间，特别是人民之间的心结。

二、波俄之间的政治互信在短期内仍难以建立

在俄罗斯总统梅德韦杰夫访波期间，波俄双方都作出承诺，要超越历史阴影，开辟两国关系合作新篇章。但是，实际上，梅德韦杰夫此行只应算是“破冰之旅”，按照梅德韦杰夫和科莫罗夫斯基的说法，这是要“重置”波俄关系，实际上离建立政治互信，还有很长一段路要走。波兰于2010年9月17日逮捕俄罗斯车臣共和国反政府武装组织头目艾哈迈德·扎卡耶夫后，一方面拒绝了俄方的引渡要求，而另一方面又根据英方的要求，于当天予以释放的事实也充分说明，俄波之间在短期内难以建立较好的互信关系。

三、波俄关系的缓和有利于俄罗斯理顺与欧盟的关系与合作

据报道，梅德韦杰夫在访问欧盟总部之前先访问波兰，其目的一是弥合俄波关系，二是促进俄罗斯与北约和欧盟关系的进一步改善。从2011年7月1日开始，波兰开始担任欧盟轮值主席国，加之有欧盟议会议长、波兰前总理布泽克的支持，相信，波兰在欧盟中的作用和影响会越来越大，当然，波兰在北约内部的影响力也在增强。因此，梅德韦杰夫访波时就公开讲过，“我希望，波兰更积极地参与，将有益于改善俄罗斯与欧盟及北约关系”。波兰总统科莫罗夫斯基也公开表态，波兰支持俄罗斯加入世界贸易组织。所以，梅德韦杰夫此次访波肯定有利于俄欧讨论俄罗斯入世和促进俄欧关系等议题。因此，波俄关系的改善也必然有利于俄罗斯与欧盟成员国互免签证、俄罗斯加入世贸组织和能源安全等问题的讨论。

四、波俄关系的改善对美俄关系的影响也不会过于明显

波兰是美国在欧洲的最重要盟友之一。在关键时候，波兰可能会比一些老牌欧洲国家，如法、德、意等更加亲美，波兰在伊拉克、阿富汗战争以及美国在建立东欧，乃至全球反导系统问题上已有了充分的表现。2010 年 5 月，美已在波境内部署“爱国者”导弹。尽管这些导弹没有装弹头，但由于部署地点距俄罗斯“飞地”加里宁格勒很近，还是引起俄方不满。反导问题也不会因波俄关系的改善，而出现根本的变化。同时，波兰在推行美国的“民主”和“自由”战略问题上，也不会出现质的变化，只是有可能在实行的方式和方法会更加隐蔽一些。

五、波俄经贸合作将会有进一步的发展

梅德韦杰夫访波期间，双方讨论了两国能源合作、欧洲安全问题以及敏感的“卡廷事件”外，还签署了 6 个合作文件。在这些文件中，在经济现代化方面开展合作的联合声明是最为务实的成果。根据该声明，俄波双方将制定在该领域合作的行动纲要，商定扩大经济合作的形式。因此，随着波俄关系的转暖，首先得益的将是相互的经贸合作。

综上所述，波俄关系的改善目前仍处在起步阶段。俄罗斯总统访波确实开了一个好头。2011 年是波兰议会的大选年，波兰公民纲领党赢得大选胜利，这对现总统与政府的对俄政策是有利的。从总的发展趋势看，波俄关系的改善是大势所趋，既有利于俄罗斯改善与欧洲联盟及北大西洋公约组织的关系，更有利于两国经济的发展。但波俄之间要建立起“真正的战略合作伙伴关系”，仍需双方付出较大的努力。

110. 为什么捷克与斯洛伐克的转型进程“殊途同归”?

姜 琍

1989年政局剧变后，捷克斯洛伐克面临三大迫切需要解决的问题：其一，从共产党领导下的多党合作制向西方式多党议会民主制转变；其二，从公有制和计划经济向私有制和市场经济转型；其三，解决捷克人和斯洛伐克人在联邦制国家内的相互关系问题。而加入欧盟和北约被确定为捷克斯洛伐克对外政策的两个优先目标。1990年6月举行的剧变后首次议会大选，确认了自由竞争的“游戏规则”，为多元化的政党制度和议会民主制奠定了基础。大选后，捷克斯洛伐克社会逐渐进入了民主巩固阶段[①]，民主规则和制度逐步得以实施。1991年6月苏军完全撤离捷克斯洛伐克，4—7月华约和经互会先后解散。同年12月，捷克斯洛伐克与欧洲共同体签订《欧洲协定》，还成为北约合作理事会成员国。

从1991年1月1日起，捷克斯洛伐克开始实行联邦财政部长兼捷克政府副总理克劳斯倡导的“休克疗法”，旨在通过快速实行价格自由化、对外贸易自由化和私有化等方式，建立完全的市场经济，使国家对经济活动的干预最小化。企业经营环境的变化、生产结构的调整、经互会的崩溃和紧缩性政策的实施，导致捷克斯洛伐克的经济在激进转型战略实施不久后开始衰退。斯洛伐克的经济衰退比捷克更为明显，失业率是捷克地区的3倍多。

斯洛伐克的政治精英和民众对捷克经济学家设计的经济改革方案表现出强烈

① Soňa Szomolányi, Kukatá cesta Slovenska k demokracii, STIMUL－centrum informatiky a vzdelávania FIF UK, Bratislava 1999, s. 44.

不满，批评联邦政府忽略斯洛伐克利益的声音越来越大。加之1990—1992年捷克和斯洛伐克的政治精英难以就联邦制度的具体安排问题达成一致，社会主义时期确定的联邦议会决策机制使捷克斯洛伐克在剧变后陷入宪政危机，以及政治文化的不同导致捷克人和斯洛伐克人在1992年议会大选中出现选举行为的明显差异，捷克和斯洛伐克联邦共和国在1992年6月议会大选后快速走向解体。有别于南斯拉夫，捷克和斯洛伐克联邦共和国的解体没有伴随民族冲突和引发继承战争，是双方政治精英协商共识的结果。

至1992年12月31日联邦解体前，捷克与斯洛伐克已经一起完成了部分转型任务：在政治领域，确立了西方式多党议会民主制度的框架，形成了新的政治结构；在经济领域，开始实施了宏观经济的稳定化、价格和国际贸易的自由化以及国有经济的私有化措施，并为市场经济的运作变革了法律法规；在外交领域，逐渐摆脱了苏联的控制和影响，踏上了“回归欧洲”的道路。

捷克与斯洛伐克“殊途同归”的转型进程

尽管在转型的多重性与同时性、独立国家的建设和转型进程的外部影响等方面捷克和斯洛伐克非常相似，但它们在独立后走上了不同的转型道路。经过自身努力和借助外力推动，它们不断调整转型方向和速度，最终殊途同归，会合于欧洲—大西洋结构之中。

一、政治转型

捷克独立后，宪政制度的巩固进程较为顺利。1992年12月通过的宪法所确认的人民主权、民主、权力制衡、保护少数民族权益、尊重人权和依法治国等原则基本得到尊重；宪政秩序较为稳定，权力制衡体系运作良好，立法、行政和司法机构之间、总统和政府这两个行政机构之间权限分配相对明确，相互冲突程度较弱；宪法文本与宪政实践之间的差距逐渐缩小①；政治角色较为尊重宪法法院的裁决。在每次众议院选举结果的基础上都产生了执政联盟②，基本实现了权力

① 捷克宪法规定设立的一些机构在宪法通过多年后逐渐得以建立，如1996年成立参议院，2000年设置高级地方自治机构，2003年建立最高行政法院。

② 虽然1998年捷克社会民主党组建了单一少数派政府，但它通过“反对派协议”与最大反对党公民民主党建立了隐蔽的联盟。

的正常交替[①]。随着20世纪90年代后半期左翼政治力量的崛起，捷克政坛出现了左右翼政治力量势均力敌的局面，加之进入议会的“捷克和摩拉维亚共产党”始终处于被孤立的境地，执政联盟很难在议会获得多数支持。

政党执政、参政以及政党关系模式也较快地趋于稳定。1992年议会大选后，左翼和右翼政治力量的形态逐渐确定，主要政党之间的力量分配也较为固定，只是缺乏轮廓分明的中间派政治力量。1996年举行的议会参众两院选举结果表明，选民与政党的认同得到加强，进入议会的政党数量有所减少，政党格局较为清晰。两个最大的政党——自由保守型的公民民主党与左翼倾向的捷克社会民主党势均力敌，两个较小的中间偏右型政党——基督教民主联盟—捷克斯洛伐克人民党与公民民主联盟具有联盟潜力。另外两个政党，即剧变后未经过明显转型的“捷克和摩拉维亚共产党”与极端右翼的共和国联盟—捷克斯洛伐克共和党，虽然进入议会却没有联盟潜力。由于公民民主党、基督教民主联盟—捷克斯洛伐克人民党和公民民主联盟组成的执政联盟在众议院不占有多数席位，最大执政党公民民主党在权力分配问题上，向最大反对党捷克社会民主党和执政联盟内其他两党做出一定的妥协。1997年爆发的金融危机和政府危机，以及公民民主党的分裂影响到政党制度的巩固进程。1998年6月，众议院选举提前举行。获胜的捷克社会民主党组成单一少数派政府，它获得最大反对党公民民主党的谅解与支持。自那以后，捷克的政党制度基本稳定下来，右翼阵营由占主导地位的公民民主党与起补充作用的自由联盟构成，左翼阵营则由捷克社会民主党与“捷克和摩拉维亚共产党”构成，而基督教民主联盟—捷克斯洛伐克人民党居于左右翼阵营之间，具有双向的联盟潜力。在2002年的众议院选举中，“捷克和摩拉维亚共产党”的支持率有所上升，但它依然没有获得进入执政联盟的机会。结果，再次获胜的捷克社会民主党与基督教民主联盟—捷克斯洛伐克人民党、自由联盟组成执政联盟。

相比之下，斯洛伐克的宪政制度和政党制度的巩固进程较为曲折。尽管1992年9月通过的斯洛伐克宪法接受了分权制衡原则和议会民主制的惯常制度，如政府对议会负责、总统和政府的行政权分离、宪法法院监督和保障宪法的实施

---

① 2004年入盟后，因执政党的政治丑闻和议会对少数派政府表示不信任等原因，政府更替频繁，但没有引起社会动荡。

等，但宪法存在一些弊端，主要表现为：没有明确规定总统与总理、政府之间的权限划分；突出了国家家长式统治的特点；宪法前言表明国家建立在民族原则而不是公民原则之上[①]。1994 年 3 月，议会通过对采取不民主执政方式的梅恰尔总理的不信任案。同年 9 月议会大选后，斯洛伐克的宪政体系愈加不稳定，具体表现为：总统与总理之间的冲突不断升级，议会不尊重宪法法院的裁决，司法体系的运作处于强大的政治压力之下，总统任期届满却无继任者接替，总理滥用接管过来的总统权限。在 1998—2002 年祖林达政府执政期间，斯洛伐克多次进行修宪，宪法日臻完善，宪政体系才趋于稳定。此后，立法和行政机构正常运作，总统和政府之间关系较为和谐，司法机构更为独立，政治局势总体稳定。

斯洛伐克独立后，不时出现旧政党分裂和新政党成立的现象。一些民粹主义政党在议会大选前匆匆成立，通过批评政治主流和提供解决社会现有问题的方案赢得选民的支持，继而进入执政联盟。由于执政前对一些问题的理解过于简单，执政后往往不能兑现竞选诺言，故多数在议会任期届满后即从政治舞台上消失。政党数量的变化无常，政党组织的非连续性，政党纲领的模糊性，以及政治力量之间持续的冲突与对抗，都不利于政党制度的巩固。在 1994 年 9 月议会大选前，斯洛伐克的政党制度可称之为以中间派的“争取民主斯洛伐克运动”为主导的多党制，支持梅恰尔与反对梅恰尔的政治力量进行尖锐对抗。1994—1998 年，斯洛伐克政党制度逐渐演变为以“争取民主斯洛伐克运动”和基督教民主运动为主导的极化多党制。在 1998 年议会大选前，为了打败以“争取民主斯洛伐克运动”为首的执政联盟，分裂的反对派政治力量趋于融合。5 个反对党共同成立的竞选联盟“斯洛伐克民主联盟”在大选中虽然位居第二但获得组阁权，上台执政后又重新分化和组合。而原执政党在大选中受挫后或面临裂变，或走向消亡。1998—2002 年，斯洛伐克政党制度的特点是：五角结构的多党制，即“争取民主斯洛伐克运动”与“斯洛伐克民主联盟”构成主要的两极，斯洛伐克民主左派党、斯洛伐克民族党和匈牙利族联盟党构成次要的三极[②]。在 2002 年议会选举中，7 个政党进入议会，其中 3 个是 1998 年议会大选后新成立的政党。尽管斯洛伐克政

---

① Lubomír Falt’an，Slovensko a jeho premeny na zaiatku 90. rokov/Spolonos — Ekonomika，Veda a technika，Sociologicky ústav Slovenskej akadémie vied，1994，s. 70.

② Peter Ingriš，Politické reimy transformujúcich sa krajín：Zmena a stabilita，Banská Bystrica 2000，s. 104.

党制度依然显现出不稳定的发展态势，不时出现一些议员脱离母党建立新党的现象，但政党制度的极化程度较前减弱。几乎没有联盟潜力的“争取民主斯洛伐克运动”改变了以往对抗的策略，采取了更具建设性的反对派立场。

二、经济转型

在独立后最初的几年中，捷克政府继续执行联邦时期的激进转型战略，实施了一些重要的转型步骤：推进私有化进程，取消国家补贴，大幅削减政府开支，采取货币紧缩政策，实行价格和对外贸易自由化，建立资本和金融市场，进行税收、医疗保险和社会保险等领域的改革。1993—1994 年，捷克不仅结束了小私有化进程，而且完成了采用投资券私有化方式进行的第二波大私有化，大约有 600 万投资者（占捷克人口的一半）参与了 861 家大中型国有企业的私有化[①]。在外贸转型、外资涌入和私人消费需求增长的刺激下，捷克经济从 1994 年起开始复苏，1995 和 1996 年保持稳健的增长势头。失业率低和通货膨胀率不高被称誉为“捷克奇迹”[②]，捷克也因此成为从中央计划经济向市场经济转型的典范。1995 年，捷克在中东欧国家中第一个加入了经济合作与发展组织。

随着经济的复苏，改革开始停滞不前。1997 年经济失衡达到极点，政府被迫采取从紧的货币和财政政策，从而导致了 1997—1999 年的经济衰退。1998 年捷克社会民主党组阁后，把恢复经济增长确定为优先目标。它转而实行宽松的货币政策，制定了赤字预算，花费巨资用于工业企业和银行的改造，通过减免税和提供低价建设用地吸引外资，出售大银行给国外战略投资者，同时加强了对经济的宏观调控。另外，为了努力消除公众对社会发展形势的悲观情绪，它增加了用于基础设施、教育和社会保障方面的开支，居民的实际工资也不断增长。在这些措施的推动下，1999 年第二季度经济开始止跌回升，2000 年出现了实质性增长，但公共财政赤字、外贸逆差和经常账户赤字逐渐扩大。2002 年上台的以捷克社

---

① 虽然投资券私有化方式被认为是最直接、最快速和最透明的私有化方式，但相当一部分通过其实现私有化的国有企业只是形式上完成了私有化。实现私有化的大量资产最后集中于私有化投资基金，而这些基金又被国有商业银行所控制。异常的产权结构造成无效的公司治理，企业的改造因此受到影响。此外，捷克拒绝国外战略投资者进入重要企业，国内经营者则缺乏足够的资金维系企业的运作，只得从银行贷款，最终因无力偿还贷款而致使银行坏账和呆账数目庞大。

② David Polárk：Ekonomická transformace eské Republiky v 90. letech，http：//www.konjunktura. cz/index. php3w=art&id=1797&rub=499&s=.

会民主党为首的执政联盟将必要的经济改革确定为优先任务[①]，旨在使经济健康、稳定和快速发展，但执政联盟内部的纷争阻碍了经济改革的推进。

斯洛伐克独立伊始，几乎所有公共服务部门，特别是医疗卫生和教育部门陷入经济困境。于是，它偏离了联邦时期的激进转型道路，放慢了改革的步伐，致力于通过采取下列措施实现经济复兴：第一，放宽财政和信贷政策以促使经济扩张；第二，采取支持出口的贸易政策；第三，在国家主导和财政援助下对工业进行改造[②]。1994—1998 年，梅恰尔政府用债券私有化方式代替了投资券私有化方式[③]，同时采用直接出售方式，而且特别优待国内申购者。该政府还禁止对战略性企业（如能源、邮政、电信、军工、银行和水利等部门的企业）的私有化[④]。在出口增长的拉动下，斯洛伐克经济从 1994 年起开始复苏。1994—1996 年，国内生产总值持续增长，通货膨胀率大幅下降，外债逐渐减少，但失业率依然居高不下。1996—1998 年，梅恰尔政府实施所谓的“斯洛伐克转型道路”战略：注重社会目标和国家责任，强调经济快速增长。为此，它采取扩张性财政政策，大力扶持旗舰企业，加大公共基础设施投资建设规模，努力刺激消费需求。然而，在经济实现快速增长的同时，出现了财政赤字增加、外债攀升和经常项目赤字扩大等宏观经济失衡现象。

为了促使宏观经济稳定，1998 年上台的祖林达政府不惜暂时放缓经济增长，试图通过制度创新、结构改造和增强企业竞争力等途径恢复经济增长。其经济政策的主要内容是：改革和健全银行体制、以国际招标方式对大型国企进行私有化、采取紧缩性财政政策、降低税率、实行浮动汇率、减少政府投资和打破天然

---

① 根据欧洲—捷克论坛，必要的经济改革领域包括：税收制度、社会保险支付体系、破产、商业注册、商业司法、退休金制度和医疗卫生部门的财务管理等。参见 Martina echová，eská republika a Slovensko－12 let poté，http：//is. muni. cz/th/62767/esf _ m/DP _ cechova _ cesko _ slovensko _ 12 _ let _ pote. pdf。

② Anton Marcinin，Miroslav Beblavy，Hospodárska politika na Slovensku 1990—1999，Slovak Foreign Policy Association，Centrum pre spoloenskú a mediálnu analyzu，INEKO，s. 38.

③ 原先的投资券作废，在投资券私有化中登记的每个公民获得价值 1 万克朗的 5 年期债券，债券可以出售或用作投资等。

④ 在私有化过程中，政界与商界相互勾结现象突出，不仅国家因此失去了巨额财政收入，还造成企业改造滞后、失业率上升和贫困加剧等问题。

垄断等。经过努力，斯洛伐克基本实现了宏观经济的平衡，而且在经历短暂的下滑后，从 2001 年起经济增长速度明显加快。2002—2006 年的中右翼执政联盟继续扩大和深化改革，涉及国家财政、税收、公共财政管理、医疗卫生、社会保障、劳动力市场、养老金和教育等领域，旨在使经济尽快融入欧盟。改革为斯洛伐克经济健康、持续发展打下了良好基础，经济快速增长的斯洛伐克缩小了与捷克的经济差距。联邦解体前，斯洛伐克的经济水平相当于捷克的 75.7%，2007 年已相当于捷克的 82%①。而且，入盟后的斯洛伐克成为欧盟成员国中经济增长最快的国家，被誉为“欧洲经济小虎”。

三、外交转型

1993—1998 年，捷克三届中右翼执政联盟都将加入欧盟与北约确定为外交政策的两大优先目标。为了尽快实现这两大目标，捷克在外交上采取了如下措施：积极发展与美国的友好关系，以获得美国对其加入北约的支持；努力改善与德国的关系，以加强经贸合作和争取德国对其加入欧盟与北约的支持②；消极对待维谢格拉德集团合作，反对地区合作制度化，谋求在中欧国家中率先加入欧盟与北约；弱化与俄罗斯的政治和经济关系③。

转型初期的成功表现、“和平伙伴关系计划”框架内的军事合作，以及与美国的密切关系，促使捷克加入北约的进程相对快速和顺利。1997 年 7 月，北约马德里峰会邀请捷克参加入约谈判。1999 年 3 月，捷克正式加入北约。在努力加入欧盟方面，捷克于 1993 年 10 月 4 日，捷克与欧共体签订《欧洲协定》。1996 年 1 月 23 日，捷克递交了入盟申请。1997 年 12 月，捷克接到参加入盟谈判的邀请。1998 年 3 月，入盟谈判进程启动。在 2002 年 12 月召开的欧盟哥本哈根首脑会议上，捷克与其他 9 个申请国结束了复杂的入盟谈判进程。2004 年 5 月 1 日，捷克成为欧盟全权成员国。

---

① Rena Vintrová，Vyvoj eské a slovenské ekonomiky v letech 1993—2007，Mezinárodní politika（01/2008），ústav mezinárodních vztah，Praha，s. 12.

② 1997 年 1 月，捷德两国总理签署《捷德和解宣言》。在宣言中，德国对发动第二次世界大战和纳粹德国给捷克人民造成的痛苦和损失表示遗憾，捷克对二战后驱逐苏台德德意志族人也表示遗憾。双方保证，历史遗留的政治和法律问题不会成为阻碍两国关系发展的障碍，应以向前看的眼光看待两国关系。

③ 随着捷克愈益接近北约的大门，捷俄冷淡关系不断加剧，相互往来仅限于经济领域，而且经济合作的主要议题也仅是俄罗斯的能源供应和债务的分期偿付。

1993—1994 年，无论是提前下台的梅恰尔政府还是莫拉夫奇克过渡政府，都积极向欧盟和北约靠拢。1993 年 10 月 4 日，斯洛伐克与欧洲共同体签订了《欧洲协定》。1994 年 2 月，斯洛伐克与北约签订“和平伙伴关系计划”。由于采取了许多积极有效的、旨在早日加入欧盟和北约的步骤，1994 年的斯洛伐克与维谢格拉德集团内其他国家具有同等的融入欧洲一体化进程的机会①。1995 年 6 月，斯洛伐克正式向欧盟递交了入盟申请。同时，为加入北约，梅恰尔政府在立法、军事和政治方面做了一系列的准备工作。但从 1994 年年末起，欧盟和北约多次向斯洛伐克政府发出警告，批评其在尊重民主、法治国家、保护人权和少数民族权益方面存在不足。1997 年，因没有满足政治标准，斯洛伐克未接到参加入盟谈判和入约谈判的邀请。随着与西方国家渐行渐远，斯洛伐克愈益密切了与俄罗斯的关系，从经济合作扩展至军事和安全合作，双方签署了数目庞大的合作协议。梅恰尔政府还强化了与俄罗斯的政治关系。

祖林达政府上台后努力消除梅恰尔政府外交政策产生的消极影响，重树斯洛伐克的国际形象，采取诸多举措积极推进斯洛伐克的“回归欧洲”进程：第一，加强与欧盟和北约的沟通与联系，重视它们的意见和建议，积极修正不足；第二，促进国内政治向民主方向的变化；第三，重视地区合作，改善与邻国的关系；第四，将发展对俄关系置于“加盟入约”的框架内；第五，积极承担北约体系内保障欧洲安全的职责，坚决支持美国的反恐行动。经过不懈的努力，斯洛伐克在融入欧洲一体化进程方面取得成效。在 1999 年 12 月欧盟赫尔辛基首脑会议上，斯洛伐克被正式邀请开始入盟谈判。在 2002 年 11 月北约布拉格峰会上，斯洛伐克被邀入约。2004 年 3 月 29 日，斯洛伐克正式加入北约。同年 5 月 1 日，斯洛伐克成为欧盟全权成员国。

斯洛伐克在转型进程中先期落后捷克的原因

捷克和斯洛伐克联邦共和国解体后，捷克沿着联邦时期的转型轨道顺利前行，被西方誉为中东欧国家转型的典范，1997 年接到欧盟和北约的双邀请。而

---

① Natália Rolková, Desaroie Slovenskej Republiky. Matica slovenská 2004, s. 502.

斯洛伐克的政治转型逐渐偏离“中欧模式”趋向“东欧模式”①，并且明显放慢了经济改革的步伐，一度被排挤出“加盟入约”的潮流之外。在独立后的转型进程中，斯洛伐克先期落后于捷克的原因主要有以下四点：

一、转型的初始条件较差

1. 缺乏可利用的建国经验

斯洛伐克独立后成为中欧地区唯一同时面临四重转型任务的国家，除了政治转型和经济转型，它还需要完成民族融合进程和建设独立国家这两个问题②。从表面上看，联邦解体使捷克和斯洛伐克面临同样艰巨的建设独立国家的任务，其实不然。原联邦共和国的首都布拉格成为捷克共和国的首都，那里有各种现成的机构、制度、行政管理经验和专家队伍。从“可利用的历史”角度看，捷克也比斯洛伐克的条件好得多。虽然它们都是大摩拉维亚帝国遗产的继承者，但只有捷克人建立了自己的民族国家（直至17世纪30年代战争后才失去独立），斯洛伐克从10世纪起直至1918年奥匈帝国崩溃一直隶属匈牙利。在两次世界大战期间，捷克政治精英垄断了捷克斯洛伐克共和国的政治生活，故独立后捷克国家制度的制定者能够从这一时期汲取历史经验③。由于1939—1945年存在的斯洛伐克国家是纳粹德国的傀儡政权，这段短暂的建国经验不能被斯洛伐克政治精英所利用。

2. 民主经验相对不足

在奥匈帝国解体前，作为奥地利组成部分的捷克就在一定程度上具备了民主素养：成年男性公民普遍拥有选举权，政党政治相对发达（形成了稳定和标准的政党制度，政党分化围绕中心—边缘、教会—国家、城市—乡村和劳动—资本4

---

① “东欧模式”是指苏联的斯拉夫民族共和国的转型道路，其基本特征是：忽视宪政主义原则、集中行政权力和出现寡头政治集团。在上述三大特征基础上还可以扩展为其他特点，如将民主理解为多数者的权力不受监督和个人权威至上。“中欧模式”的概念于1994年提出，概括了波兰、匈牙利、捷克和斯洛伐克等维谢格拉德集团四国转型道路的普遍特征，即朝着多元民主、法治国家、公民社会和市场经济方向的变化不可逆转。参见 Soňa Szomolányi, Kukatá cesta Slovenska k demokracii, STIMUL－centrum informatiky a vzdelávania FIF UK, Bratislava 1999, s. 10。

② 民族融合进程是指从前现代、碎片化和地区分化严重的社会转变为大众社会。

③ 捷克的宪法基本上效仿1920年通过的捷克斯洛伐克资产阶级民主共和国的宪法，只对一些条款进行了修订，就是一个有力的佐证。

条基本路线进行）。而匈牙利化压力下的斯洛伐克有选举权的人数不足全体公民数量的7%，没有抗议和批评执政当局的自由，民族精英只能在非常狭窄的政治空间中活动，无法干预现实政治生活。虽然在整个奥匈帝国时期先后出现了4个政党①，但只有斯洛伐克民族党在政治生活中发挥了一定的作用，而且该党因缺乏实用主义领导人一度采取政治消极态度。1918年建立的捷克斯洛伐克共和国实行民主共和制，政治制度不仅符合程序民主②，还符合自由民主③的标准，它是由捷克政治家根据西方民主模式、哈布斯堡王朝时的政治传统和现实需要建立起来的，斯洛伐克的政治代表没有发挥实质性的作用④。直至1938年"慕尼黑阴谋"，捷克斯洛伐克成功保持住了民主政府（共存在了16届政府），制定并实施了许多在那一时代比较进步和成熟的法律，被称作中欧的"民主岛屿"⑤。这一时期，捷克的政党制度进一步完善，形成左、中、右翼政治结构；斯洛伐克的政治分化却才开始出现，而且参与执政联盟的农民党与社会民主党仅是总部位于布拉格的全国性政党的分支机构，最强大的政党赫林卡斯洛伐克人民党长期被排斥在执政联盟之外。两次世界大战期间的捷克斯洛伐克共和国对于捷克人意味着"逝去的金色年代"，他们把这一时期的民主传统视为议会民主实践的基础，斯洛伐克人来自这一时期的民主经验则相对较少。1848—1992年，斯洛伐克不民主、独裁、集权政权与民主政权的比例为3∶1，这不利于其独立后民主制度的巩固⑥。

3. 现代化进程的迟滞与边缘化

与捷克相比，斯洛伐克的现代化不仅迟滞而且具有边缘化的特点，外部角色在其所有现代化浪潮中都占据主导地位，从而阻碍了自由思想进入斯洛伐克⑦。

---

① 斯洛伐克民族党、和解党、斯洛伐克人民党和斯洛伐克社会民主党。

② 按照美国政治理论家熊彼特的定义，"程序民主"是为了做出政治决定而进行的制度安排。在这种制度下，想获得决策权的人要在人民的选举中通过竞争而产生。

③ 罗伯特·达尔认为自由民主的基础是：选举产生的官员、自由、公正和定期的选举、表达意见的自由、接触多种信息来源、社团的自治、包容广泛的公民身份。

④ Soňa Szomolányi（editorka），Spolonos a politika na Slovensku－Cesty k stabilite 1989－2004，Univerzita Komenského，Bratislava 2005，s. 36.

⑤ ubomír Lipták，Slovensko v 20. storoí，Kalligram，Bratislava 2000，s. 106.

⑥ Grigorij Mesenikov，Oga Gyárfáová，Slovensko，Desa rokov samostatnosti a rok reforiem，Intitút pre verejné otázky，Bratislava 2004，s. 12.

⑦ Ibid，s. 13.

19 世纪下半叶，捷克的工业化和城市化建设成效突出，成为哈布斯堡帝国经济较为发达的地区。斯洛伐克于 19 世纪 80 年代才开始工业化进程，至奥匈帝国解体这一进程尚未结束，而且经济命脉掌握在匈牙利族人和德意志族人等非斯洛伐克族人手中。城市化进程不仅落后于捷克地区，而且落后于匈牙利族人聚居区，加之受匈牙利化政策的影响，斯洛伐克地区相对大的城市在相当程度上具有非斯洛伐克的特点。在两次世界大战期间，捷克斯洛伐克中央政府推行的经济自由主义对于斯洛伐克来说是个灾难，它不仅丧失了原先的原料基地和市场，还失去了国家的支持。力量薄弱的斯洛伐克工业竞争不过捷克工业，结果大批工厂倒闭，失业人数激增。如果说，第一次世界大战前斯洛伐克的工业在欧洲范围内取得较为快速的增长，并不断改变落后状态，那么，在两次世界大战期间，这种发展趋势出现逆转，它与西方工业国家的差距重新拉大①。直到社会主义时期，斯洛伐克的现代化进程才得以加速，工业化和城市化取得长足发展。但是，由于社会主义时期在斯洛伐克境内主要发展重工业（包括军工），而 1989 年政局剧变后斯洛伐克重工业产品在原社会主义国家的市场大多崩溃，经济转型进程开始后斯洛伐克相对于捷克经济衰退更明显、失业率更高。1993 年独立之初，捷克的国内生产总值是斯洛伐克的 161%，失业率仅为斯洛伐克的 1/3。更小、更弱的经济体意味着斯洛伐克赶上欧盟发达国家生活水平的进程更为艰难和曲折。

二、政治文化的影响

1. 集体主义

斯洛伐克是传统的天主教国家，60%的居民信仰罗马天主教。天主教建立在团结、归属感等价值观也就是集体主义价值观基础之上，而团结和归属感与社会和民族情感很接近。因此，斯洛伐克人具有较为强烈的社会和民族情感。捷克人则强调个人自由和权利，缺乏社会和民族情感，这与新教和胡斯教的思想有关联，更为主要的原因是早在 1918 年捷克人就实现了建立自己的民族国家的目标，较早开始重视政治的个人和公民层面。19 世纪下半期至 20 世纪初期，匈牙利当局对斯洛伐克境内的民族运动采取歧视和镇压的政治手段，致使斯洛伐克民族演变成现代民族的进程迟滞，没能形成强大的斯洛伐克亚文化。1918 年成立的捷

---

① L' ubomír Lipták, Slovensko v 20. storoí , Kalligram, Bratislava 2000, ss. 113－118.

克斯洛伐克共和国实行中央集权制，斯洛伐克人的自治愿望难以实现。第二次世界大战结束后，斯洛伐克的地位问题是斯洛伐克社会政治生活的中心议题，它的重要性一直位于加强社会民主化建设之前。政局剧变后，民族共和国在联邦国家的地位问题成为斯洛伐克政治讨论的主要议题，相当一部分政治精英在此问题上表现出不妥协的态度，最终促成联邦解体。1993 年斯洛伐克共和国的独立标志着斯洛伐克民族解放进程的结束，但民族主义情绪依然强烈。

2. 保守主义

斯洛伐克社会比捷克社会更为保守。所谓的“斯洛伐克特性”形成于奥匈帝国时期，是斯洛伐克人努力避免不受匈牙利和捷克影响的产物，它带有保守性质。19 世纪下半叶成立的斯洛伐克民族党以及它的最强大的后继党——斯洛伐克人民党，都反对社会中的世俗化趋势和“道德沦丧”，大力宣扬传统社会的乡村特点，拒绝现代社会的城市化。19 世纪下半叶至 20 世纪初的社会、政治、经济和文化发展也促进了保守的观念逐渐植根于斯洛伐克社会。斯洛伐克虽然地处欧洲的心脏位置，但在工业革命大潮中却居于边缘，只受到“回响”的影响①。奥匈帝国瓦解前，斯洛伐克社会具有下列特征：城镇具有匈牙利化的外部形态，大部分地区陷入停滞状态，在一些地区甚至保留了僵化、不流动的乡村环境；社会分层不发达，匈牙利统治阶级故意将斯洛伐克人变成没有高级形式的文化、社会和政治生活的平民群体；在匈牙利化政策影响下，斯洛伐克逐渐丧失了基础教育，文化和科学机构数量少，社团的活动也限于非常狭窄的领域。由于文明进化与匈牙利化联系在一起，文明进化对斯洛伐克人意味着对斯洛伐克民族存在的威胁，这正是斯洛伐克人倾向于封闭、不相信变化的根源②。在与捷克人共同建立国家后，斯洛伐克社会依然长期保留传统的特点，工业不发达，经济低效，天主教会的地位稳固。由于社会长期拥有传统的形态，斯洛伐克政治文化中保守的倾向明显。在 1946 年国民议会选举中，共产党在捷克地区获胜，在斯洛伐克地区获胜的则是 1918—1946 年没有明显变化、继承斯洛伐克政治传统的民主党。对于“布拉格之春”和随后的“正常化”的到来，斯洛伐克人的反应也相对平静，

---

① 直至 19 世纪末，匈牙利（斯洛伐克）才开始建设现代大工业（落后于西欧几十年）。第一次世界大战爆发前，斯洛伐克的经济水平约为欧洲人均工业产值的 50%。

② Soňa Szomolányi (editorka), Spolonos a politika na Slovensku－Cesty k stabilite 1989－2004, Univerzita Komenského, Bratislava 2005, ss. 32－33.

保守倾向无疑发挥了一定的作用。1989 年政局剧变后，捷克人强烈批评共产主义制度，斯洛伐克人的态度则没有如此深刻的改变，相反对 1989 年后的社会变化采取更为消极和更为防范的态度。在 1992 年议会大选中，在斯洛伐克获胜的是采取不同程度保守主义立场的政党，在捷克获胜的则是主张进行快速转型的政党。

3. 权威主义

对于民主发展，捷克社会具有更好的前提条件。在捷克，不仅存在民主传统的基础、民主的历史经验，而且有自由主义政治思想。这一思想的根源是害怕个人自由受到限制。斯洛伐克社会则不信任自由主义，倾向于权威主义，这有着深厚的历史根源。斯洛伐克是传统的天主教社会，天主教教会等级森严，世俗生活也是等级分明。因此，斯洛伐克政治文化中存在对“强硬的手”和非凡政治领导人的渴望[①]。另外，斯洛伐克人长期对自身社会、政治和经济地位感到不满，通常情况下，民众在感到威胁或沮丧时倾向于强硬派领导人物，以便帮助他们解决面临的难题，故具有超凡魅力的民粹主义政党领导人在斯洛伐克很受欢迎。如果政治家没有像历史上的赫林卡和剧变后的梅恰尔那样的超凡魅力，就很难在传统的斯洛伐克社会获得大力支持。梅恰尔三次当选为斯洛伐克总理，在斯洛伐克民众中拥有相当的威望。由于梅恰尔及长期采取对抗式政治态度和权威主义执政方式，斯洛伐克政治舞台严重极化，影响了民主巩固进程。

三、社会分化

在捷克，无论在政治界，还是在整个社会都不存在根本的分歧。在对历史和文化的理解上，捷克社会基本保持一致。在斯洛伐克则存在各种各样的冲突，无论是精英还是普通民众在许多重要问题上都存在分歧和对立，如对 1939—1945 年间成为纳粹德国傀儡政权的斯洛伐克共和国的认识、对 1945 年斯洛伐克民族起义的看法、对民族的理解和对捷克和斯洛伐克联邦共和国解体的态度等。1993 年独立后，斯洛伐克社会又围绕民族认同、少数民族权利、经济转型特别是私有化和非民主的治理方式出现了新的分歧。以梅恰尔为首的执政联盟对反对派进行排挤、压制，导致政治精英严重极化，社会也随之分为两大阵营。一大阵营是由

---

① Martin Vahaník, Pokus o komparáciu eskej a slovenskej politickej kultúry, Transformácia politického systému v slovenskej republike a eskej republike, Detva 1994, s. 108.

小城市和乡村的居民构成，他们的文化教育程度较低，年龄偏大，倾向于家长式统治、平均主义和权威主义，更容易接受民族主义和民粹主义的宣传鼓动，拒绝市场经济和民主政治竞争，期望由强硬派人物领导国家，对政治精英破坏法律的行为持较为宽容的态度。另一大阵营主要由大城市的居民构成，文化教育程度较高，年龄偏小，拥护市场经济与民主制度，赞同民主价值观，偏好协商型政治，支持斯洛伐克加入欧盟与北约，对政治精英破坏法律的行为持不宽容的态度①。至20世纪90年代末，斯洛伐克政治精英一直不能在政治制度、所有制形式和外交政策走向等基本问题上达成共识，民众也两极分化，这为民主巩固创造了相当不利的条件。

四、种族冲突

捷克独立后成为全欧洲种族同质性程度最高的国家之一，少数民族仅占全国总人口的5.6%。斯洛伐克是个多民族国家，少数民族人口约占全国总人口的25%，其中匈牙利族人占11%，罗姆族人占9%（这一比例在世界上最高)。通常情况下，种族同质程度低的国家的民主巩固进程更为艰难，原因是政治精英能够利用种族因素进行民众动员，从而使民族矛盾激化，并有较大机会建立权威主义制度。当然，捷克并不是不存在民族主义，而是那里的民族主义主要针对假想的“外部敌人”，没有进入政治进程的中心。虽然种族同质性程度高本身并不是向民主和市场经济转型的保障，但它是民主巩固进程中一个有利因素②。

斯洛伐克族人与匈牙利族人之间的分化是斯洛伐克社会中最深刻、最稳定和最持久的政治分野，历史恩怨是造成斯洛伐克人反感匈牙利人的根本原因。1993年斯洛伐克独立后，反匈牙利情绪再次加强，原因有二。其一，匈牙利族人在斯洛伐克总人口中的比例从原联邦时期的3%上升到10%以上；其二，斯洛伐克独立后面临着国家构建的任务，它需要在邻国中重新认定敌友，由于不良的历史记忆和匈牙利民粹主义政治精英的煽动性言论③，匈牙利自然被斯洛伐克人设想为

① Karel Vodika，Ladislav Cabada，Politicky Systém eské Republiky，Portál，s. r. o.，Praha 2003，s. 315.

② Ibid，ss. 322—323.

③ 剧变后匈牙利第一任民选总理安塔尔宣称自己是1500万匈牙利人（包括500万生活在邻近国家的匈牙利族人）的总理，他的言论还被1998—2002年担任匈牙利总理的奥尔班沿用。

试图瓦解年轻、脆弱的祖国的敌对国家，境内的匈族人也就成为匈牙利政府的帮凶[①]。匈牙利族人被梅恰尔政府视为国家的内部敌人，还因为匈族人不赞同斯洛伐克从捷克和斯洛伐克联邦中独立出来。尽管宪法保障少数民族的权利，但梅恰尔政府实行的少数民族政策引起了国际社会的批评。

斯洛伐克境内的罗姆人问题不仅是民族矛盾问题，还是严重的社会问题。在1989年剧变后开始的转型进程中，罗姆人受到的冲击最大，文化素养和技能水平低使他们很难适应市场经济形势，失业人数众多，社会生存状况急剧恶化。随着罗姆人对失业的消极反应、贫困程度、恶劣的卫生状况、高犯罪率和对酒精、毒品的依赖不断升级，斯洛伐克社会中90%的人对他们持否定态度，他们在社会中受孤立的程度愈益加深。当然，这其中有民粹主义政治精英宣传鼓动的作用，罗姆人问题被他们利用来动员选民。罗姆人的地位问题是欧盟委员会发布的评估报告中向斯洛伐克提出的重点问题之一。

斯洛伐克在转型进程中后期赶上捷克的原因

1998年，捷克和斯洛伐克分别进行了议会大选，发生了政府更替。虽然捷克的政治争斗较前期激烈，经济改革的步伐有所放慢，但它在融入欧洲一体化进程中的优势依然明显。斯洛伐克新政府上台后，竭力消除民主赤字，积极推进经济改革，努力改变在融入欧洲—大西洋结构进程中的落后状态。2004年5月1日，捷克与斯洛伐克同时加入欧盟，双双成为民主巩固、市场经济运作良好的国家。斯洛伐克后期赶上捷克的原因主要有以下四点：

一、联邦解体前确立的宪政制度的惯性

在捷克和斯洛伐克联邦解体前，已经确立并实施了竞争性政党制度、比例选举制、议会制和分权制衡等宪政民主制度。斯洛伐克独立后，这一有利于从苏联式一党集权制向西方式多党议会民主制转型的宪政框架得以保留。尽管宪法并不

---

① Tomáš Strážay, Nationalist Populism and Foreign Policy: Focus on Slovak — Hungarian Relations, Slovak Foreign Policy Affairs, Vol. VI, No. 1, p. 52.

完善，但它与比例选举制一起成为斯洛伐克独立后政治多元化得以维系的基本保证①。在1994年议会大选后举行的新议会第一次会议上，以梅恰尔为首的执政联盟就开始改变1989年政局剧变后实行的民主制度，实施所谓的“民主多数规则”，即“胜者全取”。由于宪法中没有明确规定议会的协商章程，也没有保障反对党的权益，执政联盟有足够的空间实施这种对民主的简单理解，无视反对党的要求和意见。不仅反对党对政府的政策失去了影响力，执政联盟还限制反对党在议会内监督政府的可能性。在议会11个委员会中，执政党代表占据了所有领导位置，且在10个委员会拥有绝对多数。执政联盟不顾一些反对党议员的专业和个人意愿而将他们安排到无足轻重的委员会——生活环境委员会，这也是议会中唯一的反对党议员拥有多数的委员会②。此外，执政联盟主体“争取民主斯洛伐克运动”试图改变议会制政体和比例选举制，但受到“需经过议会内法定多数同意”这一条件的限制（执政联盟缺少8名议员）。议会制政体和比例选举制的惯性作用，在相当程度上致使非民主的执政精英不能很快将斯洛伐克引向独裁专制道路③。一方面，斯洛伐克宪法的不足致使缺乏立宪主义精神的民族－民粹主义执政精英以“胜者全取”的方式执掌政权；另一方面，正是沿袭了联邦时期民主制度的宪法使执政精英不能完全实现独裁专制的图谋。因此，斯洛伐克一些政治学者提出一种设想，即如果在斯洛伐克独立后才开始向西方式议会民主制转型，斯洛伐克的宪政框架就会呈现出另外一种形态：多数选举制、总统权力强大和议会权力弱小。根据梅恰尔试图改变选举制和扩大总统权限，这一设想极有可能成立，那样斯洛伐克就很难在如此短的时间内调整政治转型的方向和速度。

二、政治精英的融合及其战略决定

随着1997年斯洛伐克因未履行政治标准而被排除出“加盟入约”潮流之外，坚持民族主义—权威主义的执政精英与倡导自由民主主义的反对派精英之间的紧张关系更为加剧。与此同时，原先碎片化的反对派阵营出现了一定程度的融合趋

---

① Lubomír Kopeek, Demokracie, Diktatury a Politické Stranictví na Slovensku, Centrum pro studium demokracie a kultury, 2006, s. 176.

② Jana Pekaroviová, Miroslav Vojtech, Slovacicum－Súasné Slovensko, STIMUL－centrum informatiky a vzdelávania FF UK, Bratislava 2006, s. 114.

③ Grigorij Mesenikov, Ol’ ga Gyárfáová, Slovensko: Desa rokov samostatnosti a rok reforiem, Intitút pre verejné otázky, Bratislava 2004, s. 17.

势。基督教民主运动、民主联盟、民主党、斯洛伐克社会民主党和斯洛伐克绿党等5个政治团体联合成立了“斯洛伐克民主联盟”，并在1998年议会大选前组成共同的选举党。反对派精英积极进行宣传动员，在1998年议会大选中成功地将民众的“相对剥夺感”转化为对民族—民粹主义政党的拒绝。1998年议会大选后，斯洛伐克民主联盟、民主左派党、匈族联盟党和公民谅解党等民主力量组成广泛执政联盟，在议会中占有多数。1998—2002年，在存在种族分化和脆弱政党制度的不利条件下，执政党屡屡采用妥协方式解决冲突和化解危机形势，不断提高在政治制度、外交政策、经济政策和宪法等维度上的协商共识程度。在2002年的议会大选中，极端民族主义力量被边缘化（未能进入议会），梅恰尔领导的“争取民主斯洛伐克运动”虽然又一次名列第一，但因不存在任何联盟潜力而又一次沦为反对党。与以往不同的是，“争取民主斯洛伐克运动”的领导人表示，他们决定采取更具建设性的反对派立场。执政联盟和反对派通过政治协议分配议会内的权力位置①，议会内的政治精英达成前所未有的广泛共识。尽管纲领相近的执政党在经济自由主义、基督教价值观和社会保守主义等方面倾向程度不同，但是四党执政联盟中有三党来自前执政联盟，这些政党的领导人有着运作广泛执政联盟的经验，掌握谈判的技巧，能够以共识的名义达成妥协。随着执政联盟内部以及执政联盟与反对党之间的信任和合作不断深化，斯洛伐克的民主稳定愈益加强。

1998年10月议会大选的结果在相当程度上决定了斯洛伐克随后的战略走向。此前的梅恰尔政府因不尊重民主原则和采取亲俄政策而被排除出“加盟入约”的潮流，斯洛伐克相当一部分民众对国家处于外交孤立状态感到沮丧，所有主要政党特别重视国家的外交政策。精英与民众大力支持斯洛伐克尽快加入欧盟和北约，有利于执政联盟对履行“加盟入约”的政治标准施加更有效的压力。祖林达领导的广泛执政联盟做出了如下战略决定：消除原梅恰尔政府在政治民主化进程中的不足，使斯洛伐克摆脱国际孤立局面，赶上中欧邻国融入欧洲—大西洋结构的步伐。为此，除了努力发展与西方国家的关系和加强与邻国的合作外，斯洛伐克积极按照欧盟和北约的标准进行改革和调整，极大地促进了国内政治稳

① 有一个议会副主席的位置留给了反对党“争取民主斯洛伐克运动”，而议会委员会主席的位置彻底按照比例代表制原则进行分配，执政联盟占有9个位置，反对党则有8个位置。

定。祖林达政府改变国家政治状况的具体做法是：首先，按照“协商民主”的精神，在比例代表制基础上向反对党提供在议会和其他国家监督部门任职的可能；其次，履行议会大选前对选民的承诺，对宪法进行了修订，将议会选举总统方式改变为全民直接选举总统的方式[①]；最后，通过了《少数民族语言法》，扩大了少数民族的政治权利[②]。对于斯洛伐克议会大选后的积极变化，欧盟领导人给予了积极评价，斯洛伐克很快摆脱了国际孤立状态。

2002 年议会大选后产生了斯洛伐克独立后第一届构成同质的政府，从而为继续 1998 年议会选举后开始的重返稳定民主发展道路的变化进程创造了有利条件。2002—2006 年的第二届祖林达政府保持了对外政策取向的连续性，同时继续推进上一届政府未完成的经济改革。政治精英在对外政策领域达成了基本共识，议会内所有政党的领导摈弃了利益冲突、意识形态的差异和过去的恩怨，积极支持斯洛伐克加入欧盟，甚至共同参与到入盟全民公决前的宣传活动中去。

三、欧盟的影响

东欧剧变后，欧共体（欧盟）期望通过东扩实现欧洲西部与东部的统一，促进欧洲的安全与稳定，提高自身的国际影响力和经济竞争力。北约也逐步推进东扩战略，以巩固冷战成果。中东欧国家则希望获得外部对其政治、经济和社会转型的支持，通过融入欧盟和北约成为民主巩固、经济发达和安全得到保障的欧洲国家，从而实现其“回归欧洲”的梦想[③]。于是，在不同需求和共同目标的推动下，欧共体（欧盟）和北约在政治、经济和安全上支持中东欧国家的全面转型，并通过向这些国家规定加入标准引导和规范其转型进程，使该地区在政治、经济、军事、法律和意识形态等方面不断与其趋同；中东欧国家则在加入标准的制约下，不断调整政策，以求尽快达标。加入欧盟和北约的进程对捷克与斯洛伐克的转型方向和速度产生了极其重要的影响，同时由于斯洛伐克的转型进程较为曲折，外部对它的推动也就更为突出。

---

① 随着 1999 年 5 月执政联盟的共同候选人鲁道夫·舒斯特在首次举行的直接总统选举中击败梅恰尔而当选总统，斯洛伐克结束了长达一年多无总统的状态。

② Jana Pekaroviová，Miroslav Vojtech，Slovacicum－Súasné Slovensko，STIMUL－centrum informatiky a vzdelávania FF UK，Bratislava 2006，ss. 116－117.

③ 朱晓中：《双东扩的政治学/北约与欧盟扩大及其对欧洲观念的影响》，《俄罗斯中亚东欧研究》2003 年第 2 期。

1994年年底梅恰尔政府上台后，斯洛伐克出现了民主赤字，具体表现为：政府不尊重宪法赋予其他机构的权限，忽视反对派的权利，总统和政府之间关系紧张；议会随意剥夺议员的资格；政府随意改变全民公决的内容；国家安全局的活动不受民意机构尤其是议会的监督，只受政府的监督，反对派被排斥在监督权限之外；司法体系不独立；对少数民族采取不宽容态度。对此，欧盟和美国多次向斯洛伐克发出警告，期待梅恰尔政府考虑其意见和建议。面对批评，梅恰尔政府采取拒绝态度，认为欧盟和北约对申请国奉行双重标准。于是，欧盟和美国转为支持斯洛伐克反对派并加强对民众的动员，强调举行自由和公正的议会大选，呼吁斯洛伐克政治领导人尊重民主规则。在欧盟和美国领导人、斯洛伐克反对党和民众对梅恰尔政府施加多重压力下，1998年9月斯洛伐克议会大选以自由和公正的方式举行。

1998年议会大选后，祖林达政府努力与欧盟加强沟通与联系，重视欧盟的意见和建议，与欧盟商定建立新的制度工具，即欧盟委员会—斯洛伐克工作组，旨在帮助斯洛伐克尽早取得开始入盟谈判的资格。1998年11月至1999年9月，该工作组多次举行工作会议，督促斯洛伐克执行“哥本哈根标准”和“加入伙伴关系计划”的近期优先目标。在欧盟和北约政治标准的制约和影响下，斯洛伐克的政治发展出现了显著的变化：政治精英的行为方式从对抗向协商共识型转变，民主的政治制度恢复稳定，以及政治监督机制趋于健全等方面。

为了使斯洛伐克民主化进程走向不发生变化，在2002年议会选举前，欧盟领导人多次告诫斯洛伐克民众，一旦梅恰尔及其领导的争取民主斯洛伐克运动重新掌握政权，形势会十分危险。此外，欧盟还大力支持斯洛伐克非政府组织的宣传鼓动工作。结果，梅恰尔领导的争取民主斯洛伐克运动在2002年议会大选中的得票率比1998年下降了7.5%。

四、维谢格拉德集团合作的支持

在1997年维谢格拉德集团其他三个成员国波兰、捷克和匈牙利被邀加入北约，以及被邀开始入盟谈判后，斯洛伐克的国际政治地位发生了显著变化，中欧地区也因此呈现出双速发展的态势。1998年10月议会大选后成立的斯洛伐克新执政联盟提出外交政策优先目标：尽快在融入欧洲一体化进程中赶上中欧邻国。实现这一目标的主要工具之一是恢复一度陷入停滞状态的维谢格拉德集团合作。1994年梅恰尔政府上台执政后，斯洛伐克内政外交的走向有别于维谢格拉德集团其他成员国，被波捷匈三国视为不可以进行合作的对象。维谢格拉德集团合作一度陷入停滞状态的另两个原因是：捷克克劳斯政府消极对待维谢格拉德集团合作（担心参与区域合作可能减缓融入欧盟和北约进程的步伐）、斯洛伐克和匈牙利关系紧张。随着 1998 年捷克和斯洛伐克举行议会大选，一批没有参与联邦解体的政治精英上台执政，捷克和斯洛伐克的关系大为改善。帮助斯洛伐克打破国际孤立局面是捷克泽曼政府努力恢复维谢格拉德集团合作的主要动机。祖林达政府认为维谢格拉德集团合作是斯洛伐克重返所有扩大进程、加快入盟谈判和改善斯洛伐克国际形象的难得途径。斯洛伐克外交部国务秘书兼与欧盟谈判的首席谈判代表扬·费格尔指出，“斯洛伐克通向欧洲—大西洋结构的道路必经维谢格拉德集团合作”[①]。斯洛伐克外交政策的变化得到维谢格拉德集团其他国家的支持，维谢格拉德集团发挥了斯洛伐克的“保护网”的作用[②]。1998 年 10 月，波兰、捷克和匈牙利三国总理在布达佩斯会晤，他们发表宣言称要为维谢格拉德集团合作注入新的活力，还强调要努力帮助斯洛伐克重返欧洲一体化进程。波捷匈三国支持斯洛伐克重新融入中欧合作和欧洲一体化进程具有一定的实用主义特点：斯洛伐克是维谢格拉德集团 4 国中唯一与其他 3 个成员国都交界的国家，一旦它被排除在加盟入约潮流之外，就会对中欧地区的安全稳定、经济合作和边防检查制度和人员往来增添麻烦[③]。1999 年 5 月，波兰、捷克、匈牙利和斯洛伐克四国总理在布拉迪斯拉发会晤，确定了维谢格拉德集团未来合作的优先方向，并通过了具体的合作机制。此次会晤正式表明斯洛伐克重新加入维谢格拉德集团的合作进程。为了突出斯洛伐克并提供给它在集团框架内较为重要的地位，斯洛伐克从 1999 年 7 月起第一个担任维谢格拉德集团轮值主席国，1999 年维谢格拉德集团所有高层领导人的重要会晤都在斯洛伐克举行，2000 年 6 月成立的维谢格拉德集团唯一正式机构——维谢格拉德国际基金[④]的办公地也设立在斯洛

---

① Ida Ganaríková, Visegrád（2） — Postoje státk V4 a paralely［online］. E—polis. cz，11. bezen 2007. http：//www. e—polis. cz/mezinarodni—vztahy/188—visegrad—2—postoje—statu—k—v4—a—paralely. html.

② Juraj Maruiak，*Slovensko a visegrádska spolupráca*，11. 10. 2004，http：//www. euractiv. sk/rozsirovanie/analyza/slovensko—a—visegradska—spolupraca.

③ Grigorij Mesenikov，Michal Ivantyšyn，Slovensko 1998—1999：*Súhrnná správa o stave spolonosti*，Bratislava 1999，s. 292.

④ 旨在支持文化、科学、研究、教育和学生互换等领域的合作、发展地方一级的跨边境合作和旅游业。

伐克首都布拉迪斯拉发。另外，从 2001 年起就开始筹建中欧地区军事合作平台——捷克—斯洛伐克—波兰旅，驻地设在斯洛伐克的托波尔恰尼，旨在支持斯洛伐克尽快加入北约。鉴于斯洛伐克积极参与地区合作，并得到维谢格拉德集团其他成员国的支持和帮助，它愈益接近北约的大门，在入盟谈判进程方面也成功赶上了中欧邻国。

小结

1989 年政局剧变后，中东欧国家开始了政治、经济、外交和社会等多重转型进程。与中欧其他邻国相比，捷克和斯洛伐克还要面临建设独立国家的挑战。捷克和斯洛伐克联邦解体明显加重了斯洛伐克的转型负担，从国家性、民主经验、经济基础、机构设置和人力资源等方面来看，捷克的条件远远好于斯洛伐克。鉴于转型的初始条件较差、政治文化的影响、社会分化和民族矛盾等因素，在转型进程的前半期斯洛伐克落后于捷克。1998 年政府更替后，由于斯洛伐克新执政精英能利用欧洲一体化的发展机遇促进国内政治、经济和社会发展，政治精英趋于融合，欧盟的影响更为直接，维谢格拉德集团合作得到恢复和加强，斯洛伐克在转型的后半程取得显著进步，最终与捷克会合于欧洲—大西洋结构。

在欧盟和北约的引导和制约下，捷克和斯洛伐克成功建立了西方民主的制度体系，并且总体上趋于巩固。然而制度的现代化可以从上而下进行，法律、政府决定和欧盟与北约的加入标准却无法迅速改变人们的思维和行为方式，公民社会文化的巩固尚需时日。

2004 年加入欧盟后，捷克和斯洛伐克的贸易、投资和就业状况进一步得到改善，经济增长势头较前更猛，从而缩短了它们与欧盟经济水平的差距①。由于 2002—2006 年斯洛伐克祖林达政府积极推进改革，经济增长速度超过捷克，两国的经济差距越来越小。2009 年 1 月 1 日，斯洛伐克加入了欧元区，而捷克至今没有确定加入欧元区的日期。

---

① 根据 2010 年按购买力平价计算的人均国内生产总值，捷克达到欧盟平均水平的 80%，斯洛伐克为 74%。

111. 匈牙利为何与邻国龃龉不断？

贺　婷

匈牙利是欧洲大陆的内陆国，地处喀尔巴阡盆地，国土面积 9.303 万平方公里，边境线总长 2246 公里，与奥地利、斯洛伐克、乌克兰、罗马尼亚、克罗地亚、斯洛文尼亚六国为邻，与邻国的关系是匈牙利外交关系中的重要组成部分。上世纪末至今，匈牙利与奥地利、斯洛文尼亚、乌克兰、克罗地亚之间始终保持着较为友好的睦邻关系，但与斯洛伐克、罗马尼亚之间却经常出现摩擦，尤以与斯洛伐克的关系为甚。这些频繁的摩擦不仅影响了匈牙利与周边国家的关系，也影响到中欧地区的安全和稳定，有碍欧盟内部的团结合作。

纠纷逾千年

匈牙利究竟为何与邻国龃龉不断？究其根源，是匈牙利与斯洛伐克和罗马尼亚之间一千多年的历史纠葛。匈牙利与其周边国家关系时有摩擦，这是一千多年来中欧地区历史发展的结果，是两次世界大战的结果，更是历史遗留问题和现实问题的共同产物。二战后匈牙利的领土缩小到三分之一，大批匈牙利族人流落到邻国，这是引发匈牙利与邻国矛盾的根源。

喀尔巴阡盆地位于欧洲中部，是东西方文明交汇之地，历史上曾有多个民族在这里生活。匈牙利人并不是欧洲原住民，据考证，其原始聚居地是在乌拉尔山以东鄂毕河流域及里海以北一带，以渔猎为生。大约 5 世纪中期匈牙利人开始向西迁徙，公元 896 年进入了喀尔巴阡盆地并在此定居。欧洲大陆其他民族都是使用印欧语系语言，而匈牙利语则属于芬兰—乌戈尔语系。被印欧语系的拉丁语族和斯拉夫语族环绕的匈牙利人在随后的一千多年里，吸收了其他欧洲文明的特点，但却始终保持了自己独特的民族和语言特征。正是因为这种区别于中欧地区其他国家的独特性，虽然其国土曾被多个民族入侵，其文化受到东西方多种文明的影响，但匈牙利却以强大的凝聚力传承了自己的文化。

居住在现斯洛伐克地区的居民早期曾有凯尔特人、日耳曼人、伊利里亚人，但主要是西斯拉夫人中的阿瓦尔人。阿瓦尔人大约在公元6—7世纪进入这一地区，并试图进一步向西北扩张，但受到了捷克人的抵抗。公元623—658年，阿瓦尔人在亚得里亚海与波罗的海、易北河与第聂伯河之间的地区建立起萨莫帝国(Samo's Empire)，这是斯洛伐克地区产生的第一个国家。之后直到9世纪中叶的这段时间，这一地区的历史无法考证。公元830年，最古老的西斯拉夫人国家——大摩拉维亚帝国成立了，这是第一个包括捷克人和斯洛伐克人的国家，其地域包括西斯洛伐克。然而，到9世纪末，内部纷争不断，边疆地区逐渐脱离国家统治，加之匈牙利人入侵，大摩拉维亚只存在了76年就于906年最终灭亡。

最早生活在今天罗马尼亚特兰西瓦尼亚地区的是达契亚人，2—3世纪时特兰西瓦尼亚曾是罗马帝国的领地，罗马帝国在这一地区的统治持续到3世纪70年代，此后将近八个世纪中关于达契亚人的文字记载几乎无法找到。这一地区陆续被西哥特人、匈奴人、斯拉夫人、保加利亚人和匈牙利人占领过。匈牙利和罗马尼亚的学者都试图证明各自在这一地区的权利。有些匈牙利学者提出，已经罗马化的达契亚人在这一时期退往多瑙河以南，只是在中世纪才回到罗马尼亚平原和特兰西瓦尼亚。罗马尼亚学者却不认同这样的看法，认为在罗马军团和行政机构撤离后，被罗马化的达契亚人依然一直居住在以特兰西瓦尼亚为中心的喀尔巴阡山—多瑙河地区，从未间断过。罗马尼亚和匈牙利都试图争夺在这一地区的权利，这也导致了围绕特兰西瓦尼亚地区的历史争议不断。

10世纪末期匈牙利人逐渐接受基督教文化的影响，并于公元1000年建立天主教国家。伴随着国家的稳定和经济的发展，匈牙利逐渐强盛，开始向周围扩张领土。11世纪匈牙利向北征服了现在的斯洛伐克，逐步将其整个并入匈牙利。向东占领了现在罗马尼亚的特兰西瓦尼亚地区。其后的五个多世纪中，匈牙利王国几经风雨，内部的王位之争和农民起义、外族的入侵在一定程度上削弱了国家的力量，尽管14、15世纪也曾雄踞中欧，统治过波兰、捷克、摩拉维亚、克罗地亚等，但16世纪时还是抵挡不住土耳其人的入侵。

1526年奥斯曼大军在莫哈赤战役中大获全胜，匈牙利全军覆没，国王在逃跑中丧命，王国从此一分为三：中部和南部被奥斯曼帝国占领，西部和北部（包括斯洛伐克）同捷克、克罗地亚一起并入哈布斯堡王朝统治下的奥地利，东部的特兰西瓦尼亚地区成立了埃尔代伊大公国。随后的数十年间，埃尔代伊大公国成为哈布斯堡王朝和奥斯曼帝国争夺的对象，在奥土战争中被不断践踏，几经易手。根据1699年1月签订的《卡尔洛维茨和约》（The Treaty of Karlowitz）和1718年签订的《帕萨洛维茨和约》（The Treaty of Passarowitz），原为奥斯曼帝国统治的匈牙利、特拉西瓦尼亚划归奥地利。

19世纪中叶，民族主义浪潮席卷欧洲。1848年在匈牙利布达佩斯爆发了大规模的争取民族独立和自由的革命活动。为了镇压革命，奥地利煽动周边地区的民族与匈牙利军队作战，在特兰西瓦尼亚有罗马尼亚边防军，在北部有斯洛伐克起义者，等等。加上俄国沙皇的介入，势单力薄的匈牙利寡不敌众，革命运动宣告失败，匈牙利又重新回到哈布斯堡王朝统治之下。1866年普奥战争之后，奥地利与匈牙利贵族达成妥协，于1867年成立了奥匈二元君主制帝国，斯洛伐克和特兰西瓦尼亚归匈牙利直接统治。这一局面一直维持到第一次世界大战爆发。

在第一次世界大战中，作为奥匈帝国一部分的匈牙利以及受其统治的斯洛伐克都不得不卷入战争，同协约国作战。罗马尼亚经过两年的观望，于1916年8月与法国、英国、意大利和俄国签订了《罗马尼亚和四强同盟条约》、《罗马尼亚和四强军事专约》，随后向奥匈帝国宣战。根据这两个条约，罗马尼亚与其他同盟国享有获得奥匈帝国内领土的平等权利。1918年年底，罗马尼亚军队占领了特兰西瓦尼亚地区。1916年2月在巴黎成立了“捷克斯洛伐克民族委员会”，1917年8—9月，英国、美国和法国先后承认该委员会是协约国政府的地位。罗马尼亚和捷克斯洛伐克都正式站到了协约国一边，这为它们在一战后的利益分配中能分得一杯羹奠定了基础。

匈牙利则走了另一条道路。1918年10月，匈牙利脱离奥匈帝国独立，11月16日，匈牙利共和国成立。11月20日，匈牙利共产党成立，在其领导下，各地都举行了武装起义，革命形势愈演愈烈。协约国对此十分不安，担心匈牙利成为共产党的天下，3月20日提出将匈牙利三分之二的领土割让给邻国。匈牙利政府不愿意接受这一要求，却又不知该如何是好，无奈之下辞职。政权辗转落到共产党手中。3月21日晚，匈牙利苏维埃共和国正式宣告成立，这迅速引起了协约国的恐慌。4 月 16 日，罗马尼亚、捷克斯洛伐克、南斯拉夫等国军队与法国联合进攻匈牙利。匈牙利无力抵挡协约国占绝对优势的兵力，同时面临内部骚乱、党内分歧，内忧外患的匈牙利苏维埃共和国只存在了 133 天便宣告垮台。

1920 年 6 月 4 日，匈牙利代表团在法国巴黎凡尔赛的特里亚农宫同协约国签署了《特里亚农条约》(The Treaty of Trianon)。根据该条约，斯洛伐克和外喀尔巴阡乌克兰地区划归捷克斯洛伐克；特兰西瓦尼亚和巴纳特东部划归罗马尼亚；布尔根兰划归奥地利；克罗地亚、斯洛文尼亚、巴契卡和巴纳特西部划归南斯拉夫。匈牙利的国土面积从战前的 325408 平方公里缩小到 92962 平方公里。伴随着领土的丧失，人口也从战前的 20866447 锐减到 7615117。以匈牙利语为母语的人口原有 10050575，他们中有超过 3219579 人成为邻国公民，其中 1704851 人成为罗马尼亚公民，1063020 人成为捷克斯洛伐克公民。① 这种看似以民族独立为依据的格局划分，其实质是巴黎和会上美英法三大国利益权衡的结果，其后果是东欧国家的少数民族问题愈加突出。作为战败国之一的匈牙利极其不愿意接受这样的事实，这正成为后来匈牙利卷入第二次世界大战的根本原因。

为了收复失地，第二次世界大战爆发后，匈牙利与势力强大的德、意合作，参加对其周边东欧国家的占领和对苏联的战争。1938 年 11 月 2 日匈牙利在第一次“维也纳仲裁”(Vienna Award) 中从捷克斯洛伐克分到了南斯洛伐克的部分土地。1939 年 3 月，匈牙利军队占领斯洛伐克东部地区。1940 年 8 月 30 日，第二次维也纳仲裁将特兰西瓦尼亚北部领土划归匈牙利。1940 年 11 月 20 日，匈牙利成为轴心国一员。然而，好景不长，伴随着二战的结束，匈牙利人的民族复兴梦破灭。1945 年 2 月，苏联军队攻克布达佩斯。二战结束后，1947 年 2 月 10 日在巴黎签署的和约约定：匈牙利边界按 1920 年《特里亚农条约》划定。如今匈牙利、斯洛伐克和罗马尼亚三国的边界线正是基于这一和约划定的。

匈牙利频频出“法”

《特里亚农条约》对匈牙利人而言，是民族屈辱的标志，它使匈牙利的国土面积大大缩小，人口也随之流失。但对斯洛伐克而言是通往主权国家道路上的重

① http：//www.britannica.com/EBchecked/topic/276730/Hungary.

要一步[①]，对罗马尼亚而言是建立统一国家的关键一步。在罗马尼亚境内生活着143万匈牙利族人，占总人口的6.6%，在斯洛伐克境内生活着52万匈牙利族人，占总人口的9.7%。正是由于匈牙利与斯洛伐克、罗马尼亚一千多年来相互纠葛、紧密联系的历史，斯洛伐克和罗马尼亚的特兰西瓦尼亚地区曾经属于匈牙利版图，现在在斯洛伐克和罗马尼亚境内生活着大批匈牙利族人，匈牙利与这两个邻国之间的关系剪不断，理还乱。

为了保护生活在周边邻国的匈牙利族的权利，匈牙利政府于出台了相关法令，引起了邻国的不满，对匈牙利与邻国的关系起了消极作用。

2001年6月19日，匈牙利国会以306票赞成、17票反对、8票弃权通过了《邻国匈牙利族人地位法》[②]。2002年1月1日，该法开始生效。根据《邻国匈牙利族人地位法》规定，匈牙利政府将向其邻国（克罗地亚、南斯拉夫联盟、罗马尼亚、斯洛文尼亚、斯洛伐克和乌克兰等6国，奥地利除外）境内非匈牙利公民的匈族人提供文化、教育及社会福利保障等多种优惠待遇和经济补贴。有学者认为，从《邻国匈牙利族人地位法》诞生之日起（甚至在其草拟过程中），就遭到匈牙利邻国，尤其是斯洛伐克和罗马尼亚的强烈不满和非议。匈牙利与这两国的关系也趋于紧张。[③] 在罗马尼亚、斯洛伐克两国的强烈抗议和欧盟的调解下，匈牙利于2003年6月对《邻国匈牙利族人地位法》进行了修订。尽管修订的结果还不能让邻国完全满意，但由于该法不涉及欧盟公民，在斯洛伐克和罗马尼亚相继入盟后，便不再受该法约束。

2010年5月26日，匈牙利国会以344票赞成、3票反对、5票弃权通过了国籍法修正案。2010年8月20日起，该修正案生效。根据国籍法修正案，自2011年1月1日起，在匈牙利境外生活且无匈牙利长期居留许可的匈牙利族人只要有匈牙利血统并讲匈牙利语，就可以申请获得匈牙利国籍。2010年5月31日，匈牙利国会以302票赞成、55票反对、12票弃权通过了民族团结法。该法将《特里亚农条约》的签署日——6月4日确定为匈牙利人的团结日。由于罗马尼亚向

---

① 姜琍：《匈牙利与斯洛伐克民族民粹主义及其相互关系的发展变化》，《俄罗斯东欧中亚国家发展报告（2011）》，社会科学文献出版社2011年版，第248页。

② 该法全文参见 http：//www. htmh. hu/archivum/trvuj. htm。

③ 姜琍：《〈邻国匈牙利族人地位法〉与匈斯关系》，《俄罗斯中亚东欧研究》2004年第2期。

居住在摩尔多瓦的罗马尼亚族人提供双重国籍的选择，罗马尼亚对国籍法修正案的反响并不强烈，但斯洛伐克对匈牙利的这一做法极其不满。斯洛伐克驻匈牙利大使在接受匈牙利电视台采访时表示，匈牙利政府没有就国籍法修正案与斯洛伐克协商，这与两国的睦邻友好关系不相符，与两国的欧盟成员国身份不相符。[①]

匈牙利与斯洛伐克的争端自 1993 年斯洛伐克从捷克斯洛伐克独立出来的那一刻起就已开始，匈牙利拒绝在划分双方共同边境的协议上签字，并要介入斯洛伐克内政，因为匈牙利认为斯洛伐克不保护其境内匈牙利族的权利。1995 年斯洛伐克语言法生效，该法要求公务员使用斯洛伐克语，若在公开文件或广播中使用外语且不翻译成斯洛伐克语，将被处以罚金。少数民族享有部分条款的豁免权。关于罚金的条款随后被认定为违宪。由于双方当时都急于加入北约和欧盟，最终就此事达成了妥协，并签署了双边条约。2009 年 6 月斯洛伐克通过了一项关于国家语言的法律修正案，要求在官方联系、地理名称、中小学教育和一些公共关系领域必须使用斯洛伐克语，违者将处以 100—5000 欧元的罚金。这引起了斯洛伐克境内匈牙利族和匈牙利政界的强烈不满。

与匈牙利和斯洛伐克之间的针锋相对不同的是，匈牙利和罗马尼亚间的关系更像是休眠火山。自 1996 年签署睦邻友好条约以来，2001 年两国又签订了关于保护境内少数民族语言、文化及宗教的议定书。2002 年 9 月签署了有关建立匈罗战略伙伴关系的文件。两国关系向好的方向发展。但在特兰西瓦尼亚地区生活的匈牙利族人并不满足，提出建立自治区等更多要求。生活在这一地区的匈牙利族人保留有自己独特的文化和风俗习惯。尤其是生活在特兰西瓦尼亚东部地区的塞克勒人[②]（Székely）多次要求自治，在 2006 年时曾举行一次大规模的要求自治的和平游行活动。[③]

频繁交锋，稳定发展

匈牙利与邻国的矛盾是历史遗留问题和现实问题的共同产物，如果不能小心

---

① http：//www. stop. hu/articles/article. phpid＝669406.

② 塞克勒人是匈牙利族的一个分支。

③ http：//www. hunsor. se/avitus/szekelymanifest060316. htm.

处理，妥善解决，不仅不利于中欧地区的安全和稳定，对整个欧盟都将产生负面影响。

匈牙利国家政策的目标是保留并支持在国外的匈牙利人的认同感。要实现这一目标，除了加强和进一步发展欧洲价值观之外，匈牙利政府认为，必须与邻国进行对话和合作，特别是与居住在邻国的匈牙利人的对话和合作。正是出于这样的目的，匈牙利政府对邻国匈牙利族人的过度关注引发了邻国的不满，挑起了与邻国的冲突。2010 年上任的欧尔班总理在 1998—2002 年第一次任总理时就表现出他对这一问题的关注。《邻国匈牙利人地位法》正是在这一时期提出。而这届政府上任不久，国会就相继通过了国籍法修正案和民族团结法，这正体现出他执政策略中的民族主义思想。

2011 年 1 月，匈牙利总统施密特对斯洛伐克进行正式访问。两国首脑就共同关心的问题交换了意见。2011 年上半年，作为欧盟轮值主席国的匈牙利积极推动罗马尼亚的加入申根区，帮助罗马尼亚更快成为申根国家。同时，欧盟内部对少数民族问题的关注日益增加，欧盟不断推动其成员国内的少数民族保护。必将对匈牙利、斯洛伐克和罗马尼亚产生影响。这一地区仍将保持较为稳定的安全局势。尽管匈牙利和邻国政府间近年来的频繁交锋，但总的来说，在可预见的将来，这一地区仍将保持稳定发展，不会有过激的冲突发生。

112. 马其顿内战是如何结束的?

孔田平

马其顿危机的由来

1991年9月9日，马其顿就独立举行全民公决。这次全民公决投票率为75.74%，95.76%的投票选民支持马其顿独立。1992年2月21日，马其顿与南斯拉夫人民军谈判撤军事宜，确定4月15日为撤军的最后期限。1992年11月，马其顿向联合国申请在其北部边界部署维和部队，不到1个月获得联合国批准。1993年美国和斯堪的纳维亚国家军队组成的联合国预防性部署部队进驻马其顿。但是，在南斯拉夫解体后独立的马其顿仍为一个脆弱的国家，这主要是由于马其顿国内的民族构成与民族矛盾。马其顿为多民族国家，根据2005年的人口普查，马其顿人口为202万人。马其顿主要民族为马其顿族占总人口的64.18%，阿尔巴尼亚族占总人口的25.17%，土耳其族占3.85%，罗姆人占2.66%，塞尔维亚族占1.78%。

马其顿阿族对新国家并不认同，他们抵制了1991年的全民公决，认为其地位在新国家有所下降，成了少数民族。阿语也不再为官方语言。阿族对1989年修改的宪法也颇有微词，1989年马其顿宪法措辞发生变化，规定马其顿为“马其顿人的民族国家”，而原措辞为“马其顿人、阿族和土族少数民族的国家”。马其顿阿族主要居住在马其顿西部，从库马诺沃起，经过斯科普里到达泰托沃，然后沿阿尔巴尼亚边境到达德布尔、戈斯蒂瓦尔和斯特鲁加是阿族的聚居区。事实上早在南斯拉夫时期，马其顿阿族人就开始表达其诉求。

1968 年，泰托沃阿族人举行示威，要求马其顿的阿族区加入科索沃，成为南斯拉夫的第七个共和国。1970—1979 年几乎所有接受高等教育的阿族人都到科索沃普里施蒂纳大学学习，而科索沃在 19 世纪 80 年代成为阿尔巴尼亚民族主义的发源地。20 世纪 80 年代南斯拉夫阿族民族主义得到进一步滋长。1988 年阿族人在库马诺沃和戈斯蒂瓦尔示威，争取 1974 年宪法赋予的权利。1990 年，在泰托沃有 2000 多阿族人举行示威，要求建立大阿尔巴尼亚。南斯拉夫解体后，阿族民族主义持续高涨。

在独立的马其顿，由于实行多党制，阿族的政治诉求得到公开的表达。1990 年，阿族政党民主繁荣党成立。该党承诺在民主的宪政框架内活动，呼吁扩大阿族在斯科普里大学、警察和行政机构中的存在。1992 年民主繁荣党就马其顿划区自治举行全民公决。据估计 92%阿族参加投票，其中 72%的阿族人支持地区自治，但是官方认为该全民公决为非法。1995 年民主繁荣党分裂，与阿尔巴尼亚和科索沃阿族领导人有密切联系的扎费里成立了阿族民主党。阿族民主党的要求更为激进，要求承认阿族的主体民族地位，落实阿族的语言和教育权利，在现有机构中实行比例代表制，在与科索沃相邻的泰托沃建立独立的泰托沃大学。此后，阿族民主党开始控制除斯科普里之外的阿族人主导的地方政府机构，而斯科普里的阿族人继续忠于民主繁荣党。

独立后占人口多数的马其顿人主导着马其顿政治，而马其顿第二大民族阿族人则有边缘化之感。在 20 世纪 90 年代末，阿族在国家部门的就业仅占 10.2%，而阿族人占总人口的 22.7%（根据 1994 年人口普查）。在敏感的执法部门，阿族代表不足。在阿族城市泰托沃和戈斯蒂瓦尔，阿族分别占警察人数的 17%和 12%。在内务部，仅有 8.7%的职员为阿族人。在武装部队中，阿族占军官和国防部人员的 2.9%，而阿族人占征兵人数的 16%—26%。① 在国有企业和已私有化的企业中，阿族人同样代表不足。绝大多数阿族人对学习马其顿语不感兴趣，阿族也反对在不同民族间通婚。阿族人感到在政治和法律上遭受歧视，难以积极认同马其顿国家。在教育问题上，阿族也感受到不公平对待。1992—1993 年，马其顿人占小学生总数的 63.6%，占中学生总数的 88%，占大学生总数的

① Tom Gallagher, The Balkans in the New Millennium, in the Shadow of War and Peace. Routledge, 2005, p. 86.

91.4%。同期，只有27.3%的阿族孩子上小学，7.2%的孩子上中学。在普里施蒂纳大学1989年被关闭后，出现了以阿语教学的高等教育的真空。阿族要求建立阿语大学的呼声日益高涨，但遭到政府的反对。国家反对阿语高等教育，担心阿语大学会成为民族统一主义的温床。在巴尔干国家中，民族人口的平衡问题成为了微妙的政治问题。马其顿人担心阿族人口超过马族。1948年阿族人口占马其顿人口的17.1%，而1994年阿族人占总人口的22.7%。马其顿人更为担心阿族人的民族主义，担心阿族人的泛阿尔巴尼亚联系会导致大阿尔巴尼亚，进而影响到马其顿国家的前途。

1998年科索沃危机升级，科索沃问题的国际化导致了1999年北约对南斯拉夫长达78天的轰炸。2000年塞尔维亚政治强人米洛舍维奇下台。“米洛舍维奇领导的塞尔维亚的威胁使两个民族在无爱的婚姻中团结起来。当这一威胁迅速退去时，马其顿脆弱的稳定就被破坏”。[①] 马其顿阿族人对其经济状况感到不满，将其境遇与科索沃阿族相比。来自马其顿阿族的“科索沃解放军”成员组建了“民族解放军”在2000年年底到2001年年初开始反叛。他们袭击马其顿警察部队，要求扩大阿族权利，使阿族获得主体民族地位。马其顿政府军采取了清剿行动，马其顿危机爆发。

到2001年3月，马其顿阿族反叛分子与马其顿安全部队的武力冲突扩大到泰托沃周边地区，迫使马其顿政府决定采取军事行动以平息叛乱。3月13日，阿族民主党在斯科普里举行示威，参加者约1万人，宣称“我们不是恐怖分子”。3月14日，泰托沃爆发了3000人参加的集会，年轻的阿族人谴责阿族民主党的温和方式。2001年4月，马其顿政府在国际压力下开启了所有政党关于民族关系问题的会谈。5月，马其顿主要政党组成了民族团结政府，各联盟政党围绕政治改革问题进行协商，而冲突仍在加剧。5月3日，反叛分子控制了库马诺沃北部的村庄，距首都不足1小时的车程，冲突逼近首都斯科普里。6月8日，“民族解放军”攻占了距首都不到10公里的阿拉奇诺沃，首都处在叛军炮火的威胁之下。7月5日，马其顿政府与叛军达成停火协定。在国际调停下，8月23日，马其顿马族政党代表与阿族政党代表签署了奥赫里德框架协定。根据协定，议会将

---

① Tom Gallagher, The Balkans in the New Millennium, in the Shadow of War and Peace. Routledge, 2005, p. 95.

修改宪法的15个条款，包括在序言中强调马其顿民族的主导地位的规定；中央政府向地方下放权力；改变警察的结构，增加阿族的数量；阿族人获得了对任命法官和地方自治、语言使用、教育、展示民族标志等法律的准否决权；阿语成为了政府机构和议会的官方语言；允许自由使用阿族标志，包括旗帜。奥赫里德协议签署后，“民族解放军”与马其顿安全部队间的冲突结束。

马其顿危机的国际干预

马其顿危机引起了国际社会的关注，联合国、北约和欧盟以不同方式对马其顿危机进行干预。

1. 联合国

早在1993—1999年间，联合国就在马其顿部署了少量的维和部队即所谓的预备性部署部队。1999年初，中国因马其顿与台湾建交否决了延长预备性部署部队使命的决定，联合国在马其顿的维和使命结束。2001年3月马其顿危机爆发后，马其顿政府呼吁联合国安理会讨论马其顿危机问题。马其顿外交部长于3月7日向安理会成员作了简报。此前数周，阿族极端分子在与科索沃接壤的北部边界沿线制造流血事件，导致三名马其顿共和国士兵于3月4日死亡。简报后，安理会立即通过了主席声明，强烈谴责塔努塞维奇地区发生的暴力行为和杀害士兵的事件。3月16日，联合国安理会针对马其顿危机发表声明，谴责极端主义分子的暴力活动，称这对地区的安全与稳定构成威胁。联合国安理会巴尔干特使比尔特要求北约采取行动，封锁科索沃与马其顿边界。3月21日，联合国安理会通过了1345号决议，谴责马其顿发生的暴力和恐怖主义活动。决议提到了恐怖主义活动得到了外部阿族极端主义者的支持，但未提科索沃。决议要求驻科索沃维和部队采取措施阻止武器和人员在边境间的流动，在科索沃没收武器。在2001年8月13日奥赫里德协定签署后，联合国安理会要求“全面和立即执行”该协定。为支持《框架协定》的签署，安理会于8月13日发表了主席声明，要求立即执行该协定。为促进民间社会的和谐发展，该协定要求尊重所有马其顿公民的族裔特征。9月26日，北约开始在马其顿执行“红狐行动”，其使命是保护国际观察员的安全，并协助马其顿警察维持当地治安。同日，安理会通过了1371号决议，要求马其顿全面和立即执行奥赫里德框架协定，赞同在马其顿设立多国安全存在，以保障观察员的安全。

2. 欧盟

马其顿冲突爆发后，欧盟外交政策高级代表索拉纳和欧盟对外关系专员彭定康与北约代表一起数次访问斯科普里。欧盟支持马其顿政府打击阿族反叛分子的行动，支持马其顿政府不与反叛者谈判的立场。3 月 23 日，在欧盟峰会上会见马其顿总统特拉伊科夫斯基后，欧盟领导人表达了与马其顿的团结，敦促马其顿政府继续保持克制，避免冲突升级，许诺在边防、难民、地方政府和司法改革等领域提供援助。4 月 9 日，欧盟与马其顿在卢森堡签署了稳定与联系协定，欧盟外长会见了除民主繁荣党之外的所有马其顿政党领导人。欧盟欢迎马其顿各党会谈达成的政治改革时间表。欧盟不断向马其顿各政党施压，要求各政党组成大联合政府。

欧盟直接介入了马其顿政治进程。5 月 23 日，参加马其顿民族团结政府的阿族民主党和阿族民主繁荣党领导人与“民族解放军”的政治代表在科索沃普里兹伦市进行了秘密接触，并签署了所谓“联合行动”文件。文件提出了阿族的政治要求，其中包括修改宪法，给予阿族与马其顿族平等的法律地位，将阿尔巴尼亚语定为官方语言等。24 日，马其顿总统特拉伊科夫斯基要求阿族部长们与阿族武装脱离关系，否则就会失去在政府中的职务。他还警告说，这种接触违反了马其顿政府关于不准同恐怖分子谈判的基本规定，“阿族两党领导人必须放弃与恐怖分子达成的协议”。联合政府面临垮台的危险。索拉纳再次访问马其顿，阻止了联合政府的垮台。索拉纳向马其顿总统和总理强调，谈判必须继续下去，因为没有其他可行的选择。

在解决马其顿冲突的进程中，欧盟向马其顿施加各种压力，迫使马其顿各政党以政治方式解决冲突。6 月 25 日，欧盟任命莱奥特尔为驻马其顿特使。在同日举行的欧盟部长理事会会议上，欧盟各国外长强调未来欧盟的援助将取决于能否通过政治方式解决冲突。马其顿加入欧盟的前景将取决于马其顿族群间政治对话的结果。6 月 25 日，欧盟对外事务专员彭定康明确告诉马其顿外长，在政治解决冲突之前，欧盟不会向马其顿提供援助。欧盟外交政策高级代表索拉纳的穿梭外交在马其顿冲突的解决中发挥了重要作用。8 月 13 日，欧盟对马其顿签署奥赫里德框架协议表示欢迎，并允诺一旦马其顿议会批准协定，将为马其顿举行国际捐助国会议。9 月 9 日，欧盟赞成在 30 天的丰收行动结束后北约部队继续驻留马其顿。欧盟国家为监督马其顿和平协定的执行向马其顿派遣了许多国际监督员。

3. 北约

北约非常关注马其顿的局势。在马其顿危机爆发后，北约秘书长罗伯逊数次访问马其顿，就政治解决马其顿危机与马其顿政府和主要政治力量进行磋商。2001 年 3 月，北约提名德国职业外交官汉斯—耶尔格·艾夫为北约民事联络处主任。同时北约也在斯科普里设立了军事联络处。北约建立了协助马其顿政府打击阿族极端主义者武装反叛的情报单位。美国积极向马其顿提供情报资料，向马其顿提供了“民族解放军”的侦察图像和情报资料。4 月末，北约秘书长罗伯逊谴责“民族解放军”对马其顿安全部队的袭击是极端主义者的懦夫行为，称他们的策略不会得逞，必须立即停止暴力。5 月初，罗宾逊对反政府武装发出更为严厉的警告。罗伯逊与欧盟外交和安全政策高级代表索拉纳一起飞赴斯科普里，宣布不会让躲在山里的杀人犯削弱民主制度。同时，罗宾逊也呼吁马其顿政府保持克制。马其顿总理格奥尔基耶夫斯基要求议会对“民族解放军”宣战，罗伯逊和索拉纳说服马其顿官员此举会为冲突火上浇油，会导致冲突的升级和失控。格奥尔基耶夫斯基总理在国内外的压力下，放弃了正式宣战的想法。6 月 1 日，马其顿总统特拉伊科夫斯基提出了和平计划，即马其顿政府进行政治改革，以此为交换“民族解放军”解除武装。他建议北约派军队进驻马其顿，协调“民族解放军”解除武装。6 月 14 日，特拉伊科夫斯基总统正式请求北约协助非军事化进程。6 月 20 日，北约对此进行回应，如果冲突双方同意停火，并承诺通过谈判实现政治解决冲突，北约将提供协助。8 月 13 日，奥赫里德协定签署。次日，“民族解放军”与北约签署了解除武装的协定。8 月 27 日，北约在马其顿展开“重要收获”军事行动，北约 4500 人的部队开始收缴“民族解放军”的武器和弹药。北约“重要收获”军事行动在一个月后结束。应马其顿总统特拉伊科夫斯基的请求，北约在马其顿部署 700 人的特遣部队，以确保欧安组织监督停火和改革执行状况的观察员的安全。该项使命的期限为 6 个月，北约理事会每 6 个月延长一次，直到 2003 年 3 月 31 日欧盟的肯考迪亚行动取而代之。

从马其顿危机的国际干预看，联合国安理会在解决冲突上所起的作用相当有限。真正主导马其顿和平进程的是欧盟和北约。欧盟动用了自身的软实力以影响马其顿的政治进程，马其顿希望加入欧盟的强烈愿望使得欧盟对马其顿的影响力受到特别的关注。而北约则动用其硬实力，直接影响和参与马其顿的和平进程。马其顿危机之所以能够和平解决与外部的压力密不可分，其中欧盟的软实力和北约硬实力在解决危机中发挥了重要作用。索拉纳和罗宾逊的持续 3 个月的穿梭外交成功说服冲突双方避免了内战。

113. 马其顿“加盟入约”缘何受阻？

王洪起

西巴尔干小国马其顿，如同其他中东欧国家一样，长期以来，便把加入北约和欧盟（以下简称“加盟入约”）列为外交政策中的优先，也可以说是它的基本国策和终极目标，并为实现这一战略目标而付出艰辛的努力。但受各种内外因素的影响，这个国家至今仍徘徊在北约和欧盟的大门之外。

入约——最后时刻被封杀

为了加入北约，马其顿于本世纪初就参加了北约“成员国资格行动计划”。参与这项计划意味着向着“入约”迈出的重要的第一步。考虑到美国在北约中的主导地位，马其顿、克罗地亚和阿尔巴尼亚三国总统，在 2002 年 11 月北约布拉格峰会上向美国总统布什提出签署“美国—亚得里亚海宪章”的请求，希望在美国的帮助下，以“捆绑式”加入北约，如同美国 1998 年签署“美国—波罗的海宪章”，帮助爱沙尼亚、拉脱维亚和立陶宛三个波罗的海国家加入北约那样。为了拉拢“新欧洲”并保持“新欧洲”的稳定，布什接受了三国总统的倡议，派鲍威尔国务卿于 2003 年在阿尔巴尼亚签署了这一宪章。宪章规定，美国承诺北约对三国“开放门户”，并继续支持三国“入约进程”；三国则根据北约标准，努力加强军事等各领域的改革，打击腐败和有组织犯罪，加强巴尔干地区的双边和多边合作，保持地区稳定。2004 年，美国国会提议北约研究筹备这三国“入约”事宜。当年 3 月，布什在华盛顿主持接纳 7 个新北约成员国仪式时还专门邀请这三国政府首脑参加，并暗示这三国将于 2006 年接受邀请、2007 年正式“入约”。

鲍威尔还表示，“美国将竭尽全力，变不可能为可能，支持三国入约”，美驻北约大使伯恩斯赞扬三国“在申请入约过程中表现良好，为美国的军事行动作出了积极贡献”，鼓励它们“进一步努力，进入为它们敞开的北约之门”。北约驻马其顿大使甚至明确指出，“美国希望马其顿、克罗地亚、阿尔巴尼亚将于2006年成为北约的第27、28、29名成员”。由此看来，这三国已由美国内定为北约第六轮扩大的对象。

实际上，北约的第六次扩大计划比原设想推迟了2年，即2008年发出入约邀请，2009年正式接收。在2009年4月布加勒斯特北约峰会上，北约秘书长夏侯雅伯宣布阿尔巴尼亚和克罗地亚两国成为北约正式成员，而马其顿“入约”进程因国名问题受到希腊反对暂被搁置。希腊此举，使马其顿感到失落和愤怒。早于2008年11月，即北约向马其顿发出邀请而遭到希腊反对半年之后，马其顿当局就向海牙国际法院提起告诉，指控希腊在因“国名问题”否决该国加入北约时违反了两国曾经在1995年达成的《临时协议》。马其顿要求国际法院命令希腊停止、不再从事以任何方式阻止其加入北约或希腊是其中一员的其他国际组织。2011年3月下旬，海牙国际法院进行了听证会，马、希双方进行了申辩，但审理结果何时宣布尚需时日。即使宣布了结果，也没有法律效力。

为了安抚马其顿，夏侯雅伯秘书长于峰会之后专访马其顿，一方面向马其顿表示北约仍然欢迎马其顿加盟，另一方面也敦促马其顿做出一些妥协，以免错过这趟“东扩列车”。夏侯雅伯表达的意思比较明确，北约扩大需要成员国一致同意，希马双方如无法就国名问题达成一致，那结果只能“令人遗憾”。北约前秘书长罗伯逊说，如果没有国名分歧，马其顿现在早已成为北约成员了。

应当指出，马其顿民众，尤其是马其顿族民众，甚至政府高官，对北约1999年对前南联盟（马其顿原是前南联盟的一部分，马其顿族与塞族同属斯拉夫民族）发动的科索沃战争心怀怨恨，本来就对加入北约不感兴趣。而现在“入约”受阻，民调显示，他们的“入约”热情更加降低。马其顿驻北约代表（大使）马丁·特莱奈夫斯基2010年7月29日在马其顿议会外事委员会谈其履新计划时公然反对北约封杀马其顿入约的举措。他认为：北约做出的拒绝马其顿“入约”的决定是“荒谬的”，“北约处于深刻危机之中，它无论在地缘战略方面还是军事方面，都不会盛开玫瑰花”。

分析家同时注意到，俄罗斯对西巴尔干国家加入北约心怀疑虑，并告诫它们

"入约"并不会给它们带来安全。2011 年 4 月，俄罗斯外长拉夫罗夫在走访塞尔维亚、黑山和马其顿时均表达了上述观点。他在马其顿奥赫里德市会见马其顿领导人时明确指出，"俄罗斯不反对巴尔干国家加入北约，但是，北约并不会带来安全。马其顿可以自由选择，是与俄罗斯在一起还是与欧洲在一起，至于马其顿应该与俄罗斯站在一边还是与美国站在一边，这个观点又太陈旧了"。

入盟——谈判难以启动

马其顿是南斯拉夫联盟解体后成立的一些国家中较早启动入盟进程的国家。马其顿与欧盟于 1995 年建交，于 2001 年 4 月 9 日就与欧盟签署《稳定与联系协议》。签署《稳定与联系协议》被视为有关国家加入欧盟进程的重要的第一步。这一协议于 2004 年 1 月 9 日率先获得了欧盟所有成员国的批准。依据协议，欧盟与马其顿"稳定与联系委员会"随即诞生，并在当年 6 月 3 日召开了第一次会议，正式开始运作。该协议旨在协助申请入盟国家进行所需的改革，帮助它们达到加入欧盟的标准。时任欧盟负责安全和外交事务的高级代表索拉纳说，马其顿成为率先促使该协议获得生效的国家，将欧盟和马其顿的双边关系置于新的基础之上，缩小了双方的距离。

随着上述协议获得欧盟成员国批准，马其顿展开了向获得欧盟候选国地位的努力。时任总理茨尔文科夫斯基 2004 年 3 月 22 日向欧盟递交了入盟正式申请书。两个月后的 5 月 17 日，欧盟正式开始受理这份申请。同年 10 月 1 日，时任欧盟委员会主席普罗迪到访马其顿，亲自向马其顿政府递交了欧盟委员会的入盟问卷。这份问卷涉及欧盟成员国在政治、经济等各个领域需要达到的标准。只有欧盟委员会对问卷的答复做出肯定的评价，马其顿才有可能获得欧盟候选国资格。经过 4 个月的紧张工作，马其顿政府于 2005 年初完成了长达 14000 页的答卷。答卷中包含了马其顿各方面发展现状和日后改革规划的全部内容。巴罗佐在接到答卷时表示，这是发展马其顿与欧盟之间关系非常重要的一刻，答卷为欧盟委员会对马其顿入盟申请进行评估建立了重要的基础。

欧盟委员会于 2005 年秋出台了马其顿入盟申请的评估报告。同年 11 月，欧盟委员会建议欧盟首脑会议给予马其顿候选国地位。12 月 17 日，经过一番激烈的辩论，欧盟各国权衡利弊，终于做出了给予马其顿候选国地位的决定。2005

年年底，马其顿终于获得欧盟候选国资格。

正当马其顿准备于2006年开启入盟谈判之际，希腊再次以欧盟成员国的身份向马其顿发出警告：如果马其顿和希腊在国名问题上的意见分歧不能得到很好解决，希腊将利用其欧盟成员国的地位，在马其顿加入欧盟的道路上设置障碍。言下之意即有可能使用否决权。

诚然，从内在条件看，马其顿的发展相对落后，在社会、政治、经济方面与欧盟的要求存在差距。未达标，自然入不了盟。关于外在条件，从欧盟方面分析，欧盟继2004年大举东扩之后，出现了扩大“疲劳症”，扩大的步伐明显放缓。一些欧盟成员国认为，包括马其顿在内的西巴尔干国家是滋生暴力、犯罪和腐败的温床。他们担心吸纳这些国家入盟可能会给他们自身带来各种各样的麻烦。2009年10月，欧盟在其2009年欧盟扩大年度报告中曾提出，启动马其顿入盟谈判。在其后的历届欧盟轮值主席国，都积极主张包括马其顿在内的西巴尔干地区国家加入欧盟，但未取得成效，启动与马其顿入盟谈判的时间表的制定工作一推再推。

2009年12月8日，由于希腊的反对，在瑞典斯德哥尔摩举行的欧盟部长会上，仍未能就马其顿加入欧盟谈判何时开始设定具体日期。瑞典本意在会议声明里加上欧盟将在2010年3月底之前给出一个关于马其顿入盟谈判的具体日期，但希腊联合了一些欧盟成员国修改了瑞典的提议。马其顿总统格奥尔基·伊万诺夫表示，马其顿绝不会屈服于任何压力而放弃自主权，马其顿加入欧盟的决心不会改变，但绝不以修改宪法国名为代价。马其顿政府总理尼古拉·格鲁埃夫斯基表示，欧盟部长会上发生的一切并不出乎意料，希腊对马其顿提出的要求是不合理的，比之布加勒斯特会议，希腊这一次采取的手法似乎更适合19世纪，而不是21世纪。马其顿将继续改革和现代化进程，以使各方面接近欧盟标准。马其顿民众对这一结果普遍感到不满。马其顿国内学者表示，2010年本该是马其顿各项入盟准备工作全部完成的时候，而现在马其顿作为欧盟候选国都4年了，居然连谈判还没开始。

一言以蔽之，马其顿迄今未能“加盟入约”，主要是“国名惹的祸”。马其顿与希腊在马其顿国名问题上存在的分歧，是马其顿“加盟入约”之路上的重要障碍。

国名分歧已达20年

历史上，直到19世纪末，马其顿地区还是一个地理概念。在古代，它是马其顿王国的中心部分，又曾先后隶属罗马帝国和奥斯曼土耳其帝国。19世纪末，民族独立与复国浪潮席卷之下的希腊、保加利亚和塞尔维亚都对马其顿地区提出了领土要求。经过1912—1913年两次巴尔干战争，三国结束了土耳其对马其顿地区的统治，并根据《布加勒斯特和约》，将这一地区划归塞尔维亚、希尔维亚、保加利亚三国所有。其中属于塞尔维亚的部分被称为“瓦尔达尔马其顿”，属于希腊的部分被称为“爱琴马其顿”，属于保加利亚的部分被称为“皮林马其顿”。第二次世界大战后，属于塞尔维亚的地区建立了马其顿共和国，成为南斯拉夫的一个加盟共和国。

前南联邦共和国马其顿于1991年11月20日宣布独立，通过宪法将国名定为“马其顿共和国”。希腊对此强烈反对，认为这个名称篡夺了希腊马其顿帝国的历史与荣耀，何况希腊国土中包括马其顿地区，即东马其顿、中马其顿与西马其顿大区。希腊认为，马其顿擅用该国名涉嫌干涉希腊北部的斯拉夫少数民族事务和对希腊北部有领土扩张的野心。而马其顿坚称，古马其顿人无论在人种、语言还是文化上都与古希腊人相区别，古马其顿帝国是马其顿历史上第一个王朝，随后迁入的斯拉夫人与当地居民融合，形成了现在的马其顿民族。马其顿1992年7月提出的加入联合国的申请也因希腊的行动受到影响，经过了近一年的痛苦等待，双方针锋相对、寸步不让，让联合国也感到为难，1993年4月只好让马其顿以“前南斯拉夫马其顿共和国”的临时国名加入。由于希腊提出的抗议，联合国、国际货币基金组织、国际奥林匹克委员会尚未完全接受“马其顿共和国”的国名，而将其称为“前南斯拉夫马其顿共和国”。但此后，马其顿对内对外坚持使用宪法国名“马其顿共和国”。截至2011年7月，国际上已有包括中国、俄罗斯、美国在内的132个国家承认了马其顿的宪法国名。

出于对马其顿的不满，希腊政府于1994年2月开始对马其顿共和国进行了长达19个月的经济封锁，重创了马其顿的对外贸易。1995年9月13日，在联合国秘书长特使万斯的主持下，在美国人尼米兹的调解下，马希在联合国签署了两国关系正常化的《临时协议》，马其顿被迫改换国旗并修改宪法（取消了国旗上的维伊纳太阳图案，同时将宪法中被指称具有民族统一意图的条文删除），重申马其顿对邻国领土没有任何要求。而希腊则同意前南马其顿根据安理会决议称自己为“前南斯拉夫马其顿共和国”，尽管这个称谓中有“马其顿”几个字。同时，双方同意在联合国的支持下继续开展解决国名争端的谈判。其后，希腊结束了对马其顿的经济封锁，但双方就马其顿国名问题的谈判迄未取得实质性进展，而马其顿在加入北约和欧盟的进程中之所以受阻，概因于此。

无独有偶。在马其顿国名问题上最近又出了一个“保加利亚因素”。2011 年 6 月 6 日，保加利亚总统格奥尔基·珀尔瓦诺夫访问斯洛文尼亚期间，首次公开提出保加利亚对马其顿国名问题上马希两国妥协模式“直接感兴趣”，并不是“不安”。他认为，马其顿的“地理概念的国名”是不能接受的，如“上马其顿”，“北马其顿”，这从地理概念上讲即为“皮林马其顿”，也就是保加利亚领土，这样的名称意味着对保加利亚有领土要求，同时也构成敏感的民族问题。

保加利亚是世界上第一个承认马其顿宪法国名的国家，而今要修改国名，再起新国名，保加利亚感到不安。早在国名修改的讨论期间，保加利亚就有保留意见，这不过是第一次公开表达罢了。据分析，保加利亚就这个问题表达自己的立场是为了显示其外交在地区和世界上占据一定的空间，在马其顿国名问题上具有发言权，是不可忽视的地区因素，有权参与地区问题解决。它提醒马希两国：保加利亚作为北约和欧盟新成员，不要忽视其对马其顿国名的关切；不要忘记保加利亚因素的存在。保加利亚的新立场的公开表达，无疑对国名问题的谈判气氛和地区环境增加了复杂因素。

联合国调解 18 年未果

实际上，联合国让马其顿以“前南斯拉夫马其顿共和国”的临时国名加入，是一个折中的解决办法。“前南斯拉夫马其顿共和国”只是一个联合国使用的临时称谓，而非国名，其他任何方面并未被要求这样使用，同时，联合国自身并不会为会员国确定国名，但为调解双方的矛盾，解决国名争端，联合国秘书长任命尼米兹担任联合国负责处理马其顿国名问题个人特使，推动谈判。

尼米兹从 1994 年开始担任调解人，从 1999 年开始担任联合国秘书长个人特使。多年来，尼米兹穿梭于雅典和斯科普里之间，主持了希马间多次会谈，但迄今仍无进展；他提出的各种解决争端的方案，迄今未被双方所接受。

据媒体透露，2008年2月19日，尼米兹召集希腊和马其顿两国代表在雅典就马其顿国名问题再次举行谈判。其间，尼米兹提出了“新方案”，其中包括马其顿的5个复合国名供双方谈判时考虑并选择。这5个国名是：“马其顿立宪共和国”“马其顿民主共和国”“马其顿独立共和国”“上马其顿共和国”和“新马其顿共和国”。

尼米兹同时表示，马其顿在处理国内事务及与别国的双边事务时可使用宪法国名，在办理公民护照及与国际组织交往时使用复合国名。他要求希马两国对这一方案做出回应，并希望有关各方在北约峰会就马其顿加入北约问题做出决定前找到解决马其顿国名问题的最终方案。

此后不久，尼米兹特使在纽约总部与希腊和马其顿代表举行会晤，并在2月提交的解决方案基础上增加了新的建议。尼米兹表示，新提案将是他作为特使所做的“最后的努力”。作为一名调解人，他不会向双方下最后通牒。他在担任特使将近10年时间里，差不多已经和两国政府官员探讨过了关于这一问题的方方面面。新提案是建立在合理的、两国都可以接受的基础之上的，而且体现了对两国的尊重、有威信力且行得通。提案最终是否可行当然取决于两国政府依据各自国家利益所采取之政策。新的提案并不能为持续多年的国名纠纷画上句号，但却有利于缩小争议，并为深入开展下一步的谈判奠定基础。

对于尼米兹方案，希腊外交部长多拉·巴科扬尼斯表态说，希腊会研究这一新方案。尼米兹方案是实质性谈判的开始，“该是一次性解决问题的时候了……让我们摒弃前嫌，达成解决方案”；马其顿总理尼古拉·格鲁埃夫斯基回应说，马其顿只接受符合其国家利益的国名，政府有意对这一问题展开全民公决，“任何关于马其顿国名的解决方案只能由马其顿人民决定，而非政治家决定”。

显然，尼米兹的“最后的努力”没有立刻得到双方的积极响应。其结果是，在2009年4月初的布加勒斯特北约峰会上，马其顿快要到手的“入约”邀请因希腊的反对而告吹。马其顿时任总统茨尔文科夫斯基慷慨激昂地说，“如果让马其顿在国名和北约之间作一个选择的话，马其顿肯定会选择捍卫国名，即使不入北约，也不会更改国名”；马其顿绝不放弃民族特征、绝不改变宪法、绝不损害语言文化。在众多国家争相加入北约的时候，出自马其顿总统茨尔文科夫斯基之口的这番话说明国名之争已经白热化。

2009年7月初，尼米兹在访问斯科普里和雅典时又提出将马其顿国名改为“北马其顿共和国”。马其顿总理格鲁埃夫斯基随之建议采取双轨制，即采纳两个国名的做法，来解决马其顿与希腊的国名纷争。也就是说，马其顿在跟希腊打交道时称“北马其顿共和国”，在跟世界其他国家交往时采用其宪法规定的国名“马其顿共和国”。他说，马其顿这样做也是“迫于无奈”。希腊外长巴科扬尼斯则表示，格鲁埃夫斯基没有很好地理解国际社会发出的信息，那就是在国名问题上找到一个双方都能接受的解决办法，是马其顿加入北约和欧盟的先决条件。对此，尼米兹这样认为：目前双方都还是固守立场，但立场是可能改变的，“我相信存在一些有尊严的解决方案，能符合双方的需要”。

2009年年底，希腊发生了严重的主权债务危机。为了尽快摆脱危机，希腊多方寻求国际社会的援助。美国认为这是马其顿与邻国希腊解决两国国名纷争的大好时机。2010年3月，美国总统奥巴马和国务卿克林顿在华盛顿会见希腊总理帕潘德里欧时要求希腊研究“北马其顿共和国”国名的建议。如果希腊对其要求做出正面回答，美国准备报告安理会。希腊总理称待研究其细节后答复。美国外交官员说，华盛顿对完成北约在东南欧的东扩非常感兴趣。但不解决国名问题，东扩不可能实现。美国加快西巴尔干国家“入约”，目的是其新的防务战略。该战略预计在东欧和东地中海部署导弹防御体系，东欧和东南欧国家对美国的要求的回答是积极的。

尼米兹在同马其顿总理格鲁埃夫斯基会晤后说，马其顿和希腊两国政府都表示要认真对待国名纷争问题，因此他希望马其顿能够抓住机遇，争取早日解决这个问题。他同时指出，马其顿和希腊在国名问题上的立场还存在一定的差异。他希望两国努力缩小分歧，扩大共识，争取找到一个双方都能接受的解决方案。

解决方案依然可期

马其顿与希腊国名之争造成马其顿加入北约和欧盟的进程受阻，在深层上还牵涉到美俄地缘战略之争。巴尔干地区在全球具有重要的地缘政治和战略地位，历来是大国的必争之地，如今又成为铺设从中亚、里海和俄向欧洲输送能源管道的最佳地理位置，该地区国家将成为这些能源管道进入欧洲的重要门户。巴尔干国家加入北约是美国推行全球战略的组成部分，是继续挤压俄罗斯战略空间的重要步骤，其主要目标是根据西方标准改变这些国家的政治制度，同时促进双方经贸关系发展以及建立自由贸易区，发展军事合作关系，配合美国打击恐怖主义行动等，尤其是确保欧洲能源供应安全。鉴于此，作为美国人的尼米兹虽然并不认为他提出的解决国名的新方案能一蹴而就地解决这个旷日持久的争端，但他相信解决方案依然可期。

2011 年以来，无论是北约还是欧盟，都在敦促马希双方尽快解决国名纠纷，为马其顿“加盟入约”扫清障碍。马其顿于 2010 年与美国签订双边军事协定，以保证马其顿的安全，直到国名问题得到解决、马其顿成为北约成员国为止。从这一点来看，马其顿似乎做好了近期不能“入约”的准备。北约秘书长拉斯穆森随即表示，马其顿要加入北约，应尽快解决与希腊的国名纷争。北约秘书长助理德克·布伦格曼 2011 年 4 月访马时重申，只有一劳永逸地解决了国名纠纷，马其顿才能进入北约。欧洲理事会常任主席范龙佩不久前访马时同马其顿总理格鲁埃夫斯基会晤后表示，只有国名问题解决了，欧盟的大门才会最终向马其顿打开，因此不要错过机会。欧洲议会外交事务委员会 2011 年 3 月与到访的马其顿副总理纳乌莫夫斯基举行会谈，并通过一项决议草案，欢迎马其顿有效、平稳执行与欧盟《稳定与联系协议》的努力，对欧盟理事会连续两年未就启动与马入盟谈判做出决定表示遗憾，认为马其顿入盟进程不应因其与希腊在国家名称上的争议而受阻。4 月欧盟委员会主席巴罗佐访马时强调，马其顿入盟进程面临着解决与邻国希腊的国名争议，继续推进司法独立等改革进程，以及打击有组织犯罪等三大挑战。欧洲议会东南欧代表团副团长卡钦 2011 年 4 月在欧盟组织的西巴尔干会议上还提出“妥协办法”：考虑到马其顿因国名分歧阻碍其欧洲一体化进程多年，建议以“我们的马其顿”为新国名。

2011 年 4 月 29 日，联合国秘书长潘基文呼吁希腊和前南斯拉夫马其顿共和国迅速就双方长期以来就后者国名问题所存在的争执，找到一种有效和共同都能接受的解决方案。他对于两国总理直接进行对话，以及双方对于他的特使尼米兹斡旋努力的重要性给予肯定感到鼓舞。他指出，现在是朝着迅速和以一种双方都能接受的方式解决这一问题的方向迈进并做出决定的时候了。2011 年 6 月马其顿议会选举之后，正当希腊面临严重债务危机之时，美国国务院高官坎特里曼告诫马其顿政府：“马其顿必须尽快解决国名争端，而且时间就是现在。否则，马其顿将面临失败。妥协虽然是痛苦的，但这种政治痛苦是暂时的。”美国国务卿希拉里·克林顿在7月份访欧时说，美国支持马希之间的谈判，因为这一谈判为解决国名分歧提供可能。她指出，不解决国名分歧马其顿就不可能入盟，同时她呼吁希腊方面也做出妥协。

希马之间的国名争端至今已纠缠了20年。看上去不过是个国名而已，但因其牵涉民族、历史与文化的认同，并在现实争议中又有种族问题、主权与边界纠纷之隐患，所以又超越了国名本身的意味。因此，在两国国内，以及两国在海外的移民中，对国名争端的辩论一直十分激烈，两国代表在谈判中稍有退让都会引发抗议示威。更有甚者，2011年6月14日，一座亚历山大大帝铜像在马其顿首都斯科普里开始组装，雅典方面声称亚历山大这位建立横跨欧、亚、非三洲大帝国的君主是自己的祖先，只属于希腊，并指责马其顿试图以此窃取希腊的历史文化遗产。希腊外交部发言人说，马其顿政府的这一挑衅行为有损于两国的睦邻关系。欧盟官员则立即警告马其顿政府，如果与邻国有悬而未决的问题而又希望真诚解决的话，就需要避免发生邻国认为是挑衅的行为。

马其顿入约“暂时搁置”，入盟“谈判叫停”，表明希马两国都不会轻易放弃原有立场，短期内解决国名纠纷并非易事。格鲁埃夫斯基总理于7月27日在议会发表施政纲领时重申了在国名问题上的立场，强调马其顿政府坚持与希腊继续对话，以便解决国名争端，但前提条件是：不容改变马其顿宪法，不触犯马其顿民族特性和马其顿语言特征，同时要通过全民公决。

但两国也认识到，国名问题久拖不决，对双方都不利。对马其顿而言，尽管“入约”的诸多条件均已齐备，却只能眼睁睁看着克罗地亚与阿尔巴尼亚两国搭上“东扩列车”，自己仍在“站台徘徊”，显然心不甘情不愿；对希腊而言，在北约内部就此对其他27个成员国说“不”，也面临极大的压力。在马其顿入盟问题上，双方感觉亦然。然而，国名的改与不改，怎么改，都不是轻而易举之事。看来，怎么称呼马其顿国，让两国都能安心，还需要更多的智慧。

由于国名争议难以解决，马其顿“加盟入约”仍路途漫漫。

114. 米洛舍维奇为何由权倾一时的政治领袖沦为阶下囚?

孔田平

2006年3月11日，南斯拉夫联盟前总统米洛舍维奇因突发心肌梗死，在联合国前南国际刑事法庭去世。米洛舍维奇是巴尔干的风云人物，人们对他评价不一。有人视之为天使，有人视之为魔鬼；有人视之为“悲剧英雄”，有人视之为“千古罪人”；有人称之为“巴尔干屠夫”，有人称之为塞尔维亚民族统一事业的旗手；他的夫人曾预言米洛舍维奇将成为铁托那样的伟人，而被他废黜的斯坦博利奇则称米洛舍维奇是“消费和制造混乱的大师”；有人认为米洛舍维奇缺乏战略眼光，仅仅是一个策略上的天才，而有人认为米洛舍维奇是个失败的战略家。无论对米洛舍维奇如何评价，人们都无法忽视米洛舍维奇在塑造巴尔干历史中的独特地位。

塞尔维亚的政治新星

1980年，南斯拉夫政治强人铁托辞世，南斯拉夫进入了短暂的没有政治强人的时代。1987年，斯洛博丹·米洛舍维奇崛起于南斯拉夫政坛，成为了巴尔干叱咤风云的政治领袖。

米洛舍维奇是塞尔维亚人，据说他有黑山人血统，其血统可追溯到1389年的科索沃战役。在那次战争中，奥斯曼土耳其帝国击败了中世纪塞尔维亚王国。斯洛博丹·米洛舍维奇1941年8月20日出生于贝尔格莱德东南部的波扎雷瓦茨。其父亲为来自黑山的东正教俄语教师，母亲是一位热衷于党务活动的共产党积极分子。米洛舍维奇的早年生活充满了阴影。当米洛舍维奇还在上初中时，父亲就离家出走。1962 年，他的父亲对准自己的头部开枪自杀，母亲将他抚养成人。1974 年悲剧再次发生，米洛舍维奇的母亲在卧室自杀身亡。他在上中学时就受到老师的赏识，但在同学间则很少有朋友。在中学时，米洛舍维奇结识了热情奔放的女同学米里亚纳·马尔科维奇。他们小时候的一个朋友回忆说，“在学校他们就从来没有分开过，他们总是手牵着手”。米里亚纳后来成为了米洛舍维奇的夫人，对米洛舍维奇的政治生涯有重大的影响。米里亚纳生于 1942 年，其母亲在她出生 8 个月后被盖世太保所杀害。米里亚纳的父亲马尔科维奇是铁托的战友，南斯拉夫民族英雄。她的父亲后来再婚，直到她 16 岁时才认她。父女相认为米里亚纳政治上的成长和米洛舍维奇的政治生涯提供了权力基础。她的婶婶担任过铁托的秘书，据说后来成为铁托的情妇。米里亚纳的家庭背景对于米洛舍维奇的政治生涯颇有帮助。米洛舍维奇 18 岁加入南共联盟。中学毕业后，米洛舍维奇与米里亚纳双双进入贝尔格莱德大学学习，米洛舍维奇学习法律，而米里亚纳学习社会学。米洛舍维奇热衷政治，成为贝尔格莱德大学共盟学生组织的领袖。据他的大学同学回忆，米洛舍维奇处事严谨，热衷政治，是个从事党务活动的天才。米洛舍维奇在大学里遇到了伊万·斯坦博利奇，与斯坦博利奇的相见改变了米洛舍维奇的命运。斯坦博利奇不仅成为了米洛舍维奇的良师益友，而且成为了米洛舍维奇政治上的领路人。

1964 年大学毕业后，米洛舍维奇从商，而米里亚纳从事学术研究，1978 年获得贝尔格莱德大学社会学博士学位。米洛舍维奇与米里亚纳的结合在他们的家乡传为佳话，家乡人称米洛舍维奇与米里亚纳为“罗密欧与朱丽叶第二”。米里亚纳坚信，米洛舍维奇将成为铁托第二，她曾说过“斯洛博的画像总有一天会像铁托的画像一样悬挂”。1986 年，米里亚纳成为了共盟大学委员会的主席，在促进其丈夫的政治生涯上发挥了重要作用。

米洛舍维奇政治上的发迹与斯坦博利奇密不可分。斯坦博利奇由于其政坛联系和个人才气，成为南斯拉夫政坛的一颗新星。斯坦博利奇不断提携米洛舍维奇。当斯坦博利奇出任天然气技术公司负责人时，米洛舍维奇在他身边工作；当斯坦博利奇担任贝尔格莱德银行行长时，米洛舍维奇也在他手下工作。1984 年当斯坦博利奇担任塞尔维亚共盟主席时，米洛舍维奇被任命为南共联盟贝尔格莱德市负责人。斯坦博利奇并不知道他正在“创造导致自己毁灭的恶魔”。

米洛舍维奇在担任塞尔维亚共盟主席前的政治履历如下：

1964—1978 年，任贝尔格莱德市长经济顾问，国有天然气技术公司副总经理和总经理。其间 1966—1969 年担任贝尔格莱德市新闻办主任。

1978—1983 年，担任贝尔格莱德联合银行行长。

1983—1984 年，当选南共联盟中央委员会主席团成员。

1984—1986 年，担任南共联盟贝尔格莱德市负责人。

1987 年是米洛舍维奇政治生涯中的转折点，米洛舍维奇成为了塞尔维亚共盟主席，其政治上的恩人斯坦博利奇被排除在政治舞台之外。

20 世纪 80 年代末的南斯拉夫，风雨飘摇，民族主义及其潜藏的冲突蓄势待发。1987 年，科索沃塞族人抗议塞族人在占人口多数的科索沃所遭受的不公平待遇，这成为了塞尔维亚共盟领导人关注的一个问题。塞族和阿族关系的紧张是一个历史问题，斯坦博利奇希望保持现状。塞尔维亚共盟主席斯坦博利奇派米洛舍维奇到科索沃，以安抚科索沃不满的塞族人。南斯拉夫的民族问题是非常敏感的问题，以息事宁人的态度处理可能是一种明智的选择。米洛舍维奇却采取了火上加油的方式，他在科索沃战役的所在地对不满的塞族人发表了充满激情的讲话。他向塞族人保证，“从今以后，没有人能再次击败你们”。当讲到“这是你们的国家，你们的家园、土地和记忆都在这里”，米洛舍维奇动情地哭了。他强调“没有科索沃，南斯拉夫就不可能存在。南斯拉夫和塞尔维亚不会放弃科索沃”。米洛舍维奇的讲话通过电台和电视台，在南斯拉夫广为传播，米洛舍维奇也声名大震，成为塞尔维亚人受欢迎的政治家。米洛舍维奇在科索沃直言不讳的塞尔维亚民族主义话语也在南斯拉夫其他共和国之中激起了不小的骚动，科索沃自治省的阿尔巴尼亚人对此反应强烈。米洛舍维奇的科索沃之行为他积累了丰厚的政治资本，首先米洛舍维奇树立了塞尔维亚民族利益代言人的形象，其次他的直言不讳的讲话方式在塞尔维亚人中赢得了好感。米洛舍维奇夫人 1994 年接受记者采访时，曾谈到她本人在其中的作用。她说：“我们讨论过他是否应当讲话和他如何讲话的问题。我认为，他应当建设性地讲话，支持塞尔维亚人。”科索沃之行使米洛舍维奇发现了塞尔维亚民族主义的强大力量，米洛舍维奇正是利用了民族主义的力量，将其昔日的良师益友斯坦博利奇作为对手清除，因为其良师益友已成为米洛舍维奇实现其政治议程的障碍。

1987 年 12 月举行的塞尔维亚共盟第 8 次代表会议解除了斯坦博利奇的职务，

米洛舍维奇当选塞尔维亚共盟主席。米洛舍维奇之所以当选塞尔维亚共盟主席，首先是由于其民族主义话语在党内产生了共鸣，其次米洛舍维奇许诺将进行“反官僚的革命”，以消除贫困、腐败和政治的卑鄙，赢得了共盟成员的好感。党内的许多人认为，米洛舍维奇将捍卫社会主义和南斯拉夫。对于米洛舍维奇的“反官僚的革命”意味着什么，斯坦博利奇在2000年8月神秘失踪前曾打破长期的沉默，接受黑山报纸MONITOR的采访，他认为米洛舍维奇开始的并不是“反官僚的革命”，而是“官僚的反革命”。[①] 斯坦博利奇坦陈，“这一以当时的政治和意识形态语言表达的判断不幸被一系列事件所证明”。官僚的反革命的“指导原则是由其领袖确定的”，其指导原则是“无论是否符合宪法、是否合法和是否以合法方式进行，任何事情和任何行为都是允许的”。斯坦博利奇认为，这一原则“只会导致混乱和血腥的结局”。斯坦博利奇认为，“所谓的‘人民的自发行动’在现实中只是蛊惑人心的口号，这一口号宣布了血腥暴力的来临”。官僚的反革命开始了“反面的变化”，出现了“两种复辟，一是回到斯大林主义，与此相联系，二是回到大塞尔维亚主义。后者是前者的工具，但是不久后者成为了目的。手段和目的的颠倒不仅是丑陋的，而且是反历史的”。“官僚的反革命发展了新的、甚至更具毁灭性的形式。从其特征看这一形式是反南斯拉夫的，完全不同于南斯拉夫民族和少数民族间即共和国和省间平等的公认的原则。它意味着回到大塞尔维亚霸权，即1919年产生的塞尔维亚支配的南斯拉夫，回到内部组织由塞尔维亚支配的理念”。斯坦博利奇强调“它是受建立大塞尔维亚意愿的鼓舞，从塞尔维亚民族主义立场出发对南斯拉夫共产主义的攻击。它同时反斯洛文尼亚、反克罗地亚、反波斯尼亚、反阿尔巴尼亚和反黑山。不仅如此，它也是反改革、反转轨和反民主的”。斯坦博利奇认为，“以其他的词语来概括，它是反欧洲的，同时也是反塞尔维亚的”。关于塞尔维亚共盟第八次会议的影响，斯坦博利奇认为“第8次会议开始了南斯拉夫的冲突与战争。人们必须记住，第8次会议的意识形态灵感来自臭名昭著的塞尔维亚科学院的备忘录。就在备忘录刚出现时，我把它视为南斯拉夫和塞尔维亚的讣告，而米洛舍维奇继续赞成备忘录，并将其视为圣经”。

---

① War Was Not Inevitable：Interview by Ivan Stambolic. Bosnia Report，October — December 2000.

米洛舍维奇的岳父马尔科维奇1988年10月对时任南斯拉夫联邦主席团主席的迪兹达雷维奇表示，米洛舍维奇是个危险的人，为了获得政权什么都不怕的危险的人。马尔科维奇不同意米洛舍维奇的政策，为此与米洛舍维奇进行了谈话，结果米洛舍维奇夫妇摔门而去，谈话不欢而散。马尔科维奇说，米洛舍维奇的动机是巨大的野心，要成为“比塞尔维亚人更高大的塞尔维亚人”。使马尔科维奇苦恼的是，他的女儿米里亚纳也受到了这种病态的野心的侵袭。马尔科维奇担心米洛舍维奇会毁了塞尔维亚，并给南斯拉夫带来重大损失。

米洛舍维奇在担任塞尔维亚共盟主席后，成为了塞尔维亚最具影响力的政治家。他接近民众，试图使自己成为塞尔维亚人民的象征和代言人。1988年10月4日，来自贝尔格莱德郊区拉科维查的数千人在联邦议会大厦前广场举行抗议，他们以嘘声来对付前来安抚他们的官员，并要求见米洛舍维奇。当米洛舍维奇到来后，抗议的工人逐渐平静，米洛舍维奇谈到了“繁荣、改革和结束科索沃的反革命”等。在结束讲话时，米洛舍维奇突然停顿，“现在”，“每个人必须负起责任”，工人齐声高呼“我们相信”，然后散去。米洛舍维奇诉诸传统的塞尔维亚主题，赞美过去的英雄，唤起团结的精神。1989年6月28日米洛舍维奇在科索沃战役发生地举行的纪念科索沃战役600周年的集会上发表讲话，他指出：“在许多年、许多世纪后，塞尔维亚终于恢复了自己的国家、民族和精神的统一，我们不能忘记我们曾一度拥有伟大的、勇敢的和骄傲的军队。6个世纪后的今天我们重新战斗和面临战斗，这是非武装的战斗，尽管非武装的战斗也不能排除。”米洛舍维奇的讲话使南斯拉夫许多人感到害怕，进一步疏远了与南斯拉夫非塞族居民的关系。米洛舍维奇支持的塞尔维亚人的抗议导致了科索沃（1988年11月）、伏伊伏丁那（1988年10月）和黑山（1989年1月）领导层的改组。1989年3月，在米洛舍维奇的坚持下，南斯拉夫联邦主席团决定在科索沃实行紧急状态。在南斯拉夫宪法未修改的情况下，塞尔维亚单方面通过了宪法修正案，取消了科索沃的自治地位。南斯拉夫的宪法架构遭到破坏，联邦政府和联邦议会的工作失去了合法性。

20世纪80年代末，米洛舍维奇成为了塞尔维亚权倾一方的政治领袖，1989年12月，米洛舍维奇当选为塞尔维亚共和国主席团主席。而此时南斯拉夫联邦国家已危机四伏，南斯拉夫这艘风浪中的巨轮向何处去成为国际关注的焦点。

“巴尔干的斗士”

20世纪90年代初，南斯拉夫联邦国家已岌岌可危。南共联盟面临着多党制的政治现实，民族主义的滋长对南斯拉夫联邦国家构成了威胁。南斯拉夫的一些有识之士对南斯拉夫的前途忧心忡忡，对米洛舍维奇的政策心存疑虑。时任南共联盟主席团主席舒瓦尔指出，如果塞尔维亚共盟成为塞尔维亚民族主义的奴隶，那对塞尔维亚和南斯拉夫都将是悲剧。

米洛舍维奇以娴熟的政治手腕控制了南斯拉夫8个联邦单位中的4个（即塞尔维亚、黑山、科索沃和伏伊伏丁那），如果再控制一个联邦单位，他就可以获得足够的票数，以控制南斯拉夫联邦主席团。如果米洛舍维奇成功，他将事实上获得调动军队和宣布紧急状态的权力。他的企图被斯洛文尼亚所挫败，因为斯洛文尼亚拒绝米洛舍维奇支持者将示威扩大到斯洛文尼亚，反对塞尔维亚“输出革命”。米洛舍维奇成为第二个铁托的企图功亏一篑。

但性格坚毅的米洛舍维奇并没有善罢甘休，争夺对于南共联盟的控制权成为米洛舍维奇的下一个目标。1990年1月，南共联盟第14次代表大会在贝尔格莱德举行。塞尔维亚共盟与斯洛文尼亚及克罗地亚共盟就南共联盟的走向问题发生严重分歧，塞尔维亚共盟主张南共联盟的集中与统一，而斯洛文尼亚共盟则主张南共联盟成为各共和国共盟的联盟，最后斯洛文尼亚共盟退出大会，代表大会不欢而散，未做出任何决定。南共联盟十四大是南共联盟的最后一次代表大会，统一的南共联盟自此不复存在。与此同时，塞尔维亚与其他共和国就南斯拉夫未来的国体发生了争议，塞尔维亚主张维持联邦制，而斯洛文尼亚和克罗地亚则主张邦联制。南斯拉夫联邦国家处在危机之中。

1990年3月，即在南共联盟十四大结束后的第二个月，米洛舍维奇召集了塞尔维亚领导人秘密会议，决定立即为独立的塞尔维亚共和国起草新宪法。米洛舍维奇似乎已默许南斯拉夫解体，而同时必须建立大塞尔维亚，使克罗地亚和波黑境内的塞尔维亚人生活在一个国家。曾任南斯拉夫联邦主席团主席的约维奇承认，1990年6月他和米洛舍维奇就主张把斯洛文尼亚和克罗地亚甩出去，将克罗地亚的塞族聚居的地区并入南斯拉夫。据说，米洛舍维奇曾鼓动南斯拉夫军队肢解克罗地亚，但遭到南斯拉夫军队高级将领的反对。南斯拉夫最后一位国防部长卡迪耶维奇仍致力于南斯拉夫的统一。

南共联盟分崩离析之后，塞尔维亚共盟开始了重组进程。1990 年 7 月 17 日，塞尔维亚共盟和塞尔维亚劳动人民联盟联合组建了塞尔维亚社会党，米洛舍维奇当选社会党主席。塞尔维亚社会党强调要致力于“基于不同所有制平等的有调节的经济”，建立“基于法治和社会正义的国家”。塞尔维亚社会党宣称自己是塞尔维亚国家和民族利益的捍卫者，是主张和平与繁荣的党，是反对右翼的堡垒。塞尔维亚社会党继承了塞尔维亚共盟的组织结构，而且继承了塞尔维亚共盟的一些思想主张，如认为 1974 年宪法毁了南斯拉夫，不仅削弱了南斯拉夫，而且不可避免地损害了塞尔维亚和塞尔维亚民族的政治和经济利益。当选塞尔维亚社会党主席米洛舍维奇的，在摇摇欲坠的南斯拉夫再次加强了其权力基础。

1990 年是南斯拉夫联邦发展最为关键的一年。各共和国在 1990 年纷纷修改宪法，举行多党议会选举，南斯拉夫联邦的宪政危机进一步加剧。在斯洛文尼亚、克罗地亚、马其顿和波黑的议会选举中，具有民族主义倾向的反对党赢得了胜利，而在塞尔维亚，塞尔维亚社会党赢得了议会选举的胜利，社会党主席米洛舍维奇 1990 年 12 月当选塞尔维亚总统，登上了塞尔维亚政坛的巅峰。

而此时，民族主义的潘多拉的盒子已经打开，民族冲突一触即发。1990 年 2 月 1 日到 2 日，南斯拉夫警察与阿族示威者在科索沃发生流血冲突，共有 27 名示威者和 1 名警察死亡，54 名示威者和 43 名警察受伤；7 月 2 日，科索沃阿族议员通过“宪法宣言”，宣布科索沃脱离塞尔维亚，成立“科索沃共和国”；7 月 5 日，塞尔维亚议会解散科索沃省议会和政府；8 月 17 日，克罗地亚塞族人抢占一警察局，并夺走武器，在交通要道设置路障；9 月 11 日，波黑塞族与穆斯林在福查发生冲突；12 月 23 日，斯洛文尼亚就独立问题举行全民公决，86％的斯洛文尼亚人赞成独立，南斯拉夫联邦国家的解体进程开始。

1991 年南斯拉夫联邦的权威更加孱弱。1 月，联邦主席团发布命令，解除一切非法武装，但该命令遭到抵制。2 月 28 日，克罗地亚克宁地区的“克拉伊纳塞族自治区”宣布脱离克罗地亚。2 月 16 日贝尔格莱德电视台播发的一篇抨击反对派的社论引起了轩然大波。塞尔维亚复兴运动等反对党 3 月 9 日举行了声势浩大的示威游行，反对派矛头直指塞尔维亚总统米洛舍维奇。示威者与警察发生严重冲突，米洛舍维奇派出南斯拉夫人民军平息，这次冲突造成了 1 名警察和 1 名示威者死亡，76 人受伤。10 日，贝尔格莱德的大学生再次走上街头，举行抗议。米洛舍维奇在强大的压力下，不得不进行妥协，满足了学生的要求。塞尔维亚议会决定撤销电台和电视台等单位负责人的职务，释放被捕的反对派人士，并要求内务部长辞职。这一事件引发了联邦主席团内部的激烈辩论，克罗地亚代表梅西奇和斯洛文尼亚代表德尔诺夫舍克等反对动用军队解决国内政治冲突，而联邦主席团主席约维奇和塞尔维亚的米洛舍维奇则态度强硬，主张采取一切必要手段阻止暴力事件的发生。3 月 15 日，因联邦主席团否决了南人民军加强战备的建议，约维奇提出辞职。3 月 16 日，联邦主席团副主席梅西奇主持会议，会议强调通过政治手段和民主对话来解决危机是唯一现实的途径。米洛舍维奇则发表声明，塞尔维亚不接受联邦主席团的任何决定，因为其不合法，米洛舍维奇看来已正式挑战联邦的权威，准备踢开联邦而自行其是。米洛舍维奇同时宣布组建塞尔维亚特种警察部队，以保卫塞尔维亚。

面对南斯拉夫日益走向分崩离析的现实，南斯拉夫联邦结构愈来愈无能为力。1991 年 6 月 3 日，马其顿总统格利戈罗夫和波黑主席团主席伊泽特贝哥维奇提出了把南斯拉夫建成主权国家联盟的建议，遭到米洛舍维奇的反对。6 月 25 日，斯洛文尼亚和克罗地亚宣布独立。从 6 月 26 日到 7 月 5 日，南斯拉夫人民军和警察部队与斯洛文尼亚卫队进行了 10 天的战斗，共有 56 人死亡，280 人受伤。就在斯洛文尼亚战火停歇之后，克罗地亚的民族冲突已升级为全面的战争，南斯拉夫人民军和塞族武装动用飞机、坦克和大炮向克罗地亚发动进攻。欧洲共同体卡林顿提出的是南斯拉夫成为主权和独立国家组成的不对称联邦国家的建议不仅遭到塞尔维亚的反对，而且遭到斯洛文尼亚的反对。南斯拉夫的解体已成定局。10 月，波黑共和国宣布波黑为主权国家。11 月 20 日，马其顿颁布新宪法，宣布马其顿为“独立的主权国家”。1992 年 3 月 3 日，波黑宣布独立。4 月 6 日，波黑塞族“议会”宣布成立“塞尔维亚共和国”。在其他共和国脱离南斯拉夫联邦之后，1992 年 4 月 27 日，由塞尔维亚和黑山组成的南斯拉夫联盟共和国正式成立。南联盟从一成立起，就面临着国际孤立与制裁的险恶环境，欧美大国拒绝承认，而且对南联盟进行全面的制裁。同年 12 月塞尔维亚举行总统选举，米洛舍维奇再次当选总统。南联盟成立后，米洛舍维奇的政治活动空间缩小，但他对巴尔干的影响丝毫未减。针对塞尔维亚遭受的西方舆论的强烈谴责，米洛舍维奇愤愤不平地指出：“在这（世界性的义愤）之后是既得利益，是组织良好和花费颇多的媒体战。现在欧洲、梵蒂冈、奥地利和德国支持克罗地亚是正常的，而如果塞尔维亚人支持塞尔维亚人是不正常的”。

南斯拉夫的解体伴随着惨烈的冲突与战争，南斯拉夫人民军由于受塞尔维亚人主导，事实上成为维护塞尔维亚利益的工具。在南斯拉夫腥风血雨的战争中，数以万计的平民与军人死亡，数百万人流离失所，沦为难民。在克罗地亚，共有13583人死亡或失踪，37180人受伤。波黑战争1992年4月爆发，直到1995年12月结束。塞尔维亚和克罗地亚卷入了冲突。在长达4年的战争中，共有25万人死亡，270万居民流离失所。在波黑战争期间，米洛舍维奇将南斯拉夫部分军队交给波黑塞族领导人卡拉季奇指挥，据说米洛舍维奇给卡拉季奇下命令的电文被截获。米洛舍维奇对于波黑塞族共和国有举足轻重的影响，是解决波黑危机的关键性人物。美国前驻南斯拉夫大使沃伦·齐默尔曼曾不无诙谐地描述米洛舍维奇，他说：“有两个米洛舍维奇，第一个米洛舍维奇是强硬而好战的，第二个米洛舍维奇是和蔼可亲的，总是在寻求合理的解决方案”。1993年5月，米洛舍维奇还亲赴波黑塞族共和国首府帕莱，呼吁塞族议员接受万斯—欧文和平计划。米洛舍维奇指出：“除了流血，我们还有实现目标的其他方式，那就是知识、理智和灵活性”。1994年7月，米洛舍维奇再次向波黑塞族呼吁接受新的和平方案。8月，南联盟为了压波黑塞族接受和平计划，宣布断绝与波黑塞族共和国的政治和经济联系。1995年11月，米洛舍维奇参加了美国主持的代顿和平协议的谈判，并且签署了协议。米洛舍维奇在谈判中表现了一定的灵活性，但坚持塞族领土不得低于波黑领土的49%，否则无颜回贝尔格莱德。12月14日，塞尔维亚总统米洛舍维奇、克罗地亚总统图季曼和波黑总统伊泽特贝哥维奇在巴黎爱丽舍宫正式签署《波黑和平协议》，波黑战争宣告结束。

就在巴尔干战火纷飞之时，南联盟国内政治也动荡不已，而米洛舍维奇仍稳坐钓鱼台，继续主导南联盟政坛。一位南斯拉夫学者称米洛舍维奇是玩弄国内政治的天才，可以说翻手为云，覆手为雨。在南联盟成立之初，米洛舍维奇利用社会党的力量，对联盟总统乔西奇和总理帕尼奇为代表的温和势力进行打击，将他们弹劾。他可以利用塞尔维亚的民族情结，将激进党和塞尔维亚复兴运动玩于股掌，如果需要将这些政党拉入政府，如果不需要则将其抛弃。为了支撑其政权，米洛舍维奇夫人马尔科维奇1994年创立了南斯拉夫统一左翼党，党员中不乏国有企业的经理和新生的商人，这成为了左翼党夸耀的资本。事实上米洛舍维奇夫人领导的左翼党成为了米洛舍维奇领导的社会党的忠实盟友。在1996年11月举行的联邦议会选举中，米洛舍维奇领导的社会党、左翼党和新民主党的竞选联盟及其追随者激进党获胜，反对派团结联盟没有大的建树。然而，在第二轮地方选举中，米洛舍维奇的左翼联盟失败，有民主党、塞尔维亚复兴运动和塞尔维亚公民联盟组成的团结联盟赢得了36个城市选举的胜利。米洛舍维奇拒绝承认反对派的胜利，反对派的支持者举行了长达88天的示威游行，直到1997年2月米洛舍维奇才承认反对派在地方选举中的胜利。米洛舍维奇的妥协使他又度过了一次政治风暴。1997年7月23日，米洛舍维奇在南联盟总统选举中获胜，出任南联盟总统。

政治上的滑铁卢

米洛舍维奇当选南联盟总统后不久，科索沃作为一个定时炸弹被引爆。科索沃被视为塞尔维亚的民族摇篮，塞尔维亚的民族记忆与1389年的科索沃战役联系在一起，在那次战役中塞尔维亚王国被奥斯曼土耳其军队所击败。阿族人认为科索沃是阿尔巴尼亚人的祖居地，科索沃是阿尔巴尼亚人的家园。科索沃阿族与塞族在历史上积怨颇深，自米洛舍维奇取消科索沃自治权以来，科索沃始终是一座潜在的活火山。科索沃阿族企图从南联盟分离出去，阿族分离势力使科索沃问题国际化的努力一直没有停止过。科索沃阿族自立的“科索沃共和国”早在20世纪90年代初就存在，阿族温和派政治家鲁戈瓦任“总统”。1996年阿族极端组织“科索沃解放军”出现以来，针对塞族警察和平民的恐怖活动不断增加。恐怖事件1996年有31起，1997年增加到55起，1998年近10个月就猛增到1273起。科索沃阿族极端势力的暴行使米洛舍维奇十分震怒，决定以警察部队打击阿族非法武装。南联盟动用警察部队清剿阿族非法武装应当说属于南联盟的内部事务，但此时科索沃冲突已经国际化，以美国为首的北约已跃跃欲试，准备对科索沃危机进行干预。面对内部危机与外部压力，米洛舍维奇面临着严峻的考验。

面对科索沃日益升级的冲突，国际社会给予了异乎寻常的关注。1998年3月，联合国安理会通过决议，决定对南联盟实行武器禁运。前南问题国际联络小组也敦促南斯拉夫政府和科索沃领导人鲁戈瓦进行谈判，看来西方大国有意干预科索沃危机。米洛舍维奇总统则致函塞尔维亚领导人，建议就是否允许“外国代表”参与科索沃问题的谈判举行全民公决，塞尔维亚领导人支持米洛舍维奇的建议。米洛舍维奇试图以塞尔维亚人的民意作为抵御外部干预的挡箭牌。4月24日全民公决的结果表明，塞尔维亚人坚决反对外国对科索沃冲突的干预，94.73%的塞尔维亚居民反对国际社会调解科索沃冲突。米洛舍维奇的战略似乎是一方面与科索沃的代表举行谈判，试图通过对话解决问题，另一方面采取措施清剿阿族非法武装，封锁了科索沃与阿尔巴尼亚的边界。6月，美国和欧盟宣布对南斯拉夫进行新的制裁，全面冻结南斯拉夫在国外的资产。鉴于阿族非法武装恐怖活动的升级，9月，塞尔维亚军队在科索沃向阿族非法武装发起反攻。9月23日，联合国安理会通过决议，呼吁科索沃冲突双方立即停火，要求塞尔维亚军队从科索沃撤军，并通过政治方式解决危机。“科索沃解放军”曾被美国官员称为“恐怖组织”，在美国外交官探访了科索沃解放军营地后开始称之为“自由战士”。美国主导的北约开始对南联盟进行军事威胁，10月7日，北约秘书长索拉纳公开表示，对南联盟“实施空中打击的倒计时已经开始”，北约的军事行动已准备就绪。10月13日，北约向南联盟发出最后通牒，如果南联盟不同意北约的条件，将对南联盟进行空中打击。与此同时，美国巴尔干特使霍尔布鲁克在贝尔格莱德与米洛舍维奇进行着紧张的谈判，谈判出现了转机。南联盟总统米洛舍维奇在经过权衡后，做出了重大让步，承诺全面执行联合国安理会决议，南斯拉夫将从科索沃撤出军队和警察部队，并同意接受欧安组织2000名国际观察员进驻该地区，同时北约的飞机还将在科索沃上空监督撤军情况，南斯拉夫为北约飞机提供安全保障。米洛舍维奇总统向全国发表电视讲话，向南斯拉夫人民宣布，北约军事干预的危险已经排除，达成的协议完全符合人民的利益。一触即发的战争暂时得以避免，但是战争的阴云并没有远离。

1999年无论对于南联盟还是对于米洛舍维奇都是不平凡的一年。从年初开始，“科索沃解放军”就乘机抢占地盘，制造新的恐怖活动，看来米洛舍维奇的让步并没有得到良好的回报。树欲静而风不止，南联盟军队不得不进行反击，科索沃冲突加剧。1月16日，欧安组织观察员称在科索沃的拉察克村附近发现了45具阿族平民尸体，并指责塞尔维亚军队进行了“大屠杀”，而塞尔维亚总统则指责欧安组织观察团散布谎言。西方媒体在真相未明的情况下，大肆渲染拉察克事件，形成了不利于塞尔维亚的舆论氛围。2月6日—23日，由英、法、美、德、意、俄六国代表组成的前南问题国际联络小组在法国朗布依埃进行科索沃问题第一轮谈判，塞尔维亚代表团与科索沃阿族代表参加了谈判。塞尔维亚代表团坚决反对在南境内部署外国军队，而科索沃阿族坚持科索沃独立，拒绝解除武装，最后没有达成任何协议。3月15日，科索沃问题第二轮会谈在巴黎举行。3月18日，科索沃阿族代表单方面在“科索沃和平与自治临时协议”上签字，塞尔维亚代表拒绝签字，谈判破裂。朗布依埃协议中有科索沃实行自治，并在3年后就科索沃前途举行全民公决的规定，这对南斯拉夫而言意味着放弃科索沃。米洛舍维奇在科索沃战争期间接受美国哥伦比亚广播公司的采访，曾谈到南斯拉夫拒绝签署协议的原因。他认为，在朗布依埃或巴黎根本就没有谈判，“朗布依埃强加的根本不是自治，而是科索沃的独立”。米洛舍维奇指出，“科索沃对于塞尔维亚是非常重要的，因为科索沃是我们国家的心脏，是我们漫长历史的组成部分。科索沃也是25万塞族人的家园，他们的祖先几个世纪以来一直生活在这里”。朗布依埃和巴黎谈判的破裂之后，欧洲安全与合作会议观察员开始撤离南斯拉夫，北约对南斯拉夫的军事打击已迫在眉睫。

1999年3月22日，美国巴尔干特使霍尔布鲁克再次前往贝尔格莱德，进行最后的斡旋。他曾成功劝说米洛舍维奇签署代顿协议，5个月之前曾说服米洛舍维奇接受了北约的条件，避免了北约的军事打击，但是这次他的斡旋没有成功。霍尔布鲁克向米洛舍维奇传达了明确的信息，要么签署协议，要么挨炸。米洛舍维奇现在已无路可退，拒绝在和平协议上签字。米洛舍维奇向其谈判对手坦言，“科索沃比我的脑袋还要重要”，他承担不起丧失科索沃的历史责任。米洛舍维奇对霍尔布鲁克说：“我知道你们将轰炸我们，你的使命已经结束。”3月23日，北约秘书长索拉纳宣布，“由于外交努力失败，北约决定对南斯拉夫进行大规模空袭”。美国总统克林顿在宣布对南斯拉夫空袭时将米洛舍维奇称为“巴尔干的屠夫”，是过去10年巴尔干所有问题的根源。就在北约空袭前3小时，米洛舍维奇发表电视讲话，强调“拒绝外国军队进驻是唯一正确的选择”，并号召全国同胞团结起来，抗击北约的侵略。3月24日晚，北约对南斯拉夫的空中打击开始，科索沃战争开始。

米洛舍维奇对于美国的战略意图了如指掌。在战争期间，米洛舍维奇在接受美国记者采访时指出：“美国的第一个目标是证明美国在欧洲的领导地位，第二个目标是重建美国在冷战后时代在北约中的领导地位。不幸的是，我们就像猪一样成为了美国实现其目标的靶子，仅仅是因为我们的弱小和我们面临的内部问题。”米洛舍维奇在捍卫南联盟的独立、主权与领土完整的问题上立场坚定，他坦率地指出："我们从来不认为我们能够战胜北约，北约是一个由 7 亿人组成的、以世界上最先进和最精密的武器武装起来的军事联盟"，"北约认为它可以作弄一个小国，迫使我们放弃我们的独立，这正是北约的失算之处"。战争打响后，南联盟组建了以米洛舍维奇为首、由南斯拉夫政府和军队高级领导人组成的"战时内阁"。南斯拉夫宣布全国进入战争状态。

在北约对南斯拉夫发动的长达 78 天的轰炸中，南斯拉夫付出了巨大的代价。北约 700—1000 架战机对南斯拉夫进行了数千次轰炸，南斯拉夫军用设施、通信与交通网络、石油加工与储藏设施和多瑙河上的桥梁被摧毁，南斯拉夫的一些政府机构也成为北约轰炸的目标，一些电视台、电台、医院及其他民用设施遭到袭击。米洛舍维奇的总统府也遭到北约导弹的攻击，所幸的是米洛舍维奇安然无恙。战争造成的经济损失达上千亿美元。米洛舍维奇在北约轰炸期间，临危不惧，亲自到阿瓦山向无名烈士墓献花，以表达对先烈们的崇敬之情。米洛舍维奇向世人表明，塞尔维亚民族是不畏强权的民族，在北约强大的战争机器面前，南斯拉夫不会屈服。在抵御北约侵略的同时，米洛舍维奇多次与科索沃阿族领导人鲁戈瓦会面，讨论科索沃危机。美国国务院发言人鲁宾曾指责米洛舍维奇是巴尔干的问题所在，米洛舍维奇强调"我的责任是保卫我的国家与人民。如果这对某人是问题的话，我只能为我的作用而感到自豪"。

1999 年 6 月 8 日，西方七国和俄罗斯外长就提交安理会审议的关于政治解决科索沃危机的决议草案达成协议。八国外长同意，在确认南斯拉夫开始从科索沃撤军后，北约将停止对南斯拉夫的轰炸，但北约与南斯拉夫需要恢复军事专家会谈，以讨论撤军的具体事宜。6 月 9 日，南联盟和北约代表在马其顿库马诺沃签署南斯拉夫军警撤出科索沃的协议。6 月 10 日，南斯拉夫开始从科索沃撤军，北约暂停轰炸，同日，联合国安理会通过 1244 号决议，决议强调科索沃是南联盟不可分割的组成部分，科索沃将受国际维和部队的保护，由联合国民事机构进行管理。6 月 20 日，南斯拉夫军队全部撤离科索沃，北约正式停止对南斯拉夫的轰炸。与朗布依埃协议不同的是，南联盟最后接受的协议没有科索沃举行全民公决的规定，协议强调科索沃是南联盟的组成部分。从这点看，米洛舍维奇似乎是胜利者，但是事实上南联盟失去了对科索沃的控制权，南联盟的法律在科索沃不再发挥作用，科索沃成为了相对独立的政治实体。科索沃战争使塞尔维亚失去了对科索沃的控制权，这是塞尔维亚民族不愿接受和不得不承受的硬伤。米洛舍维奇等四名南联盟高级领导人被海牙前南国际刑事法庭指控为“战争罪犯”，这使得米洛舍维奇的政治处境十分艰难。这意味着米洛舍维奇已被逼到了死胡同，保持权力就成为了避免走向海牙的唯一出路。

科索沃战争结束后，南联盟更为困难。东南欧稳定公约将米洛舍维奇下台作为南联盟获得援助的条件，米洛舍维奇领导的南斯拉夫被排除在稳定公约之外。在战争期间，几乎听不到反对米洛舍维奇的声音，因为在面临外部威胁时，“兄弟阋于墙，外御其侮”。战争结束后，要求米洛舍维奇下台的呼声日渐高涨。米洛舍维奇面临着更多的政治对手：1997 年当选的黑山共和国总统久卡诺维奇拒绝米洛舍维奇的权威，黑山在从南联盟分离出去的道路上愈走愈远；德拉什科维奇领导的塞尔维亚复兴运动要求米洛舍维奇下台，其领袖德拉什科维奇差点成为10 月神秘暗杀事件的牺牲品；在野的反对党包括“改革联盟”、“民主党联盟”、新民主党、“民主选择”、塞尔维亚民主党、“民主中心”和社会民主党等举行示威游行，要求米洛舍维奇下台。早在 1992 年，塞尔维亚东正教大会就与现政权保持距离。科索沃战争后，塞尔维亚东正教也开始批评米洛舍维奇，大牧首帕夫莱要求米洛舍维奇下台。他指出，“如果塞尔维亚能够通过‘犯罪’来生存的话，那么塞尔维亚根本就不应生存。如果建立大塞尔维亚的唯一方式是通过犯罪，那我不会接受，就让塞尔维亚消失”。就在米洛舍维奇为 3000 将士授勋之日，塞尔维亚东正教大会要求米洛舍维奇和联邦政府为了人民的利益和他们的拯救而辞职。塞尔维亚东正教要求米洛舍维奇辞职表明东正教对米洛舍维奇损害塞尔维亚民族利益的行为已到了不可容忍的地步。贝尔格莱德经济学研究所研究员斯塔门科维奇认为，南联盟经济在北约轰炸后的发展水平处在 19 世纪上半叶。如果说1980 年南斯拉夫在世界经济中的地位为 100，那么到 1999 年其指标仅为 16。独立的经济研究机构“17 集团”认为，在没有外援的条件下，南斯拉夫要恢复到解体前的水平需要 50 年。贫困、失业、社会不安定、生活水平下降、疾病增加和死亡率上升等社会问题相当突出。1990 年米洛舍维奇曾许诺使塞尔维亚达到瑞典的生活水平，而在科索沃战争爆发前塞尔维亚人的平均工资只相当于希腊人平均工资的 1/10，相当于德国人平均工资的 1/20。南联盟面临的严峻的政治与经济形势，迫使民众思考米洛舍维奇 10 年统治的后果，为什么塞尔维亚过去的10 年是失去的 10 年？

早在 1998 年，南斯拉夫政治专家特尔库尔娅就分析了米洛舍维奇政权的主要支柱：民族民粹主义、国家、党和意识形态机构、军队和警察和米洛舍维奇的个人权力，上述四个支柱帮助米洛舍维奇度过了各种政治危机。[①] 科索沃战争后，作为领袖的米洛舍维奇的个人影响力在下降，米洛舍维奇的领袖魅力荡然无存。贝尔格莱德大学心理学教授科拉奇对米洛舍维奇有如下的评价："米洛舍维奇是一个幸存者，是一个政治动物。科索沃危机是他垮台的开始……十多年来米洛舍维奇一直在爱国主义之上冲浪，但并没有给予任何回报"。《领导人如何产生》一书的作者久基奇认为，"米洛舍维奇只是一个喜爱权力的人"。米洛舍维奇一度的良师益友、后来的政敌斯坦博利奇对过去的10年进行了反思，"战争不是由于问题的大小所致，也不是由于民族性格所致。战争主要是由具体的人引起的，由于其无能、缺乏对于新现实的了解和政治上的不成熟"。

科索沃战争似乎已成为米洛舍维奇政治上的滑铁卢。但是，米洛舍维奇是一位斗士，是一位不屈不挠和不服输的政治家。他大打爱国牌，在战争结束后的半年间给近5000人授勋，以表彰他们在科索沃战争中的英勇行为。1999年11月，南官方宣布逮捕了"受法国情报部门派遣准备暗杀米洛舍维奇的'蜘蛛'小组成员，官方媒体称挫败了国外企图颠覆南政权的阴谋。他大肆抨击反对派，称他们为'懦夫、敲诈者和谄媚者'"。2000年2月17日，塞尔维亚社会党举行第四次代表大会，会议的主题是"重建、发展与改革"。大会强调各种爱国力量联合，抵抗世界新秩序。米洛舍维奇再次当选社会党主席，他在讲话中称，"塞尔维亚没有反对派，他们只是控制一些公民情感与需要的少部分人"，抨击"反对派是新的禁卫军，但不同于数世纪前的禁卫军，他们急切地要亲吻对我们祖国虎视眈眈的侵略者之手"，他们是"一无是处的人"。米洛舍维奇再次当选社会党主席表明，米洛舍维奇无意放弃权力。看来米洛舍维奇在内外压力下无意退缩，他正在准备迎接新的政治角逐，一场新的考验正在来临。

米洛舍维奇保持权力面临着法律上的障碍。因为按照南联盟宪法，南联盟总统由联盟议会以秘密投票方式选举产生，任期4年，不得连任。米洛舍维奇于1997年当选为南联盟总统，任期到2001年6月。1998年岁末，《华盛顿邮报》记者曾问米洛舍维奇是否有意为连任总统而修改宪法，米洛舍维奇对此讳莫如深，他只是强调"我是最强大的政党的主席，不仅是主席，而且是党的创始人"。

① Milan Milosevic，Political Guide to Serbia，Media Center，Beograd，2000.

对于米洛舍维奇而言，法律上的障碍并不是不可逾越的。2000 年 7 月 6 日，南联盟议会通过了宪法修正案，南联盟总统将由公民直接选举产生，同一个人可以两次当选总统。7 月 27 日，米洛舍维奇总统宣布南联盟将于 9 月 24 日提前举行总统选举。米洛舍维奇似乎已成竹在胸，稳操胜券，他相信他的抵御北约侵略的爱国形象和重建国家的努力会赢得选民的好感。而社会党副主席利利奇则认为，米洛舍维奇的处境非常糟糕，选举是一场“冒险”。米洛舍维奇有着在政治风浪中化险为夷的政治技巧，9 月 24 日的总统选举是对米洛舍维奇新的考验。

反米洛舍维奇政权的青年运动“抵抗”立即动员起来。南联盟 18 个反对派政党组成了塞尔维亚民主反对派联盟，并推出塞尔维亚民主党领导人科什图尼察为总统候选人。塞尔维亚激进党和塞尔维亚复兴运动也推出了自己的总统候选人。但是 2000 年的总统选举从本质上看是米洛舍维奇与科什图尼察之间的对决。竞选活动非常紧张，充满了火药味，米洛舍维奇与反对派相互指责，甚至在竞选期间发生了暗杀事件。塞尔维亚民主反对派的支持者、塞尔维亚前总统斯坦博利奇 8 月 25 日遭到特工绑架并被杀害。

9 月 24 日，选举如期举行，塞尔维亚民主反对派联盟宣称科什图尼察获得了一半多的选票，而南联盟选举委员会宣布没有一个候选人获得过半选票。选举委员会公布的结果的种种异常引发了反对派的愤怒，如有效票与无效票的总数超过选民人数，在投票站投票的选民与在家投票的选民总数超过了选民人数等。科卢巴拉煤矿工人率先举行罢工，反对派举行大规模游行，抗议米洛舍维奇政权选举舞弊。10 月 5 日，数十万来自全国各地的抗议者抵达贝尔格莱德举行抗议，抗议者冲击了议会大厦和国家电视台。在国内外巨大压力下，10 月 7 日，米洛舍维奇宣布辞职。2001 年 4 月 1 日，塞尔维亚共和国内务部以涉嫌“滥用职权和合伙犯罪”等罪名，对米洛舍维奇实施逮捕。2001 年 6 月 28 日，南斯拉夫联盟塞尔维亚共和国总理金吉奇宣布，将南斯拉夫联盟前总统米洛舍维奇送交海牙前南国际刑事法庭。6 月 29 日，米洛舍维奇被押往海牙，这位权倾一时的政治人物沦为前南国家刑事法庭的阶下囚。

115. 米洛舍维奇下台后塞尔维亚有何变化?

孔田平

2000 年 10 月 6 日，南联盟总统米洛舍维奇黯然神伤地承认在总统选举中败北，标志着南联盟政治强人时代的结束。1992 年 4 月成立的“第三南斯拉夫”因此进入了新的历史时期，塞尔维亚面临着新的机遇与挑战。迄今为止，米洛舍维奇下台已历十载，“第三南斯拉夫”已走入历史，塞尔维亚仍在转型中续写自己的历史。

南斯拉夫最终解体

米洛舍维奇下台后，南斯拉夫解体的进程并未中止。20 世纪 90 年代初，南斯拉夫联邦解体，斯洛文尼亚、克罗地亚、波黑和马其顿脱离南斯拉夫，宣布独立。南斯拉夫的解体导致了冲突与战争，其中波黑战争最为惨烈。面对南斯拉夫联邦国家解体的危局，黑山共和国和塞尔维亚共和国选择继续留在南斯拉夫，并于 1992 年 4 月 27 日成立被称为“第三南斯拉夫”的南斯拉夫联盟共和国。1999 年因科索沃危机美国领导的北约对南斯拉夫进行了长达 78 天的轰炸，科索沃被迫交由联合国托管，南斯拉夫失去了对科索沃的控制权。战争结束后，美国和欧盟强化了对米洛舍维奇领导的南斯拉夫的制裁，黑山日益与米洛舍维奇政权分道扬镳，在独立之路上愈走愈远，黑山俨然成为了南联盟的“国中之国”。黑山拥有了独立的经济政策、货币体制和外交政策。在米洛舍维奇下台后，新上台的执政力量面临着如何处理与黑山和科索沃关系等难题。

塞尔维亚与黑山联盟的建立与解体：在 20 世纪 90 年代末，黑山虽然名义上属于南联盟，但已成为拥有独立的内政外交政策的国中之国。在米洛舍维奇下台后，南斯拉夫联盟何去何从成为一个亟待解决的问题。2003 年 3 月 14 日，塞尔维亚和黑山签署了贝尔格莱德协定，决定成立塞尔维亚和黑山联盟，正式取消南斯拉夫国名。黑山有条件接受了共同的国家联盟，但是坚持黑山有退出共同国家的权利。塞尔维亚和黑山宪章规定两个共和国在宪章生效的三年后可启动独立程序。塞尔维亚和黑山宪章事实上规定了塞尔维亚和黑山的民族自决权，为黑山独立提供了法律基础。2006 年 5 月 21 日，黑山共和国就独立问题举行全民公决。黑山 86.5%的选民参加了公决，其中 55.5%支持独立，44.5%反对独立。全民公决的结果表明，黑山选择了独立之路。6 月 3 日，黑山议会通过《独立宣言》，黑山正式宣布独立。在巴尔干半岛，一个面积为 1.68 万平方公里人口为 65 万人的微型国家正式诞生。6 月 5 日，塞尔维亚宣布独立。这标志着 2003 年组成的塞尔维亚与黑山国家联盟的解体，组成前南斯拉夫的所有共和国全部实现独立，南斯拉夫最终走向解体。黑山独立对塞尔维亚民族心理造成了一定的冲击，塞尔维亚从此失去了出海口，塞尔维亚成为了一个内陆国家，这对塞尔维亚的发展颇为不利。塞尔维亚不情愿地承认公决结果，并顺利与黑山就国家解体问题进行磋商，并接受了新的现实。

科索沃独立：1999 年科索沃战争后，科索沃处在联合国的托管之下。虽然联合国安理会 1244 号决议规定科索沃为南联盟的领土，但是在 1999 年 6 月后科索沃事实上成为了“国中之国”。科索沃 90%的阿尔巴尼亚族人赞成独立，主流政党也支持独立，独立已成为科索沃阿尔巴尼亚族不可妥协的要求。2006 年塞尔维亚新宪法明确规定科索沃是塞尔维亚不可分割的组成部分。科索沃占塞尔维亚领土的 1/6，而且在历史上曾是塞尔维亚国家起源地和民族精神及文化诞生地。基于历史和文化原因，塞尔维亚不愿放弃科索沃。2006 年 2 月 10 日到 9 月 6 日，塞尔维亚与科索沃阿族在维也纳举行了 10 轮谈判，但在科索沃最终问题上没有达成任何协议。2007 年 2 月联合国特使阿赫蒂萨里提出了解决科索沃地位问题的方案，科索沃将具有国际监督的国家地位，拥有自己的国旗、国歌、宪法和军队。塞尔维亚总理科什图尼察拒绝该方案，指责阿赫蒂萨里违反联合国宪章和塞尔维亚宪法。联合国秘书长潘基文授权“三驾马车”美国、欧盟和俄罗斯启动科索沃地位的谈判，2007 年 8 月 30 日起到 12 月 3 日在“三驾马车”特使主持下的塞尔维亚与科索沃阿族的谈判最终陷入失败。2008 年 2 月 17 日，科索沃单方面宣布独立。科索沃单方面宣布独立使塞尔维亚丧失其 1/6 的领土，丧失其民族摇篮，这是塞尔维亚民族难以接受的民族伤痛。塞尔维亚的政治精英将西方支持的科索沃独立视为对塞尔维亚的羞辱，塞尔维亚官方宣称永远不会承认科索沃的独立。

政治景观的重塑

米洛舍维奇下台后，塞尔维亚的政坛风云变幻，一度发生动荡。在推翻米洛舍维奇发挥了关键作用的以青年学生为主的“抵抗”运动在 2000 年后试图改组成为政党，但是未能达到选举门槛，最终销声匿迹。2000 年 9 月为反对米洛舍维奇而联合起来的塞尔维亚民主反对派在米洛舍维奇下台后发生分裂。原来一起推翻米洛舍维奇的两个政党塞尔维亚民主党与民主党成为政治对手。由于治国理念的分歧，塞尔维亚民主反对派分裂为科什图尼察领导的塞尔维亚民主党、佐兰·金吉奇领导的民主党和拉布斯领导的 G17＋。由于主要政党政治斗争不断，加之选民对政治缺乏热情，2002 年 9 月、2002 年 11 月和 2003 年 11 月塞尔维亚连续举行三次总统选举都未能选出总统。2003 年 3 月 12 日，塞尔维亚总理佐兰·金吉奇遭到暗杀。

2000 年以后，塞尔维亚举行过数次大选，尽管竞争激烈，但是并没有出现操纵选举的现象。在 2003 年 12 月的塞尔维亚议会选举中民族主义政党塞尔维亚激进党获得了 27.61％的选票，塞尔维亚民主党获得了 17.72％的选票，民主党获得了 12.58％的选票，G17＋获得了 11.46％的选票，塞尔维亚复兴运动一新塞尔维亚和塞尔维亚社会党的得票率分别为 7.66％和 7.61％。2007 年 1 月 21 日塞尔维亚举行议会选举。塞尔维亚激进党获得了 28.59％的选票，民主党获得 22.71％的选票，塞尔维亚民主党—新塞尔维亚获得 16.55％的选票，G17＋获得了 6.82％的选票，塞尔维亚社会党获得 5.64％的选票，自由民主党—塞尔维亚公民联盟—社会民主联盟—伏伊伏丁纳社会民主联盟获得 5.31％的选票。2004 年 3 月 3 日，塞尔维亚议会批准了由塞尔维亚民主党—新塞尔维亚、G17＋、塞尔维亚复兴运动组成的联合政府，科什图尼察担任总理。2007 年议会选举中有 6 个少数民族政党参加选举。少数民族政党进入议会的门槛为得票率超过 0.4％。科索沃阿族继续抵制塞尔维亚选举，2007 年议会选举中普雷舍沃谷地阿族人首次参加议会选举。2007年选举后塞尔维亚民主党、民主党和G17+组成联合政府，塞尔维亚民主党领导人科什图尼察担任总理。2008年2月17日，科索沃单方面宣布独立。科索沃单方面宣布独立对塞尔维亚政局产生巨大冲击。执政联盟围绕如何处理与欧盟的关系发生严重分歧。塞尔维亚民主党反对加强与欧盟的关系，认为塞尔维亚应当停止加入欧盟，直到欧盟停止支持科索沃独立。而民主党虽然也反对科索沃独立，但是认为科索沃独立问题不应当影响塞尔维亚的欧洲一体化。3月6日执政联盟破裂。3月13日，塞尔维亚总统塔迪奇宣布解散议会，提前举行大选。在2008年5月11日举行的议会选举中，“为了欧洲的塞尔维亚”联盟（民主党、G17+、塞尔维亚复兴运动和伏伊伏丁纳社会民主联盟）获得38.4%的选票，塞尔维亚激进党获得29.5%的选票，塞尔维亚民主党与新塞尔维亚获得11.6%的选票，自由民主党获得5.2%的选票。2008年7月，民主党、G17+和塞尔维亚社会党等组成联合政府，米尔科·茨韦特科维奇出任政府总理。

从塞尔维亚政局的演化看，米洛舍维奇下台后塞尔维亚政局发生了如下变化：无论是总统选举还是议会选举都能和平举行，实现权力的和平移交；塞尔维亚民族主义的政治势力仍有相当大的政治影响力，在2003年和2007年的议会选举中民族主义政党塞尔维亚激进党为第一大党，2008年议会选举得票率仅次于“为了欧洲的塞尔维亚”的政党联盟；塞尔维亚社会党已经摆脱米洛舍维奇影响，2008年加入了亲欧洲的执政联盟；塞尔维亚政党的分化组合仍在继续，如塞尔维亚激进党因为加入欧盟问题上的分歧发生分裂，被开除出党的激进党副主席尼科里奇成立了塞尔维亚进步党。德拉什科维奇领导的塞尔维亚复兴运动从20世纪90年代的民族主义政党转变为自由主义政党；围绕科索沃独立后如何捍卫塞尔维亚的民族利益，主要政党争斗不断。塞尔维亚民主党领导人科什图尼察强调如果加入欧盟取决于放弃科索沃，塞尔维亚宁愿放弃加入欧盟，而民主党则强调塞尔维亚坚决反对科索沃独立，同时塞尔维亚积极推动欧洲一体化。执政联盟内部纷争不断，2011年2月，G17+的丁基奇和其他两位内阁成员因与总理分歧辞职。

塞尔维亚尚面临着严峻的国内问题。如何处理棘手的科索沃问题是塞尔维亚面临的最大挑战。虽然科索沃已经单方面宣布独立，但是从塞尔维亚法律上看科索沃仍为塞尔维亚不可分割的组成部分。塞尔维亚是个多民族国家，民族关系的和谐事关国家的稳定。2002 年的人口普查表明塞尔维亚少数民族人口占总人口的 17.14%。从国家政治的层面看，少数民族政党的政治参与权得到了保障，这使得少数民族政党可以加入议会。但是从一些少数民族地区看民族关系尚存在一些问题。塞尔维亚南部桑贾克地区人口为 42 万，多数为穆斯林（波什尼亚克族）。在主要城市诺维帕扎尔，4/5 人口为波什尼亚克族。一些波什尼亚克人对土耳其的认同超过了塞尔维亚，一些人称“桑贾克不是塞尔维亚”。2010 年 9 月在世界篮球锦标赛土耳其与塞尔维亚的半决赛中，土耳其队战胜塞尔维亚队。诺维帕扎尔的波什尼亚克人挥舞土耳其旗帜，彻夜狂欢，庆祝土耳其队的胜利。桑贾克穆夫提祖科尔利奇与波黑伊斯兰教关系密切，建议桑贾克实行自治。祖科尔利奇与忠诚于塞尔维亚的大穆夫提季尔基奇相互竞争，建立了名称类似的伊斯兰教组织。两个穆斯林组织之间的竞争导致了波什尼亚克人之间的紧张关系。桑贾克穆斯林与地方政府以及企业在地产或房产的争议也是导致冲突的因素之一。此外，桑贾克经济的衰落，失业率高达 50%，大量人口生活在贫困线以下，其经济问题比塞尔维亚其他地方更加严重。塞尔维亚民主党呼吁在桑贾克成为新的科索沃问题之前，解决桑贾克问题。

在米洛舍维奇执政期间，塞尔维亚遭受国际制裁，其亲信和犯罪集团大肆掠夺国家财富。在米洛舍维奇下台后，塞尔维亚政府尽管承诺打击有组织犯罪，但是黑手党的影响并没有得到消除。2002 年议会通过了打击有组织犯罪的法律，2003 年政府任命打击有组织犯罪特别检察官，但是由于资金和人员的不足，其效果并不理想。据称泽盟犯罪集团直接参与了塞尔维亚总理金吉奇遇刺案。2005 年 12 月塞尔维亚政府通过了反腐败战略。2006 年 1 月塞尔维亚国民银行的腐败案得以披露。2006 年 4 月塞尔维亚警方拘捕了涉及有组织经济犯罪的 9 人犯罪集团，其中有两名法官涉案。塞尔维亚政府致力于加强打击有组织犯罪的立法，提升法官与检察官的能力。2009 年初，根据塞尔维亚内务部的估计，塞尔维亚仍有 30 到 40 个有组织的犯罪集团，这些犯罪集团涉及毒品和武器走私、人口贩卖、谋杀和抢劫。2009 年 10 月 31 日，塞尔维亚警方在大规模的反毒行动中拘捕了涉及毒品走私的 500 多人。到 2009 年底，塞尔维亚内务部宣称已经打掉 7 个有组织犯罪集团，逮捕 86 人。根据内务部的估计，到 2009 年底塞尔维亚有得到证实的 29 个有组织的犯罪集团在活动，每个犯罪集团人数超过 200 人。塞尔维亚在打击腐败上取得进展，2008 年塞尔维亚在透明国际的清廉指数为 3.4，2009

和2010年清廉指数为3.5。2010年塞尔维亚在透明国际清廉指数排行榜中名列第78位，与希腊、秘鲁和泰国等国并列。

经济转型与经济发展

在2000年10月米洛舍维奇下台后，塞尔维亚开始实行经济转型。塞尔维亚是在异常艰难的经济和社会条件下开始转型的，政府的经济转型目的在于恢复宏观经济的平衡，建立市场取向的经济体制。塞尔维亚实行的主要经济转型措施有：放开价格体系；改革外贸和外汇体制；进行银行和金融体制改革；实行国有企业的私有化。2007年欧洲复兴与开发银行将转型的改革分为三个阶段：第一个阶段改革为启动市场阶段，涉及小型企业私有化和放开价格及外汇。第二个阶段改革为深化市场阶段，涉及大型企业的私有化和加强金融机构。第三个阶段改革为支持市场阶段，涉及对企业治理方式进行根本的改革，形成保护与促进竞争的制度，以商业的方式提供基础设施服务。应当说，塞尔维亚的经济转型已经进入第三阶段。

塞尔维亚经济在过去十多年间发生了实质性变化，已经建立了市场经济的框架。从经济结构看，服务业部门贡献了国内生产总值的65%，工业和农业分别贡献了国内生产总值的23%和12%。经济增长较快的部门为交通、电信、商业和银行部门。由于实行私有化和发展私营经济，到2010年私营部门占国内生产总值的比重达到了约60%。在全球危机中遭受信任冲击后，银行部门的风险得到遏制。外资银行主导的银行部门，塞尔维亚33家银行中有21家外资银行，占银行部门总资产的75%。

塞尔维亚在过去十多年间恢复了宏观经济的稳定，在2008年之前保持了经济的高速增长。塞尔维亚经济自2000年以来逐步复苏。2001—2006年塞尔维亚平均年增长率为3.5%，2004—2008年平均年增长率超过5%。2006年6月黑山宣布独立，虽然黑山只占塞尔维亚和黑山联盟国内生产总值的10%，但是黑山的分离使塞尔维亚失去了出海口，这对塞尔维亚旅游业和进出口贸易有不利影响。2007年塞尔维亚经济增长6.9%。2008年科索沃单方面宣布独立，塞尔维亚失去了塞尔维亚最贫穷地区的控制权。2008年塞尔维亚经济增长5.5%。由于企业部门的赢利和银行部门的改造，2000年以来实际产出增长了50%。受全球经济衰退的影响，塞尔维亚经济2009年第一季度起陷入衰退，2009年塞尔维亚经济下降了3%，经济衰退程度小于本地区其他国家。2002年塞尔维亚人均国内生产总值为约2000美元，2009年增加到5800多美元。自2000年以来，塞尔维亚月平均工资增长了3倍，达到了310欧元。2010年塞尔维亚经济微弱复苏，国内生产总值增加了1.7%。

国际金融危机对塞尔维亚的就业有不利的影响。危机爆发后，塞尔维亚有40万人失去工作。失业率从2008年4月的14%增加到2010年4月的20%。由于危机的影响，贫困率下降的趋势被逆转，贫困率从2008年的6.1%增加到2009年的6.9%，2010年又增加到8.8%。

重归国际舞台

米洛舍维奇下台后，南联盟逐步摆脱国际孤立，重返国际舞台。欧洲联盟和美国解除了对南联盟的经济制裁，并允诺提供经济援助。南联盟于2000年10月26日加入了东南欧稳定公约。2000年11月2日，南斯拉夫正式成为联合国成员国，南斯拉夫国旗在联合国总部冉冉升起标志着南斯拉夫国际孤立地位的结束。南斯拉夫加入联合国为欧美大国恢复与南斯拉夫的外交关系，为南斯拉夫发展与邻国的睦邻合作创造了良好条件。欧洲安全与合作组织在南斯拉夫剧变后不久就正式邀请南斯拉夫加入该组织，11月10日，南斯拉夫已加入欧安组织，这对促进巴尔干地区的稳定具有十分重要的意义。11月25日，南斯拉夫重返中欧倡议组织。2003年塞尔维亚加入欧洲委员会。随着塞尔维亚黑山联盟的和平解体，塞尔维亚作为巴尔干地缘政治的中心、多种国际利益的聚合点及欧洲主要贸易通道的枢纽的地位得到加强。塞尔维亚有可能利用这种比较优势更好地实现自己的国家利益。

与前南国际刑事法庭的合作：

米洛舍维奇下台后，欧盟和美国向塞尔维亚施加很大压力，要求塞尔维亚引渡前南国际刑事法庭通缉的罪犯。欧盟将塞尔维亚与前南国际刑事法庭充分合作视为发展与塞尔维亚关系的先决条件，一些欧盟成员国如荷兰强调只有塞尔维亚与前南国际刑事法庭充分合作，才支持欧盟与塞尔维亚签署稳定与联系协定。在过去的十多年间，与前南国际刑事法庭的合作一直是塞尔维亚与欧盟关系的主要议题。

2001 年 6 月 28 日，塞尔维亚政府将南联盟前总统米洛舍维奇引渡到前南国际刑事法庭。米洛舍维奇在海牙因在巴尔干战争中犯下种族灭绝罪、战争罪和反人类罪受审，2006 年 3 月 12 日，米洛舍维奇在国际刑事法庭监狱猝死，3 月 14 日，前南国际刑事法庭宣布结束对米洛舍维奇的审判。

2008 年 7 月 21 日，波黑塞族领导人卡拉季奇在塞尔维亚境内被捕，7 月 30 日，被塞尔维亚引渡到海牙前南国际刑事法庭。

2011 年 5 月 26 日，波黑塞族总司令姆拉迪奇在塞尔维亚北部被捕。塞尔维亚总统塔迪奇强调这是塞尔维亚与前南国际刑事法庭充分合作的结果。5 月 29 日，姆拉迪奇的 7 千名支持者在贝尔格莱德举行集会，抗议政府“无耻逮捕塞尔维亚的民族英雄姆拉迪奇”，一位塞尔维亚激进党成员称与海牙法庭的合作是叛国。5 月 30 日，塞尔维亚将姆拉迪奇引渡到海牙。7 月 20 日，被国际法庭通缉的最后一名前南战犯、克罗地亚塞族领导人戈兰·哈季奇在塞尔维亚北部弗鲁什卡山区被逮捕，塔迪奇总统强调塞尔维亚已完成其“法律以及道义上的职责”。7 月 22 日，哈季奇被引渡到海牙前南国际刑事法庭。

到 2011 年，塞尔维亚与前南国际刑事法庭的合作取得了重大突破，因此该问题将不再成为塞尔维亚与欧盟关系的障碍。

欧洲化的进展：

2005 年 10 月 10 日，塞尔维亚开始与欧盟就稳定与联系协定举行谈判。塞尔维亚的欧洲一体化进程并不顺利。由于塞尔维亚未能在规定的日期内引渡前南国际刑事法庭通缉的罪犯姆拉迪奇，2006 年 5 月，欧盟中止了与塞尔维亚和黑山稳定与联系协定的谈判。2007 年 5 月塞尔维亚新政府组成，6 月欧盟与塞尔维亚恢复稳定与联系协定谈判。由于一些欧盟成员国如荷兰和比利时以塞尔维亚未能引渡姆拉迪奇为由反对欧盟与塞尔维亚签署稳定与联系协定，塞尔维亚与欧盟关系停滞不前。2008 年 1 月 28 日，欧盟为支持塔迪奇总统竞选连任，提出与塞尔维亚签署政治合作协议，该协议将为政治对话、自由贸易、签证放开和教育合作提供框架。2 月 4 日，欧盟协议的文本送达塞尔维亚政府，同日欧盟批准向科索沃派遣法治使团。塞尔维亚总理科什图尼察认为欧盟一方面提出与塞尔维亚签署政治合作协议，另一方面欧盟同时向科索沃派遣使团，试图肢解塞尔维亚，是一种欺骗行为，目的在于让塞尔维亚同意科索沃独立。塔迪奇总统认为塞尔维亚可以签署该协议，因为协议没有提到科索沃。该协议导致了塞尔维亚政治危机，迫使塞尔维亚提前举行议会选举。4 月 29 日，欧盟与塞尔维亚签署稳定与联系协定。2009 年 12 月，塞尔维亚正式提交加入欧盟的申请。2010 年 6 月 14 日，在前南国际刑事法庭积极评价塞尔维亚与前南国际刑事法庭的合作后，欧盟外长会议决定启动批准稳定与联系协定进程。同年 10 月 25 日，欧盟外长会议就要求欧盟委员会启动塞尔维亚加入欧盟申请评估达成一致，同时要求塞尔维亚继续与前南国际刑事法庭的合作。2009 年 12 月 19 日，塞尔维亚公民获得了免签进入申根区旅游的待遇。2011 年由于塞尔维亚抓获姆拉迪奇，并将姆拉迪奇引渡到海牙，影响塞尔维亚加入欧盟的最大障碍得以消除。值得注意的是塞尔维亚民众对加入欧盟的支持率有所下降。2003 年民众对加入欧盟的支持率高达 72%，而到了 2011 年初民众支持率下降到 57%。塞尔维亚民主党指责现政府欺骗民众，批评政府屈从于要剥夺塞尔维亚领土的欧盟。

塞尔维亚与北约的关系：

2008 年 2 月，科索沃单方面宣布独立，一些参与科索沃战争的美欧大国予以承认，塞尔维亚召回大使表示抗议。塞尔维亚与主要西方国家的关系一度紧张。2008 年 7 月，塞尔维亚驻欧盟国家的大使返回驻在国履职，10 月驻其他国家的大使也返回驻在国履职。2009 年 5 月中旬，美国副总统拜登访问塞尔维亚，强调塞尔维亚在巴尔干稳定中的作用。2010 年 10 月，美国国务卿克林顿访问塞尔维亚，呼吁塞尔维亚在巴尔干地区合作、安全与稳定、加快与欧盟及北约合作方面发挥作用。塞尔维亚与北约的关系得到改善，10 月 22—23 日，北约代表团访问塞尔维亚。由于 1999 年北约对塞尔维亚的轰炸，塞尔维亚围绕北约的辩论仍受情感因素的左右，塞尔维亚公众对加入北约的支持率低达 20%—25%。2006 年塞尔维亚加入北约和平伙伴关系计划。2007 年塞尔维亚议会通过的中立宣言仍具约束力，在最近的将来塞尔维亚加入北约的前景渺茫。2009 年塞尔维亚向北约提交了个别伙伴关系计划。2010 年《政治》周刊围绕加入北约的辩论凸显了塞尔维亚社会对北约的两极反应，一些非政府组织呼吁就加入北约举行全民公决。由于邻国均以加入北约为目标，如何对待北约是塞尔维亚难以回避的问题。

塞尔维亚与邻国的关系：

米洛舍维奇下台后，塞尔维亚与邻国特别是与前南斯拉夫其他继承国的关系得到改善，地区合作得到加强。南斯拉夫解体引发的冲突与战争虽然已结束，但是冲突造成的伤痛对国家关系的影响依然存在，迫切需要民族和解。2010 年 3 月 30 日，塞尔维亚议会通过了谴责斯雷布雷尼察大屠杀的声明。塞尔维亚议会 250 名议员中有 127 名议员投了赞成票，21 名议员反对，民族主义者在投票前退席。这表明在塞尔维亚围绕南斯拉夫解体的惨痛历史缺乏政治共识。虽然塞尔维亚议会的声明在塞尔维亚和波黑不可能使所有人感到满意，但是塞尔维亚议会谴责对波黑穆斯林犯下的罪行的声明是塞尔维亚推动西巴尔干和解迈出的重要步骤，是致力于和解的塔迪奇总统的胜利。7 月 11 日，波黑在斯雷布雷尼察市附近的波托查里纪念中心举行斯雷布雷尼察大屠杀 15 周年纪念活动，塞尔维亚总统塔迪奇出席，强调塞尔维亚不会放弃捉拿犯下战争罪行的人。2010 年 11 月 4 日，塞尔维亚总统塔迪奇访问武科瓦尔，前往奥夫查拉纪念在 1991 年冲突中被塞尔维亚杀害的 200 多名克罗地亚人。塔迪奇总统就此表达了道歉和遗憾。塔迪奇总统与约西波维奇总统一道访问了帕乌林—德沃尔村，以纪念被克罗地亚军队杀害的 18 位塞尔维亚人。2011 年 7 月，塞尔维亚、克罗地亚和波黑三国总统发表联合声明强调继续和解政策，解决边界问题，澄清战争期间 1.5 万失踪人员的命运。

围绕科索沃地位的抗争：

2008 年 2 月 15 日，在科索沃单方面宣布独立前夕，塞尔维亚政府通过决议，宣布科索沃单方面宣布独立是无效与非法的。科索沃 2 月 18 日单方面宣布独立后，愤怒的塞尔维亚人走向街头，举行抗议，一些人袭击了承认科索沃独立的西方国家大使馆。塞尔维亚总统塔迪奇呼吁联合国安理会宣布科索沃行动无效。自 2008 年科索沃单方面宣布独立后，塞尔维亚一直据理抗争，并将科索沃独立问题诉诸国际法院。2010 年 7 月 22 日，设在海牙的国际法院就“科索沃宣布独立是否符合国际法”问题提出咨询意见，认为科索沃宣布独立并不违反国际法。其理由主要是科索沃宣布独立不违反联合国安理会决议；国际法上不存在科索沃不能宣布独立的禁止性规定。国际法院的判决是塞尔维亚外交的重挫。科索沃官方认为这是科索沃的历史性胜利，并呼吁塞尔维亚接受现实。而塞尔维亚官方强调塞尔维亚绝不会承认科索沃独立。2010 年 11 月 25 日，塞尔维亚外长耶雷米奇在塞尔维亚外交学院强调，如果对民族不负责任，塞尔维亚就不能成为一个现代的欧洲国家。在保持不可动摇的欧洲取向的同时必须明确关注维护民族利益。塞尔维亚官方强调塞尔维亚不存在欧盟与科索沃的两难选择。

2011 年 3 月 8—9 日，在欧盟的调停下，塞尔维亚与科索沃的官方代表在布鲁塞尔举行会晤，这是 2008 年科索沃单方面宣布独立后塞科首次官方会晤。塞尔维亚代表团团长由外交部政治司司长斯特法诺维奇担任，科索沃代表团团长为科索沃副总理塔黑利。塞科会晤的调停人为欧盟官员、巴尔干专家罗伯特·库珀，美国助理国务卿托姆·卡特雷曼应邀参加会晤。塞科首次会晤的主题仅限于技术层面，试图解决影响人们日常生活的实际问题。欧盟调停人罗伯特·库珀强调，首轮会谈的主要目标是消除对人们日常生活有不利影响的障碍，加强合作，并在走向欧盟的道路上取得进展。欧盟高级官员强调，会谈的主题为地区合作、迁徙自由和法治。会谈试图解决一些影响人们日常生活的实际问题，如科索沃塞族人如何使用塞尔维亚移动电话服务、科索沃人如何获得塞尔维亚持有的出生证和土地产权记录、是否塞尔维亚会向飞往科索沃的航班开放塞尔维亚空域、是否继续由联合国在中欧自由贸易区代表科索沃等问题。在首次会晤中也涉及地区的贸易和经济合作问题。要解决自 1999 年以来积累起来的问题绝非易事。据称如何治理塞族人居多数的米特罗维察地区不在讨论议题之内，而科索沃代表也明确表明给予米特罗维察半自治地位是危险之举。迄今为止，目前塞科双方在地位问题上没有交集，科索沃议会在塞科首次会晤后通过一项决议强调对话是两个主权国家的对话，对话议程只涉及双方感兴趣的技术问题，绝不包括科索沃的主权归属、领土完整和宪政秩序，塞尔维亚则坚持科索沃地位已经解决，科索沃为塞尔维亚不可分割的组成部分不容置疑。考虑到塞科关系的历史重负和现实困境，指望通过技术层面的会谈解决地位问题的可能性微乎其微。7 月 2 日，塞尔维亚与科索沃代表首次就科索沃居民凭身份证进入塞尔维亚、科索沃车辆凭牌照进入塞尔维亚以及双方交换民事信息达成协议。2011 年 7 月底科索沃警察试图控制科索沃北部边界检查站引起塞族民众不满，科索沃警察与塞族居民发生冲突，一名科索沃警察在冲突中死亡。一些塞族民众纵火焚烧边境站，并与科索沃国际维和部队发生冲突。虽然塞尔维亚与科索沃维和部队就保持科索沃北部稳定达成协议，但是科索沃北部塞族人居住区的稳定仍很脆弱。

塞尔维亚的全方位外交：

2009 年塞尔维亚总统塔迪奇强调塞尔维亚外交的四个支柱为欧盟、美国、俄罗斯和中国。作为一个处在东南欧的欧洲国家，加入欧盟是塞尔维亚首要的战略目标。除了发展与欧盟关系外，塞尔维亚重视发展与唯一超级大国的美国、经济和外交影响得到恢复的俄罗斯和经济上崛起的中国的关系。米洛舍维奇下台后，塞尔维亚与美国关系得到改善，但是美国主导的北约对塞尔维亚的轰炸的阴影尚未消除。在过去 10 年间，美国向塞尔维亚提供了 7.6 亿美元的经济援助。除了塞尔维亚与俄罗斯在历史、文化、民族、宗教等多方面有着千丝万缕的联系外，俄罗斯支持塞尔维亚维护国家主权与领土完整的行动拉近了塞尔维亚与俄罗斯的关系。2009 年塞尔维亚总统塔迪奇访问中国，塞尔维亚和中国宣布建立战略伙伴计划。塔迪奇强调中国成为塞尔维亚“在亚洲大陆上最关键的战略伙伴”，塞尔维亚的战略重心是加入欧盟，而在加入欧盟后塞尔维亚可成为中国在欧盟的朋友。塞尔维亚看重中国的经济影响力，希望吸引中国投资者到塞尔维亚投资。

米洛舍维奇下台以来，塞尔维亚已经发生了天翻地覆的变化。塞尔维亚的民主制度得到巩固，市场经济制度已基本就位。塞尔维亚摆脱了国际孤立，目前正致力于欧洲一体化，试图使贝尔格莱德回归巴尔干外交的中心。然而，塞尔维亚走向繁荣稳定的道路并不平坦，充满挑战。如何创造就业，解决贫困问题是塞尔维亚政府面临的主要经济挑战。科索沃地位问题是塞尔维亚永远的痛点，如何捍卫塞尔维亚的领土完整，实现科索沃问题的持久解决是塞尔维亚面临的重大挑战。加入欧盟是塞尔维亚首要的战略目标，塞尔维亚期望 2011 年能够成为欧盟候选国，然而在欧盟深陷债务危机的背景下欧盟扩大疲乏症有可能得到强化，塞尔维亚实现自己的欧洲梦尚需做出巨大努力。2012 年 3 月欧盟峰会给予塞尔维亚候选国地位，但是塞尔维亚要成为欧盟式员国尚有漫长的路要走。西巴尔干日益处在北约的影响之下，塞尔维亚如何界定与北约的关系，如何确定其在东南欧地缘政治安排中的地位是塞尔维亚外交面临的重大挑战。

116. 波黑战争结束后国际社会是如何对波黑进行治理的？

孔田平

波黑国际治理的背景

1992 年爆发的波黑战争持续了 3 年多，造成了 26 万人死亡，180 万人流离失所，战争造成的经济损失高达 450 亿美元。1995 年 11 月 21 日，在美国的斡旋下，南联盟塞尔维亚共和国总统米洛舍维奇（代表波黑塞族）、克罗地亚共和国总统图季曼（代表波黑克族）和原波黑共和国总统伊泽特贝戈维奇（代表波族）在美国代顿军事基地签署波黑和平一般框架协议（简称代顿协议），正式结束了波黑战争。代顿协议为波黑的国际治理提供了法律依据。

代顿协议后的波黑事实上成为了国际社会的保护国。根据代顿协议，由联合国安理会向波黑派驻高级代表和派遣特遣警察部队，其他的国际组织也参与波黑的和平进程。代顿协议规定一些重要的机构负责人由国际机构任命，如临时选举委员会由欧安组织负责派人组成；宪法法院由欧洲人权法院派人参加并任命院长；中央银行由国际货币基金组织任命行长；人权委员会由欧盟部长理事会派人参加并任命主席；难民委员会由欧洲人权法院派人参加并任命主席；公共企业委员会由欧洲复兴与开发银行任命主席；保护国家文物委员会由联合国教科文组织派人参加并任命主席。为代顿协议的执行创造安全的环境，北约向波黑派驻了稳定部队。

代顿协议的最大贡献是结束战争，为波黑战后的治理设定了初步的框架。代顿协议后波黑形成了复杂的政治结构，一个国家与两个实体。国家保持着名义的控制，但实际的权力集中在两个以民族为基础的实体。波黑联邦代表着波黑克罗地亚族和波什尼亚克族的联盟。塞族共和国代表塞尔维亚族的利益。两个实体都保持着自己的军队。代顿协议对于波黑在冲突结束后如何成为一个有效的国家缺乏认真的考虑。“这一政治工程仓促构想的实验是基于一个假定：选举产生的机构越复杂和层次越多，以前的对手就越能够发现彼此合作的需要”[①]。事实证明，多层次的决策结构有助于鼓励不可调和的对手进行合作的看法是误导的。多层次的决策结构增加了国际治理的困难。

高级代表与波黑的国际治理

高级代表是波黑国际治理的核心。代顿协议附件 10 即民事执行协定对高级代表的授权作了规定。[②] 高级代表的主要任务如下：监督和平协定的执行；保持与缔约方的密切接触，促进和平协定民事方面得到完全履行，保持缔约方与其他参与民事执行的组织和机构的高层合作；协调波黑民事组织和机构的活动，以有效执行和平协定的民事部分。高级代表尊重民事组织和机构在其业务活动内的自主权，必要时针对其活动对和平协定执行的影响给予一般的指导，而民事组织则被要求向高级代表提供其活动的信息，帮助高级代表履行职责；高级代表可根据自己的判断必要时促进民事执行中困难问题的解决；参加捐助国组织关于恢复与重建的会议；定期向联合国、欧盟、美国、俄罗斯等报告和平协定的执行情况；指导国际特遣警察部队专员的工作。1995 年 12 月 8—9 日，和平执行会议在伦敦举行，以为代顿协议的执行争取国际支持。伦敦会议产生了和平执行理事会，和平执行理事会由支持波黑和平进程的 55 个国家或机构组成。伦敦会议也产生了和平执行理事会指导委员会，指导委员会为和平执行理事会的执行机构，主席为高级代表，该机构的成员有加拿大、法国、德国、意大利、日本、俄罗斯、英国、美国、欧盟和伊斯兰会议组织（土耳其代表）组成。指导委员会为高级代表

---

① Tom Gallagher, The Balkans in the New Millennium, in the Shadow of War and Peace. Routledge, 2005, p. 132.

② http://www.ohr.int/dpa/default.aspcontent _ id=366.

提供政治指导，在萨拉热窝每周都由高级代表主持由指导委员会成员国大使参加的会议。1997 年年底高级代表的权力有所扩大，监督高级代表的和平执行理事会赞成高级代表在执行代顿协议民事部分时可使用其最终权力，以促进困难问题的解决。1997 年 12 月和平执行理事会波恩会议授予高级代表广泛的干预权力，有权解除官员包括选举产生的官员的职务。和平执行理事会确定的“波恩原则”使得高级代表可以强制推行法律，解除顽抗的官员职务。

在代顿协议签署初期，国际社会对波黑局势的估计过于乐观，认为局势很快会恢复正常，甚至断言北约领导的 6 万人的稳定部队将于 1996 年撤离波黑。代顿和平协议设想在波黑人员实现自由流动，难民重返家园，并实现民族间的均势。但是冲突结束后民族主义政治力量的影响并未削弱，实体事实上成为了民族主义力量的庇护所，民族主义的政治力量不愿看到波黑的正常化。由于代顿协议独特的政治安排，波黑的国家属性非常薄弱。代顿协议后的政治安排并未禁止战时的政治人物在海关、银行、电讯和税务机构任职，这些人继续为其政党和秘密活动提供资金。波黑的治理面临着困难的局面。

首任国际社会驻波黑高级代表为瑞典的卡尔·比尔特。比尔特曾任瑞典首相，1995 年 6 月担任欧盟驻前南斯拉夫特别代表，并担任代顿和平谈判共同主席。卡尔·比尔特在 1995 年 12 月—1997 年 6 月间担任高级代表。在代顿协议签署后，波黑面临的首要任务是确保和平协议的执行。但是在为波黑建立安全的环境上，进展并不如意。如在和平协定生效后 3 个月的关键期内，国际社会并未确保领土和人口的和平移交，突然出现的约 10 万难民使得政治进程和难民回返过程更为复杂化。国际社会也未确保萨拉热窝成为真正多民族的城市。[①] 当比尔特当初上任时，曾被告知一切工作都会在 1 年内完成。显然国际社会低估了波黑问题的复杂性。事实上，比尔特之后的高级代表的工作并不比他轻松多少。在比尔特在任期间，高级代表的权力尚未扩大，这在一定程度上限制了他对波黑政治的影响力。

第二任高级代表为西班牙的卡洛斯·韦斯滕多普（1997—1999 年）。在他任职期间，高级代表转变成为了“保护国的总督”。韦斯滕多普接任后，迫使波黑民族主义领导人放弃驾照上的民族主义标记，并且发行了统一的货币可兑换马

① Carl Bildt, Peace after War, Our Experience. The Tanner Lectures on Human Values, delivered at Cambridge University, March 2, 2005.

克。他控制了塞族共和国和波黑联邦的电视台，使之摆脱了政党的控制。他迫使波黑联邦通过了不动产法，为难民重返家园创造了法律条件。

来自奥地利的沃尔夫冈·佩特里奇为第三任高级代表（1999—2002 年）。他继续其前任的政策，试图加强中央的权力，以弥补代顿协议留下的行政真空。他利用其权力解除对建立有效运行的国家机构持抵触情绪的官员的职务。2000 年 5 月，和平执行理事会确定了新的议程，决定加强使共同国家具有可持续性的国家机构，这些机构有国库、法院体系、专业公务员体系、边防警察和其他规制经济领域程序和标准的机构。2000 年 7 月，宪法法院做出判决，通过代顿和平协议确立的实体的宪法和其他结构是违宪的，因为实体宪法和其他的结构未规定实体所有民族权利一律平等。宪法法院下令波黑联邦和塞族共和国修改宪法。塞族共和国进行了顽强的抵制，和平执行理事会 2000 年宣布，狭隘的民族主义的和宗派主义的政治利益集团已经阻碍了难民回返、经济改革和国家机构的运行。和平执行理事会要求高级代表利用其权力，以充分和加快执行民事领域的协定，包括消除经济改革的障碍。在佩特里奇在任期间，波黑的国际治理机制虽然没有根本的变化，但是高级代表开始关注宪政改革的问题。2002 年年初，佩特里奇不遗余力地推动波黑的宪政改革，他强调代顿协议应当根据波黑面临的新挑战有所发展。他认为仅仅执行和平协定是不够的，和平协定应当有所发展，应当推行宪政改革，保障波黑三个民族的平等地位。在高级代表的压力下，波黑两个实体的代表于 3 月底签署了姆拉科维察—萨拉热窝协议，这表明波黑两个实体领导人致力于使波黑成为真正民主的多民族国家。鉴于两个实体未能通过宪法修正案，国际社会高级代表佩特里奇于 4 月在波黑和两个实体强制推行宪政改革，以确保穆族、克族和塞族的平等地位。为了保证同年 10 月大选的顺利举行，佩特里奇强制修改了国家和两个实体的选举法，决定被高级代表解职的人不得参加普选和地方选举的竞选，也不得担任公职。在佩特里奇担任高级代表期间，旨在保护少数民族和加强民主的不到 264 项法律获得通过，但是许多法律被实体封杀。佩特里奇也直接介入布尔奇科的治理。布尔奇科特区是连接塞族共和国东部和西部的狭长的陆地桥梁。代顿协定规定，布尔奇科由国际机构治理。1999 年布尔奇科仲裁使之成为中立的非军事区，布尔奇科政府由选举产生，接受国际监督。布尔奇科进行了全面的司法和法律改革，形成了有效的法院结构和独立的司法体系。2001 年 3 月，克族在波黑主席团的成员耶拉维奇因试图在黑塞哥维纳建立第三实体被解职。2002年5月，佩特里奇从选举产生的政治家之手接管了对法官和检察官的任命权。将任命权交给一个由当地和国际专家组成的委员会，以确保司法独立。当他离任时，他指出，波斯尼亚已经成为一个国家，但是国家仍然非常薄弱。

2002年5月来自英国的帕迪·阿什当等接替佩特里奇，担任国际社会驻波黑第四任高级代表。阿什当就任正值“9·11”事件之后，美国将主要精力放在反恐上，对于巴尔干的关注下降。布什领导的共和党政府对卷入巴尔干表示怀疑，时任国防部长的拉姆斯菲尔德表达了这种情绪。阿什当面临着严峻的挑战。阿什当试图加强中央机构，以为国际社会撤离波黑做准备。阿什当对波黑的治理有明确的理念，他强调其工作是建立波黑国家，一个走向欧洲的自立的国家，将波黑交给当地人民进行治理。[①] 2002年8月，国际社会高级代表阿什当采取了加强波黑司法体制的措施，这些措施包括建立由国际和当地官员组成的专门委员会，以提名和监督法官和检察官，此举旨在消除波黑司法体系的腐败、低效率和种族偏见。同年12月，国际社会高级代表阿什当强制推行旨在精简波黑中央机构和扩大其权力的法律。按照新法律，波黑将建立两个新部即安全部和司法部，总理任期将为4年，而不是由三个民族代表轮流担任8个月。阿什当强调与波黑人民的伙伴关系。他计划将权力逐步移交给波黑选举产生的机构，但是权力转移的步伐取决于旨在使波黑成为一个有效国家的改革的进展。面对和平进程的阻碍，阿什当利用“波恩权力”，将顽抗的官员解职，强制推行法律，颁布行政法令。到2003年7月，每月发布的决定或法令为11项，而1999年平均为4项。2004年高级代表阿什当提出了四项议程，这四项议程为加强法制、改革经济、加强政府机构特别是国家机构的建设以及国防和情报部门改革。2004年年初，波黑通过了法律，以创建统一的情报机构，形成基于文官控制的新的防务结构和共同的国防部。新的司法部和安全部仍为空壳，没有人员或预算。

随着波黑局势逐步稳定，波黑出现了加入欧洲大西洋结构的前景。塞族共和国与前南斯拉夫国际刑事法庭合作不力成为了波黑加入欧洲大西洋结构的障碍。2004年年底，维和部队从1995年的6万多人下降到7千人，维和部队的领导权

---

① Interview: Paddy Ashdown, the High Representative for Bih, Bih Radio 1, Mirsad Bajtarevic , Wednesday, July 16, 2003.

从北约移交给欧盟，欧盟领导的欧盟部队（EUFOR）取代了北约领导的稳定部队（SFOR）。国际社会驻波黑高级代表也具有了欧盟特别代表的双重身份。这体现了欧盟对波黑的长期承诺。2005 年高级代表进一步加强了与波黑机构的伙伴关系，协助波黑执行欧盟可行性研究报告的建议，并帮助波黑满足北约和平伙伴关系计划的条件，进行防务改革。事实上，阿什当领导的高级代表署已成为了波黑加入欧洲大西洋结构的主要推动力量。2005 年 11 月 25 日，欧盟与波黑签署协定，正式启动稳定与联系协定的谈判。这是波黑历史上具有里程碑意义的事件，表明波黑向欧洲化的道路迈出了坚实的一步。稳定与联系协定的谈判有助于波黑的政治稳定，有助于波黑成为正常的欧洲国家。

2006 年 1 月阿什当离任。此时的波黑的国家属性得到加强，如波黑实行了增值税，统一的间接税体制得以确立；波黑建立了统一的国家一级的边防、海关和情报机构；波黑实行了统一的司法体系；波黑形成了有效的部长会议，总理一职不再轮流担任；波黑在欧洲化上也取得了进展，启动了稳定与联系协定的谈判。波黑形成了现代欧洲国家的初步框架，但是要使国家有效运作的任务尚未完成。国家构建的任务也未完成，如未能形成强大的国家机构如统一的警察部队。①

在代顿协议签署 10 周年后不久，来自德国的克里斯蒂安·施瓦茨—席林 2006 年 1 月接任高级代表的职务。席林既是国际社会驻波黑高级代表又是欧盟驻波黑特别代表。自此，波黑的国际治理成为了国际社会和欧盟的共同责任，国际社会与欧盟的共治成为了波黑国际治理的特征。席林认为，经历了流血冲突的波斯尼亚和黑塞哥维那，现在已经站在希望的大门口，即将迈入正常国家行列。国际社会应该放手让波黑负起责任，推动自己的政治改革和经济发展，成为一个真正的独立主权国家。席林希望 2007 年让波黑实现真正的独立。代顿协议签署后，波黑事实上处于国际托管状态，其选举产生的官员及政治进程都受到国际社会驻波黑高级代表的影响。代顿协议结束了波黑长达 3 年半的血腥战争，为波黑的和平、稳定和发展奠定了初步的基础。但是，该协议如今已不能适应波黑加入欧盟和北约的需要，不能适应波黑实现国家长治久安的需要。中央权力孱弱，实体权力过大，成为影响政治发展的重要因素。因此，超越代顿协议的宪法改革就

① Beth Kampschror，2006：A Decisive Year for the Balkans，The Christian Science Monitor，February 1，2006.

提到了议事日程。在美国和欧盟的支持下，波黑八个主要政党的代表2005年开始就宪政改革问题举行会谈，就削减两个实体的权力、以总统制取代三人主席团、部长会议的地位等问题达成了初步协议。2006年3月18日，波黑主要政党就宪政改革达成协议，以简化政治结构，加强中央政府。2006年4月27日，宪政改革协议提交议会表决，波黑议会以两票之差未能通过宪政改革计划。

2006年下半年和2007年第一季度波黑主要忙于大选和大选后政府的组织。10月1日举行的选举完全是由波黑自己组织的，而且选举是和平有序举行的。但是组建政府的工作并不顺利。到2006年年底只有塞族共和国组成了新政府，国家级的政府2007年2月得以组成，波黑联邦的政府3月份才组成。甚至在选举后的半年后，10个州中尚有3个州没有新政府。选举期间和选举后塞族共和国就独立问题举行全民公决的呼吁和波黑联邦取消实体的呼吁令人对波黑的未来担心。民族主义取向的政党如波黑民主行动党、塞尔维亚民主党和克罗地亚民主共同体的力量在大选中受到削弱，但是民族主义的政治影响力尚没有消失。2006年6月和平执行理事会决定开始从高级代表到欧盟特别代表的过渡，以为2007年6月高级代表结束其使命作准备。2007年2月，和平执行理事会鉴于地区和波黑国内局势的不利因素，鉴于波黑三大民族波什尼亚克族、塞尔维亚族和克罗地亚族在宪政改革和警察改革等问题上争执不断，决定继续保留高级代表署。

2007年7月，斯洛伐克职业外交官米罗斯拉夫·莱恰克接替德国人克里斯琴·施瓦茨—席林，出任国际社会驻波黑第六任高级代表兼欧盟驻波黑特别代表。在就任两个月后，莱恰克强调波黑面临的问题是波黑的当权派对国家的战略目标以及实现战略目标的手段缺乏共识，甚至有人对国家和国家的组成部分的存在提出质疑。警察改革停滞不前，宪政改革缺乏共识。10月，莱恰克推出改革措施，以加强波黑中央国家机构职能，其中一项改革是关于修改议会表决中法定人数的规定，以防止议会中一个民族的代表以退席方式来阻挠通过法案。莱恰克的改革旨在加快波黑议会和政府的决策进程，推动必要的改革。莱恰克要求波黑议会在12月1日前通过相关法案，否则他将强制实施这些措施。塞族人认为莱恰克的改革措施有损塞族人利益。出身塞族的总理什皮里奇11月1日以辞职表达不满。莱恰克指责什皮里奇的行为是不负责任的，政府总理因为使政府更有效率的措施辞职颇具讽刺意味。10月31日和平执行理事会会议结束，和平执行理事会强调高级代表决定必须得到尊重，任何违反高级代表决定的行为都是反代顿的。和平执行理事会指导委员会强调，对挑战高级代表和和平执行理事会指导委员会的波黑政治领导人和机构将采取适当的措施。国际社会将保留必要的手段以反击破坏代顿协议的倾向。[①] 莱恰克试图简化决策过程的决策受到了塞族政治家的抵制，因为高级代表采取的措施触动了可以通过阻碍决策扩大政治影响的政客的利益。

2009 年 3 月 13 日，波黑和平协议执行理事会指导委员会任命奥地利外交官瓦伦丁·因兹科为第七任国际社会驻波黑高级代表。因兹科同时兼任欧盟驻波黑特别代表。在因兹科担任高级代表期间，波黑的政治生态趋于恶化。2010 年 10 月波黑举行大选，但是由于波黑主要政党分歧严重，新政府迟迟未能组建，国家机构不能正常运转。波黑联邦和塞族共和国内部民族主义和分裂言论明显增多，克罗地亚族政党对该族在波黑联邦中所处的地位感到不满，提出了建立第三实体的要求，而塞族共和国国民议会也决定举行一次全民公投，以确定波黑法院、检察院和波黑问题高级代表办公室是否具有权威。在国际社会的压力下，波黑塞族共和国取消了全民公决。因兹科坦言波黑面临着代顿协议签署 15 年以来最严重的挑战。

欧盟对波黑的关注日益增加。2011 年 5 月 30 日欧盟外交与安全事务高级代表阿什顿提名佩特·瑟伦森为欧盟驻波黑代表团团长，同时兼任欧盟驻波黑特别代表。2011 年 8 月 31 日起，因兹科担任的欧盟驻波黑特别代表权力将移交给佩特·瑟伦森。瑟伦森有在西巴尔干 15 年的工作经验，曾在欧盟驻科索沃、塞尔维亚和马其顿机构供职。瑟伦森在西巴尔干的工作经验有助于欧盟深入介入波黑的治理。预计他将与国际社会驻波黑高级代表因兹科密切合作，促进波黑的稳定、发展与繁荣，推动波黑的欧洲化，并为国际社会驻波黑高级代表撤离波黑做准备。

在经过国际社会对波黑的 16 年的治理后，加强国家机构的任务远未完成，波黑主要政治力量尚未就宪政改革达成协议。

波黑国际治理的经验

高级代表和高级代表署人员变动频繁，不利于国际社会长期战略的实施。自

① Press Conference by the High Representative Miroslav Laják, following the PIC meeting, http://www.ohr.int/ohr-dept/presso/pressb/default.aspcontent_id=40767.

设立高级代表以来，已经有 7 任高级代表，平均的任期为两年。正如欧洲稳定倡议的基拉德·克瑙斯指出“在整个地区，所谓的制度建设和民主化尝试都是特别的、设计不当的和无效率的。在保护国，由于国际机构负责人的变动，多数领域的基本战略每两年（甚至更早）就变动一次”①。高级代表署的职员来自政府部门或者特殊签约者。临时招募人员要么非常年轻要么行将退休。人员的流动非常快，不利于工作的连续性。

高级代表虽然有“波恩权力”，但是波恩权力的运用有赖于维和部队的支持。在代顿协议签署后，北约的稳定部队进驻波黑，军队人数最初为 6 万多人。2004 年 12 月，欧盟从北约接管了波黑维和任务，这标志着欧盟驻波黑多国稳定部队正式取代了北约驻波黑多国稳定部队在波黑的军事使命。高级代表在波黑可以将反对代顿协议的官员解职，如果没有维和部队的支持，高级代表的决定很难得到执行。在冲突后国家的治理中，需要国际武装力量的支持。

虽然高级代表是国际治理的核心，直接介入波黑的政治进程，但是参与波黑治理的尚有许多国际机构，其优先的日程不尽相同，因此协调国际机构间活动非常不容易。在波黑的国际机构有联合国、欧洲安全和合作组织、北约和欧盟等，每个派驻机构都要向其总部报告工作，不同的机构间既竞争又协调。参与波黑和平进程的国际组织的工作议程和开放的程度也不同。机构之间的沟通也不畅，一些工作有时相互重复。

高级代表试图加强波黑的国家属性，加强国家机构的建设，提高决策的效率，以促进波黑加入欧洲大西洋结构，然而高级代表的治理不可能完全替代波黑国内的政治进程，波黑各族的民族和解、波黑政治的非民族主义化、波黑国家特性的加强以及波黑的宪政改革归根结底取决于波黑的国内政治的演化。高级代表可以推动波黑国内的改革，但不能完全包办或替代波黑的改革。从波黑的经验看，在国际社会长达 16 年的苦心经营后，波黑尚未成为一个可以自立的国家。这也反映了国际治理的有限性。

---

① Tom Gallagher, The Balkans in the New Millennium, in the Shadow of War and Peace. Routledge, 2005, p. 142.

117. 科索沃最终地位问题对国际政治有何影响?

朱晓中

科索沃问题是南联盟/塞尔维亚[①]政府与科索沃阿族人之间长期的政治和领土纷争问题。1999 年 6 月 10 日科索沃战争结束时，联合国安理会通过了 1244 号决议，重申南联盟对科索沃地区拥有主权，要求所有联合国会员国充分尊重南联盟的主权与领土完整。但该决议同时要求南联盟政府从科索沃撤军，科索沃由联合国特派团进行管理，北约领导的国际维和部队提供安全保障。

此后，科索沃阿尔巴尼亚族人、南联盟/塞尔维亚政府，以及国际社会就科索沃最终地位（又称科索沃政治地位或宪法地位）展开了长时间的激辩。进入 2007 年，科索沃问题进入了它的“收官”阶段，并再次成为国际热点之一。科索沃最终地位能否以适当的方式和形式得到解决，不仅关系到塞尔维亚和科索沃阿族人的利益，而且关系到东南欧和欧洲未来的安全，同时，“科索沃最终地位”问题也成为国际政治学中被长期讨论的一个“经典”案例。

---

① 1991 年南斯拉夫联邦解体后，塞尔维亚和黑山组成了南联盟。在黑山的坚持下，2003 年 2 月 4 日，南联盟议会通过《塞尔维亚和黑山宪章》，改国名为“塞尔维亚和黑山”，组成松散的国家共同体。除了共同总统、统一的军队、外交等国家权力，两个共和国有不同的法律、海关、货币乃至边防部队。宪章还规定，3 年后（即 2006 年 2 月后），两个成员国有权通过全民公决，决定是否另立门户，分别成为独立国家。2006 年 5 月 21 日黑山举行全民公决，正式计票结果为，参加投票选民中 55.5%的选民支持独立，超过黑山全民公决法案规定的独立标准——55%。2006 年 6 月 3 日，黑山议会正式宣布独立。6 月 5 日，塞尔维亚国会亦宣布独立并且成为塞黑联邦的法定继承国，塞黑联邦解散。

科索沃最终地位演化进程

自1999年6月至今，国际社会有关科索沃最终地位的讨论经历了6个阶段：

1.1999年6月北约停止对南斯拉夫联盟轰炸后，联合国安理会通过了有关科索沃问题的1244号决议。该决议称，根据《赫尔辛基最后文件》和附件2的规定，联合国成员国承诺南斯拉夫联盟共和国的主权和领土完整，并要求在科索沃实行高度自治和有效的自我管理，为此，决议要求南斯拉夫联盟分阶段从科索沃撤出所有军事、警察和准军事部队的工作，与此同时，将在科索沃部署国际安全和民事存在，任命一名特别代表来统管国际民事存在的执行工作。

2.2003年11月，联合国安理会批准了科索沃最终地位谈判之前科索沃应该在民主建设和改善行政治理方面需要完成的8项标准①。同年12月10日，由联合国秘书长特别代表和科索沃临时行政自治机构"总理"确定了共同开始执行这些标准，每季度审核一次。

3.2005年夏，联合国秘书长特别代表、挪威外交家凯·埃德受命对科索沃执行8项标准情况进行实地评估。他在向联合国的汇报中称，科索沃标准执行情况参差不齐，但他依然建议开始就科索沃最终地位问题进行谈判。同年10月24日，联合国安理会讨论并同意启动有关科索沃最终地位进程的谈判，并于11月任命芬兰前总统阿赫蒂萨里担任负责协调谈判进程的联合国秘书长特别代表。

---

① 这些标准涵盖8个领域（行之有效的民主机构、实行法治、少数民族权益、离散人员重返家园、发展经济、同贝尔格莱德政府进行对话，保护产权和遗产，科索沃保护团应在已经确立的范围内依法行事），共计109个具体目标。由于科索沃阿族人不满意"先标准后地位"（Standards before Status）这个称谓，在2003年年底时，该称谓改称为"科索沃标准"（Standards for Kosovo）。与"先标准后地位"不同，"科索沃标准"与科索沃自治管理机构共同合作。"先标准后地位"战略成为国际社会在科索沃的主导原则，确定了科索沃的政治和社会发展目标。这也是第一次在联合国科索沃临时行政当局特派团的文件中确立了在科索沃建立多种族社会的目标。有关这一问题更详细的讨论可参阅赫尔穆特·克拉默、维德兰·日希奇：《科索沃问题》，中央编译出版社2007年版，第155—159页。

2006年1月，巴尔干问题联络小组提出了科索沃最终地位谈判的10点指导原则[①]。

4.2006年2月10日到9月6日，塞尔维亚政府和科索沃阿族代表在维也纳共进行了10轮谈判。最初的谈判主要集中在对科索沃长期稳定十分重要的技术问题上，如地方政府分权问题，这对科索沃少数民族，尤其是塞族人的权益及其保护至关重要。后面的谈判主要涉及经济、产权、保护塞族东正教遗产和从制度上保护科索沃少数民族权益问题。虽然不乏双方最高领导人之间的谈判，但双方的谈判只在技术问题方面取得了一些进展，而在科索沃是否应该独立这个原则问题上的立场南辕北辙，且互不相让。

有鉴于此，联合国特使阿赫蒂萨利决定终止谈判，因为，在谈判过程中“双方多次重申其明确和截然相反的立场：贝尔格莱德要求科索沃在塞尔维亚内部实现自治，而普里什蒂纳除了独立之外概不接受其他方案，双方已经没有可能来通过谈判就科索沃地位达成任何可以共同接受的结果。无论再有多少进一步的谈判，无论谈判采取何种形式，都不会克服这个僵局。”于是，在2007年2月2日，阿赫蒂萨里提出了《科索沃地位解决方案全面提案》。

《提案》共提出14点建议。虽然《提案》本身并未明确提出科索沃应独立，但阿赫蒂萨里在给联合国秘书长的信件中明确主张，鉴于科索沃过去的历史和今天的现实，科索沃重新加入塞尔维亚不是一个可行的办法，也无法继续实行国际管理，唯一可行的方法是科索沃的地位应该是在国际社会监督下独立，在独立初期，由国际民事和军事存在进行监督和提供支持。他强调说，科索沃情况独特，

---

① 这10点指导原则是：1.解决科索沃问题的方案应符合国际公认的人权、民主标准和国际法，有利于地区安全；2.方案应符合欧盟的民主价值观，有助于实现科索沃的欧洲前景，以及整个地区融入欧洲大西洋机构；3.方案应确保科索沃的多民族社会可持续；4.方案应确保科索沃所有公众能够参与中央和地方政府；5.方案应包含保护科索沃境内文化和宗教遗产的特殊条款；6.方案应有助于加强地区安全和稳定；7.方案不仅应确保科索沃的安全，而且要确保不使科索沃对其邻国构成军事或安全威胁；8.方案应加强科索沃实行法制、打击有组织犯罪和恐怖主义能力，确保警察和司法的多民族特征的有效机制；9.方案应确保科索沃可在政治上和经济上可持续发展；10.在一段时间内，科索沃依然需要国际社会的民事和军事存在，以监督科索沃标准执行情况和确保安全，特别是保护少数民族。详见Guiding principles of the Contact Group for a Settlement of the Status of Kosovo，http：//www.unosek.org/docref/Contact%20Group%20－20Ten%20Guiding%20principles%20for%20Ahtisaari.pdf。

需要特殊的解决办法。科索沃不应成为其他尚未解决的冲突的先例。

5. 同年3—7月，有关各方对阿赫蒂萨里方案进行激辩，由于塞尔维亚的坚决反对，以及俄罗斯威胁在安理会否决阿赫蒂萨方案的强硬立场，阿赫蒂萨里方案被放弃。7月17日晚，巴尔干问题联络小组（美、英、法、德、意、俄）正式向安理会提交了经修改的科索沃问题决议草案。新草案建议再给予塞尔维亚和科索沃阿尔巴尼亚族120天的谈判期，删除了阿赫蒂萨里草案中关于如果谈判失败则让科索沃自行独立的内容。同时提出了谈判的“三不能原则”：科索沃不能分割、科索沃不能回到1999年前的状态、科索沃不能与任何邻国合并。俄罗斯认为新草案以促使科索沃独立为主旨，坚持拒绝允许草案在安理会获得通过。结果，西方国家表示同意俄罗斯的建议，敦促贝尔格莱德和科索沃阿族重起谈判。

6. 8月30日，在美国、欧盟和俄罗斯组成的国际社会处理科索沃事务的三驾马车协调下，在维也纳重新开启了科索沃最终地位谈判。到12月3日，三驾马车共与塞尔维亚和科索沃阿族人代表团进行了10次会谈，其中6次是塞尔维亚和科索沃阿族人的面对面会谈。双方讨论了从独立到自治的方案，以及诸如邦联安排等其他模式，谈判中还讨论了香港、奥兰群岛和独立国家联合体等其他国际模式，甚至讨论了基于“存异协议”的模式（双方不会放弃各自立场，但却采取旨在促进彼此合作与磋商的务实安排）。然而，由于双方都不愿意在主权这一基本问题上做出让步，因而无法就科索沃地位达成协议。

尽管双方之间的分歧保持不变，“三驾马车”要求使双方作出重要承诺，不采取可能危及科索沃或其他地区安全局势的行动，不诉诸暴力、威胁或恫吓。三驾马车称，这些承诺不会妨碍其在地位问题上的立场。三驾马车委婉地警告双方，如不能履行承诺，今后它们融入欧洲的愿望就会受到影响。科索沃和塞尔维亚将继续保持密切联系。

各方在科索沃独立最终地位问题上的立场

塞尔维亚政府和科索沃阿族人立场

科索沃阿族人观点	塞尔维亚政府观点
独立	除了独立之外最高级别的自治
自决权	国家主权，领土完整和内部自决（自治）
威胁要单方面宣布独立否则暴乱	只考虑使用法律和外交手段，只有在违反国际法情况下考虑使用报复性措施
科索沃是特例	世界范围内存在十多个类似案例：库尔德斯坦、克什米尔问题、巴斯克国、魁北克、台湾、阿布哈兹
独立是南斯拉夫联邦解体的最后一步	独立是引发巴尔干新的不稳定的第一步
“米洛舍维奇造成的灾难”	“米洛舍维奇已撒手人寰”
塞尔维亚早在1912年就将科索沃“殖民化”	科索沃是塞尔维亚民族历史和精神的摇篮
我们是“俄罗斯新帝国主义”的牺牲品	你们是（西方）“独立允诺”的牺牲品
—不就独立问题进行谈判 —不改变科索沃边界 —不改变阿赫蒂萨里提案内容 —在120天后单方面宣布独立 —联合国安理会无须做出最终决定	—不允许任何形式的独立 —不就塞尔维亚的完整性进行谈判 —不在阿赫蒂萨里提案基础上继续谈判 —谈判没有最后期限 —最终决定要联合国安理会做出
呼吁国际社会支持科索沃独立	警告准备支持科索沃独立的国家
除独立以外不考虑其他备选方案	可考虑香港模式、奥兰群岛模式

美国、俄罗斯和欧盟对科索沃最终地位问题的立场

项目	美国	俄罗斯	欧盟
可靠的伙伴	科索沃阿族人	塞尔维亚人	塞尔维亚政府和科索沃阿族人
战略动机	使1999年军事干预合法化，将科索沃作为一个成功的案例	消除美国干预的神秘化，回到多极世界	欧洲一体化的发展需要巴尔干的稳定

续表

项目	美国	俄罗斯	欧盟
地缘政治动机	确信美国的主导地位和干预行为	重新作为世界大国	确保欧盟的统一、共同外交和安全政策的信誉及积极行动的作用
接受决议案的基础	当下的标准和美国统治	普世原则和国际法	联合国安理会通过的任何决议
建议的解决方案	某种方式的独立	双边同意的所有结果	如果没有……需要协商一致
如果科索沃阿族人单方面宣布独立	单边承认	没有联合国的批准，会在其他危机地区引起单边反应	导致内部分歧，从共同使命中撤出
是否会成为先例	不是先例	实际上是先例	前例但不是先例
战术错误	低估了俄罗斯	涉足最终地位进程较晚	过早同美国站在一起
最希望的结果	—结束“阿族人问题” —科索沃是伊拉克和阿富汗问题的榜样 —美国军队从巴尔干撤出 —向“好穆斯林”表示善意	—迫使美国从向科索沃阿族人公开承诺的支持独立后退 —利用科索沃模式作为解决苏联地区少数民族问题 —国际法的捍卫者	—形成欧盟共同政策持不同意见成员国建设性的弃权 —在美—俄地缘政治角力中保持中立 —同科索沃阿族人和塞尔维亚人保持良好关系
压力工具	单方面行动	奥塞梯、阿布哈兹、德聂斯特沿岸国家的类似要求、能源政策	中止有关国家的加入欧洲一体化进程和削减援助基金
妥协的催化剂	对科索沃阿族人施压	不要刺激前苏联地区国家	用塞阿两族人的协议作为加入欧盟的条件
道德问题	在伊拉克和阿富汗的失败	1999 年北约轰炸塞族人时袖手旁观	长期缺乏决定
连续性问题	支持格鲁吉亚、西撒哈拉和摩尔多瓦等地的自治	支持俄罗斯以外俄罗斯民族的独立	支持卡塔洛尼亚、巴斯克、格鲁吉亚自治
次要日程	战术军事存在	能源通道	科索沃难民和有组织犯罪

欧盟成员国因不同的利益关系，在科索沃最终地位问题上的意见依然不统一。但是，进入 12 月以来，除塞浦路斯坚持反对独立的立场以外，其他欧盟成员国似乎在科索沃最终地位问题取得了“虚拟一致”，即遵从欧盟的立场。

东南欧其他国家因不同的利害关系而各持己见。黑山表示，科索沃最终地位问题应该在联合国决议框架内解决。阿尔巴尼亚政府称，科索沃独立有助于巴尔干地区的稳定，阿尔巴尼亚不谋求同科索沃合并。持中立态度的有克罗地亚（不想得罪刚修复关系的塞尔维亚）、希腊（有塞浦路斯问题）、罗马尼亚和保加利亚。波黑的官方立场是中立，但波黑塞族共和国明确表示反对科索沃独立，克族则同克罗地亚保持同样的立场，波黑穆斯林则对科索沃阿族人表示同情。

科索沃单方面宣布独立

2008年2月17日下午3时，科索沃议会举行特别会议，除抵制出席议会的11名科索沃塞族等少数民族议员未到会外，与会的109名议员以举手方式表决通过了关于科索沃的《独立宣言》。科索沃议会议长克拉斯尼奇在宣言通过后说，科索沃是一个“独立、主权和民主的国家”。随后，科索沃总理萨奇向全球192个国家（包括塞尔维亚）发出外交公函，要求它们承认科索沃共和国的国家地位。

科索沃宣布独立后，科索沃将进入为期120天的过渡期，这期间，国际存在依然存在，以便支持和监督科索沃当局的相应措施。这种国际存在基本上是阿赫蒂萨里方案的翻版，即科索沃的独立在一定期限内是“受国际监督的”独立。

在过渡期内，国际存在由3部分构成：第一，国际民事代表（即欧盟代表），将被授予特别权力，这些权力包括：可以废除科索沃当局的决议或法律和惩罚违背协议精神的官员（直至撤销其职务）；第二，欧洲安全与防御政治使团，它有权在确保维护和支持法治国家、公共秩序和安全方面承担责任；第三，北约领导的国际军事部队将为科索沃地区的安全负责。同时，欧安组织将在科索沃广泛存在，为协议的顺利执行进行必要的监督。

在过渡期内，在联合国特派团的授权不变的情况下实现同欧盟特派团的交接。科索沃议会有责任与国际民事代表（即欧盟特别代表）保持沟通和协商。过渡期结束后，科索沃将通过新宪法。

科索沃宣布独立后，塞尔维亚和国际社会迅速做出了反应。

塞尔维亚总统塔迪奇说：“科索沃宣布独立是单方面和非法的行为，塞尔维亚永远不会承认科索沃独立……塞尔维亚将动用一切和平的、外交的、合法的手段，竭尽全力废除科索沃方面做出的独立宣言。”总理科什图尼察讲话称：“只要塞尔维亚人还存在，科索沃就属于塞尔维亚。”18日，塞尔维亚内政部发表声明说，警方对科索沃总统法特米尔·塞伊迪乌、总理萨奇和议长亚库普·克拉斯尼奇提出刑事指控，指控他们“在塞尔维亚境内组织宣称建立伪国家”，“犯下一系列破坏宪法和塞尔维亚安全的严重刑事罪行”。2月21日，贝尔格莱德举行有15万人参加的主题为“科索沃是塞尔维亚领土”大规模游行示威活动，抗议科索沃独立。

在外交方面，其一，塞尔维亚政府首先要求联合国安理会召开特别会议，宣布科索沃独立无效；其二，继续与俄罗斯协调行动，希望俄罗斯能够继续支持塞尔维亚的官方立场；其三，宣布同承认科索沃独立的国家降低外交关系等级，并召回塞尔维亚驻所在国大使，以示抗议。此外，塞尔维亚政府正式向欧盟提出抗议，反对其在科索沃部署一个由2000名警察和法官组成的文职特派使团。

联合国：应俄罗斯的请求，联合国安理会于17日下午和18日分别召开紧急会议，讨论科索沃单方面宣布独立的问题。会议否定了俄罗斯要求对科索沃独立宣言宣告“无效”的提议。联合国欧洲成员国（比利时、法国、意大利、英国、克罗地亚）加上德国和美国发表了联合声明，指出科索沃独立“是维持稳定和安全的唯一可行性选择”。由于联合国安理会成员国意见尖锐对立，联合国不可能通过任何关于科索沃独立的声明或决议。联合国秘书长潘基文只是表示，根据联合国安理会第1244号决议，联合国特派团将继续对科索沃进行管理，并呼吁当地民众保持克制，维护地区稳定。

俄罗斯：俄外交部发表声明（2月17日）说，科索沃宣布独立损害了塞尔维亚共和国主权以及联合国宪章和联合国安理会第1244号决议的原则和精神，科索沃独立可能引发巴尔干地区的新一轮冲突，使这一地区的紧张和种族暴力升级。克里姆林宫发言人德米特里·佩斯科夫指责科索沃宣布独立为“非法举动”，并称俄罗斯将呼吁“所有可能的国际机制”对此做出反应。2月22日，普京在独联体国家首脑会议上说，西方承认科索沃单方面宣布独立，“是可怕的先例。它实质上破坏了已经发展了几个世纪，而不仅仅是几十年的整个国际关系体系。毫无疑问，它将带来一连串不可预见的后果。”由于内政外交的需要，俄罗斯不大可能采取“实质性的”行动在科索沃独立问题上同欧美国家对抗。但在一段时间内，俄罗斯会在外交场合阻止科索沃加入“国际社会”，并支持科索沃塞族人独立。

美国：美国作为科索沃独立的主要外部支持力量于科索沃宣布独立的第二天正式承认其独立。美国政府称，美国首先关心的是巴尔干地区的稳定，支持国际社会的科索沃独立方案（即受监督的有限独立）。美国政府同时表示，希望保持同塞尔维亚的“友好”关系。

欧洲：2 月 18 日，欧盟 27 国外长在布鲁塞尔召开会议讨论了科索沃问题。会后发表的“科索沃决议”称，欧盟要在科索沃问题上发挥主导作用；敦促科索沃实行民主和法制、保护境内塞族和其他少数民族的利益、保护宗教和文化遗产；欢迎国际社会在联合国安理会第 1244 号决议的基础上继续留在科索沃，共同维持科索沃的稳定；科索沃只是一个特例，并不是为今后开创了先例，等等。在处理科索沃问题的基本原则上，欧盟成员国已经达成了共识。现在的分歧是，一些欧盟国家因自身存在民族分裂问题反对科索沃单方面宣布独立。为此，欧盟采取了灵活措施——不为所有成员国设立统一时间表，也不以欧盟的名义“集体承认科索沃”，而是让各成员国根据自己的实际情况自行决定是否以及何时承认科索沃。

国际社会承认科索沃独立与塞尔维亚的博弈

科索沃单方面宣布独立之后，科索沃当局向全球 192 国政府发出信函，要求获得承认。面对科索沃单方面宣布独立，塞尔维亚表示坚决不承认，3 月 11 日塞尔维亚外长耶雷米奇在联合国安理会科索沃问题会议上发言，呼吁国际社会拒绝承认科索沃独立。塞尔维亚外长称，承认科索沃独立的国家加剧了国际体系的不稳定、不安全和不可预测性，严重违背了《联合国宪章》。他呼吁有关国家重新考虑承认科索沃独立问题，并鼓励那些尚未承认科索沃独立的国家努力维护国际体系免遭颠覆。耶雷米奇还说，欧盟未经安理会批准单方面决定向科索沃派遣文职使团违反了国际法。

针对一些国家承认科索沃独立，耶雷米奇说，一些西方国家不断向巴尔干地区国家和伊斯兰国家等施加压力，要它们承认科索沃独立，而塞尔维亚的一些邻国没能顶住压力。耶雷米奇表示，他同保加利亚、匈牙利和克罗地亚三国外长交谈过，其中两位外长承认，他们再也无法顶住压力。

2008 年 10 月 8 日，塞尔维亚呼吁联合国大会授权将科索沃单方面宣布独立问题提交海牙国际法院裁决。此举试图削弱西方国家和其他地区国家承认科索沃造成的影响。2008 年 10 月，联大以 77 票赞成、6 票反对、74 票弃权的结果通过了塞尔维亚提出的请求国际法院就科索沃单方面宣布独立提供咨询意见的决议草案。

2009 年 9 月 11 日，塞尔维亚总统塔迪奇在贝尔格莱德再次呼吁所有联合国成员国支持塞尔维亚政府关于要求海牙国际法院评判科索沃单方面宣布独立是否合法的议案。塔迪奇在写给所有联合国成员国的信中说，塞尔维亚将在第 63 届联合国大会上要求联合国这一最高司法机构认定科索沃临时自治机构单方面宣布独立是否符合国际法。塔迪奇表示，塞尔维亚反对使用武力和经济制裁，而主张用和平的方式解决科索沃未来地位问题。塞尔维亚认为，为了避免因科索沃单方面宣布独立而产生的各种不稳定因素，最好是把这个问题诉诸法律。

2010 年 7 月 22 日，海牙国际法院就科索沃单方面宣布独立发表咨询意见，称科索沃宣布独立“不违背国际法”。这一咨询意见虽不具有法律约束力，但因海牙国际法庭首次就国家分离案作出判决而广受关注。这一裁决很可能加快科索沃加入联合国的脚步，同时让更多国家承认科索沃的合法独立地位，为外交官与塞尔维亚和科索沃建立工作关系提供框架，对塞尔维亚来讲无疑是一个重大的打击。塞尔维亚总统塔迪奇表示：“如果国际法院建立一个新原则，那么建立新国家的运动将在世界展开，这将导致世界上许多地区动荡不安。”而科索沃自治政府则表示，国际法院的裁决将有助于科索沃与塞尔维亚当局进行必要谈判。同时，如何对待科索沃独立将成为各国无法继续回避的一个老难题。

海牙国际法院公布咨询意见之后，塞尔维亚即刻拟定了一个有关科索沃问题的新的草案，准备提交给联合国大会，并派员在世界各地展开了新一轮的外交游说行动。塞方提案认为，分离不是解决领土问题可以接受的方式，要求有关双方应该找到对悬而未决的问题双方可以接受的方案。这意味着，科索沃地位问题需要重新谈判。该决议遭到科索沃和已经承认科索沃独立的欧盟成员国的广泛质疑和反对。7 月底，英国外交大臣和德国外长造访贝尔格莱德。他们在同塞尔维亚官员的公开和私下会晤中强调两件事：第一，科索沃的独立已是板上钉钉，不能改变；第二，如果塞尔维亚希望在入盟道路上走得更远，并在其他问题上获得欧盟的帮助，它就必须遵从欧盟的立场。在欧盟的压力下，塞尔维亚做出重大让步，删除了决议中有关重新审议科索沃地位的语句。9月9日，联合国第64届大会以非表决方式，通过了有关国际法院对科索沃单方面宣布独立咨询意见的决议。决议称，欢迎欧盟准备推动塞尔维亚和科索沃之间的对话。对话进程本身将是巴尔干地区和平、安全和稳定的因素。对话将推动合作、在入盟道路上取得进展和改善人民的生活①。

该决议的通过表明塞尔维亚方面对科索沃态度发生了重大变化。虽然塞尔维亚官方依然坚称绝不会承认科索沃为一个独立国家，但一个明显的事实是，自科索沃单方面宣布独立以来塞尔维亚所奉行的科索沃政策不成功。②

在欧盟主持下，自2011年3月8日至2011年6月15日，塞尔维亚和科索沃的谈判代表在布鲁塞尔进行了5轮谈判。这是科索沃单方面宣布独立以来的双方第一次面对面谈判。科索沃议会在3月10日以63票赞成、57票反对通过一项决议，“支持科索沃共和国和塞尔维亚共和国之间的谈判”。该决议称，谈判应只涉及共同关心的技术问题，决不能涉及主权和领土完整。塞尔维亚科索沃部部长波格丹诺维奇称，谈判是获得历史性妥协的机会，因为过去几个世纪以来，塞尔维亚族人和阿尔巴尼亚族人之间关系存在问题。但是，我们绝不会承认科索沃是一个独立国家。塞尔维亚谈判代表斯泰方诺维奇反对会谈只是技术谈判的说法。他说，某些问题看起来是技术性的，但具有强烈的政治内容。

7月2日，双方就某些问题达成了协议③。塞尔维亚方面称，该协定并不意味着承认科索沃。而科索沃谈判代表则称，签署该协定意味着塞尔维亚实际上采取步骤承认科索沃独立。

科索沃最终地位问题与国际政治

科索沃最终地位的解决过程显现出冷战后国际政治中的某些新元素。

第一，科索沃最终地位问题的演化模式是否会对今后类似问题的解决产生示

---

① United Nations General Assembly Resolution A/RES/64/298，9 September 2010.

② 截至2011年6月底，国际社会共有75个国家承认科索沃为独立国家。

③ 塞尔维亚允许科索沃人凭身份证、科索沃车辆凭牌照进入塞尔维亚，双方同意交换民事登记信息，在教育问题上，双方同意选择相互接受的国际机构或科研机构对学位证书进行认证。

范效应。迄今为止，科索沃最终地位问题的演化经过了3个阶段：其一，在国内制造事端引起国际社会注意，并“邀请”外部势力进行干预；其二，国际上的某些强势国家或国家集团绕过联合国从外部对动荡地区进行“人道主义干预”；其三，由联合国或其他国际组织出面主持谈判或确定“问题”国家的最终地位。阿赫蒂萨里以及欧盟都称，由于科索沃与塞尔维亚的关系的特殊性质，特别是这一关系的历史、人文、地理、经济和文化层面，科索沃独立只是一个特殊案例，不会成为其他地区的“示范”。但俄罗斯坚称，它肯定会对独联体国家，以及独联体以外的其他有类似问题的国家产生消极影响。2007年6月中旬，南奥塞梯、阿布哈兹、德聂斯特沿岸共和国、纳格尔诺—卡拉巴赫签署联合声明，要求国际社会承认其“地位”。

第二，如何理解冷战后阶段的民族自决权。民族自决权的思想源于资产阶级革命时期的天赋人权说和人民主权说。1776年的美国《独立宣言》和1789年的法国《人权与公民权宣言》是反映这些思想的最具代表性的历史文献。马克思、恩格斯从支持资产阶级民主革命、争取无产阶级利益出发，历来赞成民族自决。俄国十月革命期间，列宁提出了以反对民族压迫和殖民统治为核心内容的民族自决思想，并把它同殖民地与附属国人民争取解放联系起来。第二次世界大战后，民族自决权在《联合国宪章》《关于人民与民族的自决权的决议》《给予殖民地国家和人民独立宣言》《国际法原则宣言》《关于自然资源永久主权的宣言》《公民权利和政治权利国际公约》《经济、社会和文化权利国际公约》等一系列国际文件中多次得到确认和重申，并作为一项重要的集体人权获得了广泛的认可和接受。

1960年的《给予殖民地国家和人民独立宣言》在宣布“所有的人民都有自决权”的同时又规定：“任何旨在部分地或全面地分裂一个国家的团结和破坏其领土完整的企图都是与联合国宪章的目的和原则相违背的。”因此，任何将民族自决权解释为国内一个民族对抗中央政府的权利，都是不正确的。承认民族自决权与尊重一切国家的主权独立和领土完整是一致的。民族自决权指各民族国家有权不受外来干涉地决定其政治地位，自由选择适合其自身发展的社会、政治和法律制度，自由追求经济、社会及文化的发展，自由处置其自然财富和资源的权利等。

第三，如何理解“人的安全”。自1994年“人的安全”概念问世以来，国际社会在继续关注“传统安全”的同时，开始越来越多地关注人的安全问题。传统安全和人的安全是两个并行不悖的概念，没有人的安全，传统的国家安全就不能获得，反之亦然。客观地说，对“人的安全”的关注体现了人类社会进步的一面。但围绕“人的安全”也存在两方面的问题：(1) 双重标准：西方大国对盟国中存在的“人的安全”问题可以熟视无睹，但对其他国家中的“人的安全”问题则可能会大动干戈；(2)“人的安全”与国家主权之间的关系。“人的安全”是否会成为某些强国绕过包括联合国在内的国际组织自行对其他国家实施包括军事手段在内的各种干预的“合法”借口。

科索沃独立虽然不会引发新一轮“民族独立”的浪潮，但它毕竟对那些倡议根据种族、语言和文化重绘世界地图标准的分离主义组织是一个鼓舞。与此同时，科索沃独立再次向人们提出了这样的问题：怎样的条件才能维系一个多民族国家的存在与和谐发展？多民族国家，特别是那些存在民族分离倾向的多民族国家尤其应该深思。但愿它们能够从中汲取有益的启示。

118. 如何看待欧盟对巴尔干冲突的调解政策？

刘作奎

巴尔干国家冲突持续了几个世纪，在不同的历史阶段有不同的特点。当欧盟参与到巴尔干纷争调解时，它能改变巴尔干冲突的恶性循环吗？为了回答这一问题，笔者将对下列问题进行探讨：(1) 为什么巴尔干国家卷入到冲突的恶性循环当中不能自拔？从新制度主义的视角看，是什么因素促成了冲突的路径依赖？(2) 欧盟为什么要干预巴尔干冲突？它自身哪些特点会影响巴尔干的冲突调解？(3) 欧盟是怎样制定冲突调解政策的？它选择了什么样的制度和工具，并实施了什么样的互动机制？(4) 欧盟的冲突调解政策能在巴尔干建立一种和平的路径依赖吗？本文试图运用新制度主义中的历史制度主义来发现和解释冲突的制度根源，然后把这种根源作为一个独立变量来考察不同巴尔干国家对欧盟制度调解的不同反应和所产生的不同结果，进而考察特定阶段欧盟冲突调解政策的最终效果如何。

巴尔干冲突的潜在根源

历史制度主义认为，当一种制度形成或一种政策确立后，行为体所做出的选择将会对未来的政策产生持续的在某种程度上是决定性的影响。历史制度主义者经常用“路径依赖”来解释这种因果关系，当一种政府项目或者组织进入某种路径，它就会有内在的惰性，最初的政策选择会持续下去。这条路径可能发生改变，但需要大量的政治压力才能发生变化。在大多数巴尔干国家，旧的路径依赖的维护者在面临新的路径依赖的压力时，通常会做出利益核算。它们沿用旧的路径还是新的路径取决于实际核算的结果。对它们来说，旧的路径依赖就是冲突的根源，而新的路径依赖则是欧盟想要对这些国家施加的新的和平制度框架。

那么巴尔干冲突的根源是什么呢？为什么它会持续这么长时间并形成恶性路径依赖？

巴尔干地区现存 11 个国家。不同国家有不同的历史背景、发展阶段。考虑到冲突的同质性，这里重点考察西巴尔干国家，尤其是塞黑（科索沃除外）、波黑以及马其顿。这三个国家是欧盟现在以及将来一段时间解决冲突的重点区域。这三个国家都因为种族和政治问题而产生冲突，冲突的根源相同但又有各自的代表性，基本上能够代表整个巴尔干冲突的不同表现形式，具有一定的典型性。

巴尔干冲突的制度症结是种族的不平等和不容忍。由于这种不平等，存在许多民主、人权和自由问题，连同政治、经济和社会差异最终导致冲突，集中表现在：各种族对各种利益不平等获取机会、不同的认同和国家政权缺乏政治合法性[①]。由于历史、宗教和文化发展轨迹的不同，南斯拉夫各族人民培育出不同的民族性，形成了不同的认同，导致执政的民族缺乏整体的民主和群众基础，政治合法性不足，进而不断引发非执政民族挑战甚至是推翻执政民族的冲突。一战结束后，南建立了一个统一国家，不过，种族对抗和不容忍从一开始就伴随着它。两战期间，信奉东正教的塞族居支配地位，信奉罗马天主教的克族对塞族怀有深深的敌意，认为自己被外族所控制。塞族和克族的这种对抗在二战期间终于以暴力冲突的形式爆发。随着 1946 年在铁托领导下的“第二个”南斯拉夫独立，铁托在各种族之间确立了一种阶级兄弟关系并通过抵抗纳粹德国而获得了政治合法性，但“根深蒂固的种族不满一直存在着，并酝酿着不稳定和分裂”。[②] 许多克族人继续反对塞族在政治和文化上的支配地位，并导致了 20 世纪 80 年代末南分裂期间和之后的再度冲突。铁托改革失败所造成的负面效应更是雪上加霜，他试图用联邦主义的解决方案来消除不平等，但没有成功。1980 年 5 月 4 日铁托逝

① 政治合法性是指人们相信国家的正义性，相信国家有发号施令的权威，对这些命令的服从不仅仅是由于恐惧和个人利益，而且相信这些命令在某种意义上具有道义上的权威，公民应当服从。（见杨豫主编：《运行在国家与超国家之间——欧盟的立法制度》，江西高校出版社 2006 年版，第 159 页。）

② L. J. Cohen, The Disintegration of Yugoslavia, Current History 91, No. 568, November 1992, p. 370.

世，国家统一的主要联系纽带消失了，种族间利益和认同的冲突越来越无法调和。它们在政治体系中的反映就是在政治上和制度上的不容忍和歧视，对政治体系的不平等参与和缺乏独立的可评估的民主制度，这些政治制度加深了不同种族群体间的分离。为了改变这些状况，弱势民族更倾向于寻求民主权利、经济利益，甚至是自治和独立。而获益种族则试图阻止这种要求，因而冲突的恶性循环和路径依赖产生了，并在很多时候从隐性冲突转变成显性冲突。

欧盟干预巴尔干冲突的原因

（1）战略考虑。首先，巴尔干地区的稳定、和平与发展对欧盟来说日益利益攸关。巴尔干居于欧洲心脏地带，该地区的不稳定会在非法活动、有组织犯罪、难民潮和移民等方面对日益扩大的欧盟造成危险的溢出效应。其次，鉴于 20 世纪 90 年代初期和中期欧盟在处理南斯拉夫分离中的糟糕表现，欧盟必定要努力为地区的稳定出力。用欧盟东扩执委会执委莱恩的话说："在 20 世纪 90 年代巴尔干战火焚烧的时候，欧盟经常表现得碌碌无为，我们千万不能冒着这种事情再发生的危险了。对许多人来说，在西巴尔干的成功可以被视为是欧盟外交政策具有公信力的基石。"① 再次，广大的巴尔干地区是欧盟东扩的下一站，欧盟必须先行对这些地区加强制度建设，才能使入盟承诺不是一句空话，行为更加有的放矢，也才能使东扩大业稳步走下去。

（2）影响欧盟干预巴尔干的因素。一、欧盟把自身一体化的制度模式选择看成是解决巴尔干冲突的样板，它信奉制度的力量，并把欧盟政治一体化的成功看成是制度力量取得成功的值得自豪的例子。它认为制度、规则和法律会影响和改变不同国家和不同种族之间的冲突结构。正是基于这种经验，欧盟认为，在巴尔干旧的路径依赖下建立一种新的制度和框架是可行的。二、随着欧洲一体化的发展，欧盟形成了一种支柱化结构（《马斯特里赫特条约》确定的三根支柱）。作为共同体的第一支柱和共同外交与安全政策的第二支柱在冲突中发挥了各自不同的作用。三、鉴于欧盟的上述特点，欧盟形成了独特的制度和工具来处理这些冲

---

① Olli Rehn，Brussels must offer the Balkans a Credible Future，Financial Times（London），April 3，2006.

突。它充分利用了各种资源（欧盟成员资格、贸易特惠、经济援助等等）和重要的工具（条件限制、政治对话等）来改变巴尔干的冲突结构。

欧盟冲突调解模式的实施和评估

欧盟在巴尔干政策实施的步骤：第一步，设计冲突调解的总体框架，通过该框架欧盟试图影响巴尔干并让它们步入和平轨道；第二步，为了实施这一框架，欧盟运用相关的制度和工具来达到冲突调解的目标；第三步，对实施的效应进行评估来确定冲突调解的效果。

第一步：欧盟设计了一种制度框架，旨在消除种族间的对立和不容忍。在所有三个国家中，欧盟都想在哥本哈根标准的框架内建立一种功能性国家①，通过权力共享、领土划分、建立和规范民主法律制度，完善国家内部统一市场等国家构建的办法来消除对立。

在塞黑，欧盟主导的《贝尔格莱德协议》于 2003 年 2 月 4 日签署，结束了塞黑两族之间的冲突。协议要求签字国承诺制定新宪法，建立一个功能性的联邦国家，把种族权力让渡到一个新的国家中心来克服种族对立，进行结构性改革来结束种族间紧张并恢复稳定的政治环境。它拥有一个一院制议会，有议会选举的总统，一个法院，大概有五位部长及由三个总统（两个共和国总统和一个联邦国家层面的总统）领导的共同军队组成的理事会。在联邦行政机构中实行两个共和国代表间轮流执政制度（包括外交代表）。经济和货币政策（保留各自的货币），贸易和关税、警察和签证等都完全掌握在两个共和国手中。欧盟规定国家联盟的主要任务是修订两个共和国宪法，建立合适的机制来确保联邦层面的财政稳定，加强国家联盟管理能力，妥善处理加入欧盟事宜，以及协调两个共和国的贸易和关税制度。

---

① 功能性的国家是指统治集团能够形成一个稳定和权威的核心，配备完备的国家立法、行政和司法等制度和经济领域统一的货币、关税制度，能整合所有必要的国家资源来制定、实施维持国家运行的重大政策。与功能性国家相对应的就是弱功能性国家，就是指国家无法形成单一的统治中心或者是存在中心却被架空，统治集团没有权威性，无法整合相关国家资源来指导国家运行，没有统一和完善的国家政治经济制度。考虑到西巴尔干国家的相关特性，我们称之为弱功能性国家。

在波黑，美国联合欧盟与相关国家联合签署了波黑和平总体框架协议（也称《代顿协议》），结束了塞族、穆族和克族之间的暴力冲突。它规定了波黑在国际法上作为一个国家继续合法存在，但这个国家由两个实体和三个种族共同体组成，两个实体是波黑联邦和塞族共和国，三个种族共同体是塞族、穆族和克族。协议强调“致力于和平、正义、容忍和协调”，[①] 分权、保护少数民族权利及确保种族平等是其基本特征。两个实体在坚持波黑主权和领土完整的条件下可以分别与邻国平等地建立关系。《代顿协议》旨在对三个种族共同体提供最大限度的平等保证来阻止未来的冲突，避免某个种族在国家框架内居于支配地位。协议出台许多制度机制来保护各民族共同体的利益，诸如在议会的投票权，一院制立法制度和共同的国家总统等。

但《代顿协议》使每个实体都有自己的议会、政府、警察和军队，执行该领土权限内一个国家的大部分功能。它是一个混合体，有着不平衡的结构，大约80％的权力掌握在各实体手中。2002 年 3 月 27 日，（欧盟）高级代表[②]与波斯尼亚政治家一道做出了重大的宪法修正并缔结了《莫拉克维卡—萨拉热窝协议》，欧盟此时已经扮演了主导角色，因此协议更多体现了欧盟的色彩。该协议给了波斯尼亚领土所有选区的民族和市民相同的地位，确保保护每个共同体的利益以及它们在决策机构中的代表性。欧盟还在波黑努力建设一种功能性的治理模式，（三个实体成员的）总统有太多的权力，需要让渡到国家政府层面而组成一个有效的国家政府。在这种背景下，国家构建的首要问题是加强国家层面的立法。[③]但由于欧盟的制度框架主要是强调先保持民族的平等与融合，并通过发展和完善经济领域的问题来解决政治问题，因此建立真正自由的市场经济，加强经济竞争、打击腐败和黑市成为首要目标。

---

① Dayton Peace Accords on Bosnia，Annex 4，Constitution，US Department of State (1996－03－30).

② 这里并不是指欧盟共同外交与安全政策的高级代表。波黑高级代表是《代顿协议》签署后于 1995 年由波黑高级代表局创立的，用来监督协议的民事执行。高级代表和高级代表局代表了通过和平执行理事会指定的国际共同体。不过，目前高级代表也是欧盟的特别代表。在大多数时间里，高级代表不但代表国际共同体也代表欧盟，现在它受欧盟指派并为共同外交与安全政策服务。

③ Gergana Noutcheva，EU Conditionality and Balkan Compliance：Does Sovereignty Matter? Doctoral Dissertation，University of Pittsburgh，2006，p. 60.

在马其顿，欧盟主导的《奥赫里德协议》由马其顿政府和阿尔巴尼亚族代表在 2001 年 8 月 13 日签署，结束了它们在马其顿西北部几个月的武装冲突。协议确立了提高阿尔巴尼亚族在马其顿共和国权益的框架。签字国承诺推行一系列宪法修正来结束种族间紧张并恢复一种稳定的政治环境。修正的宪法条约第八条规定："各个层面的公共实体和公共生活相关领域的所有共同体所属的人都具有平等的代表性"，附件 C 第四条强调"发展权力共享型政府"，第五条规定发展"非歧视性和平等的代表制度"。[①] 在此框架下它再次强调建立"一个现代的民主国家"。[②] 当前的主要任务是加强国家层面的功能建设，进一步消除种族间的敌意，打击犯罪和建立独立的司法制度，在欧盟的帮助下引入社会和经济改革，完善选举制度等一系列功能性国家所需要的基本制度。目前，马其顿由议会选举组成的联合政府是框架协议的坚定支持者和执行者，这就保证了欧盟的制度框架能够有效地被执行。

第二步：欧盟建立和使用相关的制度和工具实施这一框架。在处理巴尔干冲突问题上，欧盟使用不同的制度来帮助和促进这些国家完成主要目标，其中两个欧盟支柱——共同体支柱和共同外交与安全政策支柱在此过程中发挥主导作用，它们动用的工具主要是条件限制原则。

共同体和共同外交与安全政策支柱都通过给予欧盟成员资格以及其他援助来实行条件限制。在某种程度上，共同体支柱采取的是肯定性条件限制，更多使用能够产生长期影响的工具，如经济援助、贸易特惠、政治对话。而共同外交与安全政策支柱施加的是否定性条件限制，更注重实用性并且能够产生短期效果和影响的工具，如派遣快速反应部队和维和部队来干预冲突、维持和平，对不服从欧盟规定的国家收回经济援助和终止政治对话。欧盟之所以采取这种双管齐下的办法，除了欧盟结构性原因外（《马斯特里赫特条约》确定欧盟三个支柱结构），还因为欧盟既想以缓慢的方式逐渐培育巴尔干国家的民主气氛，又因为这种制度模式有空降式、强制性色彩，因此需要一软一硬的办法。

在塞黑，欧盟共同外交与安全政策高级代表索拉纳经过积极斡旋，让塞黑双

---

① Ulf Brunnbauer, the Implementation of the Ohrid Agreement: Ethnic Macedonian Resentments, Journal on Ethnopolitical and Minority Issues in Europe, Issue 1, 2002.

② See the Full Text of the Ohrid Agreement, Article 1.4.

方签订了《贝尔格莱德协议》，如前所述，该协议的主旨就是建立一个单一的功能性国家，索拉纳的否定性条件限制的焦点就集中在此，即如果国家联盟没有满足两个行为体保持功能性国家的要求，欧盟将撤回所有援助以及未来的成员资格。共同体支柱则采取肯定性条件限制原则，主要包括出台《东南欧稳定公约》以及稳定和联系进程，这两个工具都强调在国际援助下，塞黑国家联盟加快经济和政治领域的改革进程，欧盟则制定改革的年度进展报告，详细审查具体的经济发展、政治改革等情况，并给予相应的援助。肯定性条件限制并不与国家联盟的生存直接相关，相反只直接针对哥本哈根标准来实施政策。[①]

在波黑，共同外交与安全政策在不同阶段尤其发挥了不同的重要作用。这里必须提到的是高级代表的重要作用。《代顿协议》签署后，连续出现了四名高级代表并分别在四个不同阶段发挥了不同的作用，他们分别是卡尔·比尔特（1995—1997）、卡洛斯·韦斯滕多普（1997—1999）、沃尔夫冈·佩特里希（1999—2002）和帕蒂·阿什当（2002—2005）。在第一阶段，比尔特尽全力致力于波黑的稳定、重建和人道主义援助，但他除了建议、监督和协调外没有真正的强制执行的权力。第二阶段，高级代表的权威被有效增强。1997 年 12 月波恩和平执行理事会赋予高级代表有广泛影响的、接近行政执行的权力（“波恩权力”），包括有权超越地方政府决定并且有权取消或者修改议会决定。如果国内立法和行政实体没有按期颁布规章，他可根据情况自行颁布。第三阶段，高级代表重点集中在三项战略重点上，强化制度建设，转变经济模式，加快难民重返家园。这三管齐下的办法被佩特里希又补充以本土化（ownership），他愿意与被选举的政府和市民社会代表以一种伙伴关系共商国是。最后一个阶段，高级代表逐渐开始转移波恩权力，从决定性和干预性使用这些权力转向更具前瞻性地使用改革推进的办法。奥地利学者克里斯蒂安·艾伯纳总结这一时期欧盟政策的特点是调整、鼓励和加速改革进程。[②] 高级代表所有这些努力都试图逐渐增强国家层面的制度并开放政治空间，促进相关国家建设在宪法层面出现明显的变化。它逐渐

---

① Nathalie Tocci, The EU and Conflict Resolution: Promoting Peace in the Backyard. p. 167.

② Christian Ebner, Are the Bonn Powers Still Necessary, in Predrag Jurekovic & Frederic Labarre, From Peace Making to Self - Sustaining Peace: International Presence in South East Europe at a Crossroads? Vienna, National Defence Academy, 2004, p. 127.

实施否定性条件限制来达到功能性的国家构建，不过实施的力度和范围在不同阶段有不同的特点。与此同时，共同体支柱也采用了稳定和联系进程、《东南欧稳定公约》工具，并以哥本哈根标准为基础，配合高级代表展开工作，借助肯定性条件限制，欧盟对波黑在《代顿协议》和《莫拉克维卡—萨拉热窝协议》框架下的发展做出研究，设定相关的政治、经济和法律标准，欧盟每年评估其进展状况，并决定给予援助和入盟的时间表。

在马其顿，《奥赫里德协议》签署后，欧盟委员会任命了欧盟特别代表来帮助确保欧盟对外行动的一致和协调国际共同体的行动努力。根据欧盟 2005 年共同指导原则，欧盟特别代表致力于巩固和平的政治进程以及全面实施欧赫里德框架协议，通过稳定和联系进程以及《东南欧稳定公约》促进马其顿向欧洲一体化进一步迈进。欧盟特别代表对政令的实施负责，在高级代表的掌管和操作指令下行动，并与马其顿政府和参与到政治进程中的党派保持密切接触，同时，还向欧盟提供建议来加速政治改革进程。第二根支柱在潜在的政治紧张领域为促进稳定发挥了支配性作用，例如 2003 年 12 月 15 日发起的 EUPOL Proxima 行动。在这里，否定性条件限制在短时间内对冲突方面发挥了作用，不过在执行否定性条件限制方面没有像塞尔维亚黑山以及波斯尼亚和黑塞哥维那那么明显，因为马其顿的国家构建一直顺利而平稳地进行，没有出现大的波折，因此欧盟否定性限制的机会比较少。欧共体在《稳定和联系协议》的框架下支持马其顿的改革，除了给予潜在欧盟候选国外，《稳定和联系协议》也加入了框架协议的条款。因此，援助集中在与实施框架协议相关的内容，《东南欧稳定公约》也让马其顿积极融入区域合作计划中，并积极进行政治和经济改革以支持该国家逐渐步入欧洲一体化框架中。

第三步：对相关制度和工具实施的效果进行评估。

西巴尔干国家是怎样接受这一模式和制度安排的？也就是说，当欧盟的制度模式输入这些国家时，它们赋予了每个国家对立的种族群体新的身份。这种新的制度身份必定会改变它们的行为和动机。而欧盟则根据这种条件和服从原则来对制度输入的效果进行评估，确定政策实施后的效果到底如何。

塞黑在国家联盟的框架内，两个共和国的统治集团分别会考虑是否这种制度安排会维持它们各自的利益最大化。《贝尔格莱德协议》在新的政治框架内给予了两个共和国绝对平等的地位而没有考虑两个共和国规模、体制的不同和历史传统的差异。在塞尔维亚，许多塞尔维亚的联邦主义者和实用主义者认为国家联盟在法律上确立了黑山事实上的独立，给了它与其规模不相称的权力，进而使联邦决策更加复杂化，因而会阻碍改革。① 与此同时，在漫长的历史时期内，黑山人形成了不同于塞尔维亚的认同和传统。尽管它们在一个国家或者共和国内经历过长期的友谊，但前南斯拉夫两个共和国的不平等日益引起黑山人的关注。贝尔格莱德和波德戈理查之间针对共同国家和它的未来的对立的政治观点和指责在20世纪90年代末到了临界点。黑山人一直把自己看成是塞尔维亚人中最优秀的，是东正教的最高代表。《贝尔格莱德协议》引发了剧烈的政府危机，黑山自由联盟强烈坚持独立，促使总统久卡诺维奇与社会党人菲利普·武亚诺维奇在2003年1月组成新政府。黑山反对党和塞尔维亚民主反对党激烈反对，使久卡诺维奇很少有斡旋空间来使国家联盟运作。这意味着在国家联盟的政治层面，很难组成一个事实上的国家议会（事实证明是这样，它是一个功能紊乱的实体）。

最困难的是在经济层面。黑山政府自1998年开始事实上执行了自己的独立于联邦政府的经济政策，塞黑经济从此分开。到2000年，两个共和国形成了不同的贸易政策，建立了不同的关税管理制度。两个经济体进一步分离的原因包括：经济力量不成比例——比率是17∶1——塞尔维亚规模更大一些；不同的经济结构：塞尔维亚实行保护主义，而黑山则实行开放政策。两种经济制度需要协调来继续稳定和联系进程，但从一开始国家联盟就表现出低效率和功能紊乱。

在2004年的稳定和联系进程年度报告中，欧盟认为两个共和国在该框架内没有什么进展。在报告中它指出："委员会开始研究在2003年秋与塞黑开启《稳定和联系协议》的协商，在该国采取新的宪法章程后，提交了一份创建单一贸易政策和单一市场的行动计划。随着塞尔维亚举行议会选举，新政府需要时间处理遗留问题，尤其包括政治条件限制、宪法问题以及行动计划。因为这个原因，可行性研究被推迟了。"② 这导致欧盟放弃这一制度框架并采用了"双轨"③ 政策，

---

① Nathalie Tocci, The EU and Conflict Resolution: Promoting Peace in the Backyard. p. 155.

② EU Commission, the Stabilisation and Association Process for South East Europe, Third Annual Report. Brussels, 30, March, 2004, COM (2004), 202/2 final, p. 8.

③ See Dragan Duric, Montenegro's Prospects for European Integration: on a Twin Track. South-East Europe Review, 4/2004.

直到黑山在2006年公投中宣布独立。欧盟在塞黑建设功能性国家来达到冲突调解也未能达到目的。

在波黑，情况与塞黑有所不同。由于欧盟和其他国际组织的全力支持，它们成功使波黑从依靠外部力量转向本土化治理。波黑在走向功能性的国家性方面不同民族取得了共识。在UNDP2002年调查中，85.8%的波斯尼亚聚居区的人，52.3%克罗地亚聚居区的人和63.9%塞尔维亚聚居区的人同意新的宪法修正，随后这些数据都相对出现增长。它证明波斯尼亚作为所有区域和所有文化共同体的市民和民族组成的一个单一国家公共支持率日益增多。

当谈到经济一体化时情况则不是如此。面对经济利益的时候，各个实体很难达成一致，这就使得国家层面的经济运行功能很弱。在新的制度框架下，塞族、穆族和克族主导群体将会考虑是否他们从这种安排中获得了最大化的利益。尽管波黑内战结束了，但在经济领域，存在着经济利益的世袭制度。在20世纪80年代，改革中的联邦主义者针对由政治精英、官僚和工人组成的“极权联合”进行改革，但没有获得应有的经济利益而且国家的经济也一直增长乏力。美国学者米兰·斯库里克进行了相关研究并指出，在波斯尼亚有着传统深厚的继承主义，利益群体的代表控制着绝大多数地方市长职位。这种制度从结构上嵌入到当前的波黑。战前和战时经济所延续的特权继承制确保了代理制度的生存和受益者链条的牢固性。代理制度决定了财产的分配和获取经济利益的机会，利益政党和有权势的财产继承人自上而下控制着波黑的企业，他们联合垄断着波黑的饭店、娱乐场所、餐馆、银行、烟草、森林、电讯、能源和自来水公司等。[①] 这些获利者组成重要的国家政党，并且每个居于支配地位的国家政党都形成了自己的继承人来维持各种各样的利益。而这种利益关系在国家结构中是纵横交错的，即从大的方面看，塞、穆和克族的领袖是各个族的最大经济利益代表，它们每一族都组成了庞大的各族利益链条维护者，彼此之间在经济领域难以妥协；从小的方面看，在三大族下面又存在不同利益集团彼此为控制经济资源互相争夺，这些复杂交错的网络分割了波黑整个国家的经济，难以形成功能性的市场。欧盟制定的宪法和法律对于这种顽固体制的干预软弱无力。财富分配和对权利和机会的获取是极端不平

① Michael Pugh, Postwar Political Economy in Bosnia and Herzegovina: The Spoils of Peace, pp. 470—471.

等的，经济活动的私有化无法规范化，非法和非正式的经济剥夺了政府的税收，据估计每年的数目约为 5 亿美元。[1] 灰色和黑色经济盛行导致了腐败。

欧盟对波黑经济进行的年度评估也证实了这一点。2003 年欧盟委员会审查了波黑对经济改革重点（建设统一的市场经济和打击灰色/黑色经济），欧盟定性为“进展缓慢和不明显”。[2]“总体而言，不同层面政府对经济和财政政策的协调和达成一致仍旧存在问题。”“市场力量的功能化受到效率低下公共部门和脆弱的贸易环境以及法律环境的阻碍，在不同实体之间的市场被分割化了。”[3] 在 2005 年的报告中，它描述道：“国家和国际组织层面所做的调查和评估证实了腐败仍旧是波黑一个严重的问题。腐败几乎影响到国家和社会的所有层面。”[4] 欧盟的制度框架没有损害波黑各族的价值观念和认同，因此它们没有反对欧盟的制度安排，但涉及建设功能性市场经济方面，由于关系到切身经济利益，因此它们对欧盟的安排采取了部分接受部分假服从的办法，仍各自在经营各自的利益版图，导致欧盟的安排无法取得设想中的进展。

而马其顿则在欧盟规定的框架内取得了快速进展。在 2004 年年度报告中，欧盟给予了这样的总体评价：马其顿采取了许多卓有成效的措施，这些措施表明了马其顿想要加速欧盟在稳定和联系进程框架下的改革。这些措施包括更好地协调实施马其顿和欧盟契约关系中的义务和在稳定和联系进程下的建议。[5] 这两个条约都强调了建设功能性国家以及市场经济。在奥赫里德框架内，马其顿相对有效地执行了欧盟的条件限制。阿尔巴尼亚族和马其顿族能够和平共处，敌意和不容忍得到有效压制。在 2006 年的进展报告中，欧共体认为：“所有相关党派都同

---

① Peter van Walsum (OHR Economics Division), cited in “UN Envoy Says Officials Involved in Corruption”, UN wire, 17 August 2000.

② European Commission, Report from the Commission to the Council on the Preparedness of Bosnia and Herzegovina to Negotiate a Stabilisation and Association Agreement with the EU (Feasibility Study), COM (2003), 692, final, 18.11.2003, 17.

③ Commission of the European Communities, Bosnia and Herzegovina 2006 Progress Report, COM (2006), 649, final, pp. 21 25.

④ European Commission, Bosnia and Herzegovina 2005 Progress Report, COM (2005), 561, final, p. 18.

⑤ Commission of the European Communities, Stabilisation and Association Report 2004, Brussels, COM (2004), 204, final.

意建立市场经济”，“在维持基本的经济政策方面达成了广泛的政治共识”。[①] 所有的经济指标都取得了进步。“各党派之间的持续对话对于采纳和实施重要的政治改革和相关的立法是至关重要的。奥赫里德框架的实施对于孕育未来改革的积极环境是至关重要的。”[②] 但是在实现国家功能方面，两个种族在议会代表性方面、处理加入欧盟的时间表上、究竟采取何种措施缓解两个种族对立等方面还存在着分歧，需要进一步协商。

欧盟在西巴尔干能建成新的路径依赖吗?

欧盟是否能够在三个巴尔干国家建成新的路径依赖，这取决于三个国家对旧的路径依赖的严重程度，并直接影响最终结果。欧盟成员国资格从长远来看会带来经济和政治收益，但从近期看会造成对立群体为此而让渡出实质性的权力和利益到一个国家中心，因此就会产生服从条件的成本。如果欧盟成员国资格带来的长期收益大于服从条件的成本，种族群体就会选择接受欧盟的制度模式，新的路径依赖就容易建成。如果长期收益小于服从成本，种族群体倾向于拒绝欧盟的制度安排，欧盟所设想的路径依赖则不会建成。如果长远收益等于或短时间难以核算是否等于服从成本，种族群体会选择接受但不会取得大的进展，这种情况也称为假服从，新的路径依赖建设过程则表现为进展缓慢甚至是停滞。

在塞黑，种族对立非常严重，旧的路径依赖在欧盟框架下难以轻易被改变，所以欧盟的安排失败了。在马其顿，它作为一个主权国家的合法性早在南斯拉夫社会主义联邦共和国时期就确立了，承认对于巩固一种破碎的国家认同感是非常关键的，[③] 并因此导致马其顿族和阿尔巴尼亚族之间的对立不如塞黑和波黑的严重，双方在同一战车上合作才能双赢的共识很早扎根，另外马其顿族在整个国家的主导地位也有利于问题的解决，因为阿尔巴尼亚族可以作为一个合作者参与到国家建设当中。但双方在经济发展道路等一些具体问题上仍存在着分歧。在某种

---

① Commission of the European Communities, The Fryom 2006 Progress Report, COM (2006), 649, final, p. 18.

② 同上，p. 7.

③ Duncan M. Perry, Macedonia: A Balkan Problem and a European Dilemma. RFE/RL Research Report, 19 June 1992, p. 36.

程度上一种和平和发展的路径依赖在马其顿建立起来。在波黑，情况居于两者之间，经济领域的改革进展缓慢，进而溢出到政治领域。塞族、穆族和克族的对立有很长一段历史，制度安排缓解了政治上的紧张，但经济利益的链条并不容易打破，在无法打破利益平衡的时候，波黑冲突各方就会选择默认欧盟的制度调解，但不会真正地服从，因此进展也就会相对缓慢。新的路径依赖虽然没有被拒绝，但要想真正建立起来仍需要时间。保加利亚学者格戛纳·努切娃总结了上述现象，她认为欧盟的政治和经济条件限制随着不同国家和对不同制度背景嵌入的程度不同而变化，政策也会产生不同的结果。① 据上述分析可以做出如下总结，在冲突各方中，价值和认同问题最难克服，利益分享问题在其次，而手段的差异则相对容易解决。② 请看表：

冲突类型	价值和认同冲突	利益的冲突	方式方法冲突
	双方都倾向 独立和自治	双方要求平等 分享各种利益	双方要求用不同的 路径来达成双赢
冲突调解成功的概率	低	中	高

当做出上述比较的时候就会发现，种族对立的严重程度决定了结果。以三个西巴尔干国家在稳定和联系进程中取得进步程度做一比较（截止时间是2004年）。

稳定和联系进程的各个阶段	特别咨询小组	可行性研究	稳定和联系协议协商	签署稳定和联系协议	稳定和联系协议实施	候选国地位
马其顿	1998年1月	1999年6月	2000年1月	2001年4月	2001/2004年	
波黑	1998年	2003年11月				
塞黑	2001/2002年 加强持久对话机制 2003/2004年					

① Gergana Noutcheva：EU Conditionality and Balkan Compliance：Does Sovereignty Matter? University of Pittsburgh，p. 8.

② 感谢贝娅特·科勒—科赫教授为笔者提供的深刻见解和总结。

从表中可以看出，当前马其顿和波黑都进行了可行性研究时，塞黑仍旧在起步阶段徘徊不前。而波黑在进行了可行性研究后再无进步，马其顿则进展迅速。

客观地讲，种族对立程度并不是唯一的影响冲突调解的变量。欧盟不同支柱间的不协调以及条件限制的明确性和时效性也是潜在的影响因素，限于篇幅不作探讨了。与此同时，塞黑虽然拒绝接受欧盟的一个功能性国家的制度安排，但两个共和国都接受了大多数哥本哈根标准的条件限制，并且在和稳定联系进程中取得了进步。种族对立是笔者的一个研究视角，也就是说笔者试图通过对一组弱功能性国家的冲突调解的考察来得出一个规律性的结论，来为今后欧盟对外冲突调解政策提供一个带有科学性的参考。这里笔者不否认西巴尔干国家在入盟道路上取得的进展，也不否认欧盟在引导巴尔干走向一个民主、自由和市场经济的国家所取得的成果。

119. 加入欧盟是解决中东欧问题的灵丹妙药吗？

朱晓中

随着欧盟的两次东扩，10个中东欧国家已经加入其中。它们回归欧洲的历史使命已告完成，但入盟并非解决中东欧转型过程中所有问题的灵丹妙药，而且还使中东欧面临新的问题。这些新老问题已经成为中东欧国家（甚至欧盟）发展的困境。目前，中东欧国家面临的困境涉及认同、政治发展、双边关系、经济发展模式、安全和地缘政治六个大的方面。

认同困境：中东欧国家在欧盟中的定位

欧洲认同是欧洲一体化和欧盟扩大进程中的一个重要话语。1989年剧变之后，中东欧国家开始“双重认同”的进程，即欧洲认同和欧盟价值观认同。

剧变之后不久，几乎所有中东欧国家都提出了“回归欧洲”的口号，并将其作为本国的头等战略任务。“欧洲”是（中）东欧剧变之前社会制度、苏联霸权和国家与社会特定组织形态所必需的对立物，对“欧洲”的狂热成了中东欧国家脱离共产主义制度的工具。此外，援引和强化“欧洲属性”在一定程度上也是中东欧国家政治家赖以生存的合法性资源之一。1993年6月，欧共体/欧盟向申请加入欧共体/欧盟的国家提出“哥本哈根标准”，欧盟呈现在候选国面前不仅仅是一个经济—政治共同体，也是一个价值共同体。

入盟后，中东欧国家没有改变对欧盟价值观的认同，但对欧洲的看法却发生了变化。一是对入盟的解释从地缘政治原因转向更为具体的经济和安全利益考虑；二是欧盟成员国资格不再代表一种目的，而是获得经济现代化、政治稳定和重新获得国家主权的手段；三是开始对获得欧盟成员国资格的成本进行“秋后算账”，并逐渐发现和认识欧盟的缺陷。“认同”侧重点的转变，新老成员国在欧盟中地位和作用的差异，俄罗斯试图恢复对中东欧地区的影响，美国重启同俄罗斯关系而降低中东欧地区的重要性，使得部分中东欧成员国重新寻求同盟以求捍卫自己的利益。维谢格拉德集团（下称V—4）便是一例。

2010年2月24日，V—4在匈牙利首都布达佩斯举行能源安全首脑会议，来自中东欧、东南欧国家的领导人和多个相关国际组织的代表参加了会议。2月底，V—4在布鲁塞尔散发了一份非正式文件警告称，如果即将启动的欧盟对外行动署（EEAS）不能在派出人员方面显示出适当的地理平衡，V—4将退出欧盟的外交政策。3月份，在欧盟首脑会议推出“欧洲2020”新概念之前，V—4进行会晤，协调其在就业增长和劝说国际货币基金组织拯救希腊等问题上的立场。V—4的合作是否可以持续在很大程度上取决于能否找到共同利益。聚焦东方伙伴关系和推动西巴尔干国家入盟进程[①]，可以为V—4创造一个合作市场。如果它们能够坚持不懈，V—4可以获得更大的目标，如推动共同安全和防务政策。

政治发展困境：民粹主义兴起和“向右转”

入盟后，部分中东欧新成员国出现明显的“改革疲劳症”，入盟之前的亲欧洲和亲改革共识正让位于“后欧洲主义”的沮丧。[②] 非自由主义情绪在社会中弥漫，民粹主义和极右势力进入主流政治。

民粹主义作为一种思潮正在越来越多的中东欧国家中蔓延，其共同特征是：第一，民粹主义者自称是反对腐败和无能的政治精英；第二，民粹主义者（不同程度地）反对自由民主的关键理念；第三，挑战转型时期的“自由主义共识”（市场经济改革、加入欧洲大西洋机构，保护少数民族权益）。中东欧民粹主义有四个载体：第一，它是一些政党渴望改善其政治地位和争取进入联合政府机会的

① The Visegrad Group Stands Ready to Promote the Integration of the Countries of the Western Balkans，October 6，2009，http：//www.visegradgroup.eu/main.phpfolderID=1&articleID=25648&ctag=articlelist&iid=1，2009—10—17.

② Kristina Mikulová：Post—Europeanism “in Central Europe?”，14 December 2006，http：//cepa.org/ced/view.aspx record_id=68，2009—11—14.

一种动员战术；第二，它是一些政党的意识形态，并试图影响反对欧洲的左派或右派；第三，它是公共政治文化，反映公众的排外、超级民族主义、敌视市场经济、资本主义或反民主的情绪；最后，它是公众对加入欧盟后能否获得较好生活的一种实用主义考量工具。

中东欧的新民粹主义并不对民主或多数人法则构成挑战，也不企图禁止选举和实行独裁。它所反对的是当代民主的一些重要内涵，例如基于政党的代议制、对少数民族权益的保护，以及对国家主权的约束。根据不同的政治理念和行为，中东欧的民粹主义又大致分为“软”民粹主义和“硬”民粹主义。“软”民粹主义对现有代议制，特别是对现有的政党制度提出挑战。它鼓吹这样的观念：现有的政党都是腐败的，它们形成了卡特尔，背离了人民，太意识形态化等。[①]“硬”民粹主义不仅挑战现有的代议制，而且挑战自由民主的某些基本原则，如保护个人和少数民族权益。[②]

由金融危机引发的全球经济危机爆发后，对经济的忧虑和对执政党克服金融危机和经济危机能力的质疑，导致部分选民将选票投给了处于政治边缘的某些右翼势力（政党），致使极端主义成为部分中东欧国家共同的政治现象。[③] 更重要的是，极端主义政党通过选民的支持而合法地进入了政治舞台。这些趋势在匈牙利、保加利亚、斯洛伐克、拉脱维亚和立陶宛尤为突出。上述国家的一些共同点是：非主流政党在欧洲议会中的代表增多；金融危机导致失业率大幅上升；反犹情绪重新抬头；以及针对少数民族群体的暴力事件增加。部分极右翼政党还敌视欧盟和北约。

虽然中欧的右翼势力并不承认自身是法西斯主义，[④] 但是，右翼势力不断壮

---

① “软”民粹主义政党主要有保加利亚希美昂二世的“民族运动”（NMSII）和鲍里索夫的“争取欧洲进步公民党”（GERB），“匈牙利青年民主主义者联盟”，斯洛伐克菲措领导的“方向党”。

② 最著名的是“自卫和波兰家庭联盟”。

③ Eva M. Blaszczynski & Peter B. Doran，Central Europe's Emerging Far－Right. CEPA Report No. 21，June 2009.

④ 例如，匈牙利的“尤比克”不承认左翼和右翼的划分，只承认有拥护全球化和反对全球化的政治力量，他们自称是爱国力量，Leigh Phillips，“What's Behind Hungary's Far－Right Jobbik”，April 20，2010，http：//www. businessweek. com/print/globalbiz/content/apr2010/gb20100420 _ 420459. htm，2010－06－18。

大带来的危险是现实的。首先，经济危机使有害的民族主义同经济民粹主义和种族主义相结合，右翼集团借机用散布它们的观点来吸引困惑和失望的选民。第二，极右势力可以利用新获得的声望和地位，将更温和的中右政党（甚至整个社会）推向右翼[①]。未来中右政党有可能选择极右的民粹主义情绪，以便吸引新的选民。第三，右翼政党在立法机构中立足，可以阻挠或削弱推进欧洲一体化或跨大西洋合作的立法。

民粹主义和极右势力的兴起是一个欧洲现象，但出现在中东欧有其独特的原因。首先，各党派失去共识。入盟后，由于各党派不再拥有入盟这样的共同目标，联合政府各党派之间的鸿沟因政见分歧而开始加大，温和的和亲欧洲的自由派政治家[②]相继失势。其次，部分国家的党派或竞争对手之间互不妥协。部分国家的选举已演变为政治战争。竞选对手互为敌人，而不是受尊敬（或至少是宽容）的对手，以至在很多情况下难以在选举之后由竞争对手组成联合政府。这使极端主义派别“趁火打劫”，进入联合政府。第三，欧盟没有调节（新）成员国政治发展的合法手段。由于欧盟自身的结构限制，欧盟不能对成员国的国内政治发展进行干预。中东欧国家基本满足了入盟政治条件，欧盟也没有施加政治压力的空间。

目前，民粹主义和极右翼尚未成为中东欧地区强大的政治力量，但人们担忧这一地区的民主正在“褪色”[③]，而且，目前的经济和政治气候易于导致极端主义的发生和发展。中东欧政治形势“向右转”，也强化了人们对“新成员国是否准备好成为欧盟成员国的疑虑”，并使人们有理由担心欧盟继续扩大的前景。

双边关系困境：少数民族和边界之争

历史上，中东欧国家长期处于异族占领和压迫之下，一些国家或领土多次易手，这导致边界多次变更，遗留的领土和边界问题、境外少数民族问题较多。有些问题至今未决。其中，匈牙利和斯洛伐克之间有关匈牙利族人问题，克罗地亚和斯洛文尼亚海上边界争端引人注目。

---

① 如匈牙利执政的青年民主主义者联盟—基民盟。

② 波兰的米莱尔、匈牙利的彼得·迈杰希及捷克的弗拉基米尔·斯皮德拉。

③ Jacques Rupnik, From Democracy Fatigue to Populist Backlash. Journal of Democracy, Vol. 18, No. 4, October 2007, pp. 17—25.

自1989年以来，匈牙利族人问题一直是匈牙利同其周边国家关系中的一个重要问题。近年来，匈牙利和斯洛伐克在斯洛伐克匈牙利族人问题上龃龉不断。[①]

2009年6月30日，斯洛伐克议会通过《语言法》修正案，要求优先使用国语斯洛伐克语，如果在公开场合使用非斯洛伐克语将被处以100—5000欧元罚金。匈族人称，此法实际上视使用匈牙利语为犯罪[②]。匈牙利总统索罗姆指责斯洛伐克“试图强迫同化”和违反人权。匈议会议员称，“斯洛伐克从其历史中清楚地知道，一种语言被排除在正式交流场合之外意味着什么”[③]。但是，斯洛伐克政府宣称，该法本身并未妨碍使用少数民族语言。

2010年5月26日，匈牙利议会通过给予居住在匈牙利之外匈族人申请匈牙利公民权利的法案。申请公民的唯一条件是，其祖先是匈牙利人和掌握匈牙利语。匈牙利负责外交的国务秘书说，“给予双重国籍是重建新中欧努力的一部分”。匈牙利副总理则宣称，双重国籍“创造了一个所有匈牙利族人的工具，以便匈牙利可以成为1500万匈牙利族人的国家”。[④] 斯洛伐克对此反应强烈，认为匈牙利给予境外匈族人公民权是对斯洛伐克国家安全的威胁。作为回应，斯洛伐克修改了自己的公民法，规定凡是在他国申请所在国国籍的斯洛伐克公民，都将被剥夺斯洛伐克国籍，以此限制双重国籍。

克罗地亚和斯洛文尼亚的海上边界争端也颇引人注目。1991年独立后，斯洛文尼亚在第一个划分与克罗地亚边界的草案中提议，在皮兰湾中心线划分两国海上边界。但在1992年6月5日，斯洛文尼亚宣布对整个皮兰湾拥有主权。其理论根据是《联合国海洋法公约》第15条第二段，即历史权利和对海洋的实际控制先于其他权利。斯洛文尼亚提出，作为南斯拉夫联邦一部分时它曾自由进入

---

① 根据2002年斯洛伐克的人口统计，该国的匈牙利族人约52万，占总人口的9.5%，但讲匈牙利语的地区占斯洛伐克领土面积的20%。

② Slovakia criminalises the use of Hungarian. The Economist，31 July 2009，www. economist. com/world/europe/displaystory. cfmstory _ id=14140437，2009—08—02.

③ “German MEP slams Slovak language law”，10 July 2009，http：//www. euractiv. com/en/culture/german mep—slams—slovak—language—law/article—183982，2009—09—21.

④ “Hungary accused of meddling in Slovak poll，” 11 June 2010，http：//www. euractiv. com/en/enlargement/hungary— accused — meddling — slovak — poll — news —495126，2010—08—22.

国际海域。不仅如此，在 1954—1991 年间斯洛文尼亚警察一直控制着整个海湾。[①] 然而，克罗地亚认为，海上边境线应该由两国海岸等距离计算，法律根据是上述公约第 15 条第一段。

2001 年 7 月 20 日，斯洛文尼亚和克罗地亚两国总理签署了解决两国所有边界争端的所谓“德尔诺夫舍克—拉昌协定”。根据这个协定，克罗地亚将获得皮兰湾大约 1/3 水域以及同意大利接壤的海上边界，斯洛文尼亚则获得进入公海的走廊[②]。斯洛文尼亚议会批准了该协议，但克罗地亚议会不仅没有批准该协定，而且批评拉昌简单地将有争议地区划给了斯洛文尼亚。此后，两国的边界谈判因分歧较大一直没有进展。2008 年 11 月 21 日，斯洛文尼亚总理帕霍尔表示，支持克罗地亚入盟，但不能接受克罗地亚在向欧盟提交的入盟文件中存在歪曲两国有争议边界的内容。12 月 19 日，斯洛文尼亚外长宣布冻结克罗地亚的入盟谈判。[③] 2009 年下半年，两国边界谈判出现转机。7 月 31 日，两国总理同意以符合两国利益的方式解决边界争端。9 月 11 日，两国总理在卢布尔雅那会晤，双方同意解决边界争端的谈判将在欧盟主持下进行。9 月 29 日，斯洛文尼亚议会欧盟事务委员会一致同意解除对克罗地亚入盟长谈判达 10 个月的封锁。11 月 4 日，克罗地亚和斯洛文尼亚两国在瑞典首都斯德哥尔摩签署了由欧盟仲裁解决边界争端的协议。克罗地亚议会批准了该协议，2010 年 3 月 23 日，斯洛文尼亚宪法法院也认定该协议符合斯洛文尼亚宪法。但是，斯洛文尼亚反对党、海洋法专家和著名知识分子都对该协定提出强烈批评，认为协议不足以使仲裁法庭在保障斯洛文尼亚权益的情况下进行裁决。[④] 2010 年 6 月 6 日，斯洛文尼亚就此进行全民公

---

① Avbelj M. & Letnar erni J，The Conundrum of the Piran Bay：Slovenia v. Croatia. Journal of International Law & Policy：No. 6. 2007，http：//www. pennjil. com/jilp/5－1 _ Cernic _ Jernej _ Letnar. pdf. 2010－06－04.

② 而一些学者认为这样的解决方案违背领海和邻近地区的公约。

③ “Slovenia Blocks Croatia’s EU Progress，” 2009－06－24. http：//www. balkaninsight. com/en/main/news/20472/，2010－09－02.

④ Iga Turk，“A Sceptical view of the Slovenia－Croatia Arbitration Agreement”，31 May 2010；http：//www. euractiv. com/en/enlargement/sceptical－view－slovenia－croatia－arbitration－agreement－analysis－494699，2010－09－02；“Slovenian Referendum on Border Agreement with Croatia”，27 May 2010 ，http：//www. eubusiness. com/news－eu/slovenia－croatia. 3wj，2010－09－02.

决，51.5%的人赞成政府提出的由国际仲裁法庭做出最终决定。[①]

1919年《凡尔赛和约》及其后续的战胜国与战败国之间签署的条约，是欧洲现代史上的一个重大历史问题，也是一个与荣耀和失落相关的民族情感问题，更是事关一个国家主权和利益的原则问题。同时，联邦制国家解体方式在很大程度上决定着联邦制解体后的国家间关系。在民粹主义（以及右转）渐成风气的今天，理性处理民族和边界问题不仅是对相关国家的一大挑战，也是欧盟亟须认真思考和应对的重大问题。

增长模式困境：经济增长模式的转变

上个世纪90年代中期以来，争取早日加入欧盟是中东欧国家改革和转型的主要驱动力。这种愿望不仅根本影响了中东欧国家的制度建设和经济政策设计，同时也形成了基于欧洲经济一体化的增长模式。这种模式也称之为“追赶模式”，其基本特征是，贸易自由化，承诺国际资本自由流动和金融市场对外开放。经济自由化和对外经济关系开放与趋同的经典过程同时发生。这种模式使中东欧国家开始以比其西欧邻国快得多的速度增长，2002—2008年间，它们的劳动生产率和收入水平持续提高和增长，较低的单位劳动成本和较高的人力资本贡献使中东欧国家能够更多地吸引外资。外资的进入又诱发了快速的技术转移，从而融入跨国生产网络。在波兰、捷克、斯洛伐克、匈牙利还经历了自转型开始非工业化之后的重新工业化时期。与此同时，部分中东欧国家的工业和出口结构的质量大幅升级。

然而，金融危机中断了对中东欧国家的高速增长进程，并对其经济产生了一系列严重影响。首先，导致私营部门去杠杆化。中东欧地区一直因比其他新兴市场国家有更大规模的资本流入而受益。在部分国家中，信贷增速过快导致大量私营部门负债。金融危机爆发后，西方国家向中东欧国家的净资本流入放缓或完全停止。由于获得信贷更加困难，私营部门开始去杠杆化。其次，家庭融资行为因

---

① Darren Mara，“Poll results show ‘yes’ vote on Slovenia－Croatia border deal”，AFP/Reuters，07.06.2010，http：//www.dw－world.de/dw/article/0，5656796，00.html，2010－07－27.

自身债务或融资形势不乐观而发生改变。波罗的海三国、罗马尼亚、克罗地亚和匈牙利的家庭负债水平高，这也是金融危机向这一地区传导猛烈的重要原因之一。融资困难导致许多家庭将更多地依靠自身的收入来源，推高储蓄率，并被迫重新安排还贷。因为收入预期降低，部分家庭也很可能经历一个自愿去杠杆化过程。第三，公共支出负担增加。危机期间，政府、金融机构和家庭的财政状况迅速恶化。低收入和低支出导致税收双向减少，继而使公共支出负担增加。此外，货币贬值还影响到公共债务在 GDP 中的比率。在一些国家，欠国际金融机构债务有所增加。

金融危机和经济危机迫使中东欧国家必须寻找新的经济增长模式，以适应新的国际经济环境。新的经济增长模式是中东欧国家既有资产①、国家间发展差异和金融危机之后所面临新形势三者结合的产物。它具有如下特性：第一，弱化对资本进口的依赖。这对严重依赖外资流入和经常账户及储蓄投资率严重失衡的国家十分重要，将消除导致持续的外部不平衡的因素，在一定情况下还意味着解决真实汇率严重失调问题。第二，鼓励提高家庭储蓄并将这些储蓄用于经济增长。通过增加财政激励或鼓励支持贸易部门净出口的方式补偿因家庭储蓄率上升而导致的国内需求疲软。同时，经济增长的重启要求更有效的使用储蓄。第三，重启信贷并改善管理机制。政府减少信贷约束以支持私营部门恢复经济活动。同时，改善针对信贷增长和信贷配置的管理机制。这两个问题对复苏和避免新的资源错置和不平衡（危机前的情况）至关重要。第四，以长期的财政平衡为目标，部分调整公共支出计划旨在提高增长。改善支出结构（教育和基础设施为重点），以提高增长为目标应成为政府的一个重要任务。第五，制定和推行“驱动增长”政策。制定和推行新的有关人力资本、新技术、产业和地区政策，以使这一地区重新成为对外资进入和跨国生产有吸引力的地区。这些政策对扭转非工业化进程和鼓励投资从非贸易部门更多转向贸易部门的国家更加重要。第六，实行积极的移民政策。绝大多数中东欧国家要应对比西欧国家更严重的老龄化问题。增加可利用劳动力和改善劳动力质量必须提上中东欧国家政策日程。

---

① 即欧盟成员国资格、候选国或申请加入欧盟。这些制度层面的资产加之及其较高的人力资本和劳动生产率的追赶（危机之前业已存在的将继续存在），是中东欧国家实现新增长的基础。

安全困境：新的安全威胁

随着越来越多的中东欧国家加入北约和欧盟，传统安全已经不再是困扰这些国家的主要问题。但是，它们又面临新的安全困境。第一，经济上日益强大的俄罗斯试图重返中东欧地区。第二，能源问题对国家安全的影响日益增大。第三，国际恐怖主义、有组织犯罪，治理不力和所谓“流氓国家”的威胁。

近年来，俄罗斯通过“能源外交”和对中东欧国家实行差异化政策，部分地恢复了对中东欧地区的影响。与此同时，随着俄罗斯国内政治趋向保守、俄罗斯与西方关系趋于恶化，特别是俄格战争以及美国“重启”同俄罗斯关系并降低对中东欧地区的关注，使诸多中东欧国家重新对自己的安全忧心忡忡。2009 年 7 月 16 日，中东欧国家 22 位原政要和外交人士联名致信给美国总统奥巴马，呼吁美国持续关注中东欧地区的安全问题，列举了忽视中东欧地区可能产生的严重政治后果。[①] 出乎中东欧国家意料的是，奥巴马政府以宣布改变在中欧部署导弹防御系统的决定来回应中东欧国家的《公开信》[②]。这是 20 年来美国第一次降低同中东欧国家关系的水平，以求俄罗斯在美国关切的重大国际问题上进行合作[③]。因此，在同年 10 月，美国的 32 位外交事务专家联名上书奥巴马总统，敦促奥巴马政府重申对中东欧国家的承诺，改善同捷克和波兰等国的防务关系，以表明美国介入的深度和诚意。[④] 11 月 4 日，波兰外长西科尔斯基在华盛顿称，中东欧国家需要可信的硬安全担保和军事存在。2010 年 3 月，波兰国防部长克里赫表示，

---

① 有关近年来中东欧和美国关系变化的讨论可参阅朱晓中：《2009 从公开信看“新欧洲”与美国关系的新变化》，吴恩远主编：《俄罗斯东欧中亚发展报告 2010》，社会科学文献出版社 2010 年版，第 210—221 页。

② Barack Obama,“Statement on Missile Defense”, September 18, 2009, http://www.realclearworld.com/articles/2009/09/18/statement_on_missile_defense_97177.html, 2009—12—31.

③ A. Wess Mitchell and Ted Reinert, Eds, U. S. — Central European Relations in the Age of Obama. CEPA Report No. 22, July 2009, http://www.cepa.org/publications/view.aspxrecord_id=114, 2009—07—31.

④ Experts Urge Obama to Recommit to Central Europe. Oct. 02 2009, http://www.foreignpolicyi.org/node/12879, 2010—04—12.

希望北约的资产和基础设施在成员国之间均衡分配。

在能源安全方面，2009 年 1 月俄罗斯切断向乌克兰输气管线供气，使中东欧国家感到了能源安全的紧迫性。[①] 2010 年 2 月，维谢格拉德集团国家在匈牙利首都布达佩斯举行能源安全首脑会议，希望欧盟尽快制定外部能源（安全）政策，减少对俄罗斯能源供给的依赖。

近年来，中东欧国家有组织犯罪也呈上升趋势。捷克和匈牙利已经成为国际犯罪集团协调、联络的中心，并以此为跳板，向欧盟心脏地区渗透。入盟之后，匈牙利有组织犯罪集团数量大幅增加，成了全球色情资料、走私香烟的中心。匈牙利有组织犯罪集团的人员多为前安全部门人员和黑市从业人员，同地方当局保持着“良好的关系”，犯罪活动已经控制了当地 GDP 的 20%以上。捷克有近百个有组织犯罪集团，成员近 3000 人，辅助人员有 5000 人。其中，30 个已经“升级”为国际黑手党。由于同德国有较长的边境线，捷克成为走私物品和贩卖人口的热点地区，如旅游城市卡罗维发利已经成为“俄国城”。斯洛伐克约有 50 个有组织犯罪集团，近 700 成员多是科索沃阿族人、乌克兰人、俄国人和格鲁吉亚人。首都布拉迪斯拉伐是阿族人的地盘，专门从事非法“卖淫”活动，年收入在 5000 万欧元以上。[②] 目前，捷克、匈牙利和斯洛伐克已成为“毒品游”和“性旅游”的“理想国”，有组织犯罪集团因此获得大量黑色资本。

中东欧国家的有组织犯罪集团之所以发展迅速有两个主要原因，一是这些国家处于欧洲的交通要道，二是欧盟内部没有边界控制。捷克内务部的一份秘密报告称，这些有组织犯罪集团的最终目的是渗透到所在国的政治和经济生活中去。目前，这些国家的安全部门同美国联邦调查局和中央情报局合作，共同打击有组织犯罪。

---

① 2008 年，中东欧国家对俄罗斯原油和天然气的依赖程度如下：斯洛伐克分别为 100%和 100%，匈牙利分别为 99%和 98%，保加利亚分别为 71%和 100%，捷克分别为 67%和 78%，波兰分别为 93%和 89.6%，罗马尼亚分别为 36%和 100%，斯洛文尼亚分别为 0%和 48%，立陶宛分别为 97.6%和 100%，爱沙尼亚分别为 0%和 100%，拉脱维亚分别为 0%和 100%，详见“Market Observatory for Energy”，European Commission，DG Energy 7/07/2010，http：//ec. europa. eu/energy/observatory/eu _ 27 _ info/eu _ 27 _ info _ en. htm，2010—09—04。

② Ioannis Michaletos and Marketa Hanakova，Organized crime in Central Europe. 08—Jan—2010，http：//www. worldsecuritynetwork. com/showArticle3. cfmarticle _ id = 18168&topicID=55，2010—08—29.

地缘政治困境：两难选择

冷战后，中东欧的地缘政治不再由处于东西方之间所界定，加入北约和欧盟之后，中东欧的地缘政治也不再由处于德国和俄罗斯之间的窘境所界定。[①] 不过，如今的中东欧国家却因欧洲和美国之间两个竞争性的关系左右为难。它们拒绝在两者之间进行选择，而是主张一种综合的“欧洲一大西洋主义”。“欧洲—大西洋主义”的含义多少与单纯的大西洋主义有出入，试图用一组不同于北美的价值观、社会经济模式和对国际关系的态度来界定欧洲。[②] 中东欧国家认为，欧洲和美国均属西方共同体，两者拥有绝大多数相同的价值观、许多类似的经历、绝大多数相同的利益。冷战的经历强化了中东欧对西方的认同。对中东欧人而言，地缘政治变化有时也是一个价值观选择过程。

在当今管理国际体系的三种方式（霸权、集体安全或多边主义、力量平衡）中，中东欧国家不介意霸权，但担忧力量平衡。中东欧人默认由新帝国填充旧帝国遗留下来的真空。欧盟被视为一个帝国的替代物，推行经济一体化，而美（帝）国提供安全。这些新帝国的作用相互补充，而不是矛盾。在“西方”体系中，“新”“老”欧洲的两分法显然不当。中东欧国家今后是否会再追随美国从事海外军事冒险是个未知数。当然，作为北约的新成员国，许多中东欧国家现在世界各地积极参与维和，对北约有强烈的承诺。但是，中东欧国家对国际机构又有某种矛盾的态度：既要参与其中，又不希望在组织之外的地区进行太多干预，不想太多打破世界现状。这一地区没有新保守主义用武力推广民主的想法。

此外，对强权的不同理解也影响到欧盟新老成员国对俄罗斯的态度和交往方式。中东欧国家高度关注俄罗斯国内政治发展，对及其试图恢复势力范围十分警惕。同时，它们希望越来越多的独联体国家走向“民主”，最终成为“欧洲”的一员。为此，中东欧国家希望欧盟成为继美国之后的另一个“民主输出者”，并

① New Geopolitics of Central and Eastern Europe：Between European Union and United States. Proceedings of the Conference Organized by the Stefan Batory Foundation 2004，www. batory. org. pl/doc/geopolityka. pdf，2005—05—01.

② 欧洲人认为欧洲区别于美国的地方是，政教分离和世俗化，建立福利国家、进行枪支管理、废除死刑、崇尚国际法。

制定专门针对独联体国家的政策。[1]

长期以来，欧盟的小成员国实际上没有属于自己的外交政策。只要英国、法国和德国达成一致，那便是欧盟的共同政策。然而，新成员国希望在欧盟形成和执行外交政策时有它们的声音，而不希望自己和欧盟被大国所控制。因此，它们不喜欢“法一德硬核欧洲”的概念。中东欧国家的政治和思维传统提供了理解其理念和行为的基础，但这并未使其很好地适应冷战后的新两难处境。英国著名欧洲问题专家戈登·阿什认为，庆祝欧盟扩大的最好方式不是谈论过去，而是看看美国、欧洲和中东欧在未来可以合作做什么。这或许是中东欧地缘政治要应对的真正挑战。

小结

目前，欧盟处于发展的关键时期，扩大后的欧盟需要对自身进行多方面调整(结构和政策)，以应对新形势和新挑战。作为欧盟新成员国，中东欧国家同样面临着调整、适应和融入欧盟的过程。中东欧国家加入欧盟，给欧盟带来了新的气象。如使欧盟积极介入乌克兰橙色革命、提出东方伙伴关系倡议、推进（输出）民主和维护人权、敦促欧洲大西洋两岸的协调与合作。与此同时，它也以某种方式给欧盟带来了新问题和挑战，如双边争执、民粹主义和极右势力兴起、少数民族问题、治理倒退，以及表现出经济脆弱性。[2]

应该指出，中东欧新成员国面临的若干困境，部分是中东欧国家发展中的问题，部分是欧盟结构和政策的副产品，部分是欧洲大西洋关系中的纠结所致，部分源于中东欧国家同美国双边关系中的变化。有关各方均应正视各自的问题，厘

---

① 在波兰和瑞典的推动下，2009 年 5 月 7 日，欧盟 27 国代表和来自乌克兰、白俄罗斯、摩尔多瓦、亚美尼亚、格鲁吉亚和阿塞拜疆 6 国的政府首脑或代表在捷克首都布拉格举行首脑会议，就欧盟同这 6 个国家建立伙伴关系达成一致。Joint Declaration of the Prague Eastern Partnership Summit，http：//www. consilium. europa. eu/uedocs/cms _ data/docs/pressdata/en/er/107589. pdf，2009－05－08.

② 在金融/经济危机风暴中，欧盟老成员国中没有一个国家的政府因为经济下降而垮台，但中东欧新成员国有一半国家的政府因为经济困境下台。David T. Armitage，Jr.，Europe's Return：The Impact of the EU's Newest Members. CEPA Report No. 27，November 2009，http：//www. cepa. org/publications/view. aspx record _ id＝122，2009－12－06.

清原因，找出应对困境的方式和方法。只有这样，中东欧新成员国才能找到其在欧盟中的真正位置[①]，实现真正的政治稳定和迎来经济上的黄金年代，欧盟才能继续前行，欧洲—大西洋关系才能构筑在健康的基础上。

---

① 目前，因幅员、人口、资源和政治抱负的差异，中东欧新成员国在欧盟内扮演着不同角色：（1）寻求发挥影响，波兰凭借其幅员、资源和政治意志，试图充当中东欧新成员国的领头羊。因其人口与西班牙相若，是中东欧10国中唯一参与G6（法国、德国、意大利、西班牙和英国）的国家。图斯克担任波兰总理之后，波兰以更积极的态度对待欧盟。波兰也迫使法国在欧盟气候变化协定问题上妥协。波兰原总理布泽克担任欧洲议会议长也将增强波兰人在欧盟机构中的影响力。（2）试图发挥影响，但不能发挥影响。罗马尼亚一直动员欧盟对黑海地区和摩尔多瓦以更多关注，但它在欧盟成员国和欧盟委员会中缺少威信。捷克一直试图引导欧盟的能源政策，推动古巴的民主，但一直为其小气而狭隘的国内政治所阻碍。（3）随大流。匈牙利对欧盟决策形成过程没有兴趣。它主要关注国内经济和政治挑战。斯洛文尼亚即使在担任欧盟轮值主席国时，它关注的其能源问题也只是简单地维持现状和避免出错，而不是推动新的政策倡议。

作者简介（按姓氏笔画排序）

丁晓星，1975 年生，博士，中国现代国际关系研究院副研究员。长期从事独联体问题、俄罗斯与独联体国家关系等问题研究，在《现代国际关系》《国际资料信息》《世界知识》《瞭望》等期刊发表多篇学术文章。

孔田平，1965 年生，山西昔阳人。1986 年毕业于山东大学。1996 年毕业于中国社会科学院研究生院，获法学博士学位。曾在美国哥伦比亚大学中东欧研究所和华沙经济学院做访问学者。曾任中国社会科学院俄罗斯东欧中亚研究所东欧研究室副主任和主任。2011 年 3 月起在中国社会科学院欧洲研究所工作，任中东欧研究室主任。现为研究员、博士生导师。兼任中国俄罗斯东欧中亚学会常务理事、中国东欧中亚经济研究会理事、中国欧洲协会理事、中国欧洲协会欧洲一体化史研究分会秘书长。研究领域涉及波兰政治经济、东欧经济改革与经济转轨、转轨经济比较、中东欧国家经济发展及巴尔干问题。曾发表数十篇论文及研究报告，合著多部，主要代表作为《东欧经济改革：经济转轨与制度变迁》。

孔寒冰，1958 年生，黑龙江密山市人，1992 年毕业于北京大学国际政治系，获得法学博士学位，现为北京大学国际关系学院中东欧研究中心主任、教授、博士生导师。长期从事中东欧政治与外交的教学与研究工作，访问了这一地区的所有国家，《世界知识》辟有“寒冰走苏东”专栏。主要著作有：《东欧史》《原苏联东欧地区社会主义运动现状研究》《东欧政治与外交》《走出苏联——中苏关系及对中国社会发展的影响》《科索沃危机的历史根源及大国背景》《世界社会主义史论》《克拉拉·蔡特金评传》《社会主义与资本主义关系：历史、理论与评价》《国际妇女节起源考》《叶利钦执政年代》等，另发表论文百余篇。

马细谱，1938年生，湖南岳阳人。1960—1966年在保加利亚国立索非亚大学学习历史专业。1966年起在中国社会科学院世界史研究所工作，曾任苏联东欧史研究室主任，研究员。1982—1985年在南斯拉夫进修，获得历史学博士学位。1990—1994年任中国驻保加利亚大使馆文化一秘。1998年起任国务院发展研究中心欧亚所特约研究员和东欧室/欧洲室主任。主要从事巴尔干国家的历史和现状研究，是东欧史学科带头人。已发表280多万字的论文和专著。代表作有：《巴尔干纷争》（1999）、《从国王到总理——保加利亚末代国王沉浮》（2003）、《列国志·阿尔巴尼亚》（2004）、《南斯拉夫兴亡》（2009）、《保加利亚史》（2011）。曾翻译《戈尔巴乔夫现象——改革年代：苏联东欧与中国》《文明的对话——世界地缘政治大趋势》（2007）等。

马蔚云，黑龙江大学俄罗斯研究院研究员、学术委员会副主任、《俄罗斯学刊》副主编、硕士生导师、博士。黑龙江大学第四届和第五届优秀中青年骨干教师，黑龙江大学第一届（2002—2004年）、第二届（2005—2007年）、第三届（2008—2010年）特聘岗位津贴获得者。长期从事俄罗斯经济与政治、中俄关系等课程的教学工作，主要研究方向为俄罗斯经济、中俄关系。现任中国东欧中亚经济学会理事、中国中俄关系史研究会理事、黑龙江省俄罗斯东欧中亚学会常务理事等职。在《世界经济与政治》《俄罗斯中亚东欧研究》等刊物发表学术论文40余篇，出版专著5部，主持和参加课题研究项目14项，获得各级科研奖项15项。

于淑杰，1962年生，现任军事科学院世界军事研究部研究员，大校军衔，军事学博士，硕士生导师。先后毕业于海军电子工程学院、北京外国语大学和中国人民解放军军事科学院。独立或参与完成专著10部，主译或与他人合译外国军事著作18部，发表学术论文50余篇、译文160余篇。其中较有影响的专著有《俄罗斯联邦军事基本情况》《世界军事发展年度报告》《当代俄罗斯军事战略研究》等；译著有《假如明天战争来临》《俄联邦武装力量发展的紧迫任务》《俄罗斯军事学说》《外军法律法规汇编》《普京时期的俄罗斯内外政策》《梅德韦杰夫的俄罗斯内外政策》《军事战略新论》《俄的最后一场战争》等。

王洪起，1942 年生，天津市人，1966 年毕业于北京外国语大学东欧语系，从 1967 年开始在新华社工作。其间，1969 年至 2006 年曾先后四次、22 年在新华社驻地拉那分社工作，先后任翻译、记者、首席记者，并兼任驻马其顿首席记者。高级编辑，国务院发展研究中心欧亚社会发展研究所研究员，新华社世界问题研究中心研究员。长期研究国际问题，主攻方向为巴尔干问题。主要作品有：《山鹰之国亲历》（回忆录）、《我眼中的中国政要》（译作），以及合著作品《新华社记者看世界》《中国驻外记者文丛》《中国文史精华年选》等。主要论文有：《美欧俄在巴尔干地区博弈——世界格局和大国关系专题调研》《阿尔巴尼亚动乱前因后果分析》《科索沃战后的巴尔干》《奥巴马政府的巴尔干政策分析》《巴尔干潜在的不稳定因素》《马其顿民族问题》《科索沃单方面宣布“独立”》《塞尔维亚加盟入约道路多险阻》《北约第六次东扩》等数百篇。

王海燕，原新疆社会科学院中亚研究所副研究员；2003—2004 年在俄罗斯圣彼得堡国立财经大学做访问学者；2010 年 5 月调入华东师范大学国际关系与地区发展研究院暨国家开发银行—上海合作组织研究院，副师、经济学博士。多年从事以中亚、俄罗斯为主的上海合作组织国家经济、社会问题研究。出版专著 1 部，合著 10 余部，副主编 3 部；主持完成课题近 10 项，其中国家课题 2 项；参与完成国家级、部委级及其他课题 30 余项；发表论文 80 余篇，其中被《人民大学报刊复印资料》全文转载和核心期刊上发表的论文 20 余篇。已发表论文和结项课题成果共计 200 余万字，均为中亚与上海合作组织问题研究成果。

左凤荣，1964 年生，辽宁阜新人。中共中央党校国际战略研究所教授，国际政治专业和国外马克思主义研究专业博士生导师。1982 年考入北京师范大学历史学系，1989 年 7 月毕业，获得历史学学士、硕士学位。2001 年 7 月毕业于中央党校，获国际政治专业博士学位；1999 年 8 月至 2000 年 8 月在俄罗斯国立莫斯科大学进修。兼任中国苏联东欧史学会副秘书长、中国中俄关系史研究会和中国俄罗斯东欧中亚学会常务理事、山东大学当代社会主义研究所（教育部当代社会主义研究基地）兼职研究员、内蒙古大学特聘教授等。主要著作有：《赫鲁晓夫传》《走进克里姆林宫》《致命的错误——苏联对外战略的演变与影响》《读懂斯大林》（与姜长斌合著）和《重振俄罗斯——普京的对外战略与外交政策》（获中央党校优秀科研成果奖）等。参写的主要著作有：《斯大林政治评传》《苏联兴亡史论》《一个大国的崛起与崩溃——苏联历史专题研究（1917—1991）》等，参编《苏联真相——对101个重要问题的思考》。主持完成国家社会科学基金项目："普京执政下俄罗斯的对外战略与对外政策"，参与多项国家社会科学基金和教育部课题的研究。发表论文和研究报告100多篇。

田春生，1951年生，教授、研究员，长期从事世界经济、转型比较经济和俄罗斯经济等领域研究。自1987年至2004年供职于中国社会科学院世界经济与政治研究所，历任该所副研究员和研究员，并先后任经济比较室主任、发展与转轨室主任等职，2004年调任中国青年政治学院经济系主任，教授。1989—1991年俄罗斯科学院经济研究所访问学者；2002—2003年美国哈佛大学欧亚研究中心高级访问学者。现兼任国务院发展研究中心欧亚所和教育部人文社会科学重点研究基地华东师范大学俄罗斯研究中心特邀研究员等职，主持和参与国家社会科学基金、中国社会科学院和教育部重大课题10项、发表论文和研究报告等200余篇。

丛鹏，1951年生，辽宁庄河县人，1978年毕业于北京外国语学院，1982年毕业于外交学院，获法学硕士学位。1990—1991年和2001年先后在苏联国立莫斯科国际关系学院和俄罗斯国立莫斯科大学进修和访学。1994—1998年在中国驻圣彼得堡总领馆任教育领事。现任北京外国语大学国际关系学院教授、国际问题研究所所长，《国际论坛》杂志常务副主编。长期从事国际关系和国际法教学工作，先后讲授战后国际关系、国际法、世界经济与政治及俄罗斯外交等课程。撰写、主编和参编学术著作、教材和辞书8种，发表学术论文30余篇。

包毅，法学博士，毕业于中国社会科学院研究生院，现为中国社会科学院俄罗斯东欧中亚研究所副研究员，主要从事中亚国家政治转型与上海合作组织研究。代表作有《中亚国家政治转型研究》《部族政治文化与中亚国家政治的转型》《简析中亚国家总统制及其发展趋势——以哈萨克斯坦和吉尔吉斯斯坦为例》《简析俄罗斯三届总统选举》《中亚地区安全形势与上海合作组织安全合作机制评估》

《上海合作组织的扩员问题》《中亚的安全选择和能源政治博弈》与《中亚国家反腐败机制研究》等。

刘军梅，1972年生，毕业于俄罗斯国立圣彼得堡大学，获经济学博士学位。现就职于上海复旦大学经济学院副院长，副教授。主要研究方向为世界经济、转型经济、俄罗斯东欧经济。曾主持《转型国家经济制度的变迁》《俄罗斯与欧盟的经贸关系：问题与启示》《金融开放与发展：俄罗斯与中国的比较研究》《全球化视角下的金融开放与发展：理论、实证与政策取向》《转型国家银行业改革与发展的比较研究》等科研项目。近年来发表相关领域的学术论文70余篇，并有多篇被《人民大学报刊复印资料》转载。主要代表作有：《经济全球化与转型国家的制度变迁》（2002）；《俄罗斯金融制度的变迁》（2003年）；《发展科技与转变国家职能——格拉季耶夫眼中的俄罗斯经济复兴之路》，（2005年）；《俄罗斯经济的竞争力、发展困境及其出路》（2007年）；《全球金融危机对俄罗斯的影响：传导机制与应对措施及中俄金融合作空间的探索》（2008年）；《世界经济中的贸易战略与贸易政策：历史视角的国际比较》（2009年）；《应对危机：从比较中看俄罗斯经济的转型与发展》，（2010年）；《中俄要拒绝零和博弈》（2011年）。

刘作奎，1975年生，辽宁大连人，2005年毕业于首都师范大学历史学系，历史学博士，现为中国社会科学院欧洲研究所副研究员，任国际关系研究室副主任、中国欧洲学会欧洲一体化史分会理事和副秘书长。主要研究领域为欧盟外交与中欧关系、西巴尔干问题研究、电子治理研究，主要代表作品有：*EU's Conditionality and Western Balkans' Accession Roads*《中国精英的欧洲观》《发达国家的电子治理研究》（合著，第二作者）。

刘英，陕西人，历史学博士，西北师范大学历史学系毕业，先后在吉尔吉斯斯坦国立大学、俄罗斯奔萨别林斯基国立师范大学学习。2002年回国并进入华东师范大学历史学系博士后流动站。现为西北民族大学历史文化学院副院长、教授、硕士生导师，中国俄罗斯东欧中亚学会理事，中外关系史学会会员、甘肃欧美同学会·海外留学归国人员联谊会常务理事。目前从事中俄关系史和俄罗斯制度变迁及趋势研究，相关的主要学术成果有《中国与俄罗斯：20世纪前30年的中俄经济关系》《冷战起源时期苏联在朝鲜的政策实践》《普京外政与俄罗斯的国家传统精神》《从贸易局面看中国西北地区在上合组织框架中的经济地位》等。

刘显忠，1968年生，先后就读于内蒙古大学历史学系、陕西师范大学历史学系和北京大学历史学系，分别获历史学学士、硕士和博士学位。现为中国社会科学院俄罗斯东欧中亚研究所研究员，研究领域为苏联史、苏中关系，发表相关论文、译文多篇。

刘楠，1986年生，辽宁人。北京师范大学国际与比较教育研究院硕士，主要研究方向为教育政策比较和中俄教育比较。2009年北京师范大学教育学专业毕业，其间多次参加校内科研基金项目，其中独立主持完成《小学生课堂中行为习惯的养成教育——以新源里四小二年级一班为对象质的研究》（2008年）和《北京高校研究生参加公务员考试的动机影响因素的调查研究》（2010年）两项科研基金项目；研究生在读期间参与本研究院教授主持的多项省部级重大课题的子课题研究及实地调研工作，并负责数据分析和调研报告部分章节的撰写。在《比较教育研究》等专业期刊发表《21世纪以来俄罗斯推进义务教育均衡发展政策述评》《人的文化属性与教育的本质特征》等数篇学术论文。

李中海，1969年生，辽宁康平人，中国社会科学院俄罗斯东欧中亚研究所研究员。先后毕业于对外经济贸易大学、中国社会科学院研究生院，获得经济学硕士和法学博士学位。1994—1998年在中国国际航空公司驻莫斯科代表处从事商务工作。2003—2006年在中国驻俄罗斯使馆从事经济调研和经济外交工作。曾发表各类论文、文章和研究报告数十篇，参与《中国道路：中国经济学家的思考与探索》《中俄美在中亚：合作与竞争（1991—2007）》《梅德韦杰夫与普京——最高权力的组合》等多部学术著作的写作，《普京八年：俄罗斯复兴之路（2000—2008年）》经济卷主编。

李玮，语言学、新闻学双博士，现任北京大学外国语学院教授、博士生导师，北京大学新闻与传播学院俄罗斯传媒研究所副所长，中国俄罗斯东欧中亚研究会理事。主要研究方向：（1）俄语话语语言学；（2）俄罗斯大众传媒；（3）中俄文化比较与两国国家形象问题。主要研究成果：专著《从超句体到片段》《转型时期的俄罗斯大众传媒》；合著《俄文版中国文化背景知识》《现代俄语语篇语法学》《实用俄语》《俄语感叹词辞典》等。此外，近年来在国内外学术刊物上发表涉及俄罗斯语言、俄罗斯大众传媒、中国在俄国家形象的论文30余篇。

李建民，1953年生，中国社会科学院俄罗斯东欧中亚研究所研究员，博士生导师，享受国务院政府特殊津贴。1985年国际关系学院研究生毕业，获法学硕士学位，1998年中国社会科学院研究生院博士毕业，获法学博士学位。1989年起在中国社会科学院俄罗斯东欧中亚研究所工作，曾任俄罗斯经济研究室主任，2006—2011年在中国驻俄罗斯使馆从事调研工作。学术兼职：中国俄罗斯东欧中亚学会理事、中国财政学会外国财政专业研究委员会委员、中国俄罗斯东欧中亚经济学会常务理事、中国国际经济关系学会常务理事、中俄友协理事、清华大学人文学院经济学研究所特约研究员。多次参与、主持国家级和院级课题，参加撰写或合作主编专著《独联体国家向市场经济过渡研究》《经济转轨的进程与难题》《新俄罗斯—政治·经济·外交》《中俄经贸关系研究》《经济全球化、地区化与中国》《苏联兴亡史论》《独联体十年：现状、问题、前景》《既非盟友也非敌人——苏联解体后的俄美关系》《新世纪的中俄关系》《世界区域合作模式比较研究》《俄罗斯经济转轨与中国经济改革》《世界产业结构变动趋势和我国的战略抉择》《世界主要国家金融体系、监管和我国对策研究》《2006—2010年中俄经贸合作中期规划》等。译著2部，学术论文和内部报告200余篇。

李莉，1975年生，黑龙江海伦市人，中国社会科学院俄罗斯东欧中亚研究所助理研究员。2008年毕业于北京师范大学教育学院比较教育专业，获教育学博士学位。研究方向为俄罗斯教育和社会文化。主要作品有《转型时期高等教育公平问题——来自俄罗斯的经验》《转型国家教育公平研究——问题、根源和措施》《相背而驰、殊途同归——比较分析中俄高等教育入学考试及变革趋势》等。在《比较教育研究》《清华大学教育研究》《西伯利亚研究》《俄罗斯中亚东欧市场》等杂志发表多篇文章。

李雅君，1964年生，中国社会科学院俄罗斯东欧中亚研究所俄罗斯政治社会文化研究室副主任，研究员。1987 年毕业于北京大学国际政治系，获法学学士学位；1995 年毕业于俄罗斯圣彼得堡大学法律系，获法学博士学位；2003—2004 年赴俄罗斯莫斯科师范大学社会学与政治学系做高级访问学者。主要作品有《俄罗斯之痛——车臣问题探源》、《俄罗斯议会》（合著）、《俄罗斯十年：政治、经济、外交》（合著）、《梅德韦杰夫与普京——俄罗斯最高权力的组合》（副主编）、《重新崛起之路——俄罗斯发展的机遇与挑战》（合著），以及《俄罗斯共产党：发展历程与势衰原因》等数十篇论文和研究报告。

李福川，1958 年生，中国社会科学院俄罗斯东欧中亚研究所研究员。1982—2002 年先后在河北大学、国际关系学院和外交学院学习，并分别获得俄罗斯语言文学学士、法学硕士和法学博士学位。2006—2009 年在中国驻俄罗斯大使馆任一等秘书，从事俄罗斯经济调研工作。研究方向为俄罗斯经济，主要研究范围包括俄罗斯能源、金融、社会经济政策及反垄断政策等。在国内外刊物发表《俄罗斯是发展中的社会国家》《论俄罗斯的社会市场经济模式》《中俄自然地租和公共支出比较研究》等论文数十篇，完成俄罗斯经济调研报告百余篇，10 次获得中国社会科学院优秀决策信息奖。2010 年出版专著《俄罗斯反垄断政策》，参与完成数项院级及部委委托课题 10 项。

李新，1965 年生，1989—1994 年留学苏联白俄罗斯国立大学，获经济学博士学位。现任上海国际问题研究院俄罗斯中亚研究中心主任、研究员、上海财经大学世界经济专业博士生导师。兼任中国俄罗斯东欧中亚学会常务理事、中国上海合作组织研究中心常务理事、中国世界经济学会理事、上海俄罗斯东欧中亚学会副会长、上海世界经济学会常务理事、上海市第十一届政协委员、俄罗斯《圣彼得堡国立大学学报》经济卷编委。曾荣获“全国留学回国人员先进个人”“上海高校优秀青年教师”“上海市优秀留学回国人才”等荣誉称号。主要研究领域：世界经济学、转型经济学与转型国家经济，曾应邀多次前往俄罗斯等苏联地区国家及德国、希腊、美国、加拿大、日本等地讲学和学术交流。以中、俄、英等文字在境内外学术期刊发表论文 100 余篇，出版《向市场经济过渡：俄罗斯与中国》、《马克思主义经济思想史》（苏联俄罗斯卷）、《经济转型比较制度分析》等专著 10 余部。

许勤华，1970 年生，法学博士，中国人民大学国际关系学院副教授，国际能源战略研究中心执行主任，俄罗斯东欧中亚研究所副所长。从事国际问题研究 20 年，在捷克、美国、日本有长期访学及工作经历。国家发展与改革委员会能源研究所客座研究员，英国国际战略研究所会员。

曲文轶，1971 年生，2000 年毕业于中国社会科学院研究生院，获博士学位。2000 年至今在辽宁大学工作，辽宁大学国际关系学院教授、博士生导师，辽宁大学俄罗斯东欧经济政治研究所副所长。主要代表作有：《俄罗斯过渡经济中的私有化》（2000）、《私有化、所有权结构与内部人控制：以俄罗斯为例》（2004）、《转轨经济中自然垄断产业的私有化：俄罗斯案例分析》（2004）、《从尤科斯事件看普京政府对寡头经济的治理》（2004）、《俄罗斯经济增长模式探析——兼与中国比较》（2006）、《试析俄罗斯经济政策调整的新动向：强化国家对自然垄断的所有权控制》（2008）、《制度变迁的经济效果——原苏东国家经济转轨 20 年回顾》（2011）。

朱晓中，1957 年生，北京市人。1982 年毕业于北京大学历史学系世界史专业，1986 年在北京大学历史学系获欧美近代史专业硕士学位，1999 年 7 月在中国社会科学院研究生院获法学博士学位。现任中国社会科学院东欧中亚研究所研究员、博士生导师。主要研究领域：中东欧与欧洲一体化、巴尔干欧洲化、中东欧国家转型，以及中东欧国家与俄罗斯关系等问题。著有《中东欧与欧洲一体化》，主编《十年巨变——中东欧卷》《转轨中的中东欧》，以及《多元与冲突的文明》（副主编）等学术著作。

何卫，中国社会科学院俄罗斯东欧中亚研究所研究员、乌克兰研究室主任。主要从事乌克兰、白俄罗斯、摩尔多瓦、立陶宛、拉脱维亚和爱沙尼亚六国问题研究。近年来主要成果包括：《十年巨变——新东欧卷》（主编和主要作者）、《对原苏联东欧地区国家经济转轨若干问题的几点认识》（论文）等。

苏畅，副研究员，就职于中国社会科学院俄罗斯东欧中亚研究所。研究领域为中亚和外高加索地区的国际关系、社会政治及上海合作组织，发表及撰写论文、研究报告近百篇。主要著作：《中亚宗教极端势力研究》，社会科学文献出版社2009年版；《上海合作组织研究》（合著），长春出版社2007年版；《俄美新较量——俄罗斯与格鲁吉亚的冲突》（合著），长春出版社2009年版；论文《伊斯兰解放党与中亚安全》《格鲁吉亚与俄罗斯关系中的美国因素》等。主持国家社科基金课题1项、院级课题1项，参与院级课题4项、其他各类课题20余项。获院级奖7项。

张昊琦，1969年生，毕业于中国人民大学国际政治系，获博士学位，现任中国社会科学院俄罗斯东欧中亚研究所副研究员、《俄罗斯中亚东欧研究》杂志编辑。研究方向为俄罗斯政治思想史与中俄关系史。参与《普京八年：俄罗斯复兴之路（政治卷）》《梅德韦杰夫和普京：最高权力的组合》等书的撰写，发表了《俄罗斯保守主义与当代政治发展》等论文。

张亮，1983年生，山东泰安市人。2006年7月毕业于山东师范大学外国语学院俄语专业，获文学学士学位；2006年9月考入中共中央党校，2009年7月获法学硕士学位，现为中共中央党校国际政治专业在读博士。发表的论文有：《军事交流合作在中国国家战略中的作用》《全球治理中的中国责任》《浅析中国软实力建设》等。

陆南泉，江苏江阴市人。中国社会科学院荣誉学部委员。1960年莫斯科财政学院（现俄罗斯联邦财政大学）研究生毕业，同年获经济学博士学位。现任中国社会科学院俄罗斯研究中心副主任、中国社会科学院研究生院教授、博士生导师。兼任清华大学等校教授。先后两次任日本北海道大学斯拉夫研究中心、日本国际问题研究所客座教授。1992年荣获国务院颁发的为我国社会科学事业做出突出贡献的证书，享受政府特殊津贴。撰写、主编的专著有《苏联经济》《苏联经济简明教程》《从企业入手——戈尔巴乔夫的经济体制改革》《苏联改革大思路》《独联体国家向市场经济过渡研究》《新俄罗斯：政治·经济·外交》《苏联兴亡史论》、《苏联经济体制改革史论（从列宁到普京）》《苏联真相——对101个重要问题的思考》《中俄经贸关系现状与前景》与《走近衰亡——苏联勃列日涅夫时期研究》等 25 部，并发表了大量论文与研究报告。还有《苏联财政》、《苏联政治经济学》（教科书）、《苏联财政》等合译著作 5 部。

陈新，1966 年生，江苏扬州市人，1998 年毕业于中国社会科学院研究生院东欧中亚系国际政治专业，并获得法学博士学位。1989—1999 年在中国社会科学院东欧中亚所从事研究工作，1999 年起调至中国社会科学院欧洲研究所工作。2002 年任欧盟东扩研究室副主任，2008 年任经济研究室副主任。2010 年起至今任经济研究室主任。2007—2008 年任“中国欧盟欧洲研究中心项目（ESCP）”中方主任。2008 年 10 月被推选为中国欧洲学会秘书长。主要研究领域是中欧经贸关系、欧洲经济及中东欧研究。主要成果有：《投资芬兰》《投资匈牙利》《希腊主权债务危机及对中国的影响》《欧盟东扩：历史性的挑战和机遇》《30 国社会保障制度：匈牙利》等。

肖甦，祖籍福建福州市。1994 年获得俄罗斯教育科学院心理学副博士学位。现任北京师范大学国际与比较教育研究院教授、博士生导师。主要从事教育理论、教学理论、教育制度的比较研究，尤为侧重苏俄教育理论与教育制度研究。参加国家“八五”、“九五”、“十五”、“十一五”教育规划课题十余项，独立主持多项省部级课题。在《教育研究》《比较教育研究》等核心学术期刊发表论文 60 余篇；参与翻译苏俄教育著作数部。主要代表作有《苏联教育 70 年成败》《俄罗斯转型时期重要教育法规文献汇编》《比较教师教育》《生存与发展——国际视野下的私立教育》等专、译著，其中《俄罗斯教育十年变迁》获北京市第八届哲学社会科学优秀成果二等奖。

庞大鹏，1976 年生，山东泰安市人。中国社会科学院俄罗斯东欧中亚研究所副研究员。研究方向为俄罗斯政治。2003 年毕业于中国社会科学院研究生院国际政治专业，获法学博士学位。2004—2006 年在中国人民大学从事政治学的博士后研究工作。学术著作有《观念与制度：苏联解体后的俄罗斯国家治理（1991—2010）》（专著）、《从叶利钦到普京：俄罗斯宪政之路》（专著）和《普京八年：俄罗斯复兴之路（政治卷）》（主编）。

苗华寿，1938年生，山东威海人。1962年7月毕业于波兰格但斯克工业大学水工建筑系，获工程师及硕士学位。1986年8月至今历任中国人民大学副教授、教授。1989年起任国务院发展研究中心欧亚社会发展研究所常务副所长。2003年起任国务院发展研究中心欧亚社会发展研究所所长顾问、学术委员、研究员。现为中国东欧中亚学会顾问、上海合作组织研究中心高级顾问、欧美同学会常务理事、东欧分会常务副会长。长期从事前苏联东欧和现东欧中亚各国问题研究，特别是中东欧国家的研究，是《新学科新知识字典》《南斯拉夫和东欧社会学》、《国外高校100所》《国际政治的新阶段与新思路》《伊拉克战后国际能源形势和中国能源战略》《欧盟东扩与世界格局》等书的撰稿人，在国内主要报刊、期刊发表论文和文章百多篇。

单春艳，辽宁阜新人，现为辽宁教育研究院高等教育研究所助理研究员。2009年于北京师范大学国际与比较教育研究所获得教育学博士学位。主要研究方向为比较高等教育、俄罗斯教育。参与和主持《高等教育人才培养的国际比较》、《大学特色发展的比较研究》《辽宁省行业特色高校服务地方经济发展的现状、问题与对策研究》等国家级、省级重点课题十余项。在全国中文核心期刊上发表《教育、科学、生产一体化——俄罗斯高等教育特色及启示》《提升国家竞争力——俄罗斯高等教育质量保障体系建设的新向度》等文章十余篇。

郝赫，1973年生，吉林农安人，早年工作于吉林省社会科学院，从事俄罗斯经济形势研究。后毕业于中国社会科学院俄罗斯东欧中亚研究所，获国际政治博士学位。继续致力于俄罗斯国内形势跟踪研究，曾参与各级别科研课题十余项，发表科研成果数十万字。代表作：《俄罗斯经济形势与对中国贸易合作前景的分析与预测》（1998）、《复兴战略中的俄罗斯经济走势》（2000）、《俄罗斯寡头现象分析》（2008）、《普京八年：俄罗斯复兴之路》（2008）、《梅德韦杰夫和普京——最高权力的组合》（2008）等。

项佐涛，1982年生，河北唐山人。2001年进入北京大学国际关系学院学习，先后获得学士、硕士和博士学位，现为中央编译局博士后。研究方向为社会主义国家的政治和社会发展，社会主义思想史。先后获得北京大学学术创新奖、学术十杰等奖项。目前在核心期刊上发表《国际共运史上的一种“异端现象”——吉拉斯的“新阶级”理论剖析》《吉拉斯“异端”思想的发展历程》《十月革命与中国社会主义道路的选择——解读中国人的十月革命观》《1939—1940年托派关于苏共党内干部官僚化现象的争论》《曲径探新路——原苏东地区近20年社会主义运动的发展状况》《苏联模式的特征及其与社会主义国家改革的关系》等论文近20篇。

贺婷，1985年生，湖北浠水人，2010年毕业于北京外国语大学欧洲语言文化学院，获硕士学位。2010年起任职于中国社会科学院俄罗斯东欧中亚研究所东欧研究室。研究领域是匈牙利政治经济，同时关注匈牙利跨境民族问题。

姜晓燕，祖籍内蒙古包头市，获得俄罗斯教育科学院教育学博士学位。现任中国教育科学研究院国际与比较教育研究中心副研究员。主要研究成果涉及俄罗斯教育政策研究、中俄职业教育比较研究及苏俄教育史等研究领域。在国内外核心期刊及国外学术文集中发表文章40余篇，并有译著、编著、教材、词典及其他科研成果数项。主要代表作包括：在俄罗斯合作出版专著《中俄现代职业教育》（Современное профессиональное образование: Россия и Китай. Татарское республиканское издательство Хэтер. Казань 2009）；在《比较教育研究》《外国教育研究》等国内专业核心期刊发表《俄罗斯教育20年——变革与得失》（2010）、《俄罗斯的爱国主义教育及村社意识》（2008）、《俄罗斯中等职业教育优先发展战略》（2006）等。

姜琍，1970年生，江苏南通市人。1991年毕业于北京外国语大学捷克语专业，2008年获中国社会科学院研究生院法学博士学位，自2010年7月起在北京大学国际关系学院从事博士后研究，现为中国社会科学院俄罗斯东欧中亚研究所副研究员。主要研究方向为中东欧民族主义与民粹主义、中欧地区合作、捷克和斯洛伐克问题。发表的著作有《捷克》（合著）、《斯洛伐克》（独著），学术论文主要有《转型时期斯洛伐克民粹主义探析》《捷克与斯洛伐克政治、经济和外交转型比较》《维谢格拉德集团的演变及其发展前景》《中欧政治右倾化趋势及其面临的挑战》《匈牙利和斯洛伐克民族——民粹主义及其相互关系的发展变化》。

赵会荣，中国社会科学院俄罗斯东欧中亚研究所副研究员，国务院发展研究中心欧亚社会发展研究所特约研究员。1997 年获得黑龙江大学俄语系学士学位，2001 年获得外交学院俄罗斯外交方向硕士学位，2006 年获得中国社会科学院研究生院国际关系专业中亚研究方向博士学位。2009 年在荷兰国际亚洲研究所、2004 年在乌兹别克斯坦国立经济大学做过访问学者，对俄罗斯、中亚和高加索地区有超过 10 年的研究。主要专注的科研领域包括：中亚和外高加索地区的政治、经济、安全和能源问题、大国与中亚国家的关系、上海合作组织。主要成果：专著《大国博弈中的乌兹别克斯坦》、论文《欧洲的中亚政策》《俄罗斯的多极世界构想与外交》等。

赵伟，黑龙江佳木斯人，现为佳木斯大学教育科学学院副教授。1997 年和 2008 年毕业于哈尔滨师范大学，获得文学学士和教育学硕士学位。2011 年毕业于北京师范大学国际与比较教育研究院，获得教育学博士学位。主要研究方向为教育政策，比较教育并侧重苏俄教育。在《比较教研研究》《外国教育研究》等期刊发表学术论文 20 余篇，参与和主持省厅级以上课题 6 项。主要研究成果有：编著《转型期俄罗斯教育改革》、论文《全面发展基础之上的区别化教学——俄罗斯普通教育高年级侧重性教学改革评析》、论文《俄罗斯“科教一体化”政策的执行及其效果》等。博士论文《俄罗斯联邦〈教育法〉的流变：冲突与整合》，获得 2010—2011 年度全国“联校教育社科医学研究论文奖计划”基金一等奖。

徐向梅，1968 年生，黑龙江绥化市人，研究员。1985—1992 年就读于北京大学历史学系，获历史学硕士学位。1998—1999 年在国立莫斯科师范大学做访问学者。2002—2005 年就读于西安交通大学经济与金融学院，获经济学博士学位。自 1992 年起就职于中共中央编译局，从事俄罗斯政治、经济问题及中俄转轨比较的研究工作，现任中共中央编译局俄罗斯研究中心执行主任。主要著作有：《由乱而治：俄罗斯政治历程（1990—2005）》（专著）、《俄罗斯银行制度转轨研究》（专著）、《民主与现代化：有关 21 世纪挑战的争论》（译著）等。

徐刚，1984 年生，江西鄱阳县人，现为北京大学国际关系学院博士研究生。研究领域为中东欧转轨、巴尔干问题。参与《原苏东地区社会主义运动现状研究》部分章节和附录的撰写，并先后在《现代国际关系》《国际论坛》《欧洲研究》等专业核心期刊上发表论文数篇。

徐坡岭，河南汝州人，经济学博士、教授、博士生导师，现为教育部人文社会科学重点研究基地辽宁大学转型国家经济政治研究中心副主任，华东师范大学俄罗斯研究中心特聘研究员。2005 年 8 月—2006 年 9 月赴俄罗斯莫斯科大学访学，2007 年 11 月—2008 年 2 月赴德国汉堡大学访问。曾任辽宁大学国际关系学院副院长。兼职任中国世界经济学会常务理事、中国俄罗斯东欧中亚学会常务理事、辽宁省世界经济学会秘书长。主要研究领域为世界经济和转型国家经济，出版专著十余部，发表论文近百篇。

唐朱昌，复旦大学经济学院教授，博士生导师。目前主要学术兼职：上海市俄罗斯东欧中亚学会副会长；复旦大学俄罗斯中亚研究中心副主任；复旦大学上海合作组织研究中心副主任；复旦大学中国反洗钱研究中心常务副主任。多年来一直从事世界经济理论，特别是转型经济理论的研究。曾经出版涉及俄罗斯转型经济的专著、合著多部，主要代表作《俄罗斯经济转轨路径与效应》（合）、《从叶利钦到普京：俄罗斯经济转型启示研究》《俄罗斯经济转轨透视》《寻求苏美力量均衡的努力》等。曾在国内外各种杂志上发表学术论文 100 多篇。承担过国家社科、教育部、上海市及复旦大学委托的科研项目多项。

钱宗旗，上海国际问题研究院俄罗斯中亚研究中心研究人员。1984 年毕业于黑龙江大学俄语系俄罗斯语言文学专业，获得学士学位。1991 年获得上海外国语学院文学硕士学位。主要研究领域是俄罗斯中亚政治、外交等。主要研究成果论文有《Взаимодействие Китая，России и США в Центральной Азии》（Китай и центральная Азия—поиск новых геополитических ориентиров，Алматы）《普京时代俄罗斯中东外交的特点及其发展趋势》《中亚国家区域合作探索的现状和发展趋势》《奥巴马时代俄美在中东地区的博弈》《俄罗斯北极开发国家政策剖析》等。

高际香，博士，河北怀来人。2006 年毕业于中国社会科学院研究生院，博士，现为中国社会科学院俄罗斯东欧中亚研究所俄罗斯经济室副研究员。主要研究领域涉及俄罗斯宏观经济、俄罗斯对外经济关系、俄罗斯社会政策等。出版专著：《俄罗斯对外经济关系（1992—2007）》；发表论文40余篇，其中近两年的主要论文有：《俄罗斯新一轮养老保障制度改革解析》和《俄罗斯农业发展与战略政策选择》。

高歌，1968年生，江苏徐州市人。1993年毕业于北京大学国际政治系，获法学硕士学位。2000—2001年在德国法兰克福大学做访问学者。2002年毕业于北京大学国际关系学院，获法学博士学位。现任中国社会科学院俄罗斯东欧中亚研究所研究员、东欧研究室副主任，从事中东欧国家政治与外交问题的研究。主要著作有《东欧国家的政治转轨》《东欧两国议会》，发表相关论文数十篇。

盛世良，1942年生，上海人，1964年毕业于上海外国语学院俄语系，同年到新华社工作，先后在国际部和参编部任俄文翻译和改稿，在参考消息编辑部任编辑、编辑室主任和总编室主任，1978—2000年先后三次在新华社莫斯科分社历任记者和副社长，2003年起为新华社世界问题研究中心研究员，2000年起兼任国务院发展研究中心欧亚社会发展研究所俄罗斯内政室主任，2007年起为俄罗斯瓦尔代国际辩论俱乐部成员。主要研究方向为俄罗斯、独联体和上合组织。主要文章：《俄罗斯主权民主》《中俄美新三国演义》《俄罗斯解体危言》。合写的主要著作：《怎样做新闻翻译》《突发事件目击记》《中国邻国》。主要译作：《回忆与思考》《同莫洛托夫140次谈话》《俄罗斯》《斯大林秘闻》《我所见过的名记者》《天缘政治学》等。

崔皓旭，黑龙江人。北京大学法学硕士，中国社会科学院法学博士，现为中国社会科学院俄罗斯东欧中亚研究所副研究员，北京市宪法学会理事。主要从事俄罗斯宪政、司法研究。多次主持和参与最高人民检察院、中国法学会、中国社会科学院等重大课题，并在中国社会科学院研究生院学报、新视野等杂志发表论文数篇。主要代表作：《宪政维度下的税收研究》（专著）、《普京司法改革》《俄罗斯司法腐败透视》《俄罗斯宪法法院对俄联邦制度的塑造——一种实证角度的分析》等。

强晓云，1972 年生，陕西人。政治学（国际关系学专业）博士，世界经济学硕士，副研究员。2002 年毕业于俄罗斯科学院东方学研究所，获博士学位。现任上海国际问题研究院俄罗斯中亚研究中心副主任。主要研究领域为俄罗斯问题、中亚国家对外关系、中俄关系、能源外交、移民等问题。近年来发表的学术成果有：专著有《中俄关系与东北亚安全问题》《移民对当代中俄关系的影响》。译著有《国际能源政治与外交》（主译）。并在《世界经济与政治》《世界民族》《国外理论动态》《社会科学》《今日亚非》、（俄）《观察家》等中外文杂志发表论文数十篇。

童伟，经济学博士，中央财经大学研究员，北京财经研究基地研究员，博士生导师，俄罗斯东欧中亚研究中心主任，世界银行绩效评估专家，国家开发银行投融资顾问，入选“教育部新世纪人才支持计划”。曾赴俄罗斯联邦政府财经大学、圣彼得堡国立财经大学进修。主要研究方向为公共财政、政府预算、俄罗斯财政经济。著有《俄罗斯法律框架和预算制度》《俄罗斯财经研究报告》《中俄预算改革比较研究》等专著十余部；在《改革》《税务研究》《财政研究》《俄罗斯东欧中亚研究》等核心期刊发表论文 80 余篇，多篇论文被《人民大学报刊复印资料》全文转载，承担国家社会科学基金、联合国开发署、教育部、财政部、地方政府及国际合作科研项目十余项。

程亦军，博士、研究员。曾长期从事新闻编采和经济管理工作，先后担任过光明日报社编辑、深圳投资基金管理公司总裁助理、光明日报报业集团文摘报社副总编辑、浙江尖峰集团股份有限公司副总经理等职。现任中国社会科学院俄罗斯东欧中亚研究所俄罗斯经济室主任，主要研究方向为俄罗斯宏观经济、金融、人口、中俄经贸合作等，主要著作有《俄罗斯人口安全与社会发展》《投资基金概论》。

潘德礼，1954 年生。中国社会科学院俄罗斯东欧中亚研究所俄罗斯政治社会文化研究室主任，研究员。长期从事苏联、俄罗斯政治社会文化方面的研究工作。主持或参与多项各类重大课题的研究。主编或合著的主要著作有：《俄罗斯十年：政治·经济·外交》《苏联兴亡史论》《叶利钦时代的俄罗斯（政治卷）》《超级大国的崩溃——苏联解体原因探析》《普京：能使俄罗斯振兴吗?》《俄罗斯议会》与《列国志·俄罗斯》等。

薛福岐，1964年生，陕西岐山人。1985年毕业于西安外国语学院俄语系并留校任教至1997年年初。1997年3月起在俄罗斯莫斯科的国立普希金语言学院进修并攻读学位。1998年6月获俄语语言学硕士学位。同年11月开始在该校攻读博士学位，2002年6月获得俄语语言学博士学位，研究方向是俄语中的文化知识元素。2003年调入中国社会科学院俄罗斯东欧中亚研究所工作至今，研究方向是俄罗斯政治，参与多个重大课题的研究，撰写一批论文和研究报告。2006年7月至2008年7月在中国驻吉尔吉斯斯坦共和国大使馆工作。

戴桂菊，1965年生，山东济宁人。北京外国语大学俄语学院教授，博士生导师。1988年和1991年，在北京外国语学院俄语系分别获得文学学士和文学硕士学位，此后留校任教至今。1999年，在北京大学历史学系世界史专业获得历史学博士学位。1999—2001年，在北京外国语大学博士后流动站从事学术研究工作。专著有《俄国东正教会改革》。作为主要作者完成了国家社会科学十五规划项目《斯拉夫文明》、教育部博士点项目《改革与革命——俄国现代化研究》和国家十五哲学社会科学重点项目《俄国宗教史纲》的撰写。主持完成了普通高等教育“十五”国家级规划系列教材《俄罗斯国情多媒体教程》（四册）。正在主持普通高等教育“十一五”国家级规划教材俄汉高级视听教程《中国文化》的撰写。2004年，入选教育部首届“新世纪优秀人才支持计划”。学术兼职：中国中俄关系史学会常务理事、中国苏联史研究会常务理事、教育部外语指导委员会俄语分委会委员。

编 后 记

本书于2011年12月完稿后，尚未出版之际，2012年3月4日俄罗斯总统大选。普京以63.6%的得票率在大选中首轮胜出。这次选举虽无悬念，但较为热闹，各政党竞争激烈，在俄罗斯很多城市出现了集会游行的街头政治。如何透析大选后普京面临的难题，成为普遍关注的问题。

这次反对派发动了集会，表面上是反对选举不公正，存在舞弊，实际上是多年来“去普京化”不断发酵的表现，“反普”有其深层次原因。

第一，反对政治垄断，把国家政治变成“普梅”两人的游戏，厌恶“普梅”两人的政治二人转，认为这种“王车易位”在看似不违宪的名义下践踏民主，是民主的倒退，不利于俄罗斯民主改革，也反映了俄民主制度的缺失，并体现了加强政治竞争性的政治诉求。俄不少人士还认为，普京团队的稳定结构，导致精英的流动性不强，削弱了政治参与的广泛度。可以说，这些看法与诉求在苏联解体20年来前所未有，也是要求政治民主不断发酵的结果。

第二，与上述问题相关，俄罗斯不少民众对普京时期存在的威权主义政治模式，对一个国家依赖于某一个强权人物来主导表达不满，认为这显然与民主政治是相违背的。

第三，严重的腐败问题得不到解决。这主要是由于官僚集权政治体制长期没有从根本上得以解决的结果，反映在办成什么事都要靠行贿，连妇女生孩子找产科医生亦得行贿。

第四，贫困差距拉大，俄仍然有相当一部分人处于贫困状态。2000年—

2010年间，最贫困的10%的人口与最富有的10%之间的收入差距，不仅没有缩小，反而扩大了近1/5。这一差距以及由此带来的社会不公正问题，引起了人们的不满。普京在2月23日“祖国保卫日”发表的讲话中承认：“俄罗斯目前存在诸多问题——不公正、不平等、受贿、贫困。”与此相关，俄罗斯市政公用服务收费过高，收费随意性大，价格高得让老百姓无法承受。另外，科学、教育、卫生事业拨款不足。这些亦是反普的一个重要因素。

第五，国家现代化没有取得重要进展，长期来俄罗斯经济发展过多地依赖于世界市场上能源价格的上涨。2009年，石油价格大幅度下跌，一下子使俄GDP下降7.9%。

总的来说，“反普”反映了相当一部分民众对民主政治改革的强烈诉求。

但在俄罗斯“挺普”仍占民意主导地位，其深层次原因有：

第一，众多的俄罗斯人，把普京视为稳定的象征。在“挺普”的集会上，支持普京的民众，相信普京能够引领国家实现稳定和发展，他们不希望搞忽左忽右的政策，担心再出现动荡。在俄第二大城市圣彼得堡“挺普”集会主题是“我们不要大动荡，我们要伟大的俄罗斯”。人们举的标语牌有：“不要橙色革命发生在俄罗斯”，“不要瓦解俄罗斯”，“不想回到90年代”。俄民众都记得，普京在接替叶利钦之后的执政时期，通过调整与整治政策，使俄结束了混乱无序的政治，并使市场经济向有序方向转变。

第二，众多的俄罗斯人，把普京视为实现强国的象征。普京执政时期，经济得到了大的发展，GDP年均增长率达到7%，1998年俄金融危机之后，GDP总量为3000亿美元，而如今是1.5万亿美元。普京的目标是到2020年，俄将成为世界第五大经济体，届时人均GDP可达3.5万美元。恢复俄在世界上的大国地位，成为强国，这也是广大俄罗斯人一直追求的梦想。普京一直强调，俄罗斯没有别的选择，只有选择做强国，为此，他集中力量发展经济，加强军事力量。这对富有俄罗斯民族主义的广大俄罗斯民众来说，是得到认可的。

第三，众多的俄罗斯人，把普京视为实现国家尊严的象征。由于实行以上的国内政策，加上在对外政策方面坚决捍卫俄罗斯的国家利益，不当西方的“应声虫”，坚决反对“阿拉伯之春”，从而赢得了国家尊严。这对富有强烈民族自豪感和强国意识的广大俄罗斯人来说是十分重要的。

第四，人们认同普京执政时期关注民生的政策与取得的成就，这也是支持普京的一个不可忽视的因素。2000 年俄罗斯生活在贫困线以下的人口比例为 29%，而如今下降为 12.5%，并还在不断下降。2000 年人均月工资为 82 美元，而如今为 745 美元。还要指出的是，在 2008 年发生全球化金融危机后的这几年，俄罗斯民众的实际收入不仅未降低，还略有提高。2011 年 80%的俄罗斯居民实际收入超过 1989 年的苏联鼎盛时期，家用电器拥有率增长 50%，50%的家庭拥有小汽车，增幅达 2/3。普京执政时期，还实行了超前的收入分配政策，即工资的增长速度超过 GDP 的增长，还提出让老百姓看得起病、上得起学与买得起房的政策。

第五，广大民众“挺普”，也反映了当今社会广大俄罗斯人的心态。在“挺普”的人群中，在以下问题上存有共识：一是希望俄罗斯在政治领域提高透明度，更加开放，需要推进政治体制改革；二是要渐进地进行改革，不是革命，不要因改革出现社会混乱乃至动荡；三是在客观上认识到，当今在俄罗斯还没有比普京更合适的总统候选人。应该说，以上观点也得到了部分“反普”民众的认同。

从以上的分析可以看到，普京在这次总统大选中，尽管遇到一些阻力，但支持他的民意仍占主导地位，加上反对派阵营成员复杂，没有统一的政治主张和纲领，没有一个可以被多数人接受的领袖人物。所以，普京赢得大选并不困难。俄罗斯国内与国际上不少有识之士认为，普京的困难并不在于能否赢得大选，而是在选举后如何解决面临的种种难题，取得新的辉煌。

从国家转型视角来看，主要面临两大难题：

一是两难的民主政治改革。正如前面指出的，“反普”的根由是反对政治垄断，认为普京在践踏民主，因此，“反普”反映了部分民众对俄民主制度的缺失的强烈不满与加强政治竞争性的政治诉求。与上述问题相关，俄罗斯不少民众对普京时期存在的是威权主义政治模式，对一个国家依赖于某一个强权人物来主导，表达不满，认为这显然与民主政治是相违背的。总的来说，“反普”的发酵告诉我们，如果在上世纪 90 年代中期至本世纪初期，所关心的是生存问题，但物质生活条件明显改善后，就有要求改革，特别是要求政治体制改革，转而开始关心政治问题，特别是关注民主、自由问题。这在文化程度高的群体中反映得尤为明显。从参加“反普”的人员构成也可说明这一点，60%参加者不到40岁，70%的人受过高等教育。从选举投票的地区来看，边远落后地区“挺普”力量大，远东等边远地区支持普京的一般为60%—70%，车臣高达99.7%，而莫斯科仅为49.2%，大富豪（拥有180亿美元财产）普罗霍罗夫在莫斯科的得票率为20.45%，超过久加诺夫居第二。在莫斯科大学投票的排行榜中，普京竟排在末位，只得87票，而名列第一名的是普罗霍罗夫。青年人选择了普罗霍罗夫，这因为他本人就很年轻（46岁），选民愿意看到新面孔，防止国家再度集权化。

应该说，普京通过这次大选清楚地认识到，民众对政治的垄断、威权政治的强烈不满，因此必须推进改革，特别是政治体制改革。改革的方向是进一步推进民主政治。普京看到，如果过去在俄罗斯存在威权政治的空间，但现在人们越来越对威权政治、强人政治的厌倦，威权政治的空间日益狭窄。据凤凰卫视2012年4月5日的采访，莫斯科市民谈不满普京原因时说：俄罗斯到该换人的时候了。所以，普京当选后，推进政治民主已成为必然，或者说，普京面对着不得不改的巨大压力。据俄罗斯时事评论网2012年2月6日报道，普京在会见政治家们时坦承，自己当选后最大的任务是在俄罗斯创建一种体制，使国家命运不会被1—3人左右。但普京在推进民主政治改革时强调，不可能一蹴而就，“要特别谨慎”。普京在竞选过程中发表的《俄罗斯的民主制度》一文中说：俄罗斯政治制度需要重塑，但不要指望外部模式。他坚持说，俄罗斯需要一个强有力的政府。在普京看来，如大步推行民主政治改革，会削弱强大的联邦中心与他个人的威权，并会影响普京依赖的已安插到70%的要害的强力部门的要职人员的利益，而且稍有不慎会影响政局稳定。普京在上述文章中还说：“真正的民主不是一蹴而就的，也不能仅在表面上复制。”但是，如果民主政治改革缓慢又将引起反对派的强烈不满，难以推动经济发展。所以，如何推进民主政治的改革，对普京来说，不能不说既是难题，又是重大挑战。

二是在以实现国家全面现代化为主要目标的一些重要经济转型政策难实现。实现国家全面现代化，这是“梅普”时期提出的一项重大战略性目标。

任何一个转型国家最终的目标都是要实行国家现代化。普京在2012年1月16日《消息报》发表的题为《俄罗斯正在养精蓄锐，以应对我们必须应对的挑战》一文中指出："现在原料型经济的潜力即将枯竭，最重要的是，它缺乏战略前景。"他在2012年4月11日的政府报告中说，他在新的总统任期要比任总理期内更加强经济，推动经济现代化。实现上述转变的必要性十分明显，但将是一个缓慢的过程。俄罗斯现代发展研究所所长伊戈尔·尤尔根斯指出：俄罗斯"现代化、摒弃原料经济向创新型经济发展的过程过于缓慢"。[①] 之所以缓慢，有多种原因造成的。

第一，俄罗斯企业缺乏创新的积极性。目前只有10%的企业有创新积极性，只有5%的企业属于创新型企业，只有5%的产品属于创新型产品。

第二，与上述因素相关，俄罗斯在实行由资源型向创新型转变时，面临着难以解决的矛盾：一方面反复强调要从出口原料为主导的发展经济模式过渡到创新导向型经济发展模式；另一方面，发展能源等原材料部门对俄罗斯有着极大的诱惑力与现实需要。据俄高等经济学院卢列耶夫提供的材料：矿产原料出口占俄出口总额从1995年的42.5%上升到2011年的72.2%，而机器、设备出口份额相应从10.2%下降到4.6%。机器、设备与车辆进口相应从33.6%上升到48.56%。

第三，设备陈旧，经济粗放型发展，竞争力差，这些是老问题又是需要较长时间才能解决的问题。

第四，投资不足。为了优化经济结构，就需要大量增加在国际市场上有竞争能力的经济部门和高新技术部门的投资。普京在这次竞选过程中，提出以下四个途径增加投资的资金来源：吸引民间私人投资；通过提高国内市场容量吸引投资；改善投资环境；吸引外资。普京在竞选期间，提出引进外资要占俄GDP的25%的宏大计划也不易实现。俄学者叶夫根尼·别利亚科夫2012年3月15日在《共青团真理报》发表的文章中说："2011年，中国引进外资逾千亿美元，作为对比，同期有850亿美元从俄罗斯流出。"文章接着说，出现这种情况，因为"放眼望去，俄罗斯到处是腐败和行政壁垒"。

① 《俄罗斯报》，2010年4月14日。

创新型经济发展缓慢，经济发展摆脱不了能源等原材料部门，这必然使俄罗斯经济难以在短期内实现现代化与保证稳定和可持续发展。为了推动经济现代化与社会、经济协调发展，今后普京可能采取以下政策与措施：

第一，减少或弱化国家对企业的不必要干预。要做的事是：减少国企比重，继续推行私有化政策。普京时期推行了把原私有化了的企业（特别是像能源部门等有关国计民生的企业）收归国有，又形成了国家对经济的垄断，2009年梅德韦杰夫在总统国情咨文中指出，目前政府控制着40%的经济。而国有企业的经济效益低下，大企业领导人又都是由政府委派，容易形成官商一体的垄断组织，也是滋生腐败的重要土壤。普京指出，俄罗斯政府将在2016年以前，减少所持一些原材料企业的股份，退出非垄断性大企业及国防工业以外的大型企业，并将加速新一轮国有企业的私有进程，准备出售石油公司、外贸银行与航空公司等13家大型国有企业的全部国有股份。关于这一问题，普京在2008年2月8日之前，曾两次谈及俄罗斯不打算建立国家资本主义，并说：国家集团公司不应包揽一切，更不会限制实业界的利益或压缩私营企业。普京在其离任前的2008年2月8日在俄罗斯国务委员会扩大会议上作题为《关于俄罗斯到2020年的发展战略》的讲话（以下简称《发展战略》），强调："必须消除对经济的过分挤压，这种挤压成了经济发展的一个主要阻力。"①

第二，大幅度降低税负，以刺激投资，增加国内需求。普京在《发展战略》的讲话中提出："必须积极地运用税收机制来刺激发展人的资源的投资。为了做到这一点，就必须最大限度地减免公司和居民的税收"。② 与此同时，要创造条件发展中小型私营企业。普京指出，现在，在俄罗斯要干中小企业太难了。但要解决就业和发展经济，也取决于从事小企业的条件有多便利。③

第三，扩大地方财税方面的自主权，调动地方的积极性。办法是提高地方税的留存比例，现地方财政收入的70%要上缴联邦预算。另外，各联邦主体在联邦预算支持下建立地方发展基金，用于发展供水、垃圾处理、修路、

---

① 《普京文集》，中国社会科学出版社2008年版，第683页。
② 同上，第679页。
③ 同上，第682页。

建幼儿园、修体育场等市政建设。

第四，尽管普京执政期间居民收入大大提高，生活有大的改善，但由于存在经济垄断、分配不公、腐败严重等问题，仍导致贫富差距在不断扩大，相当一部分人仍生活在贫困状态，社会支出不足。这一问题如不解决，难以实现社会公正、公平，同样会严重影响今后普京执政的社会基础能否牢固。普京承诺，对重点公共部门的薪酬开支增幅会占到GDP的1.5%，即未来几年每年多支出300亿美元，到2018年该项支出将占GDP的4%—5%。他还誓言，要在2020年前解决贫困问题。普京还提出，要采取各种措施解决居民住房问题。目前俄只有1/4的公民有能力建设或购买新房。他承诺，2020年让60%的家庭获得新房，2030年前彻底解决住房问题。

第五，积极改善投资环境吸引外资，同时防止资金外流。普京提出，俄罗斯要实现投资规模性增长，将投资从目前占GDP的20%提高到25%。在20年内，创造不少于2500万个工作岗位。普京认为首先要为高学历民众提供就业机会，以便增加中产阶级数量。据估计，目前中产阶级占俄居民总数的20%—30%。普京计划通过提高医生、教师、工程师与技工的工资及增加这一群体的人数来扩大中产阶级，使其人数超过总人口数的一半，这是社会稳定和发展经济的一个重要因素。

第六，强化反腐力度。今后能否通过各项改革来解决腐败问题，这对普京来说，是一个重大的考验。普京在2012年1月30日发表的《关于我们的经济任务》一文中指出：在俄存在“系统性的腐败”，说“反腐败斗争将成为一个‘民族大义’”。他还建议建立一个“腐败易发”的行政部门与国企管理部门的名单。

至于俄罗斯经济发展前景，从普京在2011年9月在统俄党代表大会上的讲演来看，他不满意目前4%左右的增速，他要求今后几年经济的年均增速能达到6%—7%。他在2012年4月11的政府工作报告中又强调，加强经济发展的“重点是提升经济增长速度”。

《苏东剧变之后——对119个问题的思考》一书，是在各方面支持下，作者们辛勤耕耘的一项重要成果。希望本书出版能够推动我国对原苏东国家在剧变后有关转型问题研究的深化，有助于我国坚持走中国特色的社会主义之路，在进一步改革开放过程中总结经验教训。

对本书撰稿的作者，我们一直要求客观地、以实事求是的态度论述问题，分析有关国家某领域20多年来转型过程中发生了哪些变化、特点、问题与趋势。由于本书涉及的内容十分广泛，有些国家信息资料较少，给研究工作带来一定困难。另外有些问题较复杂，转型进程远未结束，加上我们水平有限，书中定有不少缺陷乃至错误，真诚地希望同行与广大读者批评指正。至于在有些问题上存在不同看法，我们希望本着“双百”方针，依据事实以平等的态度讨论。

本书初稿完成后先由各主编分头就有关部分审阅与修改，最后由陆南泉定稿。

这里要指出的是北京师范大学肖甦教授对本书俄罗斯教育问题从确定选题到审稿，帮助主编做了不少工作，在此表示感谢。中国社会科学院俄罗斯东欧中亚研究所的赵会荣副研究员，在讨论中亚国家选题方面协助主编做了大量工作，在此也表示谢意。

本书在撰稿过程中得到了深圳市博源经济研究基金会的支持，在此表示感谢。

特别感谢阎明复与李凤林同志对本书的出版给予了热情与积极的支持，并在百忙之中为本书作序。

陆南泉

2012年4月